《东方文库》

第 2 册

帝國鐵都

1127–1900 年的佛山

罗一星　著

上海古籍出版社

图1 "佛山"石榜。存广东省博物馆。

图2 "富里古社"碑（九社之第
三社）。存祖庙博物馆。

图 3　"敕封忠义乡"石额。存佛山市博物馆。

图 4　佛山祖庙俯瞰全景。1372 年始建。

图 5 "敕封灵应祠"木匾额。
存祖庙博物馆。

图 6 真武铜像，重五千斤，明景泰年间铸。
存祖庙博物馆。

图 7　明代"圣域""谕祭"牌坊。存祖庙博物馆。

图 8　大铜钟,重一千七百斤,1486 年铸。
存祖庙博物馆。

图 9　石头霍氏大宗祠建筑群，1525 年始建。

图 10　祖庙山门对联。李待问题。
　　　　存祖庙博物馆。

图 11　福陵（努尔哈赤），清盛京三陵之一，始建于 1629 年。

图 12　沈阳清宁宫，始建于 1629 年。

图 13　清宁宫明间北锅灶台广锅。

图 14　北京坤宁宫内灶台与广锅。

图 15 "佛山镇"石额。存佛山市城市展览馆。

图 16 千僧锅。1746 年佛山万声炉铸造。存庆云寺。

图 17 澳洲金点博物馆（Ballarat Sovereign Hill）保存的 1858 年的广锅。

图 18 虎门威远炮台遗址。

图 19　广炮，虎门威远炮台六千斤前装滑膛炮，1841 年佛山炮匠李陈霍铸。

图 20　广炮，广州城防八千斤前装滑膛炮，1841 年佛山炮匠李陈霍铸。

图 21　清代佛山化铁炉，高 79 厘米，
　　　 内径 65 厘米。存广东省博物馆。

图 22　清丝织大户庄园——任围。

图 23　祖庙万福台，1658 年始建。

图 24　佛山义仓，1795 年始建。今不存。

东方文库序言

　　人类历史是文明的历史。文明是指人类所创造的物质财富和精神财富的总和。美国学者亨廷顿说："文明是最大的'我们'，文明为人们提供了最广泛的认同。"①英国学者弗格森对文明做出更详细解释："文明是高度成熟的人类组织。文明涵盖了绘画、雕塑、建筑领域的成就，也涵盖了经济、政治和社会体制的成就。文明的高低不仅仅以美学成就来衡量，更重要是以城市居民生活质量、预期寿命来判断。但是，一个城市不足以成就人类文明。文明是唯一最大的人类组织，超出任何帝国的版图。"②

　　"欲知大道，必先为史"，这是清代思想家龚自珍的名言。人类治史读史的目的是人类认识自身和寻求共同发展之道的根本需要。纵观世界文明史，属于人类组织的伟大文明有印度文明、中华文明、拜占庭文明、伊斯兰文明和西方文明等。在前引五大文明中，除了第五种外，前四种文明均诞生于东方；而除了第三种外，其余四种文明均延续至今。

　　中华文明是世界上最古老文明之一，它不仅是中国，也是东南亚以及其他地方华人群体的共同文化。中华文明的先进性和技术成就得到西方学者的普遍认同。正如弗格森指出："在明朝以前，中华文明一直不曾放弃过利用技术创新来领先世界的事业。"他又说：从那时起，"中国科技、印度数学和阿拉伯天文学数世纪来一直遥遥领先于世界"。③ 确实，从十二世纪至十五世纪，人类文明浪潮一直在东方激荡。然而，自十六世纪以后，西方文明崛起并逐渐征服世界其他地方，人类文明浪潮转到了西方。弗格森《文明》一书论述了500年来西方文明在现代化上成功并领先全球的关键要素，但在该书尾篇却笔锋一转说："我们现在正在经历的是西方主导世界500年的尾声，这一次，不论从经济上还是地缘政治上来讲，来自东方的挑战真真切切。有一点是确定的：中国不再是学徒了。"④这意味着中华文明在现代化道路上正在重新崛起。

---

① ［美］塞缪尔·亨廷顿著，周琪等译：《文明的冲突》，新华出版社2013年版，第19—22页。
② ［英］尼尔·弗格森著，曾贤明、唐颖华译：《文明》，中信出版社2012年版，《序言》。
③ 同上书，第11、XLIII页。
④ 同上书，第302页。

可见东西方多条文明之河在人类悠久历史上一直交汇流淌，有时奔腾万丈，波澜壮阔；有时低回徐缓，流脉不息；此消彼长，东起西伏。德国历史学家史宾格勒曾痛斥过"只存在着一条文明之河"的西方中心论狭隘历史观。今天，我们站在文明续谱的桥头堡上，回望 500 年前中华文明的兴盛周期，触摸数百年来落后挨打的痛苦记忆，同时，我们也真切地感受到中华文明再度崛起的新周期正悄然开始。和平与文明的未来，取决于世界各伟大文明在宗教、艺术、文学、哲学、科学、技术、道德和情感上等方面彼此携手，取决于世界各大文明政治、精神和知识领袖之间的理解和合作。正如布罗代尔所强调那样，努力寻找一个更广阔的视野，来理解"世界上伟大的文化冲突和世界文明的多样性"。[1]

《东方文库》是广州市东方实录研究院出版的系列研究文集，专注于发表东方历史文化研究成果，旨在回答"我们是谁"的文明基本问题。并在充分尊重世界各大文明成就基础上，以更加广阔的视野，关注世界文明的交集与发展，关注世界文明的多样性。同时推动当代中青年学者开展东方文明研究，尤其对填补东方文明重大课题空白的成果给予大力支持，鼓励学者"想人之所未想"的开拓精神和"发人之所未发"的学术追求。博大精深的东方文明体系是由每一个细小的文明支点组成，而悠久的东方历史也是由每一段特殊的历史节点组成。《东方文库》收集精致的文明支点，包容特殊的时间节点。

让每一位学者的睿智思考和精心杰作，在东方文明的宏大体系下熠熠生辉。

《东方文库》编辑委员会

2016 年 12 月

---

[1] 转引自［美］塞缪尔·亨廷顿著、周琪等译《文明的冲突》，第 34 页。

序　言

　　佛山地处珠江三角洲，是粤港澳湾区的重要城市。明清时代，佛山镇崛起为"天下四大镇"之首，曾经与广州并列为珠三角地区的中心城市，开启了经济史家津津乐道的"广佛周期"，令人刮目相看。无论从中国城市史、地方史还是海洋社会经济史的视野看，佛山研究都有很强的学术价值和现实意义。

　　罗一星先生年轻时有心探究其中奥秘，不断收集有关史料，发表论文，初露头角，迫负笈厦门大学，以《珠江三角洲传统工商城市的发展形态——明清佛山的经济发展与社会变迁》为题，撰写洋洋40万字的博士学位论文，1992年5月通过论文答辩，获历史学博士学位。次年，他又把博士学位论文修改压缩成30万字的专著《明清佛山经济发展与社会变迁》，1994年12月由广东人民出版社出版，一时传为佳话。

　　2015年，他旧业重操，北上燕京和沈阳，补上往昔缺乏官方档案资料的短板，又查阅外国文献史料，发掘新课题，开始新探索，穷五年之功，写出《帝国铁都：1127—1900年的佛山》书稿，50余万言。杀青之后，他发电子版给我，要我像当年为博士学位论文出版作序那样，再写一篇序言。我找出28年前他写的博士学位论文相与对照比较，读后深为他雄心不减当年的努力所感动，对本书主题设计的两个面向，印象十分深刻。

　　一是突显佛山在中国传统工商城市中的个性。佛山因铁而生，因铁而聚，明清两代，铁铸产品是"佛山制造"的龙头，又是"佛山营销"的品牌。民间拥有铸铁权与官府采办是佛山城市发展模式的特色，作者由是提出"帝国铁都"的概念，自成新说，为后继者跟进研究提供了可贵的探讨话题和发展空间。

　　二是在中国海洋文明史学的体系下开拓课题。作者生动地把撰写博士学位论文比喻成"挖出了一口井"，把撰写本书比喻为"连接了一片海"，呼应了增强海洋意识、建设海洋强国的时代要求，面向海洋，对粤港澳湾区的前史作了一个侧面的论证。

　　全书从博士学位论文的六章扩展到十七章，保留原有的文字约20万字，新写的达30万字。从内容看，首先是时代前移，增设一章叙述南汉岭南冶铸业与永丰场、宋代坑冶开发、元代民营矿冶出现。其次是研究主体的扩张与深化，明代部分从一章扩大为六章，其中《明代广锅的海外贸易》《明代广锅与九边互市》《明代广炮铸造及其历史作用》三章是新写的；清代两章扩大为六章，其中《清代前期佛山市舶与海外贸易》《清代广锅采办制度》《清代佛山的广炮铸造》三章也是新写的。保留的部分，亦经过取舍重组改写。从写作进度看，前者半年内一气呵成，后者五年精雕细琢，经历时间的淘洗而更加成熟，故仍然站立在研究的学术前沿。至于论述中的功过得失，就留给历史去检验了。

杨国桢

2020 年 2 月 29 日

自　序

　　铸铁权象征着国家权力和财富来源。自西汉盐铁大论战之后，历代王朝都把铸铁权牢牢控制在国家手里，汉、唐、宋朝如此，明朝初年也如此。到洪武二十八年（1395），诏罢各处铁冶，令民得自采炼，朝廷放开对铸铁权的把持，民间铸铁业得以发展。明清两代，作为两广的冶铁中心，佛山民间拥有铸铁权与官府采办成为佛山发展模式最鲜明的时代特征。明清两代官府通过以征收铁税换取专营铸铁权的方式，赋予佛山炉户特殊地位，使得佛山商民与广东官府双方获益。在佛山享有官准专利（即两广唯一铸铁权）的500年间，佛山绅士和冶铁炉户完全融入明清帝国体制中。佛山镇民早在明永乐年间，就以提供广锅作为国家礼品和重要商品，参与郑和下西洋贸易大流通并分享国家红利；又在景泰皇帝褒奖中以朝廷"忠义士"为自豪，从而长期认同王朝体制。佛山市舶曾在澳门贸易时期，成为清前期出口贸易的重要桥梁。佛山市舶及其有效运作，使佛山在广州独口通商前分享了海外贸易红利。有清一代，清朝内务府和工部把佛山广锅作为清宫御用祭器和生活用品而长期采办，佛山铸造因此成为清朝宫廷和广东地方官府时刻关注的对象。在明清国内战争和鸦片战争以及太平天国战争中，佛山铸造的广炮成为决定战争胜负的利器，广炮因此成为清朝皇帝和兵部尤为重视的抗夷重器。所以说掌握铸铁权并享有政策红利是佛山城市发展的重要支柱。

　　另一方面，佛山镇民传承了自三代而来的冶铁技术和创意智慧，700余年的红炉风物，铸造出成千上万流传海内外的广锅、广钟、广炮、广针和广扣。并以冶铁业为主干，发展出170种以上的制造行业和服务行业，使佛山岿然成为"天下四大镇"之首。尤其值得一提的是，佛山炉户在承担军火器生产而与两广督府为首的地方官府打交道时，采取先订契约、领银承办的方式。广锅和广炮采办均高于市场价格，佛山炉户有充分的市场议价权。即使在广炮铸造中出现了差错，也只受官府有限责任追究（如赔铸等），而不承担无限责任（如坐牢等人身罪责），这些都有赖于佛山铸造业所赋予铸造炉户的独立市场主体地位。与此同时，佛山祖庙及其设立在祖庙内的大魁堂，作为官府治理体制之外的民间信仰中心和自治机构，承担着道德象征和社会管理职能，也成为佛山士绅发挥公益组织能力的社会舞台,官府势力和民间力量、侨寓群体和土著居民在佛山传统文化大容器中浑然一体。

明代著名理学家湛若水云:"观洪炉之铸金,则知天地之终始矣。"①本书以"帝国铁都"为书名,也是紧扣人类文明发展标志之——金属铸造对人类文明的贡献这一主题。当然,与金属铸造史不同的是,本书重点展示的是佛山城市发展的社会制度路径及其丰富多彩的人文篇章,佛山在明清帝国中的地位及其发展空间,始终是笔者关注的中心问题。

明代佛山进士霍与瑕言:"两广铁货所都,七省需焉。每岁浙、直、湖、湘客人,腰缠过梅岭者数十万,皆置铁货而北。"②佛山因铁而生,佛山也因铁而聚,佛山更因铁都之名而雄天下。500 年来,佛山历史留下的不仅仅是"佛山制造"传颂天下的品牌故事,更重要的是佛山发展路径的思考。本书 50 万字篇章,其主线都是围绕着佛山民间铸铁权持有与发展而展开。一言以蔽之,明清佛山模式是民间铸铁权与王朝体制融合一体的发展模式。虽然佛山模式不是某些人所说的"中国的乌托邦",但其发展路径的中国本色永远值得后人敬畏和尊重。

笔者首先要感谢恩师、厦门大学杨国桢教授。1983 年,杨国桢教授将笔者本科论文《明清佛山冶铁业初探》刊发在《中国社会经济史研究》1983 年第 4 期上。这是笔者从事学术研究后公开发表的第一篇论文,其对笔者的学术意义不言而喻。1989 年,笔者考取厦门大学历史系博士研究生,在业师杨国桢教授的悉心指导下,对中国传统社会结构和形态有了比较完整的认识。三年的鞭弩策蹇,使我的学术关怀日益宽广。1992 年,笔者完成博士论文《明清佛山经济发展与社会变迁》,并由广东人民出版社在 1994 年出版,杨国桢教授亲自作序。近年来,笔者在杨国桢教授开创的中国海洋文明史学体系下开拓课题,发掘了广锅海外贸易、佛山市舶、广锅采办制度与广炮铸造等重大课题,填补了佛山史研究的空白。如果说本书尚有可取之处,那完全是导师教泽所惠。

广州市东方实录研究院理事长、《东方文库》主编陈晓军对笔者的研究给予了长期支持和大力帮助,使笔者可以全身心投入收集资料和研究工作中,对推进本书出版,贡献尤多。

广东省博物馆肖海明馆长,与笔者合作撰写了《佛山北帝文化与社会》(广东人民出版社 2017 年版)一书,为本书关于北帝信仰的研究奠定了学术基础。广东省社会科学院陈忠烈研究员是笔者早年同事,1987 年曾一起到三水县芦苞镇做田野调查四个月,又是笔者作佛山课题研究的学术诤友,我们之间的讨论往往激发新的思考。中山大学历史系章文钦教授馈赠了笔者全套澳门《东坡塔档案》和《东印度公司编年史》等书籍资料,并时时

---

① 屈大均:《广东新语》卷一五《货语》,中华书局 1985 年版,第 410 页。(下称《广东新语》)
② 霍与瑕:《霍勉斋集》卷一二《上吴自湖翁大司马书》。转引自《明清佛山碑刻文献经济资料》,广东人民出版社 1987 年版,第 295 页。(下称《明清佛山碑刻文献经济资料》)

进行有关学术问题的探讨,持论中肯,对笔者的研究大有裨益。广州市社会科学院研究员
关汉华是笔者的多年好友,我们时相切磋,彼此鼓励,总让笔者找到抬望前路、坚持不懈的
力量。广州市东方实录研究院副院长高瞻博士,少年时代生活于佛山,对佛山历史文化情
有独钟,是笔者开展佛山历史研究的同行者。中国第一历史档案馆李国荣副馆长,佛山市
方志办黄国扬主任,佛山祖庙博物馆凌建馆长、莫彦副馆长、黄韵诗主任,佛山市博物馆王
海娜副馆长、朱培建主任、张雪莲主任,均为笔者开展研究提供多方帮助,谨此一并表示诚
挚的谢忱!

罗一星

2020 年 2 月初春于广州南天居

目　录

第一章
绪　言

　　城市,①作为相对于农村的人类生息地,在人类文明发展史上具有重要意义。亚里士多德早就指出,都市是人类最重要和最完备的生活环境。美国社会学家帕克(R·E·Park)亦说:"我们必须视我们的都市不仅是人口的中心,而且是文明的工厂。"法国历史学家史宾格拉(Oswald Spengler)甚至断言:"所有伟大的文化全是都市的产物。"城市是人类文明的标志,是一个时代经济、社会、科学、文化的渊薮和焦点,代表着一个社会经济文化发展的高峰。同时,城市也汇聚了整个社会生活和时代所具有的矛盾,这些矛盾交错和叠加、消弭和激化,使城市呈现出千姿百态的发展面貌,也使城市研究充满了诱人的魅力。

　　佛山,是中国古代"天下四大镇"和"天下四聚"之一,是一个典型的工商城市,明清时期曾经以出产精美的"广锅"而誉满天下。在郑和下西洋宝船上,在明代九边互市里,广锅作为明王朝抚赏官锅的形象,引来了南海诸国和边疆少数民族首领的长期追求。时人"春风走马满街红,打铁炉过接打铜""汾江船满客匆匆,若个西来若个东"的诗句,就是对佛山工商业盛况的生动写照。佛山在工商业上的成就,决定了它在中国城市经济发展史上的重要地位。然而,佛山所具有的价值还不仅在于此。佛山是中国封建社会内部商品经济自身发展的结果,在其兴起发展的过程中,王朝政策、传统文化与社会结构始终起着主导作用。因此,研究佛山都市化过程及其社会结构变迁,还有助于我们对中国社会内在结构的理解和中国城市发展趋向的把握。此外,佛山还集中了岭南社会的各种文化现象,它们

---

① 何谓城市? 至今没有一个统一的定义。地理学家弗里德利希·拉泽尔提出最早的城市定义是:"占据一定地区、地处若干条交通线(或其交接点)的永久性人类集居区。"(帕克:《城市社会学》,第183页)社会学家史若堡提出,都市是"有相当大的面积和相当高的人口密度的一个社区,其中住有各种非农业的专门人员,包括文人。"柏芝尔则认为:"任何集居地方其中多数居民是从事非农业活动的,我们称之为都市。"《现代社会学词典》解释:城市是"人们密集居住并从事非农业的职业的一个比较小的地区。其人口活动是专业化的,且在功能上互相联系,并由一个正式的政治体系所管制"(龙冠海:《都市社会学理论与应用》,第5页)。在美国人口统计学上关于城市的标准曾划定在8 000居民以上的共同社区,后来规定为4 000人,现在则为2 500人。(帕克:《城市社会学》,第167页)由此看来,城市的范围和人口没有一个统一的标准。但有一条是共同的,这就是:城市是人类的一种社区,其居民多数从事非农业活动。这是城市有别于农村的主要特征。本书采用这一总的定义。

精致多样，大放异彩，其典型性远胜于广州，这又使研究佛山历史文化现象具有非同一般的意义。本书将对佛山都市化过程从时空上进行纵横考察，揭示佛山经济发展与社会变迁两者之间的互动关系，探讨都市化过程中文化整合的意义，从而建构一个中国工商城市的发展模式。

第一节　佛山史研究在中国城市史学中的定位

中国城市史学研究可以分为三个范畴：一是中国古代城市的宏观研究，二是明清江南市镇和城市研究，三是明清单体城市研究。佛山史研究属于单体城市研究范畴。

自 20 世纪 80 年代以来，明清单体城市研究，逐渐成为大陆学者和西方学者的研究热点，佛山、开封、景德、南京、汉口都成为学者的研究对象。傅衣凌先生《明代开封城市性质的解剖》一文，[①]指出开封繁荣是靠集中大量封建地租而兴起，而不是工商业发达的结果，甚至较之北宋时代反有所倒退，是一个典型封建城市。梁淼泰《明清时期景德镇城市经济的特点》一文，[②]认为景德镇城市经济具有五大特点：一是单一手工业经济，二是分工精细、资本微薄，三是行帮控制，四是御厂占支配地位，五是民窑仍属封建经济。因此，景德镇既是单一手工业城市，又是封建官手工业一个据点。明清的南京城，引起了两位学者的研究兴趣，陈忠平《明代南京城市商业贸易的发展》和《明清时期南京城市的发展与演变》两文，[③]与范金民《明代南京经济探析》和《清前期南京经济略论》两文，[④]有异曲同工之妙，都讨论了南京城从明到清的阶段性变化。在明代洪武至正德，南京城是勃兴又突衰，这反映了中国封建城市的一般发展规律，即基本在政治、军事因素支配下。正德至鸦片战争前，南京城的振兴则反映了封建社会晚期商品经济发达地区一些城市的演变规律，经济因素促使城市开始向以经济职能为主的工商业城市转化，并因而开始具备了某些近代城市的新质要素。

汉口是九省通衢，研究者不乏其人。20 世纪 80 年代以来，关文发、石莹、宋平安等学者均对明清汉口的商业和市场作过研究。考察了汉口市场的形成原因，分析了汉口市场性质及其作用，认为汉口是以中转贸易为主的全国性市场，是一个典型的商业性城市。汉口的存在和发展对长江流域的经济发展起了促进作用。[⑤] 美国学者罗威廉的《汉口：一个中国城市的商业和社会（1796—1889）》和《汉口：一个中国城市的冲突和社区（1796—

---

① 香港《抖擞》第 42 期，1981 年 1 月。
② 《南开学报》1984 年第 5 期。又参阅梁淼泰《明清景德镇城市经济研究》，江西人民出版社 1991 年版。
③ 《南京大学报》1986 年第 4 期；《中国社会经济史研究》1988 年第 1 期。
④ 《江海学刊》1986 年第 3 期；《清史研究通讯》1989 年第 4 期。
⑤ 关文发：《试论清代前期汉口商业的发展》，《清代区域社会经济研究》（上册），中华书局 1992 年版；石莹《清代前汉口的商品市场》，《武汉大学学报》1989 年第 2 期；宋平安：《明清时期汉口城市经济体系的形成与发展》，《华中师范大学学报》1989 年第 1 期。

1895)》两书，①是迄今为止对汉口研究得最深入的著作，作者利用了大量方志、族谱和档案材料考察了汉口商业、人的身份、社会结构和社会组织，以及城市意识等方面的状况和变化。在这两本著作中，经济结构变化与社会结构变迁同样得到很好反映。罗威廉深入研究19世纪汉口的城市结构、社区状况、各阶层的处境和冲突，以及官方对城市的控制等，解释了汉口作为一个自发的、内聚的社会单元城市，是如何维持其自身并不断发展。作者还对韦伯的中国城市体系发展不足理论提出挑战，在他看来，中国城市资本主义发展是由其自身规律造成的，西方对汉口的影响是在1861年开埠以后的事，而且这种影响仅是对汉口社会经济发展趋势的推动而已。《汉口》两书的出版及其取得成功，刺激了西方学者对中国地方史研究的兴趣，不少后学者就是读了这两本著作后步入中国地方史研究这块园地的。

中国城市史学研究大致体现了两种学术风格，一种受经济学影响，注重研究经济结构和形态演变，方法以描述、演绎为主，成果形式基本是事实与过程的再现和重构。大陆学者多属于这一风格。一种受社会学、人类学影响，注重研究城市社会发展中人的组织与作用，以及社会结构和城市模式的变迁，方法以分析抽象为主，成果形式是理论模式的建构。欧美学者属于这一风格。两种学术风格都有深厚的学术背景和源流，几十年来一直深刻影响着中国城市史学的学术发展脉络。笔者认为，没有社会学和人类学的研究就不能把握中国城市的社会结构和族群分野；没有分析的框架，历史就如同一盘散沙，难以成塔。另一方面，没有经济史研究，就不可能明了社会变迁的动因，没有长时程的细节描述也就没有历史内容，历史就成为空洞概念。因此，经济史与社会学、人类学相结合，实证性描述与分析性概括结合，不仅是有益的，而且是必要的。世界史学发展趋势是社会科学其他各门学科与历史学的融合，而不是各门史学的分道扬镳，学术源流越深厚，学术关怀就越宽广，可能达到的成就就越高远。在这方面，罗威廉的《汉口》可谓结合历史学、经济学和社会学理论研究中国城市史的例证。

从理论上讲，中国城市史学的基本框架是跨学科的，是从人类学、社会学和政治学那里借鉴产生。但是，无论是韦伯的中国城市理论，还是施坚雅的宏观区域说，都不足以形成中国城市史学的完整体系。所有这些理论依然需要修正、补充、发展和创新。而且，中国城市史研究由全国范围和区域范围深化到单体城市也才刚刚开始，许多领域和城市仍然尚待发掘。本书将要展开讨论的佛山，既是一个单体城市完整发展的案例，又是一个融入国家体制、融入国内外广阔市场共同变迁的典型。笔者认为，在充分了解前人学术成果的基础上，博采众长，通过对佛山城市的具体研究和与其他单体城市的比较研究，建构出

---

① ［美］罗威廉：《汉口：一个中国城市的商业和社会（1794—1889）》，中国人民大学出版社2005年版；［美］罗威廉：《汉口：一个中国城市的冲突和社区（1794—1895）》，中国人民大学出版社2016年版。

一个中国工商城市的发展模式，从而对中国城市的发展道路提出新的解释，应该是中国学者的责任。

第二节 本书基本思路、分析框架及主要内容

中国城市史研究向来注重的是城市地理和城市经济的研究，一般而言，对春秋战国前城市的研究是在古都学范围内讨论问题，比较注重城市区位、建置的研究。对春秋战国后城市的研究则注重城市经济的研究。注重城市经济研究曾使城市史研究向前迈进了一大步，但是当时的研究有两点局限：一是只关注经济活动，尤其是局限于物质交流的描述，忽略了掌握物质的人，即史学界常说的见物不见人，忽略了历史活动的主体——城市居民；二是容易夸大经济的历史作用，尤其是孤立地看待经济发展，把历史上出现的一些新经济因素视为当时社会的对立物。笔者认为这种研究不能满足真实、全面地反映历史实际的要求，城市史研究，不应孤立地研究经济史，而应该把经济史和社会史结合起来研究，把经济活动、经济组织置于一定社会结构下考察，既见物又见人。注意经济发展与社会变迁两者的互动关系，也就是把城市作为一个整体来把握，探讨其长时段的结构性变化。

佛山在中国古代城市发展史上占有重要历史地位，它本身体现了如下三点典型意义：

一是，佛山以工商立市的发展模式，代表了宋以后中国城市都市化的主流。

德国著名社会学家马克斯·韦伯（Max Weber，1864—1920）在《城市》一书中提出，判断欧洲中世纪城市五条标准，即是否具有一个要塞、一个市场、一个法庭、一个共同体和一个民选的行政权威。他认为中国城市都是政治中心和军事要地，有城而无市，而且从未存在过城市的先决条件"城市共同体"，因而不是完全意义上的城市。中国城市体系发展失败的原因基于中国政治体制和社会结构。韦伯模式对西方汉学界产生了深刻影响。我国学者胡如雷也认为中国古代城市的发展都与政治因素和军事因素相联系，它们是作为县治以上各级政权所在地而存在，这种城市模式，胡如雷称之为"郡县城市"。笔者从对佛山发展道路的考察中得出不同看法，认为：汉唐时期中国城市呈现出城乡分离二元结构，因政治和军事因素而兴的郡县城市是此时城市发展的主因。但在宋以后，随着农业商品化发展，在人口稠密地区如江南、珠江三角洲出现了都市化现象。二元结构被打破，出现不同层级的城市。明清江南市镇和岭南墟市，就是农村——城市续谱初始阶段的产物。它们的出现纯因经济动因，即农业商品化导致的过剩人口增加，手工业发展引起的新聚居点的集中和老聚居点的扩大。从等级和规模来说，江南市镇和岭南墟市都属于都市化的起步阶段。然而，由于这一批小城镇的涌现，市场网络日趋发育成熟，客观上要求有更大规模的城镇来担负起区域性市场中枢的任务。于是，号称"天下四大镇"的佛山、汉口、景德镇、朱仙镇脱颖而出。天下四大镇都不是县治所在，它们的兴起，不是因为手工业发展，

就是因为商业发展；它们的出现打破了"郡县城市"的发展模式，代表了工商城市发展的新道路，代表了此时中国城市都市化的主流。

二是，佛山发展始终在传统社会结构制约下运行，有它自身的导向性。这是佛山模式更深一层的意义。

我们知道，韦伯是以西欧中世纪自治城市为范型来讨论中国城市，构建了"唐代风格的城市影像"式的假设概念。[1] 而韦伯也从未到过中国，故而缺乏探讨中国城市的来龙去脉与商业因素。而中国学者对江南市镇的研究也表现了这种理论倾向，一些学者试图论证江南市镇具有发展为资本主义的导向性，并把自己的研究建立在中国会自发地出现资本主义这种假说上。这表明中国学者也没有跳出以西欧自治城市为范型的分析框架。在佛山发展过程中，我们看到各种因素是在互动中发展：经济因素的增加，引起经济结构改变和重新组合；而经济结构的改变又导致了社会结构的适应性变迁；各种社会力量和经济组织在传统社会结构下不断重组、整合，社会结构呈现出一种动态的平衡。即使是那些被称为"资本主义萌芽"的因素，如手工工场、雇佣劳动、包买商和西家行等，都没有转化为传统社会的对立因素，而是与传统社会整合得很好。因此，佛山的发展道路并不是如同许多人所假设的那样进入资本主义，它仍在传统社会结构下运行，按照自身发展规律发展。这种发展道路，佛山绝不是唯一的。如果作深入探讨，其他城镇也可以探测到佛山模式的共核。美国学者罗威廉对汉口深入研究后，对韦伯模式提出挑战。他说："虽然我也将不断地强调我与韦伯模式的分歧之处，但我更根本的关注点则是提供一幅与韦伯式神话相反的一个具体城市的发展图景。"[2]概言之，佛山和汉口走的都是一条不同于郡县城市的发展道路，经济因素起了决定性作用，原有的社会结构能容许商品经济的进一步发展，并随其发展改变自己的结构。或许在手工业和商业兼具这一点上，佛山更具有中国工商城市的典型意义。

三是，佛山作为岭南区域第一层级中心市场，与广州共构了"广佛周期"。

中心地理论由美国学者施坚雅（G.William Skinner）提出，并首次引入分析中国市场。施坚雅设定了六个层级标准，比较分析了中国九大区域的城市体系。其理论贡献在于打破城乡二元论，构建了由中心城市到乡镇的层级中心地体系的分析框架。其商业中心地层级体系涵盖了行政中心层级，却与行政中心层级并不一致。这为中国城市体系研究提供了具有实际意义的参考图谱。[3] 笔者对佛山的研究证明了佛山与广州都是岭南区域内第一等级的中心市场，广州是洋货的集散地，佛山是广货的集散地。而佛山却在明代无任

[1] ［美］罗威廉：《汉口——一个中国城市的商业和社会（1796—1889）》，第 11 页。
[2] 同上书，第 14 页。
[3] ［美］施坚雅，王旭等译：《中国封建社会晚期城市研究——施坚雅模式》，吉林教育出版社 1991 年版，第 144—231 页。

何官府机构；清代虽设文武四衙，但其行政权、司法权仍属衙门在广州的南海县管理。与此同时，佛山民间的自治组织嘉会堂与大魁堂，却起到城市公共事务管理中枢机构的作用。罗威廉对汉口的研究也证明，汉口是华中区域第一等级中心地，其城市规模、商品交易量、人口数量都在华中地区乃至全国产生重大影响，但其行政权却长期在汉阳县管辖之下。笔者在本书结语部分将就"广佛周期"和佛山中心市场理论问题展开讨论。

本书试图通过考察明清佛山经济发展、文化整合与社会变迁，探讨中国传统工商城市的发展模式。佛山民间铸铁权的获得及其历史影响、佛山城市与明清帝国体制的关系、佛山都市形成与产业发展的关系、佛山士绅和民间组织如何管理城市、佛山传统文化如何建构并长期影响佛山社会、佛山在岭南城市体系及中国城市发展史上的地位等，这些都是本书所要讨论的问题。

城市本身是个复杂集合体，任何一套主观臆断的特征概括都只具有相对意义。本书主要从经济结构、社会结构和空间结构上来概括。城市史本身又是一个长时段过程，要在时间流动中把握上述三大结构的变化，有必要建立一个中观理论模式。笔者认为，有一条主线既能联系经济、社会、空间三大结构，又能贯穿时空发展，这就是佛山都市化过程中的社会整合过程。

本书认为明清时期佛山有过三次性质不同的社会整合，第一次发生在明正统、景泰年间，由乡老领导进行，这次整合发生在郑和下西洋、大量采办广锅之后。整合的结果是使佛山各个宗族在地缘关系上联系起来，佛山出现了城市雏型，这是产业发展与都市化的最初成果。第二次发生在明末天启、崇祯年间，由新兴士绅集团领导进行，这次整合打击了乡族豪强势力，使佛山权力结构转移到士绅集团，这是官方正统化和都市化共同作用的结果。第三次发生在清代乾隆年间，由侨寓人士与合镇商民联合进行，这次整合发生在佛山市舶存在发展时期，整合的结果是商民击败了土著宗族势力，使佛山权力结构发生重组，利益也重新分配，这是高度商品化与都市化的结果。在每次整合之前，都有一个经济发展和社会不安的酝酿时期；每次整合之后，又都出现了经济快速发展的局面。这说明经济发展既是整合的原因，又是整合的结果。这种打破均衡和恢复均衡性的力量，在社会结构中产生了一种辨证的变化模式。上述分析框架可以表列如下：

表 1-1 分析框架表

年　代	经济结构特征	社会结构特征	社会不安特征	整合途径与标志
明正统至景泰年间(1449—1456)	小家庭作坊为主	结构相同的家族单位并存	外地农民起事冲击	建立铺区制度，划定城市范围
明天启至崇祯年间(1621—1644)	非竞争市场、家族式经营大族把持	二三巨族统领众多小族	工匠哄争，毁屋行为	打破原料垄断，加强社会暴力工具和信仰压力，建立嘉会堂、忠义营，重修祖庙

（续表）

年　代	经济结构特征	社会结构特征	社会不安特征	整合途径与标志
清乾隆年间（1736—1795）	竞争市场发展，侨寓资本大量涌入	土著、侨寓调适并存	饥民骚乱，商户激控	吸收侨寓人士加入权力核心，重新分配公共利益，官府参与调解，建立大魁堂，建立义仓，祖庙祭祀圈扩大

根据上述三次整合的主要过程，我们可以比较清晰地把握佛山城市的结构性变化。笔者希望本书所采用的这一分析构架，能够兼顾历时性与共时性的双重要求，这是一方面。

另一方面，笔者主张理论概括和史实描述并存的研究，即史论结合的研究。那种为了拔高理论模型而强干弱枝和削足适履的做法，都有悖本书的主旨。笔者希望读者通过本书能比较全面地了解佛山经济发展、文化整合和社会变迁的详细内容。在第一次整合过程中，笔者将考察佛山都市化的基本动因、广铁开采与佛山产业集聚渊源、明初乡族社区权力特征、九社祭祀圈形成、家庭手工作坊发展模式、郑和下西洋与广锅贸易等；在第二次整合过程中，笔者将展现官准专利政策下民营冶铁业的经营方式、宗族的创立与组织状况、南海士大夫集团的隆替、广锅与九边互市、新兴士绅集团的整合等；在第三次整合过程中，笔者将呈现佛山商品经济全面发展和市场地位上升的面貌，佛山市舶与广锅海外贸易盛况，清廷广锅、广炮采办制度，展示佛山空间结构变化和特色，展现土著与侨寓、士绅与土著、作坊主与工匠、精英集团与劳苦大众的矛盾斗争与调适这一互动过程。与此同时，还将揭示佛山多样性的文化生活和典型化的祭祀活动及其文化意义，讨论祖庙城市管理中枢的地位和作用以及控制权转移的过程。如果读者能够通过本文多少了解明清佛山城市的丰富画面，那么笔者就已感到很大的满足。

在进入正文之前，有必要对本书涉及的几个理论概念略加说明。

"社会整合"（Society Integration），是指不同的社会实体相互吸引重新组合、调适而趋于一体化的过程。其理论最早来自于斯宾塞（Herbert Spencer，1820—1903）的演化论。斯宾塞认为社会的演化过程与生物演化极为相似。社会起初所进行的整合，就是几个原本独立的实体合而为一，如几个城邦合并为一个国家。整合之后又引起社会结构的分化。整合的力量和分化的力量交互作用，就产生演化，结果使社会结构由单纯变为复杂（即社会功能的精细分化）。斯宾塞将社会演化分为两种形式——军事的和工业的，军事社会的整合原则是"强迫合作"；工业社会的整合原则是"自愿合作"，人与人建立出于自愿的关系，不需政治干预。[1] 涂尔干（Emile Durkheim）发展了社会整合理论。涂尔干最感兴趣

[1] Herbert Spencer, *The Principles of Sociology*, 3 Vols, London：Williams and Norgate，1987，1；596.

的是社会整合与控制的方式,他将社会分为两种：环节的和复杂的。环节社会就是同质社会,由许多个结构相似的亲族单位所组成,分工不显著,只限于性别分工和年龄。涂尔干将这种环节社会比作蚯蚓,被截断一个环节,可以立刻再生,也不致使整体丧失重要机能。环节社会整合是“机械性的团结”,它要求每一个人都有同样的价值观念,任何不合群的举动,都会遭到严厉和残酷的惩罚。这就反映出环节社会的集体观念。复杂社会整合由许多种方式促成,这种整合是有机的团结,除法律之外,整合方式有风俗习惯、商业惯例、商业默契等。[①] 涂尔干与斯宾塞的理论不同,斯宾塞只把整合当作是个人互动的副产品,而涂尔干则强调整合在复杂社会的重要性。他们之后,韦伯也提出了现代社会整合的理论。[②] 韦伯认为使工业资本主义得以兴起而且延续下去的历史环境,一是基督新教特别是卡尔文教派的兴起,促成当时的社会和心理环境有利于工业资本主义的盛行;另一是科层制度影响了社会结构,而使工业资本主义延续下去。韦伯并没有建立一套完整的整合学说,他只是找出重要的历史现象与制度模式的关系,并发展出一些概念。由于本书重点研究的佛山所处的发展阶段是前资本主义时期,因此本书据以分析社会整合的理论多源于斯宾塞和涂尔干,尤得益于后者。

“都市化”(Urbanization)是西方学者历来热衷研究的一大理论问题。厄德瑞基(H. T. Eldridge)将都市化定义为一种人口集中过程,其过程有两种方式进行：一是新集中点增加,二是原有集中点扩大。都市化是由于所采用生产技术方法的改变而引起的,其结果是使进行采用该技术方法的地域能够增加其接纳人口的容量。[③] 米切尔(J.C.Mitchell)将都市化定义为一种人口移向都市,由农业活动转向都市职业,及对应的行为形态之改变的一种都市形成过程。[④] 而米多斯(P.Meadows)则将都市化定义为由技术与社会之交互影响而产生都市文明的一种过程。[⑤] 归纳上述叙述,都市化是指一种人口由乡村移向都市,使都市人口数增多或都市规模扩大,因而引起行为、经济活动及许多方面发生改变的一种动态过程。

影响都市化的因素多而复杂,因历史背景及文化发展阶段之不同,所受因素的影响亦不同,但最主要是人口增加及工业发展,此二者互为因果关系。农村中因人口增加而农地资源有限,无法提供足够的就业机会及容纳新增加人口,组成了农村“推力”(pushfactors)。城市中因区位优越,适于专业分工,生产效率高,能提供较多的就业机会

---

① Emile Durknerm, *The Division of Labor in Society*, New York, 1909.
② B Neil J. Smelser：《经济社会学》,台湾开明书店 1979 年版,第 14—15 页。
③ Eldridge, H.T, *The Process of Urbanization Social Forces*, Vol, 20, No.3 (March 1942), pp.311 - 312.
④ Mitchell, J.C, *Urbanization, Detribalization, and Stabilization in Southern Africa: A Problem of Definition and Measurement in Social Implication of Industrialization and Urbanization in Aftrica South of the Sabara*, Paris：UNESCO, 1956.
⑤ Meadows, P., The City, Technology, and History, in Panl Meadows and E. H. Mizruchi (eds), *Urbanism, urbanization, and Change: Comparative Perspectives*, Addison-Wesley Pubishing Co., 1969.

且所得较高,组成了城市"拉力"(pullfactors)。这种农村与城市同一方向的推拉合力,是都市化的主要动因。

佛山是明初新兴的城市,不是旧有的郡县城市,其人口集中的过程属于新集中点增加的方式。这在中国封建社会里是不多见的,因而佛山都市化过程具有代表新兴城市的典型意义。佛山又是以手工业生产为主的城市,其都市化动因以城市的拉力为主,以农村推力为辅。笔者认为佛山与广州存在着不同的拉力特征,否则两个近在尺咫的大城市的并存是不可思议的。

"完全竞争市场"与"不完全竞争市场"(Perfect Competition and Imperfect Competition)。在城市经济史的研究中,最容易犯的错误就是没有区分完全竞争市场与不完全竞争市场的概念。许多研究中国经济史的学者在讨论中国古代市场时,常常没有考虑到这样一个前提条件,即该研究对象是属于完全竞争市场还是不完全竞争市场。然而看得出来,大多数论者是把其市场假定为完全竞争的。完全竞争市场理论导源于亚当·斯密(Adam Smith)"完全竞争市场"的理论模式。亚当·斯密假设,任何一个厂商,都无法操纵市场和价格。在这个模式里,"权力"被划分出来,成为一个变项。有经济权力的集团,没有政治权力。在完全自由竞争经济制度下,商人会投资于最具潜力的企业,在市场中得到"合理的"利润。经济系统会自我调整。[①] 亚当·斯密的这一理论,在 20 世纪初期曾盛极一时。

1933 年,约翰·罗宾逊等人提出不完全竞争理论。[②] 他们认为,在不竞争的情况下,厂商会不讲求效率而浪费生产资源。他们发展出新假说:政治力量对经济有很大影响。在完全竞争市场中,没有一个厂商能绝对控制市场。相反的,在不完全竞争市场,有时厂商可以操纵政府。若要进行分析,必须先确定经济体系内各种权力关系的本质。事实上并不是所有市场都能达到完全竞争的境界。在某些情况下,如果一两家厂商控制了产品原料,他们就可以哄抬物价,控制市场。如果政府设立公营事业而制定收费标准,也就是控制了价格和产品,也不可能有完全竞争。特别在我们研究的明清经济史领域里,不完全竞争的情况比比皆然。因此不完全竞争理论对我们的研究具有启发意义。

"传统型城市"与"近代化城市"。尽管人们常常把城市与近代化联系起来,但城市并不是近代社会的产物。城市发展的历史几乎与人类文明史一样悠久漫长,本书讨论的佛山,自明正统年间兴起以迄于今,一直作为城市存在发展。今天更成为当今中国生产总产值超万亿的城市之一。然而,由古代城市发展到现代城市之间,有一个近代化的转型期,转型前的佛山与转型后的佛山在城市特征上有许多区别。为了进行区分,本文把转型前的佛山称为"传统型城市",把转型后的佛山称为"近代型城市"。两者所表现出来的不同特征见下表:

---

① Adan Smith, *Inquiry into the Nature and Causes of Wealth of Nation*, New York: Modern Library, 1937.
② Joan Robinson, *The Economics of Imperfect Competition*, Cam-Brige: Harvard University Press, 1933.

表 1-2　佛山城市结构特征表

类　型	经济结构	社会结构	文化结构	社会不安	控制方式
传统型佛山	手工业家庭作坊为主	宗族、行会、商人、士大夫的结合	价值观趋同，民间信仰认同北帝	工匠哄闹，饥民暴乱	祖庙裁决，忠义营，义仓发赈
近代型佛山	机器工业与工场手工业、家庭作坊的结合	议会、商会、工会、学堂的联盟	多种价值观并存，基督教、天主教传入并立足	商人罢市，工人罢工	军队警察法院

如上所述，本书的目的在于揭示传统中国工商城市的发展道路，因此本书讨论的重点在于传统型都市社会的整合与变迁。至于近代型都市社会的转型，牵涉到另一重大的理论课题，非本书所能容纳，深入的研究有俟来者。

本书根据的材料有三个来源：

一是文献资料。中国基本古籍所收录文献，包括《明实录》《明会典》《明经世文编》《清实录》《清会典》等典籍；明代各省州府方志，其中五套《广东通志》、七套《南海县志》、三套《佛山忠义乡志》是方志的主要内容；佛山地方族谱，笔者查阅过现存佛山族谱共有 70 余种，民国《佛山忠义乡志》艺文志只记载 7 种，其中《吴氏族谱·大树堂》只见有手抄残本，不过根据吴荣光手撰、后人抄录的《祖公吴荷屋手订年谱》可以补证；佛山地方文书比较珍贵，多系统记述了佛山某一方面的事情。本书利用的《佛山房屋买卖契约》《佛镇义仓总录》《佛山街略》《灵应祠尝产图形》《真武上帝巡游路径》《李石泉家书》《祖公吴荷屋手订年谱》《张荫桓日记》《鹅湖乡事往返尺牍》等，都具有特殊的史料价值。

二是碑刻资料。佛山原有碑刻十分丰富，经过日军侵占时期和"文化大革命"时期两次破坏，已大量损毁。从 1982 年起，笔者和蒋祖缘、谭棣华、陈忠烈与佛山博物馆合作，收集当时残存的有关经济碑刻并整理出版，该书收辑碑文 78 件。而未收录的有关社会和文化的碑刻尚多，加上文物普查新发现的碑刻，佛山碑刻总数在 150 件左右。笔者有幸披阅了这部分资料。

三是档案材料。中国第一历史档案馆收藏了明、清两代尤其是清代的全国官府系统的档案资料。其中两广督抚的奏折和题本有大量涉及佛山事宜的资料，而宫中朱批奏折和内阁题本则有皇帝和六部对佛山官员及事务的处理意见和态度。笔者曾连续三年到中国第一历史档案馆查阅有关档案资料，并由此激发了笔者对明清国家体制与佛山制造、城市发展之间关系的深入思考。《明代辽东档案汇编》《东坡塔档案》《东印度公司编年史》《叶名琛档案》，都有关于明代和清代佛山产品市场交易的具体记载。此外，南海县档案馆也收藏了十分丰富的民国时期佛山的档案材料（民国四年南海县始迁佛山），笔者查阅过其中的 151个卷宗。当然，由于本书重点放在明清时期，因此只是很有限地利用了这批已收集的资料。

第二章
佛山的生态环境与人文环境

生态环境是人类生活的地理空间,是人类赖以生存的自然基础,从物质结构来说,生态(自然)环境是四大圈层(岩石圈、大气圈、水圈和生物圈)有机结合构成的自然综合体。因此,环境不仅是人类吸取基本生命物质的场所,而且是人类取得生产建设的原料源泉。

生态环境和人类社会是相互关联的对立统一。一方面,生态环境是对人类社会长期起作用的重要因素,人类须臾不能离开生态环境而存在,人类本身也是自然的一部分。黑格尔曾说,水性使人通,山性使人塞;水势使人合,山势使人离。讲的就是自然性质与人的禀赋气质的关系。另一方面,人类在不断地改变生态环境的整体,干预自然界物质循环的同时,也改变了人类自己。

佛山自古以来水道纵横,河涌交错。水乡泽国的生态环境,决定了佛山社会的经济特点及其文化特征。

第一节　独步岭南的泽国沃壤

在岭南区域内,珠江三角洲具有地势平坦、土地肥沃、物产丰富的特点,其地理特征与长江三角洲颇为相似,都是大河冲积平原。佛山正处在珠江三角洲的核心区,其得天独厚的地理优势,来自于珠江水系的千年孕化。

一、水孕乡邦

史称:"东粤之雄,莫先于穗石之岑也;南海之饶,莫过于禅山之浔也。"[1]又称:"佛山当八府之冲,西樵为群峰所萃,南邑奥区也。"[2]佛山位于著名的珠江三角洲平原上。珠江是西江、北江、东江三大河及其他支流如流溪河、潭江、绥江等组成的水系总称,珠江三角

---

[1] 吴荣光:道光《佛山忠义乡志》卷一一《艺文下》,道光十年刻本。(下称道光《佛山忠义乡志》)
[2] 袁昶:光绪乙巳刻《广东便览》卷一《广州府序》,页9。

洲则是汇集诸江下泄泥沙,借助南海海潮顶托,在一个岩岛罗列的浅海湾上沉积而成的三角洲平原。据科学测定,珠江水系每年挟带着 8 544 万吨天然有机肥泥,惠赠给珠江三角洲平原,其中以西江最多,年平均输沙量 7 530 万吨,约占珠江流域总输沙量的 90%,且含有丰富的有机物,故三角洲人誉之为"西江麸"。① 珠江三角洲的大片沙田就在"西江麸"的基础上生成。沙田的大片生成,成为珠江三角洲人民的重要资源,同时,也是佛山宗族赖以发展的重要基础。

广阔富饶的珠江三角洲,地势低平,河道纵横,岛丘散布,间有低洼积水地,当地人把小丘称为岗,把低洼地称为"塱""涡"。佛山地处珠江三角洲平原西北部,四面环水,地理坐标为北纬 22°58′30″—23°04′07″,东经 113°09′50″—113°10′30″之间。东北与大沥接壤,距广州 16 公里,西以沙口为界,东以佛山涌为界,南以东平河为界。地势自西北向东南倾斜。东西长 15 公里,南北宽 10 公里。② 佛山西南部的王借岗,海拔 51 米,是佛山城郊最高点,异峰突起,历来是抵御西潦、分杀水势的中流砥柱。

佛山西北部从石湾起有 80 多座呈南北排列的不规则侵蚀性丘陵地,海拔 15—35 米。内有丰富黏土资源,易于采取,适宜烧制陶瓷。佛山左近的张槎乡一带,则有冲积而成的大片优质河沙区,其沙颗粒细滑,是制造铸造模型的良好材料。古来范土铸金,陶冶并立,二者在技术上有许多相联系的地方。据考古发掘报告,自唐以来石湾陶窑就一直在发展。③ 石湾陶业的存在,客观上为佛山冶铁业的发展作了技术上的准备。

二、舟行天下

珠江水系一进入三角洲地区,河道就呈分汊状向南散布,愈向下游分汊愈多,河道迂回曲折,干道时分时合,纵横交错。在珠江出口,又为一系列东北至西南走向的滨海岛屿群落所包围,将水收束分流,从八大门出海。这一方面增加了河网的复杂化,另一方面也有利于河、海两大系统的相互联系。这种密布、交错的河网状况,为航运交通和商业贸易的低成本发展创造了有利条件。佛山正处在西、北两江干流通往广州的要冲上。佛山地扼西、北两江之冲,"上溯浈水,可抵神京,通陕洛以及荆、吴诸省",④西接肇、梧,通川、广、云、贵;下连顺(德)、新(会),通江门、澳门;东达番(禺)、东(莞),通石龙、惠州。

秦汉时期,西江主流出羚羊峡后,就进入宽阔的南海。《汉书·地理志》称郁水(西江)

---

① 佛山地区革命委员会《珠江三角洲农业志》编写组:《珠江三角洲农业志》(初稿)卷一,1976 年,第 12 页。[下称《珠江三角洲农业志》(初稿)]

② 广东省佛山市石湾区农机水电局编:《佛山市水利志》,1990 年,第 3 页。关于佛山的范围,根据乾隆《佛山忠义乡志》卷一《乡域志》载:"周遭三十四里,中分二十四区,区可一里有半。"又据道光《佛山忠义乡志》卷一《乡域志》载:"其地袤十里,广七里。东抵蠔冈堡,西抵张槎堡,南抵魁冈堡,北抵叠滘堡。"均比现代所划佛山市区为小。本文叙述的范围,以方志所述铺区范围为中心,偶尔旁及佛山附近不出十里的乡村和石湾乡。

③ 参阅《佛山铸造史话》;《广东石湾古窑址调查》,《考古》1978 年第 3 期。

④ 朱相朋:《建茶亭记》,陈炎宗总辑:乾隆《佛山忠义乡志》卷一〇,乾隆十七年刻本。(下称乾隆《佛山忠义乡志》)

"东至四会入海"。西江河道在此分为两支,一支往东直趋番禺城下,一支向南汇流入海。唐宋以来,大量泥沙在西、北、绥三江汇合处堆积,使北江河道加速淤浅,河床抬高,阻挡了西江与北江的水体交换,形成了今日宽约500米、长约1500米的思贤滘。思贤滘的出现,使西江通往广州的主航道不断南移。

北江自古是岭南与中原相联系的南北交通要道,从北到南有白泥水、芦苞涌、西南涌通往广州;西江自古也可直趋西南涌入广州。随着思贤滘的形成,北江干流陆续淤浅,至省通道不断南移。隋唐时期白泥水淤浅,改由芦苞涌经官窑而达广州。两宋时期,芦苞涌淤浅,北江至省通道南移西南涌,西江至省通道仍可东趋西南涌至广州。元代以来,西南涌也相继淤浅,西、北两江至省主航道南移至佛山涌。凡循西、北两江南下之船,必先到佛山,再达广州,使佛山涌成为西、北两江到广州的主航道。史称:"粤地滨海,佛山据省会上游,潮汐所至。西、北两江由佛出省河入海,以数里之地而受数千里或千里之水。"①根据珠江三角洲成沙范围示意图(至960年止)来看,②宋代佛山正处在离海口不远的大沙洲上,地当海舶必经要冲。康熙《南海县志》记载:"考北江抵省故道,初由胥江、芦苞、趋石门,尚未与郁水合。迨芦苞淤塞,下由西南潭趋石门,始会郁水合流;后西南潭口再淤,今由小塘、紫洞(佛山涌)入王借岗、沙口,趋佛山、神安,南往三山入海。"③"先有官窑,后有佛山"的古老俗谣,正说明了佛山取代官窑,成为主要交通要冲的历史过程。这一得天独厚的地理位置,为佛山成为岭南中心市场创造了有利条件,从而确立了佛山重要交通门户的地位。

三、基塘密布

珠江三角洲气候属副热带海洋季风气候,位于北回归线以南,冬季极短,阳光充足,全年平均气温为摄氏21—22度,七月平均气温在28—29度之间。年平均霜日仅1—3天。由于受海洋气候影响,除山区外,大部分地区空气中的水蒸气较多,热能消散较慢。④珠江三角洲雨量充沛,年平均雨量1 600—2 000毫米以上。冬季吹东北风,夏季吹东南风。全年以东风为主,年平均风速为每秒2.2—3.6米。这种温热多雨的气候有利于农作物生长成熟。但珠江三角洲夏秋间受台风袭击,如台风袭击珠江口以西时,其台风的移向,多对准河口,与潮流方向一致。在汛期往往因为台风涌潮顶托,加重洪水威胁。⑤而洪水威胁的存在,则是产生独特的珠江三角洲农业经营方式的重要原因。为了抗御洪水侵犯,三角洲人民很早就利用筑堤围来垦辟农田。一般而论,堤是顺河道水流方向修筑的单向大

---

① 冼宝干:民国《佛山忠义乡志》卷二《水利志》,民国十二年刻本。(下称民国《佛山忠义乡志》)
② 《珠江三角洲农业志》(初稿)卷一《秦汉隋唐五代成沙范围示意图》。
③ 康熙《南海县志》卷一《舆地志·山川》。
④ 《珠江三角洲农业志》(初稿)卷一,第15页。
⑤ 同上。

堤防；围是圈筑成封闭状的小堤围。但小围可发展为沿河大堤防，而大堤防亦可延伸到各支流小河的支堤，使堤防又闭合为围，可见两者的发展实是相辅相成的。故三角洲人民往往堤与围混称，亦有称基围者。

佛山就处在珠江三角洲中北部围田区内，四周堤围拱立。早在北宋真宗年间，在佛山涌对岸就有罗格围建立。当时"堤高不满五尺"，至元朝英宗时，又扩大范围并加高培厚。当时堤长6 000余丈，围内居民一十六乡，捍田面积400余顷。[①] 北宋徽宗年间，在南海县境内建立了最大的基围——桑园围。该围经历代加修，到乾隆五十九年(1794)间基围长达14 772丈，捍田面积1 842顷。[②] 南宋年间，佛山人民也修建了自己的基围——存院围，史称："佛山内外基围以存院围为命脉，故老相传，此围始建于南宋时代，围内四十余乡，田园数百万亩。"[③] 这些堤围的修筑，改善了佛山及周围地区的农业生产环境，为佛山的经济发展创造了条件。

特别要指出的是，与围田区形成相联系的是农业经营方式的改变。如上所述，珠江三角洲平原内原就有不少称为"塱""涡"的积水低洼地。没有筑堤之前，水来漫顶，水退难消，为洪涝久积之地，无法开发利用。筑堤之后，阻挡了来水，为利用这些低涝地提供了条件。加之长距离的修筑堤围，挖土培基，在基围附近又形成了新的大片低洼地。如何利用这些低洼地，成为一个重大经济问题。于是，在最早的围田区内，人们创造出一种独特的土地经营方式——基塘。人们将低洼地深挖为塘，并将余土培高塘基，塘内养鱼，基上栽果，称为"果基鱼塘"。明中叶佛山附近石湾乡太原霍氏就经营这种鱼塘。其族谱记载：

> 景泰五年，买得前塘。彼时东头尖小，后买岑亚辛、陈细奴地，帖连改阔东头四丈，实壮门面景致，吾家万代之风水也。本塘计□亩零，递年正月便要下鱼种：扁鲩一千，大头二百，鲩二千，鲮二千，鲤仔亦一二百。年尽干讫。明年正月水到，就买鱼种。或先用小塘，七月鱼平贱之时，买下隔过好。如此，则年年有业。但大雨水逼之时，务要勤□提点塘口，又时常要察人偷钓。如或祭祀及宾客至，当用多寡，则计数捞取。平日无故，不得乱捞。若能留积者，岁晚卖鱼，输粮亦足矣。[④]

这段材料，表明了明中叶石湾太原霍氏已能在鱼塘中养"四大家鱼"——鳙(大头)、鲩、鲮、鲤。而鱼塘经营，不仅能满足霍氏平时"祭祀"和待客之用，而且在"岁晚卖鱼，输粮亦足矣"，可见获利颇丰。由此我们相信，由"果基鱼塘"生产出的塘鱼、荔枝、甘蔗等商业

---

① 《珠江三角洲农业志》(初稿)卷二《罗格围围志》，第10页；广东省南海县水电局编：《南海县水利志》，1989年，第91页。
② 何如铨纂修：《重辑桑园围志》(光绪己丑刻本)卷一《奏议(引言)》。
③ 民国《佛山忠义乡志》卷二《水利》。
④ 石湾《太原霍氏崇本堂族谱》卷三《太原霍氏仲房世祖晚节公箴》"养塘鱼之法"。

性农产品,为当地居民带来了比传统农业大得多的经济效益。

基塘经营方式是一个重大变革,它把珠江三角洲的农民从单一的稻作经营转变为集约式商品性农业经营。同时也改变了农民对待农业生产的态度,使他们精明强干,逐利而作。其后,基塘以不可遏止的势头在围田区内迅速发展,其发展又表现为农业经营的两个变化,一是种植作物由果树到桑树的转变。由于蚕桑和养鱼可以互相促进,蚕屎喂鱼,塘泥肥桑,而且蚕茧造数多,生丝商品档次高,生产资金也周转快,因此,"桑基鱼塘"代替了"果基鱼塘"成为基塘的主要经营方式。二是土地利用的变化。因为"树桑养鱼,其利过于种禾数倍",①这引发了"弃田筑塘,废稻树桑"的热潮,②即从最初低洼地种桑转变为直接利用稻田种桑。明清时期,基塘区的南海、顺德各乡纷纷锹田筑塘,走上集约化经营道路。九江乡顺治年间桑基鱼塘已占总耕地面积的80%。③ 这种种养结合的集约式农业经营方式具有很大的商品性:一方面,它提供了大量的甘蔗、蚕茧、塘鱼等商品性农产品,扩大了农村的交换对象和范围,直接为手工业生产提供了原料;另一方面,它又必须有大量的手工产品作保证。例如丝织业所需蚕茧需要农村养蚕业提供,而榨糖必备的铁锅、桑植所需刀剪则取自冶铁业。商品性农业经济的发展,促进了手工业同农业的分离,刺激了更多的交易场所和手工业城镇的出现。明初,南海县境内的墟市在宋元基础上迅速增加,当时除广州外,还有官窑、金利、青歧、芦苞、三水、大通、逢简、九江、平州以及佛山等,这里成为三角洲境内最富庶的地方,随着市场网络日趋发育成熟,客观上要求有比墟市更大规模的城镇来担负区域性市场经济网络中枢的任务。于是,自明以后,佛山就在这批墟市中脱颖而出,与广州一起成为三角洲的经济轴心,时人并称"省佛"。可见,佛山的兴起,深深地植根于珠江三角洲发达的商品性农业经济基础。

第二节　气标两广的人文之邦

佛山最早的居民,可以追溯到新石器时期。1977—1978 年,考古工作者在佛山附近河宕发掘了 77 座原始社会墓葬,出土陶片 4 万多片,各种石器、骨品 100 多件,动物遗骨 3 500 多块。其中有同时期新石器遗址的印纹陶片,上刻有"Ⅰ""Ⅱ""Ⅲ""Ⅹ""↑"等原始记数、记事符号,属原始文字的萌芽。尤其是河宕制陶工艺中采取了拉坯成型的轮制技术,④证明了当时制陶技术的发展达到较高水平。在岭南考古学上占有重要地位的佛山澜石东汉墓群的发掘,为我们进一步提示了佛山早期居民的物质文明状况。随葬品中有

① 民国《龙山乡志》卷三《舆地略》三《风俗》。
② 参阅叶显恩、谭棣华《明清珠江三角洲农业商业化与墟市的发展》,载《广东社会科学》1984 年第 2 期。
③ 《珠江三角洲农业志》(初稿)卷三,第 19 页。
④ 佛山市石湾陶瓷研究所:《对河宕和狮子桥遗址出土陶片的一些看法》,广东省博物馆、佛山市博物馆编著:《佛山河宕遗址——1977 年冬至 1978 年夏发掘报告》,广东人民出版社 2006 年版,第 172 页。

陶屋模型 5 件和陶水田附船模型 1 件。陶屋作三合院式，平面呈凹字形，由前堂、后室和天井构成。屋顶作悬山式，门前有台基。天井为猪栏。水田附船模型呈"田字型"方格，田外有小河，小船泊在田边。反映了此时佛山附近已有水田。劳动者是乘坐小船下田运粮。水田里使用了"V"形犁，施用了底肥，并且使用了移栽秧苗的先进技术。收与种同时进行，表明已经实行稻作二造制。[①] 陶屋和水田附船模型，展示了当时佛山典型农户的生活和生产风貌。而在佛山附近东大戊岗脚发现的宋代窑址，[②]表明了佛山一带的手工业（陶瓷业）很早就从农业分离出来独立发展。

一、信仰高地

"佛山"之名，相传源于东晋。当地故老有句俗谚"未有佛山，先有塔坡"，据道光《佛山忠义乡志》记载：东晋隆安二年（389），有三藏法师达（昆）［毗］耶舍尊者来到塔坡冈，结茅讲经，不久西还。后至唐贞观二年（628），乡人见塔坡岗夜放金光，掘地得铜佛三尊和圆顶石碑一块，碑上书"塔坡寺佛"。下有联云："胜地骤开，一千年前，青山我是佛；莲花极顶，五百载后，说法起何人。"[③]乡人十分诧异，遂以供之经堂，建塔崇奉。并因此名其乡曰"佛山"。[④] 刻有"贞观二年佛山"六字的塔坡古刹门前石额，直到民国三十六年仍保存在普君墟卖箩巷。虽字迹漶漫，而唐人刚劲笔力犹可辨认。[⑤]（见首页图 1）西域僧是否曾前来佛山讲经之事，无从考证。但具有文化意义的不仅仅是西域僧是否到过佛山的事实，我们看到，通过这么一个神秘传说，表达了佛山居民具有一个神圣的地望观念。而地望观念的存在，既是居民聚落一定发展阶段的产物，又是吸引居民聚落不断发展的一个重要因素。用"佛山"代替"塔坡"，表明了佛山早期居民希望把佛山村与晋唐佛教东来之事联系起来的良好愿望。

唐宋时期，中国经济重心不断南移。尤其是北宋以来，建炎南渡，元兵入主，大批士民渡岭南来。这些南迁的氏族，大多散居于珠江三角洲。他们带来了中原和江南的先进生产技术，和当地土著居民相结合。开拓荒野，兴修水利，使珠江三角洲迅速成为丰产适宜的农业耕作区。乾隆《佛山忠义乡志》卷三记载："乡之成聚相传肇于汴宋。"可见佛山形成聚落的时间段是与这一移民浪潮相一致的。

对佛山人文环境具有重大影响的真武庙就建于宋代。屈大均曾说："吾粤多真武宫，以南海佛山镇之祠为大，称曰祖庙。"[⑥]真武庙奉祀真武神，俗称北帝，其神"被发不冠，服

---

① 《广东佛山市郊澜石东汉墓发掘报告》，《考古》1964 年第 9 期。
② 《佛山专区的几处古窑址调查简报》，《文物》1959 年第 12 期。
③ 道光《佛山忠义乡志》卷二《祀典》。
④ 同上；乾隆五十三年《重修佛山经堂碑记》，见《明清佛山碑刻文献经济资料》，第 89 页。
⑤ 《南海日报》民国三十六年十月十二日。
⑥ 《广东新语》卷六《神语》，第 208 页。

帝服而建玄旗。一金剑竖前,一龟一蛇,蟠结左右,盖天官书所称北宫黑帝,其精,玄武者也"。①

佛山真武庙始建于何时?向有两说。一说谓不知何代。宣德四年,唐璧说:"庙之创不知何代?以其冠于众庙之始,故名之曰祖庙。"②一说谓建于宋元丰年间。景泰四年,广东布政使等官员《谕祭灵应祠祝文》则称:"维神庙食南土,肇宋元丰,捍患御灾,累著民迹。"③《粤小记》作者也说:"佛山灵应祠,创自宋元丰年间,初名祖堂,又名龙翥祠,屡朝显著,不可胜纪。"④陈炎宗则两说并举,谓:"祠之始建不可考;或云宋元丰时,历元至明皆称祖堂,又称祖庙,以历岁久远,且为诸庙首也。"⑤上述唐璧的《重修祖庙碑记》提到下述史实:"当元季时,群盗蜂起,有龙潭贼,势甚猖獗,舣舰于汾水北岸,欲剽掠乡土。父老求卫于神。是时天气晴明,俄有黑云起自西北,须臾烈风雷雨,贼舰几尽覆溺,境土遂宁。"正统三年《庆真堂重修记》亦载:

> 自前元以来,三月三日,恭遇帝诞,本庙奉醮宴贺。其为会首者,不惟本乡善士,抑有四远之君子,咸相与竭力,以赞其成。是日也,会中执事者动以千计,皆散销金旗花,供具酒食,笙歌喧阗,车马杂遝。看者骈肩累迹,里巷壅塞,无有争竞者。岂非致中和之敦乎?大德之间,庙前有榕树两株被风吹颓,乡人聚以二百余众,扶立不动。是夜忽闻风雨声,次早树起而端然。⑥

以上材料都详细地记述了元代真武庙的各种活动,每当三月三北帝诞日,"车马杂遝","里巷壅塞"。如果真武庙没有一定时间的发展,没有素著灵响的名声,不可能有"四远之君子""相与竭力以赞其成"的盛况。可见真武庙早在元代以前就已存在了很长一段时间。

真武庙的存在发展,吸引了四周的居民,人们相信:祖庙"所奉之神不一,惟真武为最灵。其鼓舞群动,捷于桴鼓,影响莫知所以然"。⑦例如有"水旱灾沴者"叩于神,即风调雨顺;有海寇掠乡者,乡人叩于神,贼舰即覆溺。又如乡人有被窃者,叩于神,"盗乃病狂,自赍所窃物归其主"。再如,有"同贾而分财不明者,矢于神,其昧心者即祸之"。⑧因为真武神有所祈祷,凤著灵响,不仅"一乡之人,奉之惟谨",⑨各处信士也闻风麇集。四时香客络

---

① 《广东新语》卷六《神语》,第 208 页。
② 唐璧:《重修祖庙碑记》,道光《佛山忠义乡志》卷一二《金石上》。
③ 乾隆《佛山忠义乡志》卷一《乡域志》。
④ 黄瑞谷:《粤小记》卷三。
⑤ 乾隆《佛山忠义乡志》卷二《官典志》。
⑥ 正统三年《庆真堂重修记》,道光《佛山忠义乡志》卷一二《金石上》。
⑦ 唐璧:《重修祖庙碑记》,道光《佛山忠义乡志》卷一二《金石上》。
⑧ 同上。
⑨ 景泰二年《佛山真武祖庙灵应记》,载《明清佛山碑刻文献经济资料》,第 375 页。

绎,烟火不断。地方保护神的缔造,是古代传统社区发展过程的必然产物。人们在形成一个社区的同时,社区内部与社区外部的各种争端会随之发生,因此需要一个代表某种抽象正义观念的神明权威来维持和调节社区关系。"作为神灵,尽管并不想象为无所不能,但至少被想象为比凡人强大得多。在特定范围内,他成了维护正义、反对强权的斗士,成了穷人、寡妇、孤儿和在人间无依无靠之人的保护者"。① 祖庙最初的建立,充分体现了其为乡民提供精神保护的功能。

二、状元之乡

早在南汉乾亨四年(920),咸宁县(佛山黎涌)简文会考中南汉状元,官至南汉翰林院编修、尚书右丞。有明一代,佛山人才辈出,科甲鼎盛。在佛山及其周边的一隅之地,连连涌现出状元、会元和名宦大吏。"吾粤之科第仕宦,所为美谈者,则伦文叙、以琼、以训、以诜,所谓'父子四元'也;梁储、霍韬、伦文叙、伦以训,所谓'五里四会元'也;戴缙、霍韬、潘浚、陈绍儒、方献夫、李待问、何维柏、陈子壮,所谓'七里八尚书'也"。② 此外,在佛山镇内,还有进入广东先贤祠的正德年间兵部主事梁焯和佛山镇民敬仰的嘉靖年间刑部主事冼桂奇;在离佛山三里的弼塘乡和叠滘乡,嘉靖年间又出了理学大家庞嵩和名宦庞尚鹏(明代推行一条鞭法的主要人物)。③ 史称佛山镇"在昔有明之盛,甲第笼踪,一时士大夫之籍斯土者列邸而居,甍连数里。昔人所谓南海盛衣冠之气者,不信然欤"。④

清代佛山科名虽无峥嵘露头角的人物,却在数量上仍有优势。乾隆年间佛山同知黄兴礼说:"广郡科第之盛甲于粤中,南海科第之盛甲于广郡,佛山科第之盛又甲于南海。"⑤ 同时的渤海人叶汝兰也称,佛山"衣冠文物之盛几甲全粤,盖骎骎乎海滨邹鲁矣"。⑥ 至道光年间,佛山官至督抚的人物有湖南巡抚吴荣光。⑦ 比至清咸、同、光年间,佛山科名又重新崛起,当时有同治十年(1871)状元梁耀枢、四川总督骆秉章,有咸丰九年(1859)探花李文田(礼部右侍郎),鸿胪寺少卿兼军机梁僧宝,协办大学士、法部尚书、出洋五大臣之一的戴鸿慈,户部左侍郎、驻美国公使张荫桓。⑧ 此外,在佛山书院就读后成名的人物还有戊

---

① 〔美〕E·A罗斯:《社会控制》,华夏出版社 1989 年版,第 110 页。
② 卢子骏:《新会潮连乡志》卷七《杂录略·科第仕宦》。
③ 乾隆《佛山忠义乡志》卷四《选举志》。又据道光十年禅山怡文堂刻《佛山街略》(原书藏大英图书馆)记载:"镇东五里为石头霍公尚书故居,再二里为状元伦文叙、会元伦以训父子故居,(胜门汛)外三里弼塘理学庞公故居,(平政)桥外五里是少师梁阁老故居。"
④ 宋玮:雍正三年《修复旗带水记》,乾隆《佛山忠义乡志》卷一○《艺文志》。
⑤ 黄兴礼:乾隆十三年《海口文昌阁记》,道光《佛山忠义乡志》卷一二《金石下》。
⑥ 叶汝兰:《重修佛山经堂碑记》,道光《佛山忠义乡志》卷一二《金石下》。
⑦ 民国《佛山忠义乡志》卷一三《选举二》。
⑧ 同上。

戊变法的主要人物梁启超和署理邮传部大臣、交通系主要人物梁士诒等。[①] 如此科名辈出，在当时的岭南无出其右。（图2-1）

图2-1　"状元及第"匾，同治十年（1871）梁耀枢（采自《佛山人物志》）

由上可见，明清两代佛山确系"气标两广的人文之邦"，唯其如此，研究这块土地上的人物与社会，就具有了特殊的价值。

---

① 民国《佛山忠义乡志》卷一五《艺文一》；何扬：《辛亥前后的梁士诒》，载《三水文史》第16、17辑合刊，第45页。

第三章
南汉以来的冶铁业与佛山铸冶

　　岭南地区的冶铁业渊源久远,唐末南汉国时期(917—971)是岭南古代冶铸业发展的第一个高峰时期;宋朝是高度重视官营"坑冶之利"的王朝,此时岭南地区金属矿区的开发和铸冶技术的进步,使宋代成为岭南古代冶铸业发展的第二个高峰时期;元朝宽松的冶铁政策,使岭南地区民营铸冶业的发展成为可能。上述岭南地区长期发展的金属矿区开采历史和铸冶技术的积累,是佛山铸冶业在明代崛起的前提条件。

第一节　南汉岭南冶铸业的发展

　　南汉国时期是岭南古代冶铸业发展的第一个高峰时期。在南汉国短短的 54 年时间里,岭南冶铸业取得令人惊叹的成就。众所周知,南汉国通过战争拓展了广大疆域,时人称南汉"东抵闽越,西尽荆楚,北阻彭蠡之波,南负沧溟之险。盖举五岭而有之,犀象珠玉翠玳果布之富,甲于天下"。[①] 在南汉疆域覆盖下的两广地区、湘南郴桂地区和交趾,都富产金、银、铜、铁、铅等矿产。刘隐"总百蛮五岭之殷",将华南偌大区域的政治、经济统一起来,使分散的矿藏点的开发与集中的铸造点的结合成为可能。大量来自各地的铜铁银版运至广州冶铸,为岭南冶铸业的发展带来了极好机会。尽管南汉灭国时所有文册付之一炬,但遗存的文物和先贤金石录以及考古资料,仍然为我们留下了丰富的记忆。

一、南汉铸冶业与永丰场

1.岭南金属矿产区的全面开发

　　岭南是唐朝境内最重要的金银来源地。《新唐书·地理志》记载唐朝产银、贡银的共有 69 府州,其中岭南道有 48 州,以岭南道为最多。[②] 日本学者加藤繁也指出,唐朝岭南道

---

① 袁咏锡、觉罗祥瑞修:同治《连州志》卷七《人物·黄损》。
② 王承文:《论唐代岭南地区的金银生产及其影响》,《中国史研究》2008 年第 3 期。

产金之地占全国的 53%，产银之地占全国的 69%。① 其中以桂阳监的铸钱和铸银最为著名。清人陆增祥指出："是郴州铜产，唐时甚饶，故于此置铸鼓铸。南汉乃唐之旧，故云坑炉民众，普获利饶也。"②据王承文研究，950 年，桂阳监管主客户四千四十七，丁九千二百六十口，月纳银二千零四十六两。可见桂阳监控制着大量的专门从事银、铜矿开采、冶炼的"坑户"。而这些"坑户"又都是以缴纳白银来充当国家赋税。同时桂阳监下属的"管烹银冶处"，还有太宜坑、石燕场、大凑冈等八处矿场。③ 951 年，南汉占领了这一地区，所有银、铜皆南运兴王府而不发往北方，桂阳监成为南汉金属品原料提供的重要基地。

岭南另一个重要矿产地是容州。容州是唐代"常贡"银铤地区，近数十年来考古发掘陆续发现唐朝大历十二年(777)至建中三年(782)期间，岭南官员贡奉的多块银铤。④ 南汉乾化元年(911)，刘岩攻取容州，立即设立"都管句容州管内都制置盐铁发运等务"官，其职能是把容州等地冶炼出来的银铤和铁板运往广州兴王府。大宝二年(959)，与刘崇远同时兼领"都管句容州管内都制置盐铁发运等务"之衔的还有樊匡嗣。⑤ 表明南汉王朝对容州冶铁运营的重视。

贺州是多种矿藏开采和冶炼的重镇，也是唐朝著名的银场。自乾和六年(971)吴怀恩攻占贺州，至开宝四年(944)宋"罢贺州银场"时止，⑥南汉实际据有贺州 27 年。在此期间，贺州成为南汉银、铁原料的重要供应地。

岭南铁矿场均属于浮浅矿藏，开发较易，故而南汉时期铁矿开采遍布两广山林洞区。所生产的生铁品次较高，如光孝寺东西铁塔千年不朽。其中的"梧铁"还以超凡质量名闻天下。南汉时期，北至郴桂，南达交趾，东临潮惠，西接容贺，处处炉铁，州州转输，开创了岭南历史上金属大生产的高峰时期。

2. 永丰场考释

南汉开国即设立兴王府，"析南海郡为常康、咸宁二县，及永丰、重合二场"。⑦ 这条析二县设二场的记载仅见于《太平寰宇记》，大多数南汉史籍仅提二县而不提二场，因此治南汉史家也仅提"常康、咸宁二县"的设立，而不提"永丰、重合二场"的设立。

笔者有必要在此作些考释。笔者认为：永丰场和重合场既是南汉官手工业品的集中生产场所，又是对匠户课税和征发劳役的集中管理区划。南汉国的"场"，有一定的区划范

---

① 加藤繁：《唐宋时代金银之研究》第二编《唐代金银采矿、冶炼及征收》。
② 陆增祥：《八琼室金石补正》卷八○《宋太平寰宇记补阙》，《续修四库全书》第 585 册，第 597 页。载《古逸丛书》卷二六。
③ 王承文：《论唐代岭南地区的金银生产及其影响》，《中国史研究》2008 年第 3 期。
④ 参阅王长启、高曼《西安西郊发现唐银铤》，《中国钱币》2001 年第 1 期。
⑤ 梁廷枏辑，陈鸿均、黄兆辉补征：《南汉金石志补征》卷一《宴石山记》，广东人民出版社 2010 年版，第 50—51 页。（下称《南汉金石志补征》）
⑥ 《太平御览》卷八一一《珍宝部·金》引，第 3606 页。
⑦ 乐史：《太平寰宇记》卷一五七《岭南道一·广州》，中华书局 2007 年版，第 3012 页。（下称《太平寰宇记》）

围，或依水为界，或设置围墙或围栏，与外界区隔。场内通常有若干数量的登记在册的专业匠户供官府收税和驱使。"场"设管理官员，称为"知场务"官，[1]又或称为"管监"，实行独立行政管理。对此，我们可以从唐宋沿袭的"管监"职能来认知南汉国的"知场务"官与"管监"职能。桂阳监是岭南重要的银、铜出产地，"桂阳监"之称及职能亦为南汉所沿袭。此外，宋代岭南设立采矿场官员也称"管监"。宋代岭南抚水州固屑场，出硃砂。设管监二：富安砂监管人户一百六十八丁，富仁砂监管人户原无定数。[2] 宋代陇右太平监，原有银冶八务，宋时增为十九务。监临官治所设在大贾务。"共管诸务郭内主客一千三百九十七；课利：每年收钱银共三万二千八百四十八贯"。[3] 从"郭内主客"可知管监管理权辖都有一定的炉户数量和区划范围。这一官职和职能，从唐迄宋没有变化。

南汉设立的永丰场、重合场二场有其特殊之处，这就是永丰场、重合场二场的行政级别与常康、咸宁二县行政级别平级，属于南汉国时期的县级经济职能特区。所以说南汉的永丰场、重合场二场，既是重要的行政区划，又是重要的税赋管理机构，不可以将其理解为单纯的官营手工业工场。

关于永丰场的场址，早在 20 世纪 80 年代，佛山祖庙博物馆馆长陈智亮就说："故老传闻永丰场在佛山，重合场在官窑。"[4]因此陈智亮先生持永丰场在佛山之说。笔者对此一说法持保留态度。

南汉王朝设立重合场和永丰场的目的，是为刘氏统治集团营造宫殿、陵庙生产特殊产品和高端日用品。重合场或为刘氏王朝的高端陶瓷生产基地，永丰场或为刘氏王朝的大型建筑用铁铸产品生产基地，两场的选址均应在河道宽敞的交通便利之处，尤其要靠近广州城，便利于成品运输和宫殿建造。唐时北江、西江至广州城的要道是芦苞涌和西南涌，据考古发现，始于晚唐、盛于五代和北宋的西村窑和文头岭窑就是在芦苞涌下游的广州西村和西南涌畔的镇龙墟（即今南海县和顺逢冲），文头岭窑后就循宋例称为"官窑"。[5] 南汉时期铸铁产品均是超大型的建筑构件和铁塔，永丰场当然应该设立在主要河道旁边，以利于粗重矿石和大型铁器的运输。目前永丰场的场址尚缺少考古研究报告的证明，仅凭故老传闻很难认定永丰场在佛山。相反，在芦苞涌边的里水村，却早有铸冶业的存在。佛山冶铁家族细巷李氏的始迁祖李广成在迁入佛山前，三代居住于里水，其族谱记载："吾家广成公得铸冶之法于里水。"[6]李广成是永乐时人，宣德年间从里水迁居佛山，遂为佛山李

---

[1] 吴兰修撰：《南汉金石志》卷一《乾亨寺铜钟款》，中华书局 1985 年版。（下称《南汉金石志》）
[2]《太平寰宇记》卷一六八《岭南道十二·宜州》，第 3222 页。
[3]《太平寰宇记》卷一五〇《陇右道一·仪州·太平监》。
[4] 陈智亮：《冶铁业与古代佛山镇的形成与发展》，载朱培建编著《佛山明清冶铸》，广东人民出版社 2016 年版，第 253 页。（下称《佛山明清冶铸》）
[5] 南宋时期，江南扬州一带转为宫廷烧制瓷器的窑口，承袭北宋风格，生产的陶瓷规整对称，高雅大气，一丝不苟，供御拣选。在当时俗称"官窑"。
[6] 李待问：《李氏族谱》卷五《世德纪·广成公传》，崇祯十五年刻本。（下称李待问《李氏族谱》）

氏始迁祖。李氏世擅冶铸之业,后来成为佛山三大望族"李、陈、霍"之首。《李氏族谱》言"得铸冶之法于里水",而不言"得铸冶之法于佛山",这说明佛山李氏的铸冶技术来源于南海里水。里水在今佛山市南海区里水镇,地处西南涌与芦苞涌汇合处,靠近广州城西,附近有南汉的官办陶瓷生产场所官窑。

北江与西江到广州的主要河道在唐宋时期有一个从北到南逐步淤浅的过程,唐代、南汉时期主要河道依靠芦苞涌,此时河道宽深。随着宋以后珠江三角洲的快速成陆,芦苞涌逐渐淤浅。北宋时主要河道依靠西南涌,随着宋以后西南涌也逐步淤浅,主要河道转到佛山涌。与此相联系的,就是冶铸业生产基地从靠近广州北面河道,转到靠近广州南面河道的产业转移过程。笔者认为,明以前里水铸冶业的存在与永丰场的设立有一定历史联系,里水铸冶业的早期存在,极可能是佛山铸冶业承接发展的前站。虽然我们至今难以确定南汉永丰场在哪里,但因为南汉官营永丰场的存在发展,为后来佛山民营冶铸业的兴起和发展积累了专业人才,打下了产业基础,则是可以肯定的。

二、南汉岭南冶铸业的成就

纵观南汉时期岭南冶铸业的发展和成就,表现为官府盐铁机构的设立管理、铸造生产规模的批次扩大、铸造技术的成熟运用、冶铸产品的多样普及这四大特征。现分述如下:

1. 官府盐铁机构的设立管理

南汉王朝建立之初,就在出产银、铁的各州县设立"都制置盐铁发运等务"官,管理铁块的采炼转运。南汉管理铸铁官员职衔称"都制置盐铁发运等务",乾和年间(943—957),曾指派"晨辉殿使、知白州军州事"的刘崇远兼领"都管句容州管内都制置盐铁发运等务"。同时还在各地矿场设立专门冶铁官"知场务"官、"鼓铸孔目官",来管理当地的冶铸业。如在宝城场,设有"军事孔目官、知宝城务"官,由虞延悫担任;在富川县,设有"鼓铸都句孔目官、知富川县"官,由梁珠担任。[①]

从上述官职设立、任命情况判断,南汉时期冶铁官多由当地最高军事、行政长官兼领,管理冶铁业是地方行政长官的重要职责。南汉后主刘鋹时,任"内府局令"并负责典兵的内常侍邵廷琄,就曾亲督匠役,按制式改造武库诸戎器。[②] 南汉还设有"检校工部尚书"之衔,每当官府组织大型铸造工程时,负责督造官员多领有"检校工部尚书"之衔。如大宝十年(968)铸东塔的四个教中大法师均领"检校工部尚书"之衔,[③]又如大宝二年(959)樊匡嗣也兼领"检校尚书工部员外郎"之衔。[④] 以"检校工部尚书"之衔参与实际铸造活动,当

① 《南汉金石志》卷一《乾亨寺铜钟款》。
② 梁廷枏撰:《南汉书》卷一五《宦官传一》,广东人民出版社1981年版。(下称《南汉书》)
③ 《南汉金石志》卷二《东铁塔记》。
④ 《南汉金石志》卷一《宴石山记》。

为南汉时期的官授惯例。南汉国主刘鋹身边的两大宠臣龚澄枢和李托，前者领衔先铸了西铁塔，后者奉敕铸了东铁塔。可见以冶铸重器讨好南汉国主也成为佞臣追逐的"敲门砖"。南汉国主刘鋹本人不仅"好工巧"，而且还有相当造诣。刘鋹被俘到开封后，曾亲自用珍珠制作宝物，名曰"珍珠龙凤鞍帕"，献给宋太祖。赵匡胤惊叹其工艺精美并诏示宋廷诸工官传看。[①] 这反映了南汉王朝对手工业的开发运用达到极高水平。可以说南汉举国上下皆重视工商业，这无疑给岭南铸冶业的发展带来了社会推动力。

2. 生产规模的批次扩大

南汉国时期停止向中原王朝进贡，大量财富积聚岭南。刘氏王朝大肆营建，宫殿构造务求宏敞，器物制造追求奇巧，这必然刺激冶铸业的发展。乾和年间（943—958），南汉中宗刘晟营建乾和殿，一反中国传统宫室营造以木石为柱的构造，大胆采用 12 根铸铁柱子作为栋梁之材，"铸铁柱十二以筑"，[②] 每根铁柱"周七尺五寸，高丈二尺"，[③] 即柱围约 2.5 米，柱高约 4 米。仅此一项工程，就需铸造 800 吨以上铁铸件，其规格空前绝后。这不仅在岭南历史上，就是在中国古代建筑史上，也是空前绝后的铁木工程。乾和殿在南汉灭亡时被烧毁，仍有四根铁柱留存，后在宋元符二年（1099）被宋经略安抚使柯述移作帅府正厅的支柱。[④] 元代时该厅历经至元三十年（1293）和大德四年（1300）两次重修，四根铁柱仍然作为"广东宣慰使司都元帅府"公厅的顶梁柱使用，上匾称"帅正堂"。[⑤] 200 年后仍作为广东官府主要建筑，的确是经久耐用。

南汉时期一共用铁铸了三座七层千佛塔，即广州光孝寺的东、西千佛塔和敬州修慧寺千佛塔，这是我国现存最古老和最具重量级的三大铁塔。三塔均为四方状，每面铸有 250 尊佛像，合共 1 000 尊佛像。[⑥] 以上三座千佛铁塔先后铸成的时间为公元 963 年、965 年和 967 年，每座铸造时间仅隔两年，由此可以推断三座千佛塔铸造的材料来源、工艺设计、形制大小甚至工匠人员，都极有可能是相同的。

南汉国时期所铸的铜铁梵钟不仅数量多而且重量大。如乾和四年（946），铸崇善县东禅院铜钟。乾和九年（951），铸琼山县开元寺即古乾亨寺梵钟。[⑦] 乾和十五年（957），铸云母山长庆禅院 800 斤梵钟。大宝元年（958）刘崇远铸，大宝二年（959）乐昌宝林禅寺住持长老明徽大师义初"招众缘铸造铜钟一口，重肆百斤"。大宝三年（960）内承宣使刘廷威"铸钟二百五十劥"置于东莞修慧院中。大宝四年（961），乾亨寺众缘"铸造铜钟一口，重一

① 《续资治通鉴长编》卷一二，太祖开宝四年六月条，第 267 页；又参阅李默、林梓宗、杨伟群点校《岭南史志三种》，广东人民出版社 2011 年版，第 404 页。
② 方信儒：《南海百咏》（光绪壬午年刻本）。
③ 《南汉书》卷四《中宗本纪》，第 21 页。
④ 《番禺县志》（同治十年本）卷二八《金石略一·铁柱》。
⑤ 元大德《南海志》卷一〇《旧志诸司公廨·经略安抚司》，广东人民出版社 1991 年版。
⑥ 黄遵宪：《南汉千佛铁塔铭诗序》，《南汉金石志补征·金石补遗》，第 160 页。
⑦ 《南汉金石志补征》卷一《琼州乾亨寺钟款》，第 32 页。

千五百斤"。① 大宝四年(961)，桂阳州崇福寺铸铜钟一口，重250斤。② 大宝七年(964)长寿寺僧众(即今静慧寺)"铸造洪钟一口，重铜一千二百六拾斤"。③

从上述所列铭文资料看，南汉国时期有寺庙必有梵钟，金属材料有铜也有铁，而且钟体越造越大，千斤之钟已然多见。

3. 铸造技术的成熟运用

南汉时期是岭南手工业发展的第一个高峰时期，尤以铸造技术的成熟运用为代表，广州光孝寺东、西两铁塔和乾和殿大铁柱是用"群炉合铸"的方法完成。所谓"群炉合铸"，是在铸造大型器件时，用多个化铁炉同时熔化，逐炉依次浇铸以一次性完成铸件。20世纪80年代佛山球墨铸铁研究所多位铸造技术专家考察东、西塔后指出，如此高大的古塔精致铸件，必须是以泥模失蜡"塔铸"方式，即由下至上逐层浇铸才能铸成。所谓"塔铸"方式，是"群炉合铸"和"复合浇铸"的有机组合，按由下而上的次序逐层浇铸，每层的接口需作技术处理，并插入铁钉作前后浇铸的熔合媒介，以确保铸件牢固可靠。东、西两铁塔就是采用"塔铸"法铸成。④ 以此观之，敬州修慧寺千佛塔也应以同样方法铸成。

南汉的阴款文字铸造技术传承自商周青铜铸造的传统技术，大宝二年(959)铸造的乐昌宝林禅院铜钟和大宝四年(961)桂阳州崇福寺铸铜钟均采用了阴款文字。翁方纲曾如此评说宝林禅院铜钟文阴款："凡铸金之文，阳识易成，阴款难镌，三代铜器用阴款，秦汉则多用阳识，此文乃是阴款，尤为难得！"⑤除铜器外，铁铸件也使用阴款。广州光孝寺东、西铁塔和敬州修慧寺千佛塔"铭皆阴文"。⑥ 敬州千佛塔，拓文跋对此称："三代以后，刻金多用阳识，此文阴识，尤难得。盖阴文须别制模，又不能以泥塑木雕，故尤难也。"⑦可见南汉阴款铸造金文技术渊源于夏商周三代，这一技术在秦汉时期的中原地区已近失传，而在岭南得以传承并发扬光大，的确难能可贵。

南汉时期铸造产品的塑像技术精确度较高，佛像、瑞兽像以及人像均可铸出相似度极高的铜铁塑像。南汉国主刘鋹父子曾令工匠铸造自己的铜像，"少不肖，即杀冶工，凡再三乃成。今尚在天庆观中东庑"。⑧ 面对挑战自己生命底线的铸像活，最后的成功者们依靠的绝不是勇气，而是高超的绘画技术和铸造技术。此三座铜像后被移入元妙观西院。清人伍崇曜记载："元妙观西院功德林，有伪南汉主刘鋹及二子铜铸像，状豪恶可憎，俗称

① 《南汉金石志补征》卷一《贺县乾亨寺钟款》，第53页。
② 《南汉金石志补征·金石补遗·崇福寺钟款》，第143—144页。
③ 《南汉金石志补征·金石补遗·长寿寺铜钟款》，第75页。
④ 陈志杰：《持续辉煌的佛山铸造技艺》，载《佛山明清冶铸》，第264页。
⑤ 《南汉金石志补征》卷一《宝林禅院铜钟款》，第45页。
⑥ 黄遵宪：《南汉千佛铁塔铭诗序》，载《南汉金石志补征·金石补遗》，第160页。
⑦ 《南汉金石志补征·金石补遗·千佛塔拓文跋》，第161页。
⑧ 《南海百咏》，引自梁廷枏辑，陈鸿均、黄兆辉补征《南汉丛录补征》卷二，广东人民出版社2010年版，第345页。

番鬼是也。"①三尊铜像的铸成，凝结了多少工匠的鲜血和才艺。据说刘銾先祖为大食商人后裔，②而历代宠妃中亦有中东女子，故刘銾父子铜像貌似番鬼并不奇怪。其铜像得以保存下来，正是与其本人相像的缘故。这也说明了当时铜像的铸造工艺达到了相当高度。南汉时期的佛像和人像铸造采用商周青铜时代的"脱蜡铸造法"，而这一技术后来由明清时期的佛山铸造业传承。③

南汉铸造场所分为场地铸造和定点铸造两种。宫苑使用和民间常用的小件器物，如芳华苑的一对铁花盆和家用铁锅等物，就是在工场内完成铸造，再发运宫苑和各地。而大型器物如光孝寺东、西塔和敬州千佛塔、乾和殿的十二铁柱就在使用地点铸造完成。据《南汉书》记载："值后主乾德节作佛事，命（李）托采乌金于兴王府城法性寺铸千佛塔。"④一些较大型的铜钟也在当地完成，如乾亨寺铜钟就在贺县铸造，崇善县东禅院铜钟也于"大汉乾和四年辛亥铸于东禅院"。⑤

南汉铸造技术的进步还体现在南汉铸造炉户的内部分工和组合上。南汉铸造工匠内部已产生明确的分工。乾亨寺铜钟铭文记载："铸造匠人：梁道崇、颜位、邓珠；书人：区煜；镌字匠人：齐公延、齐公握、阮仁兴、田从训。"⑥可见铸匠有"铸造匠人""书人"和"镌字匠人"之分，"铸造匠人"是为器物主体烧炉浇铸的匠人，"书人"是善于为器物绘画写字的美术匠人，而"镌字匠人"则为器物表面的铭文镌刻模版。3 个"铸造匠人"、1 个"书人"和4 个"镌字匠人"组成一个技术小组，完成了这个 1 500 斤重和 1 000 多个文字的铜钟铸造。⑦ 南汉铸造匠人来自南北两地。从乾亨寺铜款看，有来自河北、河南的齐姓兄弟，如"齐公延、齐公握"；也有岭南本地诸姓，如"区煜、邓珠、阮仁兴、梁道崇"等匠人。南汉国勃兴的铸冶业吸引了各地匠人前来南汉服务。另外从众缘弟子的姓氏也能看到岭南土著"冼"姓和"区"姓子民的乐助活动。⑧

南汉铸造炉户的身份地位如何？南汉官营铸造场所有永丰场、桂阳监等，永丰场当是炉户集中之地。由于史料的阙如，永丰场的详细情况还有赖于考古资料的进一步发掘，正确的答案有俟后人。桂阳监在今湖南郴州桂阳县境内，唐武德四年（621），诸州始置监铸钱，桂阳监设立并兴盛发展，所谓"天下炉九十九而郴有五"。南汉时期在此设立桂阳监，一时炉户云集。大宝四年（961）崇福寺钟铭文记载："大汉桂阳监敬铸造钟一口，重二百五

① 伍崇曜：《南汉金石志跋》，《南汉金石志补征》卷二，第 96 页。
② 藤田丰八：《南汉刘氏祖先考》，载《中国南海古代交通丛考》，商务印书馆 1936 年版，第 137—150 页。
③ 陈志杰：《持续辉煌的佛山铸造技艺》，载《佛山明清冶铸》，第 264 页。
④ 《南汉书》卷一六《列传第十》。
⑤ 《南汉金石志》卷一《东禅院钟款》。
⑥ 《南汉金石志补征》卷一《贺县乾亨寺钟款》，第 54 页。
⑦ 同上书，第 53—55 页。
⑧ 同上书，第 54 页。

十斤,谨舍于崇福寺,永充供养。……上资国祚,次及坑铲民庶,普获利饶。"①从"上资国祚"之句看,桂阳监是南汉设立监管官的场所,首要任务是完成南汉国的铸造任务并征收税役;而从"次及坑铲民庶,普获利饶"之句看,该场的炉户也可分到自己应得的利益。所谓"坑铲民庶",包括了民间开矿坑户和铸造炉户。可见南汉桂阳监内的炉户其身份具有较为自由的民间炉户的特征。

4. 冶铸产品的多样普及

南汉冶铸产品十分多样,有庙宇重器,如铁塔、梵钟、佛像、香炉、铜鼎等;有建筑构件,如乾和殿铸铁柱;有宫苑用品,如佛山清代大吏吴荣光曾收藏了南汉国时期芳华苑的铁花盆一对,造型精美,上有铭文"南汉大有四年冬十一月甲申朔造,供奉芳华苑永用"。② 静慧寺也有后主刘鋹供佛器具的铁花凳两件,各重百余斤。③ 至于民间大量使用的铁锅和犁耙等铁产品,则所在多有。值得一提的是,南汉刘氏的陵墓大量采用了熔铜、铁水浇铸的方式进行封涸,此乃御盗之策。刘龑的康陵即是"熔铁锢其外,使不可启",④明末有人盗取康陵时发现有金人数枚,重约十五六觔。其中两个金人"各重五六十觔"。⑤ 可见金属冶铸品已囊括了南汉宫廷墓葬用品,这也反映了南汉时期冶铸产品的多样和使用范围的广泛。

从 904 年刘隐被唐封为清海节度使,拥兵自重乃至唐朝命官不敢到岭南上任时起,⑥至 971 年南汉灭国,南汉政权对工商制造和海舶贸易的重视程度为历代各朝和各地方政权所无,短短 67 年,岭南的财富积累达到了前所未有的高度。尤其对岭南铸冶业发展而言,这是岭南历史上冶铁业发展的第一个高峰时期,也是中国传统手工艺创造性发展的时代。期间创造了几个中国之最,它们是:中国古代最大的建筑铸铁主柱构件——乾和殿十二根铸铁主柱,中国现存最大的古铁塔——光孝寺东、西两铁塔,传承了中国最古老的铸造技术——脱蜡铸造法。而这些技术积淀,为明清佛山冶铁业的崛起奠定了良好基础。

第二节　宋代坑冶开发与岭南冶铸技术

宋代是中国传统手工业发展的高峰时期,宋朝又是高度重视官营"坑冶之利"的王朝,在其存在发展的 300 年间,官府对全国金属矿区的开采进行了全面布局与开发,并依托东

---

① 《南汉金石志补征·金石补遗·崇福寺钟款》,第 143—145 页。
② 伍庆禄、陈鸿均:《广东金石图志》,线装书局 2015 年版,第 69 页。(下称《广东金石图志》)
③ 《广州六榕寺志·历史沿革大事记·南汉》,广州六榕寺 1999 年版,第 15—17 页。
④ 《南汉书》卷三《高祖本纪》,第 14 页。又《大明一统志》卷七九《广东布政司·广州府·陵墓》记载:南汉主墓,在府城东北二十里,漫山尝有发其墓者,其中皆铜锢之。
⑤ 梁鼎芬等修:《番禺续志》卷三三《金石志一》,成文出版社 1967 年版,第 437 页。
⑥ 吴任臣《十国春秋》记载:唐天祐元年(904)十二月,朝廷以兵部尚书崔远为清海节度使。远至江陵,闻岭南多盗,且畏隐不受代,不敢前。朝廷招远还。隐遣使以重赂结朱全忠,乃奏以隐为清海节度使。

南富矿地区的出品,充盈了皇室内藏库和官府的左藏库,也增强了北宋时期的综合国力。在这一过程中,岭南地区的坑冶开发和铸冶业的发展起到了不容忽视的作用,无论从金、银、铜、铁、铅、锡各类金属坑冶场所数量和产品产量,还是从铸钱监的钱币铸造总值来看,岭南地区都名列前茅。

一、宋代岭南坑冶开发

宋初,广南路承接了南汉发达的铸冶成果,加上宋朝廷与广东地方官府对两广的坑冶采办也十分勠力,因此成果显著。其中韶州、广州、英州、连州、恩州、春州、贺州、潮州、循州等州均开设了监冶场务。宋初全国银场有 17 个州(另有建昌军、邵武军、南安军),其中岭南就有韶州、广州、英州、连州、恩州、春州等 6 个,[①]占总州(军)数的 30%。

宋朝历代皇帝对广南的关注频频见诸官方史料记载。仁宗景祐初年(1034),下诏三司,将江东、福建、广南三地每年上交的缗钱三十余万换成金帛,钱留民间。[②] 宋仁宗庆历年间(1041—1048)因"韶州天兴铜大发,岁采二十五万斤。诏即其州置永通监",[③]铸造官钱。太平兴国年间,又在广东惠州设立阜民监铸造官钱。到熙宁年间(1068—1077),宋神宗又令广东鼓铸小铁钱,"二广产铁,令鼓铸小铁钱,止行于两路(广南东路、广南西路)"。熙宁四年(1071),又下令福建、广南不得在本地流通使用当十钱,只能铸造用以上供朝廷和供给其他各路。[④] 熙宁七年(1074),又令"以惠州阜民监钱十万缗给广州市易司"。[⑤] 北宋时,"江、池、饶州、建宁府四监,岁铸钱百三十四万缗,充上供;衡、舒、严、鄂、韶、梧州六监,岁铸钱百五十六万缗,充诸路支用"。[⑥] 全国岁铸钱共二百九十万缗。而当时永通、阜民两监铸钱旧额每年八十万缗,熙宁七年(1074),又"增三十万,及折二凡五十万"。[⑦] 两监合计增至一百三十万缗。无论旧额数和增加数,都居全国钱监之首,可见广东官铸钱监永通监和阜民监两监在宋朝财政中的重要地位。

岭南地区的坑冶业和冶铸业在北宋时期一直占有重要地位。宋徽宗宣和六年(1124)下诏:"坑冶之利,二广为最。比岁所入,稽之熙、丰,十不逮一。令漕臣郑良提举经画,分任官属典掌计置,取元丰以来岁入多数立额,定为常赋,坑冶司毋预焉。"[⑧]"坑冶之利,二广为最",这是宋徽宗对熙宁、元丰年以来全国坑冶业的判断,也是朝廷对岭南过往坑冶业的肯定和对未来的期待。

① 《宋史》卷一八五《食货下七·坑冶》,中华书局 1999 年版,第 3031—3032 页。(下称《宋史》)
② 《宋史》卷一八○《食货下二·钱币》,第 2938 页。
③ 同上书,第 2935 页。
④ 同上书,第 2943 页。
⑤ 《宋史》卷一八六《食货下八·互市舶法》,第 3055 页。
⑥ 《宋史》卷一八○《食货下二·钱币》,第 2947 页。
⑦ 同上书,第 2940 页。
⑧ 《宋史》卷一八五《食货下七·坑冶》,第 3036 页。

　　宋代岭南地区坑冶产地有韶州、广州、连州、英州、春州、恩州、惠州、贺州、潮州、循州等，出产全部六种金属产品，即金、银、铜、铁、铅、锡。北宋元丰年间（1078—1085），岭南地区开发的坑冶场所覆盖了岭南全境，北到韶州永通监和曲江中子铜场，南至海滨的东莞香山崖银场（今中山三乡）和电白高北银监，东到海丰的灵溪锡场，西到广西融水的古带铁场。广南路各州县共有各类坑冶场监务 60 场所。以后续有发展，政和六年（1116），广东漕司上奏说："本路铁场坑冶九十二所，岁额收铁二百八十九万余斤，浸铜之余无它用。"①绍兴三十二年（1162）全国铁场以东南各路为最多，"淮西、夔州、成都、利州、广东、福建、浙东、广西、江东西铁冶六百三十八"，但兴废不时，当年废者即达 251 处。②

　　关于岭南坑冶产量，虽然资料不全，但从仅存的记载看，宋朝历年两广坑冶的产量占全国产量的比重甚大。根据《宋史·食货下》七"坑冶"条记载，崇宁四年（1105），岑水场比常年产量增加 66.1 万斤，当时全国铜产量不过 400 万—500 万斤；政和三年（1113）广东产铁 289 万斤，这一数量，相当于元丰年间全国铁产量 550 万的 52％和治平年间全国铁产量 820 万斤的 35％。可见岭南的冶铁业在全国占有举足轻重的地位。由于业绩突出，监管岭南坑冶的官员也常常得到朝廷的赏赐和升迁。如崇宁四年（1105），管理广东坑冶运输的官员王觉，因岑水场去年收铜比定额增加 39 100 斤，又较之常年增加 66.1 万斤。宋徽宗提升了王觉的官位品秩。③又如熙宁七年（1074），邓辟任广西邕州右江填乃洞金场的监管官员，该场五年"凡得金为钱二十五万缗"，邓辟因此一再得到升迁。④

　　在铁矿质量上，宋代广南路所出均称佳铁。尤其是梧州和融州的铁矿更为上乘。据周去非《岭外代答》记载："梧州生铁最良，……信天下之美材也。"⑤又载："静江腰鼓，最有声腔，出于临桂县职由乡，其土特宜乡人作窑烧腔。鼓面铁圈，出于古县，其地产佳铁，铁工善锻，故圈劲而不褊。其皮以大羊之革，南多大羊，故多皮。或用蚺蛇皮鞔之。合乐之际，声响特远，一二面鼓，已若十面矣。"⑥"地产佳铁，铁工善锻"，应是当时岭南地区冶铁业的真实写照。

二、宋代岭南铸冶技术

　　在冶炼技术上，宋代广东岑水场创造的"胆水浸铜法"成为宋代各场效仿的标准。所谓"胆水浸铜法"，是水法炼铜的一种。先用胆土淋出胆水，再用胆水浸铁，胆水中铜离子

---

① 《宋史》卷一八五《食货下七·坑冶》，第 3035 页。
② 同上书，第 3037 页。
③ 同上书，第 3034 页。
④ 同上书，第 3033 页。
⑤ 周去非：《岭外代答》卷六《器用门》103"梧州铁器"，中华书局 1999 年版，第 216 页。（下称《岭外代答》）
⑥ 《岭外代答》卷六《器用门》136"腰鼓"，第 253 页。

被铁置换出来，再经提炼，可得纯铜。[①] 南宋著名学者洪咨夔《大冶赋》这样记载："其淋铜也，经始岑水，以逮永兴，地气所育，它可类称。"[②]岑水场的技术工人也为朝廷所关注。绍圣元年（1094），因"陕民不习烹采"，陕西坑冶久废不发，户部尚书蔡京奏请招募岑水场"南方善工"诣陕西经画，"择地兴冶"。[③] 为此，朝廷派遣许天启专门督管陕西坑冶事。朝廷如此兴师动众，说明广东冶铸工人的技术领先于陕西等北方地区。两宋时期，南方操铜铁手艺的工人汇集于江西和岭南各镇，即使到淳祐八年（1248），"临川、隆兴、桂林之铜工，尤多于诸郡"。[④] 当时诸郡铁工还在淋铜技术的基础上再煅炼成各种合金器物。据周去非《岭外代答》记载，"梧州生铁最良，藤州有黄岗铁最易，融州人以梧铁淋铜，以黄岗铁夹盘锻之"，制成融剑。[⑤] 又载："梧州生铁，在镕则如流水，然以之铸器，则薄几类纸，无穿破。凡器既轻且耐久。诸郡铁工锻铜，得梧州铁杂淋之，则为至刚，信天下之美材也。"[⑥]"以之铸器，则薄几类纸，无穿破。凡器既轻且耐久"，这是极高的铸器评价。宋代梧州这一铸造技术，在明代佛山所出"广锅"的铸造技术上得到传承和发扬光大。又据宋人周去非的记载："雷州铁工甚巧，制茶碾、汤瓯、汤匮之属，皆若铸就。余以比之建宁所出，不能相上下也。"[⑦]当时建宁茶具堪称一流，而雷州所出铁制茶具能与之比美，这让周去非也惊叹不已。

宋淳祐四年（1244），广东经略方大琮为禺山书院铸造了一批祭器，"范锡为之"，计有"樽二十有八，龙勺三十有二，豆一百五十有三，簠簋一百三十有六，盥罍坫爵百四十有二"。又得南恩郡库的十个古钟，"命工取式，制为乐器。钟磬笙箫，琴瑟埙篪，柷敔搏拊，凡五十有六器"，使禺山书院祭器皆备。[⑧] 能范模铸造各式古代祭器和乐器，说明岭南的整体铸造水平在宋代达到较高程度。

宋代岭南地区坑冶的发展，带旺了国内外铸冶产品的贸易。两宋期间，大量金属产品通过贺江越骑田岭下湘江北上，或是通过浈水出大庾岭下赣水东行，洪咨夔《大冶赋》对此这样讴歌："铁往铜来，锡至铅续。川浮舳舻之衔尾，陆走车担之强属。出岭峤，下荆蜀，绝彭蠡洞庭而星驰，溯重淮大江而电逐。"[⑨]所谓"出岭峤"，即指翻越横亘南岭地区的五岭（越城岭、都庞岭、盟渚岭、骑田岭和大庾岭）。

与此同时，岭南地区通过海舶贸易流出外洋的金银铜铁不知凡几。史称："南渡，三路

---

① 《宋会要辑稿·食货三四》；华觉明：《中国古代金属技术——铜和铁造就的文明》，大象出版社 1999 年版，第 603 页。（下称《中国古代金属技术——铜和铁造就的文明》）
② 《中国古代金属技术——铜和铁造就的文明》，第 581 页。
③ 《宋史》卷一八五《食货下七·坑冶》，第 3033 页。
④ 《宋史》卷一八〇《食货下二·钱币》，第 2951 页。
⑤ 《岭外代答》卷六《器用门》100"融剑"，第 213 页。
⑥ 《岭外代答》卷六《器用门》103"梧州铁器"，第 216 页。
⑦ 《岭外代答》卷六《器用门》093"茶具"，第 203 页。
⑧ 元大德《南海志》卷九《旧志学校去处》。
⑨ 《中国古代金属技术——铜和铁造就的文明》，第 581 页。

舶司岁入固不少，然金银铜铁，海舶飞运，所失良多，而铜钱之泄尤甚。法禁虽严，奸巧愈密，商人贪利而贸迁，黠吏受赇而纵释，其弊卒不可禁。"①在广东下川岛附近海域遇难的南宋沉船"南海Ⅰ号"，就发现船货中有 8 000 余枚铜钱和仅次于陶瓷器的大宗货物"铁器"。

根据"南海Ⅰ号"水下考古调查报告，这些铁器长期浸泡于海水环境，被腐蚀氧化后与海泥、贝壳和船上陶瓷器胶状形成体形怪异笨重的凝结体，凝结物块大小共 129 块。从凝结物显露出的内部器物形制看，主要为铁锅、铁钉等。铁锅依锅体口径叠套，外形呈圆柱摞状；铁钉为圆首铲形船钉，铁钉尖部对交，数十枚以竹篾成捆。自然剥离后清晰显露其为成摞的铁锅和捆扎的铁钉。沉船铁器包装等大量遗迹现象呈现出便于搬运和清点的船货物流属性，反映了"南海Ⅰ号"的海外贸易航运货船特性。海舶航行，船货装载本应保持"下重上轻"，即形体粗重的船货要摆放于舱底。而"南海Ⅰ号"船载铁器，主要存放于沉船二部甲板位置。②为何"南海Ⅰ号"违反船舶"下重上轻"的安全行驶惯例而开航？最合理解释理由是：这批铁器是在沿途港口上货，也就是在该船出海前最后停靠的港口装载船货，并将在航行不远的前方港口卸销。而从海路行程来看，该船据说从福建起航，但最后停靠过广州港的可能性极大。其理由有二：一是宋代对所用贸易海船的管理政策是必须在官府登记，颁与官券，持券通行。该官券长期由广州市舶司管理发放，即所谓"诸舶皆隶广州一司"。因此从获取官券的管理政策论之，北宋合法舶商应该大多会从广州始发，或把广州作为必经之港。那么，顺便在广州港搭载货物置于甲板应是情理中事。二是从该船的铁钉图片看，这批铁钉是专门用于造船的方钉，从元代至明清时期，铁锅和方钉均由佛山重要冶铁行业所制造。

如此大量的生活用铁器（铁锅）和造船用铁器（方钉）出口东南亚沿海港口城市，意味着岭南地区冶铸业的发展，使得宋代海舶贸易把广州作为重要的采购铁器基地和必经港口。

第三节　元代广东社会经济环境

1272 年，元世祖忽必烈定都大都（今北京）。1273 年，元军大举南下，七年之内以金戈铁马荡平衰微的南宋朝廷，淮河以南直到南海之滨的疆域尽入元朝版图，据《元史·地理志》记载，"其地北逾阴山，西极流沙，东尽辽左，南越海表"。于 1279 年统一中国后，元朝廷实行了一系列不同于两宋的行政区划建置和社会经济改革政策，这对广东的社会经济

---

① 《宋史》卷一八六《食货下八·互市舶法》，第 3060 页。
② 张万星：《广东"南海Ⅰ号"沉船船货的内涵与性质》，载厦门大学海洋考古学研究中心编《海洋遗产与考古》，第 140—146 页。

环境产生了深远影响。

一、行省制度与村社制度

元代是中国历史上第一个少数部族入主中原的统一王朝,其国力之盛、疆域之广堪比汉唐。元代以行省制为中心的行政体系建树,对后世行政区体制产生了重大影响。至元二十三年(1286),忽必烈为加强国家统治效能,在全国范围内改设管理机构。在中央,把隋唐以来沿袭的三省六部制改为一省制,只设中书省、枢密院、御史台。在地方,一反汉、唐、宋、金以自然区划分政区的做法,在全国设置了 11 个行中书省。这是古代大行政区划的一大改变。

中书省又称都省,为全国中央的行政中枢,同时兼辖腹里(又称内地),这种既是中央首脑机关又兼地方行政机构,在我国古代政治制度中是绝无仅有的一例。中书省长官称中书令,其职能是典领百官,会决庶务,例由皇太子担任,未立太子时则空悬之。中书省总领 11 个行中书省,即河南江北行省、陕西行省、四川行省、甘肃行省、云南行省、江浙行省、江西行省、湖广行省、辽阳行省、岭北行省、征东行省。作为地方行政机构,中书省则直辖今河北、豫北、山东、山西、内蒙古等地,称腹里即内地;与所谓外地的行中书省有别,实际即中央直辖区,下辖二十九路、八州。①

行中书省又名行省,初设时其长官称左丞。后嫌处权过重,又称某行省某官,不带中书省宰相衔职。行中书省和历代王朝地方最高一级行政区划性质有所不同,既是代表中央的派出机构,又是地方行政最高机构,直接领有路、府、州、县。如此则使中央权力下移了一级,而地方机构权力上升了一级,大大靠近中央。它的双重身份使上下紧密结合为一体,以建立"都省握天下之机,十省分天下之治"的政治体制。为此,元代一改宋制,重新划分了行中书省的地理疆域,据《元史·地理志》记载:粤东地区属江西行省管辖,粤西地区属湖广行省管辖。② 可见元代划省对广东整体区域进行了分割。

元代划省,其用意在于控制地方,不使某一大行政区完全掌握整块形胜之地以据险割据。魏源论元代行省一事时称:"合河南、河北为一而黄河之险失;合江南、江北为一而长江之险失;合湖南、湖北为一而洞庭之险失;合浙东、浙西为一而钱塘之险失;淮东、淮西,汉南、汉北,州县错隶而淮汉之险失;汉中隶秦,归州隶楚,又合内江、外江为一而蜀之险失。"③这一论断极为精辟,为史家所认同。笔者试对魏源的评论增补一句:"广东隶赣,广西隶湘,两粤分治而南岭之险失。"

元代划省使广东在全国的行政地位比宋代下降。宋初两广地区先是划为岭南道,元

---

① 参阅张步天《元代地方行政区制度》,载《益阳师专学报》(哲学社会科学版)1987 年第 3 期。
② 参阅许正文《论我国省制的沿革与发展》,《陕西师范大学学报》(哲学社会科学版)第 28 卷第 1 期,1999 年 3 月。
③ 魏源:《圣武记》卷一二。

丰年间在全国设置四京十五路，两广地区又划为广南路。① 元代把两广分拆，设立广东宣慰司，长官是宣慰使。元代职官制度，行省左丞相奉钱二百贯，行省宣慰使奉钱八十七贯五钱。② 可见两者官职差别之大。

元朝是第一个在全国范围把社作为一种地方基层行政组织的王朝。元代的村社制度，就是以自然村为基础，在一定户数规定下建立起来的称为"社"的基层行政机构编制。至元七年（1270），元世祖（忽必烈）颁布立社法令，开始在北方内地农村推行村社制，《元典章》对立社的具体规定作了详细的记述："诸县所属村疃，凡五十家立为一社，不以是何诸色人等并行入社。令社众推举年高通晓农事有兼丁者立为社长。如一村五十家以上，只为一社。增至百家者，另设社长一员。如不及五十家者，与附近村分相并为一社。若地远人稀不能相并者，斟酌各处地面，各村自为一社者听，或三村或五村并为一社，仍于酌中村内选立社长。"③ 半年后，又下诏在华北各路全面实行村社制。④ 灭南宋后，元朝廷又将村社制推行到江南地区，乃至全国。当时除腹里地区外的 11 个行省中，有史料明确记载实行社制的就有岭北、辽阳、河南、陕西、江浙、江西、湖广等 7 个行省。⑤ 如上所述，元代广东地区属江西行省管辖，广东地区当然也在实行村社制的范围内。从至元七年到至元三十一年（1270—1294），是元代在全国推行村社制的重要时期，这对全国农村社会的稳定发展起到了积极的作用，岭南地区自不例外。佛山九社就建立于此时。

二、允许民营开采矿冶

元初重视北方的官冶开采，《元史》记载，早在元太宗丙申年（1236）就在河东（今山西西南地区）开发铁冶，立炉于西京州县，由官府拨给 760 冶户进行煽炼。次年，又立炉于交城（今山西中部地区），仍由官府拨 1 000 冶户进行煽炼。同时又在河北顺德立炉，在北京等地拨 6 000 冶户煽炼。至元五年（1268）元世祖忽必烈始立"洞冶总管府"，至元十三年（1276）又设立"平阳等路提举司"对河东铁冶进行管理。其后废置不常。至大元年（1308），复立济南提举司，所隶有宝成监、通和监、昆吾监、利国监、富国监 5 个冶铁监。⑥ 可见元代在北方实行官营冶铁，并沿袭了宋代官营冶铁机构的做法。而对南方各行省的铁冶，则允许民营，以课税为主。"在湖广者（应为江西路），至元二十三年，韶州路曲江县银场听民煽炼，每年输银三千两"。⑦ 当时全国铁课，"独江浙、江西、湖广之课为最多"。

---

① 王存：《元丰九域志》卷第一，中华书局 2011 年版。
② 《元史》卷九六《食货四·俸秩》，中华书局 1999 版，第 1632 页。
③ 《元典章》卷二三《劝农立社事理》。
④ 《通志条格》卷一六《田令·立社巷长》。
⑤ 参阅杨讷《元代农村社制研究》，《历史研究》1965 年第 4 期；仝晰纲：《元代的村社制度》，《山东师大学报》（社会科学版）1996 年第 6 期。
⑥ 《元史》卷九四《食货二·岁课》，第 1579—1580 页。
⑦ 同上书，第 1579 页。

出品则有生黄铁、生青铁、青瓜铁、简铁等品质不同的铁产品。[①] 江西在铁课最多的行省之列，其中当然也包括了广东的铁课。此外，元代实行开放的海外贸易政策，当时民间舶商与南洋诸国舶商购买香木等宝货皆使用金、银等贵金属交易。元世祖至元二十年（1283），忙古䚟奏言请禁舶商以金、银易香木，"于是下令禁之，唯铁不禁"。[②] 允许铁器出口，这是元代与历代王朝的不同之处，这无疑会刺激濒海省份如福建、广东的冶铁生产和出口。元代岭南铸造的铁锅已初露头角，现存曲江南华寺的千僧锅，就是元惠宗至元四年（1338）的铁铸大锅。锅高 160 厘米，直径 209 厘米，一次能煮数百斤大米，可供千僧饭食。该锅高大厚重，原铸有文字，因日久锈蚀。

综上所述，笔者认为元代虽然短短几十年，却对广东产生了三点重要影响：

第一，元代以行省制为中心的行政区划制度，把广东归隶与江西行省，降低了广东的行政地位，同时也相应降低了广东承担的铁课和总赋税。元代广东坑冶开采场所大大少于宋代，见于官方的记载仅有韶州，而且韶州铁课也归于江西行省铁课总额。这与宋代元丰年间"坑冶之利，两广为最"的全国铁课突出地位相去甚远，由此也给了广东一个难得的休养生息的机会。元代政治中心的北移，客观上减少了王朝对广东的政治压力和经济掠夺。"山高皇帝远"的粤谚，描述了此时粤民的生存环境和得意心态。

第二，元代村社制度的有效实行，把原先散布在珠江三角洲的南迁居民和土著居民整合为一体，形成有机结合的群体聚落和信仰空间，有利于产业集群的发展，从而为更大范围的农村社会整合提供了基础。

第三，元代重北方官营铁冶而轻南方民营铁冶的战略安排，以及允许民营资本进入冶铁业和各类金属采矿业，同时放松铁器出口海外的对外贸易政策，鼓励了民营资本对冶铁和采矿业的投资经营。而铁器的集中和大量出口，也迅速拉动了岭南地区冶铁业的发展速度。此外，官营冶铁业的发展及其关闭，转移出熟练冶铁人才，也为民营冶铁业的诞生培养和准备了大量技术人才。

总结上述从南汉到宋代、元代三个重要历史时期岭南冶铁业的发展变化的历史过程，我们可以得出如下结论：

南汉的重商开海和广招英才政策，推动了岭南地区的冶铁生产高峰和铸造进步，集聚了全国各地的冶铁技术人才，使岭南步入到能满足地方社会发展需要的第一个手工业发展高峰时期，并留下不少大型铸造器物。宋代重视岭南地区官营坑冶开发，两宋 300 年间从岭南地区获取了大量铁产品和其他金属产品，满足了宋王朝军器生产和课税需要，使岭南地区的冶铁业得到延续和发展。但是官营坑冶的集中开采，也使岭南某些地区初现山

---

① 《元史》卷九四《食货二·岁课》，第 1580 页。
② 《元史》卷九四《食货二·市舶》，第 1592 页。

秃矿尽的端倪，坑冶场务时开时闭的情况反复出现。宋代长期执行禁民参与的严管政策，使得民间商人资本游离于铁冶领域之外，从而客观上压制了岭南地区铁冶发展的可能空间。而元代政治中心的北移、行政区划的重设、村社制的实行、民营铁冶的准入，以及铁器出口政策的开放，则从政治环境、经济环境和社会环境上为岭南地区铁冶发展提供了重大机会和广阔空间，为明以后岭南铁冶业特别是佛山铁冶业的崛起打开了大门。

笔者认为，南汉永丰场和桂阳监、宋代岑水场和梧州生铁，与明代佛山冶铁业有密切的联系。当朝代更替、产业结构发生改变时，原来官营场监坑冶的大量手工业技术人才会流向新点，推动新点发展，使群体性的成熟技术得以保留和迭代传承，这也是"结构性技术转移"的历史现象。

第四章
元末明初的佛山社区

自北宋末年以来，随赵宋朝廷南迁而出现的岭南移民潮，将大量北方人口带至佛山一地，这些南迁人口及其随身背负来的神明和祖先牌位，给佛山这块地处海滨的化外之地，带来了中原姓氏群体和正统神明祭祀文化。宋朝元丰年间，龙翥祠建立，不久成为佛山社区最初的祭祀中心。元朝至正年间，九社建立，形成佛山社区最早的居民聚落。明朝洪武年间，图甲制建立，为佛山社区的形成发展创造了政治条件。

第一节　元末明初的佛山社区

社区是一个群体，它由彼此联系、具有共同利益或纽带、具有共同地域的一群人所组成，其成员之间的关系是建立在地域的基础上。社区又是实现一种文化的社会组织分类和职能的最小单元，是创造其历史传统文化和风俗遗产并传播到将来的最小群体。

明初图甲制度的建立，稳定了佛山乡族社会，使外来氏族在感情上依托于佛山这一地理空间，他们很快学会了如何利用佛山的土地资源，并且懂得如何尊重佛山土著对环境的改造成果。这些成果包括物质方面，如道路、农田、灌溉系统、寺庙、社坛等；也包括习俗和信仰等精神方面，如火葬和尚鬼习俗等。而佛山土著也从北方来的氏族身上学到了手工业技术，学到了对神明的信念和祖先遗存的忠心等。经过若干年发展，最初仅由其生存空间联系在一起的来自各地的氏族，最终与土著居民相融合，形成一个包括不同血缘氏族的居住群体，形成一个包括佛山村在内的 15 村相联系的佛山社区，形成为一个以龙翥祠为中心的九社祭祀圈。

一、氏族南迁

在外来氏族迁入之前，佛山就有"土著四姓——鸡、田、老、布"等氏族存在。鹤园《冼氏家谱》记载："马廊，其先布里，佛山旧族称鸡、田、老、布，此其一也。"① 布里在佛山中部

---

① 《鹤园冼氏家谱》卷四之三《家庙谱》。

（鹤园铺），可知佛山旧族布氏曾在此聚居。明以后，布里为鹤园冼氏所占，改称马廊。其他诸姓也日渐式微。乾隆《佛山忠义乡志》还记载了鸡、布、老三姓，而无田氏记载。① 到了民国初年，鸡氏剩男子 2 人，布氏和老氏也仅有 30 余人。② 关于"土著四姓"的传说，文献的记载太少，笔者认为，从整个珠江三角洲社会文化发展历史趋向看，佛山"土著四姓"的式微，也是中原氏族南迁后发生的文化融合的结果。据佛山族谱资料记载，外来氏族来到佛山初期，曾接受了土著的风俗传统。例如岭南土著有"火葬"等习俗，《南海佛山霍氏族谱》记载："其时（宋元时）粤俗皆火葬，上世坟垅同瘗于此。后迁葬石湾。"③可见山西迁来的霍氏也接受了岭南土著"火葬"的习俗。而土著居民也认同了中原文化，尤其是认同了南迁氏族的官宦背景和"南雄珠玑巷"的来源标志，也认同了南迁氏族带来的神明及其祭祀仪式。于是出现岭南土著攀附中原大姓，自称亦来自珠玑巷，乃至于改姓的现象。因此，鸡、田、老、布"土著四姓"的式微，与其人口融合到新迁入的其他大姓的过程相联系。

外来氏族迁入佛山主要有两个来源，一是中原和东南氏族经过南雄珠玑巷南迁。宋元以后，外省氏族渡岭南来的浪潮一波接一波，他们携家带小，乘舟顺北江而下，寻觅那理想的永久生息地，不少氏族经过多次选择后才最后定居佛山。然而，不管他们曾在哪里定居过，"南雄珠玑巷"始终是他们祖居地的认同标志。二是本省高凉地区的土著居民。岭南自古为百越之地，百越先民很早就生息繁衍在这块土地上。南朝时驰骋岭南并归附隋朝的冼夫人，就是高凉地区冼氏部落的首领。唐宋以还，冼氏子孙随着珠江三角洲地区的逐渐成陆，也迁徙到这块富饶的土地，如今散布珠江三角洲各县的冼氏聚居村落很多，诸如冼村、冼边、冼涌等地名随处可见。

最早迁入佛山的氏族是原居山西平阳的霍氏，霍氏始祖正一郎公，据说是宋靖康间人，为南迁始祖。《南海佛山霍氏族谱》记载：

> 正一郎公，本山西平阳人。……当宋靖康间，中原板荡。公赋性倜傥非常，有志四方。舟车南下，直抵粤之雄州沙水村珠玑巷，喜村以水名，与卜相符，遂定厥居。娶元配周氏，生四子。……后公以其土旷地偏，去之。游于南海，携家舟次佛山，相其地佳气葱葱，周原芜芜。询之乡人，知为汾水。恍然惊喜曰："予曩者去国初迁时，霍神告语固在兹土耶，今适符其占信，知天作地藏，非偶然也。"筑室佛山之三月冈，即今早市，实为发源地焉。④

其后霍氏宗支繁衍，三世后分为六房分居于佛山鹤园、大路头、霍畔坊、桄榔树、古洛

---

① 乾隆《佛山忠义乡志》卷六《乡俗志·氏族》。
② 佛山市地方志办公室、佛山市计划生育办公室合编：《佛山市人口志》，广东科技出版社 1990 年版，第 30 页。
③ 霍承恩：《南海佛山霍氏族谱》卷九《十五世祖乐天公家传》，道光九年刻本；《宋始迁祖正一郎太府君家传》。
④ 同上。

北、祖堂南和古洛西等地,并由此分支东莞及全省各地。① 明清时期佛山霍氏成为佛山人口较多的大族。

东头冼氏系百越著姓高凉冼氏之后,南宋时向东迁移。据《岭南冼氏宗谱》记载:东头冼氏"一世祖讳发详,字昌图,号活涯,宋处士。宋理宗绍定五年(1232)由高凉(即今高州府吴川县)迁居佛山镇东头铺"。东头在佛山之东,乃佛山八景之冠"东林拥翠"所在,前临栅溪,远衔西樵,实据形胜,"活涯公肇居此地,斩棘披荆,于是湖山有主"。到四世始开始分房,北房祖可善立七甲冼益进户;二房祖伯善立八甲冼永兴户,南房祖德善立一甲冼舜孔户和六甲冼承泰户。② 冼氏占据的东头,林木森森,乃佛山最好的形胜地。

随后,在宋咸淳年间,迁入佛山的氏族陆续增多。例如鹤园陈氏,祖籍福建。宋咸淳九年(1273),陈氏有宋诰授奉政大夫、光禄寺少卿、加二级贡士陈佛正,"由南雄珠玑巷迁居南海季华乡鹤园社荫善坊,聚族而居,遂开图籍"。③

石巷冼氏和白勘冼氏亦在宋咸淳间迁入佛山,据《岭南冼氏宗谱》载:石巷冼氏,"一世祖讳斌,字伯广,号槎溪,宋咸淳间由南雄珠玑巷迁居佛山镇"。④ 白勘冼氏,"一世祖讳伯达,宋三六宣义官。咸淳间由南雄珠玑巷迁居佛山白勘"。⑤

还有江夏黄氏,祖籍福建邵武。宋时有黄益谦者,进士出身,职授御史大夫,升右司郎中兼理都尉事,赠朝奉大夫。年老优致,乞归故里,"因金人入寇,分道侵逼,郡人叛乱,遂自南雄珠玑巷沙水村与邝氏夫人携三子避居羊城"。世平后,择村乡善者就居,于是,"迁于南海属之季华乡表冈墟涌边坊而居,买田数处,分三子","随田附籍"。⑥

元时迁入佛山的氏族有郡马梁氏、朝市梁氏、金鱼塘陈氏和纲华陈氏。郡马梁氏始祖在宋建炎年间由南雄郡出任程乡县尉,后卜居南海西雍乡。五世祖时有梁节者"尚宋亲王郡主越氏,为郡马",故其族称"郡马梁"。梁节二子六世祖梁熹,在元至正十二年(1352)始"迁居佛山冈头"。⑦ 明正德名宦梁焯出于此族。

朝市梁氏有六世祖梁宪,生于宋嘉熙二年(1238),终于元大德七年(1303),为宋进士,奉直大夫,官居广州别驾,由番禺县北亭乡迁居南海县佛山镇朝早(市),"为佛山房始祖"。⑧ 明二十二老之一梁广、清代著名中药商人梁仲弘出自此族。

金鱼塘陈氏原居福建南剑州沙县,元至正二十三年(1363),有陈君德者中举,授湖广

---

① 《南海佛山霍氏族谱》卷二。
② 冼宝干:《岭南冼氏宗谱》卷三之六《分房谱·东头房》。
③ 《南海鹤园陈氏族谱》卷二《始迁宗派图》;又据同谱谱序载:"始迁祖佛正公与金鱼房了翁公、水便房水村公系属昆仲,前宋时代由闽至粤之梅岭,择居于佛山巨镇,渐次蕃衍,各自鼎建祠宇,遂名为三大房。"再据同谱卷一《氏族考》:鹤园陈氏,金鱼堂陈氏,水便陈氏均共认皆出自唐苍梧太守子然公之后。
④ 《岭南冼氏宗谱》卷三之一七《分房谱·石巷房》。
⑤ 《岭南冼氏宗谱》卷三之一八《分房谱·白勘房》。
⑥ 黄尧臣:《黄氏族谱》(手抄本)卷一。
⑦ 《象峰梁公忠贤谱志录》,郡马《梁氏家谱》(手抄本,不分卷);《元处士尧叟梁公安人张氏周氏墓志》。
⑧ 郡马《梁氏家谱》(手抄本,不分卷)。

道州学正,迁国子监学录,擢礼部仪制司主事。因其父陈敬之于元至元十八年(1281)以贤良授南雄府始兴县尹,陈君德遂流寓于保昌之珠玑巷。迨元泰定四年(1327),君德"始迁居南海季华乡之田边,遂就地设金鱼堂以讲学,一时公卿大夫远近景从,群称为颍川先生。至明朝定鼎,开籍南海"。① 清乾隆解元、翰林院编修陈炎宗出于此族。

纲华陈氏原居增城县沙贝乡,九世祖陈夔,号宣义,系至正二十年(1360)广州府学庠生,恩赐冠带寿官。元至正二十一年(1361),陈夔"负木主移家佛山锦澜石榴坊纲华巷,自是忠厚开基,扩产饶裕。始占籍南海佛山堡。日积月盈,置有田园共八顷零"。②

明初迁入佛山的氏族则有鹤园冼、栅下区、细巷李和汾水冼。鹤园(练园)冼氏,"一世祖衍深,号鄹庵,宋儒士,度宗咸淳末由南雄珠玑巷还广州,居南海县扶南堡,是为一世祖"。四世祖君泰为元元帅府廉访司令史。由扶南堡迁居广州干濠尾儒家巷。到五世时有冼显佑,号五原,明处士,"洪武初由广城儒家巷迁居佛山鹤园里。……是为本房始迁祖"。③ 明嘉靖名宦冼桂奇出于此族。

栅下区氏,原籍登州,洪武年间,始祖区南堂"始迁居佛山栅下,是为佛山区氏始祖"。④

细巷李氏,祖籍陇西。大概在宋末迁粤。⑤ 元时已有李廷玉居住南海里水。约在明宣德年间,有李广成"迁佛山细巷,为始迁"。⑥ 由于李氏不是明初开图建籍时迁入,故李氏迁入佛山后很长一段时间被视为侨寓之户。明崇祯户部尚书李待问出于此族。

汾水冼氏,"一世祖讳少荣,字仕能,明处士。弘治间由本邑扶南堡迁居佛山汾水铺。……是为始迁之祖"。⑦

表 4-1 宋元明外来氏族定居佛山表

姓 氏	原 籍	始迁年代	始迁祖	开立户籍	资 料 来 源
霍氏	山西平阳	宋靖康年间 (1126—1127)	正一郎		南海佛山霍氏族谱 (道光刻本)
东头冼氏	广东吴川	宋绍定五年 (1232)	冼发祥	冼舜孔 117 图 1 甲 冼绳祖 117 图 5 甲 冼承泰 117 图 6 甲 冼益进 117 图 7 甲 冼永兴 119 图 8 甲	岭南冼氏宗谱 (民国刻本)

① 《南海金鱼堂陈氏族谱》卷八上《列传一·陈君德》。
② 《纲华陈氏族谱》(手抄本,不分卷)。
③ 《岭南冼氏宗谱》卷三之二〇《分房谱·练园房》。
④ 区灈:《佛山栅下区氏族谱·序·正谱》,民国十八年刻本。
⑤ 李待问:《李氏族谱》卷一《姓氏考》称:"廷玉公以上司□论缺焉,溯之不可知之人,而泽已湮矣。"崇祯壬午(1642)刻本。
⑥ 李待问:《李氏族谱》卷一《世系纪》。
⑦ 《岭南冼氏宗谱》卷三之二六《分房谱·汾水房》。

（续表）

姓　氏	原　籍	始迁年代	始迁祖	开立户籍	资料来源
石巷冼氏	南雄珠玑	宋咸淳年间 （1266—1274）	冼斌	冼众为 119 图 2 甲	岭南冼氏宗谱 （民国刻本）
白勘冼氏	南雄珠玑	宋咸淳年间 （1266—1274）	冼伯达	冼复起 21 图 4 甲	岭南冼氏宗谱 （民国刻本）
鹤园陈氏	福建	宋咸淳年间 （1266—1274）	陈佛正	陈进 20 图 5 甲	南海鹤园陈氏族谱 （民国刻本）
江夏黄氏	福建邵武	宋	黄益谦		江夏黄氏族谱 （手抄本）
朝市梁氏	番禺北亭	元初	梁宪	梁永标 20 图	梁氏家谱（手抄本）
郡马梁氏 （冈头）	南雄	元至正十二年 （1352）	梁熹		佛山梁氏诸祖传录 （手抄本）
金鱼堂陈氏	福建沙县	元泰定四年 （1327）	陈君德	陈祥 118 图	金鱼堂陈氏族谱 （光绪刻本）
纲华陈氏	增城沙贝	元至正年间 （1341—1368）	陈夒	陈嵩（里长） 陈文佳 118 图 4 甲	佛山纲华陈氏族谱 （手抄本）
鹤园（练园） 冼氏	南雄珠玑	明洪武年间 （1368—1398）	冼显佑	冼翼、冼贵同、冼光 裕 119 图 10 甲	鹤园冼氏家谱 （民国刻本）
栅下区氏	登州	明洪武年间 （1368—1398）	区南堂	区效汾 115 图	栅下区氏族谱 （民国刻本）
细巷李氏	陇西	明宣德年间 （1426—1435）	李广成	李大宗 114 图	李氏族谱 （崇祯刻本）
汾水冼氏	南海扶南	明弘冶年间 （1488—1505）	冼少荣	冼贵同 114 图 9 甲	岭南冼氏宗谱 （民国刻本）

除上述氏族外，至迟在明初迁入佛山的氏族还有莲花地黄氏（佛山名族）、庞氏、伦氏、简氏、谭氏、何氏、黎氏、杨氏、关氏、岑氏、高氏、潘氏、赵氏、招氏、彭氏、邱氏等。[①] 外来氏族大批涌入佛山定居，迅速地增加了佛山的人口，为明初组建佛山堡，创编图籍创造了条件。正如乡志所载："宋南渡后，中原文物流入岭南，有迁至佛山者。明初编立图甲，先到诸族得占籍为土著。"[②]

元以前，佛山并无行政建置，属于广州府南海县。元大德《南海志》关于南海县所属河

---

① 乾隆《佛山忠义乡志》卷六《乡俗志·氏族》，卷三《图甲》。
② 民国《佛山忠义乡志》卷九《氏族》。

渡一节,有从番禺开来"佛山渡"(长河渡)和近岸往来"佛山渡"(横水渡)两处记载。① 这是有关佛山历史的最早文字记载。从元末开始,出现了"季华乡"的称谓。根据族谱材料,元末佛山迁入的氏族均称该地为"南海县季华乡"。② 这说明至迟在元代,佛山聚落已经形成。

二、九社与龙翥祠

"九社",是佛山最古老里社,均建于元代。"乡之旧社凡九处,称古九社",它们是:古洛社、宝山社、富里社、弼头社、六村社、细巷社、东头社、万寿社、报恩社。③ 社者何谓? 一谓:社,土神也。又谓:社者,报土功也。社有社坛,祀五方土地之神。史称"粤祀社最盛,虽数家之村莫不祀事",④佛山亦然。乡志称:"里各祀社,此民间报赛之常。"⑤但佛山之社似具有更多功能。嘉靖时冼桂奇说:"古洛之西故有社焉。里中缙绅父老每四时伏腊事毕则申社约,为诗会。"⑥可见古洛社除春祈秋报之外还有申社约、集诗会等功能。

中国农村自古就有结社的传统。社本是乡村民众敬神祭祖的地方,也是村民进行娱乐和庆典活动的场所。因为社具有聚众的意义,所以一些民间组织便以社具名。虽然社的名称出现很早,但元朝是第一个全国范围内把社作为一种地方基层行政组织的王朝。如上所述,元代的村社制度,就是以自然村为基础,在一定户数规定下建立起来的称为"社"的基层行政机构编制。至元七年(1270),元世祖(忽必烈)颁布立社法令,在华北各路全面实行村社制。⑦ 规定不论何色人等,凡五十家立为一社。可一村自为一社,亦可三五村并为一社,选立一人为社长。⑧ 灭南宋后,元朝廷又将村社制推行到江南地区,乃至全国普遍实行。当时除腹里地区外的 11 个行省中,有史料明确记载实行社制的就有岭北、辽阳、河南、陕西、江浙、江西、湖广等 7 个行省。⑨ 元代广东地区属江西行省管辖,广东地区当然也在实行村社制的范围内。

从至元七年到至元三十一年(1270—1294),是元朝在全国推行村社制的重要时期,佛山九社当在此时建立。从报恩社所建年代可以推知九社大概建立时间。报恩社原称缸瓦社,与纲华陈氏始迁祖陈宣义的捐建有关。据《缸瓦社纪》记载:

———————————————

① 元大德《南海志》卷一〇《河渡》。
② 《南海金鱼堂陈氏族谱》卷八上《列传一·陈君德》;《南海鹤园陈氏族谱》卷二《始迁宗派图·佛正》。
③ 乾隆《佛山忠义乡志》卷一《乡域志》。
④ 《粤小记》卷四《祀社》。
⑤ 乾隆《佛山忠义乡志》卷一《乡域志》。
⑥ 《粤小记》卷三。
⑦ 《通志条格》卷一六《田令·立社巷长》。
⑧ 《元典章》卷二三《劝农立社事理》。
⑨ 参阅杨讷《元代农村社制研究》,《历史研究》1965 年第 4 期;仝晰纲:《元代的村社制度》,《山东师大学报》(社会科学版)1996 年第 6 期。

乡人自立其社曰乡社，以保卫一坊人民，春祈秋报，结宗会饮，后世守之莫易也。但缸瓦之社之设，其社盖为乡社。考其初，社坛原在纲华巷，其时缸瓦铺旁坛宇湫隘，积时倾圮。洪武初年，宣义公拨出潘氏安人二妆奁二瓦窑之资，卜买南岸洲一所，直至洲边。盖造迎迁社老于此，安奉以后皆籍神灵保镇，以卫斯土。缸瓦社之名乡俗沿称，盖有所自矣。正统十四年己巳秋，黄萧养巨寇压境，赖神显赫保固，蒙上嘉赏，名曰报恩社。乡之父老序乡社，列为第九社。其社坛地税贰分八厘六毛，现在陈众富户内。迄今世代虽远，而缸瓦社之名犹啧啧传诵不朽。①

从这段记叙中，我们知道缸瓦社在明以前已建立，洪武初年始在新址重建社坛，迎迁社老于此。正统后改名报恩社。而报恩社在九社中排序第九，由此可以推知其他八社的始建年代当在九社之前。再又据富里社重修碑记记载，该社有"大明弘治元年"所立的社额之榜（见首页图2），②通常社额之榜多为后来重修所立，由此也可推知，富里社在弘治元年前已存在多时。根据元世祖全国立社的地方基层行政组织制度安排和上述两社建立具体年代的判断，佛山九社均应建于元代至元十年至至正三十年（1273—1393）的 20 年间。

龙翥祠，是真武庙最初的名称（佛山真武庙在景泰以前名"龙翥祠"，景泰以后赐封"灵应祠"。所谓真武庙、北帝庙、祖庙、祖堂均是乡人的俗称）。据《龙翥祠重浚锦香池水道记》载："此乡有神曰真武玄帝，保障区宇，有功于民，不可具述。……祠初名曰龙翥。"③根据现有文献资料考订，龙翥祠建于宋元丰年间。据《南海佛山霍氏族谱》记载：霍氏始迁祖霍正一郎公在宋靖康年间（1126—1127）舟车南下，直抵粤之雄州沙水村珠玑巷，在此结婚生子。后携家再迁南海佛山，佛山早市实为霍氏发源地。④其后霍氏宗支繁衍，三世后分为六房，散居于佛山祖堂南、古洛北、古洛西、鹤园、大路头、霍畔坊和桄榔树等地，并由此分支东莞及全省各地。⑤祖庙最早称为祖堂，李待问《重修灵应祠记》亦云："其庙号祖堂，以其岿然为诸庙首。"⑥"祖堂南"，即祖庙之南边。霍氏第三代人分居于"祖堂南"时应为南宋淳熙二年（1175）。可知此时已有"祖堂"存在。又据正统三年《庆真堂重修记》载："自前元以来，三月三日，恭遇帝诞，本庙奉醮宴贺。其为会首者，不惟本乡善士，抑有四远之君子，咸相与竭力，以赞其成。是日也，会中执事者动以千计，皆散销金旗花，供具酒食，笙歌喧阗，车马杂遝。看者骈肩累迹，里巷壅塞，无有争竞者。岂非致中和之效乎？大德之间，庙前有榕树两株被风吹颓，乡人聚以二百余众，扶立不动。是夜忽闻风雨声，次早树

① 《缸瓦社纪》，《岭南冼氏宗谱》。
② 天学：《重修富里社碑记》，《南海佛山霍氏族谱》卷一一。
③ 迹删鹫：《咸陟堂集》卷五，载《明清佛山碑刻文献经济资料》，第 25 页。
④ 《南海佛山霍氏族谱》卷九《十五世祖乐天公家传》；《宋始迁祖正一郎太府君家传》。
⑤ 《南海佛山霍氏族谱》卷二。
⑥ 李待问：《重修灵应祠记》，载《明清佛山碑刻文献经济资料》，第 15 页。

起而端然。"①以上材料详细地记述了元代真武庙的各种活动,每当三月三北帝诞日,"车马杂遝","里巷壅塞"。如果真武庙没有一定时间的发展,没有素著灵响的名声,不可能有"四远之君子""咸相与竭力,以赞其成"之盛况。可见真武庙早在元代以前就已存在了很长一段时间。宋元丰至元初相距不远,据此,笔者认为龙翥祠建于宋元丰年间之说是可信的。

　　明代以前,佛山社区有两个著名庙宇:一个是塔坡寺,祀佛;另一个是龙翥祠,祀真武。② 两庙并峙,均以名显。明洪武五年(1372),乡老赵仲修重建庙宇,并命良工用良木雕刻真武圣像,"以奉事之。祈求雨阳时若,百谷丰登,保佑斯民"。③ 洪武二十四年(1391),"大毁寺观,乡毁塔坡寺"。④ 此后,龙翥祠遂成为乡人唯一的综合性祭祀中心。宣德四年(1429),"士民梁文慧等广其规模,好善者多乐助之,不终岁而毕。丹碧焜耀,照炫林壑。复与冼灏通率众财买庙前民地百余步,凿池植莲,号曰灌花池。由于景概益胜,塘之税文慧、佛儿分承输官"。⑤ 赵仲修、冼灏通、霍佛儿、梁文慧均是佛山著名的"乡判"和"乡老",他们"率众财"对龙翥祠的扩修,表明了龙翥祠在乡民中地位的提高。

　　此时的龙翥祠"所奉之神不一,惟真武为最灵",⑥庙内有"北极真武玄天上帝塑像及观音、龙树诸像"。⑦ "龙树"是释迦牟尼的大弟子,是佛教祭祀的神明。北帝和观音共祀一堂,似又蕴含着对父母双亲的感情寄托。正如陈炎宗所言:"神于天神为最尊,而在佛山则不啻亲也。乡人目灵应祠为祖堂,是直以神为大父母也。"⑧可见此时的龙翥祠是一个亦庙亦祠的祭祀建筑。这一传统深刻影响了后来祖庙的祭祀性质。在以家长制家庭为单位的社会类型里,血缘群体对去世祖先灵魂的感情态度,往往成为神灵崇拜的起点。"宗教并不是一种超自然力量与个人的随意联系,而是这种力量与所有社会成员的联系。这种力量本质上对社会怀有善意,是维护社会的法律和道德秩序的"。⑨ 以"祖堂""祖庙"来称呼神庙,正是这种联系和情感的表现。因此,早先的祖堂之于佛山人,犹如祖先灵魂藏幽之所,祖先恩惠普施之地。人们对神明的感情是一种亲切的感情,神明之间没有严格界限,佛、道之神共处一室,人们也不以为怪。总之,一切都是朴素、自然的感情产物。

　　那么,龙翥祠与九社是何种关系?

---

① 正统三年□□□《庆真堂重修记》,道光《佛山忠义乡志》卷一二《金石志上》。
② 《佛山真武祖庙灵应记》,《明清佛山碑刻文献经济资料》,第 3 页。
③ 《庆真堂重修记》,道光《佛山忠义乡志》卷一二《金石志上》。
④ 乾隆《佛山忠义乡志》卷三《乡事志》。又据光绪十六年《重修佛山塔坡古庙碑记》云:"昔名塔坡寺,今名塔坡庙也。昔为寺则祀佛,今为庙则祀东岳大帝也。……考塔坡寺毁于洪武二十四年,则变置当在此际。"
⑤ 唐璧:《重修祖庙碑记》(宣德四年),道光《佛山忠义乡志》卷一二《金石志上》。
⑥ 同上。
⑦ 景泰二年《佛山真武祖庙灵应记》,《明清佛山碑刻文献经济资料》,第 3 页。
⑧ 乾隆《佛山忠义乡志》卷六《乡俗志》。
⑨ 引自罗斯《社会控制》,第 109 页。

明洪武元年，九社发布了共同祭祀龙翥祠真武玄天上帝的宣言，称为"九社公启"。启称：

> 天下神明，各有庇佑。唯我真武玄天上帝，乃佛山通乡所赖，今始供奉于龙（箸）［翥］祠内。凡我九社之民，均沾神庥。故而人人乐捐，家家尊奉，世代传承，荐享不辍。[1]

九社公启，是佛山第一次把真武玄天上帝提到社区共同保护神的地位，并规定了"凡我九社之民"均有"人人乐捐，家家尊奉，世代传承，荐享不辍"的义务。

九社并非并列存在，而有一个社区地位排序。"吾佛凡九社，一古洛，次宝山，而富里、弼头、六村又次之，细巷、东头、万寿又次之，其殿则报恩焉"。[2] 民国《佛山忠义乡志》有如下不完全排序记载：祖庙铺古洛社，忠义第一社；东头铺东头社，忠义第四社；栅下铺君臣社，忠义第六社；锦澜铺，报恩第九社。[3]

九社为何有差序排列？这与龙翥祠北帝神巡游的优先权有着特别密切的关系。在九社中排列第一的古洛社，位于龙翥祠之右，"每岁灵应（龙翥）祠神巡游各社，此伊始也"。[4] 然后按序巡游，次宝山，三富里，再弼头、六村、细巷、东头、万寿，最后游至排序第九的报恩社，"其殿则报恩焉"。从地图上看，这种差序格局的形成似乎与龙翥祠同各社距离并无直接关系，如报恩社就离祖庙很近，却排在最末一位。笔者认为，这种北帝巡游优先权的享有与氏族入住佛山时间先后有关。因为在古洛社、宝山社周围村落有最早迁入的隔塘霍氏居住，霍氏第三代人分居于"祖堂南""古洛西"，就在古洛社地域内，也就是上述冼桂奇所言"古洛之西故有社"；在东头社有较早迁入的东头冼氏居住，冼氏并以东头为其宗族的地望。他们都是在宋代先后迁入佛山的氏族。因此北帝巡游时古洛社排序第一，宝山社排序第二，富里社排序第三。报恩社原称缸瓦社，平黄萧养后改名报恩社，"乡之父老序乡社，列为第九社"。（图 4－1）

九社环绕着龙翥祠的东南一带分布，其范围大致包括了龙翥祠东南一线至佛山涌边的地区，约占清代佛山镇二分之一以上。由此可见，九社和龙翥祠，组成了佛山最早的北帝祭祀圈，组成了有着共同神明信仰空间的社区。并由这"九社"开始，踏上了佛山北帝信仰空间拓展的征程。龙翥祠的存在，是佛山以九社为基础的社区存在发展的重要因素，它从地域空间上整合了九社，从精神世界上保护着九社，也从文化传统上积淀着成为更大范围、更高层次社区祭祀中心的习俗。

---

[1] 洪武元年《九社公启》。
[2] 霍超士、霍巨源：《重修忠义第一社纪》，《南海佛山霍氏族谱》卷一一。
[3] 民国《佛山忠义乡志》卷八《祠祀二·里社》。
[4] 霍超士、霍巨源：《重修忠义第一社纪》，《南海佛山霍氏族谱》卷一一。

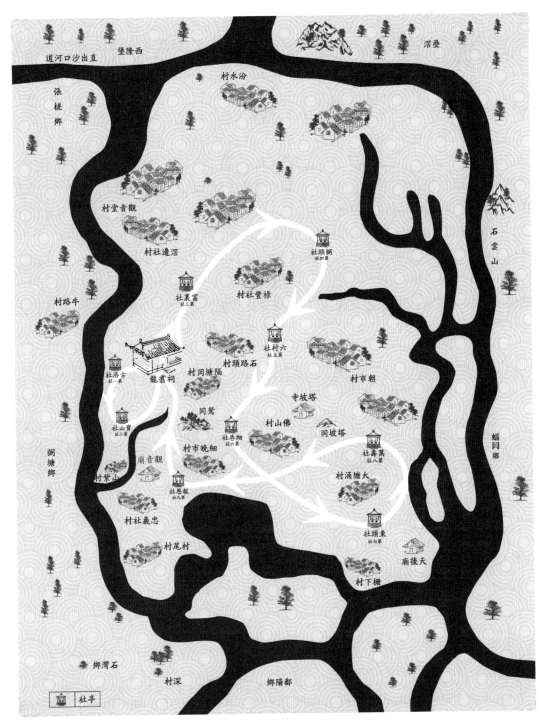

图 4-1　元代九社北帝巡游图

三、八图定籍

明洪武三年(1370)，籍天下户口及置户帖，继乃排里甲，编黄册。佛山始称"南海县五斗口司西淋都佛山堡"，[①]当时南海县有六都六十四堡，[②]佛山堡乃其一。同时，佛山又称为"季华乡"，当时南海县有七乡，季华乡占其一。在佛山，"季华乡"的地理概念与"佛山堡"一致。明代佛山堡内开八图，编八十甲，外来氏族在此时纷纷立户注籍，成为合法居民。例如上述东头冼氏，明初"注南海县五斗口司西淋都佛山堡一百十七图一甲冼舜孔户，五甲冼绳祖户，六甲冼承泰户、冼益进户民籍；一百十九图八甲冼永兴户屯田军籍"。[③]石巷冼氏"(著)[注]南海县五斗口分司西淋都佛山堡百十九图二甲民籍，立冼众为户"。[④]白勘冼氏"注南海县五斗口司西淋都佛山堡二十一图四甲冼复起户民籍"。[⑤]鹤园陈氏注籍"广东广州府南海县五斗口司西淋都佛山堡忠义乡二十图五甲鹤园社里户陈进"。[⑥]纲华陈氏也于"大明洪武初年始开图籍，办纳粮务，承有第四甲一百一十八图甲长，户名陈文佳"。[⑦]金鱼堂陈氏亦"隶籍广州之南海县属佛山堡季华乡，即今忠义乡，编户曰陈祥"。[⑧]鹤园冼氏在六世分三房，长房立冼翼户，二房立冼贵同户，三房立冼光裕户。[⑨]栅下区氏立区效汾户。[⑩]细巷李氏立"李广宗"户。[⑪]汾水冼氏亦附"南海县五斗口司西淋都佛山堡一百十四图九甲冼贵同户民籍"。[⑫]朝市梁氏则立"梁永标"户。[⑬]

现根据乾隆《佛山忠义乡志》卷三图甲将以上各氏族在明初八图中所立甲户的情况表列如下：[⑭]

"明制，以堡统图。以图统甲，岁推里长一人，输粮京师，得以朝觐，有授官者"。[⑮]按明代黄册制度，"以一百一十户为里。推丁粮多者十户为长。余百户为十甲。甲十户，名全图"。[⑯]

---

① 《南海鹤园陈氏族谱》卷四《杂录》。
② 万历《南海县志》卷一《舆地志·都里》。
③ 《岭南冼氏宗谱》卷三之六《分房谱·东头房》。
④ 《岭南冼氏宗谱》卷三之一七《分房谱·石巷房》。
⑤ 同上。
⑥ 《南海鹤园陈氏族谱》卷四《杂录》。
⑦ 《纲华陈氏族谱·户役记》。
⑧ 《金鱼堂陈氏族谱》卷一上《氏族考》。
⑨ 《鹤园冼氏家谱》卷三《宗支谱》。
⑩ 《栅下区氏族谱》。
⑪ 李待问：《李氏族谱》卷七《书田》。
⑫ 《岭南冼氏宗谱》卷三之二六《分房谱·汾水房》。
⑬ 《梁氏家谱·康熙四年广州府禁私抽示》。
⑭ 清代继承明代里甲制，户名亦继承下来，根据明万历二十八年(1600)的《图甲各户税务总纪》中佛山堡第一百一十八图十甲总户的记载，与乾隆志十甲首户名完全相符，可见明初至清乾隆基本不变。另据《南海佛山霍氏族谱》卷三记载，霍日高为康熙时人，那么，表中20图3甲首户名霍日高，亦有可能在康熙时才立户。明清更改甲户之名并不是一件容易之举，因此该表仍然大致上反映了明初立籍的情况。
⑮ 《鹤园冼氏家谱》卷六之二《人物谱·二十世香周公传》。
⑯ 参阅梁方仲《明代黄册考》，《梁方仲经济史论文集》，中华书局1987年版，第268页。

表 4-2　明清佛山八图表(八十甲共八百八十户)

二十图	二十一图	一百一十四图	一百一十五图
梁万履	区广德	简世荣	陈大同
梁相	黄应同	霍大同	布永诚
霍日高(佛山霍)	陈继斌	李凤	何永泰
霍贵	冼复起(白勘冼)	梁尧芳	区效汾(栅下区)
陈进(鹤园陈)	伦建兴	高兆建	陈以言
梁承裔	何戊长	梁宗盛	霍芳
卢承德	梁英	李大宗(细巷李)	冼世和
岑永泰	梁永兴	陈世丰	黄永同
梁修进	伦天相	冼贵同(汾水冼)	霍定
梁永标(早市梁)	霍光祚	梁宗蕃	霍永兴

一百一十六图	一百一十七图	一百一十八图	一百一十九图
何厚贵	冼舜孔(东头冼)	陈祥(金鱼堂陈)	何继祖
陈兆廷	霍豪	霍逢泰	冼众为(石巷冼)
简永同	梁进	陈忠	梁陈里
黄振钟	霍维新	梁永福(澳口梁)	梁维盛
黄河清	冼绳祖(东头冼)	何祖大	冼贵同(鹤园冼)
霍维新	冼成泰(东头冼)	梁永祯	冼翼(鹤园冼)
陈五连	冼益进(东头冼)	区舜华	霍万钟
梁世祖	霍宪祖	陈必进	冼永兴(东头冼)
陈泰	何万胜	梁伟	霍大同
冼绍祖	梁成	罗元兆	冼光裕(鹤园冼)

佛山堡八图共有 880 户,若按每户 5 人计,当时佛山堡约有 4 000—5 000 人。明初八图拥有多少土地? 万历二十八年(1600)佛山堡八图共有土地二百四十八顷三亩。[①] 万历距洪武 200 余年,期间土地应该大部分已建为铺屋,明初佛山八图拥有五百顷以上土地之数应该是可以接受的。

佛山堡的建立,从地域上规定了佛山发展的空间范围,而佛山八图的建立,则从官府方面给予外来居民以入住权的认可,使动荡不安的南迁氏族定居和土地开发得到法律上的保障。外来氏族从此甩掉了"异乡人"的帽子,以土著居民的新姿态在佛山堡这一新空间下昂首阔步,大展身手。

第二节　佛山乡族社会权力特征

众所周知,图甲制集户籍制度、赋役制度及其基层社会组织制度于一体,是明代乡族社会的主要社会制度。但是,图甲制还不能代替乡族制度。因为图与社区不是一回事,图

① 陈祖南:同治六年《纲华陈氏族谱》手抄本。

与社区不相吻合。以 110 户的标准编成的图,势必打破原有自然村落的地理范围,打破原有社区的地理划分。图是建立在户的基础上,社区是建立在地域的基础上,两者不可互相代替。

"佛山其先则分村,其后则分铺","但未脱村称"。① 明代佛山堡有十五村,它们是佛山村、汾水村、村尾村、栅下村、朝市村、禄丰社村、大塘涌村、牛路村、隔塘冈村、观音堂村、山紫村、细晚市村、石路头村、忠义社村和滘边社村。②

这 15 个村庄构成佛山社区,他们具有共同的地理环境。从理论上说,具有共同地域的各村庄,势必会有一些关系共同利益的公共事务,诸如兴修水利、保障村落安全、处理村际纠纷等,因此在十五村之上产生一个权力机构就有其必要性。而在事实上看,这样一个权力机构是存在的。笔者认为,除了官方建立图甲系统以外,明初佛山还存在着乡村权力系统,这就是以"乡判""乡老"为核心的乡村(族)权力系统。但由于明中叶以后佛山都市化进程十分迅速,使明初乡族社会结构发生了很大变化。加之乡志记载多所未备,对这一问题的研究过去尚少涉及,笔者拟根据方志、族谱的有关资料对这一问题作一初步探讨。

"乡",无论是作为地理概念抑或是行政建制的含义,均起源很早。汉代建制,"大率十里一亭,亭有长;十亭一乡,乡有三老"。③ 岭南古为百越之地,乡里组织古制犹存。元时佛山有"季华乡"之称,明代设立图甲制,仍然同时并称。如《南海金鱼堂陈氏族谱》卷一上"氏族考"称:"我祖君德乃隶籍广州之南海县属佛山堡季华乡,即今忠义乡。"可见乡的建制之存在。乡设有乡判和乡老。如宣德年间,"乡判霍佛儿、乡耆梁文慧,以庙前逼狭,无以壮观,将己财合买洛水驳民地三亩五分,其税收入霍、梁二户,就地凿灌花池"。④ 再如景泰四年(1453),当耆民伦逸安请呈封典北帝庙后,广东官府委经历张应臣新临复勘,"乡判霍佛儿、乡耆冼浩通呈状,果系神功持助,各无异词"。⑤ 上述两处提到"乡判"霍佛儿,从名称看,乡判应有判决乡事的权力。从时间看,霍佛儿从宣德到景泰均任乡判一职,似无任期所限。梁文慧生于洪武间,⑥到正统十四年(1449)时可能已去世,遂由冼灏通接替乡老一职。鹤园《冼氏家谱》对此亦有记载:六世祖冼灏通者,"天性孝友,伟仪望,美髭髯,高行谊,平生未尝言人过,人称为宽大长者。是时人罕事诗书,公顾独好文学,敦礼让。四方达人高士闻其风,莫不与之游。由是鹤园冼氏为著姓,月松公名盖乡中矣。……(正统己巳)官司访公有异才,以为乡长,捍御听便宜行事"。⑦ 又据《岭南冼氏宗谱》记载:"正

① 《粤东简氏大同谱》卷九《家传谱·世传》。
② 万历《南海县志》卷一《舆地志·都里》。
③ 《日知录》卷八《乡亭之职》。
④ 《庙志》祀产序,引自民国《佛山忠义乡志》卷八《祠祀志一》。
⑤ 礼部景泰四年二月十四日《四百二十四号勘合》,引自民国《佛山忠义乡志》卷八《祠祀志一》。
⑥ 《梁氏家谱·梅庄公传》。
⑦ 《鹤园冼氏宗谱》卷六之二《人物谱·六世月松公传》。

统间，黄萧养作乱……乡人梁广等结团堵御，推冼灏通为乡长。"①细巷李氏五世祖李端，也曾为"乡老"。其谱载李端"平生重然诺，慎取予，以德义闻于乡，为邑三老，乡人呼之李老，而不名。里闾所不平，皆求直于李老，每为之解纷已争而不责报"。②可见"乡老"的职责是解纷息争。"乡老"的权力首先来自乡人对其"德义才能"的崇敬，其次来自父老的推举和官府的认可。例如冼灏通"独好文学"，在当时"罕事诗书"的乡人中，无疑是格调高标、知书达礼的才子。加上其又是为人宽厚的"宽大长者"，因此，自然受到乡人崇敬，被父老推为乡长。

最能说明明代乡族系统权力特征的是东头冼氏对佛山社区权力的把持。佛山冼氏共五房，来源不同。其中石巷、白勘、鹤园、汾水诸冼皆自南雄来，唯东头冼氏"自吴川来，其开房最早"。③东头冼氏始迁祖冼发祥自宋绍定五年（1232）迁入佛山后，自"五世而科名崛起，六世家业益隆，田连阡陌，富甲一镇，既广购田宅，故多立户籍以升科"。④在上列外来氏族中，明初东头冼氏立户最多，第117图10甲总户中，有4甲总户是东头冼氏，119图亦有1甲总户为东头冼氏。又据《图甲各户税务总纪》记载，第117图有田十九顷二十一亩，⑤而东头冼氏在该图有4个甲总户，几占其半，以如此富厚的土地财产作后盾，东头冼氏在佛山乡范围内的社区中占有重要地位是可以想知的。东头冼氏直到明中叶还保留着明初乡族权力结构。明中叶以前，佛山尚无客栈，东头冼氏有七世祖冼林佑，字天锡，"性豪爽有孟尝风"，"时佛山无逆旅，凡异乡过客，闻公名，争就之"。⑥冼林佑当时为乡中头目，"行旅过佛山者莫不求倚仗，故座客常满。门悬大鼓，有事凡三播，则乡人环集听命。如是者以为常。一日设席延客，客酒酣，举鼓三播。乡人麋聚，客愕然。林佑细道其故，始知此鼓不能乱动。林佑乃治酒留众，欢饮而散"。⑦"门悬大鼓，有事凡三播"，显系百越先民鸣铜鼓为号的遗风。且"此鼓不能乱动"亦表明了此鼓所代表的权威象征意义。一听鼓声，"乡人环集听命"，可见冼林佑在乡民中享有很高的权力和威信。从史料分析，冼林佑的权力，一方面来自他所在的东头冼氏所拥有的财富，另一方面来自他个人的品格。他性格豪爽，常备酒宴客，而当客人的误播使乡人麋聚后，他又"治酒留众，欢饮而散"，这些都表明冼林佑具有吸引人的独特品格。这种品格对加强集体赞同有诱因作用。乡民在感受到首领的好处后，就会互相交流他们对首领的赞同以及他们要对他尽义务的感情。这种互相交流所形成的一致意见，会表现成群体压力，又促使乡民服从统治者的指令，下次凡

---

① 《岭南冼氏宗谱》卷四之一《列传谱·敕封忠义官鸿猷公传》。
② 李待问：《李氏族谱》卷五《世德纪·慎斋公传》。
③ 《岭南冼氏宗谱》卷三之六《分房谱·东头房》。
④ 同上。
⑤ 《纲华陈氏族谱》（手抄本）。
⑥ 《岭南冼氏宗谱》卷七《备征谱·轶事》。
⑦ 民国《佛山忠义乡志》卷一四《人物志》。

有搋鼓，又会"环集听命"。从而加强了首领的控制权力，使首领的权威合法化。

社会控制是支配地位形成的根源。社会心理学家在实验中证明过这样一个结论：在一个社会系统中，控制信息流动的人实际上控制着整个系统。冼林佑在与外乡人的交往中，控制了大量信息，由此实际上控制了佛山社区。传统社会是感情社会，冼林佑的权力与权威在很大程度上建立在双方感情认可的基础上。一方是对首领的个人效忠，另一方则是对其乡人的庇护，这种关系所要求的道德规范，是那种古旧的氏族式效忠精神，忠实于头领和全乡利益，并为之尽职。由此可见，在明代的岭南，至少在佛山，在图甲制之外还存在着一个乡族权力系统，这一乡族权力系统超乎图甲系统之上，在佛山社区范围内存在运作，它是建立在地缘关系纽带上的权力组织。其结构为乡—村（族）二级结构。如同雅典人从原始军事民主制继承了民主传统一样，佛山人也从这一古老的乡族权力制度中继承了"自治"的传统。

第五章
明代佛山的冶铁业与都市雏形

　　明代冶铁业的兴起,为佛山社区发展奠定了经济基础,而明中叶黄萧养起事则从外部迫压了佛山社区内部的聚合,催化了佛山镇铺区制度的设立,从而促进了佛山都市雏型的形成。明中叶后佛山功名人物迭出,加强了佛山宗族组织的整合和发展,提高了佛山在岭南的社会地位。同时,手工业的快速发展和都市化也引发了各种社会矛盾。社会矛盾的恶化,最终导致了新兴士绅集团对佛山都市社会的全面整合,从而使佛山镇走向制度化发展道路。本章将论述以上历史现象发生发展的过程,并对各种历史现象的相互关系进行分析。

第一节　明代佛山冶铁业的发展模式

　　"盖天下产铁之区,莫良于粤,而冶铁之工,莫良于佛山"。[①] 明代是佛山冶铁业[②]崛起、发展乃至名播天下的时期,是佛山铁器闪亮登场、畅销九边塞外、远贩东西二洋的时期,也是佛山冶铁业独特的官督民办经营方式的形成时期。

一、私营采矿业与佛山冶铁业

　　矿冶业的发展,是冶铸业发展的前提条件。佛山冶铁业的兴起,是与明代铁矿业由官营向民营的转变相联系的。"广东铁冶,自宋以前言英、韶,自国朝(明)以下言潮、惠"。[③]北宋初年,广东有英州冶、梅州务和连州场等官营冶铁场。明洪武初年,广东阳山县官冶仍很兴盛,据《永乐大典》记载:"洪武六年,蒙省府为讲究铁冶事,随地之利,分置炉冶一十五处,签点坑夫一千名,博士一十名。每岁烧办生铁七十余万斤解官。"[④]到洪武二十八年

---

① 《粤游小识》卷四,第 9 页。
② 古文献上的所谓"冶铁",包含炼铁矿和制铁器两项内容。明代佛山铁业主要是后者,本应称为"制铁业"(包括铸铁和锻铁),但由于涉及佛山制铁业的文献资料多用"冶"字,故仍沿用"冶铁业"的成说。
③ 戴璟:嘉靖《广东通志初稿》卷三〇《铁冶》。
④ 高拱:《永乐大典》卷一一九〇七《广州府三·土产》,光绪本。

(1395)，"诏罢各处铁冶，令民得自采炼，而岁给课程，每三十分取其二"。① 于是从洪武末年起，广东铁冶从英、韶二州转向潮、惠二郡开发。据嘉靖《广东通志》记载：

> 潮、惠旧二郡山中间有产者，不领于有司，土人私窃业作，其后利入稍多，乃于惠之车坡亭、潮之广济桥、揭阳之北滘门，铁所经过地遮税之。正德末议者谓：盐铁一体，今盐课提举司告纳军饷，给票填指地方，往复查验最严，铁课不宜独异，宜于广城外批验所旁置厂，委提举佐贰官一员专掌其事，凡铁商告给票入山贩买，回至河下盘验，生铁万斤收价银二两，其立限复往查验，大约如盐法。有欲以生铁往佛山堡鼓铸成锭熟而后卖者，听其所卖。地方府县审有官票者，生铁万斤税银八钱，熟铁万斤税银一两二钱，俱以充二广军费，提举司铁价每季解布政司转其半解部。后以府县抽税烦扰，令于提举司输饷，不分生熟铁，每万斤加饷银一两。其余悉罢之。此潮惠铁冶之颠末也。②

这是在两广范围内第一次对所属大炉炼出铁块运往佛山发卖的政策指引，"有欲以生铁往佛山堡鼓铸成锭熟而后卖者，听其所卖"，别处则勿论。这就是由佛山炉户一体制造铁锅农具，如在别处铸造，就属私铸，在稽禁之例，同私盐罪治之。从洪武初年的"官置炉冶""签点坑夫""尽数解官"，到正德以后的"设厂秤税""给票贩运""听其所卖"，表明了广东官府公开承认了"不领于有司"的私营冶铁业的开发和运销的事实，标志着广东铁矿业由官营到私营的重大转变。这一转变，刺激了民间开采矿冶的积极性，此后，广东"铁冶则岁办以为常"。③ 嘉靖年间，平均每年课税五千八百一十七两，④按上述每万斤生铁课税三两计算，每年有接近二千万斤的生铁（一千九百三十九万斤）。课税最高的嘉靖十年(1531)，课银八千二百九十四两，应有生铁二千七百六十四万斤。明代私营矿冶业的发展，为佛山冶铸业的发展创造了前提条件。

佛山最早的冶铁点，据说是在新涌边的旧佛山八景之一的"孤村铸炼"。⑤ 孤村铸炼，在大墟沙塘（大墟沙塘坊）。佛山涌原流经沙塘，便于装卸铁版和成品，孤村因此成为佛山最早的冶铁点。清人杜伯棠诗云："大造为炉妙莫论，良工铸炼在孤村。"⑥说的就是在此开炉铸铁的历史。（图 5-1）

永乐以后，"孤村铸炼"南面祖庙一带出现新的铸造片区。《梁氏家谱》言：

---

① 《明实录·太祖实录》卷二四二。
② 戴璟：嘉靖《广东通志初稿》卷三〇《铁冶》。
③ 黄佐：嘉靖《广东通志》卷二五《民物志六》。
④ 戴璟嘉靖《广东通志初稿》卷三〇《铁冶》，记载了从嘉靖六年到十三年的铁课额，最低为嘉靖五年，银三千六百零四两八钱；最高为嘉靖十年，银八千二百九十四两零一钱四分；平均为银五千八百一十七两。
⑤ 乾隆《佛山忠义乡志》卷三《乡事志》。
⑥ 道光《佛山忠义乡志》卷一一《艺文下》。

图 5-1　佛山古八景之一：孤村铸炼

　　时(宣德四年,1429)祖庙门前,明堂狭隘,又多建铸造炉房。堪舆家言:玄武神前不宜火炎。慧(梁文慧)遂与里人霍佛儿浇炉户他迁。①

　　这条材料告诉我们,当时祖庙门前,诸炉并冶,火光冲天,呈现出一派铸铁生产特有的热闹景象。

　　此时的佛山冶铁业以铸铁为主,主要产品是铁锅、农具、钟鼎、军器等。其中以铁锅产量最大,当时有"佛山商务以锅业为最"之说。② 随着铁产品和产量的增多,出现了一些从事铁器贸易的巨商和冶铁炉户。正统年间,鹤园冼氏六世祖冼灏通以"贾锅"为业,把持了佛山的铁锅贸易,"各省巨商闻公信谊,咸投其家,毋后期也,乃人人又益喜,辄厚谢之。公以故家饶于财"。③ 其家"有负郭田三百余亩,别业亦不下百亩,故时冼氏子姓虽未通籍而

————————

① 梁礼昭:《梁氏家谱》(诸祖传录)。
②《鹤园冼氏家谱》卷六之二《人物谱·六世月松公传》。
③ 同上。

已称右族,实自公恢拓"。① 像冼灏通这样的巨商和冶铁炉户,当不在少数。例如正统十四年(1450)黄萧养起事,梁广等 22 个乡绅"出赀制器械拒之"。他们用的武器是"大铳飞枪","火枪一发,中之即毙"。② "又熔铁水浇焚皮帐"。③ 这 22 个乡绅(冼灏通父子是其中二人)都是"藏蓄颇厚"的"大家巨室"。④ 由此可见,当时已出现了冶铁大户,并且早已掌握了制造大件军器的技术。至此,佛山便以"工擅炉冶之巧"闻名于世。⑤

广东现存最早的铜钟,是明洪武十一年(1378)朱亮祖铸的重达一万斤的大铜钟。现存广州五仙观,钟上有铭文"大明国洪武十一年岁次戊午孟春十八日辛卯,广东等处承宣布政使司铸"。⑥ 此铜钟铸造早于北京大钟寺的永乐大钟 50 年,可列入华夏名钟。该钟是否在佛山铸造虽无从证实,但明代佛山工匠铸造美术重器纹饰之精巧却是不遑多让。

佛山最早的铸造重器,是现存祖庙大殿铸于景泰年间(1450—1456)的北帝铜像(见首页图 6),重达 5 000 斤,是国内现存最大的北帝铜像。天顺七年(1463)的连州迁义乡福聚堂铁钟,钟上的铭文为"请到江西客商刘立龙前往广州府佛山铸买洪钟一口,入于福聚堂"。⑦ 20 世纪 70 年代该钟仍存于广东连县保安公社。现存祖庙大殿铸于成化二十二年(1486)的大铜钟,重达 1 700 斤,造型古朴。钟身有"广东广州府南海县西淋都佛山堡合乡善信,舍财买铜壹千柒百斤,铸造洪钟壹口,在于本乡灵应祠永远供奉"的铭文。明清两代,每当祖庙举行祭祀典礼,便有木槌撞击此钟,声音洪亮,传扬悠远。⑧ (见首页图 8)

成化年间,陈白沙(1428—1500,著名岭南大儒)曾委托佛山炉户铸造了三个大钟,并亲自撰写铭文。一是陈氏家庙钟,其铭文称:"其质重,其声迟,其动静有时,永以为神之依。"二是丁氏祠堂钟,其铭文称:"出佛山冶,入济阳堂。厥声镗镗,震于无疆。"三是新会县衙门谯楼钟,其铭文并序称:"费而不伤,坏而有成。同百里之声,存万世之经。我民不信,视此钟铭。——钟始造模而丁侯卒。惜侯之志不及! 成此铭,亡后有继之者何以考?故录之。"⑨以上三钟,均是成化年间佛山建模铸造,具有钟体大、钟声响的特色。

"文化大革命"前,祖庙享殿还保存有铸于万历十六年(1588)的两米多高的大铁鼎。⑩万历丁末(1607)南海县知县刘廷元等铸造一口重 1 200 余斤的铜钟,送广州长寿庵供奉。⑪

---

① 《鹤园冼氏家谱》卷六之二《人物谱・七世兰诸公传》。
② 陈赟《祖庙灵应记》,乾隆《佛山忠义乡志》卷一〇。
③ 揭稽《奏请激劝忠义疏》,乾隆《佛山忠义乡志》卷一〇。这时用的是一种小型化铁炉——行炉,《武经总要》卷一二载:"行炉熔铁汁昇行于城上,以泼敌人。"
④ 陈赟《祖庙灵应记》,乾隆《佛山忠义乡志》卷一〇。
⑤ 同上。
⑥ 《广东金石图志》,第 201 页。
⑦ 《明清佛山佛山碑刻文献经济资料》,第 504 页。
⑧ 肖海明、王海娜等编:《佛山祖庙》,广东人民出版社 2016 年版,第 16 页。
⑨ 陈献章:《白沙子全集》卷四《铭》,万历四十年刻本,第 41—41 页。
⑩ 佛山铸造厂编:《佛山冶铸史集》。
⑪ 该铜钟现存广东省博物馆。

此外,郁南县还保存有天启七年(1627)"佛山铸造炉户黄千城"铸造的铁钟,重 350 斤,该钟现存郁南县博物馆。

凭借精良的产品质量,此时佛山的铁器在国内有广阔的销路。明中叶霍与瑕说:"富国强兵之术以盐铁为首务。两广铁货所都,七省需焉。每岁浙、直、湖、湘客人,腰缠过梅岭者数十万,皆置铁货而北。"①当时在南雄梅岭道上,"南货过北者,悉皆盐铁粗重之类……日有数千(驮)"。② 从以上材料所列地名和细巷李氏的李白曾"往来樟江、清源"等材料看,③霍与瑕所言七省,应指浙、直、湖、湘、赣、粤东、粤西,按今天的行政划分,包括浙江、北直隶(山东、河北、河南)、南直隶(江苏、安徽)、湖南、湖北、江西、广东、广西等 11 个省份。而各省客商每年共带有"数十万"巨赀来购买铁器,由此可见当时佛山铁器贸易盛况。

冶铁业的发展,同时也改变着佛山居民的职业构成。明初佛山堡八图居民原多以农耕为业,这种状况到成化、弘治年间发生了明显变化。大学士丘浚曾到过佛山东溪梁氏园林,丘浚《东溪记》记载:"南海之佛山去城七十里,其居民大率以铁冶为业。"④当时佛山有居民"三千余家",⑤可以想见,从事冶铁的民户是很多的。

事实上,八图氏族在明代大多参加到开发冶铁业的热潮中。除上述鹤园冼氏外,此时还有以下家族从事冶铁业:细巷李氏、东头冼氏、佛山霍氏、江夏黄氏、纲华陈氏、金鱼堂陈氏、石头霍氏、石湾霍氏等。

细巷李氏始迁祖李广成在宣德年间迁居佛山,就从事铸冶之业。刊刻于崇祯壬午年(1642)的《李氏族谱》记载:"吾家广成公得铸冶之法于里水,由是世擅其业。"其后辈六世祖李善清,七世祖李世昌、李潭,八世祖李壮、李上林、李白、李国臣、李挺干等,均从事冶铁业。其中八世祖李壮在冶铁业上大有所成,家号素封,李待问说"吾家之昌厥宗也,自祖父同野公"就是指此公。⑥

东头冼氏七世祖冼林佑,也从事采矿业。约在嘉靖年间,"公有矿山在高州,每岁必至课租。一夕自高州回,泊清远白庙峡,舟载多金,有山贼数十围劫,公财尽失。贼甫舍舟缘岸上,倏有勇士发矢毙数贼,贼弃赃逸。勇士拾遗物献公,查点一无所失,公叩勇士姓名,始知为门下客"。⑦"舟载多金",可见从事矿业其利甚厚。在冼林佑的经营下,"有明一代,东头冼族最称豪富。好治园林,林内引溪为湖,亭台馆树十数,所在几与鹤园比美"。⑧

佛山霍氏在嘉万年间有十三世霍实、霍畴,十四世霍权艺,十五世霍从规等从事"冶

---

① 《上吴自湖翁大司马书》,霍与瑕:《霍勉斋集》卷一二。
② 顾炎武:《天下郡国利病书·江西》,第 82 页。
③ 李待问:《李氏族谱》卷五《世德纪·见南公传》。
④ 《丘文庄公集》卷七《东溪记》。
⑤ 陈赟:《佛山真武祖庙灵应记》,《明清佛山碑刻文献经济资料》,第 3 页。
⑥ 《广成公传》《靖山公传》《古松公传》《季泉公传》《祖考同野公传》,李待问:《李氏族谱》卷五《世德纪》。
⑦ 《岭南冼氏宗谱》卷七《备征谱·名迹》。
⑧ 同上。

铸"之业。其中霍权艺"攻苦茹淡,为兄弟先,不敢告劳也。已而家计大饶,能代尔父治诸弟婚娶"。①

江夏黄氏亦是冶铸世家,专门从事铸冶车模业。万历年间,黄龙文"勤务正业,以铸冶车模为生"。其子黄妙科"以下模为业,致积有千金,置大屋一间,小屋四间,田十八亩,亦无娇容奢华之心"。铸锅使用上下泥模浇注而成,下模面需要用车板打磨光滑,因此车模师傅是铸锅业中的技术人才。黄氏子孙世代从事车模铸锅业,直至清中叶。②

纲华陈氏在万历年间十六世有陈尚荣,"生质强健出人,仪表威武,力能举百多钧,忍分居乡,业擅炉冶,扩产饶裕。人皆仰为生尉墀"。③

金鱼堂陈氏八世陈阳庶,亦是万历年间的"炒铁大商"和铸镬炉户。④

石头霍氏本居住于离佛山五里的石头乡。明正德九年(1514)霍韬成会元,官至吏部右侍郎时,石头霍氏就积极插手佛山冶铁业生产,所至之处无往不利。正如其子霍与瑕所言:"先文敏尚书当其为吏部时,气焰烜赫,若佛山铁炭,若苍梧木植,若诸县盐醝,稍一启口,立致富羡。"⑤

嘉靖年间,离佛山十里的石湾霍氏也从事铁版的买卖,囤积居奇,以图牟利。其家训称:"凡人家积钱,不如积货,所积亦有其方。难收易坏者不可积,人家用少者不可积。如佛山铁版无坏、石湾之缸瓦无坏之类者,可积也。"⑥

明代佛山各宗族竞相从事冶铁业的生产和贸易,给他们带来了财富,不少人因此成为富商巨贾,不少宗族亦借此光大了门楣。对于明代佛山的大多数居民来说,冶铁业改变了他们的职业构成,加快了他们从农村人口向城镇人口转变的步伐。冶铁业也成为佛山宗族发展的重要经济基础,并在佛山都市化过程中起着特别重要的作用。

除了佛山各宗族之外,明末时也有外地商人到佛山从事冶铁业生产。崇祯年间,新会潮连乡人卢克敬"以贩珠致巨富,财雄一乡",其侄卢从慧"讲求治生,业铜铁于佛山。善计然术,驯至小康"。⑦ 虽然此时外地商人经营冶铁业者尚属少数,但他们与土著各宗族共同组成了佛山的冶铁大军。

二、佛山炉户及其经营方式

明代佛山的炉户,是史学界向所关注的问题。早在 1950 年,日本学者笹本重巳发表

---

① 《南海佛山霍氏族谱》卷三《长房》、卷九《大明十三世祖诰赠奉政大夫庐州府同知平居公墓志铭》;《南海佛山霍氏族谱》卷一一《十四世行素公墓志铭》。
② 《以寿太祖小谱》,黄尧臣:《江夏黄氏族谱》(手抄本)。
③ 《十六世结松公传》,同治六年佛山《纲华陈氏族谱》派世表。
④ 《金鱼堂陈氏族谱》卷七上《税寿房图二》。
⑤ 霍与瑕:《霍勉斋集》卷二二《碑铭·寿官石屏梁公偕配安人何氏墓碑铭》。
⑥ 《太原霍氏崇本堂族谱·前后家训》卷三。
⑦ 卢子骏:《新会潮连芦鞭卢氏族谱》卷二四《家传谱》。

《关于广东的铁锅——明清时期海内外销路》一文，①提出东亚存在中国铸造铁器文明圈和周边国家锻造铁器文明圈之间的对立和交换铁器的假说。1960 年，笹本重已又发表《铁政下的佛山铺户及土炉》一文，②对明清广东铁政及佛山炉户作了初步探讨。国内学者在有关资本主义萌芽问题讨论时也常常把视角集中到佛山炉户身上，但由于当时史料的阙如，对佛山炉户的研究尚不深入。佛山炉户的基本形态、户籍、义务及其地位，仍然是一个有待深入研究的课题，笔者拟根据族谱记载、碑刻铭文和文献资料，就佛山炉户的上述方面试作探析。

（一）佛山炉户的基本形态

"炉"与"户"本有不同含义。"炉"是冶铁业基本生产单位，如同店铺的一个"店"。"户"是承担赋役的基本单位。如同图甲制中的"民户"的一个"户"。"炉"与"户"合称，说明佛山"炉户"既是一个基本生产单位，又是一个基本赋役单位。明代佛山设置"炉"的地方叫"炉房"，文人学士称为"冶肆"。如同商铺的商号一样，佛山炉户均冠以芳名，如"万名炉""隆盛炉"等。③ 历史悠久的炉又冠以"老"字，如"万聚老炉""信昌老炉"等。④ 佛山的某种畅销产品就常常与某炉号相联系，如铁钟就以"隆盛炉"出品为上，铁鼎就以"信昌老炉"出品称佳，铁炮就以"李陈霍"称雄。"炉户"亦可用于指称炉主。一个"炉户"可拥有多个化铁炉。必须说明的是，这里所说的"炉"的概念与化铁炉的概念是两码事。"万名炉"是生产单位，化铁炉则是生产工具。笔者曾考察过广东省博物馆和佛山博物馆现存的清代化铁炉，高 79 厘米，内径 65 厘米。（见首页图 21）炉座小，炉户多，正是佛山冶铁业的一大特点。崇祯年间，广州府推官颜俊彦曾说："审得佛山炉户，计数万家。"⑤可知佛山炉户数量之多。过去学术界有明代佛山建有大型官营"佛山铁厂"之成说，这是不符合历史实际的。⑥

（二）佛山炉户的民籍身份

佛山"炉户"多为原明初八图的民户，其从事冶铁业后均未脱离原来的民籍。有些在冶铁业上积累财富后又转而购买土地，立户升科，再注民籍。据唐文基先生研究，明代铺户似有商籍和民籍的双重户籍。⑦ 但在佛山尚未发现炉户注商籍、匠籍的材料。笔者认

① ［日］《东洋史研究》第 12 卷，第 2 号（1952 年）。
② ［日］《东方学》第 20 卷（1960 年）。
③ 康熙四十六年铁钟铭文和嘉庆二十一年龙纹兽足大铁鼎铭文，前者存西樵简村，后者存佛山祖庙。
④ 嘉庆十九年四足大铁方鼎铭文和"海隅水赖"铁鼎铭文，均存佛山祖庙。
⑤ 颜俊彦：《盟水斋存牍》（二刻）卷二《息讼霍见东等杖》。（下称《盟水斋存牍》）
⑥ 参阅罗一星《关于明清"佛山铁厂"的几点质疑》，《学术研究》1984 年第 1 期。
⑦ 参阅唐文基《明代的铺户及其买办制度》，《历史研究》1983 年第 5 期。

为，正是民籍的出身条件，使佛山炉户始终处于一种比较自由的地位。从族谱材料看，佛山八图各族就业冶铁或改业他适均无限制。这种身份的自由，是与佛山冶铁业私营形态相一致的。

（三）佛山"炉户"的组织、义务与地位

众所周知，明代城市铺户要替封建政府买办各种必需品，明代官府将铺户编成排甲，轮流买办支应，名曰"当行"。当行时间，有一月一轮者，也有一岁一换者。各级官府在向铺户和买时，须出具官票，各衙门所需商品不一，需由不同铺行买办。为了对口，明政府将各铺行分隶各衙门应役。地方各府州县亦同样如此。

明代佛山冶铁炉户分为"炒铸七行"。有关"炒铸七行"的活动记载最早出现在明天启二年，当时发生了"炒铸七行工匠纠众鼓噪"事件。[①]"炒铸七行"是铸锅行、铸造铁灶行、炒炼熟铁打造军器行、打拔铁线行、打造铁锁行、打造农具杂器行和铁钉行。[②]以锅行为首，产量巨大。炒铸七行均负有答应上供的义务，据碑刻记载："本堡食力贫民，皆业炉冶。""分别班行，遵应公务。但铸锅炉户答应铁锅，铸造铁灶答应铁灶，炒炼熟铁炉户答应打造军器熟铁，打拔铁线之家答应铁线、御用扭丝灶链，打造铁锁胚炉户答应御用灶链、担头圈、钩罐身，打造笼较农具杂器之炉答应御用煎盆镬、抽水罐、小□□，卖铁钉答应铁钉。自古亘规，各依货卖答应，毫无紊乱。"[③]这里说的"自古亘规"，当指明永乐、宣德年间郑和下西洋时期形成的答应上供制度（郑和下西洋的广锅外贸的详情见第六章第二节）。显然此时的行是依据产品形态而设，除"铁锅"之外，还有"军器熟铁""御用扭丝灶链""御用灶链""御用煎盆镬"等御用铁器。而当时各行尚无会馆，[④]一应公务均由包当组织。包当凭官府发给的银票在该行各家取办，给以官价之银钱，包当实际就是牙人。一般而言，包当不得跨行取办。但包当与同行之人并无共同利益。正因为没有共同利益，"籍票混敛"之事才会经常发生。包当借势，甚至还可跨行混敛。

以"食力贫民"为主体的佛山炉户实际承担着"军器"和多种御用铁器的生产。这些特殊产品的生产，要求很高的质量和很短的时限，这对佛山炉户来说是很重负担。例如崇祯年间户部要补造锅铣，檄下广东官府催办。广州府推官颜俊彦认为："目前之铸造困难，将

① 乾隆《佛山忠义乡志》卷三《乡事志》。
② 笔者认为七行中的"打造铁钉行"应为"卖铁钉行"，亦即铁钉铺户，而不是铁钉炉户。佛山铁钉生产于千家万户。《盟水斋存牍》（二刻）卷二《息讼霍见东等杖》载："审得佛山炉户计数万家。省下公务取铁钉，答应自十斤以上至数百斤，铺行不堪赔累。议炉户帮贴。"可知佛山钉行答应公务向为铺户承办。至崇祯年间炉户始"帮贴"公务。而崇祯八年《广州府南海县饬禁横敛以便公务事碑》列举炒铸七行，六行均指称由炉户答应，唯"卖铁钉答应铁钉"。可知炒铸七行的铁钉行指的是卖铁钉行。
③ 崇祯八年《广州府南海县饬禁横敛以便公务事碑》，《明清佛山碑刻经济文献资料》，第13—14页。
④ 据崇祯八年《广州府南海县饬禁横敛以便公务事碑》记载：崇祯五年官府发给铁线行的禁示张贴于祖庙，可见各行当时还未有会馆性质的公共场所。

来之运解更苦。用是委官多方求脱,炉户亦人人谋卸。"后来广东官府多方筹觅,才有炉户梁秀兰肯"领银买铁承服"。① 又如崇祯年间,广东官府修造战船,需要取办大量铁钉,先向佛山铁钉铺户取办,不足,又向佛山炉户取办。"省下公务取铁钉,答应自十斤以上至数百斤。铺行不堪赔累,议炉户帮贴",引出一场"帮贴致讼"的官司。② 可见答应上供负担颇重,这是一方面。另一方面,正由于答应上供任务繁重,佛山便具有了不可替代的重要地位。广东地方大员深知,通过承办佛山炉户生产的贡锅及各类精巧的御用品,有可能会得到朝廷的重视和关照;而部限品完成与否,也直接关系到官员的考成等级。这一政治原因,使得广东官府对佛山炉户的发展总持有一种支持、鼓励的态度。这从大量地方官员游历佛山的文字记录中得到反映。

对明清佛山炉户具有长期影响的"官准专利制度",始于正德年间。所谓"官准专利制度",就是明代官府在两广实施盐铁一体的税收制度。正德十一年(1516)两广总督陈金为筹措两广军费,首先提出要在佛山堡设立税厂。③ 据《国朝征信录》记载:

> 丙子三月,公(陈金)再莅梧……公以两广公用全资盐利,而盐利之征,不取之于皂,惟取之于商,乃一二查复旧规,至今行之,官商两便。又以广东盐利外,以铁税为大。往时利多不归公府,乃集群议,立厂佛山堡征收,而公用始有所资。④

陈金"立厂佛山堡征收"铁税,以资两广"公用"的动议,三年后由广东巡抚周南实施。⑤ 据嘉靖《广东通志初稿》记载:

> 正德末议者谓:盐铁一体,今盐课提举司告纳军饷,给票填指地方,往复查验甚严,铁课不宜独异。宜于广城外批验所旁置厂,委提举佐贰官一员专掌其事。凡铁商告给票入山贩买,回至河下盘验,生铁万斤收价银二两,其立限复往查验,大约如盐法。有欲以生铁往佛山堡□铸成锭熟而后卖者,听其所卖。地方府县审有官票者,生铁万斤税银八钱,熟铁万斤税银一两二钱,俱以充二广军费。提举司铁价每季解布政司转其半解部。后以府县抽税烦扰,今于提举司输饷,不分生熟铁,每万斤加饷银一两,其余悉罢之。⑥

制度规定:凡铁商入山贩铁,官府给票,登记在案,回至广城批验所盘验,每万斤生铁纳税二两,大约如盐法。税后生铁运往佛山堡铸造还是别处,"听其所卖"。这是官准专利政策之滥觞。

---

① 《盟水斋存牍》(二刻)卷一《诬指接济刘韬等二杖四徒》。
② 《盟水斋存牍》(二刻)卷二《息讼霍见东等杖》。
③ 戴璟:嘉靖《广东通志初稿》卷三〇《铁冶》;《两广盐法志》卷三五《铁志》,道光十六年刻本。
④ 《国朝献征录》卷五四《都察院一》,第1982页。
⑤ 郝玉麟:雍正《广东通志》卷二二《贡赋》。
⑥ 戴璟:嘉靖《广东通志初稿》卷三〇《铁冶》。

此后，凡遇佛山冶铁炉户的纷争以及扰害炉户的"行蠹"等现象，广东地方官府总是迅速制裁。如崇祯五年（1632）有"包当铁钉李以仪、伦九贤等"凭借官票在铁钉行、铁线行、铁锁行三行"混行概敛"，也即跨行混敛。佛山铺户与炉户控县，南海县官府认为"近因置造船器，钉之费倍于线、锁。然皆现给官银，悉照民价收买，未始亏损（李）以仪等也。而以仪等尚分外需索"，为"剪劈奸弊，将仪等杖惩"，并出示晓谕。① 这些，都给佛山炉户的发展提供了特殊的环境和官方背书。

总之，在明代，我们看到广东官府对佛山炉户实行了比较特殊的政策。佛山炉户虽非"官营"，但却是"官准"。从生铁原料及铁器产品市场看，佛山炉户此时已实际上取得了铁器铸造生产的独占权。佛山炉户这一特殊历史地位，为清代"官准专利"政策的明确实行，创造了前提条件。

（四）佛山炉户经营方式

明代佛山炉户均属于私营手工业，其中主要有两种经营形式：一种是家庭小作坊，另一种是家族大作坊。现在我们就从这两种经营形式，进一步探讨佛山冶铁业的发展模式。

1. 家庭小作坊

这种经营形式最普遍，也最根深蒂固。家庭小作坊是以家长为首，率领兄弟子侄从事冶铁的生产单位。在明代，佛山以这种经营方式为主。弘治年间，李善清"朴而尚行，兄弟同冶为业，怡怡如也"。② 嘉靖年间，李潭"自以为世执铸功，家以此道进赀，诸昆从辅之翼之，常曰：'吾十指上汗血犹鲜，汝辈奚容俨官人榜样。'故积伯公、翠伯公之底厥成立，皆其力也"。③ 同时期的霍实"弱冠治炉冶，拮据为勤，阅历寒暑，虽劳苦莫之辞也，已俶起家"。④ 还有同时期的霍福田率其子霍权艺、孙霍从规等从事"冶铸"。⑤

家庭小作坊是家庭的协作分工，由父兄组织，子弟出力。作坊主也是劳动者，并且操心出力比他人更多。"十指上汗血犹鲜"，"虽劳苦莫之辞也"，就是他们瘁心操劳的描述。这种作坊规模不大，一般是五至十人。从各种族谱的记载可知，李善清作坊有兄弟七人，李潭作坊也有兄弟子侄七人，⑥黄妙科作坊则只有四至五人。⑦ 家庭小作坊劳动所得为兄弟子侄共享。李挺干兄弟"所办悉归同釜，衣无常主，儿无常父，有长枕大被之风"。⑧ 为

---

① 《广州府南海县饬禁横敛以便公务事碑》，《明清佛山碑刻文献经济资料》，第 13 页。
② 李待问：《李氏族谱》卷五《世德纪·靖山公传》。
③ 李待问：《李氏族谱》卷五《世德纪·季泉公传》。
④ 《南海佛山霍氏族谱》卷九《大明十三世祖诰赠奉政大夫庐州府同知平居公墓志铭》。
⑤ 《南海佛山霍氏族谱》卷一一《十四世祖行素公墓志铭》。
⑥ 李待问：《李氏族谱》卷五《世德纪》。
⑦ 《以寿太祖小谱》，《江夏黄氏族谱》。
⑧ 李待问：《李氏族谱》卷五《世德纪》。

父为兄的家长还要"代治诸弟婚娶"。① 随着兄弟子侄的成家,家庭作坊也常常分为数个,各自经营。李有实有四子,晚年分家,"析其业为四,均诸子"。② 又如黄妙科的作坊后来也分成四个作坊,三个儿子和自己各得一个。③ 因此,家庭小作坊的规模和资金积累十分有限。

家庭小作坊的投资不多,关键在于要有掌握独立操作的手艺人。因此投建者多是学成出师的手艺人,资金来源也多是佣工的工值。明嘉万年间(1551—1609),"镜源公(李上林),少力贫,赁佣为食,既而躬自鼓铸,性忠实,平心率物,器无饰窳,价无饰售,而赀因以大拓"。④ 由于家庭小作坊资金微薄,追加菲易,因此很容易破产,时兴时灭。后来的小作坊常常不是原来小作坊的延续发展。如李善清作坊,后因平息族人与街坊无赖子的讼事,"公亦出金钱餍无赖子意,事才得解,而公之家罄矣"。⑤ 由上可知,佛山冶铁业家庭小作坊成员多由亲属组成,他们之间的关系依靠宗法维系,家长具有绝对的权威。兄弟子侄的劳作,完全遵奉于家长的"指授"进行。⑥ 甚至子侄的作坊赚了钱,还得提供给父辈的作坊。如黄妙科孙子黄玉韵,"生业以车模及铸冶,兴隆积有千金,建大屋一所,置良田三亩八分,其有余银尽交祖父铸冶所用,迨后资本缺乏,并无悔恨,诚恐祖父不安故也"。⑦ 甘冒破产之虞,也要履行孝义,黄玉韵堪称江夏黄氏的贤孙。

由于家庭小作坊生产量有限,无法大批购入生铁等原材料,其产品亦只能小批上市。故此家庭小作坊的原料购买和产品销售往往要通过牙商,牙商居于小作坊与市场之间,小作坊主就不得不受其剥削。明代佛山盛行预购方式,无论是原料还是产品,需求方需先付银订货。家庭小作坊需要铁版,则先向铁商订货。例如嘉靖年间,小作坊主霍实(1522—1596)先交了订银买铁,结果被牙侩欺骗。"有侩者市铁负公几至百金。侩病将卒,人为其子危,言公必讼,公……竟置之"。⑧ 又如小作坊主黄广仁交银与铁商钟瑞芝和陈二明"订期交铁",前后共订契约"四纸",共银三百一十两一钱。后二铁商逋欠铁块,黄广仁控宪,获得赔偿。⑨ 可见,小作坊主在经营上常受商人和牙侩的盘剥欺诈。另一方面,商人需要铁锅等物品,亦需先向冶铁作坊交银订货。例如崇祯年间,外省商人苏茂业,"以贩锅来广,赁店郭奉宇交银二百三十四两七钱七分与霍来鸣、何华生。华生陆续交明。来鸣尚欠五十二两三钱,赤贫无措,将别项铁器家伙物件央亲抵偿。已立收数付执,乃茂业执物细

---

① 李待问:《李氏族谱》卷五《世德纪》。
② 李待问:《李氏族谱》卷五《超南公传》。
③ 《以寿太祖小谱》,《江夏黄氏族谱》。
④ 李待问:《李氏族谱》卷五《世德纪·镜源公传》。
⑤ 李待问:《李氏族谱》卷五《靖山公传》。
⑥ 李待问:《李氏族谱》卷五《见南公传》。
⑦ 《以寿太祖小谱·十四世祖和平公行略》,《江夏黄氏族谱》。
⑧ 《南海佛山霍氏族谱》卷九《大明十三世祖诰赠奉政大夫庐州府同知平居公墓志铭》。
⑨ 《盟水斋存牍》(一刻)卷四《讼债钟瑞芝等杖》。

度,不免虚抬太过,不甘控宪"。① 霍来鸣、何华生显然是经营家庭小作坊,他们从行店郭奉宇处得到苏茂业的订银,但其中霍来鸣"赤贫无措",无法生产出足够的铁锅,以致引起一场官司。此时在佛山还出现一种专向家庭小作坊发放本银的大商人。崇祯年间,何太衡"家赀巨万,视弃数十金不啻九牛一毛。……而领其本者,殆遍佛山炉户"。② 家庭小作坊从何太衡处领得银本,开展生产。产品出售后,再还回银两。如梁超寰、陈葵庵就在后来"倾银还何太衡"。还银当然是本、息一起还,因此何太衡显然是高利贷商人。但是,对于本少乃至无本的家庭小作坊来说,领本不失为开展生产的一个重要资金来源。

家庭小作坊的功能彼此独立,如同蚯蚓的环节在功能上彼此独立,被截断一个环节,不仅不致于使整体丧失重要机能,而且可以立刻再生。家庭小作坊是同质单位,由于分工不明显,自身规模很难扩大,一个家庭小作坊如果劳力增多,势必再分成几个家庭小作坊。因此其发展呈现出同质单位增殖的发展模式,规模不大,数量极多。然而,正是利用这一群体优势,家庭小作坊在明代创造出佛山铁冶名扬天下的成就,创造出至今仍令许多学者大惑不解的奇迹。

2. 家族大作坊

这种经营方式常常出自佛山大姓望族。家族大作坊是以族中长老、富商、绅士创立的作坊,规模较大,内部分工明确。作坊主脱离劳动,只负责经营筹划,或者请别人代为经理。劳动者或由子弟,或由"家僮"充当。正统年间,鹤园冼氏已有这种冶铁大作坊。由独占当时"锅业"鳌头的冼灏通主持,"公命诸弟侄经营其事惟谨",满足了"各省巨商"的需求。③ 其子冼靖继承父业,"督家僮营生,……其家日以饶,正统己巳黄贼作乱攻其乡,公率子弟为兵,树栅液铁,以拒以战"。④ 从"公率子弟为兵(军器)""液铁"来看,其作坊颇具规模。又从"诸弟侄经理其事""督家僮营生"看,其劳动者是在家族中地位甚低的"家僮"。显然,冼氏家族大作坊带有家庭仆役制的色彩。家族大作坊的主人,本身多是在任或致仕归乡的官僚。如霍韬是明嘉靖年间显宦,官至吏部右侍郎和礼部尚书。正德年间石头霍氏也有这种冶铁作坊,据《霍渭崖家训》记载:"凡石湾窑冶、佛山炭铁、登州木植,可以便民同利者,司货者掌之。年一人司窑冶,一个司炭铁,一人司木植,岁入利市,报于司货者,司货者岁终咨禀家长,以知功最。"⑤石头霍氏经营"佛山炭铁"的作坊,是霍氏宗族尝产的一部分,每年由家长任命"司货者掌之",而年终又由司货者把"岁入利市"咨禀家长。说明家长完全脱离于劳动过程。细巷李氏是佛山冶铁业的主要家族,嘉靖年间,八世祖李壮自幼"治段氏业,精心淬虑,手口卒瘃,遂大拓其室"。其后,他扩大作坊规模,"迨时子姓繁夥,

---

① 《盟水斋存牍》(一刻)卷四《讼债苏茂业等杖》。
② 《盟水斋存牍》(二刻)卷一《勘合·人命何太衡简朴之等(繇详 署府)》。
③ 《鹤园冼氏家谱》卷六之二《六世月松公传》。
④ 《鹤园冼氏家谱》卷五《明处士兰渚公墓碣铭》。
⑤ 霍韬:《霍渭崖家训·货殖第三》。

阖室而爨六十余人,治家谨严,即再从弟侄授之以事而督其成,有悍于诲者挞之流血"。① 至明末清初时,这个家族已能铸造大炮。乡志载:"丙戌(1646)海寇披猖,(李)敬问树栅铸炮,简练乡勇,以捍村堡。"② 有能力铸炮,说明其作坊规模不小。

由于财雄势大,家族大作坊能够冲破牙行的中间盘剥,他们一方面直接与外省商人面对面贸易,比如冼灏通与各省巨商的贸易就在家中进行;另一方面可直接插手矿山开发,如东头冼氏冼林佑就曾亲自到高州经营矿山。③ 家族大作坊还往往设有自己的专用码头,如石头霍氏,自明嘉靖以来就一直占有汾水码头地。④

家族大作坊内分工明确,常有专人负责推销产品。上述鹤园冼氏的冼灏通就亲自负责推销,而督其子侄经营生产。又如细巷李氏八世祖李白,"奉同野公(李壮)指授,往来樟江、清源,千里外如出一手"。⑤ 樟江在江西,清源即山东临清,其市场已达大江南北。李壮也亲自出马,"出入樟江,一时名辈咸乐与之游,海内莫不知有同野公"。⑥

由此可见,资本雄厚,分工明确,既可大规模生产,又可远距离推销,这是家族大作坊与家庭小作坊区别的标志。但是家族大作坊也可从家庭小作坊积累发展起来,如李壮的大作坊就是从李广成的家庭小作坊发展而来,可见两者既有联系又有区别。

家族大作坊数量不多,然地位重要。如上所述,明代官府有大量的军器和御用物品在佛山生产,崇祯年间广州府每年打造军器需银六千三百八十两七钱八分二厘。⑦ 而对于官府来说,由少数家族大作坊来承办军器生产,远比由众多的家庭小作坊承办易于监督和控制。因此,家族大作坊成为承办上供的首选对象。他们与明代官府有着特别密切的关系。例如崇祯年间,户部要补造锅铫,部限甚逼,檄如雨下,佛山炉户梁秀兰领银票往惠州买铁,铁皆成版,每块成二百余斤。梁秀兰"借票私带逾额",为广海兵船以"接济"之罪名拘留。广州府推官颜俊彦判斥兵船为"此时白日为昏,几同劫盗"。⑧ 梁秀兰能承领补造锅铫之事,远去惠州买铁,并逾额私带,据此笔者认为梁秀兰也是一个大炉户,其为家族大作坊的可能性是很大的。

明末清初南海陈子升说:"佛山地接省会,向来二三巨族为愚民率,其货利惟铸铁而已。"⑨ 这二三巨族不是别人,就是以上冼、霍、李、陈。"冼氏为南海望族",⑩ 陈氏"世泽绵长,邑称巨族"。二三巨族把持冶铁,是佛山冶铁业的又一特点。明代前中期,主要是冼氏

---

① 《李氏族谱》卷五《世德纪·祖考同野公传》。
② 乾隆《佛山忠义乡志》卷八《人物志》。
③ 《岭南冼氏宗谱》卷七《备征谱·名迹》。
④ 霍韬:《霍文敏公全集》卷七下《书·家书》。
⑤ 李待问:《李氏族谱》卷五《世德纪·见南公传》。
⑥ 李待问:《李氏族谱》卷五《世德纪·祖考同野公传》。
⑦ 《盟水斋存牍》卷一《公移·详造三限军器银两》。
⑧ 《盟水斋存牍》(二刻)卷一《诬指接济刘韬等》。
⑨ 史澄等:《光绪广州府志》卷一五《陈子升上某明府书》。
⑩ 《岭南冼氏宗谱》卷首。

把持着佛山冶铁业,石头霍氏当时也有很大势力。明中叶后,李氏、佛山霍氏和陈氏在冶铁业中崭露头角,随着冼氏和石头霍氏的衰落,大概在明末时,李氏跃居第一,形成了李、陈、霍共同把持冶铁业的新局面。康熙三十二年(1693)《饬禁私抽设牙碑》中有"佛山乡铸锅炉户李、陈、霍"的称谓,现存的道光年间佛山造大炮上又常有"炮匠李、陈、霍"的铭文,①这种约定俗成的传统称谓,反映的就是这个历史事实。

综上所述,明代佛山冶铁业的发展,呈现出如下发展模式,即以大量私营炉户的同质单位增长为基础,以官准专利为依托,以家庭和家族作坊的经营方式为途径,以大姓把持为特征的岭南区域冶铁生产综合体。

可以说,这一发展模式在当时的国内是不多见的。

三、明代佛山冶铁业的历史地位

佛山冶铁业以其光辉的历史和精良的制品奠定了自己在南部中国的冶铁中心地位。明代,佛山冶铁业无论从兴盛时间、总体规模、产品种类以及市场范围来说,在江南地区都堪居首位。以全国而论,当时虽然有陕西柳子镇、汉中、遵化和山西平阳等地铁冶,但佛山铁货仍然销到北方边镇和江浙、荆楚,可见佛山铁制品具有极强的竞争力,显示出很高的商品化程度。佛山成为当时中国少有的几大冶铁中心之一。

如此兴盛的佛山冶铁业,西方人竟知道得极少。西方人荷梅尔说:中国"没有专司拉丝的行业","因此,他们不能拉拔铁丝,他们在这方面的唯一成就,就是用他们的冷拔模把进口铁丝再拉拔一二次使之变细"。②这种论断是与事实相违的。荷梅尔的论断,说明西方人对中国古代生产力发展的了解还是比较隔膜的。李约瑟就曾指出,"在近代,人们(指西方人)把中国的文明看成是竹的和木的","如果进行其范围超过晚近三百年更为广泛的历史考察,则情形就正好相反。从公元五世纪到十七世纪,在此期间,正是中国人而不是欧洲人,能得到他们所企求的那么多铸铁,并惯于用先进方法来制钢,这些方法直到很久,欧洲人仍完全不知道"。③李约瑟的评判,是相当公正的!

明代佛山冶铁业,是珠江三角洲经济的重要组成部分,它对明代岭南地区的经济发展有如下影响和作用。

第一,促进了农业生产的发展。有明一代,珠江三角洲正处在大力开发沙田阶段,佛山农具杂器行大量铸造精良的"农具杂器",④如犁、耙、锄等铁器,是当时开发沙田、荒地的主要农具。明代广东耕地有大幅度增加,以洪武二十年耕地面积为二万三千零七十五

---

① 现存广州博物馆道光二十一、二十二年佛山造城防炮,一千斤、二千斤、三千斤、四千斤共四尊炮身之铭文。
② Rudolf.P.Hommel:《China at Work》,转引自华觉明《中国古代钢铁技术的特色及其形成》注 60,《科技史论文集》第 3 辑。
③ 李约瑟:《The Development Of Iron and Steel Technology in China》,转引自《科技史论文集》第 3 辑。
④ 明崇祯八年《广州府南海县饬禁横敛以便公务事碑》,《明清佛山碑刻文献经济资料》,第 13 页。

（千亩），指数为一百计算，到万历二十八年，就有三万二千三百五十六（千亩），指数为一百四十。① 而且大量的新沙田在当时尚未统计在内。与此同时，每年挟"数十万"巨资而来，"皆置铁货面北"的外省商人，其中必有许多人置买了佛山的铁制农具。明中叶是我国封建社会耕地增长迅速的时期，万历时全国耕地达七百万顷以上，比明初增长了近一倍。② 这里面，自然也有佛山冶铁业的一份功劳。

第二，促进了其他手工业部门生产的发展。徐光启《农政全书》记载了纺车的制法："轧车制高二尺五寸……立二小柱，柱中横铁轴一，粗如指。"③可知纺车需要铁轴。明代，佛山冶铁业一直有纺织机接驳件生产，为珠江三角洲地区纺织业的发展提供了条件。佛山冶铁业与广东采矿业是相辅相成的两个生产部门，采矿业是冶铁业发展的先决条件，而冶铁业对生铁的大量需求，又反过来促进了采矿业的发展。在明代，后起的广铁誉满天下。李时珍《本草纲目》记载："秦晋淮楚湖南闽广诸山中皆产铁，以广铁为良。"④唐顺之说，"生铁""出自广者精，出自福者粗，故售广铁则加价，福铁则减价"。⑤ 屈大均记载的广东炼铁炉，其规模在全国首屈一指。⑥ 此外，冶铁业还促进炼钢技术的发展。唐顺之《武编》记述了"灌钢"制法："熟钢无出处，以生铁合熟铁炼成；或以熟铁片夹广铁锅涂泥入火而团之。"⑦这里说用熟铁片夹着广锅片，然后涂泥熔炼。广锅片薄而坚，是"团钢"的好原料。当时两湖客商买佛山铁锅，有很大一部分是放弃其使用价值，打成碎片炼钢，因此装运时随便乱扔。至今南海县仍有一句俗谚"湖南佬买锅——捰嚟掂"。广锅之所以销路广大，这也是其中之因。再如对陶业技术革新也起了推动作用，古称"范土铸金，陶冶并立"，二者在技术上有许多相联系的地方。佛山的陶业，分布在离市区西南方六公里的石湾村。这里有丰富的陶泥资源和合适的建窑岗地。早在唐代，石湾就开始了陶器生产。但其炉冶的较大发展，却在明代。明初时石湾太原霍氏三世祖原山公建立"烧作缸瓦窑一座"，"窑名文灶"。其子孙世代借此窑烧造缸瓦，直至康熙五十九年仍不废。⑧ 洪武初年，纲华陈氏陈宣义在洪武初年亦拥有"二瓦窑之资"，后以此置地建社，人称"缸瓦社"。⑨ 石头霍氏在正嘉年间亦有专"司窑冶者"经营"石湾窑冶"，"凡石湾窑冶……司货者掌之，年一人司窑冶……岁入利市，报于司货者"。⑩ 明正德年间，石湾海口伦氏建造了既节省燃料又

① 司徒尚纪：《明清和民国时代广东人口和耕地的历史变化》（中山图书馆藏打印本）。
② 田培栋：《明代耕地面积的考察》，山西社会科学研究所编：《中国社会经济史论丛》第2辑。
③ 徐光启：《农政全书》卷三五。
④ 李时珍：《本草纲目》金石部卷八"铁"。
⑤ 唐顺之：《唐荆川纂辑武编》卷前五"铁"。
⑥ 《广东新语》卷一五《货语》。
⑦ 唐顺之：《唐荆川纂辑武编》卷前五"铁"。
⑧ 石湾《太原霍氏崇本堂族谱》卷四《文灶图论》。
⑨ 《佛山纲华陈氏族谱·缸瓦社纪》。
⑩ 《霍渭崖家川·货殖第三》。

能控制窑温的"南风灶"，[①]取代了旧式的龙窑，实现了一系列技术突破，烧制出色彩鲜艳夺目的彩釉陶瓷，使石湾陶瓷迅速成为岭南人民喜爱的著名商品。从此，"石湾瓦，甲天下"之誉不胫而走。[②] 石湾的陶业组织也在明天启年间出现了八个行业。[③] 此外对广州造船业发展，也起了很大的促进作用。

第三，扩大了商品经济范围。手工业是中世纪市民财富的物质基础。佛山冶铁业则是佛山城市繁荣兴旺的物质基础。冶铁业是佛山最重要的手工业，冶铁业的大业主是佛山最富有的家族，他们的货币流转额相当巨大，并拥有佛山最大的几个码头。如石头霍氏，从明嘉靖到清雍正年间一直占据着佛山最大的汾水正埠码头。[④] 佛山栅下天后庙码头是佛山第二大码头，崇祯元年(1628)时任漕运总督的李待问应其兄及诸商所请，为新落成的栅下天妃庙作记称："南海佛山忠义乡栅下里，古有天妃宫，以增形胜。岁时遐迩虔祷，车击肩摩。……而余兄好问方解幕政，休沐里中，遂与诸铁商陈震祥、周文炜等议，为鼎新之计，醵金五百有奇，庀材鸠工，扩其地，易其制，而大创之工，……则吾乡所梯山航海，出入商贾，涉历宦途，以至于耕凿歌咏，其徽惠岂浅鲜哉！"[⑤]可见栅下天后庙码头系细巷李氏和众铁商所建，亦必为铁业巨贾所拥有。冶铁工人队伍庞大，又附属行业如柴、炭、沙泥、木糠等经营者多，占了居民的多数，加上吸引了各省贩销铁货的商人，因此佛镇工商人口增长迅速。另一方面，以冶铁业为主的工商业比经营农业更易于获利，这就诱使本镇的地租所有者把货币资本投向工商业。早在宣德年间，纲华陈氏的陈伟禄就在其祖先八顷多土地收入的基础上"治贾治农，拮据胼胝，克勤克俭。数载之间，家业焕然而起"。万历年间，其后代陈润澜甚至倾产以承"西省盐商"。[⑥] 明天启年间，霍从贤也变儒服而游于贾，谙计然之术，遂至产饶裕。于是族人贷款从商的纷至沓来。[⑦] 由于商业利润的刺激，开始发生弃田租铺的现象。万历年间，有人"将其田(五亩)筑造铺店"出租，"租利甚丰"。[⑧] 大量人口向工商业集中，又使口粮仰给于广西、湖南等地，由此扩大了商业交往，城乡差别、工农差别便日渐明显。随着后来各行各业的兴起，佛山成为一个典型的工商业城镇。同时，佛山冶铁业还辐射到周边广大地区。佛山附近的乡村，铁钉制造家庭作坊甚为发达；在南海九江，新会、潮连都已掌握铸炮技术，[⑨]新会的鸟枪堪称精良。这些地区冶铁技术的发展是与佛山分不开的。

---

① 笔者 1988 年考察该窑时，仍在生产陶瓷。又参阅《南风灶调查提纲》，见佛山博物馆编《石湾资料汇编》。
② 《明诗综》卷一〇〇《杂谣歌辞·广州谚》。
③ 李景康：《石湾陶业考》，《广东文物》(下册)卷一〇。
④ 刘庶：《官埠碑记》，乾隆《佛山忠义乡志》卷一一。
⑤ 崇祯元年《栅下天妃庙记》，道光《佛山忠义乡志》卷一二《金石上》。
⑥ 《佛山纲华陈氏族谱·户役纪》；《世德纪·泰荣公传》。
⑦ 《南海佛山霍氏族谱》卷九。
⑧ 《梁氏家谱·介轩公传》。
⑨ 卢子骏：《新会潮连乡志》卷五《卢伯良传》。

第四,增强了防卫实力。明代佛山有"打造军器行",[1]生产大粤铳、红夷大炮和各类弹药附件等。[2] 这些军器绝大部分解送官府,设置于海防,在中国古代兵器史上留下了光辉篇章。而佛山自铸自用的军器,也在保卫佛山、抗击海寇的战斗中发挥了重要作用。佛山铸铁师傅还应明朝廷征调,与葡萄牙设计师一起北上辽东铸炮,参与明朝抗金战争。关于明代佛山铸造大炮的史实详见第八章。

明代的佛山冶铁业,不愧是中国古代冶铁史上的一枝独秀之花,也是明代发展着的珠江三角洲的重要组成部分。它的存在发展,为佛山宗族的发展和佛山都市化进程奠定了重要的经济基础。

第二节 明代都市雏型

一、明初的佛山堡

社区的基本平面分布结构是由最先形成的交通路线走向决定的。在岭南地区的西、北、东三江流域范围内,社区的发展最初常常与最早的河流呈平行走向,以后随着人口与各项设施的发展和积累,社区便沿河岸逐渐形成。而河流的交汇之处,常常是一个社区形成的最早核心地点。这是岭南区域独特的地理和人文特征。[3]

明代佛山堡是个被佛山涌和新涌所包围的陆地,理论上说,四周皆可起舟泊岸。然而,更有利的水文条件是,佛山涌有许多支流伸入堡内,其中有三条最重要。一为新涌南段,新涌在茶亭处分为两支,一支向北伸入堡内,再从栅下龙母庙出海。此为佛山旧八景之一"南浦客舟"所在。[4] 这支新涌南段水,在龙母庙附近又有一支伸入堡内,叫大塘涌,深入白勘头。二为西边的旗带水,系从山紫村附近分支经过祖庙前,深入至莺岗脚的新涌支流。[5] "长四百六十余丈,纡回袤袅,九折而达于海"。[6] 三为北边的潘涌,系从北面的汾水伸入大墟附近的支流。[7] 这几条支流两岸,依次成为佛山社区发展的最早核心地点。

明代以前,佛山社区首先在南部栅下发展。据《岭南冼氏宗谱》记载:"明以前镇内商务萃于栅下,水通香、顺各邑,白勘为白糖商船停泊之处,俨然一都会也。"[8]佛山"土著四

---

① 崇祯八年《广州府南海县饬禁横敛以便公务事俾》,《明清佛山碑刻文献经济资料》,第13页。
② 参阅蒋祖缘《试谈明清时期佛山的军器生产》,载《明清广东社会经济形态研究》,广东人民出版社1985年版,第132页。
③ 参阅罗一星《试论清代前期岭南市场中心地的分布特点》,《广州研究》1988年9月。
④ 参阅乾隆《佛山忠义乡志》卷首十九《佛山总图》。
⑤ 同上。
⑥ 雍正三年《修浚旗带水记》,道光《佛山忠义乡志》卷一二《金石上》。
⑦ 据访问佛山老人欧瑞芝记录。
⑧ 《岭南冼氏宗谱》卷三之一八《分房谱·白勘房》(白勘房在佛山真明铺线香街)。

姓"鸡、田、老、布,据说就居住在栅下大塘涌一带。① 明初时,围绕着龙耇祠,在旗带水两岸,也形成了一个社区核心地带,这里有祭祀中心,有店铺,有九社之第一社和居民区,还有炉户在此开炉冶铁。② 此后,在潘涌两岸,外省与本省各地的商人开始在此建铺营生,在今公正市豆豉巷至汾水一带形成新的商业中心。嘉靖《广东通志》记载,佛山堡的墟市,只有"分水头"墟。③ 又据《岭南冼氏宗谱》载:"汾水在佛山镇,去汾流古渡数十武,市肆云连,舳舻相接,亦商务中枢地也。始迁祖仕能公自本邑扶南堡卜居是地。"④但当时佛山商业区划不甚明显,因河涌深入镇内,处处可起卸货物。各省商人可直接进入镇内作坊进行交易。如上述正统年间的冼灏通为锅业巨贾,各省巨商咸投其鹤园社家中贸易。又如正嘉年间的冼林佑,亦是客商直接到东头社其家中交易。随着镇内河涌的不断淤浅,商业点才逐渐向汾江主流北移。

在这三个核心地点周围,形成了它的外围区,外围区由居民住宅区、作坊区、庐墓区、田塘区所组成。明代佛山人口不多,居民区呈现为园林住宅和民居聚集区两种形态。明代一些大家巨族竞相建立园林,引流凿池,占地颇广。例如鹤园冼氏,"家有鹤园五十亩绕池馆诸胜"。⑤ 东头冼氏有东林,"林内引溪为湖,亭台馆榭十数,所有几与鹤园比美"。⑥ 明代佛山园林以位于锦澜铺的梁氏东溪最有名气,因为曾请到大学士丘浚到访。道光《忠义乡志》载:"东溪,在锦润辅,梁永叔筑,琼山邱文庄为作《东溪记》。"⑦丘浚《东溪记》称"其居之东临溪水,无间寒暑,朝暮饱食,辄着屐踏晴沙,循清流,且行且歌"。⑧ 除了园林外,大多数姓氏聚族而居,在佛山堡内形成一个个以水隔离的民居聚集群落。

作坊区分布较广,佛山冶铁炉一般傍涌而建,大炉房有自己的码头。由于佛山堡内河涌较多,故炉房所在星罗棋布。20 世纪 70 年代,佛山挖防空洞、搞基建时,发现地下数米处均有大量铸冶后废弃的模泥、铁渣等物。其分布地点,沿今祖庙—莺冈—普君墟—经堂古寺一线以南至涌边的广阔地区,成片状分布。⑨

庐墓区多分布在明以前迁入的姓氏的聚居地周围,如金鱼堂陈氏始祖墓,就在旗带水附近宝鸭墩处。⑩ 鹤园陈氏与隔塘霍氏祖先庐墓亦在两氏族居住地之间。⑪

田塘区则大量存在于各聚居点周围。明以前,佛山田园广阔,置地极易。如纲华陈氏

---

① 据访问佛山老人欧瑞芝记录。
② 郡马《梁氏家谱·梅庄公传》。
③ 嘉靖《广东通志》卷二五《民物志六·墟市》。
④ 《岭南冼氏宗谱》卷三之二六《分房谱·汾水房》。
⑤ 《岭南冼氏宗谱》卷三之二〇《分房谱·练园房·里居》。
⑥ 《岭南冼氏宗谱》卷七《备征谱·名迹》。
⑦ 道光《佛山忠义乡志》卷一《乡域志·山川》。
⑧ 丘浚:《东溪记》,乾隆《佛山忠义乡志》卷一〇《艺文志》。
⑨ 佛山市博物馆提供。
⑩ 《南海金鱼堂陈氏族谱》卷一下,坟茔绘图附。
⑪ 《南海鹤园陈氏族谱》卷一《墓志》。

陈宣义,从元至正年间到洪武初年,20年间"置有田园共八顷零"。^① 东头冼氏六世祖在明初时能使"家业益隆,田连阡陌,富甲一镇"。^② 又据乾隆《佛山忠义乡志》载:"乡田皆两熟,谷美亦甲他处。但习农者寡,获时多倩外乡人。"^③乾隆时尚且如此,明代乡田当亦更多。即使在栅下核心地点周围,亦有不少农田。据《栅下区氏族谱》记载,平政桥外有"良田二拾四顷四拾二亩"。^④ 此外,在堡内处处可见桑地与鱼塘。例如在金鱼堂始祖庐墓宝鸭墩周围,就有谭氏桑地、梁氏桑地、李氏鱼塘、区氏鱼塘等。^⑤

明初佛山堡的空间结构大致呈现出如下特点:一是有栅下、祖庙和汾水三个核心地点。这三个核心地点都具有商业中心的功能,而祖庙区则还具有祭祀中心的功能。它们是佛山城市的最初胚体。二是外围区由民居区、作坊区、庐墓区和田塘区组成,保持着农村的基本面貌。

这就是佛山堡在明初刚刚向都市化起步迈进的基本空间结构,是农村—城市续谱的"始祖"阶段,因此保留着较多的村庄风貌。

二、1449 年佛山保卫战

正统十四年(1449),珠江三角洲爆发了黄萧养起事。这次起事对佛山社会的全面冲击及佛山乡民的积极反应,均具有深远的历史影响,其结果对佛山都市化进程具有特别重要的意义。

黄萧养是广州府南海县冲鹤堡人。"貌极陋,眇一目",^⑥早先因以"盗贼"罪被广东官府关在广州监狱。正统十三年(1448)九月,在狱外同伴的接应下,黄萧养率领同狱者集体越狱。逃出城外纠合同党以及无业流民和江海渔蜑,"旬月至万人"。黄萧养自立为"东阳王",并大授官衔,有所谓"安乡伯""东平侯""四海侯"者。他们四处劫掠村落,刨挖各氏族祖坟获取财宝,胁迫村民入伙,"弗从辄杀"。如石头霍氏四世祖霍厚一率其叔祖兄弟"奔七星冈入峒,转徙佛山"。而四世祖霍厚德未出逃,被黄萧养所部"挥刀断髻"。^⑦ 不到几个月,珠江三角洲社会秩序大乱。各类边缘群体如盗寇、渔蜑以及流氓纷纷加入,到处打家劫舍,残害良民。

恰恰在此时,明朝廷发生了土木堡之变。正统十四年(1449)六月,蒙古瓦剌部首领也先大举进兵明境,明英宗朱祁镇亲率大军出征。八月至大同,闻前线战败,决定回师,退至

---

① 《纲华陈氏族谱》(手抄本,不分卷)。
② 《岭南冼氏宗谱》卷三之六;卷七。
③ 乾隆《佛山忠义乡志》卷六《乡俗志》。
④ 《佛山栅下区氏族谱》。
⑤ 《南海金鱼堂陈氏族谱》卷一下,坟茔绘图附。
⑥ 《粤小记》卷三。
⑦ 霍尚守:《石头霍氏族谱》卷一《又序》。

土木堡时被也先率军包围,兵部尚书、户部尚书等 66 名大臣战死,英宗被俘,举国震惊。这给了黄萧养一个纵其所欲的天赐良机。正统十四年(1449)六月,黄萧养分水陆两路进攻广州,①白鹅潭上一时挤满了大大小小的武装水疍船只。然而久攻广州不下,黄萧养"又闻富户多聚于佛山,欲掠之"。② 八月遂分兵进攻佛山。

　　早先黄萧养就声言欲攻佛山,佛山父老即赴祖庙叩问北帝神,以卜来否。"神谓贼必来,宜早为备"。③ 当时佛山父老中有二十二老首倡大义,号召全堡坚决抵抗,他们是：梁广(世居梨巷)、梁懋善(世居黄勘)、霍伯仓(世居隔塘)、梁厚积(世居澳口)、霍佛儿(世居祖堂边)、伦逸森(世居巷心)、梁浚浩(世居水蓼头)、冼灏通(世居鹤园)、梁存庆(世居晚市)、何焘凯(世居栅下)、冼胜禄(世居白勘)、梁敬亲(世居石狮里)、梁裔坚(世居岗头)、伦逸安(世居巷心)、谭熙(世居六村)、梁裔诚(世居冈头)、梁颢(世居冈头)、梁彝頫(世居冈头)、冼光(世居东头)、何文鉴(世居栅下)、霍宗礼(世居山紫村)、陈靖(世居旧早市)。④ 其中的梁广当时已 74 岁,是二十二老中的年长者,他"赋性严厉,处事公平",乡里对其历来信服。⑤ 而当时的冶铁大户冼灏通被推举为乡长,其余二十老个个皆是家颇富饶的"大家巨室"。⑥ 他们各罄赀财,率领佛山八图子弟,树木栅,浚沟堑,储兵械,正所谓同仇敌忾,备战"一夕而具"。⑦ 佛山向无城墙,无险可凭,但四面环水,可竖立木栅。于是佛山乡民沿涌建栅,以栅为城,"周十许里"皆为木墙水城。⑧ 二十二老各聚其宗族子弟,自相团结。"沿栅设铺,凡三十有五。每铺立长一人,统三百余众"。临战前所有父老子弟聚于祖庙前刑牲歃血,举行誓师大会。冼灏通发布了慷慨激昂的"动员令",他说："灏通不才,谬辱上命,为若辈保妻子。念今日之事,国事也。分以死图报,不顾私家矣。若辈宜协心力以保厥家,有异心者杀无赦,战阵无勇者杀无赦。人各食其粮,卒有急,灏通愿罄储共食,若辈恭命无忽。"⑨其后,二十二老率众在北帝神前宣誓曰："苟有临敌退缩,怀二心者,神必殛之。"⑩据说,当时父老原有二十四人,宣誓时因羊"蹢躅不前",二十二老之一的霍宗礼大呼："同事中得毋有怀二心者乎?"察得其实,"遂枭二人于道",是以"军声大振,士气百倍"。⑪ 不久,黄萧养有几百艘舟船迫至,而邻近村堡之从乱者亦"皆视佛山为奇货,破之则大有所虏获"。于是四面环而攻之,昼夜弗休。

---

① 汤纲、南炳文：《明史》上册,第 333—334 页。
② 《粤小记》卷三。
③ 《佛山真武祖庙灵应记》,《明清佛山碑刻文献经济资料》,第 3 页。
④ 民国《佛山忠义乡志》卷八《祠祀志一》。
⑤ 民国《佛山忠义乡志》卷一四《人物志·梁广》。
⑥ 《梁氏家谱》(手抄本)。
⑦ 《佛山真武祖庙灵应记》,《明清佛山碑刻文献经济资料》,第 3 页。
⑧ 同上。
⑨ 《鹤园冼氏家谱》卷六之二《人物谱·列传》。
⑩ 《佛山真武祖庙灵应记》,《明清佛山碑刻文献经济资料》,第 3 页。
⑪ 《南海佛山霍氏族谱》卷九《十世祖褒封忠义官礼翘公家传》。又据《梁氏家谱》云："有二老背盟,众议逐出,今得二十二老而矣。"

为了保卫佛山堡内数万生命以及明初以来佛山社会积累的财富,面对强敌,二十二老誓死抵抗,他们各展其能,有的筹款,有的铸铳,有的御战,有的筹划,奇谋迭出,屡战屡胜。佛山本是冶铁重镇,自明初以来集中了不少冶铁工场,此时这些冶铁大户和工场发挥了主要作用。如冼灏通,"用大铳,实以火药,石弹大如碗,辄击毙之。数开门挑战,战辄胜"。① 其次子冼靖,"率子弟为兵(军器),树栅液铁以拒以战"。② 所谓"为兵"和"液铁",就是熔化铁水铸造兵器。其季子冼易,拔剑击杀谕降使者李某。③ 又如霍伯仓,率从弟霍佛儿(二十二老之一),从侄霍礼翘,胞弟霍伯球、霍伯厚,"同捐资缮兵甲,以武备用,黉夜撤屋为栅,浚田为涌,与贼血战,杀其伪千户彭文俊等数名,焚获甚众。贼怒,势猖獗,攻益急,公等用飞枪巨铳摧破贼锋"。再如梁浚浩,令少年趁夜色假扮成年武士,昼夜不停地鸣金击鼓巡游村中。黄贼不知虚实,以为佛山时时处处都已严防紧守,"俱不敢攻"。④ 由此争取了宝贵的坚守时间。这个少年假扮成年武士的故事,实乃佛山秋色之滥觞。再如冼胜禄与冼光(二十二老之一)共事,"以筹饷为己任,于是万众一心,乡人恃以无恐。坚守六阅月,杀贼数千,公赞画之力居多"。⑤ 还有梁裔坚,家资颇饶,好任侠,乐施与,"适黄寇作难,悉以家赀供乡兵食,协弟裔诚、彝頵、頵纠合乡众,并力御贼"。其弟梁頵"禀性鲠直,壮貌雄伟,膂力过人,年十八,值黄寇乱,率乡忠义士悉力备御。及战,持丈二红刀刺贼先锋,大呼陷阵,众从之,贼遂溃"。⑥

在二十二老的"破家财以资军食,出奇计以陷强敌,并身先乡民,不避锋镝"的感召下,佛山全堡上下团结一心,"凡士农商贾有识力者,靡不听其驱锋冒刃而罔后我"。⑦

祖庙在抗击黄萧养的 6 个月里,一直是佛山乡民的军事指挥部和精神中枢。当其时,除了佛山人的坚决行动力因素之外,北帝神的精神凝聚力也在起作用,这在传统社会里是不容忽视的一个重要因素。佛山堡人相信,北帝神在保佑着他们,神力无边,而且无处不在。因此,他们每当战斗前必卜告于神,得到神的许可,才出战,而且在战斗中神明屡屡显灵助战。景泰二年(1451)《真武祖庙灵应祠碑》载:

> 每当战,父老必祷于神。许之,出战,则战必胜,大有斩获;不许,则严兵防守,不敢轻出。贼夜遥见栅外列兵甚盛,有海鸟千百为群,飞噪贼舟上。又见飞蚊结阵自庙间出,飘空中若旗帜形。贼屡攻屡败之,获贼首级千数百计。贼又造云梯临栅,阻于沟堑不能前却,众掷火炬焚之。贼计穷,无如之何,遂退兵二里许,联舟为营,意将久

---

① 《鹤园冼氏家谱》卷六之二《人物谱·列传》。
② 《鹤园冼氏家谱》卷五之二《坟茔谱·墓域·二房·明处士兰渚公墓碣铭》。
③ 同上。
④ 《佛山忠义乡志》卷一四《人物五》。
⑤ 《岭南冼氏宗谱》卷四之一《列传谱·敕封忠义官鸿猷公传》。
⑥ 《松堂公传》《翠轩公传》,郡马《梁氏家谱》。
⑦ 王棠:《重修流芳祠记》,道光《佛山忠义乡志》卷一二《金石上》。

驻,伺栅内食尽人惫,不攻自破矣。然佛山大家巨室,藏蓄颇厚,各出粮饷资给,人皆饱食无虑,贼中有自恃勇悍,翘足向栅谩骂者,栅内火枪一发,中之即毙。凡若此者,乡人皆以为神之助之也。①

在 6 个月的坚守中,佛山人不仅凭借其精良的冶铁技术制造出足以战胜黄萧养的武器,而且凭借对真武神的信仰,鼓起了必胜的信心和勇气。众所周知,在大多数社会中,每当人们在现实世界的努力前途未卜时,每当不测和焦虑闯入人们的生活时,人们就易于借助精神的力量。对于人类学家和历史学家来说,与其去批评这些迷信,还不如去理解这些精神因素在社会中所起的作用,不管其作用是心理的,还是社会的。事实上,通过对这类信念和程式及其对这些活动中使用符号的仔细考察,可以揭示出也许是无意识地传播的复杂社会意义。笔者认为,正是对战争的恐惧,加强了佛山堡民对神明的依赖。从心理意义上,佛山堡民显然是希望通过神明获得镇定和勇气,希望神明在冥冥中保佑自己的安全,扰乱敌人的心理。佛山乡民每一次祷告北帝神的活动,就如同又交了一笔心理"保险费",即使失败,也可在神明处获得慰藉。从社会意义上说,在群体面临生存威胁时,佛山二十二老借助神明,操纵了人们的生杀大权,并运用强力加强了内部的凝聚力。也正是在外来力量的威胁下,佛山乡民接受了与神明俱在的强力集中的权力结构,而没有提出任何不满和挑战;也接受了佛山全堡划分为三十五铺的防务布局,这为战后佛山社区的重新整合奠定了社会基础。

景泰元年(1450)二月,明王朝派都督同知董兴率江西、两广军前来镇压黄萧养。大洲决战,黄萧养大败,被杀一万余人,黄萧养本人也中箭而死。② 佛山之围"一夕散之"。③ 官军至佛山,推冼靖为"乡义",总协官兵讨黄萧养余部。冼靖甄别"良莠",除主谋者外,胁从者均不究问,周围乡村"存活者百数千人"。④

佛山之战,佛山堡民歼敌"一千余名",击杀黄萧养部将彭文俊、梁升、李观奴,生擒张嘉积等。⑤ 但本身也遭受严重损失,如霍仲儒等就在战斗中中炮身亡,⑥以二十二老为首的富家大室也罄尽资财。然而,正是由于佛山堡的坚守,佛山堡成为广州城的奥援,分散了黄萧养的兵力,为明朝官军的反攻争取了时间。佛山人民用自己的勇气和力量,捍卫了佛山社会自明初以来积累的大量财产,保护了千家万户的妇女儿童,为保持明朝在岭南地区的统治起到中流砥柱的作用。

---

① 景泰二年《佛山真武祖庙灵应祠》,《明清佛山碑刻文献经济资料》,第 3 页。
② 《明史》卷一七五《董兴传》。
③ 《佛山真武祖庙灵应记》,《明清佛山碑刻文献经济资料》,第 3 页。
④ 《鹤园冼氏家谱》卷五之二《坟茔谱·明处士兰渚公墓碣铭》。
⑤ 《奏请激劝忠义疏》,乾隆《佛山忠义乡志》卷一〇《艺文志》。
⑥ 乾隆《佛山忠义乡志》卷三《乡事志·霍烈士社》。

三、铺区制度确立

　　抗击黄萧养的胜利,使佛山堡一举成名,引起了广东官府对佛山地方的重视。佛山堡严兵列阵的景象,也让战后视察佛山社区的广东布政使揭稽大为感动,主动为二十二老叙功。而佛山堡民也抓住了这个隆祀祖庙和弘扬社区的最好时机,在景泰元年(1450)由耆民伦逸安上奏,请求封典。经有司复勘属实后,由广东布政使揭稽上奏朝廷。景泰三年(1452),景泰帝"诏以北帝庙为灵应祠,佛山堡为忠义乡,旌赏忠义士梁广等二十二人",[1]并御赐了四个匾额、两副对联等物,这些匾额、对联至今犹存于祖庙内。其中由明代宗朱祁钰写的一副对联为"法界大开真武殿正直从人祷,神光普照兆民家奸邪不尔私",以皇帝的名义肯定了佛山北帝的正直无私,并警告兆民不要密藏奸邪。景泰四年(1453)礼部勘合称:

　　　　即发四百二十四号勘合札付,行广东道御史欧阳,承宣布政司参议,合行州县掌印官,每岁供祭品物,春秋离职,亲致祭祀,用酬神贶,毋致堕缺,以负朝廷褒崇之典。如有堕缺,许乡民具呈上司,坐以不恭之罪。及庙宇朽坏,务要本县措置修葺,毋致倒塌。如有不悛事体,仍许乡老申呈有司转行奏,治究不恕。此议合通行,责令府、县立案,以凭查理。庶祀典无穷,须至帖者。[2]（图5-2）

图5-2　"国朝祀典"木匾额,存祖庙博物馆

　　礼部四百二十四号勘合,正式把佛山祖庙列入国朝祀典,由广东布政使、广州知府、南海知县等官员主祭。[3] 也就是把祖庙列入了明朝官典,按官方祀典规定礼仪进行祭祀。黄佐嘉靖《广东通志》记载:"南海县真武灵应祠在佛山堡,祀典。"万历《南海县志》也

----

① 乾隆《佛山忠义乡志》卷三《乡事志》。
② 民国《佛山忠义乡志》卷八《祠祀志一·礼部四二四号勘合》。
③ 道光《佛山忠义乡志》卷二《祀典·附载前明祝文》。

载："灵应祠在佛山乡，奉玄武上帝，……每年春秋致祭。"①广州府官员和南海县官员要每年到佛山祖庙进行春秋二祭，可见祖庙已正式列入官祀。唯其如此，祖庙就从一般社区香火庙上升为官祀之庙。从此之后，佛山不再称"季华乡"而称"忠义乡"，佛山堡民在汾水正埠建立了"敕赐忠义乡"坊表。祖庙也不再称"龙翥祠"而称"灵应祠"。② 佛山祖庙在佛山人心目中赢得了"灵验"和保民安乡、救民于危难的声誉，其地位也超出了一般社区香火庙所能达到的高度，逐渐向全佛山人的"大父母"的位置发展。（见首页图 3、图 5）

至于二十二老，当时广东布政使揭稽曾上疏议封曰："量加升赏，旌表其门，永蠲其家杂泛差徭，使天下之人晓然知忠义是尚，非惟广东之幸，实天下之大幸也。"③明王朝后来赐封二十二老有两说，一为"忠义士"，一为"忠义官"。乾隆《佛山忠义乡志》称：朝廷"旌赏忠义士梁广等二十二人"，④而各家族谱记载二十二老传记中均称其祖先"以捍御黄萧养功封忠义官"，并赐冠带。⑤ 不管所封若何，乡人对二十二老始终感恩戴德。后佛山乡民建立了"忠义流芳祠"于祖庙之右，春秋祭祀。⑥

明王朝的赐封，大大提高了佛山堡和佛山祖庙在珠江三角洲的地位，也提高了二十二老在佛山社区中的地位，从族谱看，这二十二老分属于若干个大族，如梁裔坚、梁裔诚、梁颛、梁彝颖属于郡马梁氏，⑦霍伯仑、霍佛儿、霍宗礼属于隔塘霍氏，⑧伦逸森、伦逸安属于巷心伦氏，⑨冼灏通属于鹤园冼氏，冼光属于东头冼氏，冼胜禄属于白勘冼氏。明中叶后，以上几个大族在佛山城市发展中占有重要地位。

黄萧养起事，从外部迫使佛山加强了内部凝聚力，战时以祖庙为指挥部的佛山堡铺区制度，把各个分散的村落相连成片，"首尾联络，互相应援"，⑩也使各铺内部的联系更加紧密。而在佛山周围，沿涌建立的木栅犹如一堵城墙，把佛山这个以手工业为主的地域与周围以农耕为主的乡村分隔开来，佛山人与周围乡民不同的经济方式与利益来源亦因这堵"城墙"而得到明确。乡志载："乡之分为二十四铺，明景泰初御黄贼时所画也。"这二十四铺是：汾水铺、潘涌铺、观音堂铺、福德铺、岳庙铺、祖庙铺、山紫铺、丰宁铺、黄伞铺、纪纲铺、石路头铺、真明铺、社亭铺、仙涌铺、医灵庙铺、突岐铺、耆老铺、明心铺、彩阳堂铺、锦澜

---

① 刘廷元修：万历《南海县志》卷三《政事志·坛庙》，万历三十七年(1609)刻本。
② 乾隆《佛山忠义乡志》卷二《宫典志》、卷三《乡事志》。
③ 《奏请激劝忠义疏》，乾隆《佛山忠义乡志》卷一〇《艺文志》。
④ 乾隆《佛山忠义乡志》卷三《乡事志》。
⑤ 《岭南冼氏宗谱》卷三之六《分房谱·东头房》；民国《佛山忠义乡志》卷一四《人物志一·梁浚浩》。
⑥ 乾隆《佛山忠义乡志》卷三《乡事志》。
⑦ 《松堂公传》，郡马《梁氏族谱》。
⑧ 《佛山霍氏族谱》卷九《九世祖褒封忠义官隔塘公家传》。
⑨ 民国《佛山忠义乡志》卷八《祠祀志一》。
⑩ 乾隆《佛山忠义乡志》卷一《乡域志》。

铺、桥亭铺、明照铺、栅下铺、东头铺，[1]每铺"可一里有半"，[2]各铺在地域上是相连的。各铺之上有"公会"，由合堡乡绅精英组成，采取"庙议"方式运作，"凡有公会咸至止灵应祠，旋聚旋散"。[3] 铺下，街、里、社、坊并存发展。各铺一些名称寄托着对工商业的希望，如"丰宁铺"——"欲货集而商安"，"纪纲铺"——"盖取市司平价之意"。[4] 这表明，随着工商作坊、店铺和手工业居民的增多，各地商贾的猬集，打破了原来的自然村落状态，代之以以店铺为基础的区域划分是势所必然，而抗击黄萧养不过是这一转变的重大契机。

铺区制度的建立，打破了以同一血缘成员聚居的自然村落状态，原来由某些姓氏独擅并引以为自豪的地望，如东头、鹤园等现在已扩大其居民范围，成为一铺之名，成为各姓氏共同拥有的地望。例如鹤园陈氏就在此后发展起来。而鹤园冼氏却在此时改称"练园冼"，[5]这就造成了新的邻里关系。原来的血缘群体聚居区这时成为铺中的一个街坊或里社，这种关系与过去村与村之间的相对封闭关系大相径庭。它用"铺"的地理范围和行政区划把人们的社区认同意识提高了一个层次，这就是从"乡里"到"铺民"的认同意识的转变。我们看到在嘉靖年间，佛山堡民陈图、梁宇、霍琪和冼震熙等就以"佛山堡二十四铺士民"名义凿石立碑，[6]这反映了佛山堡民强烈的铺民身份认同意识。

明末清初南海人陈子升（陈子壮胞弟）曾说："夫治佛山不必置官，即以省会之官治之。其故何也？ 佛山之人习于城邑。"[7]所谓"习于城邑"，就是指佛山人已经抛弃了乡村中以血缘关系利益出发考虑问题的思维定式，普遍接受了城市中以地缘关系利益为基础解决问题的思维习惯。这种超越周边乡民思维习惯的养成，就得益于铺区制度。

铺区制度的建立，是佛山发展史上的农村—城市续谱的重要阶段，它宣告了明初佛山乡村墟镇状态的结束，标志着佛山城市雏型的形成。佛山堡民在灵应祠建设和二十四铺建设两大事情上，充分表现了对地方社会建设的极大热情与创造性。明王朝官方正统化的推行与佛山地方社会发展需要的契合，在景泰年间达成。而祖庙，正扮演了衔接官方权威和民间力量的中枢机构的角色。

第三节　明代佛山宗族组织及其发展形态

宗族是一个有确认共同祖先、统一的祭祀仪式、共同财产，并可分为族、房、支等组织

---

[1] 乾隆《佛山忠义乡志》卷一《乡域志》。
[2] 同上。
[3] 《天启七年乡仕会馆记》，《明清佛山碑刻文献经济资料》，第 10 页。
[4] 乾隆《佛山忠义乡志》卷一《乡域志》。
[5] 《鹤园冼氏家谱》卷三《宗支谱》载："明正统间六世祖月松公以团练功封忠义官，改称练园。"
[6] 《世济忠义记》，《明清佛山碑刻文献经济资料》，第 5 页。
[7] 道光《南海县志》卷八《舆地略四》。

系统的继嗣团体。确认的血统、统一的仪式、共同的财产和族、房、支的组织系统，是宗族与其他形式血缘组织区别开来的重要因素。①

众所周知，中国宗族组织和宗族制度不是一蹴而就的，它有一个长期的发展过程，这一发展过程在各地又因历史条件、自然环境不同而呈现出不同的发展途径和组织形态。由此吸引了人类学者、社会学者和历史学者持续的研究兴趣。岭南的开发较晚于中原和江南，其南迁居民定居时间较之福建、江西亦相对较晚。根据族谱记载，明初在佛山地区定居的姓氏往往只经历数代，人口很少。当时凡有祭祖活动，多在寝室内举行，"庶民祭于寝"就是指此。大多数姓氏是在嘉靖年间开始建祠立庙。《佛山忠义乡志》称："明世宗采大学士夏言议，许民间皆得联宗立庙。于是宗祠遍天下，吾佛诸祠亦多建自此时。"②建立宗祠，在明中叶成为佛山地区宗族组织和制度发展的重要社会现象。佛山人曾说："家族制度奚所肇乎？自族中尊祖、祖各有祠始。盖明禋祀以致孝享，聚宗族而修伦常，舍祠莫属。"③"舍祠莫属"，强调了祠堂之于宗族制度的重要。屈大均《广东新语》对岭南祠堂曾有详细记载：

> 岭南之著姓右族，于广州为盛。广之世，于乡为盛。其土沃而人繁，或一乡一姓，或一乡二三姓，自唐宋以来，蝉连而居，安其土，乐其谣俗，鲜有迁徙他邦者。其大小宗祖祢皆有祠，代为堂构，以壮丽相高。每千人之族，祠数十所。小姓单家，族人不满百者，亦有祠数所。其曰大宗祠者，始祖之庙也。庶人而有始祖之庙，追远也，收族也。追远，孝也。收族，仁也。匪谮，匪谄也。岁冬至举宗行礼，主鬯者必推宗子。或支子祭告，则其祝文必云：裔孙某，谨因宗子某，敢昭告于某祖某考，不敢专也。其族长以朔望读祖训于祠，养老尊贤，赏善罚恶之典，一出于祠。祭田之入有羡，则以均分。其子姓贵富，则又为祖祢增置祭田，名曰蒸尝，世世相守。惟士无田不祭，未尽然也。今天下宗子之制不可复，大率有祠而无宗，宗废故宜重族。族乱故宜重祠。有祠而子姓以为归，一家以为根本。仁孝之道，由之而生，吾粤其庶几近古者也。④

屈大均在这里把岭南（主要是广州府）的祖祠建立情况和祠堂功能作了较详细的介绍。"代为堂构，以壮丽相高"，说明了岭南宗族热衷于建造祖祠。"庶人而有始祖之庙，追远也，收族也"，"有祠而子姓以为归，一家以为根本"，说明了宗祠的重要作用。而"岁冬至举宗行礼"，"其族长以朔望读祖训于祠"，"养老尊贤、赏善罚恶之典，一出于祠"，"祭田之人，有羡则以均分"，则说明了宗祠同时具有的各种功能。由此可见，祠堂成为宗族组织的

---

① 参阅 James Watson（詹姆士·华琛）《中国宗族再研究：历史研究中的人类学观点》，《中国季刊》第 92 期（1982 年 12 月），第 18—19 页。

② 民国《佛山忠义乡志》卷九《氏族祠堂》。

③ 乾隆《佛山忠义乡志》卷一《乡域志》。

④ 《广东新语》卷一七《宫语·祖祠》，第 464 页。

主要标志物。

李文治先生对明代宗族制度作过很好的研究,他认为:明代宗族制度的体现形式是祠堂、族产、族谱(族规)的建立。[①] 笔者以为,通过考察宗祠、族产、族谱等宗族制度体现形式的变化过程,我们或许可以探测到岭南地区宗族发展以及社会演化的个中原因。

本节将从把握宗族组织的共同体现形式的出现和建立入手,对明代佛山宗族组织的形成途径、组织形态、建构模式以及相互关系作一探讨。

一、南海士大夫集团的兴起

佛山宗族的发展,与明中叶兴起的"南海士大夫集团"有着特别密切的关系。

(一) 何谓"南海士大夫集团"

"南海士大夫集团"是指明中叶崛起的南海籍官僚群体。他们以科举出仕,以宦绩成名,继而相连成势,互抱为团。在京城里,他们曾主持或参与制定国典国策(如《明伦大典》);在任职地,他们曾施行重大经济改革措施(如一条鞭法);而在家乡,他们大多亲手整合宗族组织,制定宗族制度,成为明中叶后广东宗族发展的重要推动力量。

明代弘治、正德和嘉靖年间,随着珠江三角洲经济的发展和社会的稳定,佛山及其周围南海县境内,接连涌现出科举鼎甲人物和权倾朝野的名宦大吏。成化十四年(1478),世居石碣的梁储会试第一,[②]登会元,官至内阁首辅,太子太师,文渊阁、华盖殿大学士。[③] 弘治十二年(1499),世居黎涌的伦文叙殿试第一,登状元,官授翰林院修撰、侍讲。其次子伦以训正德十二年(1517)登会元,官授南京国子监祭酒;长子伦以琼正德十五年(1520)登进士,季子伦以诜嘉靖十七年(1538)登进士。一门科名之盛,称誉海内。弘治十八年(1505),世居丹灶的方献夫成进士,官至吏部左侍郎、礼部尚书、太子太保。[④] 正德九年(1514),世居石头的霍韬登会元,官至太子少保、礼部尚书协掌詹事府事。[⑤] 正德甲戌(1514),世居佛山冈头的梁焯成进士,官至兵部职方司员外郎。[⑥] 嘉靖乙未(1535),世居佛山鹤园的冼桂奇登进士,官至南京刑部主事。[⑦] 嘉靖十三年(1534),世居弼唐的庞嵩成举人,官至应天通判、南京刑部郎中。[⑧] 嘉靖十四年(1535),世居丹灶的何维柏登进士,官

---

① 参阅李文治《明代宗族制的体现形式及其基层政权作用》,《中国经济史研究》1988 年第 1 期。
② 梁储家乡石碣原属南海县,离佛山仅五里。景泰三年平黄萧养后始析为顺德县。梁储与南海籍士大夫关系紧密,是他们仕途上的座主。
③ 《明史》卷一九〇《列传第七十八》。
④ 《明史》卷一九六《列传第八十四》。
⑤ 《明史》卷一九七《列传第八十五》。
⑥ 郡马《梁氏族谱》。
⑦ 《鹤园冼氏家谱》卷四之一《宗庙谱》。
⑧ 《明史》卷二八一《列传第一百六十九》。

授御史，吏部左、右侍郎，南京礼部尚书。① 嘉靖三十二年(1553)，世居叠滘的庞尚鹏登进士，官至浙江巡按、福建巡抚、左副者御史。② 这批官僚，就是"南海士大夫集团"的主要成员。兹将他们的科举出身、官秩及活动情况列表如下：

表 5‑1　明代南海士大夫活动表③

姓　名	地　望	科　举	活动年份	历任官职	品级	资料来源
梁　储	石碣	会元	成化十四年至正德十年	吏部尚书、太子太师、华盖殿大学士	正一	《明史》卷一九〇
伦文叙	黎涌	状元	弘治十二年	翰林院修撰、经筵讲官、翰林侍讲	正六	光绪《广州府志》卷一一五
伦以琼	黎涌	进士	正德十五年至嘉靖年间	庶吉士、山西道御史、吏部主事	正六	同上
伦以训	黎涌	会元	正德十二年至嘉靖十五年	编修、经筵讲官、南京国子监祭酒	从四	同上
伦以诜	黎涌	进士	正德至嘉靖年间	礼部主事、南京兵部郎中	正五	同上
方献夫	丹灶	进士	成化廿一年至嘉靖二十四年	吏部左侍郎、礼部尚书、太子太保	正一	《明史》卷一九六
霍韬	石头	会元	成化廿三年至嘉靖十九年	吏部左侍郎、礼部尚书、太子少保	从一	《明史》卷一九七
梁焯	佛山冈头	进士	正德九年至嘉靖七年	兵部职方司员外郎	从五	《郡马梁氏族谱》
冼桂奇	佛山鹤园	进士	嘉靖十四年至嘉靖三十三年	南京刑部主事		《岭南冼氏宗谱》
庞嵩	弼唐	举人	嘉靖十三年至嘉靖末年	应天通判南京刑部郎中		《明史》卷二八一
何维柏	丹灶	进士	嘉靖十四年至万历初年	吏部左、右侍郎，南京礼部尚书	正二	《明史》卷二一〇
庞尚鹏	叠滘	进士	嘉靖三十二年至万历年间	浙江巡抚、福建巡抚、左副都御史	正三	《明史》卷二二七

① 《明史》卷二一〇《列传第九十八》。
② 《明史》卷二二七《列传第一百一十五》。
③ 品级，参阅陈茂同《历代职官沿革史》第 487 页"明代中央官制简表"，华东师范大学出版社 1988 年版。

　　上表反映出,南海士大夫都是在北京或南京任职的京官,品秩极高,如梁储、霍韬、方献夫为一品,所谓"秩隆宗伯,保相东宫"就是指此。① 与当时任职广东的官吏比较,他们无疑是位尊秩隆的。其次,他们中的多人曾任吏部左侍郎,如霍韬任该职时,嘉靖皇帝"久不置尚书,以韬掌部事",②当时的入广官吏均由他们亲自点拨或参与考成提拔。因此,广东地方官吏因感恩戴德而效忠他们的不乏其人。上表还反映出,南海士大夫的主要活动年代集中在嘉靖年间,而嘉靖年间正是佛山各宗族纷纷创制立规,走上宗族整合的年代。两者在时间上的吻合,使我们有理由认为,南海士大夫是推动广东宗族组织发展的重要力量。

(二) 南海士大夫集团群体力量

　　与单独的仕宦不同,南海士大夫集团有很强的群体力量。其群体力量主要来源于三个方面:

　　首先,是政治上得到皇帝的宠幸。1521 年,正德皇帝驾崩,因没有子嗣,遂由兴献王之子朱厚熜继位,次年改元"嘉靖"。嘉靖皇帝由藩王而入承皇位,立即碰到如何崇祀其父兴献王的问题。当时以杨廷和、毛澄为首的公卿百官认为应"以孝宗为考",以"兴献王及妃为皇叔父母"。③ 对这种"移易"父母的办法,明世宗当即表示不满,要求另议。此时观政进士张璁上《大礼疏》,提出符合明世宗想法的主张:"今日之礼,宜别为兴献王立庙京师,使得隆尊亲之孝,且使母以子贵,尊与父同。"④嘉靖如获至宝,立即下令"尊父为兴献皇帝,母兴献皇后,祖母为康寿皇太后"。可是,杨廷和等拒不从命。⑤ 由此引发了严重影响明代政局的"大礼议"。

　　南海士大夫在"大礼议"之争中,始终支持嘉靖皇帝,并取得嘉靖皇帝的信任。

　　嘉靖元年(1522),方献夫进《大礼》二论;霍韬也"私为大礼议"与礼部尚书毛澄论驳,前后三次"极辩是非"。见毛澄不为所动,遂于嘉靖元年(1522)十月上疏,嘉靖皇帝"得疏喜甚"。但这引起朝中诸臣不满,"攻者四起"。方献夫和霍韬受挫于朝中诸臣,不久便谢病归乡,隐居于西樵山读书讲学。⑥

　　嘉靖六年,明世宗修《明伦大典》,同召方献夫和霍韬至京师。此后,随着明世宗尊崇生父典礼的逐步付诸实现,对两人也恩宠有加。嘉靖五年(1526),在太庙之左建成世庙,崇祀明世宗生父。嘉靖十五年(1536),改称"献皇帝庙"。嘉靖十七年(1538)九月,尊世宗

---

① 霍际斯:《重修霍氏族谱序》,《石头霍氏族谱》卷一原序。
② 《明史》卷一九七《列传第八十五》。
③ 《明史纪事本末》卷五〇。
④ 同上。
⑤ 同上。
⑥ 《明史》卷一九七《列传第八十五》。

生父为睿宗，附于大庙。① 同时，嘉靖六年九月，方献夫起为礼部右侍郎、礼部尚书。《明伦大典》成，加太子太保。② 霍韬则于嘉靖七年四月进礼部右侍郎，同年六月《大礼》成，起为礼部尚书，掌詹事府事。霍韬为证明自己并非沽名钓誉之辈，固辞不拜。③ 嘉靖十二年（1533），霍韬为吏部左、右侍郎。不久，为南京礼部尚书。嘉靖十八年（1539）升为太子少保、礼部尚书协掌詹事府事。霍韬"风度端凝"，以古风自处，"帝所严惮，每起居有失，辄问内竖曰：'霍韬知否？'其见重如此"。④ 可知霍韬当时已位居势要。

"大礼议"本身所反映的政治意义若何？史学界尚有争论。但作为一个契机，南海士大夫参与了国典大礼的制订，取得嘉靖皇帝的信任，他们"荷帝眷"，宠遇优渥，跻身于当朝显贵之列。所谓"缘礼仪骤贵"即指此。而且他们均曾任吏部要职，选士点官，控握仕宦要途，入广的官吏无不由他们提拔。凭借这种突出的政治地位，南海士大夫在地方上有极大影响力。例如方献夫居家时，"引体自尊，监司谒见，辄称疾不报。家人姻党横于郡中，乡人屡评告，金事龚大稔听之"。后来广东金事龚大稔因事落职，怀疑其为方献夫所为，遂上疏列陈方献夫和霍韬居乡不法事。"献夫疏辩，帝方眷献夫"，龚大稔"反被逮削籍"。⑤ 再如正德时内阁首辅梁储，其子梁次摅为锦衣百户，"居家与富人杨端争民田，端杀田主，次摅遂灭端家二百余人。事发，武宗以储故，仅发边卫立功。后还职，累冒功至广东都指挥金事"。⑥ 皇帝的偏袒庇护，成为南海士大夫集团的首要权力来源。

其次，是思想上以理学相高。明代广东地区最有影响的思想家是陈献章和湛若水。陈献章，字公甫，世居新会白沙乡，遂以白沙为号。正统十二年（1147）举人。曾游太学，作诗一篇，人"以为真儒复出，由是名震京师"。官授翰林院检讨，然其志不在官，归乡讲学。其学以静为主，"于静中养出端倪"。他说："静坐久之，然后见吾心之体隐然呈露，日用应酬随吾所欲，如马之卸勒也。"其学洒然而独得，论者以为"活孟子"。⑦ 湛若水是陈献章高徒，号甘泉。自弘治五年举于乡后，师从陈献章十余年，"不乐仕进"。后从母命入南京国子监，弘治十八年（1505）会试登第二，授翰林院编修。当时王守仁在吏部讲学，湛若水"与相应和"。其后，各立宗旨。"守仁以致良知为宗，若水以随处体验天理为宗"。一时学者遂分"王""湛"两学。⑧ 不久丁母忧，入西樵山守庐三年，筑舍讲学，士子来学者甚众。正德年间归家的方献夫和霍韬也相继入西樵山与湛若水切磋砥砺，日研经书，讲学授徒。当时湛若水建大科书院，方献夫建石泉书院，霍韬建四峰书院。正如方献夫所言：西樵山中

---

① 《明史纪事本末》卷五〇。
② 《明史》卷一九七《方献夫传》。
③ 《明史》卷一九七《霍韬传》。
④ 道光《南海县志》卷三六《列传五》。
⑤ 《明史》卷一九六《方献夫传》；卷一九七《霍韬传》。
⑥ 《明史》卷一九〇《列传第七十八》。
⑦ 《明史》卷二八三《列传第一百七十一》。
⑧ 同上。

"三院鼎峙，予三人常来往，讲学期间，藏修十余年"。① 其时方献夫给王阳明的信中亦说："西樵山中近来士类渐集，亦颇知向方……甘泉大有倡率讲明之意。近构学舍数十于山，以延学者，将来必有成就，此亦一盛事也。"② 王守仁听说此事喜称："英贤之生，同时共地，良不易得，乘此机会，毋虚岁月，是所望也。"③ 嘉靖初年，湛若水复入朝，任礼部侍郎，历南京吏、礼、兵三部尚书。④ 这种与方献夫、霍韬大致相同的隐学和仕宦经历，大大加强了湛若水和南海士大夫集团双方的认同感，后来湛若水的活动基本是与南海士大夫在一起的事实就说明了这一点。大概在此时，霍韬撰写了《诗经注解》《象山学辩》《程朱训释》等书，后刊行于世。⑤ 由于推崇理学，方、霍两人又联手打击佛教。嘉靖六年（1527）十二月，方献夫上疏拆寺变卖。此前霍韬曾有同样的奏疏，因而得到嘉靖皇帝的支持。"方西樵（献夫）为礼部，上言畿内尼姑有伤风化，欲将少者发散改嫁，老者依亲居住，其庵寺拆毁变卖。上曰：霍韬曾言，'僧道盛，上政之衰也'。所言良是。遂诏毁京师尼姑寺六百余所"。⑥ 除方、霍外，梁焯、庞嵩、何维柏、冼桂奇等人也崇尚理学。梁焯成进士后，与揭阳薛侃一道"过赣，从业阳明讲道，留心理学，得穷理致知之旨，悟居敬坐静之功"，并录有《阳明先生问答传习录》传世。⑦ 世称："岭南有王氏学，盖自梁、薛始云。"⑧庞嵩早年曾游学王守仁门下，"淹通五经"，以后"复从湛若水游"。⑨ 湛若水曾说："北有吕泾野，南有庞弼唐，江门之绪不坠也。"⑩庞嵩成为南海有名的理学大师，"从游者云集"。⑪ 何维柏未登第前"尝慕西樵泉石之胜，负笈读书其中，时湛文简、霍文敏亦山栖，与语多所默契"。⑫ 其时何维柏常常求学于"甘泉（湛若水）、渭臣（霍韬）两先生斋中"，致仕后创立天山书院，讲学其间，"阐发陈白沙绪论，四方从游者甚众"。⑬ 每与冼桂奇等人"坐论讲究"，交流治《易》所得。⑭ 冼桂奇未登第前"师事湛甘泉"，致仕归家，"复从甘泉游，所至筑精舍讲学"，⑮遂"以一代理学为世儒宗"。⑯

南海士大夫对理学的追求，形成了一个研讨理学的学术圈子，这个圈子的存在，吸引

① 方献夫：《石泉书院记》，《西樵遗稿》卷六。
② 《西樵遗稿》卷八《书·柬王阳明》。
③ 《石头录》卷一，《霍文敏公全集》。
④ 《明史》卷二八三《列传第一百七十一》。
⑤ 《石头录》卷首，《霍文敏公全集》。
⑥ 《石头录》卷四，《霍文敏公全集》。
⑦ 郡马《梁氏族谱》。
⑧ 道光《南海县志》卷三六《列传五》。
⑨ 《明史》卷二八一《列传第一百六十九》。
⑩ 道光《南海县志》卷三六《列传五》。
⑪ 《南海佛山霍氏族谱》卷九《十三世祖隐居爱泉公家传》。
⑫ 《天山草堂遗稿》卷首附录《广府志》。
⑬ 《天山草堂遗稿》卷首《徐信符识》。
⑭ 《南海佛山霍氏族谱》卷九《十二世祖直隶凤阳府霍丘县知县晴汾公传》。
⑮ 《鹤园冼氏家谱》卷四之一《宗庙谱》。
⑯ 《冼宝干序》，《鹤园冼氏家谱》。

了当时当政的两广官员。例如广东巡按御史洪垣，嘉靖十一年进士，湛若水在京师讲学时，"垣受业其门"。[①] 后出按广东，经常到西樵山求学。[②] 这样，南海士大夫实际上就凭借其理学的学问，在精神上占据了优越的地位，具有了超越平常京官的精神力量，使两广地方官员无不顶礼膜拜。

再次，是经济上享有优免特权。明代法律明确规定了官绅的免役特权。洪武年间规定，现任官员之家，"悉免其徭役"；致仕官员，"复其家，终身无所与"；生员，本身免役，户内优免二丁。明中叶后发展为"论品免田"。正德年间规定，京官三品以上免田四顷，五品以上三顷，七品以上二顷，九品以上一顷，外官递减。嘉靖二十四年（1545）又定《优免则例》，京官一品优免役粮三十石、人丁三十丁，以下递减。至九品优免役粮六石、人丁六丁，外官减半，举、监、生员优免粮二石、丁二人，致仕优免本品的十分之七。[③] 按照以上规定，当时免粮三十石即可免田一千亩。[④] 南海士大夫任官品级都很高，从上表可见，梁储、方献夫为正一品，霍韬为从一品，他们三位均可免田 1000 亩；何维柏为正二品，可免田 800 亩；庞尚鹏为正三品，可免田 600 亩。这里的优免田粮，实际上在法律意义上是指"免役"。明代役法，"以民为役，以田制役"。役的编金来自两个方面：一是田产，二是人丁。对于品官来说，他们本身及其家人部分或全部的田产人丁俱免，这意味着，人是有特权之人，田是有特权之田。这种特权，主要体现在家乡，而不是在京城。我们知道，霍韬登会元后，乡人即有到藩司请脱"解户"者，藩司曰："尔取霍会元帖子来，与尔解户。"[⑤] 这说明地方官府对新科会元之家享有优免特权是立即承办的。品官得到优免之户称为"官户"，亦称"通籍"。霍韬说："士既通籍，朝廷治之，尊无二上也。"[⑥] 一个宗族若有一个家庭被"通籍"，举族皆称右族，子弟亦可享有受教育的特权，这在明代族谱屡有记载。如霍韬四子霍与瑛十七岁随任赴京，嘉靖十九年以官籍入顺天府庠，应北京乡试。[⑦] 由此可见，南海士大夫各自所在宗族在嘉靖年间的纷纷通籍，为南海士大夫集团建立了强大的经济后盾。

（三）南海士大夫集团的内部关系

南海士大夫集团形成具有三个条件：一是出身相同，同为科举出身名宦；二是籍贯相同，同为南海县籍人士；三是时代相同，同时生活在正德、嘉靖年间。这三个条件的同时具备，使得南海士大夫集团不仅仅是一般士大夫时相往来、诗文唱和的文化团体，而是荣辱与共的特殊利益集团，他们之间有着十分紧密的关系。

---

① 《明史》卷二○八《列传第九十六》。
② 《家书》，《霍文敏公全集》。
③ 张显清：《明代官绅优免和庶民"中户"的徭役负担》，《历史研究》1986 年第 2 期。
④ 彭雨新：《明清赋役改革与官绅地主阶层的逆流》，《中国经济史研究》1989 年第 1 期。
⑤ 《石头录》卷一，《霍文敏公全集》。
⑥ 《广东新语》卷九《事语·文敏父子》。
⑦ 《石头霍氏族谱》卷一《七世三房》。

首先,他们之间往往通过儿女婚配互相联系在一起。仅以霍韬为例,他与方献夫、伦以琼、湛若水、冼桂奇结为儿女亲家(见《霍韬儿子通婚情况表》《霍韬女儿通婚情况表》)。

而霍韬次子霍与瑕的丈人梁琦(曾当里役),又与伦文叙等结为亲家。霍与瑕说:"封御史时庵者,公丈人也;御史铁峰,公舅也;伦状元迁冈(文叙),解元右溪(以琼),会元白山(以训),公亲家也;亚魁陈棐,公婿也。"[①]若再推而广之,霍韬之侄霍若裕娶湛若水侄孙女,其族十一世孙霍廷祚继娶了庞尚鹏的孙女。[②]

表5-2　明代霍韬儿子通婚情况表[③]

子名	与璞	与瑕	与珉	与珠	与琨	与璎	与磴	与瑞	与斌
科名	附生	进士佥宪	附生	禀生	早殇	举人	附生	举人知县	早殇
			娶佛山陈副使善女			娶伦以琼女	与方献夫女定婚		

表5-3　明代霍韬女儿通婚情况表

排　行	大　女	二　女	三　女	四　女	五　女
通婚情况	嫁广州陈万举人	嫁湛尚书(若水)子涞之	嫁吉河黄士登	嫁道滘张云节	嫁冼主事(桂奇)子梦竹

社会整合主要是通过一个系统中各个部分的价值交流来实现的。人类学家证明,物质或服务的等价交换不仅会导致个体,而且会导致整体的整合。南海士大夫集团内各血缘群体之间通过联姻,建立了盘根错节的"姻党"关系,促进了南海士大夫集团的整体整合。他们利益相连,关系亲密。从此,士大夫们在地方上的活动再不是仅仅代表个人利益,而是代表了与之联姻的各个家族利益,代表了整个集团。

其次,他们之间往往互祭祖先之墓。正德九年(1514),梁焯父亲死,湛若水撰《祭松溪公文》,署名致奠的还有梁储等人。梁储自称"柱国少傅大学士族侄储",可见梁储认冈头梁氏为同宗。梁焯与霍韬为正德甲戌同进士出身,又共好研讨理学,其谊甚笃。早在正德十年(1515),霍韬登会元后归家完婚,为梁焯父撰墓志,当时霍韬尚未授官,落款自称"龙岩道人霍渭先"。嘉靖三年(1524)梁焯重修祖墓,霍韬撰写《宋郡马梁墓志》。嘉靖四年(1525),霍韬、伦以琼、黄佐等10名京官和一举人一行人共祭梁焯的三个祖先,撰有《祭三公墓文》。[④]霍韬父母坟墓,在正嘉年间是两广士大夫致奠的热点。据不完全统计,从正德十二年至嘉靖十年(1517—1531),先后有84人次到西樵山致奠,上有南京户部尚书陈

---

① 《霍勉斋集》卷二二《碑铭·寿官石屏梁公偕配安人何氏墓碑铭》。
② 《石头霍氏族谱》卷一《八世三房》。
③ 《石头霍氏族谱》卷一《六世三房》《七世三房》;《霍文敏公全集》卷六上《碑铭》。
④ 上述祭文、墓志均载于郡马《梁氏族谱·墓志》,光绪十一年重辑本。

金,下有广东都司都指挥金事陆桓等。① 而南海士大夫亦不甘人后,嘉靖十年(1531),伦以琼就"谨祭于诰封太淑人霍母梁氏之灵",并撰有祭文。② 冼桂奇父亲于嘉靖五年(1526)死,冼桂奇于嘉靖乙未(1535)成进士后,重修父墓,湛若水为之撰《履斋公墓表》,广东巡按洪垣为之撰《履斋公墓志铭》。除了祭奠祖先之外,南海士大夫之间的祭奠更加虔诚,也更加频繁。如霍韬在嘉靖十一年(1532)准备入朝前,用了几天时间祭奠已故友好。"十一月四日祭殿元伦迂冈(伦文叙)祠,五日祭少师梁厚斋(梁储)祠","十一月七日祭梁日孚(梁焯)墓",然后才北上就官。③ 又如冼桂奇于嘉靖三十三年(1554)过世时,庞尚鹏为之撰《少汾公墓表》。④ 霍韬之子霍与瑕为之撰《祭冼少汾主政文》。⑤ 通过互相祭奠庐墓,南海士大夫之间建立起一种特殊的感情。这就是各士大夫及其家庭的生死同存、荣辱与共的群体感情,这使得他们之间的互相依托更加紧密。

(四) 南海士大夫集团对岭南宗族组织建设的影响

南海士大夫集团从两个层面上推动了岭南宗族组织的发展。第一个层面是提高了宗族的社会声望。明朝有追赠之例,以官员本身的官职追赠其祖先,依品级不同追赠世代亦有所区别,"唯一品始及三代"。⑥ 正德、嘉靖年间,南海士大夫的诸祖先中受赠者不乏其人。

例如梁储,曾祖梁楚材、祖梁直清、父梁顺,皆赠"特进光禄大夫、左柱国少师兼太子太师、吏部尚书、华盖殿大学士",曾祖母黎氏、祖母周氏、母黄氏皆赠"一品夫人"。⑦ 又如方献夫,曾祖方势宏、祖方用中、父方遂皆赠"光禄大夫、柱国太子太保、吏部尚书兼武英殿大学士",曾祖母罗氏、祖母杜氏、母黄氏皆赠"一品夫人"。⑧ 又如霍韬,祖父霍厚一、父霍华皆赠"太子少保、礼部尚书、詹事府知事"。⑨ 他如庞尚鹏、何维柏之父母,均追赠如其官。朝廷追赠之例的存在,将士大夫本身的荣耀扩大到祖先身上,也就是扩大到宗族身上。凡属追赠祖先派下的子孙均可同沾光泽,共享荣耀。这也就是祖先一受到追赠,宗族必要大修茔墓和祠堂的缘故。宗族子孙可以通过修墓建祠将朝廷的追赠公诸于世,从而使同一血缘群体的每个成员在社区中获得尊严,赢得声望。

第二个层面是重构了宗族制度。南海士大夫集团对宗族的重构,莫过于霍韬对石头

① 根据 1982 年笔者在西樵山霍韬父母墓旁所见残断碑铭拓片、照片整理。
② 嘉靖十年《致奠西庄霍先生诰封太淑人霍母梁氏》碑拓片,存佛山市博物馆。
③ 《石头录》卷五,《霍文敏公全集》。
④ 《岭南冼氏宗谱》卷三之二○《分房谱·练园房》。
⑤ 显扬谱:《祭文》,《岭南冼氏宗谱》卷六之三。
⑥ 《方谱震翰·诰命》,《方氏族谱》。
⑦ 《郁洲遗稿》卷首。
⑧ 《方谱震翰·诰命》,《方氏族谱》。
⑨ 《西樵遗稿》卷七《墓志铭》。

霍氏的一系列整合措施,其次是庞嵩的"小宗祠之制"和庞尚鹏的《庞氏家训》。

先谈庞嵩的"小宗祠之制"。其制为:

> 旁为夹室二,以藏祧主,正堂为龛三,每龛又分为三,上重为始祖,次重为继始之宗有功德而不迁者,又次重为宗子之祭者同祀,其四代之主,亲尽则祧。左一龛为崇德,凡支子隐而有德、能周给族人、表正乡里、解讼息争者,秀才学行醇正、出而仕、有德泽于民者,得入祀不祧。右一龛为报功,凡支子能大修祠堂、振兴废坠,或广祭田义田者,得入祀不祧。不在此者,设主于长子之室,岁时轮祭。岁正旦,各迎已祧、未祧之主序设于祠,随举所有时肴,合而祭之,祭毕,少拜尊者及同列,然后以胙余而会食。①

庞嵩把祖先神主分为未祧和已祧两类,未祧主包括始祖、有功德而不迁者、宗子以上四代之主和支子有德有功者。未祧主宗子一系,置于正堂中龛,支子有功德者置于正堂左、右龛。已祧主即宗子四代之主,所谓"亲尽则祧"。祧主藏于两旁夹室。每年元旦将已祧、未祧之主迎出同祭,祭毕会食。这一规制,上祀始祖,下祀父祖,旁及支子,既无繁褥之嫌,也无失礼之处,因此很快各姓氏便群起仿效。所谓"小姓单家,族人不满百者,亦有数所",就是这一范式推广的结果。屈大均对此赞同称:"此诚简而易,淡而可久者也,吾族将举行之。"②珠江三角洲有句谚语"顺德祠堂,南海神庙",说的是顺德祠堂很多,随处可见。祠堂多,主要是支祠多。可见庞嵩"小宗祠之制"影响之大。

再谈《庞氏家训》。该书为庞尚鹏罢官归乡后所著。全书分为"务本业""考岁用""遵礼度""禁奢靡""严约束""崇厚德""慎典守""端好尚""训蒙歌""女诫"十大类 69 款。论理论事,简明扼要,举凡士农工商各业、家礼、祠规、子弟冠婚、处身待客无不包括。试举几例如下:

> 孝友勤俭四字,最为立身第一义,必真知力行,奉此心为严师,就事质成。反躬体验,考古人前言往行,而审其所从,必思有所持循,无为流俗所蔽。
>
> 学贵变化气质,岂有猎章句、干利禄哉。如轻浮则矫之以严重,偏急则矫之以宽宏,暴戾矫之以和厚,迂迟则矫之以敏迅,随其性之所偏,而约之使归于正,乃见学问之功大。以古人为鉴,莫先于读书。
>
> 民家常业,不出农商,通查男妇仆几人,某堪稼穑,某堪商贾,每年工食衣服,某若干,某若干,各考其勤,能果否相称。
>
> 累世乡居,悉有定业。子孙不许移家,住省城三年后,不知有农桑,十年后不知有宗族,骄奢游惰,习俗移人,鲜有能自拔者。

---

① 《广东新语》卷一七《宫语·祖祠》,第464—465页。
② 同上。

每月初十、二十五两日，凡本房尊长卑幼，俱于日入时为会。各述所闻，或善恶之鉴戒，或勤惰之当勤勉，或义所当为，或事所当已者，彼此据已次第言之，各倾耳而听，就事反观，勉加点检，此即德业相劝，过失相规之意。

蒸尝房屋、田地、池塘，不许分析及变卖，有故违者，声大义攻之，摈斥不许入祠堂。[1]

从总体上看，《庞氏家训》主要是以士人标准来规范族人行为，但也涉及生业和家计等经济领域。正如庞尚鹏自己所言："予家训首著士行，余多食货农商语，皆就人家日用之常，而开示涂辙，使各有所持循。"

《庞氏家训》出笼后，立即受到乡里推崇。《家训》中"尊礼度"类有四款"已入乡约通行"。而在当时和以后的珠江三角洲，各姓氏要修家训，必推崇庞尚鹏的《庞氏家训》。康熙年间，石湾霍氏霍殿邦在"家箴附引"中说道："自来说家训者，必曰庞公。夫惺庵庞公之作家训也，大而纲常伦理，小而事物世故，靡不有训。理有大而必明，事虽小而必悉，根乎人情，允宜土俗，孝子慈孙，率履不越，是以世泽维新，家声丕振，在南海遂称右族。"[2]由此可见，《庞氏家训》乃为当时以及以后各宗族模仿的家训范本。它及其模仿本的"通行"，对珠江三角洲宗族制度的建立发展，无疑发生了重要的影响。

综上所述，南海士大夫集团的兴起和发展，带来了南海氏族优免田粮赋役的特权，为各宗族开发沙田建立经济基础提供了前提条件；带来了官僚士绅的荣誉和声望，提高了各宗族的社区地位；带来了明王朝品官立庙建祠的实践，为各宗族祠堂建设创造了榜样；带来了宋明理学宗族制度的伦理规范，为各宗族内部整合在思想上提供了价值标准。

二、霍韬重构宗族模式

霍韬对石头霍氏的重构模式，是南海士大夫集团整合宗族的突出范例。

霍韬，字渭先，出身于石头霍氏。霍氏何时迁入石头定居？是由秦时随秦始皇徙中原民五十万实粤？还是在南宋避狄难由南雄珠玑巷来？霍韬认为均"无所稽"。[3]唯知二世祖霍椿林，在洪武年间"业焙鸭蛋，得利什百，遂起家。人称曰'霍鸭氏'，文士易称曰'凫鹜氏'。妣，大都黄氏，顺德巨族也，妣归宁辄数十女妇从。时宅居南向有高屋一座，人曰高屋霍氏云"。[4]可知二世祖是一个从事孵养小鸭而发家的养殖专业户。三世祖霍概堂是个酒徒，"性放达好酒，以酒疾早丧"。到四世祖时兄弟始分家，长霍厚德，次佚名，三霍厚一，即霍韬祖父。适逢黄萧养起事，霍厚德被杀，霍厚一出逃佛山，乱后归家，"家业萧条"，

---

[1] 庞尚鹏：《庞氏家训》，《岭南遗书》第 3 集，见《丛书集成初编》社会科学类（民国二十八年商务印书馆）。
[2] 霍殿邦：《太原霍氏仲房家箴附引》（康熙十二年），《太原霍氏崇本堂族谱》卷三。
[3]《石头霍氏族谱》卷一《原序》。
[4]《石头霍氏族谱》卷一《又序》。

于是重操养殖世业,"惟畜牝牛二、牝豕三,岁时孳生,月入牛豕之孩,遂以起家"。五世霍华,乃霍韬父亲,分家后遂以农耕为业,其家"素贫",田亩不多,与霍韬兄弟五人"田不满四十亩"。① 霍韬自幼亦务农耕。可见石头霍氏在此前仍处于代代分家析产的发展阶段,还没有发展成为一个完备的宗族组织形态。

霍韬十九岁始入乡塾,然其"性颖悟,倍于常人,所授书过目即成诵,逾年而五经皆熟"。苦读十载方出战棘闱。正德八年(1513)乡试第二,正德九年(1514)会试第一。科场报捷后,引例归乡完婚,遂隐于西樵山读书,与先期在此讲学的湛若水和方献夫往来切磋,学问日进,臻至"经史淹洽"。② 正德十六年(1521)出任兵部主事。其时霍韬为"大礼议"三驳礼部尚书毛澄,朝臣们咸指霍韬为邪说。霍韬不得志,遂于嘉靖二年(1523)五月谢病归乡。从这时起,霍韬开始了重构石头霍氏宗族的一系列行动。他设立了族产(包括田地、工商业),创建了大宗祠;开办了社学书院,手订了《家训》;他修建了祖先茔墓,并修撰了《先世德义》;③举凡宗族的重大标志物,都由他一手创立。因此霍韬与石头霍氏,是研究佛山宗族形成的重要典型。

应该说明的是,宗族组织和制度的规定并不自霍韬起,它可以追溯到"宋儒重宗法"的倡导,朱熹所著《家礼》规范了家族组织和祠堂祀典,范仲淹所设义庄开创了宗族共有财产的先河,而苏洵的苏氏谱和欧阳修的欧氏谱,则被后世视为族谱的范本。④ 正如顾炎武在叙述宗族组织发展时所言:"至宋程朱诸子,卓然有见于遗经。……及乎有明之初,风俗淳厚,而爱亲敬长之道,达诸天下,其能以宗法训其家人,而立庙以祀,或累业同居,称之为义门者,亦往往而有。"⑤然而,"见于遗经"的理论倡导,毕竟不同于"达诸天下"的整合实践。如果以宋儒的"重宗法"理论作为宗族整合的目的,那么霍韬的整合方式就是宗族整合的具体途径和手段。在明代的岭南和珠江三角洲,用什么样的途径(手段)、凭借什么条件来整合宗族,这就是霍韬及其石头霍氏所代表的历史意义。

早在霍韬未中举前,其就有志于整合宗族,"公未第时,有志合已分之爨",⑥曾做《蒙规》三篇,⑦以训育后学。及大登科后,随着荣禄加身,霍韬合族的愿望越来越强烈,齐家的目标也越来越高。正如霍韬自己所言,石头霍氏要"做第一等人事,做第一等人物,占第一等地步,使乡邦称为忠厚家,称为谨慎家,称为清白家,称为勤俭家,称为谦逊家"。⑧ 在

① 《石头录》卷一,《霍文敏公全集》。
② 《明史》卷一九七《列传第八十五》。
③ 石头霍氏当时人口较少,只有五世,霍韬只修撰《先世德义》,而不称为族谱,其实与族谱人物传无异,均载《石头霍氏族谱》卷一《原序》。
④ 参阅王思治《宗族制度浅论》,中国社会科学院历史所清史研究室编:《清史论丛》第4辑。
⑤ 顾炎武:《华阴王氏宗祠记》,贺长龄编:《皇朝经世文编》卷五八《礼政》。
⑥ 《石头录》卷二,《霍文敏公全集》。
⑦ 《石头录》卷一,《霍文敏公全集》。
⑧ 《霍文敏公全集》卷七下《家书·第十二》。

这个目标的激励下，霍韬开始了一系列整合宗族的行动，由此所形成的石头霍氏的整合途径，笔者称之为"霍韬模式"。

霍韬对石头霍氏的整合，有特殊的方式和途径。

1. 利用优免特权，大量积聚族产

根据明代官员优免则例，霍韬在正德十六年(1521)任兵部主事时，就可享有优免 500 亩土地的特权，以后不断升迁，优免特权亦随之扩大，至嘉靖年间任礼部尚书时，优免土地达到千亩，这为霍韬创建族产提供了良好条件。

霍韬族产大致包括田地和工商业两种形态。

田地来源有二：一是寺田，二是沙田。其积聚族田的主要途径是减价承买。嘉靖初年，魏校为广东提学副使，[①]甫到广东，即"大毁寺观淫祠，以为书院、社学，使诸童生三时分肄歌诗，习礼，演乐。禁止火葬。令僧尼还俗，巫觋勿祠鬼，男子皆编为渡夫。一时风俗丕变"。[②] 魏提学"毁淫祠"运动处理了大批寺田，这为南海士大夫扩充田产提供了机会，当时有"寺田尽归权要"之说。[③] 趁此机会，霍韬以低价购买了一批寺田。石头《霍氏族谱》记载：

> 大宗祠地原系淫祠，嘉靖初年奉勘合拆毁发卖时，文敏公(霍韬)承买建祠。嘉靖初年，又奉勘合拆毁寺观。简村堡排年呈首西樵宝峰寺僧奸淫不法事，准拆寺卖田。时文敏公家居，承买寺田三百亩，作大宗蒸尝。嘉靖十九年，文敏公薨。二十一年，寺田复奉勘合发卖增价，金事与瑕(霍韬次子)、分宜与瑮(霍韬九子)增价买回，内将二顷入祠堂，将五十亩入社学，五十亩赡族。嘉靖三十九年，复奉勘合增价，瑕、瑮兄弟哀诉于两广郑军门，行府县议减纳饷，乃得为祭祀。[④]

霍韬承买的三百亩寺田，其田价一定很低。所以霍韬一死，广东地方官府就把该田增价重新发卖。霍与瑕兄弟不得不增价买回。

沙田，是霍韬积聚族田的最重要来源。霍韬说："顺德、香山多争沙田，盖沙田皆海中浮涨之土，原无税业。语曰，一兔在野，众共逐焉；积兔在市，过而不问。有主之与无主也。沙田，野兔之类也。争沙田，逐兔之类也。"[⑤]霍韬主张："凡断沙田者，稽其籍果曾报税，案籍给之，无籍没官买。""沙田已报税者可为永业。"[⑥]与此同时，石头霍氏增置了大批沙田，而霍韬本人对经营沙田十分关心，即使远在京师任职，常寄家书与家中兄弟商量沙田诸事。其家书称："可查西南房租，九江沙、塞塘沙、龙畔沙、西竺坦、平步田租及市庄各租银，

① 《明史》卷二八二《列传第一百七十》。
② 《广东新语》卷九《事语·贤督学》，第 286 页。
③ 《霍文敏公全集》卷六下《书·与林汝恒》。
④ 《石头霍氏族谱》卷一《祠祀》。
⑤ 《渭崖文集》卷一〇光绪《广州府志》卷一五《舆地略七》。
⑥ 同上。

补送彭芝田处，眼同赵载鸣封识，待有田即与买给。"①

从上述材料可知霍氏占有香山沙、九江沙、塞塘沙、龙畔沙、西竺坦、平步田等沙田。从其封存银两，"待有田即与买给"看，霍氏增加族田的主要方式仍是购买，但其购买的价格当然是很低的。正如霍韬在朝廷查办内阁首辅杨廷和减价买田后给兄弟的家书所透露的："我家买田凡减价者，与璞皆与访实召原主给领原价，勿贻后患。就无后患，亦折子孙，承受不得。"可见"低价承买"是石头霍氏增置族田的主要途径。

石头霍氏究竟购置了多少土地？史无明载，但其大宗祠事例有"支粮差""支军饷"条，社学事例和四峰书院事例亦有"粮差""军饷"条，可知这些土地添置均已超出霍韬应享有的优免权，也就是千亩之外。

工商业是石头霍氏族产的另一大形态。霍韬之子霍与瑕曾称："先文敏尚书当其为吏部时，气焰烜赫。若佛山铁炭，若苍梧木植，若诸县盐醝，稍一启口，立致富羡。"②霍韬对族人经营工商业有明确的规定，《霍氏家训·货殖第三》云：

> 凡石湾窑冶、佛山炭铁、登州木植，可以便民同利者，司货者掌之。年一人司窑冶，一人司炭铁，一人司木植，岁入利市，报于司货者。司货者岁终，咨禀家长，以知功最。司窑冶者，犹兼治田，非谓只司窑冶而已。盖本可以兼末，事末不可废本故也。司木司铁亦然。

霍韬主张"本可以兼末，事末不可废本"的"本末兼事"理念，族产中工商类经营采取专人管理的方式，每年由"司货者掌之"，分派三人各司"窑冶""炭铁"和"木植"，"岁终咨禀家长，以知功最"。可知霍氏工商业所有权归于家长，经营权在于司货者，而一族有三人专门经营工商业，其规模不可低估。除上述窑、铁、木三大行业外，霍氏还经营银矿、盐醝。霍韬家书曾告诫家人："予每戒家人勿生事，勿求官司，勿得罪乡里，过人口舌。何为又去卖盐，又开银矿，又去做沙，皆不知足也。"③此外，霍氏在佛山汾水头地亦经营各项买卖，并建房"与人赁住"。④

以大量田地和当地主要工商业为其形态的石头霍氏族产，在霍韬时达到其鼎盛时期，成为宗族整合的重要基础。正如《石头霍氏族谱》所云："祭祀有田，赡族有田，社学有田，乡厉有田，彬彬乎备矣。"⑤

2. 依托品官庙制，创建霍大宗祠

众所周知，宋元以前，庶民之家不得建祠立庙。南宋朱熹说："庶民祭于寝，士大夫祭

---

① 《霍文敏公全集》卷七下《家书》。
② 霍与瑕：《霍勉斋集》卷二二《碑铭·寿官石屏梁公偕配安人何氏墓碑铭》。
③ 《霍文敏公全集》卷七下《家书·与郭冢山书》。
④ 《霍文敏公全集》卷七下《家书》载："汾水头地只可做房与人赁住，本家却不可在此抽地头钱物及假借人声势做各项买卖，必招大祸。"
⑤ 《石头霍氏族谱》卷一《原序》。

于庙。""庶人无庙，可立影堂。"①所谓"祭于寝"和"立影堂"，指的是在住房正厅内设龛供祖。② 由于等级限制，宗祠家庙在宋代尚不普遍，明代实行品官立庙制，成化十一年(1475)规定："令一品至九品各立一庙。"③其品官庙制，"权仿儒家礼祠堂之制，奉高、曾、祖、祢四世之主"。④ 这就是说，只有品官才有资格增设家庙，而追祭祖先也仅有四代。可知明中叶前仍限制颇严，故此时建立宗祠家庙者主要是品官之家。

嘉靖四年(1525)正月，霍韬创建石头霍氏大宗祠，"奉始、高、曾、祖、孝、妣主"。据《石头录》记载：

> 时公无居室，与兄振先谋曰："君子将营宫室，宗庙为先。"乃创大宗祠。中为始、高、曾、祖神位，而以各房伯叔之祖附之。或问："各房之祖同祠，礼乎？"公曰："高祖于曾祖公子也。一父数子同居共食，礼也。生，可共食；没，独不可共享乎？若只宗子嫡孙入祠，则三四世后各房皆舍其祖拜嫡子之祖，生者安乎？礼非从天设地产，因人情耳。况《家礼》有附食之文乎。"霍氏之合祀各祖于宗祠，自公始也。⑤

大宗祠建立后，霍韬立家长一人"总摄家事"，立宗子一人"惟主祭祀"，⑥霍韬认为："凡立家长，惟视材贤，不拘年齿，若宗子贤，即立宗子为家长。宗子不贤，别立家长。"⑦当时所立的家长是霍韬胞兄霍隆。⑧ 大宗祠有田产，"每年两季收租"。其开支除了春秋两祭、元旦祭品、朔望香灯以及修葺祠堂、宗事年谷、族人冠婚丧葬外，还有"支族人贫者谷"一项，该项规定："四十亩下者，年支谷十石，余不许冒支，立数查考。"⑨可知大宗祠有赈济贫穷族人的功能。而不到四十亩田产的族人即可获得一年十石的赈济，其赈济标准之高，当时在其他宗族并不多见，这说明了石头霍氏已无真正的穷人。

霍韬创建大宗祠，奉始、高、曾、祖、考五代祖先神位入祀，改变了各个家庭祭祀祖先不出三代之外的祭祀状况，重新确认了始迁祖，这样，就把原来已经各自衍化分散出来的六代家庭重新统一在始迁祖血统范围内，在各个家庭的小家长之上，还有一个代表整个家庭利益的大家长存在。由此，石头霍氏就从组织上重构了宗族形态。(见首页图9)

3. 加强宗族内部凝聚力，创置"考功"和"会膳"制度

霍韬的齐家收族，并不满足于大宗祠堂和家长的设立，为了达到真正同居共财的目的，以"古风自处"的霍韬还制定了"考功"制度和"会膳"制度。

---

① 朱熹：《朱文正家礼》，《正衡》卷一《通礼注》。
② 参阅叶显恩《明清徽州农村社会与佃仆制》，第 161 页。
③ 《明宪宗实录》卷一三七，成化十一年正月丙子。
④ 万历《明会典》卷九五《品官家庙》。
⑤ 《石头录》卷二，《霍文敏公全集》。
⑥ 同上。
⑦ 《家训提纲》，《霍渭崖家训》。
⑧ 《霍文敏公全集》卷七下给霍大涯(霍隆)的家书告诫说，"凡事须推己度人"，"乃做得家长也"。可知家长为霍隆。
⑨ 《霍渭崖家训》附录《祠堂事例》第一。

　　石头霍氏"考功"制度与"计口耕田"相联系。如上所述，霍韬在居家期间就增置了大量田产。当时石头霍氏无论男女老幼，均人人授田以食："凡家中，计男女口凡几何，大口种田二亩，小口种田一亩。……岁入别一仓储，资家众口食。"① 只要是霍氏族人，就不愁粮米。但除了满足霍氏族人"口食"的田地以外，还有大量田地需人经营。霍韬规定，"凡子侄，人耕田三十亩"，"年二十五受田，五十出田"。凡耕三十亩者，有童子一人、大仆一人、相牛一具，还有谷种十五石、公粪五十担、粪赏钱千文、蒔秧钱四百。收获时，还"季给人功三十"。此外，如子侄"力不任耕，或志在大，不屑耕，听自雇人代耕"。② 这种"计口耕田"既与族人温饱无关，又有优厚条件，显然是经营权的分配，每个宗族壮丁可获得三十亩田地经营权。就是说每个壮丁都可以成为拥有三十亩族田的经营小地主。作为宗族大地主的霍氏大宗祠，为了配合扶植和鼓励族人成功经营土地，于是制定了"考功"制度。

　　《霍渭崖家训》规定："凡耕田三十亩，岁收，亩入十石为上功，七石为中功，五石为下功，灾不在此限。乡俗以五升为斗。"其雇人代耕者，亦"考功最"。③ 对于从事货殖者，"凡岁报功最，以田五亩，银三十两为上最；田二亩，银十五两为中最；田一亩银五两为下最"。为了考最的公正，还规定："凡聚妇有私货，报于公堂籍记之，仍发私储以自经营。俟岁终报功最。"④

　　对考功者制定了赏罚标准："凡岁报功最，田过五亩，银过三十两者，计其积余，十赏分之一，为其私，俾益其婚嫁之奁。如报田十亩，以五亩为正绩。余五亩，赏五分。报银百两，以三十两为正绩，余七十两，赏七两。"正绩是定额，族人有必须完成定额的义务，而对超额部分，实行十分之一的奖赏。这既有利于调动族人的经营热情，又有利于宗族财产的再积聚。

　　每逢三年，有一次"大考"。"凡三年大考功最，将货实大陈于堂，以核验虚伪。凡一年不上功最，罚十荆；二年不上功最者，罚二十荆；三年不功最，告于祖考，斥之出"。⑤ 此外，对几种可免予考最的族人特别作出规定："凡考最，前十年有最，后十年无最，免罚。凡年五十，免考功最；未娶不考最；生员四十以下不考最；举人品官，不考货最。凡务实力农，志无他图，只考农租最，不考货最。凡家长不考最。每岁取多最一人赏分之才，为家长准。生员赏分视下最，举人视中最，官视上最。"官吏和读书人在宗族中受到鼓励，并享有特权。

　　那么，"考功"制度如何执行？由什么人来执行呢？根据《家训》规定，其"考功"制度执行人可以分为两个层次。下面的层次是"田纲领"和"司货"，上面的层次是家长。《家训》称："凡子侄，年，轮一人纲领田事，轮一人司货。纲领者、司货者不力耕。"田纲领的职责

————————————

① 《霍渭崖家训》卷一《田圃第一》。
② 同上。
③ 同上。
④ 《霍渭崖家训》卷一《货殖第三》。
⑤ 同上。

是："岁春初，即分田工，量肥硗，号召使力耕，夏获秋获，人稽其入，储之一室，俟完入，乃咨家长，稽其勤惰。"①此外，还要对仓储核算，"会计一岁入若干，岁出若干，羡余若干，预备若干，咨禀家长"。司货者的职责是："凡年终租入，岁费赢余，别储一库。司货者掌之，会计之，以知家之虚实。"诸如窑冶、铁炭、木植等"可以便民同利者，司货者掌之……岁入利市，报于司货者。司货者岁终咨禀家长，以知功最"。②

家长"总摄家事"，下辖"田纲领"和"司货"，同时也负责考察他们的勤惰。"凡岁终，考纲领田事者勤惰功程，考其会计，考其出纳，考其分派工作当否，以验能否，行赏罚"。③ 每年元旦，家长要主持在大宗祠堂举行的"岁报功最"仪式。届时，"设祖考神位中堂，家长侧立，众兄弟以次序立两廊，以次升堂，各报岁功。报毕，趋两廊序立"。凡报上最者，家长举酒祝于祖考。凡报超额者，计其赢余赏给十分之一。凡报中最、下最，无罚无赏。"若无田一亩，无银一两，名曰无庸。司货者执无庸者跪之堂下"，告于祖考请罪。如三年皆为"无庸"，则"荆二十"，"不得私蓄仆婢"。④ 与此同时，纲领田事者也要"申明会计，乃付下年纲领田事收掌"。⑤

霍韬大概从吏部"考成法"中得到启发，制定了如此规范化的宗族"考功"制度。"考功"制度的制定和执行，对推动族人积极从事经济事业，壮大石头霍氏的经济力量，无疑产生了重大影响。

"会膳"是霍韬制定的又一重大宗族制度。所谓会膳，是指合族男女每逢朔望集中在大宗祠同餐共膳。石头霍氏会膳制度与"计口支谷自爨"相联系，如上所述，石头霍氏每年均按人口预留田地，"岁入另一仓储，资家众口食"。平时霍氏"凡家众，俱按月支谷，俾自爨"。但这对于拥有大批田产而又极想把宗族整合成更有内聚力宗族的霍韬来说，是不无遗憾的。嘉靖四年（1525）大宗祠建成后，霍韬就与族人商议"聚爨"之事。同年十二月十日祭告"建室聚爨"。嘉靖五年（1526）年初"筑合爨厨"，二月六日就举行"合爨"仪式。⑥是日，霍韬率男女老幼聚于大宗祠，并宣读了《合爨祭告家庙文》。文称：

> 惟是今日，实我孙子女妇百口聚食于此，呜呼，祖考生我，孙子分爨，迄我余五十祀，幸今复合，实祖之赐。凡我孙子暨我妇女，仰我考祖，如木同根，如水同源，昔年分异，女妇哇喧，底方盖员，割户分门。始自今兹，百千子孙，居则同堂，出则同门，食则同餐，男无二心，女无间言，帑无异帛，橐无私钱，保此敦雍，庶尚永年。希惟祖考，佑我孙子，阴翊法宪，匡我妇女。始自今年，妇有长舌，诋好论丑，考祖殛之，俾哑其口；

---

① 《霍渭崖家训》卷一《田圃第一》。
② 《霍渭崖家训》卷一《货殖第三》。
③ 《霍渭崖家训》卷一《仓厢第二》。
④ 《霍渭崖家训》卷一《货殖第三》。
⑤ 《霍渭崖家训》卷一《仓厢第二》。
⑥ 《石头录》卷三，《霍文敏公全集》。

夫听妇言,曲人直己,潜诉诋毁,争隙是启,考祖殛之,俾聋其耳;妇帛私藏,蚁啮其箱;私窃酒食,蛆溃其肠;业儒而惰,天夺其魄;出仕而贪,殒骨异域;营私便己,灭其孙子;私其子女,女绝子死;恃强凌人,灾于其身;不守训矩,以丧廉耻,死为狗鼠;偷闲惜力,家计不恤,素餐饱食,为鬼为蜮。我祖在上,正此法纲,子孙守之,降之福祥。俾之身康,俾之命长,俾之孙子,亦流馨芳,保此家门,勿替而昌。①

本书在这里引述《合爨祭告家庙文》全文,目的是为了说明这样一个问题,即"合爨""会膳"是宗族进行伦理道德教育的方式,是价值观内化的最好机会。从以上祭文可见,举凡宗族中人,无论士农工商、男女族人,均有一条伦理道德训条加诸其身。而对于各种不良行为的后果,祭文中的预言又十分骇人,诸如"俾哑其口""俾聋其耳""蛆溃其肠""天夺其魄""殒骨异域""女绝子死""死为狗鼠""为鬼为蜮"等。这些诅咒,对于没有文化或少有文化的族人,尤其是对妇女,具有相当大的震慑力。我们知道,元旦"考功"唯有壮丁参加,春秋两祭也只有男丁参加,平时妇女也不能擅入祠堂。而在"合爨"时,所有妇女都参与了宗族聚会,并受到严肃的道德规范的教育。所以"合爨"是在更大范围内整合宗族制度,不可简单地将其视为单纯联络族人感情的喜庆宴会。从霍韬的家训我们也可清楚地看到这一点。

凡会膳以教敬,朔望昧爽,男女具服谒祠堂(男东女西,或男外女内),次谒家长(两拜),次男女长幼交参拜(俱两拜),乃叙膳。

凡会膳以教敬,立礼生,男女各二人,有拜起不敬及饮食不敬、坐立不敬,礼生禀家长,告于祠堂,跪之堂下,膳毕乃退。

凡会膳以教敬,同祖自为一聚,同父自为一聚,同兄弟自为一聚,同子孙自为一聚,同曾玄自为一聚,各以齿让,妇齿从其夫。(交拜亦以是叙)

凡会膳以教敬,凡家众参家长,毕,相参拜,毕,以齿叙坐。俟尊长食,乃食。食毕,俟尊长起,乃起,齐揖家长,乃出。

凡会膳以教勤,谒祠堂毕,家长取旌善簿查某人有某善,命礼生扬于众知之;取纪过簿查某人有某过,命礼生扬于众知之。妇女之善之过,宣于内庭。

凡立旌善纪过两簿,子侄善恶,六岁以上皆书之。四季以副本寄京查考,仍存正本。三年通考。有过,三年不改,斥出,不许会膳。

凡立纪过旌善簿,六十岁以上不书。(礼老也)

凡会膳,五十以上不参拜家长。(礼老也)

凡会膳以教俭,朔望拜祠堂毕、交拜毕,以次就膳位,八人肉三碟、菜两碟、酒三行。女酒无。如五十以上,酒三行。(十五以下,肉菜再议量减。)

---

① 《霍文敏公全集》卷六上《祭文》。

　　凡会膳以教俭，会膳日，许肉食。非会膳日，复非宾至，不许肉食。非品官，不许肉食；非五十以上，不许肉食。有私家肉食者，朔望日扬之纪过。

　　凡会膳，三十以上，乃用酒；三十以下，不许饮酒。

　　凡会膳，四十以上，乃许猪、鸡、鸭间用；四十以下，只猪肉一味。

　　凡会膳，三十以下不许精白米。

　　凡客至，肉三碟，菜两碟，酒五行，或七行。

　　凡亲宾朔望至，即从会膳。非朔望至，听私家膳，肉三碟，菜两碟，酒五行，或七行，咨禀家长。[①]

　　从以上材料可知，会膳是以"教敬""教勤""教俭"为目的的。所有参加会膳的人都要严格遵守一系列谒拜、坐立、进食的礼仪，男女有别，长幼有序。稍有违反规制，侍候在旁的"礼生"就会禀告家长，家长告于祠堂。让违规者"跪于堂下，膳毕乃退"。会膳中还设置"旌善""纪过"两簿，凡子孙六岁以上皆书之。有善有过皆让"礼生"扬于众知之。四季以副本寄京给霍韬查考，三年通考。有过，若三年不改者斥出，不许会膳。会膳中对五六十岁以上的老人有特殊优待，如不书旌善纪过簿，不参拜家长，可饮酒并间食猪、鸡、鸭等。通观整个会膳的过程，族人是沉浸在儒家伦理道德观的熏陶中的。与此同时，对于平时无法品尝到肉味的年幼族人，在会膳中享受祖先恩泽，也会培养起尊祖敬宗的宗族认同观念。

　　霍韬对"会膳"之举着力尤多，不仅率先捐己业为倡，"自公爨后所置产业悉与同祖先兄弟子孙共之"，[②]而且亲自绘制了"合爨之图"，其构成依据男女有别、长幼有序的原则，内有"六十以上膳所""四十以上膳所""四十以下膳所""家众卑幼膳所"，还有"女膳"另处一区，内设"六十""四十""婢妾""家众"四所，两旁各有"男街""女街"。[③] 整个布局十分规整肃穆，可谓用心良苦。一种更深刻的道德必须不仅以群体压力和长期利益为基础，而且主要以内化的规范标准为基础。会膳，就是一种内化族人规范标准的活动。从霍韬合爨祭文和会膳规定看，其内容没有儒家伦理的阐释，而是直接对不良行为的禁止。通过长期不断的熏陶，使其行为标准得到合族男女的认同。我们知道，社会评价是公众对某个行为是善是恶、是高尚还是卑鄙的判断，社会情绪是公众的崇敬或憎恶、尊重或嘲笑的情感，这种情感通过如何对待某个行为表现出来，从而形成群体压力，也就是"舆论制裁"。舆论有一个广泛的作用领域，它通过坚持道德要求来实行社会控制。在大多数情况下，法律必须等待"明显行为"才能予以制裁，而舆论却能运用逐渐增加压力制裁预期中的越轨行为，它能在任何时刻干预人们的行动。舆论预先警告的咆哮远比法律静悄悄的恐吓更能阻止罪

---

① 《霍渭崖家训》卷一《膳食第七》。
② 《石头录》卷二，《霍文敏公全集》。
③ 《霍渭崖家训》卷首《合爨图说》。

过的发生。会膳涵盖了所有族人,包括老人和妇幼,它扩大了族人参与宗族活动的范围,也扩大了舆论制裁的范围,通过会膳培养出来的合族公论,在宗族范围内,以敬祖、亲族等行为规范对族人施加长期影响。而且,会膳又是一种在短期内反复举行的仪式,每月两次,一年二十四次的频率,使会膳超过任何一种大规模宗族活动,成为反复影响族人心态和伦理观念的重要活动。因此,会膳在整合宗族方面具有特殊的作用。

当然,"会膳"和"计口耕田"毕竟是霍韬的理想模式,它与霍韬本人的儒学修养和齐家收族的抱负相联系,带有浓烈的追求古代"同居共财"的大家庭的色彩。对于没有受过儒家正统观念教育的大多数族人来说,这种规定过分细致的制度难以长期执行。因此,当霍韬在嘉靖六年(1527)复出京师后,在嘉靖十三年(1534)左右,石头霍氏"计口耕田"和"会膳"就停止不办了,故而霍韬在给其兄霍隆家书说:"今无可虑,只计口耕田,予极不乐;又会膳不举,极不乐。"①显然是族长霍隆没有把"会膳"和"计口耕田"坚持下去,引起霍韬不满。然而,霍韬整合宗族的长期尝试和努力,使石头霍氏在南海士大夫圈子内产生了标杆式的影响。

4. 重视功名不替,创立社学书院

霍韬毕生以隐学穷经自高,对宗族子弟的教育因此也十分重视。嘉靖年间霍韬创立了两个书院:一个是建于石头乡的石头书院,一个是建于西樵山的四峰书院。前者是合乡子弟就读的书院,即社学;②后者是霍氏子弟,尤其是霍韬与诸兄弟子弟的书院。

嘉靖四年(1525)十月,石头书院建成。石头书院建在霍大宗祠之左。前堂教乡族童子,后堂教乡族子弟十八岁以上者。③ 霍韬亲自确定了社学的教育取向,除学文化外,很重要的一点是"习农事",以使子弟勤勉做人。霍韬认为:"家之兴,由子侄多贤;家之败,由子侄多不肖。子侄贤、不肖,莫大于勤惰奢俭。"④霍韬规定:"凡社学师,须考社学生务农力本,居家孝弟,以纪行实。乡间骄贵子弟,耻力田,勿强。本家子侄兄弟,入社学,耻力田,耻本分生理,初犯责二十,再犯责三十,三犯斥出,不许入社学,及陪祠堂祀事。"⑤后来霍韬在京师听说"乡官之家骄侈益甚,衣服饮食逾礼制",遂进一步把"习农"扩大为所有社学生的入学的基本要求。其家书称:"传与乡间父老知之,社学生如不习农事,不许入社学,以坏风化。家中子侄不肯力农,不许入祠堂,以警顽惰。此法却要着实遵守,社学时时申明,不许沮格。"⑥以后又将上述意见订出社学告示贴于社学。⑦ 社学设有"掌事者",管

① 《霍文敏公全集》卷七下《家书》,该书写于嘉靖十三年以后。
② 《霍渭崖家训》卷一《附录·社学事例第二》,均称"社学";《石头霍氏族谱》卷一《原序》,霍尚守序亦称:文敏公"建社学,定家训"。
③ 《石头录》卷二,《霍文敏公全集》。
④ 《霍渭崖家训》卷一《子侄第十一》。
⑤ 《霍渭崖家训》卷一《附录·汇训上·第十三》。
⑥ 《霍文敏公全集》卷七下《家书》。
⑦ 《霍渭崖家训》附录《社学规矩》。

理学田，"每年两季收租"，由"乡老出纳"支给"教师廪饩"。此外，社学还有赈济乡中贫民的义务，其《社学事例》就有"支乡民贫者谷，酌量支给，明白立数"条。四峰书院旧址原为宝峰寺。嘉靖初督学魏校大毁淫祠，西樵山宝峰僧以奸情追牒，官府欲毁该寺，当时已有邑人黄少卿承买，霍韬"以寺在西庄公（韬之父）墓左，与兄弟备价求得之。至是移家居焉"。① 故而四峰书院后来有五年时间，每年支给僧人还俗者每人谷二十石。② 嘉靖九年（1530），霍韬因母丧告忧归家，遂于西樵山中营建四峰书院，嘉靖十一年（1532）建成。《岭南名胜记载》："四峰书院，在宝村洞，霍文敏公嘉靖初谢病，始建精舍，中有崇礼堂，前为环翠楼，后为卧云楼，总名曰四峰书院，以合外四峰环列也。"③嘉靖十一年（1532）正月十八日霍氏子侄入樵，霍韬相继延请郭肇翰、罗一中、刘模、梁大畜等人为师。霍韬也亲自督教，以其先年所书《蒙规》三篇和《汇训》教诸子侄。"每日考德问业，一遵公所作蒙规学习。晚集外堂，诸生皆立，复为剖析疑义，十日一试举业"，"朔望师生肃揖，考订疑义，为剖析大略"。课余则令诸子"耘菜灌园"。④

霍韬上京后，专委其四弟霍尹先长住四峰书院，负责保安和管理诸子侄："山中书院无人，尹先移家入居，因以防检生徒可也。尹先可不任教家之责也哉。"⑤每次写信，涉及戒训，总要"送四峰书院尹先，……唤诸生晓之"。⑥ 而尹先亦"笃志古学，以主静为的。……公出山后，尹先居四峰精舍三十年如一日"。⑦

四峰书院，是纯属霍韬兄弟子侄的书院，霍韬一直坚持这一原则，上京后还来信谈到："来年可请一好先生教四峰诸生，别处闲人不许入住，学规要照旧。"⑧

四峰书院置有专柜，收贮大宗祠和社学每年的开支盈余，⑨《祠堂事例第一》和《社学事例第一》均有"置一柜在四峰书院收贮，年终查报备荒"的记载。四峰书院有权开支此项收入，"或置田，或贮柜，或赈饥，明白立数，备查"。⑩ 霍韬晚年曾要诸兄弟将先年"减价买田"的欠价如数补回，其中提到："只查山中书院递年所收租银，将两年所积就可补足。"⑪可见四峰书院还是霍氏所有公共财产收入的中枢。这也可能就是霍韬一回到家乡就住进西樵山的缘故吧。

社学和书院的存在，为霍氏子弟求取科名铺开了道路。霍韬共有九子，除了早殇的四

① 《石头录》卷二，《霍文敏公全集》。
② 《霍渭崖家训》卷一附录《四峰书院事例第三》。
③ 郭棐著，陈兰芝增辑：《岭南名胜记》卷六《形胜·西樵山记》。
④ 《石头录》卷五，《霍文敏公全集》。
⑤ 《霍文敏公全集》卷七下《家书》。
⑥ 《霍文敏公全集》卷七下《书·第十一》。
⑦ 《石头录》卷五，《霍文敏公全集》。
⑧ 《霍文敏公全集》卷七下《家书》。
⑨ 同上。
⑩ 《霍文敏公全集》卷一附录《四峰书院事例第三》。
⑪ 《霍文敏公全集》卷七下《家书》。

子和五子外，均为生员，非附生即廪生，其中二子与瑕登进士，历官浙江慈溪知县、兵部职方司员外郎、广西左江按察司佥事，著有《霍勉斋集》行世。七子与瓒和九子与瑞为举人，与瑞历官江西分宜县知县、广西王府审理。① 霍韬兄弟霍隆、霍佑、霍任共有子 10 人，其中也有 4 人为附生。② 到他们的孙子辈时，霍隆也有两个孙子分别为文武举人。③ 而霍与瑕的孙子、曾孙和重孙均为举人。④ 石头霍氏子弟纷纷登科中举人，当然得益于童生阶段社学和书院的良好基础教育。

5. 制定家训家规，提倡经济齐家

霍韬在嘉靖九年（1530）制定了一卷十四篇的《家训》。⑤ 霍韬家训的一大特点是通篇谈论经济，十四篇家训中有十篇以生业和家计为题。我们可以从其篇目看出：《田圃第一》《仓厢第二》《货殖第三》《赋役第四》《衣布第五》《酒醋第六》《膳食第七》《冠婚第八》《丧祭第九》《器用第十》。如此大篇幅用于教训子侄的经济行为和家计管理，无非是要激励子侄对整个宗族财产关心、参与的积极性，并提高他们经营财产的能力。"考功"制度的制定就是为了配合这一经济目的。霍韬深知，官吏之家，"曾几何时，或升外任，或休致，或物故，则亦平人之家耳"。⑥ 只有子侄协力同心，共营经济，才可保身家于久远。所以霍韬在家训中强调指出，"不力田，不治圃"会"坐与衰期"，而"聚百口以联居，仰赡于人岂可也。冠婚丧祭，义礼供需，非货财不给"，故要从事"货殖"。⑦ 霍韬主张"本末兼事"观，他认为"人家养生，农圃为重"，但也同时认为"居家生理，食货为急"。他提倡"本可以兼末，事末不可废本"的经济观。联系到在当时海禁森严的情况下，霍韬曾有"东南番皆由广入贡，因而贸易互为利市焉，中国不可拒之以自困"的主张，⑧其经济思想是比较开通的。

无论是经济齐家的努力还是"本末兼事"的经济观念，对族人无疑都是增田拓产的最有力依托。

6. 霍韬与石头霍氏势力的张弛

嘉靖初年，霍韬整合石头霍氏后，又受到皇帝的提拔，出任礼部右侍郎。家事、国事两相兼顾，霍韬志得意满。此时石头霍氏正处于迅速拓展财产的阶段。在霍韬的主持下，他们买屋建宅，购地占田。嘉靖十二年（1533），霍韬以吏部左侍郎主持吏部，两广官员无不经其选拔。此时石头霍氏的求田问舍无往不利。霍韬的帖子一到，广东地方官府对其所求无不答应。正如霍与瑕所言："先文敏尚书当其为吏部时，气焰烜赫，若佛山铁炭，若苍

① 《石头霍氏族谱》卷一《七世三房》。
② 《石头霍氏族谱》卷一《六世三房》。
③ 《石头霍氏族谱》卷一《八世三房》。
④ 《石头霍氏族谱》卷一《八、九、十世三房》。
⑤ 《霍渭崖家训》，《涵芬楼秘籍》第 12 册。
⑥ 《霍文敏公全集》卷六下《书·与林汝恒》。
⑦ 《霍渭崖家训》卷一《田圃第一》《货殖第三》。
⑧ 《广东新语》卷一五《货语·诸番贡物》，第 431 页。

梧木植，若诸县盐醝，稍一启口，立致富羡。"①当时求霍韬帖子的族人姻党不乏其人，以致于平生不求一帖者"可谓高致"。霍韬亲家梁琦（霍与瑕家岳）恬淡自处，霍韬称赞其曰："石屏平生不干余一帖，可谓高致。"②

石头霍氏的恃势拓产，必然引起邻族的愤争，于是连连演出人命之事。世居佛山鹤园的陈氏七世祖陈定举，为敕封正七品文林郎，曾与石头霍氏争夺尝田，其族谱载："公与霍韬争尝被害。"③与霍氏同处石头乡的李氏，也曾有人因与霍氏争产而殒命。对此，霍韬袒护本族人的态度非常强硬，他说："人命事情，须会乡老从公张主，以警后人。不然，他日乡间良善受无穷之祸，此事凡有身家，俱要担当乃可。否则小人得志，君子难于自立。一李家不足惜，须为本乡有衣饭人久远计。将此帖说知各乡里，务要秉执公道，勿亏天理，亦他日保身家之谋也。"④"此事凡有身家俱要担当乃可"，很显然，霍韬是让合乡人为其族分担责任，并要统一口径，"一李家不足惜，须为本乡有衣饭人久远计。将此帖说知各乡里，务要秉执公道"。可见霍韬在李家人命事上的态度十分强横。我们可以推想，当霍氏族人把霍韬帖子出示给官府看时，哪个官员敢立案追究？不了了之是最好的处理办法。所以我们从史籍上从来看不到石头霍氏弄出人命后官府处理的记载。

霍氏如此强横的原因，还与霍韬授权其兄弟暗访地方官吏劣迹上报有关。霍韬给其兄弟家书言："今年考察，可密访本处官贪赃者来报，只勿枉人，此阴骘也。"⑤其兄弟得此操纵地方官升贬之道，在地方上就可能会以此要挟地方官，以遂其利。即使不进行要挟，也深知霍韬拥有翻手为云、覆手为雨的大权。霍氏就是出点纰漏，霍韬在朝中也足以应付。于是霍氏兄弟不仅自己有恃无恐，遇到乡人送官还"私下救解"。⑥

嘉靖十五年（1536）以后，霍韬对石头霍氏拓展产业、横行乡里的态度，从支持转变为诫谕。导致霍韬态度转变的原因有两个：一是石头霍氏此时的产业已十分丰厚，足以保证霍氏子孙的久远发展；二是石头霍氏的"横甚"，引起南海士大夫集团内部人物，尤其是亲家冼桂奇的反对。冼桂奇当时乡居佛山，深知石头霍氏恃势作恶之事，遂致书霍韬，规劝其力诫其兄弟。此举对霍韬有很大震动。霍韬于是回书冼桂奇言："承示感感。家中兄弟皆农人，不识理。小有势便妄自恃，妄作过恶，此庸态也。况亲戚朋友又从谀媚，几何不自造罪罟纳身其中也。……吾奕倩（冼桂奇字）恒示之规警，彼或外虽不顾，内必自省，为益多矣，感甚感甚，如凡有闻，无惜详列，俾寄回与作掌弦，庶几慎动，以寡罪戾。是奕倩锡之福而造之命也。凡官大则恶大，官大则祸大。语云'一代为官，三代为丐'，谓官大作祸

---

① 霍与瑕：《霍勉斋集》卷二二《碑铭·寿官石屏梁公偕配安人何氏墓碑铭》。
② 同上。
③ 《南海鹤园陈氏族谱》卷四《旦公房宗派图》。
④ 《霍文敏公全集》卷七下《家书》。
⑤ 同上。
⑥ 同上。

也。……奕情凡可以教吾兄弟子侄者，无惜尽言，实惠之福，而永之命，切望切望。……予恒恐官大为子孙祸，岂不欲解组为山中乐，而呶呶然处祸之丛？然而机与势亦奕情思自得之，难显言也。"①这封家书，标志着霍韬对石头霍氏横行乡里态度的转变，"官大则恶大，官大则祸大"，正是霍韬身居高位时出现的担忧。霍韬意识到，族人的横行，必然会影响到他自己的声望。于是，从此时起，家书中频频出现劝诫兄弟收敛的词句。试看下面几例："只愿兄弟子侄勿生事，为我累。家中如此尽够了，若不知足，是得罪天地神明也。""累次书回只愿各兄弟勿惹闲事，乃闻又去布政司取椒票，是何道理。我居此地当以廉介率百官，如辞受取与不严，赃官何所警戒？""前后屡书回，只是要家人勿干法度，勿过人口齿。""自来士大夫凡有权势者多难保有终誉，虽其本身不修，实德不足所致，亦一半由家人兄弟妻子累之也。予之不德，固惟日恐畏，真如临深，真如履薄。如兄弟亦幸深体此心，谨身慎行，齐整家法，不可非议。俾予早早致仕回去，保全今名，乡人称之曰'我岭南士夫保有终誉惟某氏一家而已'，岂不美哉。""今后田土不许再经营了，沙田不许再做了，家业不许再增了。"②可见霍韬对族人置产的态度发生了很大转变。

由于诚谕总无效果，霍氏族人仍然在家乡到处增置产业，帮人诉讼，霍韬警告说："尔兄弟如再做沙及再增别处田地，我回日俱退了。""今后此处送人出官，尔兄弟不许私下救解。如再救解，我别行严法处置。"③随后又进一步警告说："今后再干闲事，即书回以官法处治。"④

霍韬果然说到做到。约在嘉靖十五至十六年间（1536—1537），南海县知县黄正色在霍韬的支持下，对石头霍氏的不法行为进行了一次打击。黄正色，字士尚，无锡人。嘉靖八年（1529）进士。登科后忧居在家。后由霍韬选授广东香山知县，整治他邑豪右寄庄香山沙田，颇有政声。遂改南海知县，力治"霍韬宗人横甚"之事。⑤ 史称：

> 正色之选香也，实座主南海霍文敏韬荐之。迨令南海，诸霍氏喜以为必庇己，而正色秉正不阿。霍氏有违禁者，一绳以法，无少纵。诸霍氏诉于韬，冀激其怒。韬顾贤正色，致书曰："令宜如是。"于是正色得以督察霍氏，诸霍氏知自戢，卒底于善。正色喜曰："吾可以报矣。"⑥

黄正色将"诸霍氏"违禁者绳之以法，霍韬反而"顾贤正色"，并升迁其为南京御史，⑦这与嘉靖初年发生李氏命案时的强横态度相比较，简直判若两人。从此"诸霍氏知自戢"，

①《霍文敏公全集》卷七上《书·与洗奕情（上、下）》。
②《霍文敏公全集》卷七下《家书》。
③ 同上。
④ 同上。
⑤《明史》卷二〇七《列传第九十五·黄正色传》。
⑥ 光绪《广州府志》卷一〇七《宦绩四·黄正色传》。
⑦《明史》卷二〇七《列传第九十五·黄正色传》。

有所收敛了。

嘉靖十八年（1539）十一月，霍韬口吐红痰，自感"己愈衰年，百病皆作"，于是更力诫族人说："眼前子侄无可恃者，如不尚早收敛，后悔后悔。"①霍韬所指的"收敛"，不仅在"骄横"上，而亦指财产处理上。霍韬晚年每感霍氏家大业大，自己身故后将无所恃，必遗祸子孙，不如趁早处置。正好此时出了一件命案，成为霍韬处置族产的契机。霍氏兄弟原有田产寄于乡人梁宗贵户下，霍氏兄弟拖欠秋粮，负累梁宗贵，县衙押梁宗贵而去，枷死狱中。此事被霍韬知道后，立即致书说："拖欠秋粮，不肯早完，负累梁宗贵，枷死人命，心何安也？各兄弟立些家业，亦欲传之子孙，切勿亏人，折尔子孙。"霍韬在同信中列举了杨廷和因被人告发减价买田，被官府断田还主，六十年田业一空；和潮州陈业杰因被告半价占田，官府追契退田，家业尽空的事例。进而提出要家人"我家买田，凡减价者，与璞（霍韬长子）皆与访实，召原主给领原价，勿贻后患。就无后患，亦折子孙，承受不得。为补欠价，只查山中书院递年所收租银将两年所积，就可补足。如兄弟不听我言，听尔所置之田自利自保，我决不肯为此无阴骘事，为子孙毒祸。此帖收作家训。"②按田补价的行动，标志着石头霍氏势力从自我扩张到自我收敛的转变。

上述说明，霍韬的态度与石头霍氏势力的张弛有着密切关系，霍韬态度强硬，支持拓产，石头霍氏就有恃无恐，到处开花，横行乡里；霍韬态度转变，不同意拓产，石头霍氏的势力就随之受到贬抑，并自我收敛。因人而兴，因人而止，这大概是功名望族势力张弛的共同特点。

综上所述，石头霍氏在霍韬的经营下，达到了很高的整合程度。从正德十年到嘉靖十一年（1515—1532），短短 17 年间，石头霍氏举凡宗祠、族产、书院、家训等宗族标志物均一一建立起来。其族产之丰厚、制度之周详、经营之有度、教育之成功，岿然居南海各宗族之首，甚至使相邻的黎涌伦氏、石碣梁氏都望其项背。正如石头霍氏族谱所称："吾石头宗视诸宗为著，宫保文敏公实昌大之。……嘉靖四年（1525），文敏公始建宗祠祀始高曾祖，而以群祖配之，于是修茔墓，建社学，定家训，祭祀有田，赡族有田，社学有田，乡厉有田，彬彬乎备矣。"③

霍韬对石头霍氏的整合历程说明：以同时具有显宦名臣和理学宿儒双重身份的人物，对宗族整合有特别强大的力量，他们可以在短期内使同一血缘的分散家庭整合成完整意义的宗族，并使之具有显赫的社会地位，成为"功名望族"。

明中叶以后，产生于石头乡的"霍韬模式"已不仅仅属于霍韬和石头霍氏，它代表了明中叶佛山强宗右族形成和发展的道路，成为以后珠江三角洲强宗右族整合与发展的共同范式。

---

① 《霍文敏公全集》卷七下《家书》。
② 同上。
③ 《石头霍氏族谱》卷一《原序》。

三、佛山镇内宗族的重构与发展

在"霍韬模式"的影响下，佛山镇内各主要氏族也纷纷走上整合与重新整合宗族的道路。

郡马梁氏始迁祖在宋建炎年间迁居南海县西雍乡（明景泰年间划归顺德县），嘉定三年（1219），五世祖时有梁节者被封为宋宗室荣王郡马，赐田在南海登州弼滘。六世时有梁熹迁居佛山冈头，遂分为西雍、佛山两房。由于郡马之故，梁氏较早就建有祠堂。正德甲戌（1514），佛山房十三世梁焯中进士，官授兵部职方司员外郎。不久梁焯闻弟卒，告归省母，立即开始了重整宗族的行动。其族谱载：公"因展历世墓，顾视蓁圮弗称。盖自成化间行素公都一修□迄今矣。乃愀然泣下数行，下曰：'我梁氏子孙蕃衍，谨惟我先君之德，曷其敢忘我先君，实尝有修墓之志。而我弗仰诚则弗子。'适族人亦有议修者，佥议既同，乃出俸资暨蒸尝羡余，市石鸠工修之，自县尉（始迁祖）至于七世一新"。① 梁焯并请同年霍韬、亲家伦以琼、翰林院编修黄佐撰写始祖墓志铭和祭文。② 与此同时，梁焯亦有修族谱之举。梁焯的修祖墓和修族谱均追至岭南始迁祖县尉公，而不仅仅是佛山始迁祖梁熹，这就把宗族整合的范围扩大为顺德西雍和佛山两房。正如霍韬所言："焯聚其族人，修其谱系，饰其坟墓，稽其可考者也。是故由县尉传至郡马五世矣，由焯溯至郡马八世矣，由县尉至焯十三世矣。故夫梁之族类庶矣。"③ 约在嘉靖初年，梁焯创建了"郡马梁大宗祠"。道光《佛山忠义乡志》记载："郡马梁大宗祠，明嘉靖巡抚李岳为宋郡马梁节立，王守仁题永思堂额。"④ 与此同时，梁焯又在郡马祠前卜地建敕书亭，其地"土名地牛围，广阔二亩九分三厘，其税载在佛山二十一图又五甲梁大成户内，办纳粮务"。左则文塔相辉，右则书塾相接，"巍然在望，遐迩咸钦"。⑤ 梁焯长子梁冕刚也于万历十八年（1590）添置大宗尝田。其谱载：

> 尝田创立乃人事之所作，兴发亦气运之攸关，我族蚬涌沙其所由来也。始自明季万历十八年，乡贤公之长子冕刚公初置蚬涌沙田二十九亩零四分，送入大宗，永为祭产。嗣于万历四十四年，大宗赎买两号，并子母相生，共成得税二百一十余亩，历久相传，将及三百载矣。⑥

梁焯父子对梁氏宗族的作为，光大了梁氏宗门，"郡马梁"从此在佛山扬名。后来的佛山人亦只知有"郡马梁"，而不知其原为"冈头梁"。

---

① 《始祖墓志》，郡马《梁氏家谱》（光绪十一年重辑本）。
② 《祭三公墓文》，郡马《梁氏家谱》（光绪十一年重辑本）。
③ 霍韬：《宋郡马梁公墓志》，郡马《梁氏家谱》（光绪十一年重辑本）。
④ 道光《佛山忠义乡志》卷五《乡俗志·家庙》。
⑤ 梁少亿：《敕书亭序》，郡马《梁氏家谱》（光绪十一年重辑本）。
⑥ 《蚬涌沙始末缘由备览》，郡马《梁氏家谱》（光绪十一年重辑本）。

梁焯后又起为礼部主事，颇有政声。告归养病后，梁焯与湛若水相善，时相研讨，情谊弥笃。梁焯父梁宗达亡故，湛若水作《祭松溪公文》以悼。[1] 梁焯家居，"不通贵游，藩使应容庵三造庐，乃得一见"，可知其甚为清高。然地方官对其却优遇有加，"嘉靖、隆庆两朝，褒录忠贤，抚按司道，屡旌其门"。霍韬平生"少许可"，然"独重焯"，当梁焯在嘉靖十三年亡故时，霍韬"以旧地不藏"，遂为其"卜迁旧穴之上"。[2] 以后"每经焯墓，必祭之"。[3] 万历四十七年（1619），佛山堡排著保约霍仕进、陈显、霍豪、聂台、梁继祖等联名呈请广东官府将梁焯入祀乡贤祠，得到批准。同年六月初九日，入祠致祭。[4] 可见，梁焯在佛山堡民和地方官府中享有很高的声望，郡马梁氏在佛山社区中占有重要地位。

鹤园冼氏是佛山著名的姓氏，正统年间，其六世祖冼灏通曾为乡长，因率领乡民抗击黄萧养而著闻。到七世祖时始分家，立三户。长子冼昱，立冼翼户；次子冼靖，立冼贵同户；三子冼易，立冼光裕户。[5] 此时鹤园冼氏男丁尚少，至八世时男丁共六人，各户二人。然而到嘉靖年间，第十一世时，男丁达到三十六人（长房十六，次房七，季房十三）。[6] 此时冼氏子孙聚处而居，也已形成三大房系，但还未统之于族。

嘉靖十四年（1535），十世祖冼桂奇（字奕情，号少汾）考中进士，官授比部屯田工曹，"即议建大宗祠堂，立宗信（其大兄冼桂魁子）为宗子"。[7] 但因当时"族人俱贫"，而冼桂奇"历官未半载"，暂未举行。不久，京师"吏部郎缺员"，霍韬欲引荐冼桂奇补缺，冼桂奇欲往南京就官，遂上书霍韬曰："金陵佳丽，素协夙怀，南部少事，病体安之，苟可以仕，不必皆吏部也。"霍韬便改补其为南京刑部主事。冼桂奇迎母就养，与海内贤士大夫相结纳，校书谈道。不久，请告南归。与湛若水同游江西赣州、武夷，继入罗浮山，曾与方献夫、湛若水结庐于此。桂奇长兄桂魁闻甘泉之风，"亦欣然从之"。[8] 时人称："江门之学，甘泉子得其传。乡先达冼少汾受业于甘子，渊源最近。……自是江门学派，衍于佛山。"[9]冼桂奇无意于仕途，遂疏请终养，在其家鹤园故址"构重楼，开名园，编竹为亭，累石为山，引水为池"，湛若水为其撰有《鹤园记》。当时广东巡按洪垣、参政项欧东均与桂奇"意气相期"，常移舟访公，"盘桓弥日，鲈羹饭之，尽饮而别"。冼桂奇又与霍韬结为亲家，其次子冼梦竹为府庠生，"娶霍氏，即礼部尚书霍韬文敏公之女"。[10]

冼桂奇家居期间，对鹤园冼氏的整合主要做了三件事：一是修建大宗祠；二是立宗

① 湛若水：《祭松溪公文》，郡马《梁氏家谱》（光绪十一年重辑本）。
② 《乡贤梁氏封茔图》，郡马《梁氏家谱》（光绪十一年重辑本）。
③ 《理学》，郡马《梁氏家谱》（光绪十一年重辑本）。
④ 《兵部忠贤象峰梁公宗祀乡贤录》，郡马《梁氏家谱》（光绪十一年重辑本）。
⑤ 《鹤园冼氏家谱》卷三《宗支谱》。
⑥ 《鹤园冼氏家谱》卷三之二《宗支谱·世系寻源表》。
⑦ 《岭南冼氏宗谱》卷二之二〇《分房谱·练园房·家庙照帖》。
⑧ 《鹤园冼氏家谱》卷六之二《人物谱·十世古洛公传》。
⑨ 民国《佛山忠义乡志》卷一五《艺文志一》。
⑩ 庞尚鹏：《明故承德郎南京刑部江西清吏司主事少汾冼公墓表》，《鹤园冼氏家谱》卷五之二《坟茔谱》。

法,行家训;三是修族谱。嘉靖二十九年(1550)正月,冼桂奇"自蠲己地一段,土名古洛,该税一亩零",作为建大宗祠堂地。遂于正月吉日"兴工起盖寝室头门二座六间,匾曰'敦本堂',门帖曰'春祀秋尝'"。并于大门前起盖大牌坊,周以石栏,匾曰"冼氏家庙",湛甘泉书额门帖曰:"江山新俎豆,松桂旧门闾。"左右门楼对峙,"左匾曰敦爱门,右匾曰起敬门"。"祠内堂寝翼翼,厥制甚备"。在家庙前还建有坊表,上书"振家世德""弈世恩荣",系广东监察御史戴璟为褒旌忠义冼灏通所题。① 同时冼桂奇"仍拨土名鸡洲田,税十五亩零,以供祀事,候有余力再增之"。②

在建立大宗祠的同时,冼桂奇还制定了宗法和家训,宗法为:立宗子一人,设族正二人。宗子"以主始祖之祀,以统族人之心",并掌管"前项祠宇、田地",使之"永为公同奉祀之物"。至于大宗祠地的"税备粮役",冼桂奇也规定"俱于祭祀余租办纳,毋至独累"宗子。当时冼桂奇确立其长兄之子冼宗信为宗子。家长的职责是辅助宗子行使权力。冼桂奇立其两子冼梦松、冼梦竹为族正。冼桂奇还规定:"若有族人贤者,能自量其力,增修田祠及有躬行孝弟忠信,为宗族乡党称重者,许具呈奖功。""若故违圣谕,阻宗法、坏家训者,除记过外,不改,亦许具呈究问如律。"③家训乃仿参政项欧东的项氏之训所述,"而随俗稍损益之,以为久远可行之计"。④

建大宗祠并立宗法家训后,冼桂奇"恐其后子姓族众或争也,托官府以重其守",遂于嘉靖三十一年(1552)请广东布政司岭南道左参政项欧东发给"家庙照帖"。项欧东与冼桂奇一向"意气相期",对冼桂奇建大宗祠、立宗法并以自己所订"项氏之训"为范本制定家训之举,大为赞赏,称:"此其孝友之风,足为则于乡党;敬宗之实,有大益于朝廷矣。使家家皆能如此,官刑不几于措乎?"立即批准:"给帖付宗子宗信执照,以祀其祖,以统其宗,故违者许宗子及梦松、梦竹秀才具呈于官,以凭重治其罪。梦松、梦竹学成行,立即许为族正,以辅宗子。庶无负主政创始之初心,本道激扬之意也。"⑤

与此同时,冼桂奇还赈济族人,"族属有贫不能葬者,捐地殡之;穷不能娶者,捐财助之"。⑥

此外,冼桂奇还修撰了《冼氏族谱》。据《鹤园冼氏家谱》的作者冼宝干说:"我族之有谱也,自十世祖少汾公始。少汾公以一代理学为世儒宗,所撰诸谱牒皆原本宗法,非寻常载记之比。距今垂四百年矣。"⑦又说:"我族人物在明为盛,诸传皆少汾公手撰。国史方

---

① 《鹤园冼氏家谱》卷四之二《宗庙谱·坊表》。
② 《岭南冼氏宗谱》卷三之二〇《分房谱·练园房·家庙照帖》;卷四之一《宗庙谱·重修大宗祠堂记》。
③ 《岭南冼氏家谱》卷三之二〇《分房谱·练园房·家庙照帖》。
④ 同上。
⑤ 同上。
⑥ 《鹤园冼氏家谱》卷六之二《人物谱·列传·刑部主政少汾冼公行状》。
⑦ 《鹤园冼氏家谱·序·冼宝干序》。

志班班可考。"①可知冼桂奇曾修撰冼氏族谱，其修撰的人物传，多为国史、方志所转录。笔者认为，鹤园冼氏九世祖以上的人物传应出自冼桂奇之手，即包括始迁祖、冼灏通、冼靖等著名人物的传记。由于历代的续修，我们对冼桂奇的旧谱已不复能辨。但是，冼桂奇整合宗族的努力，却留载在后人修撰的族谱中，历 400 余年而不易。

金鱼堂陈氏在佛山诸姓氏中可能是最早建立大宗祠堂并修撰族谱的。这与其族人世代业儒有关，金鱼堂陈氏始迁祖陈君德在元朝泰定丁卯（1327）迁居佛山，设堂讲学，人称"颍川先生"。二世祖陈厚为肇庆府岁贡，举明经，补授同知。三世祖有陈克修为黄冈县典史，敕封征仕郎南直滁州通判。②据民国《佛山忠义乡志》载："陈氏大宗祠，在耆老铺金鱼塘，建自明代，祀宋始祖谏议大夫了翁公。陈白沙题额，有'刚毅直臣'匾；方孝孺题榜，曰'敬睦堂'。"③

陈氏大宗祠建于何年？又由何人兴建？史无明载，从相关史料看，陈氏大宗祠大概在成化年间建于五世祖陈康长之手。我们知道，陈白沙是正统十二年举人，卒于弘治十三年。④陈氏大宗祠的题额应在其有生之年内，这是其一。其二，五世祖陈康长（号静恒，生于永乐十九年，卒于弘治十五年）曾为陈氏"族长"。彭谊（都察院右副都御史）作于成化二十二年（1486）序文称："静恒陈公为伊族长，一切以身任之，每朔望拜于祠，肃训礼义，教导诗书，有罪过者数而责焉。公是公非，人罔不服，是以族人虽繁，而无至于大过，深得古者尊祖敬宗睦族之道。"⑤合族之人"每朔望拜于祠"，可见至迟在成化二十二年时已有大宗祠。其三，陈康长在成化二十二年（1486）还负责总辑《金鱼堂陈氏族谱》二卷。⑥其谱"自学录颍川先生而下到公（陈康长）为五世，颍川先生而上溯垂万公为第九世，是谱所载盖陈氏十有四世矣，颍川先生以前生娶卒葬莫得详考，所得详者，迩来数世"。⑦我们知道修谱常常与祭祀始祖联系，也就是与建大宗祠联系在一起。

从陈康长任族长，修族谱，并活动于成化年间看，金鱼堂陈氏大宗祠应建于五世祖陈康长之手。

金鱼堂陈氏整合于五世祖陈康长，不是偶然的。据族谱记载：陈康长"好读书作诗，于古今佳句无不记忆，孝友尤笃"。又与彭谊"为管鲍交"，⑧时相切磋。请陈白沙题其大宗祠匾额，也表明了其要倡明白沙之学的愿望。故而陈氏收族之后，与南海士大夫有功名的家族交往日益密切。如六世有陈湛，娶梁储（内阁首辅）之女，其兄陈澜娶冈头孝廉梁建

---

① 《鹤园冼氏家谱》卷八《备征谱》。
② 《金鱼堂陈氏族谱》卷二上《始迁祖派下》。
③ 民国《佛山忠义乡志》卷九《氏族志》。
④ 《明史》卷二八三《列传第一百七十一·儒林二·陈献章》。
⑤ 《金鱼堂陈氏族谱》卷一上《旧序·原辑金鱼堂陈氏族谱序》。
⑥ 《金鱼堂陈氏族谱》卷九上《著述略》。
⑦ 《金鱼堂陈氏族谱》卷一上《旧序·原辑金鱼堂陈氏族谱序》。
⑧ 同上。

中之女，①八世陈应龙（恩赐把总）娶冈头主事梁焯之女，陈应凤娶隔塘同知霍良翰之女，陈文祀娶红花梁知县之女，陈意改娶弼头知县冼谟之女。②

而七世陈席珍（以吏员考授捷胜仓大使，升任南京扬州府经历）更以追求理学为旨，其谱称：

> 时弼唐庞公讲学罗浮，公执弟子礼，多年及门，推为畏友，……（公）余暇日闭户读书，寻绎至理，凡有所得，辄欣然忘食。自是理学益粹。……及致仕归里，杜门不出，时以花鸟自娱，谓心性妙悟触物随发，信可乐也。里中慕道而来者接踵。公觉牖自任，未尝自高涯岸，故理学亦少行于乡。其自处素喜纯朴，纨袴之习不设于身体，衣粗茹素晏如也。子弟沐公至训，皆谨饬可风，家政由是肃然，乡俗亦因而返朴。以年五十七而终，痛惜者不绝于道。③

陈席珍追求理学，得益于庞嵩。继而又讲学乡族中，这对陈氏族人的影响至为重要，"故理学亦行于乡"。陈席珍长子陈观光（由肇庆府库吏考授正八品职官），娶祖堂霍氏知县霍球女；次子陈观化，娶庞嵩之女。④ 此时陈氏虽属吏员之家（均为吏员授官，非科举正途），但对功名和理学之家的攀援和追求十分积极。这也说明了南海士大夫所代表的功名和理学对整合宗族的作用。

不仅如此，我们还可从宗族发展上看到这点。万历十七年（1589），陈氏八世陈建中中举人。同年陈建中就总修《陈氏族谱》，并请县庠生七世陈用和廪生九世陈万几参校。⑤谱共二卷。修出后，陈建中携谱赴京会试，不第，遂请会试总裁少传大臣许国为之作序。⑥陈建中的长子陈善芳，娶叠滘卢梦阳布政侄女；次子陈善道，娶霍文敏公孙女。

可见，无论是陈氏创始阶段，还是再整合阶段，都与该族科举人物相联系。而科举人物功名越高，攀附亲家的族望也就越隆。

细巷李氏整合与崛起的过程，最能说明功名人物对宗族和社区的作用。

细巷李氏是较晚迁入佛山的姓氏。宣德年间始迁祖李广成挟冶铁之技从里水迁居佛山，遂世代以冶铁为业。与明初已定籍的氏族相比，李氏当时属于"侨迹"。其谱称三世李广成"所业止取给衣食，不为赢余。故虽侨迹而乡之人信之爱之，无异辞"。⑦ 但是侨寓姓氏人寡势单，又无合法身份，到六世时，李氏就备受"邻豪"欺负。六世李善清晚年"以杯酒交恶于无赖子，属有啖死里门者，因以非命持之，急率党啖门奋梃。阖室鼎沸，相顾骇窜。

---

① 《金鱼堂陈氏族谱》卷二上《静恒房宗派图》。
② 《金鱼堂陈氏族谱》卷二上《正轩房宗派图》。
③ 《金鱼堂陈氏族谱》卷八上《列传一》。
④ 《金鱼堂陈氏族谱》卷三上《廷芳房图》一"第四支"。
⑤ 《金鱼堂陈氏族谱》卷九上《著述略》；卷二上《静恒房宗派图》。
⑥ 《金鱼堂陈氏族谱》卷首《序》。
⑦ 李待问：《李氏族谱》卷五《世德纪·广成公传》。

公卑词厚饷,不惜以身饵,倾室中之藏,不足,益以祀产,叩援豪贵之庭。豪贵受,平怀以法。公亦出金钱餍无赖子意,事才得解,而公之家罄矣"。[①] 邻豪以人命欲械斗,李氏"阖室鼎沸,相顾骇窜",卒以重资贿豪贵和无赖子才得平息,李氏地位之卑微可想而知。七世李世昌"天性谆笃,居无忤物,里中以长者称。邻豪有暴兴者以公愿多所齮龁,公怡然受之"。[②] 所谓"怡然受之",无异忍气吞声。八世时李氏出了冶铁富户李壮,凭借财力,李壮在万历十八年(1590)建立了其父李世昌的家庙,匾曰"报本堂",[③]在三代血亲范围内整合了族人。[④] 但仍不免受欺负:"居与势邻,势每假事凭陵,公绝不与较,仍以德报。公家人子为势所役死,势怵,公以释憾也,请人丐寔不问。公曰:'死,渠分。余忍借为兵端,无令委沟壑可耳。'事竟,势持金十锾为谢,率却之。势私相喜曰:'不自意盛德之为容也。'"[⑤] 以德报怨,其德确实令人羡佩,而其情则令人怜悯。当一个家庭(族)没有功名人物时,富裕反成为招妒的目标,如李壮就"以赀故挂人眉睫,前后两遭非意"。第一次"以贷金不获贵人意,贵人恚,嗾当事中以诡赋,法公左右。同野公抱牒廷控,凡五上,当事随悟其非辜,事得白"。第二次是万历七年(1579),"海寇窃发,同野公有知津亭,埠赋诸疍氏,邑卒居奇货,缚疍诬为盗,因以有逋主诬同野公。公拉亲友丐力贤绅,不啻申包胥之于秦庭也,贤绅怜而身翼之,卒意沮乃已"。[⑥] 李壮的从弟李上林也是冶铁致富之家,"族少年偶为里豪所哄,讼之官,因而株连者众,父老有不陵则竟之叹,遂不可解,终讼三年,费皆取办于公"。[⑦] 李壮和李上林为"张族之举,任怨任费",亦难能可贵。

为了改变屡受邻豪欺压和赋役沉重的状况,李壮让其子李畅为椽吏,[⑧]并课其子孙读书。于是九、十世时,子孙始有入府学、县学者。到十世时科名迭出,例如李孝问恩贡、科贡各一次,李孝问热衷理学,羡崇庞尚鹏,他说:"前辈余惟服庞惺庵。"[⑨]其堂弟李升问万历癸卯中举,官授刑部员外郎。其胞弟李待问万历癸卯举人,次年联捷进士,累官至户部尚书。又其堂弟李应问,天启甲子举人。[⑩] 还有署丞好问、征问、丞问,主事象同。[⑪] 可谓科名鹊起,仕宦成群。

李待问成进士后,立即着手大宗祠的修建。在此之前,始迁祖"公祀之礼阙如,荐寝而已"。李待问之父李畅早就想"合一族之子姓"之资建祠,李待问登第后,与"诸有力者责阅

① 李待问:《李氏族谱》卷五《世德纪·靖山公传》。
② 李待问:《李氏族谱》卷五《古松公传》。
③ 李待问:《李氏族谱》卷五《祖考同野公传》,载:"(公)念曾祖龋享无所,为之捐地任费成庙貌。仍区画顺轩公、古松公祀业,若布而面,至今诏祝有所。"民国《佛山忠义乡志》卷九《乡俗志·氏族》。
④ 李氏自五世开始分四家,李壮曾祖李忠为三子,至此是为三房。
⑤ 李待问:《李氏族谱》卷五《世德纪·同野公传》。
⑥ 李待问:《李氏族谱》卷五《我容公传》。
⑦ 李待问:《李氏族谱》卷五《镜源公传》。
⑧ 李待问:《李氏族谱》卷五《先考岐庵府君传》载:"时条鞭未行,受繇者立破产,同野公患之,督为椽,非其好也。"
⑨ 李待问:《李氏族谱》卷五《葵孺公传》;乾隆《佛山忠义乡志》卷四《选举志》。
⑩ 乾隆《佛山忠义乡志》卷四《选举志》。
⑪ 乾隆《佛山忠义乡志》卷六《乡俗志·氏族》。

出息,长其尺寸",共建大宗祠。大宗祠在天启六年(1626)建成,祀明始迁祖广成公。刑部尚书胡应台题额榜曰"敦睦堂"。① 祠成后,李待问出资二百四十二金,合以其父一百金,作为蒸尝生息。李待问自户部尚书任上罢归后,"复捐资以益之,合之得一顷九十八亩"。李待问怕日后"户籍滋混",遂"开李广宗一户,载其税亩"。从此李氏一族,"一岁之内,祭有尝期,礼有尝式,献有尝品,品有尝数。有余者贮之以备不常之需"。此外,李待问"又置书田八十五亩零,以作子孙之力学者,愿循循勿矢也"。除建大宗祠外,李待问于天启六年(1626)建"赠户部尚书李公祠"(匾曰"永思堂"),祀其父亲李畅。② 李待问殚力尽心,经营几十年而后成。两祠同立于栅下陇西里,人称"孖祠堂",实一时之盛举。祠成后,李待问戒其子孙言:

> 嗟乎! 义莫先于率祖,礼莫大于饷亲。待问自系籍圣贤,每梦寐不敢忘。今更数十年,始克有成事,而心力亦既殚矣。虽云苟完,实存见少。继志述事,是在同志之扩而大之也。古人有言:君子虽贫,不鬻祭器。今日我疆我理,皆祖考精神所萃,积有余储,皆归祠内之用。非是,即子孙公举之事不得轻议也。此又余不必然之事,勒以示戒者也。③

与此同时,李待问修撰了《李氏族谱》。《李氏族谱》始修于天启三年(1623),完成于崇祯十五年(1642),分"世系纪"(四卷)、"世德纪"(一卷)、"恩纶纪"(一卷)、"祠墓纪"(一卷)和"文苑纪"(三卷),记述了从初祖廷玉公至待问辈共十代的派系和世德。李待问解官归乡后,又增"祭田"一纪于"祠墓纪"之后,共为六纪。同时又别立一录,"曰祠训、曰祠基、曰祠业、曰祠仪、曰祠费、曰祠约,亦六纪,所以辅谱之不足"。④ 谱成之后,李待问抚谱感叹曰:"今日者,聚族而居,不出里门,而子姓咸萃,喜相庆,忧相吊,雍雍如也。是卒是懋,龈龈如也。"⑤

李待问整合宗族的努力,使李氏在佛山的地位迅速上升。例如李应问归里后,"里有无赖子藉死人为囤横索闾里,公挺身往,以义折之,量予金帛。无赖子惭去,闾里以白金为(寿)[酬]。公谢弗顾也"。⑥ 从过去本族之人被人欺侮,到卵翼闾里,李氏在社区中的地位已今非昔比。

崇祯四年(1631),李待问升为户部尚书,成为晚明佛山堡内第一个官至尚书的仕宦,李氏在整个佛山堡内的社会地位更扶摇直上。当时广州府推官颜俊彦曾称:"李宦名节自

---

① 民国《佛山忠义乡志》卷九《乡俗志·氏族》。
② 同上。
③ 李待问:《李氏族谱》卷四《世系纪》。
④ 李待问:《李氏族谱》卷七《祠墓纪》。
⑤ 李待问:《李氏族谱》卷首《序》。
⑥ 李待问:《李氏族谱》卷五《世德纪·邺侯公传》。

持,门庭肃然,通国所知也。"①可知李氏在地方官心中地位之突出。而后来乾隆年间修佛山志氏族篇时,陈炎宗把李族列为第一,同时举出其历代功名人物,②也就是对李氏科名人物辈出的首肯。

与此同时,与李氏联姻的宗族的地位也相应提高。李待问本人就"配叠滘副都御史庞尚鹏侄端思女"。李待问有二女,长女适南刑部尚书潘浚四子潘士松,次女适礼部侍郎陈子壮次子陈上廷。③ 陈子壮后亦为南明永明王兵部尚书,④可谓"尚书门第"。而李征问女也"适叠滘副都御史庞尚鹏曾孙嗣烨"。⑤ 从其联姻家族和上提李孝问佩服庞尚鹏学问的情况看,李氏认同于正嘉年间南海士大夫集团是不言而喻的。

此外,为功名人物所整合的宗族还有大墟庞氏。大墟庞氏的庞景忠于万历三十四年(1606)举于乡,授官湖广京山令,后晋为南京户部主事。⑥《庞氏族谱》记载:"庞景忠,字孝移,万历丙午举于乡。……以母老乞归,屡征不出,地方利病当涂辄从咨榷。万历、崇祯间两聘修邑乘,时苦水寇,辟陆道百里,与尚书李待问捐资,共成其事。而鸡头一桥,忠自营造,至今称庞公桥云。所建大小宗祠,俱置祭业,蒙惠者众。"⑦又据康熙《南海县志》记载:"庞氏大宗祠、小宗祠,俱在佛山村地官里,主政庞景忠建,总督熊文灿题。"⑧

上述佛山堡内主要氏族的整合过程说明:宗族的整合主要依靠功名人物。富商大贾固然可凭借其财力对族人进行整合,但整合范围在三代之内,达不到始迁祖的范围,这可能与商人本人的整合欲望及其在族人中的威望不如功名人物有关。即使是一个宗族在未出功名人物前已进行了整合,待其功名人物出现后,总要伴随一次更深刻、更大范围内的整合。可见功名人物(或理学人物)是整合宗族的最有力人物。

上述佛山主要氏族整合过程还说明,一个宗族在社区中的地位主要由功名人物和理学人物所决定。哪个宗族中功名人物多、官位高,哪个宗族就在社区中享有重要地位。否则,就要处于低贱卑微的地位而世代受强族欺侮。一个宗族要想保持自己在社区中的主要地位,就必须代代涌现功名人物,并且要出进士出身的京官,否则,就要为别的宗族所取代。事实上要代代出功名是很难做到的,有明一代,佛山堡籍进士加京官的人物只有梁焯、洗桂奇、李待问三人。⑨ 他们的交替出现,标志着郡马梁氏、鹤园洗氏和细巷李氏社区地位的交替上升,从而形成一个"功名望族"势力兴衰隆替的周期。这个周期的开始,是以

---

① 颜俊彦:《盟水斋存牍》(二刻)卷二《激变李扩衷二杖》。
② 乾隆《佛山忠义乡志》卷六《乡俗志》。
③ 李待问:《李氏族谱》卷二《世系纪》十世《畅五子》;民国《佛山忠义乡志》卷一四《人物志十·列女》。
④ 《明史》卷二七八《列传第一百六十六·陈子壮》。
⑤ 李待问:《李氏族谱》卷二《世系纪》,崇祯十五年刻本。
⑥ 光绪《广州府志》卷一一七《列传六》。
⑦ 民国二十二年诒思堂藏《庞氏族谱》卷二。
⑧ 郭尔疕:康熙《南海县志》卷二《建置志·家庙》。
⑨ 乾隆《佛山忠义乡志》卷四《选举志》载明代进士共有 9 人,但其中洗光、杨邦翰、关捷先、洗宪祖不是佛山籍人,或祖籍佛山,后他迁;或登第后迁入佛山,无族人在佛山。而陈善、岑远不是京官。

某个宗族功名人物的出现为其标志,随着功名人物官秩的提拔,其族的地位就上升发展。这一周期的结束,主要不是以功名人物身故为标志,而是以他族功名人物的出现为标志。新贵家族的出现,宣告了遗老家族的隐退。于是与新"功名望族"相联系的另一周期重新开始。此伏彼起,推陈出新,从而演出了明代佛山传统社会一幕幕带有浓郁家族色彩的历史剧。

对于一个宗族来说,历史上该族的每一个功名人物,都是该族立世安身取之不竭、用之不尽的社会资本。对一个小社区来说,贡生、举人或许就可以使一族跃升,并使其世代在社区中享有声誉。但在佛山偌大的社区中,没有进士加京官的人物,不足以构成产生社区声望的社会资本。这对于从未出过进士的宗族来说不啻是一个重大缺憾。于是便产生了假借前代托付名家的"造祖"现象。例如东头冼氏,迁入佛山最早,是佛山堡唯一从高凉迁入的氏族,保留着古朴的越人氏族传统。但明中叶前族人一直没有功名,直到隆庆丁卯,其族人冼效,号一吾,才领隆庆丁卯乡荐,官任福建罗源县教谕,后擢广西永安州知州。① 与大多数功名人物一样,冼效也进行了修大宗祠堂、修历代祖坟的整合宗族的活动。但冼效乡荐出身,官职卑微,与此前的冼桂奇和此后的李待问等功名人物相比,显得那样寒微,不足以提高东头冼氏声望。于是围绕着冼效,东头冼氏编造了如下一些故事。

其一曰:大宗祠首创于宋代度宗之时。其谱称:"我大宗祠之建久矣,自理宗绍定五年(1232)始迁祖发祥公由高凉徙居佛山之东头,至度宗时即建宗祠。""明隆庆八世孙效重建。"②从绍定五年(1232)到度宗咸淳年间(1265—1274),仅经过30多年。查其谱,一至三世单传,到四世也仅三人,③此时建大宗祠似不大可能。应该是始建于而不是重建于隆庆间冼效之手。

其二曰:祖坟的墓地为梁储所赠。其谱称:"昔顺德梁太傅储以子若弟均出吾祖太守效公门,因其解组归营乃祖域,特将斯地赠之,共税二亩一分三厘有余,六世祖聚昊公至太守公三代,明隆庆间聚葬于此。其后如奏臣、蔼如、佚文各祖皆衬葬焉。大小共二十六穴。"④梁储为成化十四年(1478)会元,其子其弟至少在弘治、正德年间成人,岂有就学于50多年后的福建罗源县教谕?

其三曰:伦以训撰《一吾公墓表》。其谱载有:《一吾公墓表》全文,表前有"国子监祭酒状元伦以训撰",表末有"受业伦以训谨志",表后补记称:"右一吾墓志、墓表各一道,呈报分房谱时尚未出土,后宣统庚戌小修墓域始行发见。其文义甚古,而亦潜德所关,故补报付刊于本房谱后焉。"⑤查光绪《广州府志》伦以训传,伦以训正德八年(1513)以十五岁

---

① 《岭南冼氏宗谱》卷四之一《列传谱·广西平乐府知府一吾公传》。
② 《岭南冼氏宗谱》卷三之六《分房谱·东头房》。
③ 同上。
④ 《岭南冼氏宗谱》卷三之六《分房谱·东头房·坟茔》。
⑤ 《岭南冼氏宗谱》卷三之六《分房谱·东头房·补遗》。

中乡试,正德十二年(1517)会试第一而殿试第二,未得状元。而上表有"状元"二字,此其谬一也。伦以训在嘉靖十五年(1536)升南京国子监祭酒,而上表无"南京"二字,此其谬二也。伦以训在嘉靖十五年(1536)卒,时年48岁。而冼效于万历二十七年(1599)卒,当有死于52年前的人为冼效作墓表之理,此其谬三也。

东头冼氏的"造祖",仍然离不开攀援南海士大夫。为了防止日后他族的侵争,假托梁储的赠地;为了提高一吾公的地位和声望,假托与伦以训的世谊。这也从另一方面说明了南海士大夫对佛山宗族声望的潜在影响。确实,有明一代,在珠江三角洲,谁与石硝梁氏、黎涌伦氏、石头霍氏相结托,谁就有很高的社会声望。唯其如此,一些宗族才会假托功名,攀附南海士大夫。由此可见,"造祖"乃是功名人物影响宗族重构的次生现象。

以上对佛山堡内宗族重构过程的论述,当然没有也不可能把佛山全部宗族包括在内。但据乾隆《佛山忠义乡志》氏族篇,以上氏族列在前六名,它们依次为李氏、陈氏、梁氏、冼氏、霍氏和庞氏。[①] 有明一代,以上氏族尤其是郡马梁氏、鹤园冼氏和细巷李氏是佛山居民的主要领导力量,决定着佛山城市发展的方向。

功名望族的存在和活动,给佛山社会发展带来了双重影响:

一方面,在没有官治组织的情况下,功名望族的地位和权威,代替了官府权威,他们有效地组织着佛山社会经济的运作,给佛山商民带来了许多特权和利益。由于血缘和地缘的关系,佛山商民均乐于听命于功名望族。"二三巨族以愚民率",造成了佛山在明代的自治状况,对以后佛山发展过程的自治趋向产生深远影响。

另一方面,功名望族活动的效果依赖于官府支持,而官府是否支持,很大程度上要看是否在明王朝提倡的正统范围内行事。由于佛山功名望族自正德至明末100余年的努力,官方正统化在佛山取得明显成功,宋明理学深入到佛山社会各个细胞——家族之中,并占有崇高地位,佛山从宋元前的蛮荒之地变成了诗礼之邦。因此,明代广东官府对佛山社会、经济诸事业也鼎力支持。这一点,不能不给佛山人的政治观念留下深刻的影响,佛山人从功名望族身上看到官府支持的力量。因而,承认官府的地位并积极寻求官府支持,以使佛山诸事业合法化,逐渐成为佛山人的政治觉悟。这一觉悟,为以后佛山政治格局的变化奠定了群众基础。

---

① 乾隆《佛山忠义乡志》卷六《乡俗志·氏族》。

第六章
明代广锅的海外贸易

铁锅是农耕文明的成果,是实现定居火食的重要器具。在古代,铁锅这一耐用消费品在提升生活素质与社会稳定方面具有非凡的作用和意义。广锅非始于明朝,然作为铸铁炊具的代表商品,广锅在明代始为天下所知。作为郑和下西洋馈赠的重要礼品,广锅奠定了其在南海诸国王室及首领群体中的明朝国家品牌地位。

第一节　明代广锅的生产与运销

一、"走广"与广锅生产

明代的"走广",就是各省商人到广东贩销佛山镇生产的广货和外洋进口的洋货的大流通活动。明人小说《今古奇观》卷四《蒋兴哥重会珍珠衫》云:"话说:湖广襄阳府东阳县,有一人姓蒋名德,小字兴哥;父亲蒋世泽,原随丈人罗公,走广东做买卖,因丧了妻室,遗下兴哥,年方九岁,蒋世泽割爱不下,又不肯舍广东这条路,无奈带了兴哥同行。一路上只说是'内侄罗小官人',原来罗家走广东,已经三代。这些客店牙行,闻知罗家小官人,那个不喜。……"[1]据梁嘉彬先生研究,"罗小官人走广"之事发生在天顺二年(1458),"广东当时已有集天下商贾之势"。[2] 嘉靖时人郑若曾也说:"浙人多诈,窃买丝绵、水银、生铜、药材,一切通番之货抵广变卖。复易广货归浙,本谓交通,而巧立名目曰'走广'。"[3]由此可见,15 世纪中叶到 16 世纪中叶,以"一切通番之货抵广变卖,复易广货"的各省商人均以"走广"为金路。

广锅,是明代官方对广东铁锅的称谓。广锅出自广东省佛山镇民间冶铁炉户。佛山镇在明代属广州府南海县管辖,与省城广州同属广州府辖区内,故佛山镇产品销往省外市

---

① 《今古奇观》卷四《蒋兴哥重会珍珠衫》。
② 梁嘉彬:《广东十三行考》,广东人民出版社 2009 年版,第 62 页。(下称《广东十三行考》)
③ 郑若曾:《筹海图编》卷一二下,中华书局 2007 年版,第 831 页。(下称《筹海图编》)

场均冠以"广"字，以别产地。如广锅、广钟、广针、广缎、广纱、广窑、广扣等。其狭义指广州府出品，广义则指广东省出品。广锅在广东本地称佛山铁镬或铁镬，粤语音 WOK。佛山铁镬行，"向为本乡特有工业，官准专利，制作精良，他处不及"。[①] 有明一代，内官监需要的御锅、兵部需要的军锅和工部需要的官锅，均长期在佛山采办。[②] 此外，广锅还适用于草原放牧迁徙，驮在马背上随其颠簸而无损，因此深得北方少数民族喜爱。佛山铁镬行出品丰富，据《广东新语》记载："有耳广锅，大者曰糖围、深七、深六、牛一、牛二，小者有牛三、牛四、牛五，又有三口、五口。无耳广锅，曰牛魁、清古等。"[③]最大的糖围直锅径约四尺，深尺余，载汁约七百斤。[④] 最小的广锅直径一尺七，明代市场上最畅销的是二尺广锅和三尺广锅。[⑤]

二、大运河与广锅北运

明代永乐皇帝定都北京，同时修浚大运河，疏通了运河自临清至济宁北段的会通河，从此杭州至北京全线贯通，大运河成为商人南北贩运大宗商品的首选通道。永乐二十一年（1423）山东巡按陈济言："淮安、济宁、东昌、临清、德州、直沽，商贩所聚。今都北平，百货倍往时。"[⑥]这为广锅的大流通提供了历史机遇。

明代以广锅为代表的广货往国内市场的北行销路，是从佛山出发，循北江而上，溯浈水至南雄起水，陆运大庾岭（梅关）。此路从北宋起就是广铁北运的繁忙通衢，明万历佛山人霍与瑕说："富国强兵之术以盐铁为首务。两广铁货所都，七省需焉。每岁浙、直、湖、湘客人腰缠过梅岭者数十万，皆置铁货而北。"[⑦]顾炎武也指出当时在南雄梅岭道上，"南货过北者，悉皆盐铁粗重之类……日有数千（驮）"。[⑧] 铁货过岭后至南安下赣水，经樟树镇到达九江，经安庆、芜湖，顺江到达南京，[⑨]再从苏州进入运河北上，经淮安到临清。

明代淮安作为南船北马的交通中枢，鼎盛一时。淮安河下是淮盐和百货的集散地。《西游记》的作者吴承恩（1500—1582），自幼居住在淮安河下，亲眼目睹了广锅船运至淮安湾泊卸货并继续北上临清囤聚的盛况，因此在《西游记》第 75 回留下了孙悟空挟带广锅钻入妖魔肚子，要把妖魔煮成杂碎的精彩对话。

临清地处江北运河中段，又扼踞会通河与卫河交叉之处，成为"南北往来交汇咽喉之

---

① 民国《佛山忠义乡志》卷六《实业志》。
② 何士晋：《工部厂库须知》（万历刻本）卷九；《兵录》（明崇祯刻本）卷一、二。
③ 《广东新语》卷一五《货语·铁》。
④ 邹鲁等：《续广东通志》（未成稿）第 36 册《物产六》。
⑤ 黄思彤：《道光粤东省例新纂》卷三《户例下》。
⑥ 《明史·食货五·商税》。
⑦ 霍与瑕：《霍勉斋集》卷一二《上吴自湖翁大司马书》，《明清佛山碑刻文献经济资料》，第 295 页。
⑧ 顾炎武：《天下郡国利病书·江西》。
⑨ 参考范金民《明清时期江南与福建广东的经济联系》，《福建师范大学学报》（哲学社会科学版）2004 年第 1 期。

地"。① 明万历年间临清钞关所收船钞商税每年达八万三千余两,居全国八大钞关之首。② 临清古称清源,万历时,松江布长途贩售,"其沂淮而北走齐鲁之郊,仰给京师,达于九边,以清源为绾毂"。③ 江南布缯固然是明代南货北输的首要商品,然广锅也是南货北输的大宗商品。据许檀研究,临清市场上有广锅、无锡锅及潞锅(西路锅)等。广锅出自广东,辗转运销而来;无锡锅则由南船带至;西路铁锅大约出自山西潞安的潞锅。临清本地的消费以广锅、无锡锅为多;潞锅大部分转运外地,在临清只报过税。④ 此外,宣府、大同、辽东互市所用的铁釜及其他铁器有不少系由临清采买,或经由临清转运的。⑤ 明代临清锅市街成为"最为繁盛"之区。⑥ 明代临清也是佛山锅商驰骋的中心市场。万历年间,佛山冶铁大族细巷李氏八世祖李白,曾代表家族贩运广锅至临清,"奉同野公(李壮,冶铁富商)指授,往来樟江、清源,千里外如出一手"。⑦ 李壮也亲自出马,"出入樟江,一时名辈咸乐与之游,海内莫不知有同野公"。⑧ 广锅在临清分为三途行销:一途渡海销往辽东开原,并在开原分流至女真的山林地区,路途远达三千里;一途继续循会通河、通州北上京师囤销,同时分销甘凉、西番等地,路途亦远达三千里;一途向北,销往大同镇、宣府镇、蓟州镇,嘉靖年间宣府镇开有"广锅店"等以南方产地命名的商铺。⑨ 隆庆五年(1571),王崇古奏折提到:"及查得宣大沿边山程险远,铁锅鲜至,亦多用广锅。"⑩可见广锅在偏远北方市镇颇受民众喜爱。

三、广锅的价格

凭借精良的产品质量和多样性的产品系列,广锅市场价格明显高于当时行销北方市场的其他铁锅品牌。正统十四年(1449),北京市场广锅每口值绢两匹,其他锅仅值绢一匹。⑪ 隆庆五年(1571),王崇古有"潞锅用久破裂,仅得二斤,比之广锅价贱三倍"之论。⑫ 清承明制,对广锅推崇备至。《钦定大清会典》明确记载了广锅及其他铁锅的价格,⑬兹录以供参考:

① 王直:《临清建城记》,见(康熙)《临清州志》卷四《艺文》。
② 八大钞关为:崇文门、河西务、临清、浒墅、淮安、扬州、北新、九江。八关商税总额三十四万余两,临清一关即占四分之一。参见《续文献通考》卷一八;赵世卿:《关税亏减疏》,《皇明经世文编》卷四一一。
③ 陈继儒:《陈眉公先生全集》卷五九《布税议》。
④ 参阅许檀《明清时期的临清商业》,《中国经济史研究》1986 年第 2 期;(乾隆)《临清州志》分卷一一《市廛志》。
⑤ 《明穆宗实录》卷五四,隆庆五年二月庚子;卷五五,隆庆五年三月庚寅。
⑥ 参阅许檀《明清时期的临清商业》,《中国经济史研究》1986 年第 2 期。
⑦ 李待问:《李氏族谱》卷五《世德纪·见南公传》。
⑧ 李待问:《李氏族谱》卷五《世德纪·祖考同野公传》。
⑨ 嘉靖《宣府镇志》卷二〇。引自[美]赵冈《论中国历史上的市镇》,《中国社会经济研究史》1992 年第 2 期。
⑩ 王崇古:《为遵奉明旨经画北虏封贡未妥事宜疏》,《明皇经世文编》卷三一七。
⑪ 李贤:《古穰杂录》,中华书局 1985 年版,第 18—28 页。
⑫ 王崇古:《酌许虏王请乞四事疏》,《王鉴川文集》三,《皇明经世文编》卷之三一八。
⑬ 《钦定大清会典事例》卷六八八《工部》。

表 6-1 《钦定大清会典》记载的各类铁锅价格表

铁 锅 品 种	口径(尺寸)	每 口 银
大广锅	二尺	一两五钱
小广锅	一尺七寸	六钱
淮锅	二尺四寸	六钱五分
潞锅	二尺四寸	六钱五分
大无锡锅	二尺三寸	八钱
小无锡锅	一尺二三	二钱五分

相同口径者，广锅价格是其他铁锅的 2—3 倍。正如明末清初人屈大均所言："故凡佛山之镬贵，坚也。"①

四、广锅的器用价值

1. 广锅是明朝宫廷御器

明朝由内官监负责采办广锅，答应朝廷及各官膳房使用。旧例规定，凡"合用生铁锅灶、砂铫、罐盘等件"，"系该监（内官监）伺候各官及膳房答应用者。遇有缺乏，具提到部（工部），复行广东铸造，陆续解部，转送该监。隆庆五年内，以广东解进愆期，暂令本部召买送用，原非旧例"。②

2. 广锅是明朝山陵祭祀用器物

北京的宛平县是明朝皇陵所在，明朝历代皇帝均到此谒陵祭祀，凡"一年五祭"。据万历年间曾任顺天府宛平知县的沈榜《宛署杂记》所载，"山陵、金山等处造办祭礼供膳内使人等汤饭，除工部搭盖席殿外"，宛平县也负责筹办各种炊具、桌椅，有"本县采买"，也有"本县赁办"，"每年合用各陵坟煮牲柴炭，各祭不等"。③ 隆庆六年，穆宗敬皇帝大行礼，在宛平县负责租赁的物件中，有"二尺广锅四口，银三钱六分"和"二尺六寸铁锅四口，蒸笼灶全，价三钱六分"的记载。④

3. 广锅是明朝军队的军锅

明军"结队法，以五五二十五为一队，立一队长主之"。"每队共置铜锅或铁广锅一口，不论操演调发、行止宿食，兵不得离队，队不得离哨，哨不得离营"。⑤ 采办由兵部。

由上可见，明代佛山民间炉户生产的广锅，通过多水系运道和多节点市场的分销，完

① 《广东新语》卷一五《货语·铁》。
② 《工部厂库须知》卷九，第 292—293 页。
③ 沈榜：《宛署杂记》第 14 卷"以字"，北京古籍出版社 1980 年版，第 130 页。（下称《宛署杂记》）
④ 同上书，第 139 页。
⑤ 《兵录》卷一、二，明崇祯刻本。

成了南北万里空间内大宗商品的长途贩卖和市场占有。广锅以其最优的性能质量和最高的价格,在明代铁锅高端消费群中完成了心智上的占有。从而确立了广锅在明代耐用消费品中铁锅第一品牌的地位,为其成为明朝国家抚赏品打下了坚实基础。

第二节　明代广锅的海外贸易

明永乐年间郑和宝船将广锅带到南海和中亚诸国,奠定了广锅在诸国王室及首领群体心目中的明朝国家品牌地位。明代前期,缺少铁器铸造的南海诸国首领对中国铁器的追求,强化了明代朝贡体系的核心聚合作用。明代各个重大历史节点都有广锅的锃亮身影,广锅完成了从国家礼品到民间用器的变迁过程,为丰富和促进南海诸国的物质文明进程发挥了作用。

一、洪武朝赏赉诸国贡使铁釜

明朝定鼎,洪武帝即遣使四出诏谕,诸番贡献毕至,前所未有。当时东亚诸国,唯中国和朝鲜有成熟的铸铁技术,因此海外诸国对中国铁器十分青睐。郑若曾《筹海图编》记载铁锅在日本“虽自有而不大,大者至为难得,每一锅价银一两”。[①] 琉球“其国不贵纨绮,惟贵磁器、铁釜。自是赏赉多用诸物”。[②] 明廷知道诸国贵铁,赏赉海外诸国王室的礼品就多用铁釜(铁锅),“自是赏赉多用诸物”就是指此。据《明史》记载,洪武七年(1374)冬,琉球国中山王察度之弟泰期入贡,洪武帝“命刑部侍郎李浩赍赐文绮、陶、铁器,且以陶器七万、铁器千,就其国市马”。[③] 明谈迁《国榷》对此亦有记载:洪武七年(1374)十二月,“刑部侍郎李浩使琉球,以文绮百、绮纱罗各五十、陶器六万九千五百、铁釜九百九十市马”。[④] 应该指出,谈迁的“铁釜九百九十”的记载比张廷玉“铁器千”的记载要更为准确。此外,明廷在弘治年间制定的《给赐番夷通例》,包括了17种给赐品的折还物价,其中就有“铁锅三尺阔面,每口一百五十贯”的折还物价规定。[⑤]

明初琉球朝贡的贡道,是由广东至京师。[⑥]《明会典》规定:“占城国、琉球国、爪哇国、暹罗国,筵宴二次;使臣回还至广东,布政司茶饭管待一次。”[⑦]以此观之,明朝使节李浩出

---

① 《筹海图编》卷二下《倭好·铁锅》,第199页。
② 《明史》卷三二三《列传第二百一十一·琉球传》,第5601页。
③ 同上。
④ 谈迁:《国榷》卷五,洪武七年十二月壬子,中华书局1988年版。
⑤ 万历《明会典》卷一一三《礼部七十一·给赐四·给赐番夷通例》。
⑥ 《明世宗实录》卷一一八,嘉靖九年十月辛酉条载:给事中王希文言:广东地控夷邦,而暹罗、占城、琉球、爪哇、渤泥五国贡献,道经东莞,我祖宗立法,来有定期,舟有定数,比对符验相同,乃为伴送附搭货物,官给钞买,载在《祖训》,可考也。
⑦ 正德《明会典》卷一三〇《礼部六十二·膳羞一·筵宴·管待番夷土官筵宴》。

使琉球所携铁釜，最有可能是地处贡道的广东佛山所出产。

二、"郑和下西洋"采办广锅

永乐三年(1405)六月十五日，永乐皇帝"遣中官郑和等赍敕往谕西洋诸国"的诏书，[①]拉开了人类文明史上一次规模宏大的国家对话和贸易活动的序幕。之后的 28 年，从永乐三年至宣德八年(1405—1433)，郑和率领庞大的武装宝船队七下西洋，纵横亚非海域，与30 多个国家、地区开展了大规模的双向商品贸易。而在郑和宝船所载数以千万的贵重商品中，来自广东佛山镇的广锅，充当了国家礼品的角色，随郑和宝船，大部分馈赠给海外诸国王室和中亚贵族，小部分通过物物交换的方式进入当地市场，流入百姓人家。

郑和是内官监太监，即内官监的长官。[②]明代宦官组织设十二监、四司、八局，号称"二十四衙门"，掌印者为太监，正四品衔，余次为少监、监丞等。明初洪武、永乐两朝，内官监是内官衙门第一监，内官监太监郑和乃明初内官之首，地位显赫。内官监的职掌有三：一是宫廷礼仪之事，负责下西洋对外交往；二是内府升选差遣之事，负责决策和选派下西洋人员；最为重要的是第三项，掌宫廷承造与器用采办诸事。根据《明史·职官志》的记载，内官监"掌木、石、瓦、土、搭材、东行、西行、油漆、婚礼、火药十作，及米盐库、营造库、皇坛库，凡国家营造宫室、陵墓，并铜锡妆奁、器用暨冰窨诸事"。可见内官监掌管宫廷器用的职能非常明确，显示出内官监在宫中器用方面的极大权限。[③]因此内官监负责下西洋前采办出国馈赠品和贸易品。下西洋的宝船，最大船载 5 000 料，[④]主体船载 1 500—2 000料。第一次下西洋的海船共 208 艘。七次下西洋，每次船队均为一二百艘。[⑤]需要采办大量精好华美、可供赏赐的物品，其中就有铁锅一项。明宣德皇帝在郑和第七次下西洋的敕书提到"照数放支"的物品有："一应正钱粮并赏赐番王头目人等彩币等物，及阿丹等六国进贡方物给赐价钞买到纻丝等件，并原下西洋官员买到瓷器、铁锅人情物件，及随船合用军火器、纸扎、油烛、柴炭并内官、内使年例酒、油、烛等物。"[⑥]明朝由"内官监"掌管内府"合用生铁锅灶、砂銚、罐盘等件"的供应。凡"生铁锅灶"等件，"系该监伺候各官及膳房答应用者"。[⑦] 明朝旧例：每逢宫廷内府需要铁锅时，是由内官监具提工部，由工部复行广东

① 《明太宗实录》卷四三，永乐三年六月己卯，台北中研院史语所校勘影印本，1962 年。(以下简称《明实录》)
② 《故马公墓志铭》，袁树五：《昆阳马哈只碑跋》附录《郑和研究资料选编》，人民交通出版社 1985 年版，第 30 页。
③ 参阅万明《郑和下西洋：异文化、人群与文明交融》，《多元宗教文化视野下的中外关系史》，甘肃人民出版社 2010 年版，第 268—285 页；张征群：《浅谈司礼监的发展演变以及对明朝政治的影响》，《黑龙江史志》2014 年第 5 期。
④ 《大明都知监太监洪公寿藏铭》记载洪保于"永乐纪元……充副使，统领军士，乘大福等号五千料巨舶，赍捧诏敕使西洋各番国，抚谕远人"。引自祁海宁《论洪保寿藏铭的出土与大号宝船研究的几个问题》，载《航海——文明之迹》，上海古籍出版社 2011 年版，第 178 页。
⑤ 参阅郑鹤声、郑一均《略论郑和下西洋的船》，《郑和下西洋研究文选》(1905—2005)，海洋出版社 2005 年版，第631—642 页。
⑥ 巩珍：《西洋番国志》卷首《敕书》，中华书局 1961 年版，第 9 页。
⑦ 《工部厂库须知》卷九，第 292—293 页。

铸造上供。广东上供的产品陆续解运工部后,再转送内官监。隆庆五年(1571)后内官监所需广东铁锅等件一时未能及时解送,朝廷暂令工部召买,转送内官监使用。可见工部召买广锅只是临时举措,由内官监复行广东铸造上供才是常例。

由于宣德朝君臣对郑和下西洋功绩的否定,明朝没能保存郑和下西洋的丰富档案记录。但把各种资料联系起来,郑和下西洋关于广锅采办的史实,仍然清晰可见。

广东地处南海之滨,河海相连。明朝定籍,百姓乐业。尤以商品性手工业迅速发展,广货盈市。而明初也限定南海诸国贡道必须由广东进出,史称:"永乐改元,遣使四出诏谕,诸番贡献毕至,奇货重宝,前所未有。乃命内臣监镇市舶,设公馆于广州城南水滨。公馆建于郡西仙湖。"① 又据《国榷》记载,永乐元年(1403)八月丁巳,设浙江、福建、广东市舶提举司,始命内臣齐喜提督广东市舶。② 更为重要的是,据李庆新的研究,郑和下西洋有两次从广东出发,即第二次和第六次是直接从广东扬帆出海。③ 明万历《广东通志》记载:永乐五年(1407)九月"命太监郑和使西洋诸国,首从广东往占城国起"。这次出使从广东启航,所经国家有占城、爪哇、暹罗、苏门答腊、南巫里、古里、柯枝、锡兰等。④ 既是主要贡路,又有内官驻此,郑和宝船队当把广东作为大量挑选产品的供应基地之一。民国《佛山忠义乡志》是晚清进士冼宝干编纂,其书对佛山乡情记述之多、考证之细在诸佛山志之上。冼宝干曾对佛山开镇如此论述:"明永乐间,遣三保太监下西洋,岛夷多受封爵,番舶始集,诸货宝南北互输,以佛山为枢纽,商务益盛。范蠡以陶居天下之中,改姓朱氏,三致千金,世号陶朱公。以佛地方之,殆无以异。"⑤ 显然,冼宝干把佛山兴盛的原因直接与郑和下西洋相联系。

笔者认为,从上述内官监的掌管职能看,郑和下西洋的采办物品包括了广东佛山生产的铁锅。理由有三:第一,郑和出洋前需由内官监派出马船来回采办,采办时间长达一年,然后集中运送宝船所在地。采办地点主要在江南和珠江三角洲的南方手工业发达区域。第二,广州市舶有内官齐喜掌管,可以提供当地商情和转运之便。第三,佛山冶铁业的崛起与郑和七次下西洋的时间相吻合。佛山在永乐年间出现了闻名全国的大锅商冼灏通,又有"佛山商务以锅业为最"的记载。⑥ 明代佛山炒铸七行以锅行为首,产量巨大。炒铸七行均负有答应上供的义务:"分别班行遵应公务。但铸锅炉户答应铁锅,铸造铁灶答应铁灶,炒炼熟铁炉户答应打造军器熟铁,打拔铁线之家答应铁线、御用扭丝灶链,打造铁锁胚炉户答应御用灶链、担头圈、钩罐身,打造笼较、农具、杂器之炉答应御用煎盆镬、抽水

①《古今图书集成·方舆汇编·边裔典》第 89 卷《南方诸国总部》。
②《国榷》卷一三,永乐元年八月丁巳。
③ 李庆新:《再议郑和下西洋:以两次从广东启航为中心》,《广东社会科学》2003 年第 2 期。
④ 郭棐:《广东通志》卷四《藩省志》,万历三十年刊本。
⑤ 民国《佛山忠义乡志》卷一四《人物志八》。
⑥《鹤园冼氏家谱》卷六之二《六世月松公传》。

镬、小□□，卖铁钉答应铁钉。自古亘规，各依货卖答应，毫无紊乱。"①可见除"铁锅"之外，还有"军器熟铁""御用扭丝灶链""御用灶链""御用煎盆镬"等御用铁器。这里说的"自古亘规"，当指明初，尤其是永乐年间郑和下西洋时期形成的答应上供制度。

郑和下西洋的赏赐物品极求精好华美，对这类赏赐用品，《明会典》规定："该衙门成造，务要精好。如有不堪，听礼部具实参奏重治。"②因此各衙门不惜工本，力求精致，以达成"足称御用"的标准。明代佛山承接了三代以来的铸造技术，创造了独特的"红模铸造法"。用这种工艺制造的薄型铸件，金相组织十分细结均匀，表面光洁度极高，而成品率常达百分之百。③轻薄坚韧，加热快速，使佛山生产的铁锅独具一格，品相极佳，"鬻于江楚间，人能辨之"。④所有这些，均符合郑和下西洋对赏赐品的高规格要求。

郑和下西洋之后，海外诸国王室到广东求购广锅的前后相续。据《明实录》记载：

> （宣德四年五月）爪哇国使臣亚烈麻抹等将还国，诉于行在礼部云：来时舟为海风所坏，乞令广东都司布政司造舟与归；又欲以所赍之物于广东易铁。礼部言：番臣朝贡，其职当然，舟坏应自出资以造，岂可上烦朝廷。铁有禁例，皆不可从。上曰：易铁勿听，但远人来朝，抚之宜厚，造舟小费不足校，宜从之。⑤

明初严禁麻铁与废铁出洋，爪哇国也无铸造技术，因此"以所赍之物于广东易铁"，当指爪哇国使臣亚烈麻抹等以其特产交换佛山铁锅。虽然此次宣德帝未能准许在广东易铁，但爪哇国历任使节并未放弃请求。景泰三年（1452）五月，爪哇国王巴剌武派遣陪臣亚烈麦尚耿率使团来朝贡，景泰帝赐宴款待，并赐爪哇国王及妃彩币表里、纻丝、袭衣等物；又赐使臣等人冠帽、钑花、金银带有差。然使臣亚烈麦尚耿仍上奏言："入贡时所驾船为风所荡，损漏不堪，乞令广东三司修造。及乞赐国王敕命、伞盖、蟒龙衣服，以为小邦之荣。又乞以赐物于广东地方贸易油麻钉、铁锅、碗、磁器之类。"景泰皇帝"俱从之"。⑥弘治十四年（1501）三月，"江西信丰县民李招贴与邑人李廷方、福建人周程等私往海外诸番买易，至爪哇。诱其国人哽亦宿等赍番物来广东市之"。哽亦宿之父八祢乌信是"国中头目"，李招贴令其骗得其父的"爪字三号勘合底薄"故纸一张藏之。舟经乌洲洋遭风，飘至电白县境，伪称爪哇国贡使。地方官府将这批109人的番汉人传送至广州。经礼部勘验所持为假勘合，受到明朝重罚，"其所赍番物由广东布政司收贮；并令广东布政司移文爪哇国王重治八祢乌信及其子假冒贡使之罪"。⑦从上述爪哇使臣和首领多次请求皇帝把明朝廷厚

---

① 崇祯八年《广州府南海县饬禁横敛以便公务事碑》，《明清佛山碑刻经济文献资料》，第13—14页。
② 万历《明会典》卷一一三《礼部七十一·给赐四给赐番夷通例》。
③ 《天工开物和佛山铸造技术的发展》，载《中山大学学报》（自然科学版）1975年第1期。
④ 《广东新语》卷一五《货语·铁》，第409页。
⑤ 《明宣宗实录》卷五四，宣德四年五月壬戌。
⑥ 《明英宗实录》卷二一六，景泰三年五月癸巳、景泰三年五月丁未。
⑦ 《明孝宗实录》卷一七二，弘治十四年三月壬子。

赐的彩币、纻丝到广东交换钉、铁锅等物,可见爪哇国对广东铁锅情有独钟。另据《郑和下西洋资料汇编》所收集的各种史料记载,当时与中国交换锅、釜等铁器的南海诸国还有渤泥、苏禄、吉里地闷、沙瑶、呐哔啴、麻逸、三岛、榜葛剌、天方等国。[①] 因为郑和下西洋的馈赠和推广,广锅在南海诸国王室中享有很高声誉。

三、澳门口岸与广锅贸易

从嘉靖八年(1529)到清康熙开海(1685 年),是澳门口岸贸易的繁荣时代。佛郎机人、中国海商(郑芝龙等)、广州藩商(沈上达等)轮番参与了澳门与东西洋的贸易,而佛山铁锅在贸易商品中始终占有一席之地。

嘉靖八年(1529)十月,提督两广侍郎林富上疏言开放澳门贸易事,于是"下兵部议言:安南、满剌加自昔内属,例得通市,载在《祖训》《会典》。佛郎机正德中始入,而亚三等以不法诛,故驱绝之,岂得以尽绝番舶? 且广东设市舶司,而漳州无之,是广东不当阻而阻,漳州当禁而反不禁也。请令广东番舶例,许通市者,毋得禁绝。漳州则驱之,毋得停舶。从之"。[②]《国榷》亦载:明廷于"十月己巳(初七),许广东仍通番舶,漳州私市禁之"。[③] 澳门贸易由始发展,吸引了南海诸国相继前来澳门贸易。如满剌加"其自贩于中国者,则直达广东香山澳,接迹不绝云"。[④] 百花国亦"附舶香山濠镜澳贸易"。[⑤] 贸易商品中以铁锅利润最厚,当时吕宋为争夺铁器之利曾大规模屠杀华人。《明实录》记载:万历三十一年(1603),"吕宋国因厚市华人铁器,器空,尽杀华人,凡二万余。夷虑中国兴兵问罪,入香山澳侦之。闽广抚臣不敢尽言,草草闻上。诏无开事端,乃已"。[⑥] 澳门作为中西贸易的自由港市,[⑦]成为明末清初刺激广东走私发展的重要基地。据明人周元暐《泾林续记》记载:"广属香山为海舶出入襟喉。每一舶至,常持万金并海外珍异诸物,多有至数万者。先报本县申达藩司,令舶提举同县官盘验,各有长例。而额外隐漏所得不赀,其报官纳税者不过十之二三而已。"[⑧]又载:"闽广奸商惯习通番,每一舶推豪富者为主,中载重货。余各以己资市物往,牟利恒百余倍。"[⑨]所谓"中载重货",即多为铁锅。郑芝龙早年在澳门学会经商,后侨居日本长崎平户,购置商舶,往来台湾、厦门和澳门,兴贩暹罗、交趾和三佛齐。据荷兰东印度公司《巴达维亚城日记》等资料记载,崇祯六年至十一年(1633—1638),郑芝龙

① 参阅郑鹤声、郑一均《郑和下西洋资料汇编》(增编本)(上、中),海洋出版社 2005 年版。[下称《郑和下西洋资料汇编》(增编本)]
②《明世宗实录》卷一〇六,嘉靖八年十月己巳。
③《国榷》卷五四,嘉靖八年十月己巳。
④《明史》卷三二五《列传第二百一十三·满剌加传》,第 5641 页。
⑤ 茅瑞征:《皇明象胥录》四《百花》,明崇祯刻本,《国立北平图书馆善本丛书》第一集。
⑥《国榷》卷七九,万历三十一年十月甲子。
⑦ 参阅余思伟《论澳门国际贸易港的兴起、早期发展及明王朝的管辖》,载《明清广东社会经济研究》,第 259 页。
⑧ 周元暐:《泾林续记》,中华书局 1985 年版,第 34 页。(下称《泾林续记》)
⑨ 同上书,第 27 页。

及其部属船队每年运送货物至台湾的船只多达 200—300 艘，主要商品为生丝、绸缎、砂糖和铁锅等产品。[①] 其中当有不少从澳门装载的广锅。崇祯初年佛山冶铁三大家族之首的细巷李氏的李崇问（户部尚书李待问堂弟），就发起组织佛山的"广韶会馆"，专门从事广锅出口批发，被广东官府认为是"窝顿接济之薮"而被查办。[②]

---

① 郑广南、郑万青：《17 世纪福建郑氏海商崛起及其"海上商业王国"》，载《航海——文明之迹》，第 254—256 页。
② 《盟水斋存牍》（二刻）卷二《激变李扩衷二杖》。

第七章
明代广锅与九边互市

作为明廷的制边利器,广锅因"官锅"的身份而在九边塞外炙手可热;作为铁锅的第一品牌,在京城广锅的价格两倍于他锅,曾成为瓦剌也先策动"土木之变"的藉口之一;作为隆庆和议的核心内容,"广锅互市"促成了俺答封贡的实现和维护,并得到张居正和隆庆皇帝、万历皇帝的重视和支持。明朝的九边,是在北方防线边墙南侧建立的九个军事重镇,自东往西依次是辽东镇、蓟州镇、宣府镇、大同镇、山西镇、延绥镇、宁夏镇、固原镇、甘肃镇。自永乐以来,东三边的辽东镇和蓟州镇长期和平互市;隆庆封贡后,中三边和西三边长城沿线数千里的广大区域,也结束战乱,走向和平,实现了明蒙双方互惠互利发展社会经济的重大转折。九边息戎,万民同乐。终明一代,"广锅"贸易总是与边事相联系,广锅也因此在明朝政治、军事舞台上扮演了重要角色。

第一节　明代广锅与辽东马市(东三边)

1368 年,朱元璋推翻元朝,建立明朝。但洪武初年,孛儿只斤黄金家族尚在北遁,其势力并未消亡。因此明朝洪武、永乐两朝都把北方作为前线战区重点布局,悉心经营。在辽东经略中,广锅扮演了重要角色。①

一、明朝的辽东经略与开原马市

明洪武四年(1371)设置定辽都卫,洪武八年(1375)改为辽东都指挥使司,领二十五卫,隶山东布政使司。② 永乐七年(1409)复置安乐、自在二州,构建了明朝在辽东的基本行政区和核心治理体系。明朝对归附的女真、东蒙古部落设立"外夷卫所"安置。③ "外夷

---

① 本节引用的明代原档资料,多有"夷""虏"等歧视性字眼,但为明晰讨论对象,均保持原字句,未作改动。敬祈谅解。
② 毕恭:《辽东志》卷二《建置志》,科学出版社 2016 年版,第 66 页。(以下简称《辽东志》)
③ 同上。

卫所"的首领均授予都督、都指挥等官职，①发给敕书印信，"各统其属，以时朝贡"。② 明朝限定发给女真各卫首领的朝贡敕书共 1 500 份。③ 敕书印信是明朝权威的象征，是女真首领统制部族、入京朝贡的唯一凭证。明朝同时修筑辽阳、广宁、开原三城，完成了"辽阳按临，总会广宁，抚镇驻节开原，三面控夷，独当重地"的战略布局。④

辽东马市的设立始于对朝贡贸易的补充。永乐三年（1405），明成祖体恤福余卫远赴京师贡马之劳，"令就广宁、开原择水草便处立市"。⑤ 永乐四年（1406）即设立开原城南、开原城东、广宁三处马市。⑥ 明成祖说："中国非无马牛，而与为市，盖其服用物皆赖中国。若绝之，必生怨心。朝廷许其互市，亦是怀柔之仁也。"⑦这是明廷在辽东设立马市的初衷。马市由官方主导市场，"凡马到市，官买之，余听诸人为市"。⑧ 从永乐到万历年间，明朝沿辽东边墙先后开设了 14 处马市或木市，成为汉族与女真、蒙古等族之间互通有无的重要场所。其中尤以广宁、开原、抚顺三市规模较大，存在时间较长，素有"辽东三大马市"之称。⑨

开原地处大宁都司、辽东都司和奴儿干都司的冲要，有河道与海相通。通过开原，明朝能够有效地控制边外的外夷卫所。开原马市开市最早，且持续 200 余年；开原马市规模最大（三关三市），且交易频繁，嘉靖时期已打破"月两次"的限制，⑩万历时期开原三处马市均随来随市，连日开市。⑪ 开原马市设置"马市官"一名，⑫其主要职责是"抚待关防"，即给女真、蒙古入市买卖人发放抚赏银两和抚赏品。官市马价例由明朝政府订立，然后按马价实行"以物易物"的交易。因此开原马市在辽东一枝独秀，被女真人视为"金路"。万历时辽东巡抚李化龙评价开原马市称："其马市为夷货流通之府，胡汉之人，胥仰藉焉。抢掠所获不足以当市易之利，夷人以市为金路，唯恐失之，而我亦借此以为羁縻。"⑬

明朝设立外夷卫所、朝贡和马市，构成了辽东经略的主要内容，而"官买官给"，则是官方主导辽东马市的圭臬。在这一历史背景下，官买铁器充市以及允许民市交易铁器，就成为辽东经略的题中之意。

---

① 《明史》卷九〇《兵志》。
② 《明一统志》卷八八六《女直》。
③ 万历《明会典》卷一〇七《礼部六九〇·朝贡三·东北夷》
④ 李辅：《全辽志·凡例》，科学出版社 2016 年版。（以下简称《全辽志》）
⑤ 《钦定续文献通考》卷二六《市籴考二》。
⑥ 《辽东志》卷三《兵食志·边略》，第 146—147 页。
⑦ 《钦定续文献通考》卷二六《市籴考二》。
⑧ 《明宣宗实录》卷一一三，宣德九年十月丁巳。
⑨ 参阅佟东主编、丛沛远著《中国东北史》第 4 卷第 10 章，吉林文史出版社 1987 年版，第 1064—1065 页。（下称《中国东北史》）
⑩ 万历《明会典》卷一二九《兵部一二·镇戍四·各镇分例一》。
⑪ 辽宁省档案馆、辽宁省社会科学院历史研究所编：《明代辽东档案汇编》，辽沈书社 1985 年版。（以下简称《明代辽东档案汇编》）下集所收录档案均显示开原马市随到随市。
⑫ 李辅纂修，韩钢点校：《全辽志》卷三《职官志》，第 211 页。
⑬ 李化龙：《议复开市抚赏疏》，《明经世文编》卷四二二《李襄毅公抚辽奏稿》。

二、明朝辽东马市的铁锅供给政策

明初辽东边外的蒙古、女真族聚居区以游牧射猎为主。游牧经济体生产出品为肉类、皮革,既无布帛、粮米,更无锅、釜、犁、铧等铁器。因此对农业经济体有强烈的依存关系。女真社会因农业发展、采猎战争的需要,向"以铁物为贵"。[①] 其箭镞自古以兽骨为之,明代开始"贸大明铁自造"。[②] 蒙古族素来所需"锅釜针线之具,缯絮米菽之用,咸仰给汉"。[③] 明朝在洪武、永乐年间实行厚往薄来的怀柔政策,永乐五犁北庭,女真诸卫也有随征者。因此明初对女真的铁器贸易政策较为宽松,即女真所言的"往年受朝廷厚遇"。[④]

而与女真相邻的朝鲜,是东亚除中国外也能铸造铁器的农业国。宣德年间,女真向朝鲜求易铁器。朝鲜深知兹事体大,向明朝报告。明宣宗立即制止,即对建州卫指挥女真首领李满住发出敕谕:

> 朝鲜国王素守礼法,其事朝廷小心敬慎,不与外交,于理为宜。尔等既受朝廷爵命,亦当禁绝外交,毋纵下人侵越邻境。若欲市易,听于辽东境上,不尔禁也。[⑤]

这则敕谕,明确制止建州卫与朝鲜开展外交。[⑥] 作为回报,明廷对辽东马市的铁器贸易网开一面,"不尔禁也"就是指此。因此该敕谕是辽东马市允许铁器贸易的制度性文件。天顺三年(1459)建州女真又欲与朝鲜李朝交易铁器,朝鲜李朝公开与建州女真进行铁器贸易。明廷获知,英宗严厉斥责了李朝世祖李瑈这种破坏朝贡体制的所为,使得李瑈羞愧难当而断绝了与女真的一切官方来往。[⑦]

明朝宣宗、英宗两帝先后对女真与朝鲜铁器贸易的干预,逐渐加剧了女真对明朝的怨恨。而成化十二年(1476)明朝廷对"建州、海西、朵颜三卫夷人"实施"行人带领,通事伴送,沿途防禁"的措施,[⑧]则直接激起女真各部的强烈反抗。成化十三年(1477)十月,海西女真联合建州女真侵寇辽东清河、叆阳,声称:"今无故添一官人,伴送我行,饮食之如犬豕,禁制我市买,使男无铧铲,女无针剪,因是入寇。"[⑨]官人伴送的随行监视,刺激了女真贡使的不满情绪;而禁止铁器自由贸易,则是导致女真外夷卫所第一次侵寇辽东事件发生的真正原因。

---

① 《朝鲜李朝实录·中宗》卷二七,十二年三月癸未。
② 《朝鲜李朝实录·成宗》卷二五五,十四年十一月丁巳。
③ 瞿九思:《万历武功录》卷九《俺答传》,《明代蒙古汉籍史料汇编》第四辑,内蒙古大学出版社 2007 年版。(以下简称《万历武功录》)
④ 《明宪宗实录》卷一七三,成化十三年十二月乙巳。
⑤ 《明宣宗实录》卷六五,宣德五年夏四月己卯。
⑥ 参阅[日]河内良弘《明代女真史研究》,辽宁民族出版社 2015 年版,第 146 页。(下称《明代女真史研究》)
⑦ 《明英宗实录》卷三〇二,天顺三年四月庚辰条;又参阅《明代女真史研究》,第 375—380 页。
⑧ 《明宪宗实录》卷一五九,成化十二年十一月壬戌、成化十二年十一月癸亥。
⑨ 《明宪宗实录》卷一七二,成化十三年十一月己丑。

侵寇辽东事件发生后,明朝短暂关闭了辽东三个马市中的两个以示惩罚。成化十四年(1478)陈钺巡抚辽东,即复开三马市,"令海西及朵颜三卫入市;开原月一市,广宁月二市,以互市之税充抚赏"。[1] 复开辽东三马市后,允许民间交易铁锅。据《明实录》记载,成化十四年(1478)到弘治十六年(1503),辽东马市"许五人、十人共买一锅"。[2] 弘治十八年(1505),泰宁卫"乞以赏赐等物易牛只、犁铧、铁锅,许之"。[3] 正德三年(1508),"泰宁等三卫夷人入贡还,许市牛只、田器"。[4] 嘉靖四年(1525),准泰宁卫"以赐物易牛及犁、釜等器以归";[5]嘉靖十九年(1540),泰宁部"将赏物沿途易置牛只、犁铧、铁锅等物"。[6] 在东三边遵化马市,万历年间也准许朵颜三卫在当地马市"听令两平交易,每人许收买牛一只、犁一副、锅一口"。[7] 明代对辽东铁锅贸易虽时有数量上的限制,却允许铁锅在辽东马市、朝贡归途长期换易,并无禁止。以往论者每每把上列某条史料解读为明代铁板一块地禁售铁锅,笔者认为这恰恰是明代实行弹性铁锅供给政策的例证。

明朝在强硬制止女真与朝鲜市铁的同时,又施以怀柔之策准许辽东马市铁锅贸易。而辽东马市铁锅贸易的存在和发展,为广锅入市提供了广阔市场。

三、广锅是辽东马市的充市商品

明代宣大总督王崇古在奏议隆庆互市时说:"及查得辽东开(元)［原］、(建)［广］宁之市,以广锅入市。盖广锅生铁不受炼炒,行之已久。此可仿行。及查得宣、大沿边山程险远,铁锅鲜至,亦多用广锅。即当容照辽左三卫例,以广锅容入市易。商夷攸便也。"[8]当时吏部左侍郎张四维也说:"昨部覆已拟如开原例,市用广锅。"[9]可知广锅在辽东入市是朝廷允许的成例,其他各边亦可仿行。

根据成书于正统八年(1443)的《辽东志》记载,开原马市当时制定了"缎一疋银一钱,锅一口银一分,羊一只银一分,貂皮一张银二分"等16种货物的抽分则例(其中汉人2种,女真、蒙古人14种)。[10] 说明开原马市开办之初铁锅就是充市商品,执行锅一口银一分的低税抽分。随着马市发展交换范围的逐渐扩大,成书于嘉靖四十四年(1565)的《全辽志》记载的辽东马市抽分商品增加到32种,其中汉人有"缎一疋银一钱,袄子一件银五分,锅一口银三分,铧子一件银五厘,绢一疋银一分"5种商品,女真、蒙古人有"貂皮一张银二

① 《明史·食货五·马市》。
② 《明孝宗实录》卷一九五,弘治十六年正月甲午。
③ 《明武宗实录》卷七,弘治十八年十一月壬寅条。
④ 《明武宗实录》卷四五,正德三年十二月丁卯条。
⑤ 《明世宗实录》卷四五,嘉靖四年二月甲午条。
⑥ 《明世宗实录》卷二四三,嘉靖十九年十一月辛丑条。
⑦ 万历《明会典》卷一〇七《礼部六十五·朝贡三》;卷一一一《礼部六十九·给赐二》。
⑧ 王崇古:《为遵奉明旨经画北虏封贡未妥事宜疏》,陈子龙:《明经世文编》卷三一七《王鉴川文集二》。
⑨ 张四维:《与鉴川王公论贡市书》(第九书),《条麓堂集》卷一七,第530页。
⑩ 《辽东志》卷三《兵食志》,第146—147页。

分,豹皮一张银一钱,水獭皮一张银二分"等 27 种商品。① 上述资料显示在此期间(1443—1565 年),女真贩来的貂皮抽分没有变化,仍是"貂皮一张银二分";而汉人贩来的铁锅抽分却增加了 200%,从"锅一口银一分"增至"锅一口银三分",这反映了当时辽东互市上"貂贱锅贵"的市场现状。铁锅抽分的提高对广锅这种高价值、多尺寸、多品种的品牌反而有利,因为无论锅之大小每锅均抽三分税。万历年间《抚赏夷人用银物清册》有"广锅一口,用银六钱"的记载。② 笔者推论,这是在官办抚赏品的官锅缺货时,临时从民市购买"广锅"补充抚赏品,记录价格是为了核销抚赏用银数目。仅以上述广锅每锅六钱之例计算,三分银占锅价的 5%;而比广锅价贱一倍的铁锅,三分银占锅价的 10%。显然,价格低的铁锅承担不起每锅三分银的高额税收,会逐渐退出市场,这也是广锅后来独步辽东大地的重要原因。明后期铁锅抽分的提高,使铁锅抽分成为辽东马市税额的重要来源。

《明代辽东档案汇编》收录了嘉靖二十九年八月、万历三年、万历十一年九月、万历十二年三月共 11 份马市抽分清册残件,其中存载了 31 条关于铁锅抽分的具体记录。从这 31 条资料可解读出如下信息:

第一,从嘉靖二十九年(1550)至万历十二年(1584),开原马市民间铁锅交易一直在官方税务管理下运行。万历以后互易铁锅次数明显增加,如嘉靖二十九年某月某日女真都督歹答儿等与汉族买卖人关堂等交易铁锅 3 口,抽分银九分;③而万历十二年,女真买卖人押卜刺等交易铁锅 73 口,抽分银二两一钱九分。④ 万历十二年最多的一次交易,铁锅达到 91 口,抽分银二两七钱三分。⑤

第二,开原马市民间互易铁锅的双方是女真、蒙古买卖人与汉族买卖人。如万历十二年三月十八日女真买卖人山江卜落木等与汉族买卖人程锐等交易铁锅 42 口,抽分银一两二钱六分。⑥ 双方买卖关系比较稳定,有多次交易者。如女真都督仰加奴在万历十一年(1583)交易铁锅 20 口,抽分银六钱;⑦万历十二年(1583)又交易铁锅 11 口,抽分银三钱三分。⑧

第三,开原马市的入市铁锅品种有广锅和潞锅,抽分税率是一样的,这对于价贱质粗的潞锅显然不利。

关于开原马市的整体抽税数额,据《明代辽东档案资料》记载,万历十一年(1583)七月

① 《全辽志》卷二《赋役志》,第 84—85 页。
② 197.《抚赏"夷人"用银物清册》(万历年间),《明代辽东档案汇编》下,第 841 页。
③ 186.《□□□指挥佥事完仁呈报马市抽分与抚赏"夷人"用银物清册(五份)》,(嘉靖二十九年八月),《明代辽东档案汇编》下,第 722 页。
④ 194.《马市抽分与抚赏"夷人"用银物清册》(万历十二年三月),《明代辽东档案汇编》下,第 830 页。
⑤ 同上书,第 817 页。
⑥ 同上书,第 827 页。
⑦ 193.《马市抽分税银清册》(万历十一年九月),《明代辽东档案汇编》下,第 816 页。
⑧ 194.《马市抽分与抚赏"夷人"用银物清册》(万历十二年三月),《明代辽东档案汇编》下,第 820 页。

至九月一个季度,开原马市的抽分银高达二千七百六十二两余。① 明政府还确立了"以互市之税充抚赏"的原则。② "按马市,开原、抚顺、广宁三城俱有,其市税俱同,但市期无定额,故税银无定数,各因其买卖多寡而为抽分数目。开原二市银两,附入循环,收贮卫库,遇有动用,呈请支销"。③ 万历十一年(1583)秋季七月至九月,开原马市抚赏用银一千四百八十一两多。④ 较之同期开原马市税银收入二千七百六十二两余,有 46％的盈余。"以互市之税充抚赏"的原则,既体现了明朝"厚往薄来"的"怀柔之仁",又是女真、蒙古贸易丰厚利润的来源。换句话说,大部分税银通过超值抚赏品返回给女真和蒙古入市者,使辽东马市实际成为女真和蒙古方的免税边贸市场。

由此可见,广锅作为辽东马市的主要充市商品,成为辽东马市税银收入的重要组成部分,支撑着辽东马市的循环运作与发展。

四、辽东官府的广锅采办

为满足马市对官锅的需求,"供给抚待夷人事",⑤有明一代,辽东官府都通过海运从山东临清大量采购统一规格、有数量保证、质量上乘的广锅,运回开原作为官方抚赏品储存发放。因为先行使用了公帑官银,这部分广锅又称为"官锅"。官锅不进入市场交易,不标示价格,只作为朝廷抚赏品在马市上对女真、蒙古人发放。

明初官方海运军需品,"粮米由海运经登州趋旅顺,直抵开原。开原城西有老米湾,即其卸泊处也"。⑥ 这条海运通道,也是铁锅、布匹的主要运道。马市官办货物的采购,往往远自临清,甚至江南。辽东官府"例岁委一官,往苏、杭等处易买缎布、皮张以为市马之用",⑦而往临清采购广锅更成惯例。万历年间辽东指挥吴应科等"比例请动官银……领往临清等处置买锅布缎袄",得到巡抚都御史发放勘合,准许动支抽分银一千二百两。⑧ 从"比例请动官银"看,"预买锅布缎袄以备抚夷事"是有例可循之事。连差旅费一百四十八两四钱一分五厘七毫,也是比例请动官银支用。

临清是在明朝定都北京后因漕粮运输和百货上供而兴起的中心市场,大宗铁锅在此转输辽东和西北各市场。根据许檀的研究,铁锅是临清市场上的重要商品之一,其品种有广锅、无锡锅及西路铁锅等。临清本地消费以广锅、无锡锅为多。而宣府、大同、辽东互市所用的铁锅及其他铁器也由临清采买。临清城内最有名的街为"锅市街",位于商业街区

---

① 193.《马市抽分税银清册》(万历十一年九月),《明代辽东档案汇编》下,第 815 页。
② 《明史·食货五·马市》。
③ 《全辽志》卷二《赋役志·马市抽分》,第 85 页。
④ 194.《马市抽分与抚赏夷人用银物清册》(万历十二年三月),《明代辽东档案汇编》下,第 819 页。
⑤ 同上。
⑥ 《全辽志》卷五《艺文上·经略》,第 479 页。
⑦ 侯先春:《侯给谏疏》卷一《安边二十四议》,《明经世文编》卷四二八。
⑧ 197.《抚赏夷人用银物清册》(万历年间),《明代辽东档案汇编》下,第 840—841 页。

的主要干道。铁锅上市的数量当属可观。①

　　临清锅市街上的广锅原系民锅，自被辽东官员购买后，就被视同官锅，进入官运体制，运输有递运所运军，仓储俱入官库，一应水脚运费、保管费、专员差旅费均由官府支出，抚赏完成，呈报核销。辽东官府还配置了专用锅车，接驳船运起岸后的陆路运输。万历五年（1577）六月十八日，有某递运所"付开原锅车一十九辆"的记载；又有初九日安排"锅车二十四辆"的记载。②

　　辽东马市上的官锅，就是免除了运费、税费的超值商品。正是广锅作为官锅的抚赏，满足了女真对铁锅的所有期待：快热、坚韧、精美、多样化。因此，拥有广锅成为女真首领阶层身份地位的标志。

五、广锅是辽东马市主要的抚赏品

　　辽东马市自设立之初就制定了抚赏制度。《辽东志》抚赏条记载："抚赏三卫买卖达子大头儿，每名袄子一件，锅一口。""零赏三卫达子，每名布一疋，米一斗，兀堵酥一双，靴一双，锅一口。"③可知明初对朵颜、海西、建州三卫凡到马市互市者，无论是否头目，每名均抚赏或零赏"锅一口"，成为常例。《明代辽东档案汇编》下收录了 14 份《抚赏"夷人"用银物清册》档案残件，共存载了 80 次开原互市抚赏官锅的具体情况，时间覆盖了嘉靖二十九年（1550）至万历十二年（1584）。兹列表如下：

表 7－1　明代嘉靖万历年间开原马市抚赏用广锅数目表④

时　　间	关　　市	受赏人姓名	人数（个）	事由	抚赏品	锅数（口）
嘉靖二十九年八月		都督歹答儿等	5		官中锅	1
嘉靖二十九年八月	镇北关	都督猛阿等	95		官小锅	9
嘉靖二十九年八月	镇北关	八哈木等	72	易换	官中锅	1
万历四年十二月	新安关	者儿盖等	191	易换	官锅	55

① 许檀：《明清时期的临清商业》，《中国经济史研究》1986 年第 2 期。
② 176.《□□递运所为具报应付高丽"夷人"递送囚犯等车辆轿扛夫役数目清册》（二份）（万历五年六月），《明代辽东档案汇编》下，第 683—684 页。
③ 《辽东志》卷三《兵食志·边略》，第 147 页。
④ 《明代辽东档案汇编》下，档案残件：186.《□□指挥佥事完仁呈报马市抽分与抚赏"夷人"用银物清册（五份）（嘉靖二十九年八月）》、189.《辽海卫指挥佥事高良弼呈报马市抽分与抚赏"夷人"用银物清册》（万历四年十二月）、190.《□□□指挥同知戴良栋呈报马市抽分与抚赏"夷人"用银物清册》（万历四—六年）、191.《马市抽分与抚赏"夷人"用银物清册》（万历六年）、192.《定辽卫经历司呈报马市抽分与抚赏"夷人"用银物清册》（万历六年八月）、193.《马市抽分税银清册》（万历十一年九月）、194.《马市抽分与抚赏"夷人"用银物清册》（万历十二年三月）、195.《安乐州呈报抚赏"夷人"用银物清册（万历十二年八月）》、197.《抚赏"夷人"用银物清册》（万历年间）、198.《抚赏"夷人"用银物清册》。

（续表一）

时　　间	关　市	受赏人姓名	人数（个）	事由	抚赏品	锅数（口）
万历四年十二月十四日	新安关	火把等	104	易换	官锅	4
万历四年十二月十六日	新安关	脱脱等	162	易换	官锅	60
万历四—六年□月二十五	新安关	草困等	34	告讨	官锅	9
万历四—六年□月十三	新安关	脱脱等	4	易换	官锅	5
万历四—六年□月十三	新安关	草困等	35	易换	官锅	15
万历四—六年□月八日	新安关	草困等	84	易换	官锅	14
万历六年正月初十日	新安关	狗儿扯镇等	1 520	易换	官锅	543
万历六年二月初五日	新安关	草困等	187	易换	官锅	4
万历六年二月□日	新安关	孛罗等	95	易换	官锅	14
万历六年二月十二日	新安关	准卜哈等	72	告讨	官锅	14
万历六年□月初九日	新安关	莽金草困等	158	易换	官锅	59
万历六年□月□日		把打柰等	89	易换	官锅	26
万历六年八月□日					官锅	233
万历六年□月□日	新安关	往吉那等	650	易换	官锅	404
万历六年□月□日				易换	官锅	828
万历十一年九月初八日	镇北关	都督仰加奴等	950	易换	官锅	20
万历十二年三月初九日	广顺关	都督猛骨孛罗等	650	易换	锅	7
万历十二年□月□日				易换	锅	91
万历十二年□月十三日	镇北关	易八里火内赤等	590	易换	锅	4
万历十二年□月十三日	广顺关	南台等	500	易换	官锅	34
万历十二年□月十八日	镇北关	都督仰加奴等	480	易换	锅	11
不详					官锅	2
万历十二年□月二十六	广顺关	歪卜兀堵尚等	444	告讨	官锅	6
万历十二年□月二十七	镇北关	咬哥英各木等	13	告讨	官锅	4
万历十二年□月□日	广顺关	庄台等	120	告讨	官锅	2
万历十二年□月□日	广顺关	歹商差二汉等	2	告讨	官锅	3
万历十二年□月初十日	镇北关	卜寨差易八里等	480	易换	官锅	38

（续表二）

时　　间	关　市	受赏人姓名	人数（个）	事由	抚赏品	锅数（口）
万历（缺日期）		都督猛骨口等		易换	官锅	44
万历十二年□月初一日	新安关	慌忽太营人额零革等	80	告讨	官锅	5
万历十二年□月初二日	新安关	铁匠等	40	告讨	官锅	6
万历十二年□月初三日	新安关	草困等	20	告讨	官锅	6
万历十二年□月十二日	镇北关	易八里等	340	易换	锅	7
万历（缺日期）	广顺关	伯羊等	700	易换	锅	11
万历十二年□月二十一	镇北关	卜寨那林孛罗差易八里兀太等	790	易换	锅	42
万历十二年八月		咬奇等			官锅	5
万历十二年八月初五日	广顺关	二汉等	2	告讨	官锅	2
万历十二年八月初五日	镇北关	卜寨差咬奇等	3	告讨	官锅	3
万历十二年八月初六日	新安关	石头儿铁匠等	50	告讨	官锅	1
万历十二年八月初八日	新安关	把打奈等	55	易换	官锅	9
万历（缺日期）	新安关	伯革失力木等	60	告讨	官锅	6
万历（缺日期）	镇北关	咬奇等	4	告讨	官锅	4
万历十二年八月十九日	新安关	伯言等	35	告讨	官锅	2
万历十二年八月二十日	新安关	草困等	20	告讨	官锅	2
（缺日期）	新安关	石头儿等			官锅	8
万历十二年八月二十五	新安关	歹答儿等	45	易换	官锅	3
万历十二年八月二十六	新安关	草困等	25	易换	官锅	3
万历十二年八月三十日	广顺关	扎迟步小四等	8	告讨	官锅	8
万历十二年（缺月日）	广顺关	都督猛骨孛罗		易换	官锅	218
万历十二年□月十四日	广顺关	歹因孛罗等	200	易换	官锅	12
万历十二年□月□日	新安关	石头儿铁匠等	150	易换	官锅	6
万历十二年□月□日					官锅	34
万历十二年□月十一日	广顺关	柏羊等	700	易换	官锅	50
万历十二年□月□日	新安关	草困枕奎等	20	告讨	官锅	2

（续表三）

时　间	关市	受赏人姓名	人数（个）	事由	抚赏品	锅数（口）
万历十二年□月初十日	镇北关	往金奴等	532	易换	官锅	42
万历十二年□月十二日	镇北关	易八里等	340	易换	官锅	110
万历十二年□月□日	新安关	伯户等	25	告讨	官锅	2
万历（缺日期）				易换	官锅	18
万历（缺年月）十九日	新安关	暖台吉孙等		易换	官锅	6
万历（缺年月）二十四	广顺关	温姐差多		易换	官锅	150
万历（缺年月）三十日	新安关	伯言儿王小四等	72	易换	官锅	50
万历（缺年月日）				易换	官锅	101
万历（缺年月）二十八	镇北关	都督逞加奴等	995	易换	官锅	1
万历十二年□月□日				易换	官锅	134
万历（缺年月）二十二	新安关	果冷革等	6	易换	官锅	3
万历（缺年月）二十五	镇北关	都督逞加奴等	1 180	易换	官锅	40
万历（缺年月）初一日	广顺关	猛骨孛罗三马兔	2		官锅	22
万历（缺年月）初五日	镇北关	王小四等	3	告讨	广锅	1 口
万历（缺年月）十九日	镇北关	押卜剌等	145	易换	官锅	38
万历（缺年月日）		卜桑哈高小斯等		抚赏	官中锅	1
万历（缺年月日）					官中锅	3
万历（缺年月日）		因答洪等	19		官中锅	3
万历（缺年月日）					官中锅	3
万历（缺年月日）					官中锅	1
万历（缺年月）十九日		义哈双儿等	6		官中锅	1
万历（缺年月日）		祝孔革等	387		官中锅	1

　　根据清册整理出开原马市抚赏的共同特点如下：

　　第一，抚赏对象，官锅抚赏的对象主要是"买卖夷人"。他们多是各外夷卫所首领本人，如"买卖夷人都督逞加奴、仰加奴"[①]"都督猛骨孛罗"[②]等；也有首领亲眷的，如"夷人已

───────────────

① 193.《马市抽分税银清册》（万历十一年九月），《明代辽东档案汇编》下，第816页。
② 194.《马市抽分与抚赏"夷人"用银物清册》（万历十二年三月），《明代辽东档案汇编》下，第816页。

故都督王台下妻温姐差多"；①还有传事、通事等。第二,抚赏事由,资料显示主要是"互易",少量是"告讨"。第三,进入关市,开原马市有新安关、镇北关和广顺关,即开原"三关"。第四抚赏数量,抚赏官锅的数量没有定数,前少后多。如嘉靖二十九年(1550)八月,"买卖夷人"八哈木等95人前来易换,仅抚赏官中锅1口；②而万历六年(1578)某日某次,曾抚赏官锅828口。③ 笔者推断,抚赏官锅数与易换商品数量和价值应有正比关系。这首先反映了明中叶后貂皮贸易的发展,其次反映了明中叶后女真家居火食的家庭大量增加。

广锅作为抚赏品究竟每年有多少数量? 这是接下来要讨论的问题。明制,开原马市所有抚赏物品的发放数量,每天由马市官登记在册。每季度清查抚赏品的库存数量,制成《用银物清册》连同呈报。《用银物清册》的呈报者均是辽东都司的指挥同知、指挥金事等,他们也是抚赏品发放、保管的执行人。由于明代辽东档案损毁严重,保留下来的档案弥足珍贵。笔者从明代辽东档案残件中整理出明代万历年间开原马市季度库存官锅等物件数目,详见下表:

表7-2　明代万历年间开原马市季度储存官锅等物件数目表④

时　间	平花锻(匹)	通袖袄子(件)	妆花织金袍(匹)	红布(匹)	蓝布(匹)	白中布(匹)	官锅(口)
万历五年(1577)四月至六月止	100	8	3	97	59	846	4 200
万历五年(1577)十月至十二月止	63	8		93	54	744	3 994
万历六年(1578)正月至三月止	54	8		139		629	3 990
万历六年(1578)四月至六月止		4	4	282		920	1 448
万历六年(1578)七月至九月止	74	9	2	97	57	774	4 131

① 197.《抚赏"夷人"用银物清册》(万历年间),《明代辽东档案汇编》下,第838页。
② 186.《□□□指挥金事完仁呈报马市抽分与抚赏"夷人"用银物清册》(五份)(嘉靖二十九年八月),《明代辽东档案汇编》下,第727页。
③ 191.《马市抽分与抚赏"夷人"用银物清册》(万历六年),《明代辽东档案汇编》下,第806页。
④ 《明代辽东档案汇编》下：190.《□□□指挥同知戴良栋呈报马市抽分与抚赏"夷人"用银物清册》(万历四—六年),第794页；190.《□□□指挥同知戴良栋呈报马市抽分与抚赏"夷人"用银物清册》(万历四—六年),第795页；191.《马市抽分与抚赏"夷人"用银物清册》(万历六年),第803页；190.《□□□指挥同知戴良栋呈报马市抽分与抚赏"夷人"用银物清册》(万历四—六年),第802页；194.《马市抽分与抚赏"夷人"用银物清册》(万历十二年三月),第817页；194.《马市抽分与抚赏"夷人"用银物清册》(万历十二年三月),第819页。

（续表）

时　　间	平花锻（匹）	通袖袄子（件）	妆花织金袍(匹)	红布（匹）	蓝布（匹）	白中布（匹）	官锅（口）
万历十二年（1584）正月至三月止				红中布 57	蓝中布 20	14 匹 3 尺	大号锅 433；二号锅 431
万历十二年（1584）七月至九月止		4 件		红白布 149	蓝中布 1	206 匹 1 尺	大号锅 405；二号锅 400

从上述开原马市库存清册数目可见，所有抚赏品中，官锅数量居于榜首，可见其极受欢迎。其中万历五年（1577）有二季度、四季度库存官锅数，平均每季度库存官锅数 4 097口；万历六年（1578）有一季度、二季度、三季度库存官锅数，平均每季度库存官锅 3 189口；万历十二年（1584）有一季度、三季度库存官锅数，平均每季度库存官锅（大号、二号合计）834 口。若以万历五年（1577）的季度库存数 4 097 口概算，全年开原马市抚赏官锅数约有 15 000 口。这仅仅是官市抚赏用的广锅数量，若加上民市交易部分（即每锅抽银三分者），广锅在开原马市每年充市数量应超过 20 000 口。加上广宁、抚顺等 14 处马市，[①]万历年间广锅每年在辽东马市的充市数量不可小觑。上述说明，以广锅为主的铁锅是辽东马市的主要互市商品。铁锅与缎布组成"锅布"双宝，支撑着辽东马市 200 余年的长期运作。过往对辽东马市商品结构的研究，显然忽视了作为主要商品之一的铁锅的重要作用。

六、广锅是"锅貂互易"的主角之一

中国东北是貂皮的重要产地之一，史载："貂皮自开原东北数千里而远，江上之夷贩之东北天山间，岁以秋七、八、九月一入中国，必取道海西，行夷遮道分其利，然后入中国。"[②]从内陆通古斯诸部族采集、运抵的貂皮，由海西女真商人在此聚集"分利"后，再运往开原。至今在辽宁省开原县以东 40 公里处的清河水库东端，还保留着"貂皮屯"的地名。这里东接广顺关，是海西女真进入开原马市的一处较大的貂皮集散地。[③]

明初洪武、永乐年间军事频仍，开原马市互市商品以马匹换盐米为主。因此，明代前期开原马市尚无大规模貂皮交易，貂皮输入主要以朝贡贸易方式进行。貂皮素以"紫黑色毛平而理密者为上"。[④] 明初女真朝贡，"边臣以礼部定拟名数，验其方物。貂皮纯黑，马

---

① 《明代辽东都司州、卫、关、马市一览表》（三），《明代辽东档案汇编》附录，第 1236 页。
② 《万历武功录》卷一一《东三边二·卜寨、那林孛罗列传》，第 250 页。
③ 参阅《明代女真史研究》，第 623 页。
④ 杨宾：《柳边纪略》卷三中。

肥大者,始令入贡,否则拒之"。① 可知明初对作为贡品的貂皮把关颇严。

貂蝉原是明代朝服梁冠上的尊贵饰品。洪武二十六年(1393)定文武官冠服,其中"加笼巾貂蝉"者只有公、侯、伯和驸马享有,一品冠也"不用笼巾貂蝉"。② 成化年间明宫廷貂皮的使用增加,开始放宽贡品标准。成化二年(1466),礼部请敕戒辽东守臣称:"自后夷人入贡,验数放入。不得过为拣择,以起边衅。"③明代中后期经济发展,貂皮在朝野上下流行,貂皮也作为皇上赏赐朝臣的礼品。《万历野获编》记载:"京师冬月,例用貂皮暖耳。每遇冱寒,上普赐内外臣工,次日俱戴以廷谢。"④《酌中志》记载万历宫廷"每年贩来貂皮约一万余张,狐皮约六万余张"。⑤ 明代官僚行贿纳贿,也以紫貂为重要馈赠品。⑥ 可见明朝廷内外"贵貂"之风盛行。此外《明史》也载:"正德元年,禁两贩仆役倡优下贱,不许服用貂裘。"⑦明朝禁止仆役、倡优、下贱之人穿着貂皮,正说明貂皮在当时已出现走向下层社会民众的趋势。如将民间使用的貂皮包括在内,明朝输入的貂皮量远不止以上所述数字。可见明朝廷内外"贵貂"之风盛行。朝野上下对貂皮的巨大消费需求,推动着成化以后明朝与女真貂皮贸易的规模化、常态化的发展。为了换取好貂,并体现明朝厚往薄来的怀柔之仁,官府就要给予好锅,广锅就是能让女真、蒙古及各少数民族满意的标的商品。

在开原马市,随成化以后貂皮贸易的兴起,商品结构也从"马匹—粮食"转到"貂参—锅布"为主。万历年间,开原马市的官锅抚赏与貂皮入市同时增加。官锅方面:据辽东档案清册记载,嘉靖二十九年抚赏官锅每次1口、2口,最多一次不过26口。⑧ 但到万历四年(1576)十二月,一次就抚赏"买卖夷人都督猛骨孛罗"官锅218口。⑨ 万历六年(1578)正月初十日,"买卖夷人狗儿扯镇等"1 520人前来易换,抚赏官锅543口。⑩ 又如万历六年(1578)某日,"买卖夷人往吉那等"650人前来易换,抚赏官锅404口。⑪ 最多的为万历六年某日某次,一次抚赏"买卖夷人(缺名)"官锅达828口。⑫ 貂参方面:仅据万历十二年

① 《明宪宗实录》卷三五,成化二年冬十月甲寅。
② 万历《明会典》卷六一《礼部十九・冠服二》。
③ 《明宪宗实录》卷三五,成化二年冬十月甲寅条。
④ 《万历野获编》卷九,貂帽腰舆条。
⑤ 刘若愚《酌中志》卷一六,北京出版社2018年版,第131页。
⑥ 据《烈皇小识》载:"延儒就逮,将所居楼阁三楹尽行焚毁。盖生平宝藏咸集于此,紫貂帐以十计,清河参有一只,重十两。"文秉:《烈皇小识》卷八上海书店1982年版,第215页。
⑦ 《明史》卷六七《舆服三》,文武官服条。
⑧ 186.《□□□指挥金事完仁呈报马市抽分与抚赏"夷人"用银物清册》(五份)(嘉靖二十九年八月),《明代辽东档案汇编》下,第716—727页。
⑨ 189.《辽海卫指挥金事高良弼呈报马市抽分与抚赏"夷人"用银物清册》(万历四年十二月),《明代辽东档案汇编》下,第835页。
⑩ 190.《□□□指挥同知戴良栋呈报马市抽分与抚赏"夷人"用银物清册》(万历四—六年),《明代辽东档案汇编》下,第795页。
⑪ 191.《马市抽分与抚赏"夷人"用银物清册》(万历六年),《明代辽东档案汇编》下,第806页。
⑫ 同上。

(1584)三月《马市抽分抚赏"夷人"用银物清册》的不完全记载,该月有"买卖夷人"18 批次进入开原马市,共易换貂皮 5 128 张,参 2 094 斤。其中最多的一次易换貂皮 1 803 张,参 169 斤。[①]

"锅貂互易"是在万历年间(1573—1619)开原三关三市形成之后繁荣起来的。开原马市的繁荣,逐渐取代了京城的朝贡贸易规模,使开原马市由永乐时期朝贡贸易体系的补充,变成为万历时期貂皮贸易的中心所在。马市贸易比朝贡贸易更能深入社会各阶层的生活,因而具有更重要的经济意义。至此,一个以开原为中心市场,覆盖女真深处、连接蒙古草原、旁及朝鲜的贸易网络已然形成。

广锅在开原互市的抚赏,也刺激了边远山林地区达斡尔、赫哲等各部族对铁锅的强烈需求。据丛沛远的研究,[②]在通行以物易物的楚勒罕集市(今齐齐哈尔西北四十里彦钦屯)上各族商民云集,每次市期 20 余天,交易品就是贡貂后剩下的貂皮和远道运至的铁锅。清初时"以貂易釜,一釜常至数十貂","康熙初,易一铁锅,必随锅大小,布貂于内,满乃已",[③]康熙中叶"犹以貂围釜三匝,一釜则七八貂也"。[④] 方观承在《卜魁竹枝词》中记述以貂易釜的情景说:"估客釜敲声在臂,虞人貂眩堆紫腰。相逢不用频争直,易釜惟凭实釜貂。"[⑤]这里所述"以貂实釜"的方式计算釜价的交易活动虽发生在清初,然推之于明,各少数民族的贵锅程度是可以想见的。

七、广锅与清朝皇家祭器

广锅与清代皇室的联结,与努尔哈赤家族的推崇有极大关系。努尔哈赤家族三代从商。祖父觉昌安,又名叫场,是建州都指挥使王杲部属,王杲是在锅貂互易中垄断商路起家的女真首领。叫场负责为王杲打理马市换易事宜,是带领女真部属出入马市并在马市官方登记的头目。叫场也是开原和抚顺马市的常客。据明代辽东档案记载,万历六年四月、五月和七月叫场均率领女真人在开原马市换易猪、牛、粮、布等物,最多一次带了 45 人。[⑥] 叫场对广锅的商品价值自然了若指掌。努尔哈赤的父亲塔克失曾为指挥使,是祖父叫场的帮手。努尔哈赤自幼生长在这样的环境中,万历十七年(1589)获都督金事之职,并于万历十八年(1590)四月第一次进京朝贡,积累了贡事和互易商品的经验。继而垄断部落内的贸易,"一貂、一雉、一兔、一珠、一参,部落诸酋私市者死,而奴(尔哈赤)只以一人

---

① 194.《马市抽分与抚赏"夷人"用银物清册》(万历十二年三月),《明代辽东档案汇编》下,第 816—830 页。
② 《中国东北史》第 4 卷,第 1653 页。
③ 杨宾:《柳边纪略》卷三中。
④ 《龙城纪略》"饮食"。
⑤ 《东闾剩稿·卜魁竹枝词》之十七,引自《中国东北史》第 4 卷,第 1654 页。
⑥ 192.《定辽后卫经历司呈报马市抽分与抚赏"夷人"用银物清册》(万历六年八月),《明代辽东档案汇编》下,第 809—814 页。

专其利"。[1] 并逐步将建州女真所属 500 道敕书集中于己,一举夺得抚顺马市的貂皮贸易控制权。最后灭亡叶赫部,将明政府颁发给女真各部的 1 499 道敕书全部收归囊中。"太祖(努尔哈赤)自吞南关,尽并乌龙江上诸部,独擅人参、松子、海珠、貂皮之利,日益富强,威制群雄"。[2]

广锅在辽东各马市上的亮丽表现及诸女真首领们的使用经验,在努尔哈赤祖孙三代心目中占据了较重要的位置。万历三十七年(1558)清室筹建先帝三陵,即关外的永陵、福陵和昭陵[永陵始建于 1558 年,福陵始建于 1629 年(葬努尔哈赤),昭陵始建于 1643 年(葬皇太极)。福陵、永陵、昭陵合称"盛京三陵"]。建陵伊始,规例即定祭祀礼器采用广锅。皇太极于崇祯二年(清天聪三年,1629)始建清宁宫,在清宁宫东次间建神堂,其北灶台即安放两大"煮肉接口广锅",合清宫萨满教祭祀常献二牲之礼。[3] 崇祯四年(清天聪五年,1631)开始在清宁宫祭祀。[4] 清三陵的修建和清宁宫祭祀礼制是清皇家祭祀走向正规化的标志。(见首页图 11、图 12、图 13)

第二节　明代广锅与土木之变(中三边之一)

一、瓦剌与明朝关系

明代边事,"北狄、鞑靼最大"。[5] 明代以前,漠北蒙古部族的游牧生活原本非常简单,"爨无釜,衣无帛"。[6] 牧民靠打猎弥补食物不足,春荒时则与汉民交换,以"一牛易米豆石余,一羊易杂粮数斗。无畜者,或驮盐数斗易米豆一二斗,挑柴一担易米二三升,或解脱皮衣,或执皮张马尾,各易杂粮充食"。[7] 谷物属淀粉食物,牧民以牲畜换取,可维持更长的生活时间。明代以来,漠北蒙古部族牧民逐渐"食兼黍谷",[8] 明人尹耕论及蒙古入寇时说:"其始掠骑畜,得粟不知炊而食也;继则入乡必决劓滔,得粟必囊往,今乃入秋揉禾,既揉春米,是渐知粒食也。"[9] 无论粒食或"和肉煮糜",都需要锅、釜等炊具,因此明代蒙古人对汉区农业文明区域生产的铁制锅、釜和纺织布帛都十分艳羡,得之则视为奇货。正如瓦剌首领脱脱不花所言:"吾侪服用,多资大明。"[10]

---

[1] 《筹辽硕画》卷二,页 27 上。
[2] 彭孙贻:《山中闻见录》,《清前史料》第 3 辑,第 9 页。
[3] 《钦定满洲祭神祭天典礼》卷五。
[4] 参阅白洪希《盛京清宁宫萨满祭祀考辨》,《故宫博物院院刊》1997 年 5 月。
[5] 万历《明会典》卷一〇七《礼部六十五·朝贡三·北狄》。
[6] 《万历武功录》,第 79 页。
[7] 王崇古:《酌许房王请乞四事疏》,《明经世文编》卷三一八。
[8] 尹耕:《塞语·虏情》,丛书集成本。
[9] 同上。
[10] 《明英宗实录》卷一六〇,正统十二年十一月丁未。

明太祖"逐元顺帝"后，漠北鞑靼部势弱众散，西边的瓦剌部逐渐兴起。永乐七年（1409）五月，瓦剌马哈木等三酋进贡，永乐帝为钳制元后裔本雅失里，诏封马哈木为顺宁王，太平为贤义王，把秃孛罗为安乐王，并赐印绶。① 嗣后"通贡不绝"。② 宣德元年（1426）马哈木之子脱欢遣使进马，宣德帝令其继嗣顺宁王。宣德九年（1434），脱欢攻灭元裔阿鲁台，至此漠北地区瓦剌独盛。脱欢向明朝进贡报捷，"且献前元玉玺"。宣德帝厚赏脱欢。马哈木和脱欢就是也先的祖父和父亲。③

二、瓦剌入贡与大同马市

正统初年，明朝对瓦剌的贡路规定为："务令赍铁牌及印信文书，从大同路来。"④对朝贡入京人数并无成例，或不准入京，或仅许 3—5 人进京；然对留止大同的其他从人"听其与民交易"。如正统二年（1437）十月，瓦剌可汗脱脱不花和脱欢分别遣使到大同贡马，明英宗敕曰："令其留于大同，并遣都指挥康能赍彩段表里、绢匹、纻丝、袭衣、靴袜、红毡帽往赐之。"⑤正统三年（1438）正月，瓦剌脱欢遣人来朝，明英宗敕大同总兵官都督陈怀等曰："尔即谕令正使三五人赴京，所贡马驼令人代送，其余使臣、从人具留止大同，并脚力马给与刍粮，听其与民交易。仍我敕军民毋容相犯，以失远人之意。"⑥两天后，明英宗遣中官赍敕及彩段八百匹往大同，赐瓦剌使臣人等，并酬其所贡物直。敕其太师顺宁王脱欢曰："尔遣使臣兀思塔、阿里等来朝贡马，具悉尔之诚意。兹遣正使指挥同知陈友、副使指挥金事李全等同兀思塔、阿里等赍去回赐彩币表里，尔其领之。"⑦明英宗的敕书和赏赐品，秉持了太祖"厚往薄来"之旨。

由于瓦剌贡使连年进贡，遂开大同马市。正统三年（1438）四月三十日，巡抚大同右佥都御史卢睿言："大同宜立马市，庶远人驼马，军民得以平价交易。且遣达臣指挥李原等通其译，诏禁货兵器铜铁。"从之。⑧《明史·食货志》也记载："大同马市始正统三年，巡抚卢睿请令军民平价市驼马，达官指挥李原等通译语，禁市兵器、铜铁。帝从之。"⑨大同马市虽开，瓦剌并未满足，只把大同马市作为朝贡贸易的前站，瓦剌更重视京城朝贡。

---

① 瞿九思：《万历武功录》（蒙古女真人物传纪选）卷之七《中三边一·俺答传》上，《明代蒙古汉籍史料汇编》第 4 辑，内蒙古大学出版社 2007 年版，第 28 页。
② 《大明会典》卷一〇七《礼部六十五·朝贡三·北狄》。
③ 瞿九思：《万历武功录》（蒙古女真人物传纪选）卷之七《中三边一·俺答传》上，《明代蒙古汉籍史料汇编》第 4 辑，第 29—30 页。
④ 《明英宗实录》卷一四六，正统十一年十月己未。
⑤ 《明英宗实录》卷三五，正统二年十月丁卯。
⑥ 《明英宗实录》卷三八，正统三年正月戊子。
⑦ 《明英宗实录》卷三八，正统三年正月庚寅。
⑧ 《明英宗实录》卷四一，正统三年四月癸未。
⑨ 《明史·食货五·马市》。

三、也先进贡

正统六年(1441),也先开始以瓦剌太师身份出现。也先对祖父和父亲得到明朝丰厚赏赐的历史引以为荣,执政以后迅速增加对明朝贡马的次数并增大贡马的规模。

明英宗(正统皇帝)对瓦剌进京入贡的人数限制是先紧后松。正统七年(1442)十月,巡抚大同、宣府右金都御史罗亨信奏:"比闻瓦剌贡使至京,官军人等、亡赖者以弓易马,动以千数。其贡使得弓,潜内衣箧,逾境始出。……请敕机要重臣,密廉在京弓人,究市弓以易马者,治之,及俟贡使就道,于居庸关诘检。"然英宗曰:"不必诘检,俟回时再具以闻。"①正统八年(1443)九月十五日,英宗敕谕瓦剌使臣曰:"尔等不远数千里奉使来朝,缘途跋涉劳勤,朕深嘉念。今遣内官林寿接待,及敕大同等处总兵镇守等官应付车辆,遣人护送,尔等可从容来京。"又敕谕回回太尉哈三火者、肉迷等曰:"尔等远来朝贡并买卖生理,其带到马驼等物,听于大同、宣府及缘途交易。若欲带至京师买卖,亦从所便。已令边将禁约下人不许搅扰偷盗,尔等可乘己马从容而来。"②可见明英宗对西北瓦剌、回回的朝贡回应十分关切。

这段时间里,瓦剌与回回经常同行进贡并同时在京或沿途交易。而瓦剌只在乎多得明朝赏赐品,贡马却滥竽充数,质量堪忧。正统八年(1443)十月,英宗敕大同总兵官武进伯朱冕:"迤北使臣所进马多瘦小不堪。敕至,可将脱脱卜花王及也先所进马听其依数进来,其余使臣所进马并带进马验其堪中者进来,其不堪者听缘途发卖。"③

从正统十年(1445)开始,瓦剌贡使的筵宴饮食费与收罗铁器逐渐增多,使大同地方官不堪其扰。正统十年(1445)十月山西大同府推官孙睿言:"瓦剌使臣每年经过大同,所费甚多,比奉旨以本处军民税粮备筵宴饮食之费,甚便军民。其进贡马匹所用水嚼、草笼、麻铁常不下千百余斤,犹出府卫聚敛。缘本地累年霜旱薄收,衣食诚艰。乞敕该部将该用麻铁亦如饮食之例折办。"英宗却"以税粮边储所重,不允。合用麻铁,令山西布政司及行都司量给官钞,于军民殷富之家市之。仍戒其勿托此扰人"。④英宗对也先贡使的宽松政策,使得也先更加索求无厌。正统十年(1446)十二月,大同左参将都督金事石亨奏:"比年瓦剌朝贡使臣动二千余,往来接送及延住,弥月供牛羊三千余只,酒三千余坛,米麦一百余石,鸡鹅花果诸物莫计其数。取给官粮不敷,每卫助银完办。其桌凳釜瓮之类,皆军民应用,毕日所存无几。"⑤瓦剌使团的接待费用不仅使明朝地方官府为难,而且瓦剌使团所过之处,桌凳釜瓮之类亦所存无几。

---

① 《明英宗实录》卷九七,正统七年十月乙卯。
② 《明英宗实录》卷一〇八,正统八年九月丙寅。
③ 《明英宗实录》卷一〇九,正统八年十月庚寅。
④ 《明英宗实录》卷一三四,正统十年十月庚戌。
⑤ 《明英宗实录》卷一三六,正统十年十二月丙寅。

有些瓦剌使者甚至私购军器。正统十一年(1446)，在京口外有官员军民私造军器等物，等候瓦剌使臣返回，于僻处私相交易，甚至将官给军器俱卖出境。还有所在头目假以送礼之名，将箭头贮于酒坛，弓张裹以他物，送与使臣者。[①] 正统十二年(1447)九月，脱脱不花及也先使臣皮儿马黑麻等 2 149 人来贡，命宴于大同。同时，明千户马云和副千户马青率官军 171 员名奉使瓦剌给赏，赍彩段表里布帛共 13 345 匹。以换取先前被也先虏去的大同守军 4 人，并索要犯边寇者。至则大同军已遇害。[②] 当时明廷用于也先贡使团的总费用甚巨。据《明会典》记载："也先使每至京，常三千余人，出入娇恣，贡使未还，虏骑辄入塞卤掠。朝廷以通好故，不问。其头目正副使授都督、都指挥等官，各赏金犀等带，三千余人皆有赐。织金彩纻至二万六千四百余疋，绢九万一百余疋，衣、靴、帽以万计。……也先新立，欲与中朝通好，贡市往来。然赏赐亦以百万计。"[③]可见英宗积极与瓦剌通好。

四、禁售广锅与土木之变

也先使团的骄纵，终于在正统十四年(1449)与明廷爆发冲突。正统十三年(1448)十二月初八日，瓦剌报称 3 598 名的贡使团进京，在贡使人数上与礼部发生矛盾。礼部核实也先、回回等"共二千五百二十四名，比原来数通少一千七十四名"。奏报上达，英宗命巡按监察御史、执押山西行都司都指挥马义问如律。[④] 瓦剌贡使回报此事，也先愤恨，决计报复。

正统十四年(1449)七月，瓦剌也先大举入侵，明九边全线告危。英宗草率亲征，却在土木堡大败，被俘北狩，举国震惊，史称"土木之变"。据《明实录》等史籍记载，也先纵马南侵的直接诱因，是贡使人数太多，中官作梗，明朝加以限制引起的。但随驾扈从、脱难回京的李贤《古穰杂录》记载了土木之变和英宗返京的全过程，透露出"禁售广锅"也是其中原因。李贤，正统朝任吏部主事，景泰朝升吏部侍郎，英宗复辟时升吏部尚书，为英宗托孤重臣，天顺朝任内阁大学士，主持朝政。明史记载其事功："明代自三杨后，相业无如贤者。其得君最久，亦能展布才猷。"[⑤]李贤《古穰杂录》详细记载了明朝特使杨善前往漠北接英宗时与也先的一段对话，从中可以窥见引发其因。兹录如下：

（也先）问曰："汝是何官？"（杨善）答曰："都御史。"（也先）曰："两家和好许多年，今番如何拘留我使臣？减了我马价？与的缎疋，一疋剪为两疋。将我使臣闭在馆中，不放出。这等计较关防如何？"（杨善）答曰："比先汝父差使臣到我太宗、宣宗皇帝前

---

① 《明英宗实录》卷一三七，正统十一年正月丁亥。

② 《明英宗实录》卷一五八，正统十二年九月丁巳。

③ 万历《明会典》卷一〇七《礼部六十五·朝贡三·北狄》。

④ 《明英宗实录》卷一七三，正统十三年十二月庚申。

⑤ 《明史》本传。

进马,不过三十余人,所讨物件,十与二三,也无计较,一向和好。汝今差来使臣多至三千余人,一见皇帝,每人便赏织金衣服一套,虽十数岁孩儿也一般赏赐殿上筵宴。为何? 只是要官人面上好看。临回时,又加赏宴,差人送去,何曾拘留? ……又说买锅一节,此铁锅出在广东,到京师万余里,一锅卖绢二疋。使臣去买止与一疋,以此争闹,卖锅者闭门不卖,皇帝如何得知? 譬如南朝人问使臣买马,价少便不肯卖,岂是官人分付他来?"也先笑曰:"者。"(杨善)"又说剪开缎疋是回回所为,他将一疋剪做两疋送与官人,充做裸程。若不信去搜他行李,好的都在。"也先曰:"者! 者! 都御史说的皆实。如今事已往,都是小人说坏,因见说的意思和了。"①

这段对话透露也先大举入侵的直接诱因有三:一是贡使人数和活动受限,二是明朝不卖广锅,三是缎匹被剪。显然,也先认为不卖广锅是明朝廷的决策。对此,杨善层层应对,先说"此铁锅出在广东,到京师万余里,一锅卖绢二疋",这是说远道而来是广锅价高一倍的缘故。再说"使臣去买止与一疋,以此争闹",这是北人不识广锅价值的误会,由此出现"卖锅者闭门不卖"的结果,"皇帝如何得知? 譬如南朝人问使臣买马,价少便不肯卖,岂是官人分付他来"。这就把京师锅市闭门不卖广锅给瓦剌贡使的原因,说成是锅商与使臣价格没谈拢,与官府无涉。我们无从得知当时明廷是否有限制广锅的买卖,但瓦剌使臣嫌广锅价贵一倍却是事实。这说明正统年间,瓦剌使团在京城购买过广锅。如上所述,明代前期广锅除在辽东市场有不俗的市场业绩外,在全国也供不应求。佛山大锅商冼灏通的家谱记载,正统年间"佛山商务以锅业为最,各省巨商闻公(冼灏通)信谊,咸投其家。公命诸弟侄经理其事惟谨。商客人人得以充其货,毋后期也。乃人人又益喜,辄厚谢之。公以故家饶于财"。② 大锅商冼灏通坐享广锅卖方市场的厚利,可见一斑。谁也不曾料到,小小的广锅,却在与瓦剌的朝贡贸易中充当了战略物资的角色,并成为引发几乎颠覆明王朝的战争和耻辱的原因之一。

上述也先与杨善对话中关于广锅的记载,《明实录》《万历武功纪》《明经世文编》均未见收录,仅见载于李贤的《古穰杂录》,弥足珍贵。

第三节　隆庆封贡与广锅互市(中三边之二)

明朝隆庆年间,蒙古土默特首领俺答与明朝举行了"隆庆和谈"。依照"隆庆和谈"达成的协议,明朝在北方边镇开设了系列互市,并对俺答授予"顺义王"封号,史称"隆庆封贡"。在"隆庆封贡"的过程中,广锅扮演了极其重要的历史角色。

---

① 李贤:《古穰杂录》,第18—28页。
② 《鹤园冼氏家谱》卷六之二《月松公传》。

一、俺答求贡的经济动因

俺答汗（1507—1582），蒙古土默特部的重要首领，蒙语称阿勒坦汗，明人称俺答。其部落原先游牧于今内蒙古呼和浩特一带，嘉靖年间在与蒙古其他诸部落的争战中逐渐崛起，东逐察哈尔于辽东，西驱瓦剌于甘凉，控制了东起宣大、西至河套、北抵戈壁、南临长城的广袤草原，史称"俺答亦有众十余万，精锐者可三万，马四十万，橐驼牛羊百万。岁时居云中、上谷迤北，横行塞外"。[①]

俺答部族"皆居于北边，随草畜牧而转移。其畜之所多，则马、牛、羊，其奇畜则橐佗、驴、骡、駃騠、騊駼、驒奚。逐水草迁徙，无城郭常居耕田之业，以革作帐"。[②] 因向无手工业生产铁器，故其"俗贵铁，加以金玉以充利用"，即箭镞亦往往"杂用金角"，[③]可见贵铁如金玉。据《北虏风俗·教战》称："说者谓虏无铁，有铁皆自互市中所阑出者，不知互市之先，岁所掳掠者不知其几。"蒙古人每破一寨，"其始掠布帛，继则取刃器，取釜，今乃接战夺甲，得车焚轮，是渐知贵铁也"。[④] 甚至时人有北虏所过之处"寸铁不遗"之说。[⑤]

阿勒坦汗以"俺答"为名首见于汉文史籍大约始于嘉靖八年（1529）十月。[⑥] 从嘉靖十三年（1535）四月，"俺答挟众欲入贡"，[⑦]开始了他要求入贡的漫长而艰苦之路。

二、俺答求贡

为获得基本生活所需的铁器、布帛，俺答多次向明朝求贡，但均被明朝廷臣议拒。每次遭拒，俺答都进行报复性的抢掠，所谓"贡议不允，虏乃大掠三关而去"。[⑧] 嘉靖二十一年（1542）发生了明朝磔杀俺答特使石天爵并"传道九边枭示"之事。[⑨] 俺答乃大掠山西，南及平阳，东及潞、沁，"每攻克村堡者，屠戮极惨，辄以执杀天爵等为辞云"。[⑩]

嘉靖二十六年（1547）正月，俺答对报复明朝的鲁莽行动有所懊悔，史称俺答"大白愧悔，以为市事已葬。今者以一使故用小隙，几败大事。亟大会保只王子、吉囊台吉、把都台吉，曰：'吾终欲请入贡，备外臣朝请，请瓯脱耕具及犁楼种子，因归耕，以冀旦莫愉快，幸勿复入寇。'"[⑪]嘉靖二十六年（1547）四月俺答再向明廷求贡，承诺"进黑头白马一匹、白骆驼

---

① 瞿九思：《万历武功录》（蒙古女真人物传纪选）卷之七《中三边一·俺答列传》上，《明代蒙古汉籍史料汇编》第 4 辑，第 37 页。
② 同上书，第 26 页。
③ 岷峨山人：《译语》，纪录汇编本。引自曹永年《明代蒙古史丛考》，上海古籍出版社 2012 年版，第 105 页。
④ 尹耕：《塞语·虏情》，丛书集成本。引自曹永年《明代蒙古史丛考》，第 87 页。
⑤ 张东壶：《明战守以安畿辅硫》，《明经世文编》卷二三三。
⑥ 谷应泰：《明史纪事本末》卷六〇《俺答封贡》，中华书局标点本。
⑦ 《万历武功录》，《明代蒙古汉籍史料汇编》第 4 辑，第 38 页。
⑧ 《明世宗实录》卷二六二，嘉靖二十一年五月戊辰。
⑨ 同上。
⑩ 同上。
⑪ 《万历武功录》，《明代蒙古汉籍史料汇编》第 4 辑，第 47 页。

七只、骟马三千匹。求朝廷白缎一匹与大神挂袍、麒麟蟒缎等件各头目穿用,边内种田,边外牧马,夷汉不相害。东起辽东,西至甘、凉,俱不入犯。……永远为好,递年一二次入贡"。① 宣大总督翁万达及巡抚詹荣、总兵周尚文以其事闻于朝且奏言:"虏自冬春来游骑信使款塞求贡不下数十余次,词颇恭顺,臣等以夷情叵测,未能轻议也。"②但是嘉靖帝下旨不允:"黠虏节年寇边,罪逆深重,边臣未能除凶报国,乃敢听信求贡诡言,辄骋浮词代为奏闻,殊为渎罔。其令总督官申饬镇巡诸臣协心殚力,通事人役违法启衅者,处以重典。"③俺答向明廷求贡再次受挫。

嘉靖二十八年(1549)二月俺答拥众寇宣府,射书军营求贡,声言:"许贡当约束部落不犯边,否则秋且复入,过关抢京辅。"嘉靖二十八年(1549)四月,宣大总督翁万达报闻,嘉靖帝下旨:"求贡诡言,屡诏阻格,边臣不能遵奉,辄为渎奏,姑不问。万达等务慎防守,毋致疏虞。其有家丁、通事人等私通启衅者,廉实以闻,重治之。"④

嘉靖二十九年(1550)八月大同总兵仇鸾上书,"请比辽东、甘肃、蓟州、喜峰口互市之例,开大同互市"。其奏称:

> 虏中生齿浩繁,事事仰给中国,若或缺用则必需求,需求不得则必抢掠。……往时虏曾请贡,廷议未从,……夫通贡之事固不可行,然与其使边臣违禁交通利归于天下,孰若朝廷大开赏格,恩出于上。即今辽东、甘肃、蓟州、喜峰口俱有互市之例,若皇上需然发诏,遣人至二边外谕虏远塞,许其市马如诸边例,仍严立限制,量加赏给,则彼之感恩慕义当世世为外臣,比于军吏自相结纳者功相万也。⑤

仇鸾的奏疏,得到嘉靖帝的重视,嘉靖帝曰:"此疏所言利害,不但一时一镇可行。兵部即详议奏闻,毋得推避。"⑥

然而仇鸾的上疏尚在廷议时,等不及的俺答已兵临北京城外,"杀略居民亡算,焚胡渠马房,执中贵人杨增等而去"。又焚安定门关外民庐舍,火光震天,⑦"杀略人畜二百万"。⑧"自土木难后,百年靡儆"。⑨ 此为"庚戌之变"。

随后宣大总督苏祐报告俺答子脱脱至关求贡,"大略欲分枝开宣、大、延、宁市,以我布帛粮三类易虏牛羊骡马"。兵部尚书赵锦、咸宁侯仇鸾等上疏,"请比永乐、成化间海西女真及三卫事,开市五堡,渐及延宁,大率岁四举,而皆以季杪为期会"。嘉靖帝犹豫再三,

① 《明世宗实录》卷三二二,嘉靖二十六年四月己酉。
② 同上。
③ 同上。
④ 《明世宗实录》卷三四七,嘉靖二十八年四月丁巳。
⑤ 《明世宗实录》卷三六四,嘉靖二十九年八月丁丑。
⑥ 同上。
⑦ 《万历武功录》,《明代蒙古汉籍史料汇编》第4辑,第53页。
⑧ 同上书,第56页。
⑨ 同上书,第50页。

直到内阁首辅严嵩也奏可以开市，嘉靖帝始乃诏可，并令侍郎史道至云中主持互市之事。①

至此，大同（云中）、宣府（上谷）互市遂开。

三、初开大同、宣府马市

大同时称云中，宣府时称上谷。大同马市和宣府马市曾在嘉靖三十年（1551）开启。是年五月，大同马市开市前 25 天通知俺答至期开市，俺答十分重视。据史料记载：

> 先期，俺答果至，既见黄帷香案，叩头跪起，常自称"皇上、皇上"不容口，"我曩时欺心侵犯，负汉德，自今改心易虑，愿为陛下保北塞。谓答不信，天刑所不赦"。已，俺答送奉九马，曰："敢献皇帝陛下，马必以九，我夷中以九数为至敬也。"已，俺答诚诸酋毋饮酒失事，毋子弩马，马必身腰长大，毛齿相应，然后入。于是，俺答及脱脱巡徼关市下，诸酋肃然。既四日，市马凡二千七百八十余匹，以我缯帛已竭而罢。因具酒食犒劳如礼，鸾乃请比女直故事，赐俺答大红纻丝膝襕衣一表里，金带一，金顶大帽一；脱脱大红纻丝一表里；丫头智及虎喇记等四人青绿纻丝衣皆称是。公赐敕书一道，得出边。②

"以我缯帛已竭而罢"，可见俺答对互市的准备比明朝更为充分。

嘉靖三十年（1551）六月，上谷新开口堡市亦成功开市。明廷共拨两市太仆金十万，其中云中六万，上谷四万。"云中市易缯币四千七百四十疋，价费八千八百九十三两，梭布七千疋；先后易马四千七百七十二匹，马每匹十金，共费四万四千三十二两，其余悉用于犒劳费"。③

马市一开，边境安然。正如主市官史道奏疏所言："臣于三月临边，俺答即传谕各部禁其南牧，是以西起延、宁，东尽宣、大，环境数千里，由三月以迄七月，自妖孽萧芹等诱入二次外，更无三五零骑侵扰近边者。臣道质之边境父老，咸谓百余年来所未有，此不独见其尊奉朝廷，尊守信义，即其威令之行于各部亦足征矣。"④

大同马市开市不久，因俺答"请易菽粟"的请求被明廷拒绝，又因俺答约束不了分散的掳掠行为而被明廷关闭。随后俺答遂再掠双沟鸾、李家寨、团山墩，威胁张家堡。明军接战皆大败。"朝议于是藉藉，归咎马市非计。鸾益勃勃不自宁矣，密疏请罢市"。嘉靖皇帝再下诏"禁言复开市事"。⑤ 至此，俺答的互市愿望和多年努力，被自己的不羁和多疑的嘉靖所葬送。俺答失望至极，此后再不愿提贡市，一心只在丰州滩收容叛逆汉人经营农耕事业。

---

① 《万历武功录》，《明代蒙古汉籍史料汇编》第 4 辑，第 57 页。
② 同上书，第 58 页。
③ 同上。
④ 《明世宗实录》卷三七六，嘉靖三十年八月壬戌。
⑤ 《万历武功录》，《明代蒙古汉籍史料汇编》第 4 辑，第 60—61 页。

四、隆庆封贡与广锅互市

明隆庆四年(1570)十月初九日,俺答爱孙把汉那吉投奔明朝,由此,明朝与俺答军事上长期博弈的筹码,瞬间集中在宣府镇军营大帐前。明宣大总督王崇古敏锐地抓住时机,在张居正、高拱等内阁权臣的支持下,以军事和谈判两手并举,主导谈判,积极备战,以最短时间完成了把汉那吉与叛逆赵全等汉人头目的交换,半年内完成了俺答封贡的条款谈判,一年内系列互市成功举行,史称"隆庆封贡"。在"隆庆封贡"的过程中,广锅扮演了极其重要的历史角色。

1．"广锅互市"是隆庆和议的重要内容

广锅互市,是隆庆封贡中"王封"和"釜鬵"两大中心议题之一。隆庆五年(1571),明朝廷围绕着俺答封贡和广锅互市进行了激烈辩论。王崇古作为首事边臣,先后上《为夷酋款塞酌议事宜疏》《为北虏纳款执叛求降疏》《酌议北虏封贡事宜以尊国体疏》《再奏明旨条议北虏封贡疏》《确议封贡事宜疏》《为遵奉明旨经画北虏封贡未妥事宜疏》《酌许虏王请乞四事疏》七封奏疏。其中多封奏疏论述了广锅互市的理由,提出了广锅互市的长远规划。

王崇古(1515—1588),字学甫,号鉴川,山西蒲州人。嘉靖二十年进士。参加过东南沿海抗倭战争。嘉靖四十三年(1564)升任右佥都御史、巡抚宁夏。隆庆二年(1568)升任宣、大、山西总督,成为明朝北边的封疆大吏。王崇古并非明代提出边关互市的第一人,然能运筹于朝堂和边镇之间,使互市在中三边和西三边扎根开设并成为制度者,则非王崇古莫属。

谈判之初,隆庆四年(1570)十月间,俺答就提出了"釜鬵"和"王封"之请。《万历武功录》记载了俺答对王崇古特使鲍崇德的传话:

> 若为我请太师(指王崇古),幸怜我北番鬵无釜,衣无帛。既款之后,请得岁给我金缯及釜鬵以为生,我当以旧釜还汉。且微独是,我胡中人至亡赖,诚非假汉爵,必不奉约束。以太师之重,请皇帝陛下有如授我王封,剖符通使,得乐太平,圣制足矣。[1]

俺答把"釜鬵"之请置于"王封"之请前面,足见其把铁锅视为谈判的核心诉求。隆庆四年(1570)十一月间,俺答又为其子"黄台吉乞官,求输马与中国铁锅、布帛互市"。[2]

为此,隆庆四年(1570)十一月十三日王崇古上《为夷酋款塞酌议事宜疏》,提出封贡并仿效辽东和西番互市的制度与俺答通市。其疏称:

---

[1]《万历武功录》,《明代蒙古汉籍史料汇编》第4辑,第79页。
[2]《明穆宗实录》卷五一,隆庆四年十一月丁丑。

今把汉那吉激小忿而来降，黄台吉谋内向而见挫，老酋悔祸，投诚纳款，此天时也。臣闻国初时尝封虏为忠顺王，近事则西番诸国亦各有封。请得许俺答比诸国为外藩，定其岁贡之额，示以赏赉之等，长率众酋以昭圣朝一统之盛，官黄台吉等以结其父子祖孙之心，归我叛人，剪其羽翼，是中国之利也。今虏中布帛锅釜皆仰中国，每入寇，则寸铁尺布者皆其所取。通贡之后，不可复得，将不无鼠窃之忧。若许通市，则和好可久而华夷皆利。他边如辽东、开原、建昌、肃州、西番诸夷皆有市，乞仿其制，刻日平价，申禁防奸以和其交，事宜无不就者。惟上亟赐裁决，以安疆场。①

当时廷臣中对世宗"禁言复开市事"的旨令言犹在耳，均不敢轻言纳降和互市。御史饶仁侃、武尚贤、叶梦熊等坚决反对接受把汉那吉的归附，兵部尚书郭乾则不置可否。因"高拱与张居正力主之"，穆宗准许了王崇古部分奏疏内容。诏曰："虏酋既输诚哀恳，且愿执叛来献，具见恭顺。其赏把汉那吉彩段四表、里布百匹，遣之归。封贡事令总督镇巡官详议覆奏。"②十一月十九日，俺答将赵全等板升汉人头目八人执送明边，随后押到北京伏诛。十一月二十日，送把汉那吉衣锦还乡，接到孙子，俺答等感激涕零。边事首战告捷。明朝为受俘之事行赏，加王崇古为"太子少保、兵部尚书兼都察院右都御史"，升方逢时（大同巡抚）为"兵部右侍郎兼右佥都御史"，各荫子赏银有差。③

此时，"广锅互市"的大论战才刚刚开始，张居正敏感地觉察到来自廷议的阻力，在给王崇古的书札言："今则彼称臣纳款，效顺乞封，制和者在中国，而不在夷狄。比之汉宋之事，万万不侔。独可谓之通贡，而不可谓之讲和……今则因其入贡之便，官为开集市场，使与边民贸易有无。稍为之约束，毋得阑出中国财物及应禁者。其期或三日，或二日而止。如辽开原事例耳。又岂马市可同语乎？"张居正详述了通贡之"五利"，力促王崇古规划好"贡额、贡期、市易事宜"。再上大疏，并称："仆与玄老（高拱）当备闻于上，请旨行之，浮议虽多，不足恤也。"④张居正高屋建瓴且兼具灵活性的考量，超越了嘉靖时期的僵化政策，给王崇古进一步的规划确立了指导原则：此乃贡市而非马市！隆庆五年（1571）二月初八日王崇古上《确议封贡事宜疏》，对俺答封贡的锡封号官职、贡额、贡期贡道、立互市、抚赏之费、归降、审经权、戒狡饰提出详细规划，这就是著名的"崇古八议"。其疏言称："如辽东开元、广宁互市之规。夷商自以有无市易，不费官银，不专市马，亦不过通贡中之一节。非复请开马市也。"⑤

"崇古八议"中的立互市条谈及俺答所求的锅釜之需：

---

① 《明穆宗实录》卷五一，隆庆四年十一月丁丑。
② 同上。
③ 《明穆宗实录》卷五二，隆庆四年十二月丁巳。
④ 张居正：《答王鉴川计贡市利害》，《张文忠公文集》三《疏书》，《皇明经世文编》卷三二六。
⑤ 王崇古：《确议封贡事宜疏》，《王鉴川文集》二《疏》，《皇明经世文编》卷三一七。

议立互市,以利华夷。照得北虏散处漠北,人不耕织,地无他产,虏中锅釜针线之日用,须藉中国铸造。绸段绢布之色衣,惟恃抢掠。今既誓绝侵犯,故虏使于乞封之初,即求听伊买卖充用,庶可永免盗窃,非谓求开马市也。其买卖之规,查得弘治初年,北虏三贡交易,虏以金银、牛马皮张、马尾等项,听各镇商贩以段绢布疋、锅釜等物。各于虏使入边进贡之后,择日令各枝虏酋各差一的当首领,统夷兵三百,驻扎边外。各镇各令本路副、参等官,各统本枝精锐官军五百,驻扎市场。仍令各酋派定各枝夷种,交易日期,大率以一月为期。……及查得辽东开元马市,凡夷马商货,各有税例。每年即以收获银充抚赏之用,听臣行该镇查明成例,量议起征,以充抚赏。①

此条"议立互市"之规参阅弘治朝先例,特别提到互市的主要商品是俺答等部"以金银、牛马皮张、马尾等物",明朝商民以"段绢布匹、锅釜等物"择日开市。"听臣行该镇查明成例,量议起征,以充抚赏",说明王崇古拟参照辽东以税银充作抚赏品的办法执行。

当其时,廷臣就俺答封贡之事的奏疏不断,都给事中章甫端、张国彦,给事中宋应昌、张思中、纪大纲都各上奏疏,与"崇古八议"互有异同。于是隆庆五年(1571)三月初三日,兵部奉旨会集府、部、科、道诸臣廷议"崇古八议"。其中定国公徐达、吏部左侍郎张四维等22人同意;英国公张溶、户部尚书张守直等17人不同意;工部尚书朱衡等5人同意封贡,不同意互市;唯独都察院佥都御史李棠极言宜许。② 双方意见几乎势均力敌,兵部尚书郭乾犹豫不决,姑且列数条以塞王崇古之请。其中有"其立互市,请令今岁暂一开市,以观事机,其铁锅并硝黄、钢铁皆禁勿予。有不如约,即当奏罢"等条。疏上,穆宗很不满意,"以为未当,令部臣更议以闻"。③

在此期间,王崇古与张居正、高拱有多封书札往来,④王崇古与其外甥、时任吏部左侍郎的张四维也有更频密的书札往来,张四维告知崇古:"昨部覆已拟如开原例,市用广锅,旋复中变。甥与诸老言:锅是虏中日用所急,恐求之不已,况广锅京中甚多。或他物听民自用,唯锅官买与为市,禁民私市可也。"⑤可知张四维也在廷议时为广锅互市极力说服诸老。频繁的朝野互动,保证了边情上传之详尽,朝议下达之及时,也使"俺答封贡"沿着张居正、王崇古预期的方向有序推进。

隆庆五年(1571)三月初九日,兵部奉旨再议北虏封贡事宜。部议结果:同意封俺答"顺义王"号,余酋授都督、指挥、千户职衔;今岁贡期听于三、四月后一行;定入市马匹之数;贡使不得至京;铁锅等物不得出关。及他事,仍执初议,但提出"事在边疆,惟边疆之臣

① 王崇古:《确议封贡事宜疏》,《王鉴川文集》二《疏》,《皇明经世文编》卷三一七。
② 《明史》卷二二二《王崇古传》;《明穆宗实录》卷五五,隆庆五年三月甲子。
③ 《明穆宗实录》卷五五,隆庆五年三月甲子。
④ 《皇明经世文编》卷三○二《高文襄公文集》二;张居正:《答王鉴川计贡市利害》,《张文忠公文集》三《疏书》,《皇明经世文编》卷三二六。
⑤ 张四维:《与鉴川王公论贡市书》(第九书),《条麓堂集》卷一七,第530页。

知之，亦惟边疆之臣能任之"。穆宗允行，并谕王崇古悉心经划。[1] 朝廷对边事"惟边疆之臣知之任之"的放权政策，给了王崇古很大的空间和机会。随后，王崇古就"给王印信""朝贡入京""广锅互市""亲属抚赏"等事又上《酌许虏王请乞四事疏》，该奏疏中的"请铁锅互市"事，详述了广锅互市理由、广锅炒炼结果、蒙古牧民对广锅的珍视程度以及广锅与潞锅的价值比较等，堪称明代有关广锅最详细的官方记述。兹录如下：

> 请铁锅互市。照得虏众需锅煮食，虏众不习炒炼，辽蓟以广锅充赏。虏中非用铁打造，臣去岁二次疏议详矣，此非臣之私言也。凡曾经边任、生长边方者皆知之。臣先闻广锅轻而不受炒炼，向因虏王恳求，得知蓟辽例以广锅充市。既而科臣有言兵部议行，臣责各道以广锅炒炼，如可成铁即禁勿与行。据各道呈称责匠以生广锅十斤，炼得铁五斤，尚未堪打造。继因宣大广锅价贵而贩少，诸匠谓潞锅生龐，炒炼倍折。乃以潞锅一口，责匠炒炼，每生锅十斤仅得三斤。若旧锅用久破裂，仅得二斤，价贱三倍。夫一锅大者不过二十斤，中者十余斤，小者五七斤耳，炒炼得铁几何？虏虽至狡，孰肯以难得日用煮食之具，而自毁炼耶？臣仍责以旧易新，虏众每以旧锅久已弃毁，今当寻觅充易，恐难全得。臣复谕以但得斤重相当，即与准易。询之降人，皆称虏中锅漏，则补塞充煮；破裂即随地抛弃，原不知炒炼充用。今虏众经年无从得锅，间有临帐借锅而煮食；或以马易锅，抱愤欲叛者。以故虏王累次恳求，实欲资众急用，以永贡市耳。科臣尝议以砂锅给虏，夫砂锅易败而难大。虏以铁柱石块为灶，以铁钗木杓为器，砂锅焉能禁其击撞？往岁各市，尝备数百。即赏夷亦不正视，率谓马驮不便携带、狭小不能容煮故耳。臣已遵照部议，计广锅、潞锅价值之贵贱，炒炼之多寡，以价贱而炼少者，许诸虏以破旧赴官市易新锅。严禁商民无容私市，违者照例治罪。盖锅釜重器，商民携藏难便，况无厚利，孰甘轻犯。将来得获旧锅之铁，可为新锅充后市。庶虏众免急迫患望之叛，边墩免将来迫索凌夺之虞矣。[2]

王崇古在该奏疏中称"广锅轻而不受炒炼"，"蓟辽例以广锅充市"，并汇报了奉旨炒炼广锅的结果：广锅十斤，得铁五斤；潞锅十斤，仅得三斤。若潞锅用久破裂，仅得二斤，比之广锅价贱三倍。同时指出蒙古部落临帐借锅和以马易锅的生活窘况，"以故虏王累次恳求，实欲资众急用，以永贡市耳"。方逢时也写信给张居正："又顺义父子屡书求讨铁锅（广锅）、农器，此事虽奉有定议，不敢复违。然以愚见度之，诸夷火食已非一世，彼来人云，往年抢掠所得铁器，岁以数千计，今三四年破损锈烂，日就消耗，不可复得。分子嫁女，有一锅而各分其半者。此情颇真，亦可悯也。我之不与，恐其为害耳。然未通贡之前，彼坚甲利兵，莫敢谁何，岂曾以木梃竹矢为用乎？且潞锅烧用既久，炒之无铁；所与铜锅，工费甚

---

① 《明穆宗实录》卷五五，隆庆五年三月庚午。
② 王崇古：《酌许虏王请乞四事疏》，《王鉴川文集》三，《皇明经世文编》卷三一八。

多;彼弃而不用,我费而无益。若彼有必得之心,我坚执不与之说,万一率众攻抢,我能终制之否乎?"①

王崇古提出的"如蓟辽例,以广锅充市"的奏疏,②得到张居正的坚决支持。张居正"尤破群策,乃于文华殿面请,诏行之"。张居正同时就广锅互市授意王崇古称:"铁锅乃虏所急者。顷部议禁不与市,将来必求索无已。此事新郑(高拱)亦极论。今闻广锅毁则不可复为兵,宜稍市之,来岁责令如数更换。"③随后又以书札告知王崇古,持反对意见的"饶疏已寝不上,一切惟公所裁。……今诚有慕于我,我因其机而制之,不过出吾什一之富,则数万之众,皆可折箠而使之"。④ 关键时刻还是张居正力挺王崇古,"今闻广锅毁则不可复为兵,宜稍市之,来岁责令如数更换""一切惟公所裁"等指示,表明了张居正支持广锅互市的态度。

"隆庆封贡"的主要内容,就是在王崇古所议"封贡八事"的基础上形成的。其中除了贡使进京外,其他均付诸实施。而蒙古方面,俺答也全盘接受了明朝的方案。

2. 宣府、大同、山西(中三边)广锅互市

得到张居正的来札和朝廷的准许,王崇古勇气陡增,"决策市广锅",⑤随即提出开设得胜堡市、张家口市、水泉营市、独石堡市四市场的布局规划。⑥入市商品包括了铁锅等商品,"始入市时,我缯布、针线、梳篦、铁锅,皆各以其式直,著为令。而虏马亦必以四岁以上、八岁以下、三尺六寸以上者为上,临市毋有异议"。⑦ 王崇古"恐互市之初,商民鲜至,有难应酬",又推出优惠的招商政策:"先期出马价二万给商,官买段、梭布、水獭皮、羊皮金,独兵刃、硝黄、钢铁及龙蟒衣物有禁。马价以布缯兼予,上马十二两,实得金九两;中马十两,实七两五钱:下马八两,实六两四钱。民间以故衣杂货易马牛者听,一梭布可易一羊,一布衣可易一皮袄,利皆倍之。"通过官币作本,以市场价购买布、缯等货,再以"布缯兼予"的物物交换方式,按上马十二两的议定价与蒙民换易马匹等物,双方互利。内地商民如有积货欲售,先登记名籍方许入市。官府互市的市本,即启动资金,来自于"暂请借客饷金四万,不足则请云中库出年例客饷金三千"。⑧ 王崇古又派出军官与商贾同往商品丰富的临清等地购货,"官遣指挥一人偕行,贾往临清。而以千三百治段,千二百治绸,五百治布,段必二两以上,绸亦欲坚厚阔机,布用蓝红诸色。不足则借朋合一万一千两,班价七千

---

① 方逢时:《上内阁张太岳论虏情书》,方逢时:《大隐楼集》,辽宁人民出版社 2009 年版,第 211 页。(下称《大隐楼集》)
② 王崇古:《酌许虏卜请乞四事疏》,《王鉴川文集》三,《皇明经世文编》卷三一八。
③ 张居正:《与王鉴川计四事四要》,《张文忠公文集》三,《皇明经世文编》卷三二六。
④ 张居正:《答蓟辽总督王鉴川》,《张文忠公文集》三,《皇明经世文编》卷三二六。
⑤ 《万历武功录》,《明代蒙古汉籍史料汇编》第 4 辑,第 95 页。
⑥ 同上书,第 92 页。
⑦ 同上书,第 85 页。
⑧ 同上书,第 95 页。

两,发四道,道各五千两,分往张家湾、河西务,治金缯诸货"。① 曾有学者认为王崇古是用潞锅充市。笔者认为：广锅轻薄,起热快,柔而坚,适合马驮迁徙;潞锅厚重,起热慢,粗而脆,不利于搬动转移。蒙古牧民的选择是最好的答案,正如方逢时所言:"潞锅烧用既久,炒之无铁;所与铜锅,工费甚多;彼弃而不用,我费而无益。"② 可见,山西当地虽有潞锅,然并不是俺答所思所想。只有从临清等中心市场购买的广东贩来的广锅,才是俺答及其蒙古诸部落苦苦追求的目标。不然作为山西人的王崇古也不会如此大费周章。

至此,中三边封贡互市万事俱备。隆庆五年(1571)五月,俺答遣使奉表称臣,贡名马30 匹。穆宗册封俺答为顺义王,赐吉能都督同知官,余以次拜指挥、千百户秩,凡 49 人,并赐衣币。③ 隆庆五年(1571)五月二十一日,明廷在得胜堡外九里设厂建黄帏颁敕。王崇古遣副帅赵伯勋、游击康纶赍敕谕十二道,赐俺答蟒衣,其他诸酋皆赐狮子衣。俺答率诸酋迎诏,行谢恩礼如仪。④

隆庆五年(1571)五月二十八日至六月十四日,得胜堡开市;七月初三至十四日,新平市开市;六月十三日至二十六日,张家口开市;八月初四至十九日,水泉营开市。四市既成,官市马 7 030 匹,私市马骡牛羊 22 000 只,抚赏费 3 842 两。诸市平安无扰。于是,明朝廷再晋王崇古太子太保,刘应箕以下爵赏有差。⑤ 隆庆五年(1571)后,中三边先后开设的互市一共有五个,"在大同者三,曰得胜堡、曰新平、曰守口;在宣府者一,曰张家口;在山西者一,曰水泉营。……岁以为常,市各二日,每岁又有小市。六年,贡市夷人一百五十二名。万历元年,增至四百五十三名。二年,增至五百五十七名。题准行该镇督府量加节制。俺答死,黄台吉嗣王,更名乞庆哈·扯力克。嗣封龙虎将军"。⑥ 万历元年,为解决贫苦牧民的小量物品交换,又在大同等边关各处分别设立小市,"庶房中贵贱贫富,各遂安生"。⑦

第四节　陕西、甘肃、宁夏的广锅互市(西三边)

中三边互市的消息,刺激了西三边外的吉能。吉能是俺答长侄,在同辈中春秋独高。其父吉囊是俺答长兄。原据西北塞外之地,每逢黄河解冰,即为患张掖、酒泉,威胁云中、上谷,边人畏之。⑧ 隆庆五年(1571)俺答议贡,吉能也向陕西总督王之诰请贡说:"吾以俺答为长,专约束。彼既修贡天皇帝,得市中国财物,吾独处西偏,何至常在化外? 唯太师矜

① 《万历武功录》,《明代蒙古汉籍史料汇编》第 4 辑,第 95 页。
② 方逢时:《上内阁张太岳论虏情书》,《大隐楼集》,第 210 页。
③ 《万历武功录》,《明代蒙古汉籍史料汇编》第 4 辑,第 89、93 页。
④ 同上书,第 91 页。
⑤ 《明穆宗实录》卷六一,隆庆五年九月癸未;《万历武功录》,第 94—96 页。
⑥ 万历《明会典》卷一〇七《礼部六十五·朝贡三·顺义王》。
⑦ 王崇古:《酌许虏工请乞四事疏》,《王鉴川文集》三,《皇明经世文编》卷三一八。
⑧ 《万历武功录》,《明代蒙古汉籍史料汇编》第 4 辑,第 352 页。

之。"王之诰回复吉能：必须数岁不盗边，方许贡市。① 吉能不服，遂派遣切尽黄台吉托俺答请求王崇古比照宣、大之例许其贡市。王崇古认为："吉能，亲俺答叔，势相依倚，许俺答不许吉能，是锢其首而舒其臂也。"②于是上《为遵奉明旨经画北虏封贡未妥事宜疏》，提出"如辽东开原、(建)[广]宁以广锅为市，或可仿行陕西"的奏议。其疏称：

> (吉能)其所需于中国者，段布锅釜之类，视东虏皆同。而不容互市，诸酋岂甘心伏首听命，不抢不市已耶？果各镇之兵力，能制其死命耶？抑套虏之众富于俺答耶？三者既非，是教之叛盟，而勒其必犯也。且铁锅为虏中炊煮之日用，每次攻城陷堡，先行搜掠，以得锅为奇货。今与之衣而不与之炊具，虏众何能自赡？廷臣之议谓锅系铁斤，恐滋虏打造之用，殊未知虏中不能炼炒。生锅破坏，百计补漏用之。不得已，至以皮贮水煮肉为食。此各边通丁所具知也。前虏使欲以破锅换易新锅，情可知矣。及查得辽东开元、(建)[广]宁之市，以广锅入市。盖广锅生铁不受炼炒，行之已久。此可仿行。及查得宣、大沿边山程险远，铁锅鲜至，亦多用广锅。即当容照辽左三卫例，以广锅容入市易，商夷攸便也。其陕西之市，亦须速行彼处，定议容市，以免西虏东市之扰，此互市之当议者二也。③

王崇古该疏将中三边与西三边通盘考虑，"以免西虏东市之扰"。该疏上奏后，"章下兵部：请行陕西总督戴才勘议可否，其广锅行督抚亲验。户部复：抚赏动支主客兵岁赏如崇古议。上俱从之"。④ 从"其广锅行督抚亲验"来看，陕西之市也有广锅入市。《万历武功录》对此也有记载：王崇古"并请于朝，许其开市入贡。酌延绥、宁夏，悉如宣、大例。报可。赐吉能都督同知官，余以次拜指挥、千百户秩，凡四十九人，并赐衣币"。⑤

朝廷准贡后，王崇古即召切尽黄台吉等人赴清水营市颁给敕书。⑥《万历武功录》记载了切尽黄台吉等人首入清水营市即寻找广锅的情景："汉法，临市建黄帏。诸夷南向叩头者四。切尽等乃竟执夷礼，卸冠叩谒，志气扬扬，甚自得也。第偏索铁锅弗得，退有后言。夷俗：故用铜锅，昼以饮食，夜以伺警。辽市幸用广锅，盖防藉兵资粮之微意也。于是，抚臣郜光先喜能恭顺，请赐能及切尽等绮币有差。"⑦显然，吉能派遣切尽黄台吉等人请贡市的目的就是讨赏广锅，"偏索铁锅弗得"，或因清水营市地处宁夏灵州，山路偏远，商贩鲜至，故此清水营市不能满足切尽黄台吉等人的广锅需求。但翟九思记述此段故事提到"辽市幸用广锅"的字句，这说明比照辽东例在西北互市广锅，是得到明廷认可的，不然

---

① 《万历武功录》，《明代蒙古汉籍史料汇编》第4辑，第93页。
② 王崇古：《为遵奉明旨经画北虏封贡未妥事宜疏》，《王鉴川文集》二《疏》，《皇明经世文编》卷三一七。
③ 同上。
④ 《明穆宗实录》卷五五，隆庆五年三月庚寅。
⑤ 《万历武功录》，《明代蒙古汉籍史料汇编》第4辑，第93页。
⑥ 同上书，第368—369页。
⑦ 同上书，第353页。

也不会有"偏索铁锅"之举。[①] 隆庆五年（1571）后，西三边先后开设的互市一共有六个，"在延绥者一，曰红山寺堡；在宁夏者三，曰清水营、曰中卫、曰平房卫；在甘肃者二，曰洪水扁都口、曰高沟寨。岁以为常，市各二日，每岁又有小市"。[②] 万历三年（1575）十二月，明朝廷又在庄浪岔口堡、烨尖墩开设小市。[③]

此外，西路的哈密首领，早在永乐四年就被明朝封为忠顺王。[④] 明朝对哈密的铁锅贸易限制颇松。哈密贡使每次入贡，准许在会同馆内"开市五日"，"除违禁之物并鞍辔刀箭外，其余（土商）段疋纱罗等项不系黄紫颜色、龙凤花样者，许官民各色铺行人等持货入馆，两平交易"。"其奏讨沿途收买牛羊、铁锅、犁铧者，听于临洮府兰州地方，与军民两平收买，不许过多。仍令伴送人员及所在官司防范，不许将熟铁兵器夹卖，及因而生事扰人。哈烈等三十八国及天方国、日落国，各赏例与哈密同"。[⑤]《万历武功录》也载："先是，三卫、哈密每入贡，得在途贸铁锅。"[⑥]可知明朝允许哈密贡使沿途收买铁锅，只是"不许过多"。虽然此处没提及哈密贡使购买的铁锅是否广锅，但以广锅的官锅地位，哈密贡使的"途贸铁锅"，似应包括在内。

然而，马市的成功开办，并未能满足俺答对广锅的大量需求。布缯与铁锅不同，前者满足个人消费，后者满足家庭消费，史称"虏俗视子女为一体，故衣食必共而不吝"。[⑦] 明代蒙古人对铁的珍爱程度，超过铁器本身的价值和汉人对铁的认知。许多蒙古人取名脱欢即为"铁锅"之意，连元顺帝的名字也叫脱欢帖木儿，蒙语为铁锅（钢铁）之意。萧大亨说："特彼中少铁故贵铁，贵铁故精于铁，非若我之多而滥恶也。"[⑧]

以宣、大三镇当时的建制条件，不如长期开办互市的辽东，有运军、锅车等体制设备的保证，短期内大量运送广锅入宣、大各互市的条件并不具备。而明朝的以旧换新之策，也让俺答所部甚为不满，尤其是在众亲戚家面前，曾经许诺的广锅久未到货，这让俺答也羞愧难言。"俺答、黄台吉书称，各有丈人、女婿、姊妹、外甥及部曲，大者一二千，小者数百人，今其宗枝皆有爵赏矣，而独亲属不得，大为羞怨"。[⑨]

隆庆五年（1571），广东佛山的广锅生产一时满足不了爆发的市场需求，连旧例由内官监督应上供广锅的职责，也转由工部召买送用。[⑩] 广东生产遇到的阻滞，必然会影响到宣、大互市中广锅充市的节奏。万历元年（1573）新即位的神宗皇帝赐给俺答镀金印一颗、

----

① 《万历武功录》，《明代蒙古汉籍史料汇编》第 4 辑，第 353 页。
② 《万历大明会典》卷一〇七《礼部六十五·朝贡三·顺义王》。
③ 《万历武功录》，《明代蒙古汉籍史料汇编》第 4 辑，第 171 页。
④ 万历《明会典》卷一一二《礼部七十·给赐三·外夷下》。
⑤ 同上。
⑥ 《万历武功录》，《明代蒙古汉籍史料汇编》第 4 辑，第 104 页。
⑦ 同上书，第 97—98 页。
⑧ 萧大亨：《北虏风俗·教战》。
⑨ 《万历武功录》，《明代蒙古汉籍史料汇编》第 4 辑，第 97—98 页。
⑩ 《工部厂库须知》卷九，第 292—293 页。

印池一面,但俺答仍不快乐,"而俺答所怏怏于中国者,第以部曲四十万,久不得锅为请"。① 万历二年(1574)五月,俺答长子黄台吉"坚请铁锅,弗得。请铁钉。虏使多舍民居僧寺,往往略铁錾马蹬,民间或阑出铁私易"。② 万历二年(1574)十一月,"俺答进表及贡马,则请铁锅、农器甚坚"。③ 此时王崇古已入京督理军营,张居正起用丁忧后的方逢时为宣大总督,此次独自面对俺答所请,方逢时一面上书张居正请准铁锅互市,一面在得胜市和水泉市先行尝试"以铁锅折马价"的做法。④ 此时朝廷在张居正主政期间,方逢时的奏疏很快得到批准。神宗允许"铁锅照朵颜三卫例,量给若干"。⑤ 方逢时的《上内阁张太岳论铁锅书》云:

> 昨所请乞,蒙一一施行,而铁锅之准,尤深慰虏心,自此某等益得展布效犬马之力矣。幸甚幸甚! 然铁锅之求,某度虏情虽阳为急迫,彼实知此事为朝廷禁物,谓我必不敢违禁轻与,将以此困我而生他求也。某昨一面具题,一面以便宜许之行两市,各备五百口,大者每口准马价绸一疋,中者准梭布四疋,小者准梭布二疋,差人讲定,老酋之计即穷,诸散夷仍爱绸布,不愿得锅,二处共用锅不满三百口,此事其实敢遵前便宜之旨而行,在台下必能谅宥。然闻外事若不如此擅行一二,即威信沮泄,将为虏人所轻侮矣。今既蒙许允,真足以伐彼之谋,数年之后,恐虽与之,而彼亦将不欲谓其资虏兵者,真书生之见哉。⑥

王崇古之后,方逢时继续为俺答请锅之事努力,甚至未经请示先行将铁锅以每市 500口的规模入市,足见方逢时为促成铁锅互市的担当。据《明史》方逢时传载:"万历初,起故官,总督宣、大、山西军务。始逢时与崇古共决大计,而贡市之议崇古独成之。逢时复代崇古,乃申明约信。两人首尾共济,边境遂安。"⑦

明蒙互市的实现,给双方带来了切实的好处。从隆庆五年开始不断有序发展,四年之中,宣府、大同、山西互市马匹成交数量增加了两倍多。八年后方逢时总结说:"八年以来,九边之外,以生齿则日繁,以修守则日固,以兵马则日练,以刍饷则日积,以田野则日辟,以商贾则日通。穷边僻堡阽危残喘之民,始知有生生之乐,此今日边事可知而可言者也。"⑧又说:"通三镇而计之,每岁约费银二十六七万两,……较之先年征战,岁费户部客饷银至七十余万两而不足,兵部、太仆之马价亦且十数万两者,才十之二三,而虏心餍矣。至于民

---

① 《万历武功录》,《明代蒙古汉籍史料汇编》第4辑,第99页。
② 同上书,第101—102页。
③ 方逢时:《上内阁张太岳论铁锅书》,《大隐楼记》卷一三《书》,第222—223页。
④ 《万历武功录》,《明代蒙古汉籍史料汇编》第4辑,第104页。
⑤ 《明神宗实录》,万历二年十月乙卯条。
⑥ 方逢时:《上内阁张太岳论铁锅书》,《大隐楼记》卷一三《书》,第222—223页。
⑦ 《明史》卷二二二《列传一百一十》;方逢时:《大隐楼记》补遗,第340—341页。
⑧ 《大隐楼记·补遗》,第295页。

间耕获之人、市贾之利不与焉。所省不亦多乎?"[1]史称:"诚所谓贸迁有无,胡越一家。故东西延袤五千余里无烽火警,行人不持弓矢,近疆水陆屯田悉垦治如内地,墩台哨望之卒以渐撤去,所省粮饷岁不下数十万石。"[2]至此,明边实现了社会稳定、经济发展、财政收支盈余的重大变化。

第五节　广锅的历史角色与社会价值

一、广锅充市考验明朝决策者的智慧

与辽东马市广锅可以长期大量供应,并组成了辽东马市最富价值的锅布—貂参商品结构不同,在中三边和西三边,广锅始终是蒙古和哈密贵族长期追求而不能大量满足的紧缺商品。蒙古部族共同求市广锅的长期努力,成为明中期边事的重要主题,直接影响着明嘉靖、隆庆、万历等朝的边疆的政治军事决策,考验着边镇督抚和朝廷重臣的政治智慧和治理体系。智者关心支持互市开设,并与边关的长治久安之策捆绑实施;愚者主张闭市拒商,企图以一刀两断、坚壁清野来获得安定局面。双方长期交锋,左右皇帝决策。明代的文官出任边关督抚制度,给一批有能力有抱负的知识分子提供了发挥空间和舞台。进士出身的总督王崇古、方逢时、吴兑等,在广锅充市的问题上,积极策划,遇到廷臣们的打压,都能坚持己见,主动担当;内阁首辅高拱、张居正、张四维承前启后,审时度势,力排众议,促成皇帝决策。事实证明,广锅一旦入市,九边即归安宁。有明一代,广锅与边事总是这样纠缠在一起,难分难解。

二、广锅占有九边市场空间

隆庆五年(1571)以前,广锅在北方市场的贸易,是以节点延伸的市场格局发展,即以临清中心市场延伸辽东、北京,而辽东又以开原为中心,先后延伸到广宁、抚顺等 14 个互市,再覆盖三千里大东北地区;而北京(民市交易)则延伸到宛平、遵化、宣府和蓟州,覆盖北直隶和山西等地区。

隆庆封贡,实现互市,广锅在北方市场的贸易,则是以点面结合的市场格局发展。从隆庆五年(1571)开始,明朝在中三边和西三边先后开设大市 11 处。[3] 随着贸易的发展,大同镇逐渐成为明蒙交易的中心市场。明人谢肇淛云:"九边如大同,其繁华富庶不下江南。而妇女之美丽,什物之精好,皆边塞之所无者。市款既久,未经兵火故也。"[4]明朝随后又

---

[1] 《大隐楼记》补遗,第 296 页。

[2] 焦竑:《通贡传》,薄音湖、王雄编辑点校:《明代蒙古汉籍史料汇编》第 2 辑,内蒙古大学出版社 2006 年版,第 448 页。

[3] 万历《明会典》卷一〇七《礼部六十五·朝贡三·顺义王》。

[4] 谢肇淛:《五杂组》卷四,上海书店出版社 2001 年版。

在大同等边关分别设立若干小市，"庶虏中贵贱贫富，各遂安生"。①

由此可见，明代九边从开原到大同合共大小20余个互市的开设，为广锅打开了从大东北到大西北的广阔市场。明初永乐帝曾称赞黄淮建议的"分而治之"政策"如立高冈之阜"，而隆庆年间张居正、王崇古"分而市之"的考量和事功，兼具了原则性和灵活性，改变了世宗封关闭市的僵化边关政策，更为难能可贵。

三、广锅充市提升了马市的商品价值

明代广锅作为具有一定规模的高税商品（每锅抽分三分），成为辽东马市有效的交换手段，成就了东北沿边14个重要马市的长期运作，丰富了各族人民的商品生活，使辽东马市成为汉族与女真、蒙古等族之间互通有无的重要场所，史称"当是之时，从开原而抚河、宽甸，皆有关市，诸夷颇称宁懿"。② 而辽东马市200余年间的存在发展，则成为明王朝东北治理体系的经济基础。正如张心斋所言："盖彼以贡市利于内者十之三四，辽人以交易利于彼者十之七八。且赏费取诸市税，既不请及帑银，赏数限有定名；又不增诸额外，于怀柔之中，寓羁縻之术。各边之御属夷，未有善于此者。"③从主要商品结构来看，嘉靖以后辽东马市形成的锅布—貂参商品结构，组成了明代辽东马市最富价值的商品部分。

四、广锅是朝贡体制的重要支撑

广锅与江南丝布共同组成了明代朝贡贸易体系的两大官物内容，同样是代表明朝官府最高制作水准的国家商品。广锅属于明代历朝禁止出口的铁器产品，是稀缺性产品。明朝时在东亚范围内，只有中国和朝鲜有铁矿资源和铸锅技术，大多数周边经济体和南海诸国都不具备铁锅的铸造生产条件。品质最好的广锅自然成为周边经济体争市的对象，这也是游牧经济体依赖于农业—手工业经济体的重要原因。长期以来，女真、蒙古实行"不市则抢"和"以战求市"的策略，不断掳掠明边。掳掠明边虽能抢得铁锅、布帛，但利归于下，上无所得。④ 大小首领及其亲属并无好处，且常有伤亡。而朝贡互市，则利归于上，惠及亲属，荣耀部下，所以求贡市、易锅布是各首领长期争取的目标，终生不懈。明朝拥有了广锅，就拥有了边关话语权：臣服于我，广锅可稍市之；犯边抢掠，则停贡闭市。明人早就指出女真虽众，但"各自为部，不相统一。又皆利我市赏，便我市易。我若闭关不与通，我布帛、锅口、田器等项皆彼夷日用所需，彼何从得？彼之牛、马、羊及参、貂、榛、松等货，

———————————

① 王崇古：《酌许虏工请乞四事疏》，《王鉴川文集》三，《明经世文编》卷三一八。
② 李化龙：《议义州木市疏》，《明经世文编》卷四二二。
③ 《张心斋奏疏》，《明经世文编》卷三六三。
④ 《明世宗实录》卷三七一，嘉靖三十年三月壬辰。按照明代蒙古习惯法，战利品分配方法："群夷上所卤获于群酋而莫之敢匿，群酋上所卤获于虏王而莫之敢匿。虏王得若干，余以颁群酋；群酋若干，余以颁群夷。"（《北虏风俗·战阵》）。

又何所售？以此论之，弹丸开原，实诸虏所资以为生，不但开原不当轻与虏绝，即虏亦不敢轻与开原绝。此事之机也"。[1] 广锅作为羁縻政策的利器，嵌入到明代朝贡体制的母体中运作，广锅也因此成为明代朝贡体系的重要支撑。

五、广锅具有双重角色：商品和抚赏品

广锅本身是民营企业的产品，靠质量在市场竞争中上立于不败之地。在市场体系里，广锅具有所有的商品属性，价格随运输成本不断提升。万里行程之外，价贵于他锅两倍以上。然而，广锅在北方九边市场的互市依托于官营体制，官营体制具有对九边互市的绝对管理力量（军队）和雄厚的市场运作资金（市本）。由于长年战争和掳掠，民间商贾鲜至边关。互市因此由官府主导和运作，明朝边镇官府承担着市场维护、招商入市、货源组织等市场管理事务。明朝对九边督抚赋予极大的人、财、事权，成为督抚发挥互市创意的重要源泉。"官买与为市"，因朝贡而开设互市，因互市而需要广锅供应，成为明朝廷和地方官府运作的重要事务。开原、广宁的广锅互市经验，也成为隆庆封贡后明朝廷和各边镇积极效仿推行的"成例"，并在中三边和西三边开花结果。先是在辽东开原、广宁等市作为抚赏品和互市商品，隆庆后又在得胜堡、张家口等市作为抚赏品和互市商品。广锅依托朝贡体制，走上了民间商人不愿涉足的边远市场，完成了市场销售的最后里程，也成为明代铁锅最有竞争力的品牌。

然而，作为抚赏品的广锅，部分运输成本来源于官府军费的补贴。广锅作为抚赏品到达女真、蒙古贵族家庭里的实际成本，远高于其市场价格。因为官府介入后的许多实际支出成本，如广锅从临清到辽东的船只海运、锅车陆运及运军费用，宣大从临清或京师购买广锅后的长途山路运输费用等，还有派出军队维护市场秩序的开支等，均应包括在实际成本之内。

如果说广锅从广东佛山大批量运到临清、京师等城市中心市场时，还属于市场行为，其价格基本反映了运输成本，并受市场总价格波动影响；那么在辽东和宣大作为抚赏品的广锅，就部分超出了市场商品的范畴，不能完全将其视作市场商品。抚赏品是明代朝贡体系的回赏礼品，承担着服务于明朝国家体制的功能，具有超越商品本身价值的官方优势。方逢时曾算过这笔账，他说：抚赏一节，原无旧例。往年明蒙冲突，三镇岁费数百万计。款顺以来，议加抚赏，"三镇每岁共不过四五万而止，……三四年来，三镇之积银米料草，见在可四百余万，皆此举之所致"，[2]"而虏心餍矣。至于民间耕获之入、市贾之利，不与焉。所省不亦多乎"。[3] 方逢时更进一步说："盖国家悯念边庭数百万生灵岁被鱼肉，故捐此数

① 冯瑗：《开原图说》，玄览堂丛书影印本，第 329 页。
② 方逢时：《与户部王尚书》一《论查盘书》（二首），《大隐楼记》，第 217 页。
③ 同上书，第 296 页。

万金听阃外支用,不问出入,为生灵请命尔。"①能参与到"为生灵请命"的国家大事中,广锅就被赋予了更多的社会价值。

六、广锅是和平与文明的物质媒介

广锅的价值首先在于国家和平的物质媒介。铁锅曾是女真、蒙古部落抢夺的对象,所谓"一锅端",就是指与锅中食物一起抢夺的行为。俺答未贡时,"往年抢掠所得铁器,岁以数千计"。②"不市则抢",曾是蒙古、女真对明朝限制市锅政策的过激反应。然而,一旦停战开市,以广锅充市并作抚赏,双方就专注于贡事和市事。诗云:"夷货即入华货随,译使相通作行赊。华得夷货更生殖,夷得华货即欢忻。"③隆庆、万历年间,东北农业生产迅速发展,西北民族间的和平友好也成为主流。史称:"东自海冶,西尽甘州,延袤五千里无烽火警。"④无怪乎方逢时慨叹:"既贡且市,则无征战矣。"⑤可见广锅充市乃是实现九边息戎的重要原因和物质基础。

广锅的价值还在于在社会生活与文化层面。作为明代最好的商品之一,广锅的充分供应,能提升女真族和蒙古族社会文明和家庭生活的水准。有了广锅,使得"胡中衣食居室悉如汉制";⑥有了广锅,遑论煎炒烹炸,就是米粟"和肉煮糜",都带来了无穷的饮食乐趣和健康生活;有了广锅,还完善了清朝宫廷烹猪蒸糕的祭天祭祖文化。

所有这些,都推进了边区少数民族的文明进程,为社会稳定和国家和平带来福祉。广锅的出现和销流,总是伴随着和平与互市。因此,广锅是消弭掠夺和战争的有效工具,是和平生活和文明进步的物质媒介。

---

① 方逢时:《与户部王尚书》一《论查盘书》(二首),《大隐楼记》,第 217 页。
② 方逢时:《上内阁张太岳论房情书》,《大隐楼记》,第 211 页。
③ 李贡:《广宁马市观夷人交易》,《全辽志》卷六《艺文下》,第 520 页。
④ 方逢时:《为恳乞议处疏通市马疏》,《明经世文编》卷三二〇。
⑤ 《大隐楼记》补遗,第 298 页。
⑥ 《万历武功录》,《明代蒙古汉籍史料汇编》第 4 辑,第 110 页。

第八章
明代广炮铸造及其历史作用

广炮是明清时期佛山民间炉户采用广铁材料,运用广尺测算,仿制荷兰红夷大炮范式铸造的军用大炮。广炮制造于佛山镇,由佛山民间炉户承接明清两朝兵部和广东官府的定制而铸造,后来成为清军火炮的主要种类,尤以铸造重达八千斤至一万二千斤的大型海防炮和城防炮而著称。据不完全统计,第一次鸦片战争期间,佛山镇共铸造大小广炮2 400余门,其布防的炮位集中在虎门等广东沿海炮台和广州城防各炮台,也覆盖了广西、湖南和江西的主要城防炮位。在西方后装线膛炮传入中国之前,以广炮为主力的前装滑膛炮在明朝抗金战争、鸦片战争和太平天国战争中发挥过重要作用。

第一节 明朝广东的火器制造

明代是中国火炮制造的重要朝代,据《明史》记载:"古所谓炮,皆以机发石。元初得西域炮,攻金蔡州城,始用火。然造法不传,后亦罕用。至明成祖平交趾,得神机枪炮法,特置神机营肄习。"[1] 又据《明会典》记载:"凡火器成造,永乐元年奏准,铳炮用熟铜或生熟铜相兼铸造。"[2]《明会典》所指"铳炮",是对大小口径轻型重型管状射击火器的通称。在铳炮火器的早期发展阶段,"炮"和"铳"可以互换使用。丘濬《大学衍义补》中说:"近世以火药实铜铁器中,亦谓之炮,亦谓之铳。"[3] 丘濬是广东琼州人,文渊阁大学士,编撰过《英宗实录》。生于明永乐十八年(1420),卒于明弘治八年(1495),《大学衍义补》是丘濬晚年的作品。可见在15世纪下半叶,明人所说的"铳"与"炮"实指同类火器。

明初严格限制火炮火器的制造,只准中央制造,不许地方制造。明代火炮和火器统一由工部和内务府主管制造,"不得漏泄法式"。[4] 工部和内务府下辖军器局、兵仗局,各局

---

[1]《明史》卷九二《兵四》,第2263—2264页。
[2]《明会典》卷一九三《军器军装二火器》。
[3]《大学衍义补》卷一二二《器械之利下》。
[4]《明会要》卷六一《兵四·火器》。

在南北二京设厂铸造,具体从事生产量十分庞大的火器火炮制造。《万历野获编》记载了神机炮最初铸造的情况:"本朝以火器御虏,为古今第一战具。然其器之轻妙,实于文皇帝平交趾始得之,即用其伪相国、越国大王黎澄为工部官,专司督造,尽得其传。"①黎澄就是胡元澄,是安南国王胡季犛长子,擅长铸炮技术。其父胡季犛本姓黎,篡陈朝国王权后改姓胡,立安南国胡朝。明朝永乐帝不承认胡朝,发兵征安南。在灭胡朝时发现了神机炮和胡元澄,遂重用胡元澄,任其为南京工部主事,"督造兵仗局铳箭火药"。大批安南工匠也在此时加入明朝火器的生产队伍,胡元澄之子也世袭明朝兵仗局官员,对明朝专业火器营的建立起到关键作用。

据《明会典》记载,弘治以前定例,每三年中央制造碗口筒炮 3 000 尊,②平均每年 1 000 尊。明末后金日渐强盛,为加强对后金的军事行动,明廷从万历四十六年(1618)至天启元年(1621)连续三年共发给辽东佛郎机等各式铳炮 11 274 位,神枪 14 040 杆,数量巨大。③ 可知明王朝一直把火炮铸造技术控制在南北两京的中央军工系统内。

从正统十四年(1449)开始,明廷开始允许各省自行制造铜将军等火炮:"各边自造,自正统十四年四川始。"④明中叶后随着倭寇的肆虐和流窜,沿海各省自行铸造火炮日渐增多。

明代广东制造各式铳炮有大量文献记载。⑤ 据《明史》记载:"广东船,铁栗木为之,视福船尤巨而坚。其利用者二,可发佛郎机,可掷火球。"⑥《广东新语》也载:"广之蒙冲战舰胜于闽艚,其巨者曰横江大哨。……左右架佛朗机炮、磁炮、九龙信炮、蒺藜锡炮、霹子炮、神炮数重,及火砖、灰罐、烟球之属,尾梢作叉竿连棒。又有箐竹楼橹以隐蔽,又或周身皆炮,旋转回环,首尾相为运用,其捷莫当。此戈船之最精者也。"⑦《广东新语》所载战船上配置的各式铳炮,应是明末广东制造的。

明崇祯年间,广东大吏曾分两批向明朝廷提供铳炮和弹药。崇祯七年(1634),两广总督熊文灿派参将蔡时春运解四百斤重"大粤铳"100 门、斑鸠脚铳 100 门。这批武器于崇祯八年(1635)二月运至京师,兵部原拟"发冲边应用",后以"神京根本重地,亦应留贮京营以备缓急"。⑧ 可见,明朝兵部对这批武器是很重视的。崇祯九年(1636),两广总督熊文灿再派员运解四百斤大铳 40 门、铁弹 400 丸,三百斤大铳 60 门、铁弹 500 丸,以及大斑鸠

---

① 沈德符:《万历野获编》卷一七《兵部·火药》,中华书局 2007 年版,第 433 页。
② 《明会典》卷一九三《军器军装二·火器》。
③ 参阅刘旭《中国古代火炮史》,上海人民出版社 1989 年版,第 57 页。
④ 《明史》卷九二《兵器》;《明会典》卷一九三《军器军装二·火器》。
⑤ 参阅蒋祖缘《试谈明清时期佛山的军器生产》,《明清广东社会经济形态研究》,第 132—143 页。
⑥ 《明史》卷九二《兵器》。
⑦ 《广东新语》卷一八《舟语》,第 479 页。
⑧ 《明清史料乙编》第 8 本,第 715 页。

脚铳 100 门、大鸟铳 100 门入京。[①] 这两批武器的"大粤铳"，顾名思义是广东制造。而"斑鸠脚铳"亦是"粤匠"所造。据崇祯十五年(1642)两广总督沈犹龙题本称："据郑芝龙呈称：'应岛之备，拟造大水艍船二十只，共用大斑鸠铳四百门，应备弹二万颗，每颗重一两八钱。又造水艍船二十只，共用中斑鸠铳二百四十门，弹一万二千颗，每颗重一两五钱。又应用鸟铳九百门，其铳与弹，合应广制等情。'盖水艍皆闽式，而斑鸠[铳]惟粤匠能也。"[②] 郑芝龙原是长期居住澳门从事日本长崎和南洋诸国贸易的商人，拥有多艘海舶，其海舶必须配置火炮，[③]因而熟悉广式铳炮。郑芝龙被明朝招抚后任潮漳署总兵。上述郑芝龙所提"其铳与弹，合应广制"之句和两广总督沈犹龙所提"而斑鸠[铳]惟粤匠能也"之句，都说明各式铳弹和"斑鸠铳"均是粤匠按"广制"所铸造。

何谓"广制"？广制有两重含义：一是指在广东制造，当时广东合法的火器生产地是佛山镇，所以广制火器出于佛山没有疑义；二是指按广尺制造。明清两代佛山冶铁业保持着广尺制造的传统。广尺比工部营造尺稍长。清朝工部虞衡司在乾隆十一年(1746)年验收广东解到广锅口径时，发现该批广锅"系用广尺成造，故较部尺稍大"。[④] 曾在瑞典东印度公司供职，后来成为瑞典驻中国总领事的龙思泰也在 1832 年记载称："钦天监(工部)规定的一尺，长度为 13.125 英寸；广州商人所用的一尺，长度大约为 14.625 英寸。"[⑤]由此可知，广制有自己的传统口径尺式，而广制成品比工部营造成品稍大且长。

第二节　佛山镇的铸铳传统

佛山镇铸造铳炮的传统由来已久。明代佛山铸造的广锅，作为明初洪武、永乐两朝的国家礼品，曾馈赠过琉球国和东南亚诸国国王，支撑了郑和下西洋的宏大贸易交流，奠定了佛山铸造铜铁军器的技术基础。永乐征交趾并随后建立神机炮营的历史事件，刺激了广东地区的火器制造。广东与安南相邻，而征交趾之役明朝也曾调用广东军队水路支援。铸锅与铸炮在技术上有相通之处，作为明王朝的出口铁器生产基地，明代佛山炉户一直有答应上供的义务，佛山工匠会否在此时参与了南京兵仗局铸炮，这是一个值得探寻的问题。虽然目前尚未发现相关史料记载，但是笔者认为，历史上每次重大历史事件，总是在多个维度推动技术进步与交流。永乐征交趾和郑和下西洋这两大历史事件的交集，足以提供铸锅技术与铸炮技术发生联系的时空环境，为佛山后来铁炮铸造技术的发展创造出人才储备的历史条件。故而笔者特录兹事以俟来者。

---

① 《明清史料乙编》第 9 本，第 878 页。
② 《兵科抄出两广总督沈犹龙题本》，《明清史料乙编》第 6 本，第 564 页。
③ 郑广南、郑万青：《17 世纪福建郑氏海商崛起及其"海上商业王国"》，《航海——文明之迹》，第 248—261 页。
④ 乾隆十二年三月十三日广东巡抚准泰奏折，中国第一历史档案馆藏朱批奏折，档号：02 - 01 - 008 - 000633 - 0012。
⑤ 龙思泰著，吴义雄等译：《早期澳门史》，东方出版社 1997 年版，第 325 页。(下称《早期澳门史》)

1449 年佛山保卫战，佛山镇民开始大量铸造铳炮自卫。目前关于佛山最早铸铳炮的记载见于景泰二年(1451)的碑刻资料。正统十四年(1449)，珠江三角洲爆发了黄萧养起事，南海县囚犯黄萧养越狱后纠众武装反叛，不出数月聚集数万人。珠江三角洲乡村社会秩序受到严重冲击，面临崩溃。各类边缘群体如盗寇、渔疍以及流氓纷纷加入，到处打家劫舍，刨挖祖坟，以此聚敛钱财。佛山堡本是冶铁重镇，自明初以来集中了不少冶铁工场，富户集中。黄萧养欲围攻佛山的目的，就在于"得之以利器，城可取，民可服，资斧枪铳可赖而继"。① 也就是说，夺取佛山就可以占有枪铳和火器生产基地。当时佛山父老中有二十二老首倡大义，号召全堡人民誓死抗击。其中的二十老皆是世代以冶铁为业的"大家巨室"，② 乡长冼灏通更是当时闻名全国的冶铁富商。佛山向无城墙，无险可凭，但四面环水，可竖立木栅。二十二老各展其能，有的铸铳，有的御战。此次佛山保卫战留下了大量铸铳铸炮的文字记载：如梁广，乡志载："贼益怒，聚八百余艘攻围佛山，势甚猖獗。广等用飞枪大铳摧破贼阵，斩获甚众。"③ 又如乡长冼灏通"用大铳，实以火药，石弹大如碗，辄击毙之。数开门挑战，战辄胜"。④ 其次子冼靖，"率子弟为兵(军器)，树栅液铁，以拒以战"。⑤ 所谓"为兵"和"液铁"，就是熔化铁水铸造兵器。再如梁浚浩，"又制大炮，发声如雷，俾贼闻之。贼果疑惧，不敢窥"。⑥ 碑刻记载佛山堡民凭栅驾枪，严阵以待，"贼中有自恃勇悍翘足向栅谩骂者，栅内火枪一发，中之即毙"。⑦ 佛山保卫战中，佛山堡民以铁炮、铁铳、火枪(飞枪)等火器，歼敌"一千余名"，击杀黄萧养部将彭文俊、梁升、李观奴，生擒张嘉积等。⑧ 但自身也遭受严重损失，如霍仲儒等就在战斗时中炮身亡。⑨ 可见当时双方均有火炮。平定黄萧养以后的景泰元年(1450)，广东布政使陈赟在参观了佛山保卫战存留的防卫布局后感赋一首："忠义心齐器杖精，万人守栅胜坚城。寻常锐炮如雷震，无数戈矛耀日明。狂寇再攻全失利，佛山从此远闻名。天朝早晚来褒奖，合境皆应被宠荣。"⑩

由上所述我们可以看到，在正统年间佛山已具有短期内规模化铸造炮铳的技术和能力，拥有仿制明代官府制式的"飞枪""大铳"和"锐炮""大炮"等各类火器，并在佛山保卫战中发挥了重要作用。这种可以制造铳炮的能力早已存在并为珠江三角洲的乡民和盗贼知晓，因此一旦出现暴乱，佛山立即成为攻击目标。

---

① 《明景泰元年疏并勘合》，道光《佛山忠义乡志》卷二《祀典》，页 4。
② 《梁氏家谱》(手抄本)。
③ 民国《佛山忠义乡志》卷一四《人物志五·黄金策》。
④ 《鹤园冼氏家谱》卷六之二《人物谱·列传》。
⑤ 《明处士兰渚公墓碣铭》，《鹤园冼氏家谱》卷五之二《坟茔谱·墓域·二房》。
⑥ 民国《佛山忠义乡志》卷一四《人物志五·梁浚浩》。
⑦ 景泰二年《佛山真武祖庙灵应祠》，《明清佛山碑刻文献经济资料》，第 3 页。
⑧ 《奏请激劝忠义疏》，乾隆《佛山忠义乡志》卷一○《艺文志》。
⑨ 乾隆《佛山忠义乡志》卷三《乡事志·霍烈士社》。
⑩ 景泰二年《佛山真武祖庙灵应记》碑阴刻文，《明清佛山碑刻文献经济资料》，第 5 页。

明正德年间，葡萄牙战舰来华。明人称葡萄牙为佛郎机，因而将其火器也称为佛郎机铳。嘉靖二年（1523），葡萄牙将领别都卢率其部属驾驶五艘船侵犯广东新会西草湾。中葡西草湾之战，葡军被明军一举消灭，缴获了葡萄牙的佛郎机铳并进呈嘉靖皇帝。于是明朝就在南京仿制佛郎机铳，其仿制依赖于粤匠。据《续文献通考》记载：

> 世宗嘉靖三年四月，造佛郎机于南京。南京守备魏国公徐鹏等疏请广东所得佛郎机铳法及匠作。兵部议：佛郎机铳非蜈蚣船不能架，宜并行广东取匠于南京造之。诏可。①

当时佛郎机铳在广东、福建海船上大量使用。葡萄牙人在万历三十六年（1557）即在澳门设立制炮厂。②炮厂内技师是葡萄牙人，而工匠则主要是内地来的华人。此时中国商民大量涌入澳门，以福建、广东人最多，其中有"广州之刀环、硝磺、铳弹等物，尽中于夷者用，则不特私买往贩，而投入为夷人制造者更多焉"。据万历四十一年（1613）郭尚宾疏云：

> 闽广亡命之徒，因之为利，遂乘以肆奸。见有夷人之粮米、牲菜等物尽仰于广州，则不特官澳运济，而私澳之贩米于夷者更多焉。有见广州之刀环、硝磺、铳弹等物尽中于夷者用，则不特私买往贩，而投入为夷人制造者更多焉。有拐掠城市之男妇人口卖夷以取赀，每岁不知其数。而藏身于澳夷之市，画策于夷人之幕者更多焉。夷人忘我与市之恩，多方于抗衡以自固之术，我设官澳，以济彼饔飧，彼设小艇于澳门海口，护我私济之船以入澳，其不容官兵盘诘若此。③

正如郭氏所言，"投入夷人制造者更多"。联系到从正德十四年（1519）起广东全省实行只允许佛山一埠铸造铁器的官准专利政策看，这些在澳门从事佛朗机炮制造的广东工匠，来自佛山镇的可能性极大。

第三节　广炮范式的确立

明末澳门对红夷大炮的仿制，开广炮范式确立之先河。

明清交替之际，佛朗机炮的制造为红夷大炮的制造所取代。据《明史》记载："万历中，……大西洋船至，复得巨炮，曰红夷。长二丈余，重者至三千斤，能洞裂石城，震数十里。天启中，锡以大将军号。"④红夷大炮来自荷兰，荷兰人时称"红毛""红夷"，故称其炮

① 《续文献通考》卷一三四《兵考十四·军器》。
② 《澳门专档》卷四《澳门界务帖》。
③ 郭尚宾：《郭给谏疏稿》卷一《防澳防黎疏》；万明：《中葡早期关系史》，社会科学文献出版社 2001 年版，第 167 页。
④ 《明史》卷九二《兵四》，第 2265 页。

为红夷大炮，又称"西洋大炮"。其器形和口径加大，炮身重达三千斤至五千斤，比之于数百斤重的佛朗机炮威力更大。荷兰红夷炮是当时欧洲威力强大的新式火炮，徐光启称其为"此歼夷灭虏第一神器"。[①] 天启七年（1627）五月，明朝兵部开始给各标营配置红夷大炮："红夷大将军，每位有托炮中车一辆，见在京营。""将逐一检验"之后，"转给差官解送"。[②] 崇祯年间兵部又新铸红夷铜炮。[③] 李自成围开封，守城明军在城上"安红衣大炮一位"，向起义军发射，使起义军遭受伤亡。[④]

如果说明朝曾把佛朗机炮铸造技术控制在南北两京中央军工系统内的话，那么，明末红夷大炮的制造技术就没那么简单。首先是炮管口径与炮身重量的增大，需要各部位精准的比例设计。其次，使用铁料而不是铜料，尤其需要铁材料成分具有柔韧性，讲求不同铁料的配比成为一门技术。第三，建造大型泥模技术和不间断浇铸技术的要求明显更高。因此明末仿制红夷大炮的制造基地首先在澳门诞生。

一、明末澳门铸炮

万历四十六年（1618），欧洲爆发"三十年战争"。荷兰与西班牙、葡萄牙的国际战火也蔓延到澳门。当时澳门有大量西班牙人居住，从事与马尼拉的贸易。万历四十四年（1616），弗朗西斯克·洛佩斯·卡拉斯科（Francisco Lopes Carrasco）就任澳门军事长官。其任职期间（1612—1622），在传教士的帮助下，澳门建立了大炮台等防卫体系。[⑤] 天启二年（1622），荷兰16艘武装帆船和2艘商船组成的舰队，在雷伊松率领下登陆澳门并开炮轰击。澳门葡萄牙人和西班牙人联合反击，缴获一门野战炮和上千件小型武器。天启七年（1627），又有4艘荷兰武装帆船来到澳门水域，封锁澳门水道，企图截击从马尼拉往来澳门的船只。再次被澳门的葡萄牙人和西班牙人联合反击并焚毁旗舰。杀死37名荷兰人，缴获24门大炮和2 000枚炮弹。[⑥] 当时荷兰大炮是欧洲最先进的大炮，这两次战斗缴获的荷兰大炮，为澳门发展铸炮制造提供了先进大炮的样板。

澳门的火器铸造，从起步阶段就与中国铸造技术与人才相联系。1623年，葡萄牙首任澳门总督唐·佛朗西斯科·德·马斯卡雷尼亚（D.Francisco de Mascarenhas）重组澳门防卫体系，他首先把耶稣会士驱逐出大炮台，随后雇请中国铸造师傅在澳门建造铁炮铸造作坊。[⑦] 据澳门史料记载："1623年12月，马斯卡雷尼亚为重新组织当时正在进行的防卫

① 徐光启：《与吴生白方伯》，录自王重民辑校《徐光启集》卷一〇，上海古籍出版社1984年版，第473页。
② 《兵部行标下听用参将黄龙禀稿》，《明清史料乙编》第1本，第30页。
③ 《明清史料甲编》第10本，第970页。
④ 《汴围湿襟录》。
⑤ 澳门博物馆编：《与历史同步的博物馆——大炮台》，1998年，第48页。
⑥ ［瑞典］龙思泰著，吴义雄等译：《早期澳门史》，第90页。
⑦ 澳门博物馆编：《与历史同步的博物馆——大炮台》，第50—52页。

活动而雇用两个中国铸造师傅建造一个铁炮铸造作坊,地点在烧灰炉街,位于灰炉炮台附近。"①马斯卡雷尼亚在 1623 年 10 月 3 日就与两名中国人签订了在当地铸炮厂铸造铁炮的合同。这份合同的原始文件至今仍保存在葡萄牙埃武拉档案馆中。②

明天启五年(1625),葡萄牙铸炮专家马努埃尔·塔瓦雷斯·波卡罗(Manuel Tavorres Bocarro),从葡属印度果阿来到澳门,目的是组织指挥火炮的新铸造作坊。③波卡罗是果阿铸炮厂厂长之子,专业能干,很快就使澳门铸炮厂名扬海外。而上述两位中国铁炮师傅签订合同承铸铁炮之事也引起里斯本的关注,"因为用铁铸造枪炮的技术在葡萄牙并不发达,于是 1626 年葡萄牙议会写信给葡萄牙印度总督,从澳门招聘人到果阿葡萄牙的铜炮铸造厂去教授铸造技术。……在后来的 1629 年、1632 年,葡萄牙议会又一再重申要求,从澳门输送中国铸造工匠,并且从中国进口生铁到果阿去。当时葡属印度的舰队和要塞的铜炮铁炮的主要来源,是澳门的中葡铸炮厂"。④又据瑞典人龙思泰记述:1832 年在大炮台还可以看到 1621 年铸造的大炮。"这些大炮用日本和中国出产的铜铸造,准备向印度全境出售。交趾支那(Cochin China)国王在 1651 年送来铜 25 担,要求在澳门铸一门大炮。直到 18 世纪初,澳门仍有很好的铸炮技术。我无法指出铸炮的具体场所,也许就在伽思兰堂与大炮台之间的山谷中"。⑤可见铜铁炮铸造技术的融合发展,使澳门铸炮质量精美。正如屈大均《广东新语》所载:

> 其曰西洋大铜铳者,重三千斤,大十余围,长至二丈许。……澳夷乃仿为之,其制比红毛益精。安置南北两台,以守要害。发时以铳尺量之,测远镜度之,无不奇中。红夷乃不敢犯。用于中土,则诚攻守重器也。⑥

"其制比红毛益精",一句话概括了澳门仿造红夷大炮的上乘质量。

英国东方史家博克塞(C.R.Boxer)对此论断:"可以推测出,在澳门铸炮厂中的大多数工匠是中国人。总而言之,根据上述文献,有一点是清楚的,那就是在澳门的铸造铁炮的技术是来自中国人,而在另一方面,用铜铸造枪炮在开始应归功于葡萄牙人。""澳门成为供给整个远东各种口径的铜炮和铸铁炮的主要来源,并且保持这个骄傲的地位达 20 年已久。"⑦

---

① 埃武拉地区档案馆资料,手稿 CXVI/2—5,第 272 页。引自澳门博物馆编《与历史同步的博物馆——大炮台》,第 52 页。
② Contrto que o Capitao Geral D.Francisco Mascarenhas celebrou com Quinquo, e Hiaoxon, Chinas gentios de cabello, para fundirem pecas de artellaria de forro coado, C.R.Boxer: Estudos para a Historia de Macau Seculos XVI a XVII, 1 Tomo, p.108.引自万明《中葡早期关系史》,第 206 页。
③ 澳门博物馆编:《与历史同步的博物馆——大炮台》,第 53 页。
④ 万明:《中葡早期关系史》,第 206—207 页。(下称《中葡早期关系史》)
⑤ 《早期澳门史》,第 37 页。
⑥ 《广东新语》卷一六《器语·锡铁器》,第 442—443 页。
⑦ C.R.Boxer: Estudos para a Historia de Macau Seculos XVI a XVII, 1 Tomo, p.109;《中葡早期关系史》,第 207 页。

由此可见,当时澳门的铜炮铸造技术来源于葡萄牙人,而铸造铁炮的技术则来自于中国人,准确地说来自于广东佛山镇的铸炮工匠。正如万明在《中葡早期关系史》所论述:"澳门的火器铸造,充分体现了人类文明发展过程中,中西文化的相互吸收和促进。在明初,中国已不仅用铜铸炮,也用铁铸炮。广东佛山是在明初发展起来,成为全国最重要的铁业制造中心的,加上中国工匠自嘉靖年间就已仿造'佛郎机',所以在澳门专门铸造大炮的菩卡罗铸炮厂里,中国工匠以自身的技术,促进澳门所铸西洋大炮达到了一个新水平。"①

二、明朝廷与澳门红夷大炮

天启元年(1621)十月,在徐光启等朝臣的推动下,张焘、孙学诗赴澳门向葡萄牙人购好4门西洋大炮,辗转运到江西广信府,十二月运抵北京。② 对此,徐光启在信中对友人说:"所致西洋大炮四位,业已解到,此歼夷灭虏第一神器,但其用法尚需讲究尔。"③明熹宗十分赞许此事。天启六年(1626)下旨:"西洋炮即如法多制,以资防御。"④

崇祯二年(1629)一月,为了对付后金,此时已擢升礼部左侍郎的徐光启上疏要求购买并仿制西洋大炮,⑤得到崇祯皇帝嘉许。崇祯二年(1629),两广大吏李逢节、王尊德从澳门葡萄牙人购买十门大炮、数十支步枪,由领队葡萄牙人公沙的西劳和通事陆若汉带领几名炮手北上。⑥ 崇祯三年(1630)正月到京。崇祯皇帝对这次购炮"均极满意","设大炮于都城冲要之所,精选将士习西洋点放法,赐炮名神威大将军"。⑦

除了直接购买外,徐光启还亲自主持仿制。还从澳门召葡萄牙炮师、炮匠到内地教演、铸造大炮,"务令事事如式"。徐光启购买和仿制的大炮范型都是荷兰制造的红夷大炮。在从澳门来的毕方济、龙华民、汤若望等传教士的帮助下,到崇祯三年(1630)八月,徐光启共计制造大、小炮400余门。⑧ 这批红夷大炮被解运到辽东战场,在袁崇焕指挥的宁远战役中,因击毙后金领袖努尔哈赤而一举成名,红夷大炮威力尽显。宁远战后,徐光启等从澳门购回的4门大炮中的第二门,因功被敕封为"安边靖虏镇国大将军"。⑨

崇祯九年(1636),崇祯皇帝授命汤若望在皇宫旁设立铸炮厂,大批铸造西洋大炮。⑩汤若望先后制成可装放40磅炮弹的炮20尊和小炮500尊。与此同时,汤若望对西洋火

---

① 《中葡早期关系史》,第206页。
② 刘旭:《中国古代火炮史》,上海人民出版社1989年版,第237页。(下称《中国古代火炮史》)
③ 徐光启:《徐氏疱言·与吴生白方伯书》,《徐光启集》卷一〇,第473页。
④ 《明熹宗天启实录》卷六三。
⑤ 《崇祯长编》卷一七。
⑥ 费赖之著,冯承钧译:《在华耶稣会士列传及书目》上册《汤若望传》,中华书局1995年版,第139页。
⑦ 《崇祯长编》卷三〇。
⑧ 《中国古代火炮史》,第237—238页。
⑨ 《中葡早期关系史》,第206页。
⑩ 费赖之著,冯承钧译:《在华耶稣会士列传及书目》上册《汤若望传》,第171页。

炮的整个制造工艺技术,诸如冶铸、制造、保管、运输、演放、火药的配制、炮弹的制造等加以总结,由他口述,焦勖整理,撰写成了具有较高科学价值的《火攻挈要》一书,对我国古代火炮发展产生过较大影响。[①]

明末明军的这批大炮,后来大部分为清军缴获,也成为清军攻城略地的利器。

三、明末佛山仿制红夷大炮

明末澳门铸炮技术的进步,极大地促进了广东铸炮事业的发展。

首先是激发了佛山冶铁行业工匠改变现状的要求。澳门铸炮厂的发展需要铸炮技师,也需要普通工匠。澳门的葡萄牙人契约先行,月入不菲,这给了中国普通工匠向上流动的机会,如此亦引起佛山镇铸铁工匠对佛山现状的不满和情绪躁动,明代佛山镇冶铁工匠仅有的两次哄闹事件就发生于此时。天启二年(1622)九月九日,佛山炒铸七行工匠借题发挥,聚众狂躁,"借清复灵应祠地为名,先拆祠前照壁,随毁民庐,奸不可测。知县罗万爵出示安民,计擒为首者重惩,始各解散"。[②]崇祯六年(1633),"耳锅匠并锯柴工与诸炉户哄争,毁陈达逵房屋。……县拘刁横锅匠,柴工治罪"。[③]这是澳门铸炮中心发展对佛山工匠情绪带来的短期影响,此后随着铸炮中心逐渐转移和重新确立于佛山,佛山再没发生过冶铁工匠哄闹事件。

其次是激发了佛山炉户仿制铸炮的热情。明代佛山长期承担官府的火器采购任务。据碑刻记载,崇祯五年"装造战船",佛山炉户"于炉冶分别班行,遵应公务。但铸锅炉户答应铁锅,铸造铁灶答应铁灶,炒炼熟铁炉户答应打造军器熟铁"。[④]"装造战船"的主要任务就是铸造铳炮。明末佛山生产的大粤铳重四百斤,身长四尺三寸,铳口外围径过六寸,膛口径过一寸八分,铳底外围径过九寸余,用药一斤八两。斑鸠脚铳每门连木靶重二十六七斤不等,除木靶重十五六斤不等,身长四尺二寸,连靶共长五尺五寸,铳口外围径过一寸三分,一口径过六分,铳底外围径过二寸,用药一钱三两。[⑤]

崇祯三年(1631),两广总督王尊德也积极推动仿制西洋大炮。王尊德先后依照澳门造火炮式样在各地督造大中型西洋火炮 500 尊,上交明朝廷 175 尊。[⑥]广东仿制大炮之事引起澳门和明廷的关注。葡萄牙耶稣会士陆若汉和葡兵首领解运大炮到京后呈文称:"且闻广东王军门借用澳中大小铳二十门,照样铸造大铁铳五十门,斑鸠铳三百门,前来攻敌。

---

① 《中国古代火炮史》,第 237—238 页。
② 乾隆《佛山忠义乡志》卷三《乡事志》,第 4—5 页。
③ 同上书,第 5 页。
④ 崇祯八年《广州府南海县饬禁横敛以便公务事碑》,《明清佛山碑刻文献经济资料》,第 13—15 页。
⑤ 《明清史料乙编》第 8 本,第 715 页;参阅蒋祖缘《试谈明清时期佛山的军器生产》,《明清广东社会经济形态研究》,第 132—143 页。
⑥ 崇祯三年八月十七日兵部为广东大炮业已抵京令宣抚速赴领取事行稿,中国第一历史档案馆、辽宁省档案馆编:《中国明朝档案总汇》第 8 册,第 58 页;《徐光启集》,第 316 页。

汉等再取前项将卒器具,愿为先驱,不过数月可以廓清畿甸,不过二年可以恢复全辽。"①
而礼科给事中卢兆龙也在崇祯四年(1631)二月再上第四疏,力陈澳门购炮之费和葡兵入京之弊时称:"谓其铳可用乎? 则红夷大炮,闽粤之人有能造之者,昨督臣王尊德所解是也。其装药置铅之法与点放之方,亦已备悉矣。臣计三百夷人,自安家犒劳以及沿途口粮夫马、到京供给,所费不赀,莫若止而不召,而即以此钱粮鸠工铸造,可得大铳数百具,孰有便焉。"②卢兆龙是香山县小榄人,了解澳葡之人,认为葡萄牙人进京铸炮是贻忧内地、颇费钱粮之举。卢兆龙认为中国自有精通火器之人,"则红夷大炮,闽粤之人有能造之者",不需招募葡萄牙人来教演,因此提出"止而不召"。卢兆龙的奏疏得到崇祯皇帝的准许,下令正在北上的葡萄牙炮队停止进京,返回澳门。③顺便指出,在王尊德上交明朝廷的175尊大炮中,有5门重一千三百斤至二千斤的大炮留存到现在,其中二千斤大炮炮身有"重二千斤,崇祯二年吉日,军门王造"的铭文,现陈列于中国历史博物馆,至今仍然完好无损。④

之后,随着明朝与后金战争的日趋激烈,广东铸造的大炮源源不断地被解运入京。崇祯四年(1631),户部尚书、佛山籍人李待问疏称:"淮上无大铳,最大者百子铳而矣。东叛之役,取匠于粤。制造五百斤者廿位,一千斤者十位;又造百子铳一百座。"⑤崇祯七年(1634)冬,两广总督熊文灿派参将蔡时春运解四百斤重"大粤铳"100门、斑鸠脚铳100门。这批武器于崇祯八年(1635)二月运到京师后,原拟"发冲边应用",兵部认为"神京根本重地,亦应留贮京营,以备缓急"。同时嘉许熊文灿言"拣此利器,给发军中,随宜设放,亦见为国筹边之至意哉"。⑥可见明朝兵部对这批武器尤为重视。崇祯九年(1636),两广总督熊文灿再派员运解四百斤大铳40门、铁弹400丸,三百斤大铳60门、铁弹500丸,以及大斑鸠脚铳100门、大鸟铳100门。⑦这两批由两广总督熊文灿在广东制造的铁炮中的一尊,现藏北京中国人民革命军事博物馆,炮身上镌刻有"崇祯六年,岭西道左布政王,总督两广军门熊造"等铭文。⑧

崇祯十二年(1639),两广总督张锐心派员分批运解红夷大炮100门、备用炮4门、火药1 000斤、生铁大弹500斤,红夷大铳100位、备用铳4位、火药1 000斤、生铁大弹500个、大铳100门。这些武器按规定先后运送山东和河南。⑨

---

① 《徐光启集》卷六《闻风愤激直献刍荛疏》,引自《中葡早期关系史》,第208—209页。
② 《崇祯长编》卷三四,崇祯三年五月丙午。
③ 《中葡早期关系史》,第211—213页。
④ 《中国古代火炮史》,第73页。
⑤ 李待问:《忠定公履历》(手抄本),《广州大典》第31辑《史部传记类》第3册,第702页。
⑥ 《明清史料乙编》第8本,第715页。
⑦ 《明清史料乙编》第9本,第878页。
⑧ 《中国古代火炮史》,第74页。
⑨ 《明清史料乙编》第8本,第760页。

　　蒋祖缘先生曾经对明清时期佛山的军器生产做过很好研究。他认为：上述广东所造之军器，当是佛山所造。第一，从 15 世纪中叶开始，佛山已是广东冶铁业中心。第二，正统末年，梁浚浩已在佛山制造大炮，且黄萧养起事军围攻佛山的重要原因之一，就在于夺取了佛山，可以得到枪铳生产基地。第三，万历年间，佛山还在继续生产铳炮。第四，明崇祯年间，佛山炒铸七行中炒炼熟铁一行打造军器。第五，崇祯末年，户部尚书李待问辞官回乡之后，开始在佛山建筑炮台。笔者同意蒋祖缘先生的论断，同时补充一点：从明正德十四年起佛山就是官准专利的合法铁器铸造地，官府规定两广铁矿山生产出来的铁版运往佛山发卖铸造，两广铁炉依照盐法进行管理，[①]佛山炉户可以大量承接广铁铸造任何火器。因此明末佛山铸造的各式铳炮，包括红夷大炮，是可以确指在广东佛山铸造的。

　　综上所述，明代澳门铸炮厂的设立，不仅为明朝抗金战争提供大量先进火器，同时为中国铸炮师傅提供了大型铁炮铸造技术的交流平台，为中国铸炮事业的起步发展准备了人才。随着中国大型铸炮基地的转移和人才流动，明末澳门铸炮厂选定的红夷大炮范式，也成为清代佛山铸造红衣大炮和西洋大炮的范式，从而开启了清代佛山铸造广炮的辉煌时代。

---

① 戴璟：嘉靖《广东通志》卷三〇《铁冶》；《两广盐法志》卷三五《铁志》。

第九章
明末佛山社会与李待问士绅集团

景泰年间佛山都市雏型的形成,促进了教育组织和文化生活不断发育形成。与此同时,体现都市社会特征的社会基本矛盾也在酝酿之中,随着佛山冶铁业的勃兴和发展,以拥有资本、炉房等生产资料的少数大族富户为一方,和以只有简陋生产工具的小炉户及徒手求食的工匠为主体的城市平民为另一方的两极分化日益明显。少数大族富户与大多数城市平民的矛盾是明中叶以来佛山社会的基本矛盾。这一基本矛盾的发展,导致了以李待问为首的新兴士绅集团对明末佛山社会的全面整顿和城市管理制度的确立。

第一节　教育组织与文化生活

明代是佛山教育事业开始起步、社区文化逐渐形成和北帝神崇拜迅速发展的时期。在这一时期,构建了佛山社区精神系统的基本框架,为后来佛山社会文化的发展作了重要积淀。教育组织是指教育制度与教育团体的结合总体,它又是为达到传授知识、培育人才的目的而设立的区分等级、按部就班的教育体制。明代佛山不是县治所在,因此没有县学之设,其教育组织是家塾、社学和书院,其中以家塾和社学为主,作为启蒙向导,它们衔接着县学、府学的教育机构,为明代科举制度输送了大量人才。

一、家塾、社学与书院

家塾是血缘性教育组织,由家族组织创办。明代佛山家塾十分普遍,是当时民间的主要教育机构。家塾多设在祠堂中,塾师多由家族长辈中的文化人担任,也有聘请外姓人任教者。家族子弟均可在家塾中接受教育,一般外姓人不能进入家塾就读。明代的八图土著各姓氏均有自己的家塾,宗族子弟在此接受童子的启蒙教育。有些家塾很有名气,例如金鱼堂陈氏就是以家塾"金鱼堂"之名而为其宗族地望的。①

---

① 《南海金鱼堂陈氏族谱》卷八上《列传一·陈君德》。

　　社学是地缘性的教育组织，由官府创办。明洪武七年(1374)诏天下立社学。民间幼童十五以下者，遣入读书。社师"俱由郡守选经明行修者充之，其教先德行而后文艺"。① 佛山镇最早的社学是洪武八年建立的崇正社学。② 黄佐嘉靖《广东通志》记载佛山有"择善""主善""明善""养善"四社学。③ 而进士冼桂奇在嘉靖二十年(1541)所写的《四社学记》中称佛山四社学为"崇正、厚俗、蒙养和敦本"。后来佛山社学续有发展，崇祯《南海县志》记载当时佛山镇社学有敦本、立善、崇正、厚俗、忠义和报恩。④ 冼桂奇就曾在社学就读，据其《四社学记》说："吾乡故有社学四焉。盖督学庄渠魏公所毁淫祠改建者也。……余时尚少，列诸生，歌诗习礼。今犹能记忆其盛。"⑤社学规模大，学生多，是地方的教育中心点。

　　书院作为教育组织，可以追溯到唐明皇建丽正书院置文学之士之举。宋代书院续有发展，有白鹿、石鼓、应天、岳麓四大书院。明嘉靖初年，南海士大夫就纷纷在西樵山各处建书院讲学，湛若水创建的大科书院和云谷书院，方献夫创建的石泉书院，以及霍韬创建的四峰书院，时称"西樵四大书院"(详见本书第五章第三节)。佛山镇内最早的书院是李待问在崇祯十五年(1642)创建的文昌书院，设在明心铺，中祀梓潼帝神，"一以培风气之不足，一以作士类之维新"。⑥ 文昌书院既是佛山最早的书院，也是明代佛山镇内唯一的书院。

二、佛山秋色与社区文化活动

　　佛山社区文化活动具有强烈的地方风格和色彩，其地方风格的形成与佛山社区的历史相联系。明代佛山最有影响的文化活动是"出秋色"。"秋色"是佛山特有的民间工艺品的统称，它包括车色、马色、地色、水色、灯色、飘色和景色等。展示以上诸色的游行活动称为"出秋色"，又称"会景"或"秋景"。因秋色自古以佛山为盛，故又称"佛山秋色"。

　　佛山秋色源于何时？通常认为始于明永乐年间，源于秋天庆丰收的活动。但这一说法颇有疑问：一，南方水稻一年两造，中秋时晚稻尚未成熟，何来丰收；二，秋色产品有很高的手工工艺要求，一般农业社会似难造造；三，也是最关键的，这一说法没有史实根据。笔者认为：佛山出秋色起源于正统十四年(1449)佛山堡人抗击黄萧养起事之时。民国《佛山忠义乡志》卷一四梁浚浩传云：

　　　　梁浚浩，澳口人。当黄萧养聚众围佛山，时值中秋。使谍者数十辈间行，以调内

① 冼桂奇：《四社学记》，乾隆《佛山忠义乡志》卷一〇《艺文志》。
② 民国《佛山忠义乡志》卷五《教育志二》。
③ 嘉靖《广东通志》卷三七《礼乐志二·社学·南海县》。
④ 崇祯《南海县志》卷七《礼乐志·社学》。
⑤ 《四社学记》，乾隆《佛山忠义乡志》卷一〇《艺文志》。
⑥ 《文昌书院记》，乾隆《佛山忠义乡志》卷一〇《艺文志》。

地。浚浩察知之,乃令诸少年演扮秋景故事,以示暇豫。又制大炮,发声如雷,俾贼闻知。贼果疑惧,不敢窥。贼平后,与诸义士咸得锡冠带,崇祀流芳祠。佛山秋景,实由此始。

乾隆《佛山忠义乡志》卷六《乡俗志》也载:"相传黄萧养寇佛山时,守者令各里杂扮故事,彻夜金鼓震天。贼疑不敢急攻,俄竟遁去,盖兵智也。后因踵之为美事,不可复禁云。"《粤小记》卷三也有同样记载,佛山人"念贼众我寡,必不可胜,乃剪帛制旗帜,饰为童男女,鸣金击鼓游村中,昼夜不绝,贼认为习战事,惧不敢攻,……今每岁九月乡人饰童男女鼓吹绕村夜行,名曰秋色,是其遗制"。可见,流传至今的佛山及其珠江三角洲的"出秋色"庆会,当为明正统年间佛山人在抗击黄萧养时的创造。

从上述三条材料并结合族谱资料可知,梁浚浩是二十二老之一,系佛山澳口梁氏族人。在抗击黄萧养期间,佛山乡老梁浚浩曾令各里诸少年利用夜色乔装成各式武功人物进行游村活动,即是"令诸少年演扮秋景故事"。黄萧养围攻佛山时正值中秋,夜色中只见佛山堡内"关公""赵云"来回巡逻,"车马"杂沓,旌旗猎猎。我们知道当时佛山分为三十五铺设防,其"演扮故事"者一定各铺皆有。又制大爆(爆竹),发声如雷。当时乡人还推出灵应祠的大铁瓶以"诳贼","贼遥见,疑为大炮,不敢逼"。① 以上这些,都是为了"以示暇豫",故意表明自己早已森严壁垒,"外贼"莫犯。事平后,乡民不忘二十二老功德,并纪念这一奇谋。"佛山秋景,实由此始",一句话点明了为什么传统佛山秋色必在中秋举行的真正原因。明代佛山出秋色活动的细节虽已不得其详,但从"踵之为美事"看,每年的中秋时节佛山都会举行出秋色庆会,并因此将这一民间喜庆活动传承下来。

佛山社区另一具有广泛性的文化活动是酬神演戏。早在元代时,佛山祖庙三月三北帝诞举行"奉醮宴贺",就有"笙歌喧阗"的热闹场面。② 明代成化年间,石湾太原霍氏晚节公家箴亦说:"七月七之演戏,世俗相尚,难于禁革。"又说:"七月之演戏,良家子弟不宜学习其事,虽学会唱曲,与人观看,便是小辈之流,失于大体。一入散诞,必淫荡其性。"③可见明代佛山演戏唱曲已比较流行,已成为难于禁革的"世俗"。不过当时的演戏不是系统的剧种,只能视作小曲演唱,且多唱弋阳腔,与后来的粤剧有所区别。正如麦啸霞所言:"明嘉靖年间,广东戏曲用弋阳腔,音韵宗洪武而兼中州,节以鼓板。"④然而,正是明代佛山居民中酬神演戏的普遍存在与发展,使佛山成为清代粤剧诞生的温床。

三、明代北帝崇拜建构

佛教本在佛山发展最早,佛山之得名就起源于东晋时三藏法师达昆毗耶舍尊者在佛

---

① 民国《佛山忠义乡志》卷一六《金石志一》。
② 《庆真堂重修记》,乾隆《佛山忠义乡志》卷一〇《艺文志》。
③ 石湾《太原霍氏崇本堂族谱》卷三《太原霍氏仲房世祖晚节公家箴》。
④ 麦啸霞:《广东戏剧史略》,《广东文物》卷八《人文艺术类》。

山的讲经。后乡人建塔坡寺，成为佛山最早的祭祀中心。但佛教命运多蹇，明洪武二十四年(1391)，佛山"大毁寺观"，塔坡寺毁于此时。嘉靖元年(1522)广东提学魏校又在全省范围大毁寺观，同时在佛山"毁淫祠改建社学"，佛寺更难以发展。到天启七年(1627)乡人才"追建塔坡古寺，改地于医灵铺之左巷"。① 总之，有明一代，佛山的佛寺都无法抬头。与之相反的是，北帝神的崇拜却与日俱增。

北帝神崇拜，是佛山社会的重要历史现象，是佛山民间宗教系统的主干。北帝，名玄武，又称真武。"司北方之水，于位为坎，于五行居首，故其神最贵最灵"。② 历代皇帝对真武神均有赐封和崇祀，宋钦宗靖康元年加号为"佑圣助顺真武灵应真君"。元大德七年，加封为"元圣仁威玄天上帝"。明永乐十二年因开国靖难，神多效灵，故建真武庙于北京。永乐十六年建武当山宫观，为祭祀真武神之所，以铜为殿，以黄金范真武像。可谓隆祀有加，推崇备至。甚至连主祀之道士九人均封正六品官秩。③ 可见北帝是官方认可的主要神明。这一事实，成为佛山北帝崇拜发展的重要背景。

明代佛山北帝崇拜的发展有两个阶段：一是龙翥祠阶段，一是灵应祠阶段。龙翥祠阶段是纯粹的民间祭祀阶段，灵应祠阶段是官府介入民间的祭祀阶段。这两个阶段在神明的塑造和居民对神明的感情上有明显的区别。

从北帝庙始建至明景泰二年(1451)，是龙翥祠阶段。这一阶段的特点是民间自发的祭祀，北帝崇拜是建立在亲情基础上的。北帝庙始建于宋元丰年间，然元代以前关于祖庙的史迹已不可考。元代佛山供奉北帝的庙宇称"龙翥祠"(参阅第四章第一节二)，乡人又称之为"祖堂"。每逢三月三北帝诞时，里巷骈阗，车马杂遝，十分热闹。④ 元末有龙潭贼剽掠佛山，乡人祷于神，霎时狂风暴雨，倾覆贼船过半。人们望见云中有披发神人显现，"方知帝真救民于急难之中，驱贼于水火之际"。据说后来龙潭贼贿赂"守庙僧"，用"荤秽之物窃污神像"，遂得以入境剽掠，而庙宇圣榕俱焚为灰烬，守庙僧不数日亦遭恶死。⑤ 有"守庙僧"的存在，又忌讳"荤秽之物"，表明与佛教信仰有关。此时的龙翥祠是一个综合性的祭祀中心，内有多种神明可供祭祀。如景泰二年祖庙所奉之神有"北极真武玄天上帝塑像及观音、龙树诸像"，⑥所谓祖庙"所奉之神不一，惟真武为最灵"就是指此。⑦ "龙树"是释迦牟尼的大弟子，是佛教祭祀的神明，可知祖堂确有佛像。北帝和观音也共祀一堂，似又蕴含着对父母双亲的感情寄托。正如陈炎宗所言："神于天神为最尊，而在佛山则不啻

① 乾隆《佛山忠义乡志》卷三《乡事志》。
② 《修浚旗带水记》，《明清佛山碑刻文献经济资料》，第 31 页。
③ 均引自宗力、刘群《中国民间诸神》，第 63—66 页。
④ 《庆真堂重修记》，乾隆《佛山忠义乡志》卷一〇《艺文志》。
⑤ 同上。
⑥ 景泰二年《佛山真武祖庙灵应记》，《明清佛山碑刻文献经济资料》，第 3 页。
⑦ 唐璧：《重建祖庙碑记》，道光《佛山忠义乡志》卷一二《金石上》。

亲也。乡人目灵应祠为祖堂,是直以神为大父母也。"①

在以家长制的家庭为单位的社会类型里,血缘群体对去世祖先灵魂的感情态度,往往成为神灵崇拜的起点。宗教的主流是那种有关同一血缘家族每个成员所熟知的神灵的宗教,"宗教并不是一种超自然力量与个人的随意联系,而是这种力量与所有社会成员的联系。这种力量本质上对社会是怀有善意的,是维护社会的法律和道德秩序的"②。以"祖堂""祖庙"来称呼神庙,正是这种联系和情感的表现。因此,早先的祖堂之于佛山人,犹如祖先灵魂藏幽之所和祖先恩惠普施之地。人们对神明的感情是一种亲切的感情,神明之间没有严格界限,佛、道之神共处一室,人们也不以为怪。这与制度性宗教有很大差别。总之,一切都是朴素自然的感情产物。

明洪武五年(1372),乡老赵仲修重建庙宇。庙宇修好后,于小桥浦处见有水奔涌,随即一木跃出于淤泥之中。该木洁净如新,犹如被水洗净一般。父老传言谓此木乃当初创建庙宇时用于雕塑神像之余木,当时不敢毁,日久不知所终。"今既显出,岂非神现"? 于是赵仲修等"命良工雕刻圣像如故,以奉事之。祈雨旸时若,百谷丰登,保佑斯民"。③ 祈求风调雨顺、百谷丰登,是最基本的愿望。可见此时的北帝庙尚未超出一般香火庙的层次。木刻的神像,也可知明初时庙貌与神像尚还简陋。

宣德四年(1429),乡老梁文慧出任主缘重修祖堂,称为"庆真堂"。且与乡判霍佛儿劝谕自明初以来开设在祖庙前的冶铁炉户他迁。又在正统元年(1436)买地凿为灌花池,植以菠萝、梧桐,以壮风水观瞻。围绕着这次重修,生出了不少关于北帝灵应的传说。据说动工之夜,庙前突现一火球,大如车轮,滚于地上,光散满地,然后又突然消失。又说竖柱之日,因化缘之钱物有不洁者,故"神责其缚匠者以言其过"。又说当年九月初一曙色初分之际,庙前现一神旗,风烟飒飒,初浓渐淡,隐隐不见。再说正统二年六月十七日,在庙梁上显现白蛇一条,蜿蜒于栋梁之间,鸟雀惊喧,观者甚众。凡此种种,乡人皆以为"神光不测之妙"。此外,还有邻境有无知者妄借庙中神伞,以为竞渡之戏,结果发生灾害。乡间有被盗者,旦夕来神前祷告,而贼人遂生无妄之灾,将财物归还其主。又有同生理而财物不明者,誓于神,其瞒昧之人皆有恶报。④ 在以上这些传闻的传播中,北帝的形象得到了升华,祖庙开始成为神圣不可侵犯的处所,北帝神也开始成为正义、公正的代表。人们开始感到,它的裁决是无形的,并且是无所不在的。此时,人们心中对北帝的感情是一种依赖与敬畏相交织的感情。佛山人开始确信北帝报应是必然无误的。

社会学理论告诉我们,如果要使一个人相信凶兆和允诺,当然必须使他确信报应是必

---

① 乾隆《佛山忠义乡志》卷六《乡俗志》。
② 引自罗斯《社会控制》,第109页。
③ 《庆真堂重修记》,道光《佛山忠义乡志》卷一二《金石上》。
④ 正统三年《庆真堂重修记》卷一二《金石上》。

然无误的。这种确信如果是建立在不可证实的推理或者权威基础上，就是信仰。通过利用不可证实的确信来控制人的行为的，就是信仰控制。信仰控制这种基本的超自然制裁，是建立在相信有一个超自然的存在基础上的。它监视着人的行为，并通过赏善罚恶来干预人间的生活。当一种信仰煞费苦心地制作制裁和奖励的"产品"时，它无疑又是一种维持秩序的工具。我们知道，乡老梁文慧和乡判霍佛儿是社区权力的代表，他们为了建立祖庙而大规模地迁徙庙前的铸冶炉户，显然是违反炉户意愿的，从而引起炉户的不满（后来在天启二年炒铸七行借清复灵应祠地为名，拆毁祠前照壁就是证明）。而利用北帝信仰的威力，增加祖庙的神圣性，是防止炉户产生抵触情绪的有效办法。笔者认为，在明正统初年，祖庙已开始作为社会控制的象征物而存在。

从明景泰四年（1453）到明末是灵应祠阶段。这一阶段的特点是：官府介入民间祭祀，人们对北帝的感情由亲切转入畏惧，北帝崇拜进一步发展。

祖庙地位的陡增及乡人对北帝感情的变化，是从官府介入祭祀开始的。广东官府最早对祖庙祭祀的支持，是正统七年（1442）巡按张善批给灵应祠"往省渡船二只，量取赁租以供北帝庙香火"。[1] 但是派官员祭祀北帝，却是在明景泰四年（1451）以后。第五章第二节曾提到，正统十四年（1449）黄萧养进攻佛山，乡人集于祖庙问神卜吉，神许则出战，战则屡胜。景泰四年礼部尚书的四二四号勘合曾详细地记述了北帝的"助战"之功："其贼出战之时，常见一人青袍白马走于栅外；又见飞蚊团结成旗，排阵游于空中；贼以北方扬灰，欲伤民目，霎时则转南风吹之，贼反自击；日夜铃锣不息，民将惫倦，贼攻日甚，西北角栅城几陷，乡老奔叩于神，神卜许其勇敌，民遂迎花瓶，长五尺，诡作大铳状，出诳贼，贼疑不敢攻；又见红鸟一队，飞坠于海，贼遂就擒。"[2] 虽然这些大多仍属兵智所为，如"青袍白马"似为扮色，花瓶诡作大铳，均乃"兵不厌诈"之术，但乡人仍然把这些归之于神功。

我们不能肯定当时的领导层"二十二老"是否也相信北帝真能与人合作，而且相信北帝能给予人超凡的力量，杀敌御贼，但有一点可以肯定的是，它客观上促进和引导人们这样去信仰北帝。当一个社会群体意识到面临灭顶之灾时，有必要将生活在一个共同体的成员包容在一个半超自然纽带的网状系统中，以便情感通过它起作用，并把他们联合起来。这时感情本身已不同于原来的感情，那些获取感情支持的人们，原有的无拘无束的友情，自然而然地为敬畏和恐惧的色彩所代替。二十二老在祖庙弑其"怀二心者"，并每战必祷神卜吉凶，都达到了强化对神的恐惧敬畏心理的作用，从而加强了内部凝聚力的效果。

抗击黄萧养起事的胜利，使佛山人产生隆祀祖庙的想法，最好的办法就是借有功于明王朝而请求封典（当时二十二老在叙功时均未受封，有人为之抱憾。笔者揣测二十二老此

---

[1] 乾隆《佛山忠义乡志》卷三《乡事志》。
[2] 民国《佛山忠义乡志》卷八《祠祀志一》。

举,或以祖庙作为代已受封的补偿)。于是在景泰元年(1450),由耆民伦逸安上奏:伏乞圣恩,褒嘉祀典。当时经有司复勘里老梁广、乡判霍佛儿、乡老冼灏通等均言"果系神功持助"。遂由广东左布政使揭稽上奏。景泰四年(1453),景泰皇帝敕赐祖庙为灵应祠,由礼部下祭文一道,匾额、对联各敕给祖庙,并"合行州县掌印官,每岁供祭品物,春秋离职,亲致祭祀,用酬神贶,毋致堕缺,以负朝廷褒崇之典。如有堕缺,许乡民具呈上司,坐以不恭之罪。及庙宇朽坏,务要本县措置修葺,毋致倒塌。如有不悛事体,仍许乡老申呈有司,转行奏治究不恕"。① 列入官祀并受到敕封,这在广东社会并不多见,如同金榜题名,祖庙从此成为佛山人的骄傲,成为佛山社会制裁的象征。人们对祖庙的感情,也从亲近友善变为敬畏恐惧了。

若干年以后,抗击黄萧养的事件成为佛山人祖先曾与北帝神通力合作的事实和证据,积淀在后代的头脑里。他们相信,北帝是保家安邦的战神,是无往不胜的。既然神能保佑他们的祖先,那么神也能保佑他们自己。这一观念的世代积淀,加强了人们对北帝神的信任感,因此历代修建灵应祠的不乏其人。每一代人的修建都在某种程度上扩大了灵应祠的规制。正德八年(1513),灵应祠建牌楼三门,建流芳堂。里人霍时贵增凿锦香池于灌花池右。② 嘉靖三十一年(1552),道士苏澄辉(时为灵应祠住持)建灵应祠前石照壁,石上刻花龙。③ 照壁成为灵应祠的重要象征物。

四、李待问及其家族对祖庙的建造

明末李待问家族对祖庙及其北帝的建设作出了重要贡献。

万历三十二年(1604),刚登进士的李待问与兄经历李好问捐修了灵应祠门楼,额题"端肃门""崇敬门"。④

明天启三年(1623),灵应祠前池加筑拱桥,用上一年所拆照壁石料为之。⑤ 2009 年,在修缮佛山祖庙的过程中发现在祖庙右侧的"观音殿"门额上刻有历代修缮观音殿的年代记录,其中最早的是"明天启三年冬月建",可见此座观音殿为明天启三年所建。

明崇祯二年(1629),李待问倡议重修灵应祠鼓楼,三个月即告成。⑥

明崇祯八年(1635),修灵应祠,改塑神像,由李待问胞兄署丞李敬问捐修。⑦ 佛山祖庙内现存有 24 尊精美古朴、神态各异的漆扑神像,神像本身没有留下任何始制年代的信息,从其制作风格来看,应为明末的作品。此处所记载的"改塑神像",就是指改塑此批神

---

① 礼部四二四号勘合,民国《佛山忠义乡志》卷八《祠祀志一》。
② 乾隆《佛山忠义乡志》卷三《乡事志》。
③ 同上。
④ 现仍存祖庙,参阅陈智亮《祖庙资料汇编》,第 22 页。
⑤ 参阅陈智亮《祖庙资料汇编》,第 22 页。
⑥ 民国《佛山忠义乡志》卷八《祠祀志一》。
⑦ 乾隆《佛山忠义乡志》卷三《乡事志》。

像。佛山祖庙现存的神像，除了几尊铸造于明代的北帝、观音铜像之外，其余均是这些漆扑神像。

崇祯十四年（1641），官至户部尚书的李待问捐资大修灵应祠，并复筑了天启二年（1622）被工匠拆毁的祠前照壁。[①] 榜其殿曰紫霄宫。[②] 以"紫霄宫"命名祖庙正殿，表达了与武当山宫观相媲美的愿望。李待问家族一起行动，修建门楼，改塑神像，鼎新鼓楼。李待问还题写灵应祠山门对联"凤形涌出三尊地，龙势生成一洞天"。[③]（见首页图 10）有关这次修缮，李待问于同年撰写的《重修灵应祠记》碑文中有较详细的记载：

> 岁辛巳，予以请告南还，即谒神祠，而见夫墙垣日久，茅茨不除，朱题漫灭。又其堂庑湫隘，虽日具粢盛，备肥腯，不疾瘯蠡，而一拜一跪间，得毋顾风雨而飘摇、委神依于草莽乎！因退而敬捐俸金，谋所以为新厥庙貌者。材取其庇，工取其坚，自堂徂基，壮丽宏敞，榜其殿曰紫霄宫。外列牌楼，复以其前为照壁，饬以鸱吻。是役也，董其事者，则有予侄述生，从侄几生。经始于辛巳孟夏，历数月而工始竣。由是而游于庙中者，遂有轮轮奕奕之观焉，而心力亦云竭矣。[④]

李待问家族在明末多次修缮祖庙，虽然与其家族的慈善传统有关，但主要目的还是通过修缮祖庙扩大他们在佛山社区的影响力。对于修缮祖庙，李待问有自己的解释："予自幼闻诸父老言，帝之著异于吾乡者不一，独于御黄萧养之乱为最灵、最奇。后予服官于朝，垂三十余年，累藉神庥，备员卿辅。"[⑤]李待问从小就受到真武神灵应的教育，以致登进士第二年就随其兄开始参与祖庙的修缮，延续几十年捐修不倦。

此外李待问还组织了"长明灯会"，长期供奉北帝香油。宏敞的规制，组织起来的祭祀团体，李氏家族把北帝崇拜推上高峰。与此同时，他们也在祖庙建筑物和北帝身上处处留下了可昭示李氏一族在佛山重要地位的标志物。屈大均曾说："吾粤多真武官，以南海佛山镇之祠为大，称曰祖庙。"[⑥]可见经过明末李待问家族的扩建，佛山祖庙此时已称雄粤东。

纵观明代北帝崇拜在佛山的发展，大致呈现出由简陋到繁缛、由亲近到敬畏的变化过程。在这一变化过程中，官府的介入祭祀起了重要的推动作用。明代佛山人对北帝神的建构，奠定了北帝神与祖庙在佛山社区的地位。北帝从此成为佛山社区权威的象征，成为佛山人精神世界的主宰。

---

① 乾隆《佛山忠义乡志》卷三《乡事志》。
② 《重修灵应祠鼓楼记》，乾隆《佛山忠义乡志》卷一○《艺文志》。
③ 乾隆《佛山忠义乡志》卷三《乡事志》。
④ 民国《佛山忠义乡志》卷八《祠祀志一》。
⑤ 同上。
⑥ 《广东新语》卷六《神语》。

第二节　嘉会堂——城市管理中枢

明中叶后佛山二三巨族控制了铁、炭、沙等原料市场和铁制品的销售市场,把持着整个佛山的经济命脉。每当灾荒之时,或富户巧立名目勒收城市平民之时,矛盾就迅速激化,多次发生小炉户和匠民的鼓噪,甚至酿成动乱。少数大族富户与大多数城市平民的矛盾是明中叶以来佛山社会的基本矛盾。这一基本矛盾的发展,导致了李待问新兴士绅集团对佛山地方公共事务的全面介入,演化成明末佛山社会的全面整顿和城市管理制度的确立。

一、庙议——士绅管理乡事之始

佛山祖庙在佛山宗族的发展中具有重要意义。有明一代,明王朝都没有在佛山设立官府衙门,佛山的一应行政诸事统由南海县管理。而南海县衙门设在广州城内,相去佛山五十里。佛山自平黄萧养后,实行了铺区管理制度,把全镇划分为二十四铺,进行分铺区的自我管理。各铺有事由所在铺区的里长、耆老决定。但若有事关全堡、本铺解决不了之事,就会发起"公会",请全镇里老到灵应祠商量。"凡有公会,咸至止灵应祠,旋聚旋散,率无成规"。① 明代中期前,佛山的社会经济通常都由几个巨族共同把持,上述提到的梁氏、冼氏、霍氏等曾先后成为二三巨族的典型代表。没有大族忽视过祖庙在佛山的特殊作用,他们都试图利用祖庙在佛山人心目中的影响力和祖庙千百年来形成的"庙议"传统实现对佛山的有效管理。例如梁文慧、霍佛儿、冼灏通都是大族的代表,他们都利用佛山祖庙作为佛山八图各宗族利益和关系的协调者,并通过祖庙掌握了凌驾于各宗族之上的公权力。祖庙也成为维系镇内各宗族的纽带,成为合镇人的大宗祠,成为合镇人的"祖堂"。

庙议起源于何时,史料中没有准确的记载,但景泰年间划定二十四铺应该是一个时间节点。而佛山士绅通过庙议介入本地乡事进行管理,则是由冼桂奇开始的。

冼桂奇,佛山鹤园冼氏人,是二十二老之一的冼灏通的后人。嘉靖十四年(1535)进士,官至南京刑部主事,与霍韬是儿女亲家。在南京任官时,与王阳明、湛若水过从甚密,研讨理学。嘉靖三十二年(1553),山东淮、徐皆大水,岭南尤甚,"道路死者相枕藉,盖因年谷不登,赋役繁多,财力诎乏,人无余蓄",此灾情波及佛山,立即引起社会不安。"佛山尤地广人众,力田者寡,游手之民充斥道路,欲为乱者十家而七"。在一两人为首的聚众鼓噪下,佛山两日内即聚众数千人,开始以"乞济"为名,沿街要求施赈。后来就"恣所欲而取之","夺米抢金,撞门拆屋",②"白昼大都之中,斩关而夺之金,倾覆良善,震动官府,而乱

① 庞景忠:《乡仕会馆记》,《明清佛山碑刻文献经济资料》,第10页。
② 《鹤园冼氏家谱》卷六《人物谱·列传·十世少汾公传》。

势成矣"。①

当时乡居的冼桂奇，义不容辞，奋先乡里，出而平乱，集中各铺长老到祖庙商议对策，并亲自出马对乱民进行劝抚。据碑记称：

> 时则主事冼子桂奇愤同室之斗，不避危险，来往谕之，诱之以利，惧之以祸，其人亦皆愧服，解其党而去，愿受约束。是日所保全者盖数十姓云。

> 于是画为权约，先自出粟煮粥，以劝二十四铺之有恒产者亦各煮粥以周其邻近。遣人分护谷船来市以通交易，阴械为首之最桀骜者一人以惊冥顽，亟诉当路遣官抚谕以安良善，乞粟于公府以继粥之不足。始因淫霖伤稼，躬祷晴于神以慰民望。继因铁蠹为灾，复为文驱之。是以一权约立而民罔有背戾者焉。拯救百家之危，活千百人之命而不尸其功者，冼子是也。②

冼桂奇手段老练，恩威并施。他首先对乱民晓以利害，以劝散其党；继则施以恩惠，劝富户出资赈济，以安民心，并"遣人分护谷船来市以通交易"；再之施以严峻，"阴械为首之最桀骜者一人，以惊冥顽"，从而保全了"数十姓"富户的身家安全。冼桂奇充分利用其与广东巡按洪垣等人的关系，托赖于广东地方官府，"亟诉当路遣官抚谕，以安良善"，又"乞粟于公府，以继粥之不足"。与此同时，他又代民祈晴于真武神，"以慰民望"，并严禁横敛私抽以致成灾的"铁蠹"，"为文驱之"，以恢复小炉户和诸铁匠的利益。

事后，佛山镇二十四铺士民和张槎乡父老请求官府准许将冼子入祀忠义流芳祠，与二十二老同祀。他们认为："二十二人者能捍外变，摧锋于万里；冼子能靖内乱，宁济于一时。其劳佚久速有不同，而同于共济艰难者也。"③

嘉靖三十二年的动乱与冼子平乱，在佛山城市发展史上具有重要意义。它是明代佛山都市化过程中的第一次因内部矛盾而引发的动乱。所谓"同室之斗"，就是指此。它说明几乎与传统城市起步发展的同时，就在其内部因贫富分化而积淀着深刻的矛盾，这些矛盾的发展，推动着佛山社会产生超乎于宗族整合之上的社会整合。冼子平乱，说明了功名人物在佛山社会整合中的重要作用。正因为佛山功名人物可以上托官府，下治乡民，在各宗族中有威信，在祖庙"庙议"上占主导地位。所以，佛山从城市起步发展时就一直依靠士绅治理铺民。有明一代，佛山均处于自治状态，官府没有设立任何机构。祖庙，充当了佛山的"官衙"；而功名人物对佛山有效的管理，则自冼桂奇始。

二、大族把持与工匠鼓噪

明代佛山平民的生活境况十分艰苦。以冶铁小炉户为例，"家无担石储""所业止取给

---

① 嘉靖三十二年《世济忠义记》，《明清佛山碑刻文献经济资料》，第 5 页。
② 同上。
③ 同上。

衣食"的比比皆然。① 冶铁生产属重体力劳动，又长期高温劳作，其辛苦非炉户不知。例如万历年间霍权艺世父冶铸，"攻苦茹淡，为兄弟先，不敢告劳也"。② 又如同时的李潭以铸冶为业，"常曰：吾十指上汗血犹鲜，汝辈奚容严官人榜样"。③ 这些就是炉户含辛茹苦的生动自述。时人甚至有"不可去佛山学习炒铁出铁、铸造铁锅、打铁器、打铜锣等项，此最受热。每闻因火攻心，成伤早夭"的家训。④ 确实，因长期重体力高温劳作，年幼早夭者不少。如万历年间细巷李氏八世祖李国匡，"业作锻炼，萧如也"，其两兄"一夤世，一赤贫"。⑤ "最是辛勤怜铁匠，拥炉挥汗几曾眠"，⑥ 描述了佛山铁匠艰辛备尝的景况。

而与普通炉户和工匠境遇不同的是，某些大族把持了佛山的经济命脉。正如明末清初南海人陈子升所说："佛山地接省会，向来二三巨族为愚民率，其货利惟铸铁而已。"⑦大族的垄断又常常是引发工匠鼓噪的主要原因。

宣德年间前佛山的炉户曾集中在祖庙一带建炉房生产。宣德四年（1429），郡马梁氏的梁文慧（其子梁彝为二十二老之一）出任重修祖庙主缘，化财重建，一年而成，庙貌焕然。又听堪舆家之言"玄武神前不宜火炎"，遂于正统元年与隔塘霍氏（佛山霍氏）的霍佛儿（后为二十二老之一）"浼炉户他迁"。为了防止炉户卷土重来并借以扩大祖庙的范围，他们捐己资"买受其地，共三亩五分"，作灌花池与洛水相通。又在余地上植菠萝、梧桐二木，其税由梁、霍二户分承输纳，以"冀千载之下无以侵占，永为本堂风水之壮观也"。⑧ 作为土著大族的耆老，梁文慧和霍佛儿"浼炉户他迁"的做法当时没有引起什么反抗。但因搬迁，炉户产生损失再所难免，故而积怨由此而生。嘉靖三十一年（1552），道士苏澄辉募捐修建了灵应祠前石照壁，石上刻花龙。⑨ 不期然在 70 年后的天启二年（1622）九月九日，"炒铸七行工匠纠众狂噪，借清复灵应祠地为名，先拆祠前照壁，随毁民庐，奸不可测。知县罗万爵急出示安民，计擒为首者重惩，始各解散"。⑩ 炒铸七行工匠要"清复灵应祠地"，显然是要求回到原地营生。他们拆毁了表示佛山精神权威的标志物——祖庙照壁，对土著大族极力维护的神圣偶像表示了极大的蔑视。虽然还不知道这次"工匠纠众狂噪"的直接原因，但其滥觞于正统元年（1436）梁文慧、霍佛儿的"浼炉户他迁"，则是可以确指的。

崇祯初年，细巷李氏的李崇问（字扩衷，李待问的堂弟）的"包籴包铸"也曾引起一场

---

① 李待问：《李氏族谱》卷五《世德纪·东朗公传》。
②《南海佛山霍氏族谱》卷一一《十四世祖行素公墓志铭》。
③ 李待问：《李氏族谱》卷五《世德纪·季泉公传》。
④ 石湾《霍氏崇本堂族谱》卷三《工有百艺之当做》。
⑤ 李待问：《李氏族谱》卷五《世德纪·敦野公传》。
⑥ 梅璇枢：《汾江竹枝词》，道光《佛山忠义乡志》卷一一《艺文下》。
⑦ 史澄等纂：《光绪广州府志》卷一五《陈子升上某明府书》。
⑧《梅庄公传》，《梁氏家谱》；《庆真堂重修记》，道光《佛山忠义乡志》卷一二《金石上》。
⑨ 乾隆《佛山忠义乡志》卷三《乡事志》。
⑩ 同上。

"激变"。李崇问原为南海县庠生，后援例入南太学，考勤第一，给假候选生。[1] 李崇问归家后即从事商贸。据成书于崇祯五年(1632)的《盟水斋存牍》记载，李崇问凭势射利，假座于佛山广韶会馆，树立"李府"大旗，"包籴包铸"，将四方运来佛山之米、铁版尽收其手，然后向佛山炉户"加勒米价、铁价"。因米价、铁价居高不下，佛山民众大哗，愤而"激变"，聚众将依附李崇问的炉户、米户梁国伦、何仲仰、梁良玉三家庐舍捣毁。南海县派兵"谕散"，拘捕了王瑞恒、陈广信二人，指为"飞帖倡乱"。同时也拘捕李崇问，指其"包籴包铸，则激变之因"。案呈广州府，广州府推官颜俊彦素仰李待问名声(崇祯元年李待问时任漕运总督、户部右侍郎)，亦深衔李崇问"儒其貌而市其心"，败坏李氏门风之举，同时亦恐乱民再起，于是对李崇问量刑惩办，其判词称："扩衷以宦族不无为群小蚁附，遂称主盟，实亦未尝攘臂其间。量行降罚，薄杖示惩。"并"褫衣巾"，"拆会馆"。对为首乱民王瑞恒、陈广信二人亦不重办，"杖之"而已，以安反侧。[2]

上述两例说明，大族把持经济是工匠"鼓噪"乃至"激变"的原因。我们注意到，明末佛山冶铁工匠的鼓噪比较频繁。据乾隆《佛山忠义乡志》载：崇祯六年(1633)，还有一次"哄争"，"耳锅匠并锯柴工与诸炉户哄争，毁陈达逵房屋，拿获责究"。[3] 这些鼓噪或哄争，总与破坏建筑物相联系，这是工匠们借以表示不满的手段。工匠的反复鼓噪，表达了普通炉户和工匠对大族把持经济的强烈反抗，使大族把持经济的格局逐渐发生了动摇。

李待问对佛山经济、政治和文化的全面整顿，就是在这一背景下发生的。

三、李待问与嘉会堂

李待问，万历三十二年(1604)进士，官至户部尚书，为明末佛山堡内士大夫中官品最高者。李待问家族为九社之一的细巷李氏，细巷李氏一族在明末科名鼎盛，万历三十一年(1603)李待问、李升问同时中举，次年李待问登进士，此后至崇祯年间，先后有举人李应问、岁贡李孝问、李象履、李象同、李清问、李象蒙、李象秀、李象颐、李象随、李象家、李象震。[4] 30 年内一门科名辈出。仅岁贡一途，就占明代全佛山岁贡的百分之二十三。明末佛山社区社会地位最高的群体无疑就是李氏家族，而最有话语权的人物就是李待问。李待问登进士后，像佛山前辈功名人物一样，修建了李氏大宗祠。现在作为佛山市市徽的佛山祖庙牌坊，就是李待问主持修建的李氏大宗祠"孖祠堂"的牌坊之一。同时，修撰《李氏族谱》等一系列整合李氏宗族的措施，使细巷李氏成为明末佛山最有影响力的宗族。如上所述，李待问修建祖庙时就撰写了留存的一块牌匾和两副对联，分别是位于祖庙三门的著

---

[1] 李待问：《李氏族谱》卷二《世系纪·李崇问》。
[2] 颜俊彦：《盟水斋存牍》(二刻)卷二《激变李扩衷二杖》。
[3] 乾隆《佛山忠义乡志》卷三《乡事志》。
[4] 乾隆《佛山忠义乡志》卷四《选举志》。

名对联"凤形涌出三尊地,龙势生成一洞天"、位于正殿的"紫霄宫"牌匾和正殿对联"北极照临南土,东渐西被,忠义赫奕乎四方,海国长资保障;大明崇极玄功,春禘秋尝,灵应馨传于万祀,佛山普拜凭依"。这些墨宝至今仍然悬挂在祖庙最重要、最显眼的位置,成为北帝文化的宝贵遗产的重要组成部分。(见首页图 5)

从万历年间到崇祯年间,李待问先后建设了佛山地方武装中心、行政管理中心和文化教育中心,而祖庙就是上述三大中心的中枢所在。

首先,李待问建立忠义营,作为佛山地方武装的中心。

李待问整顿佛山的行动首先从建立"忠义营"、加强社会控制开始。佛山忠义营设立于万历三十九年(1611),由李待问亲自策划和组织。当年时任礼部主客司主事的李待问致南海县令揭文称:"窃照本堡地广人稠,五方咸萃。以商匠杂处,致奸宄之丛生,流劫时闻,夜不安席。"故请求官府为佛山堡"定制拨兵长守,以安地方防守"。南海县令未敢怠慢,立即申详两院司道(广州府、广东布政司、广东巡抚、两广总督),"准拨坐营标兵三十名,统以哨官一员,按季更番防守。每遇汛期,各哨戍兵俱令撤回,本堡独留戍守,永著为例"。广东官府当年就派出营兵到佛山驻守,佛山"合堡士民踊跃欢呼,捐费建立忠义兵营一所"。① 但是忠义营的设立并非一帆风顺,在佛山堡内,有豪右恶少挑衅,"自三十九年设营以来,每季俱是营官领兵其间,尚有豪右恶少逐队逞凶,拨撒欺侮。营官畏避,那不敢发声"。② 在佛山堡外,盗贼之肆甚于豪右,每当营兵更调,盗贼即伺隙而动,团聚劫掠。"即卿官霍同知家遭荼毒,乡民卢少升等众被杀伤"的事情仍有发生。李待问此时仕途顺利,不断升迁,但对忠义营的命运时时关切,先后三揭致广东地方官府,力陈忠义营存在的"营官不力""频繁换防""饷银未定"等问题并提出解决方案:一、忠义营饷银可在本堡盐铁税饷项下支出,"查本堡供办税饷,如盐铁炭渡等项,每岁不下数百金,以本项岁饷坐拨本堡戍兵岁食,何啻倍蓰"? 二、官兵必须长期驻守,不得频繁更换。即是将"按季更番防守"改成"永拨戍守,一年一换"。③ 在李待问的努力下,广东官府批准了李待问的上述方案并付诸实施。

乾隆《佛山忠义乡志》载:"(万历)四十二年甲寅(1614)设忠义营。李待问以郎中归里,倡议立营,以捍乡土。兵食出自乡之门摊炉煽银一百七十两。"④乡志此处记载有误,万历四十二年应该是忠义营饷银正式由佛山本堡税银划拨支出之年,此时忠义营已设立三年。所谓"门摊炉煽银",是向佛山冶铁炉户摊派征收的税银,由南海县赋役册征收后支

---

① 李待问:《忠定公履历》(不分卷)清抄本,《广州大典》第31辑《史部传记类》第3册,第667页。[下称《忠定公履历》(手抄本)]
② 同上书,第667—668页。
③ 同上书,第668页。
④ 乾隆《佛山忠义乡志》卷三《乡事志》。

出，因此无异于官银。忠义营兵员 30 名，设营官 1 名，[1]统带兵戎；设会计 1 名，管理兵饷征收开支事宜。当时忠义营会计由李待问叔父李芝出任，胞兄李孝问协理。其谱称：李芝，"本堡兵营之役，醵金鼎建，推公司其计会，竭虑劳来，不日而成。至兵士践更送往事居，一切经纪其费。桴鼓不鸣，闾闬安枕，率赖之"。[2] 李孝问于"里门建营宿兵之役，叔父经纪其事，公委心商度，事先奔奏，协诸众而垂诸永，里人赖之"。[3] 又称"里门设营，料饷多出其经画，乡人帖席，至今赖之"。[4] 由此可见，忠义营就是佛山地方赋税支持并由佛山士绅管理的明朝正规部队——官兵。

崇祯元年(1628)，佛山又设团练乡兵，由"员外郎李升问总其事，以郡邑弊请也，各铺有乡夫自此始"。[5]《李氏族谱》也载："部议设乡兵，为干揗，以儒绅领其事。邑大夫致弊敦请，公辞不获。身自为督，定训练法，乡之人习而安焉。"[6]忠义营为职业兵员，集中驻扎于山紫铺。"乡夫"为业余兵员，总数达三百之众，分驻于各铺。[7] 营兵与乡夫，两者互为奥援，控制着佛山全堡二十四铺的社会秩序。而两者又均掌握于李氏兄弟之手，李氏对佛山的控制权可想而知。但是，忠义营设立的意义远不止此。有组织的武力必然凌驾于任何个人拥有的武力之上。武力是权力的因素，有组织的武力并非个人的力量或技能，它标志着社会的管辖权和"公共权威"。忠义营的设立，是广东官府承认李待问等功名人物对佛山拥有管辖权的结果，是制度化的"公共权威"的标志。

其次，李待问建立乡仕会馆(嘉会堂)，作为佛山的行政管理中心。

如上所述，天启以前，佛山"凡有公会，咸至止灵应祠，旋聚旋散，率无成规"。[8] 万历年间，佛山科举人才济济，出外当官者众。这些士绅关心乡里的社会稳定和经济发展，又有从政经历和管理能力。但回乡之后却没有一个相聚议事之处。李待问久历宦海，每见官员通籍藩臬，监司则有公会，以纪姓名，以序名齿；考成荐上、留部谒选，都门皆有会馆，以联梓雅，以纪除授。万历四十二年(1614)李待问曾出资参与了北京的广东会馆重修，"工凡三举，费金一百八十，皆侍御澄源潘君、铨部葵孺李君、比部元鲁曾君，定议以迄于成"。[9] 北京广东会馆永乐年间始建于广渠门内、卧佛寺之东，"其堂颜曰嘉会"。后迁址

---

① 乾隆《佛山忠义乡志》卷三《乡事志》载："顺治四年，有黄头贼数百袭杀田营官，拆毁忠义营。"可见忠义营设有"营官"。

② 李待问：《李氏族谱》卷五《世德纪·抑吾公传》。

③ 李待问：《李氏族谱》卷五《葵孺公传》。

④ 康熙《南海县志》卷一二《人物》。

⑤ 乾隆《佛山忠义乡志》卷三《乡事志》。

⑥ 李待问：《李氏族谱》卷五《世德纪·康侯公传》。

⑦ 乾隆《佛山忠义乡志》卷七《乡防志》。

⑧ 庞景忠：《乡仕会馆记》，《明清佛山碑刻文献经济资料》，第 10 页。

⑨ 万历四十二年《重修深沟岭南会馆碑记》，白继增、白杰：《北京会馆基础信息研究》，中国商业出版社 2014 年版，第 428—429 页。

于达摩厂,其堂仍颜"嘉会"之名。[①] 万历年间的这次重建工作,深深触动了李待问,成为李待问后来回乡倡建佛山"乡仕会馆"的动因。天启元年(1621)李待问告解绶还里,其长兄李好问也从福建泉州卫经历解组还乡,[②]即与李好问、梁完素商议倡建"乡仕会馆",以作为佛山合堡士绅"议决乡事"的场所,并使其形成长期制度。恰在此时,冼圭、梁完善也致仕归乡,于是众绅集资在灵应祠右边开扩隙地建乡仕会馆。李待问沿北京广东会馆例,亦颜"乡仕会馆"其堂名曰"嘉会"。这就是"嘉会堂"的起缘。后来李待问见"嘉会堂"前"门径纡曲,庭除湫隘",而往来诸先生"冠盖毕集,车驷如簇",又再次发起鼎建扩大。于是天启七年(1627)以上四人与李征问、梁完赤、黎锦湾、陈玉京等八人共协而成。"数月而门庭堂奥焕然改观,规模宏远矣"。[③]

乡仕会馆(嘉会堂)是佛山都市形成以来第一个民间自治管理机构,其主要功能是"处理乡事"和决定地方公益款项的使用。民国《佛山忠义乡志》载:"迨冼圭、李舜孺诸乡先生致仕归,立嘉会堂以处理乡事。""故自明以降,乡事由斯会集议决,地方公益其款亦从是拨出。"[④]其次是举行文会,"课乡子弟之俊秀者"。[⑤] 再之是对乡人进行伦理道德教育,"劝诱德业,纠绳愆过,所以风励流俗,维持世教"。[⑥] 乡仕会馆的主要成员,顾名思义是乡中仕绅,从天启年间的创立人物看,包括科举正途之官(如李待问、庞景忠等)和藩椽吏员(如冼圭、李好问等)。他们在乡仕会馆的聚合作用下形成一个士绅集团,而李待问就是这个佛山士绅集团中的头号人物。乡仕会馆建立后还形成定时开会的制度,"岁有会,会有规"。[⑦] 因此乡仕会馆实际成为明末佛山常设的行政机构。这与明中叶时佛山乡民"凡有公会咸至止祖庙,旋聚旋散"的临时议事机构相比,不啻为前进了一大步。祖庙从此作为城市管理中枢所在,开始了长达数百年对佛山城市管理的运作步伐。

第三,李待问治理市场环境和整顿经济秩序,向豪右们展开分利攻势。梁文贵所撰《李门世德序》对李待问颂称:

> 吾乡以冶为营,工商辏集,奸淫败类,其害滋大。公屏逐娼优而俗尚以正,严戢强暴而兵食两图,为阖堡保身家,约子弟,惠莫大焉。冶所需以铁,囊权衡之沿,悉变成法,公于商逾入而为之约平,于商歉出而为之取足。今也,炉不受啬,工不受困,何惠如之。冶所需又以炭,囊炭饷之羡,率属豪右,公命里役抽收,以佐兵营。又以营之余而酬里役。今也,营不乏用,里不厌劳,何惠如之。冶所需又以沙,囊沙粒之利,亦归

---

① 同治七年《重修广东旧义园》,《北京岭南文物志》,第 27—28 页。
② 庞景忠:《乡仕会馆记》;李待问:《李氏族谱》卷二《世系纪》。
③ 庞景忠:《乡仕会馆记》,《明清佛山碑刻文献经济资料》,第 10 页。
④ 民国《佛山忠义乡志》卷三《建置志》。
⑤ 民国《佛山忠义乡志》卷一四《人物志七·冼圭》。
⑥ 庞景忠:《乡仕会馆记》,《明清佛山碑刻文献经济资料》,第 10 页。
⑦ 同上。

通显，公际群工帆命，亦以佐营，又鉴昔之苟而慰藉炉冶。今也，炉不醒齰而营获余饶，何惠如之。①

"屏逐娼优""严戢强暴"是李待问整顿秩序的开山斧，接着是整顿冶铁业的度量衡，掌握公秤于一己，"于商逾入而为之约平，于商歉出而为之取足"，公平评估。同时对"豪右"的"炭饷之羡"和"通显"的"沙粒之利"进行分利，以"佐营"的名义，命里役抽收。这样，就把前此由某些大族把持的铁、炭、沙之利统统重新进行分配。不仅如此，李待问还打破了他们垄断冶铁业原料市场的格局，"又鉴昔之苟而慰藉炉冶"，使佛山冶铁业出现了"炉不受啬，工不受困"而"营获余饶"的局面。

从李待问对佛山秩序的各项整顿措施看，我们很难分清楚哪些是为公，哪些是为私，公私不分明，公私相掺杂，正是传统社会的一大特点。然而，一个社会中的报酬分配是其权力分配的作用结果，而不是整个系统需求的作用结果。② 事实上，正是李待问为首的新兴士绅集团的需要而不是整个佛山社会的需要在决定着佛山经济报酬的分配曲线。但是李待问的整顿要被佛山人普遍接受为公正的和合法的话，那他就必须至少在某种程度上与多数人所具有的公正和道德观相一致。因此，尽管李待问为首的新兴士绅集团所采取的措施可能也偏重于李氏自身的利益，但其所作所为还没有超出公众允许的限度范围之外。李待问的整顿之被佛山人承认并将其"世德"载入乡志，也说明了其顺乎了当时的民情，尤其是"慰藉炉冶"之功，对缓和工匠与富户的尖锐矛盾具有不容忽视的作用。李待问族弟李崇问此前曾经因"包采包铸"激起的阶层矛盾，也在佛山镇这一更大的地域范围内得以消弭。

第四，李待问重修崇正社学，倡建文昌书院，建立佛山文化教育中心。

佛山最早的社学是洪武八年（1375）建立的崇正社学。③ 其规模大，学生多，是一乡的教育中心点。崇正社学后来倒塌，一直无人重修。天启七年（1627），李待问胞兄李升问致仕归乡，即以重修崇正社学为己任。④ 据《李氏族谱》记载："里中崇正社学倾圮，公独任饰新，一时改观。"⑤ 建好后，迁大士（观音）于右殿，塑文昌帝像于其中，"数十年颓废之景象一旦轮奂"。⑥ 李待问还亲自延请老师到社学任教，如霍日新是其中之一。其族谱载："吾乡大司农李忠定公雅慕公，延公设帐以式多士，一时游其门者咸知名于世。时乡社学圮坏已久，公董其事为社中领袖，率里中人士旬月落成，焕然改观。集诸英隽课艺其中，大有陶

---

① 梁文贵：《李门世德序》，道光《佛山忠义乡志》卷一一《艺文上》。
② ［美］格尔哈斯·伦斯基著，关信平等译：《权力与特权：社会分层的理论》，浙江人民出版社 1988 年版，第 80 页。
③ 民国《佛山忠义乡志》卷五《教育志二》。
④ 乾隆《佛山忠义乡志》卷三《乡事志》。
⑤ 李待问：《李氏族谱》卷五《世德纪·康侯公传》。
⑥ 《修崇正社学记》，《明清佛山碑刻文献经济资料》，第 11 页。

铸,公有力焉。"①崇正社学就建在祖庙建筑群之内。

佛山最早的书院是李待问在崇祯十五年(1642)创建的文昌书院,在明心铺,中祀梓潼帝神,"一以培风气之不足,一以作士类之维新"。② 文昌书院既是佛山最早的书院,也是明代佛山唯一的书院。据碑刻记载:"佛山忠义乡向无文昌专祠,有之,自大司徒李公始。公尝捐百金购学田隙地亩余,以为山川之秀毕萃于此,因创文昌院三楹,设祀业以供春秋伏腊,约费一千三百余两,经始于崇祯壬午秋,落成于癸未之冬。"③文昌书院的创立,为佛山镇民子弟的入学创造了条件。佛山学子因此对李待问感佩至深:"自公创办书院,文运蒸蔚而起,诸士尊之如父师。及捐馆舍,诸士夫失其典型,哭公于书院,奉其像位而祀之。"④明清两代崇正社学和文昌书院一直是佛山教育的中心基地。

第五,修桥筑路,关心地方公共营造。

通济桥是佛山西南通往南海石头、黎涌、石湾、张槎、弼堂、罗林、深村、魁冈和顺德石硝诸乡的要津,嘉靖、隆庆年间先后为石头霍氏的霍与瑕和霍隆修建。万历九年(1581)知县周文卿重修。天启五年(1625),李待问与其兄李征问捐俸重修,以石易木,以期永固。并建亭于桥左,以歇行人。⑤ 崇祯七年(1634),李待问与庞景忠同捐修往省大路(原名羊城古路,后称"省佛通衢"),"凡二百里"。⑥ 据崇祯《南海县志》记载,该路"由城西渡海南岸,经盐步、佛山、黄鼎、西樵、九江诸乡落,通顺德、新会、三水、香山诸邑"。"知县黄熙胤捐百缗,躬察勘形势高下平坡,为之经始。而鸠工庀材、度支出入则邑尚书李待问、主政庞景忠克底于成"。⑦ 此外,李待问还筑铳台、造炮,鼎新铁商聚集的天后庙,筑赤冈塔。总之,在万历末年至崇祯末年,举凡有关佛山的公共营造,无不与李待问的名字联系在一起。

第六,为民请命,免除官府多年征收的"南海定弓虚税"。

所谓"南海定弓虚税",是指隆庆六年(1572)南海县田地原额一万五千四百余顷,万历九年(1581),南海县知县周文卿行清丈法,查明历年来水冲崩塌而"当事者罔敢报失"者一千八百二十八顷。以原额不足,每亩加派银二分,名为"定弓虚税",田亩税重,民不堪命。万历十二年(1584)广东官府遂每亩量减三厘六毫,犹征一分六厘四毫,"计南海县加定弓虚税二千二百二十八顷,每岁派银七千七百八十余两"。⑧ 从万历九年到崇祯三年征收了半个多世纪,正如李待问所言:"但查南海定弓每岁虚赔银七千八百两,受累五十余年。"这

① 《南海佛山霍氏族谱》卷九《十四世祖南海邑庠嵩台公传》。
② 乾隆《佛山忠义乡志》卷一〇《艺文志·文昌书院记》。
③ 同上。
④ 同上。
⑤ 李待问:《修通济桥纪略》,《明清佛山碑刻文献经济资料》,第8页。
⑥ 乾隆《佛山忠义乡志》卷三《乡事志》;卷十《艺文志·文昌书院记》。
⑦ 崇祯《南海县志》卷一《舆地略·道路》。
⑧ 《盟水斋存牍》卷一《南海定弓虚税详》,第14页。

使得"南海之民犹苦敲骨剡髓以足虚额"。① 早在万历四十四年(1616)，当时以郎中归里的李待问，就曾率众恳请豁免"定弓虚税"，并提出将香山等县新升沙田移抵南海定弓虚税的请求。② 当时的广东官府未置可否。随着李待问升迁为漕运总督，有关"南海定弓虚税"的奏疏上达崇祯皇帝。崇祯三年(1630)十一月二十七日，崇祯皇帝下旨："这南海定弓虚税，依议将各县沙坦陆续抵补，该部知道。"户部钦遵在案，修入赋役全书。③ 至此，南海佛山之民有田亩者，纷纷额手称庆，当然也对李待问感恩戴德。

综上所述，万历末年至崇祯末年这段时间，以李待问为首的新兴士绅集团在佛山进行了全面的整合社会的活动，举凡政治上的设立自治管理机构"嘉会堂"；经济上的平公秤、破垄断，以及豁免"南海定弓虚税"；军事上的设立"忠义营"；文化上的创建文昌书院，无不与李待问的名字相联系。可以这样说，哪里有公益大事，哪里就有李待问等士绅的参与和贡献。佛山历史上的这段时期，我们可称为"李待问时代"。李待问本人对佛山乡事的关心，亦超过了前代任何一位功名人物。史称："自公释重负归里，省会监司干旄在门，必求促膝以请，语次无非为桑梓计久远。"④以李待问为首的新兴士绅集团所建立的一整套城市管理制度，不仅使佛山在明末整合成一个"生齿日繁，四方之舟车日以辐辏"⑤的生气勃勃的"大都会"，⑥而且对以后佛山城市的发展亦产生了深远的影响。

如果说明中叶时的二十二老是依靠强力把佛山整合为一体，那么明末以李待问为首的新兴士绅集团则是依靠朝廷制度对佛山进行重新整合。佛山祖庙权力从二三巨族向士绅群体的转移，就是以明末李待问的系列改革和建立嘉会堂为标志的。李待问一系列的改革，尤其是嘉会堂的建立，使佛山祖庙的"庙议"传统得以延续，并走上了制度化发展的轨道。佛山祖庙也在新的历史阶段扮演着地域性大宗祠的角色，继续发挥着维系镇内各宗族纽带的作用。

综上所述，明代佛山社会经济的发展，是一个制度化的过程。制度化是简单的非正式群体发展成为有影响的正式制度的过程。从明景泰到明末，我们可以看到铺区制度、炉户制度、家族制度，以及李待问整合后的城市管理制度的相继建立。每一种制度的建立，都在官方正统化的背景下进行，也使佛山的发展迈上一个新的台阶。铺区制度的建立，使佛山从乡村脱胎出来，步入明帝国重要手工业城镇的行列；炉户制度的建立，使佛山冶铁业获得合法铸造的特权，并得以占据岭南冶铁业的首席地位；家族制度的建立，整合了原先各个分散的血缘群体，并与图甲制相结合，使佛山居民在"忠义乡"的范围内形成极强的群

---

① 李待问：《忠定公履历》(手抄本)，第 703—704 页。
② 乾隆《佛山忠义乡志》卷三《乡事志》。
③ 李待问：《忠定公履历》(手抄本)，第 703—704 页。
④ 乾隆《佛山忠义乡志》卷一〇《艺文志·文昌书院记》。
⑤ 乾隆《佛山忠义乡志》卷一〇《艺文志》；李待问：《重修灵应祠记》。
⑥ 李待问：《修通济桥纪略》称"盖诸乡以佛山为大都会"，《明清佛山碑刻文献经济资料》，第 8 页。

体认同和凝聚力;李待问整顿建立的城市管理制度,则使佛山从明中叶的城市雏形过渡到比较成熟的城市社会。从离散到整合,从世袭到正统,从蛮荒到文明,制度化带来的都是后者。佛山之所以在明末一鸣惊天下,珠江三角洲之所以在明清时期后来居上,都可以在此找到答案。

第十章
清代佛山的商品经济与城市繁荣

　　清代,是佛山商品生产从单一的冶铁生产到综合性的手工业生产发展的时期,是佛山商人集团崛起、商品经济繁荣的时期,是佛山成为岭南中心市场、与广州成双足鼎立之势的时期,是佛山传统手工业发展到封建社会所能容许发展的高峰时期。这一时期佛山的都市空间结构也发生了变化,形成了手工业、商业和住宅区三大区划,二十七铺的区位功能及其配合效益充分发挥,城区人口也达到佛山明清时期的最高峰。

　　佛山一跃而与汉口、景德镇、朱仙镇共享"天下四大镇"之美誉,又与北京、汉口、苏州齐膺"天下四聚"之殊荣,其相当繁荣的城市经济,至今仍令佛山人倍感自豪。可以这样说,清代康、雍、乾三朝,是佛山最值得骄傲的"黄金时代"。

第一节　手工业生产的综合发展

一、清初国内外形势及对佛山影响

　　崇祯十七年(1644)10月,清军入关,定都燕京。随后西击李自成农民起义军,南平"南明"几个小政权。清军挟勇而至,尽行屠戮。广东曾先后作为南明"绍武""永历"两政权所在地,遭害亦烈。顺治四年(1647)2月,清军攻入广州。但次年5月清军两广提督李成栋(原为明徐州总兵)倒戈,擒两广总督佟养甲,归附南明永历皇帝,广东全境又重归南明势力范围。顺治七年(1650),清藩王尚可喜和耿继茂再度率兵南来,围困广州达10个月之久,经过连番苦战,终于破城,于是大肆屠城。《觚剩》记载:"耿继茂、尚可喜兵入广州,屠戮甚惨,城内居民几无噍类。其奔出者,急不得渡,挤溺以死复不可胜计。浮屠氏真修……及募役购薪,聚尸于东门隙地焚之,累骸成阜,行人于二三里外,望如积雪。"①当时

---

① 钮琇:《觚剩》卷八《粤觚下》。

无辜死难者达几万人之多。① 广州城西原有十八铺街区,故老至今流传有"血洗十八铺"的传说。

广州被屠,佛山也危如累卵。曾有两次藩兵箭在弦上,欲剿佛山。

第一次在顺治七年(1650)十一月。据《平南王元功垂范》记载:"距广州六十里有镇曰佛山,王(尚可喜)两遣人密招,皆不应。诸将亦请剿之。王曰:'佛山无城郭,无职官统领,谁敢拒我。其不能出身来应者,杜永和哨船驻防在彼,一有漏泄,身家先丧,情固可原。'诸将复请不已。王曰:'上命吾克粤即镇其地,此地为四方商旅凑集之区,往来贸易百货在是。一经杀戮,市井丘墟,商旅裹足,百货不通,亦非吾等之利,其熟思之。'"时人尹源进称:"佛山一镇,数万生灵,全活于王片言之下。"② 可见当时藩兵汹汹,大有欲屠佛山之势。而平南王之所以不让剿佛山,是因为留此"贸易百货"之地,将为"吾等之利"。不为竭泽而渔之举,而留抽丝剥茧之利,可谓老谋深算。

第二次在顺治十一年(1654)十月,当时李定国围攻新会县城,两藩兵增援,解新会之围后,大军还师经佛山,藩兵又意欲劫掠,为两广总督李率泰所禁止。史称:"粤之左有佛山,亦一大都会也。货泉盐铁之所辐辏,舟车之所鳞集,商贾之所往来,诛求科敛,迄无休时。市井豪猾,又能假借权贵以侵渔之利,即诸甲士,虎视眈眈,未尝不谓井肆珍错,可攫而有。公(李率泰)一切禁革,以公旬之役还民,以什一之利还商。当大将军师还,所过空室逃匿。公莜其军以过,率无一士敢哗于市。……佛山商民思公益无已,时为俎豆尸祝以勒贞珉者,不敢后也。"③ 上次剿佛山的动议还有"密招不应"的政治原因,这次剿佛山的动议完全是出于"井肆珍错可攫而有"的财富贪欲,幸亏李率泰全力禁止,佛山再次幸免于难。

清初佛山的免受屠戮,对佛山城市经济和城市社会的发展无疑是有益的。经济方面,佛山在广州十八铺商业区被血洗后,接替了广州的大部分功能,这也是佛山在清代前期曾一度超过广州的原因之一。社会方面,佛山社会结构和社会组织得以保存,使佛山社会形态呈现出稳定发展的态势。这也是我们以佛山作为明清社会演变的重要典型的原因之一。然而,在两藩踞粤的 32 年间,即顺治七年(1650)至康熙二十年(1681)间,两个藩王对广东人民进行了敲骨吸髓般的掠夺,其聚敛之无度,肆虐之狼戾,为岭南历史上所罕见。④ 两藩私设的苛捐杂税总机关称为总店(总行)。总店设立的目的是为了把持行市,垄断取利。其职能有二:一是将前此无税之日用鸡豚蔬果等物,一概抽税,给一印票,方准买卖;一是将已纳落地税之钢铁、纱缎、棉布、药材等物,再抽"藩税",方许在地头发卖。若不经

---

① 荷塘恒美坊《李氏族谱》,李一奇:《世变小记》。
② 尹源进:《平南王元功垂范》卷上,第 33、34 页。
③ 《总督李率泰去思碑记》,康熙《南海县志》卷一七《艺文志》。
④ 参阅罗一星《清初两藩踞粤的横征暴敛及对社会经济的影响》,《岭南文史》1985 年第 1 期。

由总店发卖者，概为私货，必要重加勒索。如不依从，即殴辱鞭扑。佛山素为货泉盐铁辐辏之地，两藩的总店总行在这里进行着大肆的掠夺。当时在佛山，两藩就设立了"铁锅总行"等课敛机构。[①] 史称：

> 佛山一镇，为五方杂居、商民辐辏之地。向藩孽棍徒勾通地方土宄播虐，商民吞声蹙额。……有强买害人而反诬抢夺；有债拆房屋而遗税累民；有藉揭帑本而开张总行；有辖收铁锅而侵占行业；有蠹役串同包当保长、藉夫务而择食乡愚；有盐蠹踞为总埠而高抬勒价，灌花侵砂，甚至贩买咸鱼、咸虾、虾蛋、乌榄等物，为庶民日用所需者，亦被巡拦截捉勒挂盐斤；又有投营棍蠹、开场放赌局乌白而诱诈殷富子弟；下至乞丐、娼优，亦皆扎局，无赖诈害良民，种种奸弊，难以枚举。[②]

当时在佛山镇内横行的旗下之人有田彪、王豹、葛友亮、杨四等人，"在佛山日久，而即有'拦路虎'之名"。还有徐彦蕃、吕迥宸、陈俊初，"皆投藩剥民之巨棍也"。[③] 他们互相勾结，狼狈为奸，诈民敛财，无所不为。佛山镇内稍有家资的居民皆被勒赎诈索。据《庞氏族谱》记载："时藩焰张甚，虎而冠者怙其势大肆贪喙。举故家世胄，悉以几肉视之，构奇阱陷铨部公于狱，祸且不测。季父与先府君仲父拮据营救，罄货产不足则称贷以益之，卒免铨部公于难，家计愈绌。"[④] 又如霍氏的霍惺台，原往荆州为贾，获资并纳妾方氏携归。"康熙丁未，藩旗肆虐，捉公勒赎，掠以万金获免。次年窥公父子他出，复置尸门前塘侧去，谋欲诬陷，家人奔报。方氏督家人追蹑之。方故荆产，通北语，力与抗辩。藩下爪牙群肆咆哮，哗然索命。方氏挥家人缚之，始惧，背尸去"。[⑤]

藩下之人在佛山的肆虐，如同在背之芒，使佛山商民不得安宁，严重影响了佛山工商业的正常发展。

康熙二十年（1681）大撤藩府，康熙二十一年（1682）除尚之信苛政，凡广东之大小市利悉还民间，凡私抽重敛诸大累悉行酌免，粤东万民额庆。随后，广东巡抚李士桢将在佛山肆虐的"拦路虎"杨四等四人逮捕法办。[⑥] 巨棍徐彦蕃等"三人各枷号一月在佛山镇"，[⑦]佛民无不称快。

康熙二十五年（1686），广东官府决定减征省城、佛山二埠的落地税，订出《酌减则例》。《酌减则例》减税幅度较大，有许多重要商品还予以免征。兹根据李士桢公布的文告制表如下：

---

① 李士桢：《抚粤政略》卷八《值季官申详一件为发审事》。
② 《抚粤政略》卷六《文告·禁棍蠹积弊》。
③ 《抚粤政略》卷八《批答·按察司呈详一件为私抽荼毒事》。
④ 同治《庞氏族谱·行略·二十世荆门公行略》。
⑤ 《南海佛山霍氏族谱》卷一一《十五世祖候选参军惺台公庶室方氏祠记》。
⑥ 《抚粤政略》卷八《批答·高通判呈详一件为发审事》。
⑦ 《抚粤政略》卷八《批答·按察司呈详一件为私抽荼毒事》。

表 10 - 1 清康熙二十五年(1686)商品落地税减税率表①

商 品	原征量银		现征银两		减税率
	量银(两)		量银(两)		百分比(%)
砂仁	百斤	0.325	百斤	0.25	23
山马皮	十张	0.65	百斤	0.26	60
土葛布、雷葛、闽夏布	百	0.78	百斤	0.5	35.9
水银	百斤	1.82	百斤	1.2	34
湖丝	百斤	2.08	百斤	1.6	23
绸缎、纱罗、绫绢	上、中、下	繁苛之税	百斤	1.6	
豆麦、芝麻、砖瓦、磁器、香炉、神像		繁苛之税		免征	100

从上表可见,减税最大的正是日常所需最广的豆麦、芝麻、砖瓦、磁器等商品,其余减幅均在百分之二十三以上。而上述免征商品除豆麦、芝麻外,均在佛山、石湾两地生产,这就是说《酌减则例》的颁布实行,不仅有利于佛山的商品贸易,也有利于佛山的商品生产。尤其是两藩踞粤时期,利用贡舶贸易和走私贸易聚敛财富,客观上为佛山工商业的发展提供了潜在的海外市场,它使佛山工商业一直在积累发展,从而能在清康熙二十年(1681)撤藩后,迅速脱颖而出,迈上经济发展的新台阶。

二、清代佛山冶铁业及其经营方式

入清以来,佛山的冶铁业进入全面发展阶段,以冶铁业为主干,以陶瓷业和纺织业为辅助,带动了金属加工业、造纸业、成药业、颜料业、爆竹业、衣帽业、扎作门神业等诸业的兴旺。

(一)冶铁业率先发展

冶铁业一马当先,率先进入高峰阶段。它的兴旺发达表现在以下几个方面:

首先,冶铁炉户规模扩大,冶铁行业和铁工大量增加。从族谱中反映出,此时有以下家族从事冶铁:细巷李氏、佛山霍氏、金鱼堂陈氏、纲华陈氏、江夏黄氏、麦氏等。从事冶铁而发家致富的例子不少。佛山江夏黄氏,世居佛山最早的冶铁点山紫村,是世代从事"铸冶车模"为生的家族。明万历时黄龙文只是个家庭小作坊主,"甲午年(顺治十一年,1654)后,铸冶日已丰隆",②其子孙纷纷扩大了产业。首先其子黄妙科,"以下模为业,致

---

① 参考《抚粤政略》卷六《文告·酌减则例》。其中山马皮、土葛布两栏前后定量标准不同,应酌加考虑。
② 《江夏黄氏族谱》。

积有千金,置大屋一间、小屋四间,田十八亩",开始小有积累。其孙黄金发尝试做产地生铁生意,"就利于新兴、阳春等处,迨后资本缺乏,仍归旧业,铸造兴隆,积有千金"。用所得购买了水月宫码头,为继续发展产业打下基础。雍正、乾隆年间,到其重孙辈时,产业更见扩大。黄玉韵"生业以车模及铸冶兴隆,积有千金"。黄玉阶更冒尖,不仅拥有"锅炉""锅店",还有资本开张"当铺"。"自己积有多金,生业当铺,铁锅店,铸锅炉。自建大屋一所,八柱官厅、土府及傍屋等座后",俨然成为一个大业主。由于有了资本,绕开中间环节,直接与"铁山金印、升印、丽印"三处煽铁大炉购买生铁,后因三处倒灶"而牵累破产"。① 又如康熙年间,佛山霍氏的霍其赉"负才倜傥,任侠好施,卒后而家存四壁矣"。其仲弟乃"弃儒业,复事先世炉冶,家复饶裕"。② 可见清代前期,无论原先家境如何,只要从事炉冶,就可饶裕。

这时佛山作为广东冶铁中心的地位已经形成。四远生铁集运佛山,佛山的炉户也把触角伸向四方铁矿产地。上述江夏黄氏的黄金发"就利于新兴、阳春等地",黄玉阶经营"铁山金印、升印、丽印",就是投资开发铁矿的营生。康熙年间,金鱼堂陈氏的陈裔珙,也经营英德炉冶,后"卒于英德小水洞铁炉场"。③ 鹤园陈氏的陈文炯,为康熙辛卯科武举人,他也亲自建立了"东安县太平炉"。④ 雍乾年间金鱼堂陈氏的陈发尧,也于"晚年出摄炉务,终于东安铁场"。⑤ 除土著氏族外,四远商人挟赀来佛投建炉房者亦逐年增多。如新会潮连人卢从慧,"讲求治生,业铜铁于佛山,善计然术,驯致小康"。⑥ 康熙时南海叠滘人麦宗泰,也在佛山"创立炉冶之艺"。⑦ 还有鹤山人冯绍裘,其先世康熙年间"迁佛山,占籍南海,治铁冶,有锅炉数座"。⑧ 商业资本的进入,使佛山冶铁炉户经营规模不断扩大。

乾隆年间,佛山有"炒铁之炉数十,铸铁之炉百余"。⑨ 这里的一"炉"就是一个生产单位,也是一个炉户。正如陈炎宗在另一处统计的"计炒炉四十余所",⑩ 可知"数十",即数十所;"百余",即百余炉房。至于炉座数,至少等于此数的三五倍,如上述冯绍裘就有"锅炉数座"。在炒铁炉集中的丰宁铺莺岗一带,故老传闻清代乾隆时有九十九条炉,当时有"蠕岗银,莺岗铁"之谚称。屈大均《广东新语》对佛山冶铁业有如下记载:"诸所铸器,率以佛山为良。……其炒铁,则以生铁团之入炉,火烧透红乃出而置砧上。一人钳之,二三人锤之,旁十余童子扇之,童子必唱歌不辍,然后可炼熟而为镬也。计炒铁之肆有数十,人有

① 以上引文均出自佛山《江夏黄氏族谱》。
② 《南海佛山霍氏族谱》卷一一《十九世祖愉忠公元配陈孺人传》。
③ 《南海金鱼堂陈氏族谱》卷三上《廷芳房图二》。
④ 《南海鹤园陈氏族谱》卷一《祖祠》。
⑤ 《南海金鱼堂陈氏族谱》卷二上《静恒房图二》。
⑥ 卢子骏:《新会潮连芦鞭卢氏族谱》卷二四《家传谱·十五世纵庵公》。
⑦ 《念居公传》,麦祝时:(民国十九年)南海叠滘《麦氏族谱》。
⑧ 民国《佛山忠义乡志》卷一四《人物志·冯绍裘》。
⑨ 乾隆《佛山忠义乡志》卷六《乡俗志》。
⑩ 陈其晖:《金鱼堂陈氏族谱》卷九;陈炎宗:《鼎建佛山炒铁行会馆碑记》。

数千，一肆数十砧，一砧有十余人。是为小炉。炉有大小，以铁有生有熟也。故夫冶生铁者，大炉之事也。冶熟铁者，小炉之事者。"①这里的"一肆数十砧，一砧有十余人"，就是清初佛山炒铁业其中一个单位的规模。如果我们把一肆算三十砧，一砧算十五人，就有四百五十人。如此大的单位规模，已不是明时的作坊，可以说具有工场规模。

正因为数百个化铁炉"昼夜烹炼"，才使得佛山的"气候于邑中为独热"。②清代炉户均冠以芳名，如乾隆年间著名的炉户有"隆盛炉""万名炉""万明炉"等。《重修栅下天后庙碑》记载光绪二年捐签修庙的炉户就有隆盛炉、合利炉、成全炉、泗成炉、益升炉、茂昌炉、钰铨炉、丽生炉、成泰炉、万安炉、安泰炉、尚记炉、合和炉、万裕炉、顺记炉、合隆炉、生源炉、成合炉、粤胜炉、荣全炉、奕裕炉、□永炉、裕和炉、遂成炉、德成炉、万合炉、源合炉、昌盛炉、利聚炉、利金炉、泰泰炉、安泰炉、义兴炉等 33 家炉户；还有熔烜行、双烧烧模、双烧助模、双烧车下、单烧烧挟、单烧陶贤堂、单烧车下行、双烧烜行、大锅助行、大锅车下行等 10 个铸造行头。③

随着炉房单位规模的扩大，铁工队伍也逐渐壮大起来。佛山一镇，乾隆十五年炒铁所增至 40 余所，估计炒铁行业工人约有 5 000—7 000 人。铸铁之炉比炒铁之炉大，家数又在其二倍以上。由此观之，铸铁行业工匠当不下二万人。炒、铸两大行再加上其他铁行，估计乾隆时整个佛山冶铁业工匠不下三万人。

其次，产品种类的繁多和生产技术的提高。铁锅是此时的主要产品。康熙《南海县志》卷七记载南海县物产时称："多铁锅，出佛山。"道光《佛山忠义乡志》也载："乡中打铁者甚多，铸镬锅釜，为乡土产。"④"铸犁烟杂铸锅烟，达旦烟光四望悬"，⑤就是佛山铸锅炉户林立的写照。当时铁锅品名很多，据《广东新语》记载："佛山俗善鼓铸，其为镬，大者曰糖围、深七、深六、牛一、牛二；小者有牛三、牛四、牛五；以五为一连曰五口，三为一连曰三口；无耳者曰牛魁、曰清古。"⑥乾隆《佛山忠义乡志》也载："惟铁锅、铁线，物之成于冶者，则此乡所独。铁锅有牛锅、鼎锅、三口、五口之属，以大小分。"⑦此外佛山还能铸造千僧镬，现存鼎湖山庆云寺内的千僧镬，就是佛山万声炉于乾隆十一年（1746）铸造的。⑧该锅深 93 厘米，直径 205 厘米，每次可煮 300 人饭食。⑨（见首页图 16）

佛山的铁料，来源于罗定、东安（今云浮）等处的优质生铁。史称："诸冶惟罗定大塘基

①《广东新语》卷一五《货语·铁》，第 408—410 页。
② 乾隆《佛山忠义乡志》卷六《乡俗志》。
③《大清光绪二年重修天后庙碑》，《明清佛山碑刻文献经济资料》，第 186—187 页。
④ 冼沂：《佛山赋》，道光《佛山忠义乡志》卷一一《艺文志》。
⑤ 何若龙：《佛山竹枝词》，乾隆《佛山忠义乡志》卷一一《艺文志》。
⑥《广东新语》卷一五《货语》。
⑦ 道光《佛山忠义乡志》卷五《乡俗志·物产》。
⑧ 肇庆星湖管理处编印：《鼎湖金石存录》，第 46 页。
⑨ 刘树霞：《千僧镬寻访记》，《佛山史志》1990 年第 2 期。

炉铁最良，悉是锴铁，光润而柔，可拔之为线，铸镬亦坚好。"①凭借如此优质的材料，佛山生产的铁锅独具一格，"鬻于江楚间，人能辨之"。② 在生产技术上，此时创造了佛山独特的"红模铸造法"，利用泥模材料收缩形成的缝隙进行浇铸。用这种工艺制造的薄型铸件，金相组织十分细结均匀，表面光洁度极高，而成品率常达百分之百。③ 清初人范端昂说："佛山俗善鼓铸，……锅以薄而光滑为上，消炼既精，乃堪久用。""故凡佛山之锅贵，坚也。"④因此，清代户部长期在佛山采办"广锅"。⑤ "广锅"由此名扬天下，畅销全国。例如在山东临清，乾隆年间"广东铁锅""辗转运销而来"，成为临清市场上的重要商品之一，临清锅市街亦成了"最为繁盛"之区。⑥

铁线、铁钉和土针。佛山铁线行在明代是三大行之一，清代产品进一步细分，"铁线有大缆、二缆、上绣、中绣、花丝之属，以精粗分"。⑦ 其制法，"是以生铁废铁炼成熟铁，再加工拔成线。小者如丝，大者如箸。……道咸时为最盛，工人多至千余"。⑧ 当时国内能生产铁线的地点不多，故而佛山铁线四方争购，"锅贩于吴越荆楚而已，铁线则无处不需。四方贾客各辇运而转鬻之。乡民仰食于二业者（即铁锅、铁线）甚众"。⑨ 铁钉行是明代三大行之一，为大宗产品。清代佛山铁钉行亦然，然其组织生产方式不同。铁钉"以熟铁枝制成，大小不一。道咸时为最盛，工人多至数千。每日午后附近乡民多挑钉到佛，挑炭铁回乡。即俗称替钉者，不绝于道"。⑩ 土针，"亦本乡特产，用熟铁制成，价值不一，行销本省各属，咸同以前最盛。家数约二三十，多在鹤园社、花衫街、莺冈等处"。⑪ 清代前期佛山土针行销极远，例如开埠之前的天津，以佛山出产的土针（缝衣针）为主的广货在此销量很大（据说当时只有广东工匠才能用手工制造缝衣针的针孔），而针市街亦成为天津的贸易中心。⑫

再次是钟鼎，清代佛山铸锅行还"时而兼铸钟鼎军器"，⑬"鼎即香炉，有三足、四足、两耳者"。⑭ 钟为神庙吉祥物，又称梵钟。清代两广庙宇的铁钟绝大部分出自佛山。从现存各处博物馆的铁钟铭文看，当时佛山铸造铁钟的炉户有万名炉、隆盛炉、粤胜炉、万聚炉、

---

① 《广东新语》卷一五《货语》，第 409 页。
② 同上。
③ 《天工开物和佛山铸造技术的发展》，载《中山大学学报》（自然科学版）1975 年第 1 期。
④ 范端昂：《粤中见闻》卷一七《物部·铁》。
⑤ 《明崇祯八年广州府南海县饬禁横敛以便公务事碑》；黄思彤：《道光粤东省例新纂》卷三《户例下》。
⑥ 参阅许檀《明清时期的临清商业》，《中国经济史研究》1986 年第 2 期。
⑦ 道光《佛山忠义乡志》卷五《乡俗志·物产》。
⑧ 民国《佛山忠义乡志》卷六《实业志》。
⑨ 乾隆《佛山忠义乡志》卷六《乡俗志·物产》。
⑩ 民国《佛山忠义乡志》卷六《实业志》。
⑪ 同上。
⑫ 天津社会科学院历史研究所《天津简史》编写组：《天津简史》，第 62 页。
⑬ 民国《佛山忠义乡志》卷六《实业志》。
⑭ 道光《佛山忠义乡志》卷一一《艺文志·冼沂·佛山赋》。

万明炉等炉户,其中隆盛炉最为著名,粤胜炉、万名炉、万明炉次之。其销流地点多在粤西沿江市镇如戎墟、桂平、贺街、柳州,粤东沿海市镇如梅菉、海康、化州和开平、封开、罗定等,这与当时依靠水路运输有关。广西贺州古钟博物馆、封开县博物馆、梧州博物馆均收集了大量佛山铸造的铁钟。

复次是铁炮。有关佛山铸炮的史料,最早见于明末李待问"铸炮"的记载,在此前均为铸铳。入清以来,铸炮的记载始频繁出现。顺治二年(1645)李敬问曾因海寇披猖,"铸炮"防卫。[1] 嘉庆十四年(1809),因"洋匪滋扰入内河,各乡协力防堵,众议请于扼要口岸捐建炮台"。[2] 佛山在此时铸造了一批二千斤至五千斤的大炮,安放各地炮台,炮身上均有"炮匠关明正、麦正聚、利隆盛、梁万盛"字样。[3] 道光二十一年(1841),因鸦片战争的爆发,两广总督祁贡委佛山乡绅梁应琨"监造八千斤大炮数尊,运解至省"。[4] 同时又铸造一大批二千斤至五千斤的大炮。炮身上均铸"炮匠李、陈、霍"字样。至今各地留存的大炮,多铸于此时。又据道光年间署漕督李湘芬奏言称:"广东善后案内,铸造一万三千斤钢炮一尊。臣亲往督造,安放大黄滘、二沙尾二尊,令兵勇演放。受子重七十斤,受药四百八十两(30斤),中靶八里之外。火力所至,两岸小船皆为倾覆。"[5]一万三千斤铜(铁)炮的铸造,表明佛山冶铁业此时已能铸造超大型铸件,这在国内冶铁业同行中是不多见的。至今虎门博物馆保存有佛山铸造的海防大炮,广州市博物馆保存有佛山铸造的各式城防铁炮。(关于广炮的铸造详见本书第八章和第十三章)清代前期佛山冶铁的产品还有铁犁、铁锁、铁灶、铁链、铁锚、铁画、煎锅和接驳木纺机的铸件等。现存广州博物馆的船用大铁锚就是佛山铸造。至于其他一应铁器,佛山无不齐全。

第三,冶铁行业的不断出现和产量的迅速增加。明天启二年,就有"炒铸七行"的记载。[6] 到清初,行业划分更细。乾隆年间锅行分为大镬头庄行、大镬车下行、大锅搭炭行等;炒铁行分为炒链头庄行、炒链催铁行、炼链钳手行等。[7] 此外,陆续出现的新行业还有新钉行、打刀行、打剪铗行、土针行、铸发行、拆铁行等。[8] 冶铁行业共达十余个。由各行长期聚居于同一街区而形成的许多带有冶铁色彩的街名,在民国初年还能看到。它们是:铸砧街、铸砧上街、铸犁大街、铸犁横街、铁矢街、铁香炉街、铁门链街、铁廊街、钟巷、针巷、麻钉墟等。[9]

---

[1] 乾隆《佛山忠义乡志》卷八《人物志·孝友》。
[2] 光绪《广州府志》卷六四《建置略》。
[3] 《明清佛山碑刻文献经济资料》,第507—510页。
[4] 民国《佛山忠义乡志》卷一一《乡事志》。
[5] 《筹办夷务始末·道光朝》卷六五,第5册第2565页。
[6] 乾隆《佛山忠义乡志》卷三《乡事志》。
[7] 乾隆年间《佛镇众行捐款筹办某公事残碑》,《明清佛山碑刻文献经济资料》,第100页。
[8] 民国《佛山忠义乡志》卷六《实业志》。
[9] 民国《佛山忠义乡志》卷一《乡域志》。

　　佛山冶铁业的产量，历来无明确记载，但可以从旁推测。清初定有章程："通省民间日用必需之铁锅农具，必令归佛山一处炉户铸造，所有铁斤运赴佛山发卖。"[①]所谓"诸炉之铁冶既成，皆输佛山一埠"，[②]就是指此。当然，存在边远地区嘉应州由于交通不便，不运往佛山发卖的情况，但这须经户部同意，执行十分严格。[③] 据此，我们只要掌握了全省的生铁产量，就可大致推算出佛山的生铁消耗量。雍正十二年(1734)，广东总督鄂弥达奏称："粤省铁炉不下五六十座。"[④]当时煽铁大炉的单位年产量是 80—90 万斤。[⑤] 以每炉 90万斤计，60 座炉有 5 400 万斤生铁。再以生铁入炉八成半可用于制造器物计，佛山每年约有 4 590 万斤铁可用于铁器出产，而在铸锅过程中 1∶1 加入其他辅助材料，出来的成品重量是两倍，约有 9 180 万斤。又据《粤海关志》估值例："铁锅每百斤估银一两五钱，铁丝每百斤估银三十两，铁器每百斤估银一两六钱。"我们仅以每百斤二两五钱计算产值，那么，9 180万斤的产值约有 230 万两。这个估计是很粗略的，但是，它不会过高。因为直到衰落最低点的光绪年间，仅铁锅一行业，岁值仍有 30 余万两。[⑥]

　　佛山冶铁业的发展，不是孤立的现象，它与当时珠江三角洲经济以及全国经济发展是紧密联系在一起的。

　　首先，它根植于珠江三角洲商品经济的高度发展。珠江三角洲地处热带边缘，特别适宜甘蔗生产。明中叶后，糖蔗种植面积迅速扩展。"番禺、东莞、增城糖居十之四，阳春糖居十之六，而蔗田几与禾田等矣"。因为，"糖之利甚薄，粤人开糖房者多以致富"。[⑦] "至其煮糖之法系用一灶，坐锅三口"，"锅径约四尺，深尺余，载汁约七百斤"。[⑧] 这种煮糖之锅，俗称"糖围"。每逢开榨季节，"上农一人一寮，每寮三锅"，并常常更换。这个数量相当巨大。因此，佛山锅业把糖围列为各锅之首，而锅行则被视为各行之首。与此同时，珠江三角洲的蚕桑业也在不断发展，逐渐形成明清时期中国蚕桑业的又一中心区。而桑植所需要的工具，"桑剪、桑锯、桑钩、刮桑钯、接桑刀、切叶刀，皆取式铁匠"。[⑨] 还有缫丝时煮茧的锅，也离不开铜、铁二物。铁锅，还是古时家庭煮饭的重要炊具。随着珠江三角洲的开发，广东人口有大幅度增加。这样，铁锅的需求量也就很大了。

　　其次，与广东地区手工业发展相联系。珠江三角洲是水乡泽国，河网纵横，造船业从明中叶以后逐步兴起。"广船视福舡尤大，其坚致亦远过之"。[⑩] "广东黑楼舡、盐舡，北自

① 《两广盐法志》卷三五《铁志》。
② 《广东新语》卷一五《货语》，第 409 页。
③ 《两广盐法志》卷三五《铁志》。
④ 鄂弥达：《请开矿采铸疏》，《皇朝经世文编》卷五五，第 16 页。
⑤ 《两广盐法志》卷三五《铁志》。
⑥ 民国《佛山忠义乡志》卷六《实业志》。
⑦ 《广东新语》卷二七《草语·蔗》，第 689 页。
⑧ 邹鲁等：《续广东通志》(未成稿)第 36 册《物产六》。
⑨ 《兴桑养蚕缫丝诸器》，《元俞氏宗本种树书·蚕桑说》，页 19。
⑩ 顾炎武：《天下郡国利病书》卷二二。

南雄,南达省会"。① 古代造船的质量取决于船板入钉的疏密。明《龙江船厂志》卷六记"造船之弊"八条,其中就有"入钉稀疏"一条,可见铁钉在古代造船上的作用。明末广东地方官府在佛山装造"五大战船","钉之费倍于线、锁"。② 康熙年间,广东官府又造各种河船682艘,③铁钉需求又大大增加。清代,广州设有官营造船厂,规模为全省之冠。这些,无疑都会刺激佛山铁钉业的发展。此外,铁链、铁锚、铁线等船用物品,皆取给于佛山冶铁业。明清盐业生产还处于煎盐阶段,"煎丁灶户,课营煮盐"。④ "凡煎烧之器,必有锅盘。……大盘八九尺,小者四五尺,俱用铁铸"。⑤ "俟有数十石,倾置于锅,凡一灶四锅",⑥所需煎盆镬数量极大。明末佛山答应上供的品种中就有"煎盆镬"一项,⑦可见其与盐业也有非常紧密的关系,尤其是广东矿冶业从明至清前期处于一个直线上升的发展阶段,具体情况见《明清历朝广东生铁产量比较表》。

表 10-2　明清时期广东生铁产量比较表

年　代	公　元	年产量(斤)	增减率%	资　料　来　源
正德末年	约1520年	18 000 000		徐俊鸣《广东古代几种手工业的分布和发展》
嘉靖十年	1532年	27 640 000	+53.5	戴璟:嘉靖《广东通志》卷三〇《铁冶》
雍正十二年	1734年	54 000 000	+95.4	雍正十二年鄂弥达和嘉庆二年朱珪疏
嘉庆四年	1800年	22 500 000	-58.3	李龙潜《清代前期广东采矿、冶铸业中的资本主义萌芽》

此表说明,雍正十二年(1734)是广东生铁产量的最高峰,这与佛山冶铁业在康、雍、乾时达到最高峰是一致的。

(二) 清代佛山冶铁业的经营方式

清代佛山冶铁业的经营方式,是官准专利制度下民营炉户的集约式经营方式。佛山民营炉户尽享原材料供应之便。佛山所出铁器大部分通过市场分销海内外,小部分提供官府采办。无论民间市场还是官府采办,价格均随行就市。佛山民营炉户的主

---

① 宋应星:《天工开物》卷中《舟》。
② 《明崇祯八年广州府南海县饬禁横敛以便公务事碑》,《明清佛山碑刻文献经济资料》,第13页。
③ 阮元:道光《广东通志》卷一七九《经政略二十二·船政》。
④ 白寿彝等:《说秦汉到明末官手工业和封建制度的关系》,见《历史研究》1954年第5期。
⑤ 陆容:《菽园杂记》卷一二。
⑥ 顾炎武:《肇域志·江南九·松江府》。
⑦ 《明崇祯八年广州府南海县饬禁横敛以便公务事碑》,《明清佛山碑刻文献经济资料》,第13页。

要资本来源是商人资本的投入。清代佛山冶铁业的经营方式，反映了时代背景和变迁。

第一，官准专利制度是佛山冶铁业发展的制度保证。

官准专利制度起始于正德年间两广总督陈金为筹措两广军费，由广东巡抚周南实施的盐铁一体税收制度。但明代官府的制度尚未成形，存在各地生铁"另给票自卖或赴佛山铸冶皆许"的情况，[①]可谓有官准而无专利。四方生铁云集佛山，主要是因为佛山有冶工技术精良的条件，正如《两广盐法志》所说："其铸而成器也，又莫善于佛山，故广州、南雄、韶州、惠州、罗定、连州、怀集之铁均输于佛山。"[②]入清以来，随着佛山冶铁业的发展和技术的提高，对广东官府来说，佛山冶铁业既可以满足封建王朝对贡品和军事订货的质量要求，又可以在此以廉价取办各种官府器物和获得较多的赋税。于是清代广东官府就正式给予佛山以专利政策。乡志称："铁镬，向为本乡特有工业，官准专利。"[③]《两广盐法志》记载：

> 商人告运铁斤，每票以十万九千斤为率；不及十万斤，听从商便。如遇告运之时，该商将煽出铁斤若干，照例上纳税规各款银两，先具报单赴运司衙门按卯兑收上库，随将总督印发运票白旗填注，给发商人收执，前往炉场照运，回至省河备造盘册并缴原领旗票。查有逾限，照例追罚。如无逾限，所缴盘册转发，经历司盘掣有无多斤，列折呈报；复将总督印发黄票填注，给商运赴佛山售卖，依限缴销，并札佛山同知查照。……所有铁斤运赴佛山发卖，限半月回销。[④]

这就是清代广东官府实行的"官准专利"制度。"官准专利"规定：两广所属大炉，炼出铁块，限期尽数运往佛山发卖，由佛山炉户一体制造铁锅、农具。如在当地铸造，就属私铸，在稽禁之例，同私盐罪治之。

清朝广东官府对佛山"官准专利"制度的执行，配套了期票制度。期票制度规定：各地铁块运往佛山，限期往返。由各州县或商人呈两广都转盐运使司发给"运票白旗"。每票以十万九千斤为率，不及十万斤，听从商便。[⑤] 每运一万斤铁，"纳额银五两三钱四分二厘"。[⑥] 清代广东官府统一规定了各地运销期限，并在"运票"上注明。违限 20 日以上者，每万斤追重饷银五两。详见下表：

① 郝玉麟：雍正《广东通志》卷二二《贡赋》。
② 《两广盐法志》卷三五《铁志》。
③ 民国《佛山忠义乡志》卷六《实业志》。
④ 《两广盐法志》卷三五《铁志》。
⑤ 同上。
⑥ 雍正《广东通志》卷二二《贡赋·铁饷》。

表 10 - 3　清代广东冶铁炉往佛山运销铁斤期限表①

炉 座 县 属	日期限制	违 限 罚 则
从化	24	1. 照往佛山地方发卖,依限赴销,所有铁斤运赴佛山发卖,限半月回销。商人缴销运卖各旗票,违限五日以上者,例无议罚。 2. 10 日以上者,追罚赎银四两二钱,每万斤,追半饷银二两五钱。 3. 20 日以上者,追重饷银五两。 4. 3 月以上者,追重饷,仍提该商追究。 5. 半饷、重饷,俱按商人告运铁斤上纳饷银计算。
龙门、花县、长宁(新丰)、永安(紫金)、河源	28	
罗定州、东安(云浮)、西宁(郁南)	34	
翁源、乳源、曲江、英德、兴宁	38	
龙川、怀集	45	
嘉应州	50	
平远	60	
贺县、临桂	80	
富川、雒容、思恩	98	

从表中可见,除广东各地产铁点外,广西也有个别县运铁到佛山。商人运铁回至省河,备造盘册并缴运票待查。经运司(雍正七年后由运司经历)盘掣无有多运后,则发给"卖票黄旗""填注给商,运赴佛山售卖。依限缴销,并札佛山同知查照"。②"卖票"上统一印有"照往佛山地方发卖,依限赴销"字样。③ 这样,就切实有力地保证了佛山冶铁业发展所需的原料。清政府的财政和军事利益促进了佛山冶铁业的发展。由此可见,"官准专利"是佛山冶铁业得以存在发展的一个因素,同时又是佛山冶铁业的一大特点。"官准专利"使佛山炉户的身份地位超越了广东其他地方的炉户,也使佛山炉户的命运与清朝帝国体制紧密相连。

第二,商人资本进入制造业。清代佛山作为岭南地区冶铁中心的地位已经形成,不仅四远生铁运集佛山,四远商人也纷纷挟赀来佛山投建炉房。上述新会潮连人卢从慧、南海叠滘人麦宗泰、鹤山人冯绍裘都是投建佛山冶铁炉房的外地商人。商人没有手艺,作为作坊主,他必须完全依靠雇工生产。正如屈大均所言:"冶者必候其工而求之,极其尊奉。有弗得则不敢自专,专亦弗当。"④在冶铁市场,资本方与技术方互相需要,互相结合,如冯绍裘作坊就雇有"匠家"。⑤ 商人作坊主懂得价值规律,"善计然术",他们经营有方,一般都能拓大其产业。如冯绍裘"治铁冶,有锅炉数座"。⑥ 商业资本的进入,使佛山冶铁炉户经

① 《两广盐法志》卷三五《铁志》。按:此系记载旧志,据《康熙广东通志》,康熙时广东已行旗票制度。其始于明正德年间。
② 《两广盐法志》卷三五《铁志》。
③ 《各属大炉商运铁回省盘掣后给与卖票式》,《两广盐法志》卷三五《铁志》。
④ 《广东新语》卷一六《器语·锡铁器》。
⑤ 民国《佛山忠义乡志》卷一四《人物志·冯绍裘》。
⑥ 同上。

营规模不断扩大,清代佛山炒铁工场已经具有"一肆数十砧,一砧有十余人"的单位规模。而佛山铸铁工场一向能快速如期地承接官府大批优质铸件工程,其单位规模和资本投入当然不能小觑。尤其值得一提的是,铁钉行包买商经营方式带来的影响。清代佛山镇铁钉生产由包买商向四乡众多家庭小作坊发放铁条和木炭等原料,然后收回成品铁钉,推向市场销售。家庭小作坊放弃了产品销售功能,只负责加工生产。由此,原来前店后铺的家庭小作坊经营者,也开始受雇于商人作坊,放弃自己赖以生存的小炉房。商业资本的进入,不仅使佛山冶铁炉户经营规模不断扩大,而且使佛山原有炉房作坊主和技术工人的角色发生变化,即原来传统社会的作坊主兼具生产者和销售者的多种功能角色,转变为单一生产者的功能角色,这预示着社会分化悄然而至。

三、华南综合性生产基地

冶铁业的勃兴,带动了相关行业的发展。清代前期,佛山陶瓷业、丝织业、金属加工业、成药业和民间手工艺品纷纷投资扩产,出产大量与民生相联系的日用品,广窑、广缎、广纱、广扣、广针等产品,组成了质量上乘、工艺精湛的广货军团,直达两广、云贵,横扫大江南北,佛山由此成为华南综合性生产基地。

(一) 陶瓷业

石湾的陶瓷业渊源有自。南宋时离石湾不远的奇石窑既是南中国陶瓷出口基地之一,也是石湾窑冶技术人才的最初培养基地。元代时石湾霍氏祖先原山公已建造了文灶等一批龙窑长期生产。[①] 明代石湾烧窑技术取得长足进步,建成了南风灶、高灶等一批龙窑,出品多为民生日用的容器、炊具和花盆、花座等器具,也有人物塑像(石湾公仔)。产品线长,价格低廉,质量上乘。至此,石湾陶器开始著闻两广。入清以后,进步更快。顺治十六年(1659),据碑刻记载:"南海石湾一隅,前际大江,后枕冈阜,……居民以陶为业,聚族皆然。陶成则运于四方。"[②]可知石湾居民此时皆"以陶为业"。《粤中见闻》卷一七记载:"南海之石湾善陶,其瓦器有黑、白、青、黄、红、绿各色,备极工巧,通行二广。"当时石湾有上、中、下三约,"三约中共有缸瓦窑四十余处,皆系本乡之人开设,由来已久,供给通省瓦器之用"。[③] 清代石湾所制产品发展为日用、美术、建筑、手工业、丧葬五大类,产品种类繁多。屈大均记载石湾陶器称:"凡广州陶器皆出石湾。其为金鱼大缸者,两两相合,出火则俯者为阳,仰者为阴。阴所盛则水浊,阳所盛水清,试之尽然。"[④]石湾产品也远销东南亚

① 《文灶图说》,石湾《太原霍氏族谱》。
② 顺治十六年《三院严革私抽缸瓦饷示约》,《明清佛山碑刻文献经济资料》,第 20 页。
③ 嘉庆二十二年《藩宪严禁挖沙印砖碑示》,《明清佛山碑刻文献经济资料》,第 124 页。
④ 《广东新语》卷一六《器语》,第 452 页。

各地。此时石湾陶业组织也从明天启年间的八行发展为二十余行。① 工匠也大量增加，史称："石湾六七千户，业陶者十居五六。"②陶业的发展，促进了石湾镇的形成，康熙年间石湾已是"商贾丛集"之地。③ 嘉庆年间，石湾发展为南海县屈指可数的大镇，史称"（南海县）大镇为省城、佛山、石湾"，"南海繁富不尽在民，而在省会、佛山、石湾三镇"。④ 可见石湾的陶业与市镇皆已相当繁盛。

（二）纺织业

随着珠江三角洲"桑基鱼塘"的大面积扩展，佛山丝织业在清初时发展为十八行，即八丝缎行、五丝缎行、什色缎行、元青缎行、花局缎行、绉绸行、蟒服行、牛郎纱行、绸绫行、帽绫行、花绫行、金彩行、扁金行、对边行、栏杆行、机纱行、斗纱行、洋绫绸行。⑤ 当时佛山、广州的丝织品大量出口海外，为"东西二洋所贵"。屈大均"五丝八丝广缎好，银线堆满十三行"的诗句，⑥就真实地记录了当时丝织品出口贸易的盛况。纺织品中，以吴丝织成的称"粤缎"，以土丝织成的称"佛山纱""佛山缎"。"粤缎之质密而匀，其色鲜华，光辉滑泽。故凡西北风沙飞扬之处……粤缎为宜，所以珍贵"。"佛山纱亦以土丝织成，花样皆用印板"。⑦ 四远商贾纷纷来佛投建"机房"，顺德人梁俊伟，"康熙间来佛创立机房，名梁伟号，因家焉。诚实著闻，商业遂振"。⑧ 其机房历康、雍、乾、嘉、道五朝而不衰。据《道光九年鼎建帽绫行会馆喜助工金碑记》统计，帽绫行有包括梁伟号在内的机房 202 家，西友织工 1 109 人，平均每个东家有 5.4 个工人，作坊规模较小。但仅此帽绫行即有上千织工，佛山其他丝织行业的织工数字确实不可低估。另据《梁氏家谱》记载：乾隆年间，在佛山社亭铺猪仔市圩地，每日清晨均有"机匠"在此站立待雇，俗称"企地"（企，粤语站立之意）。猪仔市圩地属梨巷梁氏（著名药商梁仲弘属此族），为二十二老之一的梁广的税地。乾隆三十九年（1774）该地"织机工人囤聚数百人"，后又"聚至数千"。⑨ 显然，猪仔市圩地已成为机匠待雇的固定劳动力市场，每日有数千机匠待雇，佛山丝织业之兴旺于此可见。又据外国人的记载：1836 年，"许多需要供应广州各商号的制造业，都在城西数里外名叫佛山的一个大镇进行；该地雇用的工匠为数很多，产量很大。丝织厂每年雇用男女及童工即约

---

① 李景康：《石湾陶业考》，《广东文物》卷一〇。
② 道光《南海县志》卷七《舆地略三》。
③ 康熙三十二年《广州府南海县饬禁私抽设牙碑记》，载《明清佛山碑刻文献经济资料》，第 24 页。
④ 龙廷槐：《敏学轩文集》卷二《初与邱滋畲书》。
⑤ 佛山档案馆编：《佛山史料汇编》（二）。
⑥ 《广东新语》卷一五《货语》，第 427 页。
⑦ 雍正《广东通志》卷五二《物产》。
⑧ 民国《佛山忠义乡志》卷一四《人物六》。
⑨ 《乾隆四十年铺户何遂振叶维皆等二十四人名联恳分列饬禁事》，《梁氏家谱》（手抄本）；《乾隆四十二年督抚两大宪如详饬遵行县出示晓谕告示》。

17 000 人；他们的织机很简单，他们的工作一般操作得很灵巧"。① 这条史料虽然不无道听途说之嫌，但佛山丝织业的规模以及在当时的知名程度，仍可由此得到反映。

棉织业也是佛山的一大手工业。清初时，广东商贾载糖霜到松江换购棉花，"楼船千百，皆装布囊垒垒"以归。② 乾隆年间，佛山棉花行有 22 家，③经营棉花销售业务，主要对象是本镇妇女及附近乡村的机户。当时在佛山镇内，所有妇女从六岁起就开始学习纺纱织布。④ 无论大家闺秀，还是寒门贫女，概莫能外。康熙年间举人霍隽鞥（阳春县教谕）之妻梁氏"日夜织纺，以佐理家政，……璋辈兄弟姐妹众多，自幼冬夏衣服恒出太孺人纺织手制，布不易市，工不假人"。⑤ 又如佛山霍氏霍天翔之母（1687—1747），"勤心纺织……所生子女共四人，冬夏衣服恒出其手，明月之下常纺织更深"。⑥ 佛山妇女的纺机，称为"本地机"。而当时佛山附近乡村纺织机甚多，道光《南海县志》卷八记载："绵布经纬细密者为上。南海乡村最多：曰李村机，曰紫洞机，曰叠滘机，曰大沥机，曰里水机，曰盐步机。"佛山人称之为"外机"，外机生产的土布也大量集中佛山销售。佛山机户经营方式的特点，就是大量地向这些郊外乡村"放机"，通过发放原料、"上机"（将理好经线的机头装上织机）以及收购成品等方式，把大量的农村家庭变成自己作坊的场外部分，直接雇人织布只占很少比重，因此"外机"大大超过"本地机"。棉织业的这一分散生产的特点，是与丝织业的"机房"生产大不相同的。

曾有外国人记载 1833 年佛山镇"从事织造各种布匹的工人共约五万人，产品需求紧迫的时候，工人就大量增加。工人们分别在大约二千五百家织布工场作工，平时每一工场平均有二十人"。⑦ 这条史料，近 30 年来，曾为国内经济史著作及论文广为引用，以说明鸦片战争前我国手工棉纺织业的发展及资本主义萌芽的出现。但笔者认为，这条材料不无夸大。佛山出现若干集中性的棉布纺织工场不是不可能，但同时出现 2 500 家织布工场的可能性却很低。按当时佛山的棉纺技术，应以家庭纺织机为主。笔者认为，这条史料多系外国人把 2 500 家分散的棉纺家庭视作为 2 500 家集中性的棉纺工场的误读，希望国内学者对此持审慎态度。然而，佛山丝棉织业的存在发展，带动了印染、晒、碾、浆缎、机具以及制衣、制帽、鞋袜、绒线等相关行业的发展。当时"佛山纱"的"花样皆用印板"。各地

---

① Anders Ljungstedt：A Historical Sketch of the Portuguese Set-tlements in China，and of the Roman Catholic Church and Mission in China Boston，(1835 年)P.284.引自姚贤镐《中国近代对外贸易史资料》(1840—1895 年)，第一册第 304 页。
② 褚华：《木棉谱》，引自谢国桢《明代社会经济史资料选编》(中)。
③ 《粤东例案》行市(抄本)。
④ 庞尚鹏《庞氏家训》规定："女子六岁以上，岁给吉贝十斤，麻一斤；八岁以上岁给吉贝二十斤，麻二斤；十岁以上岁给吉贝三十斤，麻五斤，听其贮为嫁衣。妇初归，每岁吉贝三十斤，麻五斤，俱令亲自纺织，不许雇人。"
⑤ 《南海佛山霍氏族谱》卷六《十七世祖乡进士阳春学博春洲公元配梁太孺人家传》。
⑥ 《南海佛山霍氏族谱》卷一一《例赠李太孺人家传》。
⑦ "Description of the City of Canton"，*The Chinese Repository*，Vol. II，No.7，Nov.1833，pp.305 - 306.引自彭泽益《中国近代手工业史资料》(1840—1949 年)第 1 卷，第 256—257 页。

运集佛山的土布则在此染成广东人最喜爱的"长青布",然后大量地向新加坡及广东人常到的海外各地输出。[①]

上述冶铁业、陶瓷业、纺织业三大中心手工业发展的同时,佛山的其他手工业也开始勃兴。"佛山一埠,为天下之重镇,工艺之目,咸萃于此"。[②]

(三) 金属加工业

金属加工业是佛山较大的手工业,康熙以后发展很快,共有金箔行、打银行、一字铜行、打铜行、铜线行、铜箔行、金花行、锡箔行、铜器行、黑白铅行等。民国《佛山忠义乡志》卷六《实业志》对此有详细记载,试引录如下:

> 金箔行。为本乡有名出品,有青、赤二种,由本乡或省城购买足金,隔以乌纸,用锤击成箔。销行内地各乡各埠及港澳、石叻、新旧金山,岁出五六十万圆……大者曰行,约十家。小者曰馆,二十余家。堂名□□会馆,在祖庙大街。雍正二年建。

> 打银行。以纹银或杂银制成器物,工人常以铁管向灯火用力吹于所制之物,既伤气,复同时受炭气及各种不洁之气侵入,易生肺病。

> 一字铜行。铜来自云南,有青、赤、白三种,制一字铜少用白者,恒以青、赤铜入黑、白铅制成长条,故曰一字。从前云南铜来粤,先至佛山,后改海运,则先至省垣。前有二十余家。

> 打铜行。为本乡特有工艺,业此者多肇属人。用一字铜以锤出之,厚薄不一。厚者作铜锣、铜盆、铜壶、铜锁,薄者作钮扣,最薄者作金花。大小数十家。盛时工人二千余。

> 铜线行。用熟铜箔抽拔成线,以小为贵。原属本乡特有工业,外处所无。行销本地陈村、新会及西、北江。

> 铜箔行。本乡制品特佳。箔有厚薄,俱用一字铜制,洋铜质脆不适用也。制成率售之金花店。最薄者称绉铜,运销外洋。业此者多肇属人。店馆数十,工人八九百。

> 金花行。亦为本乡特产,以铜箔发女工凿花,收回制成。价值不一,行销内地各埠及西、北江。家数三四十。女工居家制作者数百人。

> 锡箔行。多兼造银箔者,锡购自省垣,银则自行熔化,少杂白铅,工作与金箔同而略易。质亦较粗,价值不一。凡制冥镪醮料,扎作多用锡箔,销售甚广。银箔行销外埠外洋,家数以十计,工人约三四百。

> 铜器行。有乐器、用器之别。乐器如铜锣、铜鼓、铣钹之属。用器如盒、炉等。入

---

① 彭泽益:《鸦片战争前广州新兴的轻纺工业》,《历史研究》1983 年第 3 期。
② 彭泽益:《中国近代手工业史资料》卷一,第 590 页。

黑白铅则为熟铜，入锡则为生铜，各器均由工人制成，寄卖于铜铁店，销行内地各埠及西、北江。

此外还有黑、白铅行，将土、洋二铅重新熔铸成条售卖。清代宝广局鼓铸每年需用白铅140—160 斤，均在佛山铅行抽买。当时抽买则例是每万斤抽买鼓铸铅 2 000 斤，每百斤给价银三两，余铅听各水客铜户买卖。① 仅以可供宝广局抽买的白铅数算，就有 80 万斤铅，可售价银 24 000 两。

(四) 成药业

成药业也是佛山较重要的手工业，清代前期佛山成药业以出产丸药为主。著名的丸药铺有黄恒庵蜡丸馆、梁仲弘药丸铺和刘诒斋药丸铺。黄恒庵蜡丸馆据说创始于明天启年间，以"乌金丸"最负盛名。乌金丸不仅活血散瘀，而且健脑安神，为习儒举子所乐用。清代便流行于世。② 梁仲弘药丸铺建于康熙年间。屈大均《广东新语》记载："琥珀，来自云南者多血珀，来自洋舶者多金珀、蜜腊、水珀，广人雕琢为器物特工，余则以作丸药之用。琥珀者，龙阳而虎阴，龙为魂而虎为魄，盖得松液之阴精，因己土而结者也。梁氏云：'凡松老则其中所附之金精甚坚，……'……以地下寒敛之气而受松热液之精，二者相抱，遂凝而为琥珀。……广中抱龙丸为天下所贵，以其琥珀之真也。"③屈大均这里所说的"梁氏"及其"抱龙丸"，就是佛山最著名的"梁仲弘抱龙丸"。梁仲弘为清初人，据《梁氏家谱》记载，康熙十二年(1673)梁氏三房合建大宗祠时，立合同的长房 19 个子孙中有梁仲弘之名，康熙二十二年(1683)时，梁仲弘又代表长房收执原订的合同一本。④ 我们知道，《广东新语》成书于康熙二十一年(1682)，从屈大均的琥珀条记载看，似与梁仲弘有过交往，亲耳听闻了梁仲弘对琥珀药理的解释。因此笔者认为梁仲弘药丸铺应创始于顺治、康熙年间。通常所认为的梁仲弘药丸铺创始于明代的说法是没有根据的。乾隆初年，刘诒斋药丸铺创立，以出产"卫生丸"而著名，⑤很快畅销两广，刘诒斋因此发家。道光《佛山忠义乡志》记载："刘倬，字汉超，号诒斋，乐义好施。乾隆戊寅(1758)、戊戌(1778)岁饥，皆竭力倡捐，买米与各绅士赈济。"⑥可见刘诒斋资财颇丰。以上三家药丸铺在民国《佛山忠义乡志》卷六关于蜡丸行的介绍中恰好排名第一、第二和第三。⑦ 这种名次排列，可能与始建年代有关。

乾隆时佛山参药行有 27 家堂店，⑧这些店铺大多经营熟药，也有兼营生产丸散成药

---

① 《采买白铅》，《粤东省例新纂》卷三《户·铜铅》。
② 参阅陈志杰《佛山成药业的祖铺老号》，载《佛山文史资料》第 10 辑。
③ 《广东新语》卷一五《货语·琥珀》，第 417—418 页。
④ 《梁氏家谱》(手抄本)。
⑤ 民国《佛山忠义乡志》卷六《蜡丸行》。
⑥ 道光《佛山忠义乡志》卷九《人物》。
⑦ 民国《佛山忠义乡志》卷六，蜡丸行还列出了其余 15 家成药铺，在此从略。
⑧ 乾隆三十二年《参药行碑记》，《明清佛山碑刻文献经济资料》，第 78 页。

的，如保济堂、人和堂等号就生产珠珀保婴丹、六味地黄丸、十全大补丸、归脾丸、活络丸、附精理中丸、镇惊丸、苏合丸、黎峒跌打丸等丸药。[①] 乡志称"佛山薄荷油生意以叶万全为大"，其"支店在省，其货来自江西"。[②] 而冯了胜生产的药酒则名扬两广。佛山是我国成药业的又一发祥地，其产品特点是适合普罗大众一般疾患痛苦的需要，药真价廉，服用方便，药效显著，而不是追求补药、御药等上等药丸处方。其服务普通民生的制药传统，一直影响至今。

（五）民间手工艺

民间手工艺也是佛山手工业的一大特色，大致有织藤、陶塑（石湾公仔）、雕刻、塑扎、绣花、剪纸、门画、爆竹等。屈大均《广东新语》记载："大抵岭南藤类至多，货于天下，其织作藤器者十家而二。五羊、汾水之肆，衣食于藤，盖多于果布也。"[③] 汾水即指佛山，可知佛山"衣食于藤"者亦不乏其人。至于其他手工艺品，从事生产的人户亦未可小觑。乾隆《佛山忠义乡志》卷六云："乡多年货，凡门神、门钱、金花、通花、条香、爆竹之类，皆以一岁之力为之。至是乃列贩于市。四方来贾者肩摩踵接，喧闹为广郡最。"佛山每年三月三日的北帝诞醮会和中秋的秋色庆会，对这些民间手工艺品的发展有很大的促进作用。仅以爆竹言之，史称：佛山"爆竹比他处为盛"，[④]"佛山爆极宏丽，……视会城渡头犹较盛云"。[⑤] 北帝神诞之日，"计一大爆，纸者费百金。……又以小爆层为武当山及紫霄金阙，四围悉点百子灯，其大小灯、灯裙、灯带、华盖、璎珞、宫扇、御炉诸物，亦皆以小爆贯串而成"。[⑥] 一个庆会，以爆竹为主，集中了各种工艺技巧，耗费颇巨。可以想见，当时佛山的民间工艺已相当繁盛。

此时佛山各类手工业到底有多少行业虽然还不甚清楚，但据乡志记载，佛山衰落之时的光绪年间，手工业行业还有 10 大类 175 行，[⑦]手工业会馆仍不断涌现。据此推知，乾隆年间佛山手工业之数确实不可低估。所有这些手工业部门的发展，使佛山成为清代前期华南地区的综合性手工业生产基地。

清代前期佛山各类手工业的全面发展，表现出如下四个特点，即多样性、融通性、派生性和互补性。

第一，各类各行手工业的多样性发展。明代佛山手工业几乎是冶铁业一统天下，只有陶瓷业还相与辅成，其他行业尚未起步。清代佛山手工业发展为 10 大种类，它们是：纺

---

① 参阅陈志杰《佛山成药业的祖铺老号》，《佛山文史资料》第 10 辑。
② 民国《佛山忠义乡志》卷六《实业志》。
③ 《广东新语》卷二七《草语·藤》，第 727 页。
④ 乾隆《佛山忠义乡志》卷六《乡俗志》。
⑤ 光绪《南海县志》卷二六《杂录下》。
⑥ 《广东新语》卷一六《器语·佛山大爆》，第 444—445 页。
⑦ 民国《佛山忠义乡志》卷六《实业志》。

织类、成衣类（包括刺绣、鞋帽）、建筑类、饮食类（包括成药）、五金类（包括冶铁）、竹木类（包括造船、拆船）、造纸类（包括爆竹、门神）、文具类、杂物类、杂工类，[①]行业在 175 种以上。如果把明代佛山手工业比喻为"一枝独秀"，那么清代佛山手工业可谓是"百业同兴"。

第二，主干行业之间的融通性发展。冶铁业与陶瓷业在技术上有许多互相联系的地方，如两者皆要范土为模，高温烧造，因此造型、踩泥、制模、车模、烘模等工序是共通的。两者均以造型师傅为主，又同属高温、高强度体力劳动，一般工匠受热受苦程度亦相若。只要条件可能，陶业的存在可以诱发冶业的产生，而冶业的发展又反过来推动陶业的进步，两者相辅相成，互相促进。纺织业中木纺机的接驳部件，需要依赖冶铸业生产。嘉庆六年（1801）铸造行《各货工价单》记载的纺织机驳件就有"车恤"、机剪、"车钱"以及各种"较"等。[②] 到了清末，佛山铁镬行还有"仿铸织布机、织袜机者，亦足敌外货"。[③] 纺织业的发展需要，刺激了冶铁业精细技术的发展，而冶铁业的进步，又推动了纺织业的发展，两者互为因果，携同发展。

第三，非主干行业的派生性发展。明代时佛山仅治"乌金"，清代是兼治"五金"。金属加工各行的技术渊源于冶铁业，当铸冶技术拓展到新原料如金、银、铜、锡、铅等，就依原材料不同而衍生成不同行业。其技术大类，主要是铸造技术和锻造技术。铸造技术是把矿山来的生料铸成熟料，重新定形为适合锻制各种产品的形状，即进行次级加工。铸造技术派生出一字铜行、黑白铅行等行业。锻造技术是打制拉拔成各种产品，即进行深加工。由此又根据不同的产品派生出不同的行业，锻造技术派生出金箔行、金花行、锡箔行、铜钱行、铜器行、铜扣行、打银行等。再如丝织业的发展，也派生出若干个以绸纱为原料的行业，如顾绣行、绒线行、布扣行、头绳行、制帽行和唐鞋行。总之，每一新技术的拓展，每一新产品的出现，就预示着一个新行业的诞生。由此不断派生，形成清代前期五花八门的行业发展格局。

第四，不同行业之间的互补性发展。由于冶铁、陶瓷以及金属加工等行业的工匠容易受工伤，成药业便在佛山得到迅速发展。佛山成药业中舒筋活络、散瘀去肿的跌打类药物向来占有很大比重，其就是适应重体力劳动和工伤事故多的需要而发展起来的。又如以铜为材料的纽扣行"昔为本乡著名工艺，制造多自女工，行销肇、潮各县及省外"，[④]在西南各省深受民众喜爱的"广扣"，也是配合佛山土布业发展的需要而兴起的。此外"蒸酒行"的兴起，则是适应了手工业工人应付强劳作的需要。不同行业之间的互补性发展，使佛山手工业获得了勃勃生机，出现了清代前期百业兴旺的发展形势。

① 参考民国《佛山忠义乡志》卷六《实业志》。
② 嘉庆六年《各货工价单》，《南海县民国时期档案》政 34，机 120。
③ 民国《佛山忠义乡志》卷六《实业志》。
④ 同上。

如上所述,多样性、融通性、派生性和互补性,构成了佛山手工业的有机结合形态。明代佛山冶铁业各个家庭小作坊之间是一种同质化的联合。然而,社会学理论告诉我们,一个过于同质化的群体在环境条件变化的时候将面临严重的危机。[①] 这是因为各部分都等质等价,在功能上是彼此独立的。而清代佛山手工业各行业之间,则呈现出有机联合的形态特征。有机联合是基于群体各部分的差异性,这是劳动力分工的结果,有机联合要求不断在群体各部分之间交换有价值的物质和服务。它使得各部分彼此不同,相互依赖。笔者认为,正是清代所形成的佛山手工业的有机联合形态,才使得佛山在后来面对山光矿尽和西方近代化工业产品冲击时,没有走向全面崩溃,而是出现了传统行业被淘汰、新式行业和外向型行业反而发展的转型局面。转型局面的出现,说明了群体的多样性、融通性、派生性和互补性是整个社会更新和创造的重要源泉。而这些,又正是佛山手工业体系发展变化的重要特点。

第二节 清代佛山商人与中心市场

一、商人与商人资本

(一) 佛山的商人种类及其活动范围

清代前期,在中国广袤的大地上,曾经活跃着各种商人集团,诸如山西商人、徽州商人、洞庭商人、福建海商和广州行商等。这些著名的商人集团,早已为治史者所熟知。然而,与上述商人生长、存在的同时,另一支重要的商人力量也在形成发展,这就是佛山商人。佛山商人以其众多的人数、成功的经营、广阔的活动范围,为清代社会经济的发展作出了显著贡献,在中国商业史上占有不可忽视的地位。

所谓佛山商人,是指以佛山镇为中心,包括石湾和周边乡村以及外地落籍于佛山的商人(不包括侨寓佛山经商的外地商人)。乡志载:"佛山一镇,绅衿商贾,林林总总。"[②]可知商人数量之众和种类之多。

现择其要者略述如下:

1. 铁商。其人数居各种商人之首。依经营商品的不同,铁商又可分为两类,一为铁器商。乾隆年间,黄玉阶"自己积有多金,生业当铺、铁锅店、铸锅炉。自建大屋一所,八柱官厅、土府及傍屋等座后"。[③] 这些铁商,拥有锅炉和店铺,生产出铁锅后的交易活动就在自己店里或家中进行。二为生铁商。清代佛山众多铁商深入罗定、东安炉场从事铁版生意,

---

① [美]博克著,余兴安等译:《多元文化与社会进步》,辽宁人民出版社 1988 年版,第 143 页。
② 叶汝兰:《乾隆五十三年重修佛山经堂碑记》,道光《佛山忠义乡志》卷一二下。
③ 《江夏黄氏族谱》。

如金鱼堂陈氏的陈裔琪、陈发尧,鹤园陈氏的陈文炯,都是投资生铁铁版的炉商。

入清以后,铁商又纷纷建立会馆。乾隆十五年(1750),"论者以为诸商冠"的炒铁行会馆建立。① 乾隆四十四年(1779),铸发行会馆建立。嘉庆元年(1796),新钉行会馆建立。②借此联络同人,维护共同利益。

2. 布商。清代前期佛山及其周围乡村家庭棉纺织业普遍发展,印染业随之兴旺,因此佛商中以贩布为业的不少。乾隆年间,冼士琏"自设粤德布庄,货行苏浙间",③与松、宁之布商角逐。其长子冼文清后为天津会馆首事,次子冼沂为大魁堂值事。道光年间,黄世楚"自弱冠穗城贸易,谋猷经纶罗绮为家室计,迨为汾江大贾"。④ 又如简祖寅,"随舅服贾汾江,谨慎勤劳,处事而事治,接物而物平,人皆重之。……既而合股伙友设布肆"。⑤

3. 丝商。广丝、广纱、广缎出口,是清代前期佛山的重要商务,故而经营土丝绸缎者亦不乏其人。康熙间,来佛创立"梁伟号"机房的梁俊伟,经营有方,其机房梁伟号历康、雍、乾、嘉、道五朝而不衰。乾隆年间,有马进贤、马任贤两兄弟,居佛山梨巷,"荣业土丝生理"。⑥ 稍后的潘佑安,"设号于香江(香港),业花纱丝茶,价如其货,……人谓公之起家以信义,不虚也"。⑦ 还有丝织大户任应、任伟兄弟,以丝织机房发家,建有家族成片聚居地"任围"。(见首页图 22)

4. 药商。佛山成药业始于明代,盛于清代。其发展与佛山城市人口密集和冶铁、陶瓷等高温作业易出工伤事故不无关系。因此成药商人,也成为佛山的重要职业。除上述康熙年间闻名粤东的梁仲弘外,乾嘉道之间佛山参药行发展成 27 家堂店,各有畅销药丸和品牌。其中"称姜仁圃者,伯仲于羊城张大昌"。⑧ 可见佛山药商的实力不凡。除参药行外,经营各类丸药店的商人更多。乾隆年间,潘晓修"市隐禅山丸药,济人远近沾溉,业以大起"。⑨ 同时的潘联子,"居佛镇药肆数十年,同业称其仁厚"。⑩

5. 米商。清代前期,广郡民食尽仰籴于广西、湖南之米,而地处西、北两江汇流处的佛山则成了广东的米粮贸易中心。佛山的米户,把持着米市,垄断了价格。乡志载:"举镇数十万人尽仰资于粤西暨罗定之谷艘,日计数千石。谷艘至稍希,则米肆拥先所籴以增价。"⑪"广西谷艘一日不到佛山镇,则囤户便联增米价。"⑫因此佛山米商对佛山乃至广州

---

① 陈炎宗:《鼎建佛山炒铁行会馆碑记》,陈其晖:《金鱼堂陈氏族谱》卷九《艺文志》。
② 民国《佛山忠义乡志》卷六《实业志》。
③ 《鹤园冼氏家谱》卷六《人物谱》;卷四《宗庙谱》。
④ 《江夏黄氏族谱》。
⑤ 《粤东简氏大同谱》卷一《家传谱》。
⑥ 《江夏黄氏族谱》。
⑦ 《潘式典堂族谱》卷六《列传》。
⑧ 道光二十年《重修参药会馆碑记》,《明清佛山碑刻文献经济资料》,第 141—143 页。
⑨ 《潘式典堂族谱》卷六《列传》。
⑩ 《潘式典堂族谱·墓志》。
⑪ 乾隆《佛山忠义乡志》卷三《乡事志》。
⑫ 龙廷槐:《敬学轩文集》卷一《与瑚中丞言粤东沙坦屯田利弊书》。

的经济生活有着举足轻重的影响。佛山最重要的米商称"七市米户",据碑刻记载:乾隆五十五年(1790),"佛山镇铺民梁太盛、梁升平、黄兴臣等呈称:蚁等向在佛山镇七市开张糙白米铺生理,每铺或雇工七八人、十余人不等,俱系随籴随碾,日逐发卖"。① 一铺雇工有十余人,经营规模实属不小。嘉庆年间,仅佛山糙米行就有行店 32 家。② 除镇内七市米户外,石湾、澜石、罗定、澳门等地都有佛山米商设肆经营。

此外,佛山还有一种在灾荒年间临时出任合镇采办米谷的米商。"乾隆丙午(1786)、丁未(1787),粤中大饥。佛山绅耆募赀请于官给牌照,告籴邻省。众举(李)士震往湖南。士震以长子芳代行。……时告籴他省,惟湖南最远。芳往返仅三个月,米独先至,米价顿减,人心以定"。③ 这种临时性的米商,本身并非专司米商之职,只是在饥荒之年由民推举,临危受命,官府准照,然后奔赴外省,进行一次性的米粮交易。不过其交易额一般都颇大,如李芳当时所带合镇科收之银数千两,④因此也不可忽视。

6. 柴商、木商。佛山周围不产木材,即炊柴亦须贩自粤西。乾隆乡志就有梁舍人往粤西贩柴的详细记载。乾隆以还,由于城镇发展,营建大兴,木材贸易也颇为活跃。《鹤园冼氏家谱》载:"木贩某者,向在街首营生,逋负多。先数日逃去,及是欲归死。铺门被业主钉锁。"⑤买木者预先付了定金,木贩某却不能如期交货,造成"逋负多"。可见需要木材的人很多。

7. 行商。明清时期,主要的商业市镇都设有"牙行"。所谓"牙行",实际上就是"牙店""行家""行户"的通称。行商由身家殷实者承充,官府发给执照,其职能主要是替客商收集专卖品。因其主富商巨贾的兴贩,所以"牙佣"常常获利甚厚。清代的行商,只要有资产,也从事着商业活动。故其"牙行",实际上就变成了"囤迟卖快"的大商店。早在康熙四十六年(1707),顺德人翁祖珩就在"禅山开宏远行",⑥"俏仿计然之策,渐臻饶裕"。⑦ 乾隆年间,佛商廖九如承充西货行。其家谱载:九如公原"往来汉镇,涉历江湖,沐雨栉风,辛勤备至。继乃居货佛镇,概然膺西货[行],主人重寄,忠信勤慎,远迩商贾恒倚赖之"。⑧ 同时的陈德隆等 22 家商人,也承充了佛山棉花行行商。⑨

在佛山,行商不仅设立仓栈,而且砌造码头。乾隆四年(1739)《豆豉巷马头碑记》载:"据行商叶忠昌、顾同兴等状告前事称:忠等均在佛山开张行店,贮顿客货,向共捐资砌造

① 乾隆五十五年《奉宪严禁示碑》,《明清佛山碑刻文献经济资料》,第 90 页。
② 嘉庆戊寅"海隅永赖大铁鼎"款识,现存祖庙博物馆。
③ 道光《佛山忠义乡志》卷九《人物》。
④ 劳潼:《救荒备览序》,载吴道容《广东文征》第 5 册,香港中文大学出版社 1978 年版,第 170 页。
⑤ 《鹤园冼氏家谱》卷六《人物谱·列女》。
⑥ 顺德《翁氏族谱》卷一六《杂录》。
⑦ 《翁氏族谱》卷一四《艺文·赠言》。
⑧ 《南海廖维则堂家谱》卷二《艺文》。
⑨ 《行户执照毋庸逐年逐任更换》,《粤东例案·行市》(抄本)。

豆豉巷口马头，以利小艇载货上落，以便商民。"豆豉巷码头是清代佛山较大的商业码头之一，因此在码头附近聚集了许多行商。乾隆四年重修豆豉巷码头，捐助银两的行店就有万铨行等 98 家，①可见清代前期佛山行商之多。

8. 银业商和典当商。清代佛山银业十分活跃，道光年间各银铺合共在汾水铺东宁街设立银业行会馆，堂名如意。由曾任翰林中书的佛山人梁蔼如撰写《银业行会馆鼎立碑记》。② 民国《佛山忠义乡志》也记载有佛山银业行有大小银铺 29 家。③ 清代佛山银铺规模大者，本银在万两以上。银业行"专营付揭、汇兑事业"，"各富户有存放储蓄之利，各行商又可揭借以资周转，实一乡之金融机关。惟交易不限于内地，有远及湘桂各省、各外埠者"。④ 当时较为有名的银铺是晋丰、安盛、福记三家。清代佛山科举鼎盛，佛山几大家族均有进士出身的才俊在北京做官，汇票来往频繁。开设于佛山汾宁里的晋丰银铺，在北京颇有信用口碑。道光年间，曾任山东盐运使的佛山人李可琼给在京读书的儿子李应棠的书札称："汇单写到佛山晋丰银铺（在汾宁里），京客谅无不放心。即汇到佛山福记亦可，均时刻不误，汇费不至多索也。"⑤晋丰银铺本钱原为九千两银子，然其经营有道，道光十五年(1835)，"三年期满结算，计溢息应有万余"，⑥年平均利润率约为 30%。结算分红后又增加股本银二千两，至总股本银一万一千两，继续经营。而李可琼同时也是"安盛"银铺的大股东，拟收回"自行经理"。⑦ 此外，嘉庆二十二年(1817)，顺德人何朝钰也在佛山开张中泰银店。其伙计梁泽昌私挪本银一万零八百两，至次年年底结账才发现其弊。一年不到伙计挪用万把两银子，可见中泰银店资本之雄厚。⑧ 道光年间，还有叫梁迪生者，"经商佛山，与弟璧生同理银业，信义为商场重"。⑨

清代佛山典业尤盛。据《粤东例案》记载："乾隆十九年(1754)七月抚部院官批本司详查得佛山同知详称：佛山镇典、当、按铺按钱扣底一案，嗣后凡当货物，照例取三分之外，丝毫不许苛取。"⑩可见佛山当时已有典铺、当铺、按铺之别。典当业堆放货物的地点叫"质库"，形如近代的碉楼。当时"佛山多典肆。以御盗故，高其墙垣。……河道日狭，质库日高"。⑪李可琼就拥有一座"质库"，又称"土府"，20 世纪 80 年代笔者曾考察过该建筑。

银业商和典当商及其店铺的经营运作，成为支持清代佛山商业兴旺的重要力量。

---

① 乾隆四年《豆豉巷码头碑记》，《明清佛山碑刻文献经济资料》，第 40 页。
② 梁蔼如：《佛山银行业会馆鼎建碑记》，现存佛山市城市展览馆。
③ 民国《佛山忠义乡志》卷六《实业志·银业行》。
④ 同上。
⑤ 《李可琼家书》，《明清佛山碑刻文献经济资料》，第 369 页
⑥ 同上。
⑦ 同上书，第 368 页。
⑧ 《店伙侵用银两，捏造他人借票籍图掩饰，照诈欺财物计赃科罪》，朱橒：《粤东成案初编》卷二二《扰害诈骗下》。
⑨ 民国《佛山忠义乡志》卷一四《人物志》。
⑩ 《当钱扣底》，《粤东案例·当饷》(抄本)。
⑪ 《梁氏支谱》卷四《事迹》。

9. 船商。佛山以水运为主，船商也是一个重要行业。道光年间，郭天锡"商于西江，与雷某为伙，置船贩运，往来佛镇、苍梧间，致小有"。① 在长期的江海航行中，佛山船商积累了丰富的营业经验，这对后来的佛山商人经营近代轮船业无疑有深刻的影响。晚清以经营粤津航线而著名的"广德泰轮船公司"的创始人梁定荣，就是佛山人。②

10. 盐商。佛山地近省城，"盐船自省开行，历诸河口，首到佛山。……旧例于佛山择能干首领，官委驻盘验"。③ 清代佛山侨寓著姓皆出自盐商。如大树堂吴氏，吴荣光的祖父吴恒孚，在乾隆年间充任"盐总商"，④拥资颇厚，建"大树堂"屋宇一区，成为佛山有名的住宅。又如梁氏，乾隆年间有梁玉成者，"弃举业，就鹾商。数年积资累巨万"。⑤ 梁氏一族后来发展成为佛山的著名大族，所谓松桂里梁氏、部曹第梁氏，均出自此公。

11. 珠宝商。广东濒海，自古有合浦珍珠之饶，又兼广州为南洋、波斯各地犀玉丛聚之地，经营珠宝是极易致富的行业。因此佛商也有到广州易宝者。《劳氏族谱》记载：顺治年间，劳成六"始在羊城为翠花生理，后开珍珠店，家自此富。人皆有'珍珠劳'之称"。⑥

除上述种种商人外，佛山还有陶瓷商、颜料商、纸商、成衣商、线香商、烟草商、鞋袜商、铅商、铜商、糖商、果商、年画商、烧腊商等，不胜枚举。乾嘉道之间，佛山工商店号在3 000家以上。⑦ 铺户贸易和转运贸易成为当时主要的贸易形式。

清代佛山商人活动的地理范围相当广阔，他们经营的业务，不仅限于佛山、石湾一隅，而是伸展向省内、省外各地。现根据所掌握的材料，列表如下：

表 10-4　清代佛山商人外出经商活动示例表⑧

地 区	年 代	人 名	营 商 情 况	资 料 来 源
广州	顺治七年	劳成六	始在羊城为翠花生理，后开珍珠店，人称"珍珠劳"。	《南海劳氏族谱》
	嘉庆、道光	黄世楚	自弱冠穗城贸易，谋猷经纶罗绮。	《江夏黄氏族谱》
英德	康熙	陈裔琪	经营英德小水洞铁炉场。	《金鱼堂陈氏族谱》
东安	康熙	陈文炯	东安县太平炉原商。	《鹤园陈氏族谱》
	雍正、乾隆	陈发尧	晚年出摄东安炉务。	《金鱼堂陈氏族谱》

① 宣统《南海县志》卷二〇《列传》。
② 民国《佛山忠义乡志》卷一四《人物志》。
③ 李士桢：《抚粤政略》卷一《条议粤东盐政疏》。
④ 《祖公吴荷屋手订年谱》（同治元年手抄本）。
⑤ 民国《佛山忠义乡志》卷一四《人物志》。
⑥ 《南海劳氏族谱》卷首《训言·三乐堂训言》。
⑦ 根据残存的《光绪二年重修佛镇栅下天后元君古庙官绅值事善倌芳名嘉认签题工金各行工料杂项费用进支数目刊列碑记》统计，佛山有店号3 380家［缺损部分估计仍有1 000余个店（人）名］，光绪年间佛山商务已大不如前，所以乾嘉道时估计3 000余家已属保守。
⑧ 此表不包括佛山、石湾这两个主要营商地区。

（续表一）

地 区	年 代	人 名	营 商 情 况	资 料 来 源
新兴	乾隆	黄金发	就利于新兴、阳春等处。	《江夏黄氏族谱》
阳春	乾隆	黄金发	就利于新兴、阳春等处。	《江夏黄氏族谱》
西宁	道光	佛山富商某	与吴实修合伙开设"胜利"商店。	宣统《西宁县志》卷二二
海南	道光七年	黄世楚	改业海南行十有二年。	《江夏黄氏族谱》
香港	道光	区河清	抵香港经营钢铁，少有余资。	民国《佛山忠义乡志》卷一〇
广西	顺治、康熙	梁舍人	年十九住粤西贩柴。	乾隆《佛山忠义乡志》卷三
	乾隆	孔兴伸	服贾西粤，专权子母，家少裕。	《倡建广东全省孔氏阖族家庙捐册》
	乾隆	陈观炳	客西粤，以勤俭致富。	民国《佛山忠义乡志》卷一四
广西	嘉庆	冼成禄	经商粤西，不数年获万金而返。	民国《佛山忠义乡志》卷一四
	道光、咸丰	郭天锡	与雷某为伙，置船贩运，往来佛镇苍梧间。	宣统《南海县志》卷二〇
湖北	康熙	霍悍台	商于荆，纳妾方氏归。	《南海佛山霍氏族谱》
	乾隆	李士震	贷资贩于湖、湘，于郁林稍获赢余。	道光《佛山忠义乡志》卷九
	乾隆	廖九如	往来汉镇，涉历江湖。	《南海廖维则堂家谱》
	嘉庆	廖端修	初客汉阳，服贾于外。	《南海廖维则堂家谱》
江苏	康熙	翁祖珩	羁留姑苏数载乃还佛镇开宏远行。	顺德《翁氏族谱》
	雍正	梁翰章	经商苏州。	《岭南会馆广业堂碑记》，载《苏州工商业碑刻集》
	雍正、乾隆	冼士琏	设有粤德布庄，货行苏、浙间。	《鹤园冼氏家谱》
	乾隆	霍世龙	服贾吴城。	《南海佛山霍氏族谱》
福建	乾隆四十五年	黄洋华	在连城设立纸庄，运回佛山销售。	《连城文史资料》第 8 辑
	乾隆四十五年	朱广菊	在连城设立纸庄，运回佛山销售。	同上
天津	乾隆	冼文清	天津岭南会馆首事。	《鹤园冼氏家谱》
天津	道光、咸丰	梁定荣	在天津创立广德泰轮船公司，至粤海轮。	民国《佛山忠义乡志》卷一四
欧洲	咸丰	阮国器	服贾。倡立粤垣广济医院、佛山善堂、江门善堂。	光绪《南海县志》卷二〇"善行"

（续表二）

地 区	年 代	人 名	营 商 情 况	资 料 来 源
香港	同治	招雨田	创立广茂泰,支店百余家,遍布海内外。	民国《佛山忠义乡志》卷一四
越南	同治	冼恩球	经商越南,富埒全国,授海关监督。	民国《佛山忠义乡志》卷一四
越南	光绪	冼耀南	继承冼恩球商业王国。	民国《佛山忠义乡志》卷一四
香港上海	光绪	简照南	创立顺泰轮船公司、南洋兄弟烟草公司。	民国《佛山忠义乡志》卷一四

从上表可见,清代佛山商人的活动区域包括了天津、江苏、浙江、湖南、湖北、广西,本省的广州、海南、东安等地。其中有传统商业大埠,如广州、苏州、汉口等,也有新兴的港市如天津、上海等。五口通商之后,佛山商人开始向香港、越南乃至欧洲沿海商埠转移和进取。

（二）佛山的商人资本

1. 佛山商人资本的来源和形式

商人集团资本的形成,总是与其所处地理环境范围内的客观经济条件相联系。地理环境以及客观经济条件的差异,决定了各个商人集团资本的不同特色。明清佛山商人资本是怎样形成的? 据笔者所掌握的材料,大致有以下几个途径:

手工业者通过出售自己的产品积累了一定的货币财富,即前店后铺的经营方式,这是佛山商人资本形成的传统形式和主要来源。明清佛山手工业相当发达,各类手工业作坊星罗棋布,产品十分丰富。推销手工产品最初都是由手工业者自己来完成。顺治年间,石湾业陶者就是自输自卖,即所谓"陶成则运于四方,易粟以糊其口"。[①] 从顺治到道光,"以车模铸冶为业"的黄氏一族,因铸造兴隆而"积有千金"者,就有黄妙科、黄金发、黄玉阶、黄世楚等商人。[②] 在佛山成药业中,因生产出著名丸药而经营兴旺者也代不乏人。从手工业者到营商者,这是佛山商人所走的主要道路。

地租转化而来,这是佛山商人资本形成的第二个来源。随着广东对外贸易的发展和佛山本镇工商业的勃兴,经营工商业比经营农业更易于获利,这就诱使地租所有者把货币资本投向工商业。清顺治年间,"农事传家"的劳联芳"变农之贾",经商于外。其子劳成六开珠宝店于广州,成为远近闻名的"珍珠劳"。[③] 随着明清佛山及其周边乡村商品性农业

---

① 顺治十六年《三院严革私抽缸瓦饷示约》,《明清佛山碑刻文献经济资料》,第 20 页。
② 《江夏黄氏族谱》。
③ 《南海劳氏族谱》卷首《训言·三乐堂训言》。

经济的发展，还出现了不少或农或商、农商兼作者。由农而富，由富而贾，这是佛山商人所走的又一道路。

官宦所入之财，是佛山商人资本的第三个来源。明清两代，佛山有文武进士 50 人，文武举人 264 人，文武仕宦 648 人。如此众多的官宦仕子，不能不给佛山的商业资本注入一笔不容忽视的财富。如嘉庆年间，官至山东盐运使的李可琼退归佛山后，即经营高利贷，在佛山"晋丰""安盛"等银铺拥有大量股银。① 许多官绅即使自己不亲事商业，也由其亲属经营。由此可见，佛山籍官僚仕宦的官俸收入确有部分转化为商人资本，进入流通领域。

借贷，是佛山商人资本的第四个来源。明清佛山商人的借贷对象主要有两个，一是乞贷于宗族大户，二是揭借于银铺。嘉庆年间，冼成禄经商粤西，不数年获巨利，邻里多向其"假贷"营生。② 至于揭借于银铺者，当比乞贷于大户者更多。道光年间，佛山"晋丰"银铺股东李可琼就曾抱怨"买卖人多系行险侥幸，丧心昧良者居多"，银铺常受连累而"倒灶"。③ 佛山是以中小商人为主，资金不足是他们常常遇到的问题。因此，银铺揭借往往具有很大的市场需求。一般说，清代佛山一个银铺可以支持几十家乃至上百家中小店号的资金周转。嘉庆年间，佛山中泰银号所雇的店伙梁泽昌挪用店内银两一万零八百两，伪造各店"借票"以图掩饰。事发后，被官府治罪。梁泽昌伪造的"借票"共有 37 张，借主是"成丰等店三十六家"，每张借银二百两至五百两不等。④ 既要挪用银两，伪造的"借票"势必选择通常情况填写，否则蒙骗不了主人。并且所侵用的银两也只是银铺所有银两的一部分。因此，从理论上说，中泰银铺一万零八百两银子可支持三十六家店号。上述谈到佛山有 29 家银铺，估计可以支持上千家店号的资金周转。如此看来，佛山高利贷资本，乃是佛山商业资本的重要补充。

外来富户投资，是佛山商人资本形成的第五个来源。清代康乾年间，佛山一跃而为"岭南都会之亚"，其繁盛一度超过广州，这吸引了四方豪富到此拓业。其中，有不少占籍为南海佛山人，成为佛山商人队伍的新分子。例如蔡锡麟，其先世自康熙年间由顺德龙江"迁居佛山，又籍南海"。嘉庆年间，锡麟幼承父业，服贾营生，积累所得"报效军需，至再至三，捐款以数万计"。又曾慨捐万金修筑大路围，还提拨万两"厚培祖尝"。⑤ 嘉庆年间，招涵的祖父某，原为金利司横沙乡人，"善贾，致巨富"，拥金四十八万，后把财产均分给子孙六人，"人八万金，迁佛山"。⑥ 还有清末著名的外交大臣张荫桓，"其先自鹤山迁佛山，家

---

① 《李可琼家书》，《明清佛山碑刻文献经济资料》，第 369 页。
② 《岭南冼氏宗谱》卷三之六。
③ 《李可琼家书》，原件藏佛山市博物馆。
④ 朱檀：《粤东成案初编》卷二二《扰害诈骗》。
⑤ 民国《佛山忠义乡志》卷一四《人物志》。
⑥ 同上。

世豪富,至荫桓资产耗尽".[①] 外地富户挟资来佛山营商,就像百川汇流,使佛山的商人资本总量更加壮大、丰厚。

明清佛山商人资本的形式如何,这是我们接着要分析的问题。大体说来,有独家资本和组合资本两种形式。

独家资本是最普遍的一种资本形式。但凡有什百之金,即可贸迁生利。若有千金在握,多可致富起家。例如珠宝商劳成六的"珍珠店",布商冼似水的"粤德布庄",梁太盛、梁升平、黄兴臣各自开张的可积谷二百担的"糙白米铺",招涵的八万资产,蔡锡麟的数万身家,黄玉阶的"当铺、锅炉、铁锅店"等,凡此种种,都是独家资本。独家资本有很强的继承性,往往世代相传。但由于佛山商人以经营手工业和日用百货为主,货值不高,独家资本财力一般并不雄大。

组合资本是商人扩大资本的一种初步形式,即由两三个互相熟悉、志同道合者共同出资经营某种商业,时称"合赀""合股""合伙",合资者互称"股友"或"伙友"。这种资本形式,佛山是在入清以后渐多见于记载的。嘉道年间,佛山银铺即多以合股形式经营。例如晋丰银铺本银为十一股,每股一千两,由梁、李、吕三家共凑。晋丰银铺三个股东分别是盐商出身的梁氏富商(梁蔼如家族)、李可琼(曾任山东盐运使)、吕姓在事人。梁氏占有64%(七股本银七千两银),李可琼占有27%(三股本银三千两),吕姓在事人9%。[②] 设在广州的安盛银铺也由"众伴"股份凑成,李可琼手中也占有若干股份。[③] 又如梁迪生兄弟所开的银铺,因"缘附股伙"甚多,便再开"支号"营业。[④] 道光年间,西宁县都城有"佛山富商"出资与吴实修"合伙开设胜利商店"。[⑤] 同时的郭天锡,"商于西江,与雷某为伙,置船贩运,往来佛镇、苍梧间,致小有"。[⑥] 组合资本的形式,扩大了中小商人的资本数量,使他们得以经营单凭个人资本力所不能的商业项目。

顺便提及,清中叶以后,佛山商人资本又产生出一种扩大资本的高级形式——集成资本。即由某一巨商牵头,成立股份公司,发行股票,吸收社会游资。这种形式的产生,与近代海外资本主义经营方式的传入和佛山商人资本历来是民间资本、善于变通有很大关系。这种形式的具体内容,在此不准备详论。这里只想指出一点,独家资本—组合资本—集成资本,如同三个阶梯,清晰地表明了明清佛山商人资本形式发展的脉络。

2. 佛山商人资本发展的基本趋势

在中国封建社会里,商业资本常与整个社会经济成反比例发展。由于缺乏商品生产

---

① 民国《佛山忠义乡志》卷一四《人物志》。
② 《李可琼家书》,《明清佛山碑刻文献经济资料》,第369页。
③ 同上。
④ 民国《佛山忠义乡志》卷一四《人物志》。
⑤ 宣统《西宁县志》卷二二《人物志》。
⑥ 宣统《南海县志》卷二〇《列传》。

发展的基础,商业资本找不到出路。在土地可以相对自由买卖的条件下,商业资本流向土地成为普遍现象。这是史学界多数人的看法。明清时期佛山商人资本的发展趋势是否也如上述? 依笔者拙见,未必尽然。

佛山商人资本以高度发展的农业商品生产和全面发展的手工业商品生产为其坚实基础,具有广阔的投资余地。佛山商人购买土地的现象虽然存在,但随着佛山城市经济的发展是逐步萎缩的。明时佛山还有岗地筑铺,到清乾隆年间,隙地岗丘已占筑净尽。例如,塔坡岗"今已平为市地",三穴岗"今已平为列肆",①佛山周围已呈"出门咫尺无旷土"的景象。由此可知,佛山人口的集中,城区的扩大,土地的减少,极大地限制着商人资本流向土地的可能。以灵应祠尝产形态言之,据光绪《灵应祠尝业图形》记载:灵应祠仅有田地105.2 亩,桑基鱼塘 74.8 亩;而却有铺屋 231 间,其中租与商店 54 间,租与人居 30 间,只收地租 147 间。② 此外还有义仓、渡艇等尝产。按道光年间佛山地价和房价计算,③田地180 亩值七千二百两,而铺屋 231 间值近二万两,几乎三倍于前者。灵应祠尝产多为明清两代佛山商人所赠,其尝产形态以铺屋为主,正说明了佛山商人的财产形态是铺屋、金钱,而不是土地。乾隆《佛山忠义乡志》卷三云:"吾乡谬以饶富闻而无蓄积之实。鳞次而居者三万余家。其商贾媚神以希利,迎赛无虚日。市井少年侈婚娶,闹酒食。三五富人则饰其祠室以自榜。故外观殊若有余,而其人率无田业。""其人率无田业",明确地说明了佛山商人资本流向土地是越到后来越趋于减少。这是其一。

其二,确切地说,商业资本不等于商业利润,而仅指专门从事商品买卖的资本。商人是抽出商品经营资本购买土地,还是保留商品经营资本而用商业利润购买土地,与社会商业资本总量的增减趋势关系极大。佛山商人用什么来购买土地呢? 一般是只用一小部分商业利润买田。例如前述锅商冼灏通发财买田后,商业活动并未停止,锅店和作坊由其子冼靖继承。冼靖赚钱后,也有买田行为。其家谱载:冼靖"督家僮营生,……而以其赢余增置田产,其家日以饶"。④ "以其赢余"来购置田产,显然是商业利润。笔者从有限的商人购买土地的记载看,还未发现放弃经商活动而抽出商品经营资本购买土地的现象。

与商业资本流向土地的规模和人次日渐减少的情况相反,佛山商人资本的个体规模却随着时间的推移而不断膨胀。清嘉庆年间,佛商以千两资本为"中赀",⑤万两资本似可算"上赀"。当时佛山商人中十万两身家的已然多见。嘉庆年间,梁玉成以父遗一千两银从贾,一年之间获资累巨万,不久家业"遂隆隆起,百倍于昔",⑥其资产当有十万两。同时

① 乾隆《佛山忠义乡志》卷一《乡域志》。
② 光绪丙申《灵应祠田铺图形》。
③ 根据道光年间佛山房屋和田地买卖契约,一间十七桁房屋值 80 两,若开铺 140 两,田每亩 30—50 两不等,且取中值40 两计之。
④ 《鹤园冼氏家谱》卷六。
⑤ 《赠封奉直大夫内阁中书梁公传》、《梁氏支谱》卷三《小传》。
⑥ 同上。

的招涵及其父兄弟，也各有身家"八万金"。道光年间，冼恩球"弱冠经商越南，信义为邦人重，不数年坐致巨富"，一时"富埒全国"，成为当地首富。① 其资产之巨已无法确估。

与此同时，佛山商人资本的社会总量也是在不断增加的。这一点，我们可从清代佛山商人的捐款活动上窥见一斑。请看下页表。

表 10 - 5　清代佛山商人捐输公事款项表

年　　代	捐款者	筹款原因	数　目	资 料 来 源
乾隆二十七年(1762)	诸乡人士	重修灵应祠	一万二千两有奇	重修南海佛山灵应祠碑记
道光元年(1821)	合镇商绅	清浚佛山涌	九千九百有奇	道光六年清浚佛山涌港记
道光十五年(1835)	合镇商绅	清浚佛山涌	二万七千余金	民国《佛山忠义乡志》卷一四
咸丰年间(1851—1861)	佛镇商绅	资助军饷	万余	《鹤园冼氏家谱》卷七
同治十一年(1872)	合镇商绅	清浚佛山涌	十二万四千六百三十一两	中国第一历史档案馆藏清宫档案，刑部录副
光绪九年(1883)	佛镇商绅	清浚佛山涌	洋银一万两有奇	光绪九年《佛山清涌碑记》
光绪十年(1884)	佛山同知绅富	资助海防经费	二万九千一十二日五十一两	《东粤藩储考》卷七

从表中可知，从乾隆年间以来，佛商捐款，动辄上万，而且越到后来次数越频繁，数量也逐渐增大。道光十五年（1835）比乾隆二十七年（1762）增加了 125％，同治十一年（1872）比道光十五年（1835）增加了接近 500％。虽然这只是佛山丰厚的商业利润的极小部分，但也反映出这样一个事实：清代佛山商人资本的社会总量是在不断增加的。

诚然，佛山商人在维系宗族利益方面的花销，在封建文化上的投资，在竞奢斗富上的挥霍，在各类公共工程、灾害中的捐赈等方面，还是颇为可观的。但是，所有这些花费，都是来自佛山商人的商业利润，而不是来自佛山商人经营商品买卖的资本，而且所占利润的比例是很小的。例如上提盐商梁玉成在道光十四年（1834）大灾时赈济乡民，"由族而乡而禅山，捐粟统以千石计"。② 道光时佛山"每担谷价不过八九钱"，③即以每担一两计算，千石谷共一千两。以梁玉成的十万资产，按佛山银业通常的年利润率 30％计算（盐商不止此数），一年可得三万两利润。一千两仅占其利润的三十分之一。

---

① 民国《佛山忠义乡志》卷一四《人物志》。
② 《赠封奉直大夫内阁中书梁公传》，《梁氏支谱》卷三《小传》。
③ 《李可琼信札》，原件藏佛山市博物馆。

上述说明，明清佛山商业利润流向土地受到了当地商品经营发展条件的极大限制，商业利润流向宗族、赈灾等事业方面也不似想象的那么巨大，而佛山城市经济的发展，又为商业利润回转到商业资本上创造了广阔的空间。因此，自身不断地增殖膨胀，乃是明清佛山商人资本发展的基本趋势。

3. 佛山商人资本的历史作用

从明初到清中叶，佛山商人在中国商界整整活动了 400 余年。他们虽然在资财方面逊色于西商、徽商和广州行商；但在勤勉和活动范围方面，他们则未让上述诸商。以中小商人为主的佛山商人资本是比较自由的民间资本，有着较大的灵活性。而以盐笈起家的徽商资本，以垄断外贸公行起家的广州行商资本，则有强烈的封建色彩，与政治相联系，与朝廷相始终，容易僵死在封建政治的外壳里。正是由于佛山商人与众不同的这些特点，决定了佛山商人在历史上起到了积极的作用。

第一，佛山商人将其资本投向产业，促进了佛山手工业生产的发展。

我们知道，佛山冶铁业、陶瓷业等较大生产部门能容纳较多资本，为商业资本转向产业提供了可能。但是，能否实现这个转化，还决定于产业利润率的高低。清代佛山商人年利润率百分之一百的不在少数，例如乾隆年间廖介然"商于汉阳，或经年始一归，所获倍利"。[1] 道光年间，陈善性在本镇经营薄荷油生意，"获利亦倍蓰"。[2] 佛山产业年利润率如何呢？乾隆十五年（1750），佛山炒铁业"盖利与同人，其获三倍"，[3]年利润率高达百分之三百。既有转化的可能，又有转化的动因，唯其如此，佛山商人把资本投资于本镇产业和外地矿区，就成了一件合乎逻辑的事情。

佛山商人资本投向手工业部门主要有两种途径，第一种途径是商人直接开办手工作坊和矿山山场。投资冶铁业的佛山商人较多，见于记载的就有清初投资本镇冶铁业的麦念居和冯绍裘的祖辈，康乾年间既从事本镇冶铁又投资外地矿山的黄金发、黄玉阶等人。投资丝织业的商人也不少，例如梁俊伟于康熙年间在佛山创立"梁伟号"织机房，"诚实著闻，商业遂振"。[4] 其机房历康、雍、乾、嘉四代而不衰，道光九年（1829）仍由其后人继承。第二种途径是商人"承担包买商的额外业务"，直接控制某项产品的生产和销售。佛山铁钉业入清以来就是以商人发炭、铁原料给附近乡民（俗称"替钉者"），乡民打制成钉再交给商人的方式生产。[5] 佛山丝织业中，乾隆年间任应、任伟两兄弟是著名的机房大户，开铺于佛山乐安里，拥有大量"外机"（即本镇和附近乡村的织户）。如此看来，任氏兄弟也是大

---

① 《南海廖维则堂家谱》卷三。
② 民国《佛山忠义乡志》卷一四《人物志》。
③ 陈炎宗：《鼎建佛山炒铁行会馆碑记》，《金鱼堂陈氏族谱》卷九《艺文》。
④ 民国《佛山忠义乡志》卷一四《人物志》。
⑤ 民国《佛山忠义乡志》卷六《实业志》。

包买商。《道光九年鼎建帽绫行会馆喜助工金碑记》中，[1]有"任应号"的记载，在 202 家机户中任应号捐款数目雄居首位。

佛山商人资本投向产业部门，使在流通领域中形成和积累起来的货币资本，有了新的发展余地。同时，商人资本向产业资本的转化，还使以商业繁荣为条件的城市可以容纳更多舍本逐末的劳动力，从而使个别分散的雇佣劳动变成比较集中和经常的形式。

第二，佛山商人对佛山及各地城市的兴盛，对各省区经济联系的加强，起了积极的促进作用。佛山，是佛山商人的大本营。清代以还，佛山发展迅速。嘉道年间，佛山街巷纵横，人口密集，发展成为"周遭三十四里"人口二三十万的繁华都会。成为不仅对岭南，而且对东南数省的商务具有巨大影响力的商业枢纽。此外，广州、汉口、北京、苏州、天津等都会大埠，都有佛山商人建铺设号，定居下来。他们为这些都市的繁荣也作出一定的贡献。

乡村墟镇，也为佛山商人所乐往。清前期，从佛山到梧州的西江沿岸墟镇，佛山籍的行商坐贾比比皆是。在西宁县都城，有"佛山富商"设肆营商，并出资与吴实修"合伙开设胜利商店"。[2] 在广宁县，"商铺多南海、顺德、三水人。转易货物，多从佛山"。[3] 怀集县"列肆当墟者"也"多新会、顺德、南海人"。[4] 这些游留外地的佛山商人成为当地居民的组成部分，既促进了所在经商地点市面的繁荣，也大大加强了各省区、各县市，尤其是两广之间的经济联系。史称"粤东多商，粤西多农，帛布、菽粟两相便也"。[5]

两广之间手工业品与农副产品的大交流，对两广商品经济的发展有着十分重要的意义。第一，大量西米的东流，稳定了广东粮价，使珠江三角洲商品性农业经济得以稳步发展，从而为这一地区手工业和商业的全面繁荣打下基础。第二，它增加了广西的经济收益，扩大了商品来源。粮食商品率的大小，是测量自然经济结构演变的最重要指标。西米的大量运销，有助于促进广西农村自然经济的解体，这是一方面。另一方面，广东大量手工业品的流入，特别是深入农村市场的手工业品，也改变着农民的生活方式，刺激了他们的消费欲望，"正是商业使产品发展为商品"。[6] 也正是商业，挟裹着更多的个体农民离开自然经济轨道，卷入到商品经济的漩流里来。清代前期与佛山贸易来往最多的广西东南部各县，如苍梧、平南、桂平、贵县、玉林、邕宁等，后来都成为广西商品经济最发达、物产最富庶的县份。

第三，成长和造就了一批近代民族资本家。佛山商人深谙"计然之术"，"亿则屡中"，

---

① 《明清佛山碑刻文献经济资料》，第 139 页。
② 宣统《西宁县志》卷二二《人物》。
③ 乾隆《广宁县志》卷七《风俗》。
④ 乾隆《怀集县志》卷一《风俗》。
⑤ 雍正《广东通志》卷四二《名宦·金光祖传》。
⑥ 马克思：《资本论》第 3 卷下，人民出版社 1975 年版，第 366 页。

营商有方,经验丰富。在佛山城市经济发展的几百年间,不仅佛山之人"素业生意",世习商贾,而且四方之人也多"遣子弟学工艺,佐懋迁"于此。[1] 由此成长起来和培养出一批又一批的商人、作坊主和工场主。由于有营商知识的充分准备,有独立货币资本形成和集中的优越条件,一旦清中叶后门户洞开,与外国先进的生产技术结合起来,佛山商人中就迅速成长出一代民族实业家。简照南、简玉阶、梁定荣、陈启沅等,[2]就是他们中间的佼佼者。

综上所述,明清时期的佛山商人资本,因手工业城镇的勃兴而积累发展起来。在其存在发展的历史过程中,自身的增殖始终是其发展的主流。随着自身增殖的不断扩大,佛山商人资本又对手工业的进一步发展起了积极的促进作用。并且,它对近代佛山籍民族资本家的产生还有着深刻的影响。因此,明清佛山商人资本的历史进步作用,是徽商资本、西商资本和广州行商资本所无法比拟的。

二、岭南二元中心市场

区域中心市场是一个区域内许多地方市场农产品的集聚中心和转运点,又是大都市手工业产品的集散中心。在大多数情况下,区域中心市场总是由某一个大城市来充当,它们总是处于交通运输的枢纽位置。

通常认为,岭南区域的中心市场就是广州。但是清前期,岭南大地上崛起了另一新兴城镇——佛山,广州独一无二的市场中心地位便开始发生变化,公私文献记载往往把广佛、省佛并称。清代广东官府常常有专门对广州、佛山二埠商人组织及市场管理规定的文件,如康熙二十五年(1686)巡抚李士桢发出《分别住行货税文告》称:"如省城、佛山,旧设税课司,征收落地住税;今设立海关,征收出洋行税,地势相连,如行、住二税不分,恐有重复影射之弊。"[3]又如《粤东省例新纂》规定:"广州府广、佛二关(无闰之年),每年约征正额银二千零二十五两,羡余七千六百数十两,解费一千三百数十两。"[4]乾隆《广州府志》卷八关津条也有:"至广、佛二埠税课及各属津渡诸杂税则广州府征之。"乾隆年间广东官府"向于省城、佛山二处额设米行……又在省城、佛山二处于额设米行之外,添设经纪米谷总埠各一处。官为设立牙行,遇有粤西谷船暨乡村米谷,必须投至总埠始准发卖"。[5] 在民间文书和各府县方志中,把省城、佛山同视为财货之地的记载也所在多有。《广东新语》卷二《地语》记载:"粤东所在,颇多难得之货,士大夫逾大庾而南,罕有不贪婪丧其所守。濠畔

① 光绪《四会县志》编一《风俗》。
② 简照南、简玉阶于光绪三十年在香港创办南洋兄弟烟草公司。梁定荣也于光绪年间在广州创办"广德泰轮舶公司"。陈启沅于同治十年在南海县简村创办中国第一家民族资本企业"继昌隆缫丝厂",其家乡西樵离佛山颇近,其孙子陈廉伯后成为广州商团团长。
③ 李士桢:《抚粤政略》卷六《文告》。
④ 《粤东省例新纂》卷三《户·税饷》。
⑤ 《宫中档乾隆朝奏折》第 18 辑,台北故宫博物院 1982 年版。

之肆,佛山、澳门之肆,其为灵台之蟊贼者不可数计矣。"①乾隆年间顺德进士龙廷槐也称:"南海县地亩十之二,商贾十之六,工作十之二。其大镇为省会、佛山、石湾。"②而且珠江三角洲各县人民有遣子弟到佛山、省城"学工艺,佐懋迁"的风气,③如四会县"道光初,俗渐奢华,富者日贫,贫者盖不给,遂相率往佛山、省城,以图生计"。④

　　还有不少文献记载了佛山商业繁荣远胜于广州。如康熙二十三年(1684)广东布政使郎廷枢记云:"四方商贾之至粤者,率以是为归……桡楫交击,争沸喧腾,声越四五里,有为郡会之所不及者。沿岸而上,屋宇森覆,弥望莫极。其中若纵若横,为衢为衙,几以千数,阛阓层列,百货山积,凡希觐之物,会城所未备者,无不取给于此。往来驿络,骈踵摩肩,廛肆居民,楹逾十万,虽曲遂之状无以过也。"⑤康熙时人吴震方的《岭南杂记》记载:"佛山镇,离广州四十里,天下商贾皆家焉。烟火万家,百货骈集,会城百不及一也。"同时的迹删鹭也在《咸陟堂集》中说:"佛山为南海巨镇,货贝之所出入,仕宦商旅之所往来,声华文物之盛,拟诸京邑。"⑥咸丰年间《南越游记》的作者陈徽言也说:"俗称天下四大镇,粤之佛山与焉。镇属南海,商贾辐辏,百货汇集,夹岸楼阁参差,绵亘数十里。南中富饶繁会之区,无逾此者。"⑦徐珂的《清稗类钞》也说:"佛岗(山)之汾水旧槟榔街,为最繁盛之区。商贾丛集,阛阓殷厚,冲天招牌,较京师尤大,万家灯火,百货充盈,省垣不及也。"⑧以上所列多把佛山与广州作了比较,这不同于一般的溢美之词,它蕴含着对两地商业兴旺的评价。上述言者,都不是佛山本地人,他们中间,有掌握一省财政大权的布政使,有静观时变的道人,更多的是游历岭南的仕宦。他们身份各异,活动时期也大不相同,从康熙到清末,几乎终清一代。如果他们所说的不是虚言的话,那么有清一代,佛山的商业贸易和市场面貌就胜于广州,至少也可以认为是不相伯仲了。

　　这样,就提出了如下的问题:清代岭南区域的中心市场是一个还是两个? 如果是两个,它们之间有否区别? 又有何区别?

　　为了回答上述问题,笔者拟对两个市场的商品结构、商人组织和市场网络进行比较研究,希望通过具体材料的分析,得出符合历史实际的结论。

（一）广州、佛山市场的商品结构

　　市场是商品交换的处所,是各类商品的聚集之地。根据市场上出售的商品来分析市

---

① 《广东新语》卷二《地语》,第 48 页。
② 龙廷槐:《敬学轩文集》卷二《初与邱滋畲书》。
③ 光绪《四会县志》编一《风俗》。
④ 同上。
⑤ 道光《佛山忠义乡志》卷一二《金石下》。
⑥ 《龙翥祠重浚锦香池水遭记》,《咸陟堂集》卷五。
⑦ 《南越游记》卷一。
⑧ 《清稗类钞》第 17 册《农商》。

场特征,是市场学研究法的基本途径之一。

兹将广州、佛山两地市场交易的商品列表如下。

表 10－6　1833 年广州与内地贸易商品表①

地　区	运 至 广 州 商 品	运 出 广 州 商 品
广东	丝、米、鱼、盐、水果、蔬菜、木材、银、铁、珍珠、肉桂、槟榔	所有进口洋货
福建	红茶、樟脑、糖、靛青、烟草、纸、漆器、上等夏布、矿产	毛、棉、布匹、酒、表
浙江	上等丝织品、纸、扇、笔、酒、枣子、金华火腿、龙井茶	进口货物
江南（今江苏、安徽）	绿茶、丝织品	西方货物
山东	水果、蔬菜、药材、酒、皮货	粗布等
直隶	人参、葡萄干、枣子、皮货、鹿肉、酒、药材、烟草	各种布匹、钟表、洋杂货
山西	皮货、酒、烧酒、麝香	各种布匹、欧洲皮货、中国书籍
陕西	黄铜、铁、宝石、药材	棉毛布匹、书籍、酒
甘肃	金子、水银、麝香、烟草	欧洲货物
四川	金子、黄铜、铁、锡、麝香、药材	欧洲布匹、漆器、眼镜
云南	黄铜、锡、宝石、麝香、槟榔、禽鸟、孔雀翎	丝织品、毛棉布匹、各种食品、烟草、书籍
广西	米、肉桂、铁、铝、扇子、木材	多种土产、所有海外来货
贵州	金子、水银、铁、铅、烟草、香料、药材	洋货
湖南、湖北	大黄、麝香、烟草、蜂蜜、苎麻、鸣禽	土产品、洋货
江西	粗布、苎麻、瓷器、药材	毛织品、线装书籍
河南	大黄、麝香、杏仁、蜂蜜、靛青	毛织品、洋货

表 10－7　1830 年佛山市场贸易商品表②

生产用品	铁线、开刀、关刀、洋刀、炮料、铁钉、屐钉、蹄钉、大铁锅、铸铁、铁门、打铁器家伙、风箱、水车、风柜、犁耙、绑钏、钉锤、铸铁钻、秤砣、田铁器、铁器、土丝、蒲包、皮草、棉花、砧板、缸瓦、浮炭、坚炭、牛角、白铜、锅箔、铜丝、锡箔、竹篷、田料、麻、花麻、箩斗、藤络、果箱、麻绳、蓑衣、杉料、竹器、木磨、杉木、生木、力木料、靛、木窗扇、江西粗布、京土布匹、机布、洋布、夏布、扣、土布、金线、金箔、金张、绒线、蒲缎、金纽扣、黄藤、竹升、槟葵、木桶、花角、铅、锡、油纸、颜料、明油、猪料、磨石珠、镰石、纸盒、饼印（模）、马鞍、毡毡

① 根据姚贤镐《中国近代对外贸易史资料》第 1 册第 305—306 页整理。
② 《佛山街略》。

（续表）

日用品	竹笼、棕笼、烛、铁锁、包头、头绳、线纬、红绒、丝带、丝边、纱灯、绣锦、镶杯、旧绅服、新衣、原当衣服、家用纽扣、头梳、梳篦、皂靴、缎鞋、布鞋、布底鞋、冬袜、色袜、首饰、描金色盒、宝石、古玩、玉器、花衫、屐、油扇、雅扇、兜肚、竹烟袋、竹器、铜锣、花角绒、帐檐、凉帽、红缨、袋索、云额、预寿具巾、手巾、火绒、皮裘、冬帽、绒领、锦被、皮货、铜镜、镜仔、金珠、金花、金线、缝针、水晶、翠花、玻璃、银窝、信帽、枝花、红线、珠灯、通花、生花、灯比、帽绒、竹藤箩斗、灯笼、布朴、里席、广花、烟竿、烟筒、烟袋、铜器、牛角器、筷子、毛扇、葵扇、田衣服、藤帽、瓷器、缸瓦器具、酸水草席、雨帽、锡器、长生寿板、衣箱、苏白扇骨、苏杭美物、妆盒、雨伞、琉璃、炭香、线香、皮鞋、木壳、秤戥、床柜台椅、小铁锅、柴炭、龙江杂货、浮货、年货、西货
文娱品	琴瑟、箫笙、杂项书籍、色馆、花轿、鼓乐、戏盔、神仪、班鼓、算盘、棋子、笔墨、柬帖、黄白红纸、年红纸、染纸、干层纸、福纸、胭脂、八音鼓乐、苏裱字画、苏杭书籍、骨牌、铜锣、杂色纸札、字纸、对联、鲤鱼花灯
药材食品	龙香、燕窝、蜡丸、药材、沉香、参茸、大黄、肉桂、槟榔、椰子、黄姜、陈皮、酱料、生口、烧腊、面食、糖糕、油、豆、麦、面麦、上米、糙米、麸米、酒、醋、酒饼、响糖、糖、茶、生猪、羊肉、海参、蟹、鱼、虾、蚬、咸虾、咸鱼、鲜果、生烟、乌烟
迷信品	门神、祭轴、神仪、元宝、炮竹、神像、香炉、塑神、石大炮、金花醮料

　　表 10-6 所列商品，当然未能包括广州市场的所有商品，尤其是大宗的鸦片并未提及。下述商品是广州市场的"主要货品"，[①]因此它还是大致反映出广州市场的以土特产和洋货为主的商品结构的特征。从表中所列商品看，除广东本省运来的商品属农副产品，主要供应广州本城消费外，各省运来的商品均是土物产，物轻值重。绝大多数是清朝允许出口的商品，其出口的目的是很明显的。各省运回的商品，更是清一色的洋货。这说明广州市场的商品是与对外贸易相联系的。

　　表 10-7 所列商品十分丰富，生产用品、日用器、文化娱乐品、药材食品、迷信用品一应俱全。手工业制品占绝大多数。这些手工业制品基本上是由佛山本镇生产的。在佛山市场上，洋货寥寥无几，大量充斥的是"广货"（或称南货）。这反映了其商品结构的特征是生产用品和民生日用品占主导地位，也表明了佛山市场的商品是与国内贸易相联系的。从表二我们还可以看到，佛山市场有来自西北的裘皮、马鞍、毡毡，京省的布匹，苏杭的美物，川广的药材，云贵的铜铅，福建的纸货，广西的大米，江西的粗布，山陕的药材、皮、酒等商品。这些商品当时称"北货"（或称外江货），主要供应省内各地的消费者。"广货"与"北货"在佛山市场上进行着大规模的交流。即使是同一商品，亦根据销售去向分由广州和佛山销售。乾隆五十四年（1789）两广总督福康安称："查大黄出产川、陕二省，商人运贩到粤，于省城、佛山两处售卖，每年约二十余万斤。其卖与洋行各国夷人约十余万斤，内地各

---

①　根据姚贤镐《中国近代对外贸易史资料》第 1 册第 305—306 页整理。

府州地方共销十余万斤。"①很明显，"卖与洋行各国夷人"的十余万斤是在省城发售的，而卖与"内地各府州地方"的十余万斤则是在佛山发售的。

由此可见，广州是"洋货"和"土特产"的集散中心，佛山是"广货"和"北货"的集散中心。外贸商品和内贸商品分别集散于两地，由此形成了两个功能不同的中心市场。

（二）广州、佛山市场的商人组织

市场的营运，是指商品所有权转移过程中的一切经济活动。商人是商品所有权转移的中介人。考察不同市场内商人组织的构成和特征，也是认识不同市场功能的重要途径。批发商在整个市场活动中居于中心地位，因此，批发商组织必然成为我们重点考察的对象。

广州的商人组织以洋货行为首称，其次是盐商，再次是经营内贸批发的商人。洋货行是清代唯一合法经营对外贸易的商人组织。代销洋货，代购土货，是洋货行的主要业务。他们"经营广州一埠每年总额达数百万元的对外贸易，获利固丰，责任亦重"。②清代前期广州洋货行共有十余家商行，故俗称为"十三行"。洋货行家数虽然不多，但每家的规模都很大，资本也相当雄厚。"洋商承揽夷货，动辄数十万两"。③因而从事十三行的商人，短期内均成暴富。如道光十四年(1834)怡和行伍秉鉴就拥有 2 600 万银元。④其丰亨豫大，尤天下所羡称。广州西关一带就是洋货行商人的聚居区。洋货行商人经营的是当时具有全国意义的对外贸易事业。他们不仅属于广州市场，同时也属于清朝廷。因此他们据有尤为显赫的地位。盐商是广州的重要商人组织，清代粤盐行销七省，纳饷 70 万两，仅次于淮盐而居于第二位。⑤省河东汇关是粤盐的最大配销中心，每年配销盐 1 396 765 包(每包150 斤)，价值 419 万余两。⑥广州盐商之积富者也颇令人艳羡。乾隆五十二年(1787)，以著名盐商李念德为首的盐商共捐银 20 万两，以助清军在台湾"剿捕逆匪"。⑦广州盐、洋二商也常常共同捐输，报效官府。例如嘉庆九年(1804)二月，黄河修堤工程费用浩繁，以洋商潘致祥、盐商温水裕为首的洋、盐两大商人组织，各捐银 20 万两。⑧同年九月，洋商卢观恒、盐商孔文光再次出头捐银给黄河工程，"情愿报效所有，洋商捐银六十万两，盐商捐银四十万两"。⑨清代广州盐商聚居于豪贤街、越华街、盐仓街(今仓边路)一带，这里高堂大

---

① 梁廷枏：《粤海关志》卷一八《禁令二十一》，广东人民出版社 2014 年版，第 359 页。(下称《粤海关志》)
② 《外贸史资料》第 1 册，第 190 页。
③ 同上书，第 185 页。
④ 同上书，第 191 页。
⑤ 《史料旬刊》第 27 期。
⑥ 按《两广盐法志》卷三四记载：乾隆元年(1736)定价每斤一分八至二分四不等。现通以二分计。
⑦ 《两广盐法志》卷二○。
⑧ 《两广盐法志》卷二六。
⑨ 《两广盐法志》卷二九。

屋,鳞次栉比,可见盐商是仅次于洋商的商人组织。广州经营内贸批发的商人组织史籍上记载往往阙如,据笔者所见史料,乾隆初年,各省各地产米稀少之处,"赴省买稻,多在沿江铺家交易",①可知沿江铺家有米粮的批发商。嘉庆年间,商人潘宽怀在羊城西南隅设肆,"拥巨资,业大振,行商每购其货,辄获重利"。② 道光年间,张殿铨在广州设立隆记茶行,专营安徽绿茶。隆记行中佐理者达百余人,资本雄厚,日常交易常对中小商店进行贷销。咸丰四年(1854)自歇商业时,"各行店负隆记者数不下四十余万,概不追收"。③ 可见潘宽怀的商肆和张殿铨的隆记都是大批发行。但是,比起洋、盐二商在广州的显赫地位来说,广州内贸批发商显得那样势单力薄,他们分散经营,在广州城内也没有形成自己成片的聚居区。作为一个组织来说,它是很不完整的,可见史料记载阙如也不是没有缘故的。

佛山商人组织可分为清前期与清中后期两个时期:清前期比较复杂,从事内贸和外贸的商人组织皆有,关于清代前期佛山市舶与外贸商人组织的内容将在下章详述。清中后期则比较单纯,可以说是内贸批发商的一统天下。内贸批发商当时称"行户",主要业务是为外省和省内各地的远道客商收买或售卖商品。其始于康熙二十五年(1686)的金丝行和洋货行的区分。该年两广巡抚李士桢发出文告,规定各省商人"如来广省本地兴贩,一切落地货物,分为住税报单,皆投金丝行,赴税课司纳税;其外洋贩来货物,及出海贸易货物,分为行税报单,皆投洋货行,候出海时,洋商自赴关部纳税"。④ 此后,清代岭南市场上内贸批发商与外贸批发商便严格区分,各自经营,洋货行商人逐渐集中广州,洋货行会馆设在十三行街,金丝行会馆则设在佛山快子上街。⑤ 乾隆以后,佛山内贸批发商陆续分化出许多行业,史称:"佛山一镇,乃各省商贾囤贮货物、往来买卖之所。"⑥"佛山镇四面皆有行户,处处可起货发销。"⑦仅据《佛山街略》记载:佛山镇内各街区专营批发的商行就有:畸畛街药材会馆,"发售川广药材";福禄里三百余店,"俱卖京省巨客之货";豆豉巷,"俱开棉花、西货、沉香、浮货行";新宁街,"俱开筛择槟榔行";升平街、排草街,"福建纸行开此";富民里,"琼南西货行店开在此","海南行开此";旧槟榔街八间楼,"麻行栈房多在此";早市,"多卖蜡丸药材(佛山产中成药)";贵县街,"俱卖糙米";丁渡头,"郁市、张槎机布在此发卖";咸鱼街,"靛行开此";沙塘坊,"俱卖竹篷田料";镇北街,"烟行开在此";凿石街,"土产缸瓦器具等项发客";铸犁坊,"卖水车、风柜、犁耙、锦口、铁器、钉锤等项";宝贤祠炭馆,"各江浮炭泊此发卖";汾水正埠,"发卖鲜果咸鱼、糖等物";琼芝社,"鱼栏相连发卖";白米

① 朱批奏折,引自《康雍乾时期城乡人民反抗斗争资料》,第588页。
② 南海《潘式典堂族谱》卷六《列传》。
③ 引自彭泽益《中国近代手工业史资料》第1卷,第487页。
④ 李士桢:《抚粤政略》卷六《文告·分别住行货税》。
⑤ 民国《佛山忠义乡志》卷六《实业志》。
⑥《南海县正堂刘太爷永禁堆积筑占搭盖抽剥碑记》,《佛镇义仓总录》卷一。
⑦《运到赤下地方炭斤一体赴厂纳税》,《粤东例案·行市》(抄本)。

街，"俱卖上米"。此外，还有佛山铅务公所也是每年囤贮、批发十余万斤白铅给宝广局鼓铸并出口海外 70 万—300 余万斤的商业机构。[①]

佛山内贸批发商的贸易对象是外省批发商和本省各地方市场批发。例如在佛山镇内就有外省和本省各地商人聚宿的街区："三界庙后街，苏杭京客多在此。""太平坊，南（雄）、龙（川）、英（德）、源（河源）、连（州）客多聚此。""板坊闸，肇（庆）、高（州）、雷（州）、廉（州）客多聚此。"[②]镇内还有各省商帮建立的山陕会馆、楚南会馆、楚北会馆、浙江会馆、江右会馆、福建鳌峰会馆，本省商帮建立的潮蓝行会馆、南邑道祖庙等。[③] 这些客商都是佛山行商的贸易伙伴。他们的存在，说明了佛山批发业范围的广大。无怪乎道光时佛山人吴奎光有"今阅十八省之人物，接一万里之舳舻"之慨叹。[④]

清代，外省商人在佛山和广州两地均建有会馆，但佛山会馆的规模往往比广州的为大。例如山陕商人原在广州建有"宾馆"，乾隆四十五年（1780），他们认为"佛镇辐辏之地，百货贸迁，尤为我等云集之区"，遂在佛山创建"山陕会馆"，称之为"合两都会为一巨观者也"。[⑤] 佛镇的江右会馆也是"人数殷繁"，江西经纪"往来如织"，"其间腰缠万贯、衣锦荣归者固不乏其人"。[⑥] 然客死佛山者亦多，乾隆时在佛山就建有江西"义山"，后来还特建"义庄""义冢"等。此外，广、佛两地铅户和运铅水客也"在于佛山地方合设铅务公所，省中设立公栈"，一切贸易事宜由佛山公所负责。[⑦] "查白铅向于广东佛山镇地方凭洋商收买，陆续运省报验，然后卖与夷人"。[⑧]

与广州的洋商建立了外贸制度、盐商建立了六柜配盐制度一样，佛山的内贸商人也对市场交易的商业制度的完善作出了贡献。例如行商与客商的市场交易，一向以诚信为凭。交易行为是否达成，取决于买卖双方的互相信任程度。乾隆三十年（1765），佛山行商提出以"设簿用戳互报"的方式进行市场交易，得到广东官府的认可，颁行全省。所谓"设簿用戳互报"方式，即行商与客商双方以簿戳为凭。交易时，各执一簿，登写货物银数，互交对方加盖图记，然后各自收执，以免骗赊。[⑨] 以簿戳为据，不再以诚信为凭，无疑是市场交易行为的一个进步。又如金融业的发展，是中心市场的重要标志。清代广东典业最早见于记载的地方就是佛山。乾隆十九年（1754）佛山镇有典铺、当铺和按铺出现。乾隆四十八年（1783）佛山又有"押铺"出现，并形成了"按钱扣底""取息三年为满"等金融流通制

---

① 黄思彤：《粤东省例新纂》卷三《户·铜铅》。
② 《佛山街略》。
③ 道光《佛山忠义乡志》卷五《乡俗志·物产》。
④ 吴奎光：《佛山正埠酒楼歌》，道光《佛山忠义乡志》卷一一《艺文下》。
⑤ 道光元年《重修山陕会馆捐签碑》，《明清佛山碑刻文献经济资料》，第 126 页。
⑥ 同治十二年《佛镇江西义庄官示抄刻碑记》，《明清佛山碑刻文献经济资料》，第 154 页。
⑦ 黄思彤：《粤东省例新纂》卷三《户·铜铅》。
⑧ 《粤海关志》卷一七《禁令一》，第 355 页。
⑨ 《粤东例案·行市》（抄本）。

度。① 佛山的当行会馆设在祖庙大街。以后出现的在金融业占有重要地位的银铺,也以佛山为多,大小共 29 家。道光年间佛山银业行会馆建立于汾宁里。清代前期,佛山还是"四方米谷之所屯"②的广东的最大的米粮贸易中心。佛山的粮价,就是全省的标准价,"广东谷以佛山镇报价为准"。佛山七市米户,则负有每逢初五、初十向广东官府报告佛山谷价的使命。③"故广西谷艘一日不到佛山镇",则粤东囤户"便联增米价"。④

佛山内贸批发商在市场上担负的角色及其所起的作用,反映了佛山不同于广州的市场功能。佛山市场完成的是外省市场与岭南市场的商品交换和省内各地方市场与中心市场的商品交换。广州完成的主要是国内市场与国外市场的商品交换。二者不可互相替代,亦不可或缺。这是清代前期岭南中心市场出现的重大分工。与之相联系的,就是岭南区域内同一等级的两大中心市场的形成。

(三) 广州、佛山的市场网络

广州地处珠江出海口,兼有河、海港口的功能。海路四达,东历潮澄、台厦,而达苏淞、日本;南历澳门、海口,而达南洋诸国。它面向海外市场,同时又联系沿海各省市场,在总巡挂号口登记有"澳门、福建、江南、宁波、辽东货船进出"。⑤ 在这里,我们重点考察广州与岭南各沿海地市的联系,以与佛山作比较。据《粤海关志》记载:清代前期停泊于广州港的船只有"凡贸易船装货往琼、高、雷、廉""琼、高、雷、廉船来省进口""潮州、惠州、福建船""本港船盐船往琼装货";停泊在外埠者,澳门港有"省来照票货船""广渡装货进口";江门港有"省城各船"。⑥ 从上可知,琼州、高州、雷州、廉州、潮州、惠州、澳门、江门等沿海各地均与广州有直接的贸易关系。根据笔者掌握的材料,除澳门、江门外,以上各府与广州发生直接贸易关系的地方市场所在地是:琼州的海口、高州的梅菉、雷州府治和遂溪赤坎,廉州的北海、潮州的庵埠和澄海县治、惠州府治等。此外从东江与广州直接贸易的地方市场还有东莞的石龙、嘉应州治等。以上地方市场,构成了广州中心市场网络的各个中结点。

佛山"控羊城之上游,当西北之冲要,天下巨镇,岿然居首"。北溯浈水,"可抵神京,通陕洛以及荆吴诸省"。⑦ 西溯浔桂,可达广西全境,并通黔、滇、湘、蜀。北江下游在番禺狮子洋附近与东江下游遥接,因此佛山又有"地处三江会流处"之说。北江是长江流域

---

① 《粤东例案·行市》(抄本)。
② 吴兰修:《论米票》,《广东文征》第 5 册,第 326 页。
③ 《佛镇义仓总灵》卷二《劝七市米户照实报谷价启》。
④ 《与瑚中丞言粤东沙坦屯田利弊书》,龙廷槐:《敬学轩文集》卷一(道光二年)。
⑤ 《粤海关志》卷一一《税则四》,第 222 页。
⑥ 同上书,第 218—224 页。
⑦ 朱相朋:《建茶亭记》,乾隆《佛山忠义乡志》卷一〇《艺文志》。

与北方各省货物至粤的必经之道,沿岸的墟镇,上至乐昌的坪石、南雄府治、连州、韶关府治、英德的洸洸、清远县治、三水县西南镇,都与佛山有直接贸易。上举的南雄、英德、连县等的客商就以佛山镇太平坊为聚居区。西江是广西大米和土特产运输的通衢大道,清代前期,循西江而上,一直深入到广西左右江地区的沿岸墟镇,如肇庆府治、西宁的都城、封川的江口、苍梧的戎墟、平南的大乌、桂平的江口、贵县、南宁府治等墟镇,又循贺江的贺街、桂林、柳州都与佛山有直接的贸易关系。乾隆年间,苍梧县的戎墟为西米的一大集散地,居广西"一戎二乌三江口"三大商业市镇之首。"(稻谷)转输于戎,为东省赖"。当时戎墟米谷均运集佛山,所谓"禅镇扬帆,往返才数日"就是指此。① 戎墟,乾隆年间粤东商人大量到此开设铺店经营,"富庶繁华,贸易辐辏,几粤东之佛山等,俗号小佛山"。②

乾隆年间,号称贵县"商业总枢纽"的林宝昌铺号,就从事贵县—佛山间大批谷米与手工业品的贩运批发贸易。③ 稍后的桂平县江口墟的仁兴商号,也经营江口—佛山之间贩运谷米和布匹的批发业务。④ 乾隆五十五年(1790)桂平县粤东会馆创立,当时来此贸易的"佛山永丰店""佛山冯以和"均捐助工银。⑤ 此外,桂林和柳州的商人也通过桂江到梧州,换船至佛山贸易。笔者1986年曾从南宁沿江而下考察了桂平、江口、大乌、戎墟、梧州等市镇,看到当地各镇都建有粤东会馆,沿江的街铺还保持着清代的原貌。

绥江的四会、广宁、怀集等县,罗定江的罗定、东安等州县,也与佛山有直接的贸易关系。乾隆年间,广宁县"转易货物,多从佛山"。⑥ 四会县所出香粉也运往"佛山香粉行发卖"。⑦ 罗定、东安以及阳春、阳江、新兴所出之铁,"商贩皆从罗定江运铁总集佛山。故铁以佛山为凑,而以罗定为良"。⑧ 东江、梅江各镇虽地近广州,也与佛山发生直接贸易关系。清代前期佛山口海关征税的船就有"东莞各处来船"。⑨ 嘉庆十九年(1814),石湾丰宁寺重修,当时捐款的外地客商和佛山客商共418家,其中确知外地乡贯的客商200余家,他们分别来自安徽、广西省的北流、容县、贺县、梧州、横州、藤县、邕宁、苍梧等县;本省的省城、顺德、南海、番禺、三水、新会、鹤山、新安、新宁、开平、香山、广宁、怀集、西宁、高要、龙川、惠州、永安、和平、东莞、清远、龙门、乐昌、英德、增城、连州、韶州、阳江、电白等

---

① 乾隆五十三年《重建戎墟粤东会馆碑记》。
② 乾隆三十年《粤东会馆甲申年创造坝头碑记》。
③ 《太平天国革命在广西调查资料汇编》,广西人民出版社1962年版,第26页。
④ 同上书,第16页。
⑤ 同上书,第249—251页。
⑥ 乾隆《广宁县志》卷七《风俗》。
⑦ 光绪《四会县志》编一《物产》。
⑧ 雍正《广东通志》卷二五《物产》。
⑨ 《粤海关志》卷一一《税则四》,第203页。

县。① 可见佛山与各地客商联系之广阔。此外，嘉庆年间，镇平县苦饥，"远籴于佛山。闻佛山之米接踵度岭矣"。② 这些米就是取道东江而上，在龙川起岸，过五华岐岭，下梅江转石窟河运至镇平的。还有清代兴宁出产的大批土布也是由东江运至佛山，染成广东人喜爱的"长青布"，出口南洋。③

　　至于沿海各港口，也与佛山有密切的贸易关系。首先是澳门，佛山有河道经下路各乡直通澳门濠江。据《粤海关志》记载：有"佛山绒线、绸缎纱、湖丝往香、澳"，"佛山纱罗、绸缎、湖丝往下路各乡"，"佛山茶叶、白糖往下路各乡"，"佛山茶叶、白糖往香、澳"，"佛山木油往香、澳并下路各乡"，"佛山瓷器往香、澳并下路各乡"。④ 关于佛山与澳门的贸易将在下一章详述，此处从略。其次是佛山—新会、江门的这条内河运道，路程既短而又风平浪静，走此可免绕虎门大口和海浪颠簸之苦。开海贸易后，立即成为重要商路。清代前期，从江门运来佛山的船货有"红单各货""土鱼胶、鲍鱼""椰子、槟榔"等。从佛山运往江门、澳门的船货有"佛山绒线、绸缎纱"、湖丝、茶叶、白糖、木油、瓷器、白铅、水银、火腿、漆器、矾石等。⑤ 这条商路的充分利用，也使琼货运输缩短了距离。清代前期，海南岛货船多停泊于江门。据《粤海关志》记载：江门港停泊交税的船有"海南陵水来""海南清澜来"和"海南崖州来"等。⑥ 乾隆二十一年(1756)任会同县(今琼海县)教谕的吴者仁有《槟榔赋》词，内有"揽艨艟，屯箱轴，舟交樯，车击毂，或鸥浮巨海，数日直抵江门；或足捷长途，经旬乃至梅菉"之句，⑦也描绘了琼货直运江门的景况。此外，佛山与雷、琼二郡也有直接的贸易关系，"粤东炉户多在佛山镇铸造食锅、农具等项，运赴各处售卖。其由海运赴雷、琼二郡者，均在佛山同知衙门给照出口"。⑧ 佛山镇内的板坊闸街区，就是高、雷、琼客商的聚居地。⑨ 上述西、北、东三江沿岸各墟镇和下游的江门、澳门二埠，围绕着佛山这个中心，组成了一张通贯两广内河、遥接沿海各郡的商业贸易网，史称"佛山据省上游，为广南一大都会，其地运之兴衰，东南半壁均所攸关"。⑩

　　以上材料说明，广州与佛山各有自己的市场网络。大致说来，沿海地区以广州为中心，内河地区以佛山为中心，无论沿海或内河地区，都有一些市镇的贸易关系是与广州、佛山两大都会交叉在一起的。其交叉的原因是，这些市镇既有出口商品，也有内销商品，因此分别与两大中心市场的商人组织发生交易。(图 10－1)

① 《重修丰宁寺残碑》，拓片存佛山博物馆。
② 吴兰修：《与沈芗泉明府书》，《广东文征》第 5 册，第 323 页。
③ 参阅彭泽益《鸦片战争前广州新兴的轻纺工业》，载《历史研究》1983 年第 3 期。
④ 《粤海关志》卷一一《税则四》，第 223 页。
⑤ 同上书，第 225—228 页。
⑥ 同上书，第 227—228 页。
⑦ 嘉庆《会同县志》卷九《艺文》。
⑧ 《两广盐法志》卷三五《铁志》。
⑨ 《佛山街略》。
⑩ 叶汝兰：《重修佛山经堂碑记》(乾隆五十三年)，道光《佛山忠义乡志》卷一二《金石下》。

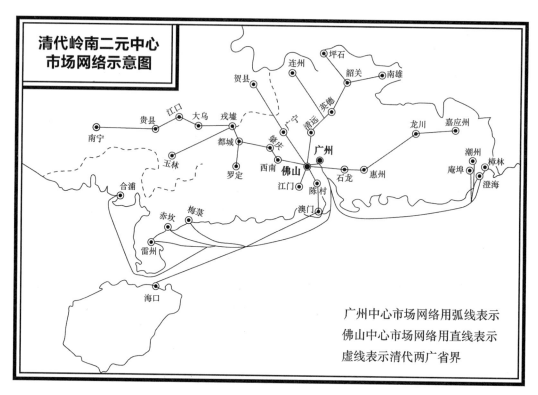

图 10-1　清代岭南二元中心市场网络示意图

　　与此同时,广州与佛山两大中心市场之间的贸易关系也是相当紧密的。一方面,佛山有许多手工业产品供应广州出口。雍正十年(1732),广东巡抚杨永斌给雍正皇帝的奏疏言:"广东省城洋商贾舶云集,而一应货物俱在南海县属之佛山镇贸易。该镇绵延数十里,烟户十余万。"①嘉庆年间,洋商在佛山转运白铅出口最多年份达 330 余万斤。② 嘉庆十三年(1808)以后,广东官府始议定以最少年份为度,"每年额定七十万斤,于佛山镇凭洋商收买,运省报验转买"。③ 道光年间,"西北各江货物聚于佛山者多,有贩回省卖与外洋者"。④另一方面,广州进口的洋货也需佛山推销到省内外各地。乾隆年间,佛山已是"商车洋客,百货交驰"。⑤市面上珍奇洋货充斥,有"玛瑙、玻璃、珊瑚、翡翠、火齐、木难、方诸、阳燧、鹤顶、龟筒、犀角、象鼻"等。⑥ 再者,广州为一省之会,人口众多,商品消费量大,其内销商品也主要靠佛山供应。据 19 世纪 30 年代游历过广州的外国人记述:"许多需要供应广州

---

① 《朱批谕旨》第 52 册,第 13—14 页。
② 《粤海关志》卷一七《禁令一》,第 354—355 页。
③ 阮元:道光《广东道志》卷一八〇《经政略二十三·市舶》。
④ 道光《佛山忠义乡志》卷一一《艺文下·佛山赋》。
⑤ 李绍祖:《佛山赋》,乾隆《佛山忠义乡志》卷一。
⑥ 道光《佛山忠义乡志》卷一一《艺文下·佛山赋》。

各商号的制造业,都在广州城西数里外名叫佛山的一个大镇进行。"①因此两个市场间商人组织的贸易活动是很频繁的,"佛镇距省四十里,客人买卖来往日凡数回"。② 当然,广州市场内贸批发商也会直接从各地方市场购买自销商品,不过它的先决条件是要比在佛山购买更为便利。

综上所述,清代前期的岭南区域内确实存在着两个中心市场。如果把岭南中心市场比喻成一座巨大的桥梁,那么广州和佛山就犹如这座桥梁的两个桥头堡,一头连接海外市场,一头连接省内、国内市场。它们的功能各异,自成一体,然而又互相联系,互相配合。这种中心市场模式,笔者称之为二元中心市场。

历史是时间和空间发展次序的结合体。自17世纪初至19世纪末,岭南区域出现了一个经济发展的高峰期——广佛周期,在广佛周期存在的时间内,以广州、佛山为中心的城市体系得到空间的迅速布局和层级的系统发展,其城市化的程度居全国领先地位,广州、佛山两大中心市场外贸和内贸互补功能的发挥,使因地理和人文环境差异而形成的岭南独特的市镇空间结构整合为一体。我们清楚地看到,此时的佛山扮演着双重城市角色,既是岭南二元中心市场体系的中心城市,承担广货与北货宏大交流的商贸枢纽;又是国内最大的综合型民生日用品生产基地,提供满足国内及海外的多样性产品需求。从佛山运出的精美广货及其丰厚利润,吸引了十八省商人和四远来谋生的手工业者。"走广"此时已成为全国商人的共同追求,佛山镇的名声至此传扬天下,"汾江船满客匆匆,若个西来若个东"的大规模商品流转盛况,常年不辍。

第三节　清代佛山广锅海外贸易

清代康熙开海,广锅成为南海诸国商舶贸易的主要商品,广锅的出口贸易一度达到历史高峰。与此同时,广锅在海外的消费群体已从明代时的王室贵族走入普通民间百姓,由象征身份等级的王室奢侈品变为家居必备用品。五口通商后,广锅又随广府华侨群体出口新加坡、美国旧金山和澳洲新金山,在美国修铁路和澳洲掘金矿的华人群体中继续发挥作用。

清代广锅的海外贸易分为两个阶段:一是顺治七年(1650)至康熙二十年(1681)的两藩据粤时期,此时也是清王朝厉行海禁的时期;二是康熙二十二年至清末(1683—1900),这是清朝开海以后的时期。前期的广锅海外贸易操纵于藩王府,利归藩王。后期的广锅海外贸易利归于民,销流南洋、美洲和澳洲,影响至广。兹分述如下:

---

① 《外贸史资料》第1册,第304页。
② 同治《续修南海县志》卷一四《梁绍献列传》。

一、两藩据粤与广锅海外贸易

早在17世纪中叶，荷兰人、西班牙人就加入到与中国贸易的行列。1634年，有一艘荷兰船从暹罗运载谷米、木材，到爪哇换取中国货品，“所要交换的项目包括：三千到四千件粗陶器，两千支金钱，六百口大铁锅，两千条毛毡，一百担生铁和二十斤丝线”。① 荷兰人不久就直接把商船开到广东，与藩王尚可喜建立了商业关系。两藩据粤期间，藩王尚可喜、尚之信父子对广东财富进行大肆掠夺，其苛敛之无度为岭南历史上所罕见。② 同样是出于聚敛财富的目的，两藩依托佛山制造，把外贸揽入自己的怀抱。当两藩对广州屠城之时，尚可喜考虑到佛山素为货泉盐铁辐辏之地，制止了属下意欲对佛山进行的掠夺。佛山镇在“甲午年（顺治十一年）后，铸冶日已丰隆”。③ 两藩即在佛山设立了“铁锅总行”等课敛机构，④派出亲信徐彦蕃、吕迥宸、陈俊初等巨棍，“辖收铁锅而侵占行业”。⑤ 与此同时，两藩利用和扩大合法的贡舶贸易，控制舶来品买卖。荷兰人通过两藩上奏，取得了与清政府进行合法朝贡贸易的许可，两藩即派出“王商”经营贸易事宜，垄断与荷兰的贸易权，Morse称之为“广州王商”（The King of Canton's Merchant）。⑥ 另一方面，尚氏父子利用其强大的武装力量，大搞走私贸易，令参将沈上达主持其事。⑦ 根据西班牙史料记载，1657年5月30日，有船主为“广东国王”、船长为Simia（译音）的商舶停靠加溢（Cavit，吕宋重要港口，位于马尼拉城南方）。而在1670年4月、1673年5月、1674年5月、1679年5月、1680年4月均有来自广州的商舶到达马尼拉。⑧ 由于两藩的参与和庇护，走私贸易达到了“潜引海外私贩，肆行无忌”的地步。⑨ 对资金不足的外商，尚氏家族还通过生放银两给予支持。康熙二十年（1681）削藩，广东官府籍没尚之信等家产时，发现放债本利银中有“荷兰国欠银六千两”一笔账目，⑩可见尚氏家族把持了与荷兰、西班牙的商舶贸易。

佛山在两藩踞粤时期的对外贸易中自然占据了重要一席。早在顺治十三年（1656）3月17日，荷兰贡使率50条船的船队从广州出发，循江北上前往北京朝贡，当夜船队就宿于佛山。其随团书记员牛霍夫当时记载：“如上所述，我们驶离这个城市后，当夜就住宿在

---

① 田汝康：《十七世纪至十九世纪中叶中国帆船在东南亚洲航运和商业上的地位》，载《历史研究》1956年第8期。

② 参阅罗一星《清初两藩踞粤的横征暴敛及对社会经济的影响》，《岭南文史》1985年第1期。

③《江夏黄氏族谱》，载《明清佛山碑刻文献经济资料》，第308页。

④ 李士桢：《抚粤政略》卷八《值季官申详一件为发审事》。

⑤ 批答《按察司呈详一件为私抽茶毒事》，《抚粤政略》卷八。

⑥ 区宗华译，章文钦校注，马士著：《东印度公司对华贸易编年史》第1卷，广东人民出版社2016年版，第95—105页。（下称《东印度公司对华贸易编年史》）

⑦ 吴兴祚：《议除藩下苛政疏》，雍正《广东通志》卷六二《艺文志四》。

⑧ 方真真：《中台菲陶瓷贸易（1657—1687）：以西班牙史料为讨论中心》附录表1，《航海——文明之迹》，第38—40页。

⑨《平定三逆方略》卷一，引自戴逸主编《简明清史》第256页。

⑩ 李士桢：《抚粤政略》卷二奏疏《请豁周濬等难完赃银疏》。

著名的乡镇佛山。"牛霍夫在停泊佛山时还绘制了一张彩色的"佛山镇图",①可见佛山也是贡舶贸易的重要港口。走私贸易也与佛山有密切关系。佛山有河道直通江门和澳门,清初开海之前曾是沿海货物走私内地的要道。康熙二十一年(1682)广东巡抚李士桢指出:"今访有不法奸徒乘驾大船,潜往十字门海洋与夷人私相贸易。有由虎门东莞而偷运入省者,有由上罔头、秋风口、朗头以抵新会等处而偷运回栅下、佛山者。"②这里所言"栅下",是指佛山镇南面的栅下码头;所言"佛山",是指佛山镇北面的正埠码头。开海之前,佛山这两个码头是北连广州、南通澳门的繁忙码头。清代佛山分二十七铺,栅下铺为铸锅炉户集中的工业区,栅下码头为卸载原材料和成品的货运码头,其中不乏走私出洋者。正如屈大均《广东新语》所言:"广州望县,人多务贾与时逐。以香、糖、果、箱、铁器、藤、蜡、番椒、苏木、蒲葵诸货,北走豫章、吴、浙;西北走长沙、汉口;其黠者南走澳门,至于红毛、日本、琉球、暹罗斛、吕宋,帆踔二洋,倏忽数千万里,以中国珍丽之物相贸易,获大赢利。"③

二、康熙开海与广锅海外贸易

清康熙二十三年(1684)开放海禁,康熙二十四年(1685)设立粤海关,分开金丝行(设在佛山)和洋货行,这些都是清朝政府因应外贸发展在广东设置的机构和组织安排。比之于明隆庆开海的措施,更加制度化。尤其是康熙二十八年(1689),颁行《粤海关税则》,将原来禁止出口的铁锅、铁器列入征收税则商品:"铁锅,不论二、三、四、五口等连,每六连作一百,税二钱;铁器,每百斤税一钱;生铁器,每百斤税八分。"④允许铁锅、铁器出口,改变了历代历朝禁止铁器出口贸易的状况。至此,广锅就如同久积的洪水滚滚销往外洋。

雍正九年(1731),广东布政使杨永斌奏称:

> 查粤东地方,因向来生产铁锅。凡洋船货买,历来禁止。臣到任后,检查案册,见雍正七、八、九年造报夷船出口册内,每船所买铁锅,少者自一百连至二三百连不等,多者买至五百连并有一千连者。其不买铁锅之船,十不过一二。查铁锅一连,大者二个,小者四、五、六个不等。每连约重二十斤。若带至千连,则重二万斤。⑤

杨永斌奏折所述粤海关出口册内记载了雍正七、八、九年洋船货买铁锅的数量,"其不买铁锅之船,十不过一二",每船所购数量在一百连(二千斤)至一千连(二万斤)之间。笔者根据手头掌握的史料估计,康熙二十四年(1685)开海之后至雍正九年(1731)约半个世纪间,每年夷船、华船和走私商船出口的广锅数量不会少于300万斤。以每连5口普通尺

① [荷]包乐史(Leonard Blusse)、庄国土:《〈荷使初访中国记〉研究》,厦门大学出版社1989年版,第50页。
② 李士桢:《抚粤政略》卷六《文告·禁奸漏税》。
③ 《广东新语》卷一四《食语》,第371—372页。
④ 《粤海关志》卷九《税则二》,第180页。
⑤ 《雍正九年十月二十三日广东布政使杨永斌奏折》,《雍正东华录》卷一九。

寸铁锅计,3 万斤有 7 500 口铁锅,300 万斤有 75 万口铁锅。这一估计并无高估,因为在佛山冶铁业已衰落的光绪十五年(1889),由佛山出口美国旧金山、澳洲新金山、新加坡等处的铁锅还有 50 万口。① 佛山竹枝词里"铸犁烟杂铸锅烟,达旦烟光四望悬""汾江船满客匆匆,若个西来若个东"的诗句,②就是对康、雍、乾时佛山铁锅畅流东、西二洋的具体写照。

雍正九年(1731)杨永斌奏折在陈述了广锅出口的情况后提出:"臣请嗣后此项铁锅,应照废铁之例一体严禁。无论汉夷船只概不许货卖出洋。"雍正帝准许其奏。应该指出,清朝廷对广锅本身具有的价值十分重视。乾隆四十年(1775)十月,乾隆帝准许了两广总督李侍尧关于暹罗国王郑昭"请买硫磺五十担、铁锅五百口,准其备价买回,以示奖励"的奏请。③ 可见,清乾隆朝把准许购买广锅也视为一种朝廷嘉奖,这与清朝内务府一直把广锅作为清三陵和坤宁宫的祭器,尤为自珍相关联。④

乾隆以后,广东官府对沿海雷、琼二郡的铁锅贸易统一由佛山同知衙门管理,按例查验,给照运行。《两广盐法志》记载嘉庆四年(1801)十月两广总督吉庆奏言:

> 臣查粤东炉户多在佛山镇铸造食锅、农具等项,运赴各处售卖,其由海运赴雷、琼二郡者,均在佛山同知衙门给照出口,食锅等项数至五十连以上即行给照,以便海口稽察。其间牟利奸商,因铁器出洋获利数倍,例禁不许多带,或托名修船多带铁钉,或潜将铁锅铸厚,或将船桅多用铁箍,蒙混出口,亦难保其必无。臣现在饬行雷、琼二郡,将所用铁锅、农具,每年需用成数,查明具报,并饬佛山同知详查,照依额数,给照运往,仍将铁锅、农具斤数注明,并严禁厚锅,一概不许夹带。违者治罪。⑤

表面看,吉庆所言是在禁止铁器出洋,实际上反映出制度执行的弹性:第一,从"铁器出洋获利数倍,例禁不许多带"来看,广东地方官府实行的是铁器限额出口政策;第二,从"食锅等项数至五十连以上即行给照"来看,限额以五十连为下限,上限或为各郡"每年需用成数"总额,佛山同知"照依额数,给照运往"。而食锅五十连以下之船不须申报给照,这就给雷、琼海船留下不少合法出口的空间。

与此同时,非法走私的广锅不绝如缕。乾隆六年(1741),英国"多尔塞特公爵号"以英西战争的名义在南海俘获了一艘从中国开出的马尼拉船,该船载有大量铁锅。"多尔塞特公爵号"将其带入澳门私运上岸,引起南海县官员的盘查。经保商与抚院的斡旋,英商以马尼拉船欠债,以铁锅抵款一千七百两为由,蒙混过关,马尼拉船得以放行。⑥ 嘉庆二年

① 张曾畴:《张文襄公奏稿》卷一七《筹设炼铁厂折》。
② 何若龙《佛山竹枝词》、陈昌坪《佛山竹枝词》,载乾隆《佛山忠义乡志》卷一一《艺文志·诗》。
③ 中国第一历史档案馆、广州市国家档案馆编:《清代广州档案图录》,人民出版社 2016 年版,第 142—143 页。
④ 参阅罗一星《明代的广锅与辽东马市》,《中国社会经济史研究》2019 年第 1 期。
⑤ 《两广盐法志》卷三五《铁志》。
⑥ 《东印度公司对华贸易编年史》第 1 卷,第 315—321 页。

（1797）十月初六日，粤海关澳门总口关员在娘妈阁查获私运铁锅出洋的三板（珠江内河船），"船内载有铁锅数百余连，只有夷奴四名，并无唐人在内"。经查，系"向在澳门与各夷人买卖生理"的廖亚笃代理华人陈和的铁锅，卖与夷人鲍咙哋，共计407连（8 014斤）。对该私运铁锅出洋之事，粤海关的处理是照例输饷110番元，"将货给还收领"。① 嘉庆十二年（1807）十一月十五日，粤海关澳门总口关员又发现有装运铁锅进口的"夷人三板一双"靠岸，但拟就近查看之时，"楼上夷人率众将□（铁）锅尽行抢入夷楼，以致不能就获"。于是香山知县彭昭麟向澳门葡萄牙理事官嘧嚟哆下谕"饬查陈亚荣勾串拿嗄哆呢嘿喱呬私运铁锅事"，②但未见下文。上述说明，广锅的走私出口大量存在。遇到粤海关查扣，可以通过补税的方式得到放行。

　　清中叶后，大量出国谋生的广府华侨群体进入新加坡、马来西亚和爪哇、苏门答腊，进入美国的旧金山，进入澳洲的墨尔本，广锅也随之大量销往大洋彼岸各国。光绪十五年（1889），两广总督张之洞在给光绪皇帝的奏折中称："内地铁货出洋，以锅为大宗。其往新加坡、新、旧金山等处，由佛山贩去者约五十余万口。……此外铁锤运往澳门等处者，每年约五六万斤。铁线运往越南者，先年约十余万斤。"③如在美国旧金山，大批参与旧金山金矿开采和铁路修建的广府人群体，延续着以广锅烹饪粤菜的传统。美国近年拍摄了一部19世纪中叶华人在内华达州修建铁路的纪录片，片中介绍从珠三角来的华人保持着家乡用锅炒菜的餐饮习俗，指出热食是华工群体健康的重要因素，这支持着瘦小的华工群体的健康体魄。因而华工建设速度，快于仅用冷食的高大的爱尔兰人。五口通商后，大批广锅随广府华人群体出口海外，传承着中华烹饪的美食文化，为华人移民群体低成本融入当地主流社会做出贡献。如今英语词典中的"WOK"一词，就来源于粤语"镬"的发音，专指圆形尖底的中国铁锅（Chinese Wok）。澳大利亚Ballarat Sovereign Hill（金点）博物馆，至今仍保存有1858年广府人到Ballarat小镇参与掘金矿时所建华人聚居区使用过的一批广锅。（见首页图17）

三、广锅海外贸易的历史地位与发展原因

（一）广锅是中华帝国的标志性产品

　　与明清时期商舶贸易的一般地方特产不同，广锅甫经面市，就戴着国家礼品的光环参与朝贡贸易。在郑和下西洋的宝船队里，广锅与南京绸缎都是明朝综合国力的物质代表，

---

① 《澳门委员钟溥泽为奉宪谕饬查民蕃勾串偷运铁锅事下理事官谕》（嘉庆二年十月十九日）、《娘妈阁口职员为查获民蕃勾串偷运出洋铁锅事呈上官禀》（粘单）（约嘉庆二年）、《民人陈和为勾串蕃人私运铁锅出洋事所具遵依》（约嘉庆二年），见刘芳辑、章文钦校，葡萄牙东波塔档案馆藏《清代澳门中文档案汇编》（上册），澳门基金会1999年版，第118—119页。

② 《香山知县彭昭麟为饬查陈亚荣勾串嘧嚟哆呢嘿喱呬私运铁锅事下理事官谕》（嘉庆十二年十一月十五日），《清代澳门中文档案汇编》（上册），第120页。

③ 张曾畴：《张文襄公奏稿》卷一七《筹设炼铁厂折》。

在国与国之间的文明对话中具有话语权，从而形成了东亚区域南海诸国几百年来对广锅的追求。正如费正清所指出的，明代"广州的铁锅（直接放在火上用的平底炒锅）出口遍及中国、海外和中亚"。[①] 笔者发现，明清时期广锅的海外贸易发展历程，恰与朝贡贸易体系的变迁相联系，恰与郑和下西洋、康熙开海和五口通商的国运隆替相表里，恰与早期移居海外的华人群体相融合。小小广锅，浓缩了明清 500 年社会经济变迁的印记。昔日曾经为南海诸国首领热切追捧的广锅，也随着文明的进步而不断延伸扩展，进入普通居民家中，传承着中华美食文化。因此，广锅是代表中华帝国制造水平和饮食文化的标志性产品。

（二）广锅在海外市场占主导地位

明清时期，除佛山出产广锅外，中国东南沿海出产铁锅的地点还有广东惠阳、潮州和廉州，福建的泉州、莲宅等。然广锅的生产基地在"天下四大镇"之一的佛山镇，史称佛山铁镬行"向为本乡特有工业，官准专利，制作精良，他处不及。……时而兼铸钟、鼎、军器"。[②] 佛山冶铁业在官准专利政策下得到长期稳定发展，其广铁之良、人才之多、规模之大、工艺之独特，在明清时期都首屈一指。尤其是多年不间断的出口贸易，使广锅在南海诸国积累了大量用户。法国学者苏尔梦通过对现存东南亚的中国铁钟铭文的研究认为："东南亚梵钟主要来自广东，尤其佛山。18 世纪末，福建和其他东南省份，也开始出口少量梵钟。但总而言之，从 15 世纪至 20 世纪，即便有战乱和其他干扰，广东梵钟始终占主导地位。"[③] 佛山铸铁业"时而兼铸"的梵钟犹且在东南亚占主导地位，作为首要商品的广锅，自然不会例外。

（三）大流通是广锅持续发展的动力

对永乐帝而言，派遣郑和下西洋的主要目的有二：一是主动建立与海外诸国的"朝贡宗藩"关系，二是开展与海外诸国的互市贸易。例如在阿丹国（今也门亚丁），"永乐九年（1411），遣太监郑和谕之，赐命互市"。而阿丹国王"即谕其国人，凡有宝物俱许出卖"。[④] 可见从国王到普通民众，都参与到与郑和船队的互市活动中来。海外市场的开拓，首先给广东佛山带来惊喜。广锅自明初纳入内官监的采办物料单后，迅即由一个地方品牌跃升为国家品牌。从永乐四年（1406）至宣德五年（1430）的 28 年里，通过内官监的七次大采购以及对辽东马市的长期供应，成批量的广锅加入到郑和下西洋和九边互市的大流通中，对于佛山民营冶铁业的发展来说，这不啻为强大动力。在此期间，佛山炉户始以"工擅炉冶

---

① 费正清、赖肖尔主编：《中国：传统与变革》，江苏人民出版社 2012 年版，第 181—182 页。
② 民国《佛山忠义乡志》卷六《实业志》。
③ ［法］苏尔梦：《从梵钟铭文看中国与东南亚的贸易往来》，李庆新主编：《海洋史研究》第三辑，2012 年 5 月，第 11—62 页。
④ 《咸宾录》卷四《西夷志·阿丹传》；《西洋番国志·阿丹国》，《郑和下西洋资料汇编》中，第 994 页。

之巧"而闻名天下,并形成"几三千余家""其居民大率以铁冶为业"的专业市镇。其后 20
年(至 1450 年),佛山城市雏形正式形成。清康熙开海,大批商舶满载广锅出口海外,不仅
使佛山铸冶丰隆,冶铁工匠达二三万人,而且带动了其他金属加工业和丝织、陶瓷等 175
种行业的共同兴旺,佛山由此跨入"天下四大镇"的行列。[①] 文明的本质在于交往与融合,
所有文明都会因贸易的激励而焕发生机。以往论者有以郑和下西洋的政治目的是建立
"朝贡宗藩"关系,而否定其经济影响和文明传承,不免失之偏颇。笔者认为,通过重构过
程解读广锅海外贸易带来的双边效应,比概念式的论述,更具历史说服力。

第四节　城市空间结构变化与人口发展

城市空间结构是人类经济行为的产物,是依经济原则而形成的各空间位置的秩序和
有机联系。在城市内集合的各种都市性机构,各自在城市中特定的位置占有土地,形成各
个区位的特有机能,其本身即构成最小的经济空间。因此,城市内各种经济区位的配置,
可视为城市空间结构的最初阶段。在城市扩大时,由于住宅和职业的不同,城市会出现个
人或群体的不断移动和区分,在特定的地区内聚集了机能形态相同的经济单位,而呈现出
区位重整的过程。再由不同机能的区位聚集体而组合成城市。这样的过程,也可视为土
地利用空间分化的过程。因此,空间分化乃是空间结构的出发点,空间分化过程的结果,
就是空间结构。所以,城市空间结构的研究,实际上是城市空间分化过程的研究。

清代的佛山,随着城区的发展,不仅它的房舍与街巷有迅速发展和增加,同时它的内
部也在发生着一种分化与分隔的结构变化。此时,手工业作坊与设施向远离市中心的城
区边缘转移,而商业店铺则日益集中于地价最高的地点周围。各项服务事业为争得最有
利的地点,也向商业中心靠拢。而早期那些经济力量较弱的传统工商业则被迫退居到不
太繁华、地价较低的地区。本节考察佛山城市化过程中产生的这一空间分化现象,并探析
传统工商城市的空间结构特点。

一、土地利用形式与城区扩展

清代佛山的生态环境空间发生了很大的变化。首先是空旷之地如淤浅的河道、岗地、
墓地被利用建立铺屋。明代伸入镇内的潘涌、仙涌此时已完全淤平,大塘涌亦成一线余
脉。除了洛水一支以外,镇内已无曲折交错的河涌,这为铺屋的建造创造了新的空间。明
代汾江有一支流从正埠直入早市三穴岗前,清代这条支流日渐淤断成陆。三穴岗在明代
时曾为墓地,清乾隆年间也"已平为列肆",[②]建造铺屋。例如江夏黄氏"二、三、四世祖墓,

---

① 参阅罗一星《明清佛山经济发展与社会变迁》,第 50、77、78、198、215 页。
② 乾隆《佛山忠义乡志》卷一《乡域志》。

俱在三穴岗,即今之早市是也"。[1] 早市又称朝市,是佛山古三墟六市之一。清代因"铺户稠密,茔墓迷踪,窀穸失迹",江夏黄氏"号天叩地,岂能获复。惟骚首问天,抱恨何释耶"。[2] 明代以前,佛山最著名的起源地塔坡岗,在乾隆年间也"已平为市地,稍高处祀东岳大帝,称普君墟"。[3] 清末时人也载:"塔坡一带尽成阛阓之场,市廛栉比,嚣尘湫隘,迁地为良。"[4]还有风景胜地莺岗,在乾隆年间也"三面俱为房屋遮蔽,止露其巅……举人吕淑铭平其大半为园,岗非本来面目矣"。[5] 此外,一些河旁余地也被利用起来。乾隆六十年(1795),举人李天达等捐资在汾水正埠码头闸内两旁余地,建筑小铺十间,出租给商人,每年所得租银归义仓收管。[6]

其次是水田、桑地被利用为城市设施,如民居、作坊、码头等。明代佛山镇内的农田、桑地,到清代已多建成铺屋。如明代的排后窦塘地,康熙时建铺屋九间,作为祖庙公产收租。[7] 又如商人冯焕,乾隆四十九年(1784),"在栅下河旁买李睿夫实田三亩三分,新筑厂宇",承办硝厂。[8] 道光二十六年(1846),潮盛杉店购买江夏黄氏原有桑地建造码头,以利上落搬运杉条。[9] 道光二十八年(1848),曾任山东盐运使的李可琼与绅士张湫森、张日宣同置鹰嘴沙税地一段,捐送给佛山义仓作为湾泊摆渡之码头。[10]

特别是迁居佛山的外来商民,纷纷在此建造庄园住宅,更使佛山周边的土地尽为住宅建筑所用。清代外来商民多在西部的佛山涌南边和东部的各铺边缘地带置地建宅,恰在两侧边缘,不少庄园就建在桑地中间。这在佛山镇图上还可以得到反映,它们是:位于西部佛山涌南的东园(高氏)、江西义庄等,位于东部大基铺的杨家庄、戴家庄,岳庙铺的叶家庄、梁家庄、李家庄、陈家庄、阮家庄,社亭铺的刘阮庄、大福寿(梁家庄),彩阳堂铺的潘家庄等。这些庄园,以居民和祠堂组成,四周围以砖墙,在地图上尤为醒目。[11] 然而,这些内部独立的一个个小空间,改变了土地的利用形式,它们与镇内街道相连,扩大了整个佛山镇的城市版图。

不仅如此,佛山镇绅还有"变田为河",以利通商之举。道光五年(1825),栅下文塔前河涌淤塞,有蔗园围村民唐应昌买海旁田 18 亩,占筑石路,有碍宣泄。镇绅吴泰来、冼沂等呈县批准,"断令唐应昌等将该田卖与吴泰来等开挖,以通水道",其税在灵应祠户内照

---

① 《江夏黄氏族谱》(清抄本)。
② 同上。
③ 乾隆《佛山忠义乡志》卷一《乡域志》。
④ 民国《佛山忠义乡志》卷首一《塔坡禅寺说》。
⑤ 乾隆《佛山忠义乡志》卷一《乡域志》。
⑥ 《明清佛山碑刻文献经济资料》,第 103 页。
⑦ 《灵应祠庙铺还庙碑示》,《明清佛山碑刻文献经济资料》,第 29 页。
⑧ 《禁设硝厂碑》,《明清佛山碑刻文献经济资料》,第 83 页。
⑨ 《江夏黄氏族谱》(清抄本)。
⑩ 《佛镇义仓总录》卷二《分宪顾谕义仓司事招渡承充》。
⑪ 民国四年(1915)广东陆军测量处绘制:《佛山古镇地图》。

数完纳。①

　　再之是民居被利用为工商店铺或公共设施。清代佛山的房屋买卖十分活跃,房屋易主也十分频繁。从现存的佛山房屋买卖契约中,我们仍可看到民居被利用为店铺或公共设施的记载。如雍正八年(1730)胡硕宸卖出坐落居仁里的"内窗扇、厨房、墙壁、井厕俱全"的39桁屋一所,取时价银二千两。"自卖之后,听从买主置料改造铺舍,修葺完固"。②雍正十二年(1734),陈超瑜有承父"自创八柱大厅一座三间"房屋,取时价银一百九十两,为铁丝行会馆承买,③作为其会馆产业收租,以便利会馆的活动支出。又如道光八年(1828),麦元标有承父遗下坐落舒步街房屋相连二间,取时价银二百六十五两,为兴仁帽绫行西友堂所承买。④ 兴仁帽绫行西友堂是丝织手工业者的行会组织,其买下的民居大概是作会馆之用。再如道光二十五年(1845),吴日光有自置铺一间,坐落普君圩双门底,当时租与钱大兴开设棉花店。⑤ 还有咸丰六年(1856)陈国材有自置屋一间,坐落朝市,取时价银二百零五两正,"自卖之后,任从新人福敬堂永远管业,改建修葺"。⑥

　　土地利用形式的变化,使清代的佛山在佛山涌环绕的范围内几无农田隙地,正如乡志所称:"佛山居人稠密,未易得地。"⑦与此同时,在同一块空间上,崛起了一座地面建筑密集的都市。下面的表格反映出清代佛山土地利用形式迅速变化、地面建筑密集的概貌。

表 10‐8　清代佛山城区发展概况表⑧

年代 项目	乾　隆	道光/递增%	宣统/递增%
铺区	25	27/8%	28/3%
里巷(其中带工商名称者)	233 33	596/156% 83/151%	1 697/184% 143/72%
墟市	四墟九市	四墟九市	六墟十二市分别为50%和33%
津渡码头	11	28/155%	62/121%
桥梁	9	19/111%	23/21%
寺庙	55	117/113%	195/67%(包括厉坛4)
里社	13	68/423%	79/16%
宗祠	146	177/21%	376/112%

① 《明清佛山碑刻文献经济资料》,第127页。
② 同上书,第487页。
③ 雍正十二年房屋买卖之碑契,碑存佛山祖庙大街某民居内。
④ 《明清佛山碑刻文献经济资料》,第495页。
⑤ 同上书,第496页。
⑥ 同上书,第489页。
⑦ 民国《佛山忠义乡志》卷九《乡族·方伯家庙记》。
⑧ 资料来源:乾隆《佛山忠义乡志》卷一;道光《佛山忠义乡志》卷一、五;民国《佛山忠义乡志》卷一、八。

从上表可见,清代从乾隆到道光,以及从道光到宣统这两个时段中,前一个时段发展得更为迅速,除铺区和宗祠两项外,所有项目递增率均超过百分之百,这说明佛山在此时段中有大量土地被利用为都市设施的建设,从而使佛山城区规模迅速地扩展开来。此外,镇西北的上沙和太平沙、镇北的文昌沙和鹰嘴沙也在此时发展起来,成为较大的工商业和居民混合点。

所有这些发展,使佛山在清代前期成为"周遭三十四里"的繁华大镇。乾隆以后,有关"巨镇""大都会"等的称谓就史不绝书了。清末时,甚至有人说,佛山"户口之繁,物产之富,声名文物之盛,闻于中外,为天下四大镇之冠"。① 马克思指出:"商业依赖了城市的发展,而城市的发展也要以商业为条件,这是不言而喻的。"②工商业发展与城市发展的相互促进作用,在佛山得到充分的体现。

二、二十七铺与三大区划

佛山社区北部濒临汾江主流,东、南、西三面环绕着曲折的佛山涌,社区面积随涌变化,或凹或凸,不大规整。但总体上看,仍呈南北伸展的长方形社区。清代前期,在土地利用形式变化的同时,二十七铺的区位功能亦发生了变化,手工业作坊、商业店铺各自依据成行成市的原则聚集在大致附近的地区,从而形成了南部的手工业制造区、北部的商业中心区和中部的工商、民居混合区的三大功能区划。这一空间分化和重整的过程,肇始于明代,而其迅速呈专业性聚集及其空间分化过程的完成,却是在清代前期。

早期的佛山铸冶业是由中西部向东南部逐渐转移的。其转移的原因大概有二:一是河涌的淤浅,二是人口的增长。铸造业生产需要消耗大量原料,为了铁矿、沙粒、木炭运输的方便,炉房要傍涌而建。明代佛山镇内河涌尚多,清代大多淤浅,造成运输的困难。加之铸冶会产生大量废弃泥模,污染环境,随着佛山城市化进程的发展,冶铸业向镇郊转移是必然趋势。清代南部濒涌的几个铺如山紫、锦澜、社亭、明照和栅下五铺,就成为铸造业作坊集中的地区。根据文献资料记载:清代前期世代以"铸冶车模"为业的黄氏就在山紫铺山紫村开设铸造炉房。《江夏黄氏族谱》载:"高祖考沛庵太府君遗下炉房地一段,坐落山紫村口涌边水月宫之右便。"锦澜铺的街名,反映出铸造业的特色,如铁廊巷、铸钻上街、铸钻街、铸犁大街、铸犁横街、铁香炉街等。③ 从名字看,其产品是有别于铁锅的其他铁铸品,如农具、工具和用具等。在与锦澜铺相邻的桥亭铺和明照铺,因近涌边,亦有冶炉开设。光绪年间,在桥亭铺水便和村尾共有 7 座冶炉,明照铺有 4 座冶炉。④ 栅下铺涌面宽

① 民国《佛山忠义乡志》卷首二《图·佛山形势龙脉图说》。
②《资本论》卷三,第 371 页。
③ 民国《佛山忠义乡志》卷一《舆地·街道表》。
④ 光绪十年《佛山清涌碑记》拓片。

阔,码头集中,历来是铸造业发展的理想地域。明代细巷李氏世代在栅下铺从事铸冶;明末清初时,霍姓有人企图垄断合镇铁锅生产,要求大锅均归栅下铺铸造。① 亦足见栅下铺在铸锅业中的地位。清光绪二年(1876)重修栅下天后庙碑中记载了捐签的冶铸业炉户就有合利炉、成全炉、隆盛炉、泗成炉、益升炉、茂昌炉、钰铨炉、丽生炉、成泰炉、万安炉、安泰炉、尚记炉、合和炉、万裕炉、顺记炉、合隆炉、生源炉、成合炉、粤胜炉、荣全炉、奕裕炉、□永炉、裕和炉、遂成炉、德成炉、万合炉、源合炉、昌盛炉、利聚炉、利金炉、泰泰炉、安泰炉、义兴炉,还有熔俎行、双烧烧模、双烧助模、双烧车下、单烧烧挟、单烧陶贤堂、单烧车下行、双烧俎行、大锅助行、大锅车下行等铸造行业单位。② 栅下司直坊还建有铁锅行会馆。③ 可见栅下实为佛山的铸冶中心。

除了铸造业外,染房、靛房等污染大的作坊亦设在南部涌边的山紫、栅下等铺。道光年间在山紫村有人“开设土靛房,其矾水渗流,草木不能生长”。④ 乾隆年间海口庞氏有庞永律在佛山栅下开染房。其谱载:“公平生倜傥,有大志,开创禅山栅下染房数载,无所获,遂交与季弟储士经理。”⑤ 与铸造业集中区相毗邻的各铺,即稍离涌边的丰宁铺、明心铺、耆老铺、真明铺、突岐铺、医灵铺、东头铺和彩阳堂铺,则是炒铁、打铁、拉拔铁线等行业的集中地。相对于铸造业,炒炼业不需用大量的泥模,污染环境较小,因此可设于镇内。在丰宁铺莺岗一带,就是炒铁炉集中之地。据说此处在清代乾隆时有99条炉,当时有“蠕岗银,莺岗铁”之谚称。道光年间,“福宁街,俱炒炼铁炉”。⑥ 新安街、公兴街一带,家家也均以炒铁为业,此处有炒铁行会馆、国公古庙等冶铁业的公共设施。直到民国年间,记者还这样描写说:“充满了的得的得的敲击声的市西、新安直街、公兴街、莺岗大街,成为铜器、铁器、锡器的制造中心。”⑦ 据故老传闻,以普君墟为中心,周围的街巷均以打铁、打铜为业,范围包括上述的七铺。⑧ 当然,除上述七铺外,在其他铺也有一些散在的打铁业,如在仙涌铺有“铁门链街”。⑨ 但这是零星存在,并不是集中之地,况且链和针属于小铁器,作坊设在镇中无甚妨碍。

丝织业集中在东南部的岳庙、社亭和仙涌三铺,康熙年间的丝织大户任应、任伟兄弟所建的任围就在岳庙铺乐安里。在社亭铺药王庙前猪仔市墟地上,清乾隆年间每日均有织机工人数百至数千不等在此待雇。⑩ 而在社亭铺舒步街内处处是丝织机房,帽绫行东

① 《奉宪严禁狡狯谋垄断碑》残件拓片。
② 《大清光绪二年重修天后庙碑》,《明清佛山碑刻文献经济资料》,第186—187页。
③ 民国《佛山忠义乡志》卷六《实业志》。
④ 《江夏黄氏族谱》(手抄本)。
⑤ 《庞氏族谱》卷一三《石硝五房》。
⑥ 《佛山街略》。
⑦ 《南海日报》民国三十六年一月五日。
⑧ 黄为昆调查访问记录,1982年4月25日。
⑨ 民国《佛山忠义乡志》卷一《舆地·街道》。
⑩ 《梁氏家谱》(手抄本)。

家会馆和西家会馆均建于此。这里成为丝织业雇主与雇工工作与活动的中心。而仙涌铺内的经堂古寺和仙涌街一带,亦是机房集中之地。

由此可见,清代佛山镇南部与东南部成为手工业生产的集中区域。这一区域包括 16 个铺,范围约占全镇范围一半。偌大一片手工业区域,内部又可根据手工行业的不同分三个层次。第一层次是铸造业集中地,由最南部靠涌边的 3 个铺组成,是生产最粗重的铸造品的专业区域,该区烟雾弥漫,泥模堆积满地,污染严重。时人"铸犁烟杂铸锅烟,达旦烟光四望悬。漫说红楼金漏水,辛勤人自不曾眠"的诗句,[①]就是对这一地区的真实描写。第二层次是炒炼业集中地,由毗邻铸造业集中地的 7 个铺组成,此处方便取得上游产品,如铁块、铁条等,再进行深加工。这里工艺精巧,污染较小,产品多为轻小器物,肩挑车运皆可,因此作坊多设在镇内街巷内。所谓"春风走马满街红,打铁炉过接打铜"就是指此。[②] 第三层次是丝织业集中地,由东南面 3 个铺组成。这里濒临佛山涌东面,运输方便,土地空旷。北距汾江正埠不远,可从汾江的墟场获得生丝原料。汾江竹枝词有云:"贸丝三五趁墟场,丝市今朝价颇昂。便入酒家图一醉,沿途犹自吃槟榔。"[③]就反映了机户大量收购生丝,使丝价上涨的情况。同时此处距"卖土丝"的高地也甚近。[④] 附近又有普君墟,每旬三墟(三、六、九日)均可补充原料之需。故此,清代前期,这里机房林立,轧声不断,为四远挟资而来的商人的理想投资之区。

明代佛山商业区尚未形成,清代前期,在佛山镇北部濒临汾水的汾水、大基、富文三铺,形成了一个商业专业区别。汾江河面宽阔,水通西、北二江和广州,处处可建码头,因此这里是清代佛山镇发展最快的区域。

明代时,佛山仅有二十四铺,不包括大基和富文。清乾隆年间,新增大基铺,全镇成为二十五铺。[⑤] 道光年间,又增富文铺和鹤园铺,全镇成为二十七铺。[⑥] 道光年间,汾水、大基、富文三铺共有街道 117 条,约占当时全镇 596 条的五分之一;共有各类码头 25 个,占当时全镇码头的 83%。[⑦] 史称:"汾水在佛山镇,去汾流古渡数十武。市肆云连,舳舻相接,亦商务中枢地也。"[⑧]时人有诗称:"佛山货财薮,汾水东门户。出入必由斯,河道塞帆樯。"[⑨]《清稗类钞》亦记载:"佛(岗)[山]之汾水旧槟榔街,为最繁盛之区,商贾丛集,阛阓殷厚,冲天招牌,较京师尤大。万家灯火,百货充盈,省垣不及也。惟街衢较窄,有仅容二

① 何若龙:《佛山竹枝词》,乾隆《佛山忠义乡志》卷一一《艺文志》。
② 陈昌坪:《佛山竹枝词》,乾隆《佛山忠义乡志》卷一一《艺文志》。
③ 廖衡平:《汾江古渡》,乾隆《佛山忠义乡志》卷一一《艺文志》。
④ 《佛山街略》。
⑤ 乾隆《佛山忠义乡志》卷一《乡域志·铺社》。
⑥ 道光《佛山忠义乡志》卷一《乡域志·铺社》。
⑦ 道光《佛山忠义乡志》卷一《乡域志·津渡》。
⑧ 《岭南冼氏宗谱》卷三之二十六《分房谱·汾水房》。
⑨ 王俊勋:《汾流古渡》,道光《佛山忠义乡志》卷一一《艺文下》。

人并行者。"①道光十年(1830)佛山镇怡文堂出版了一本商业指南性的书,名叫《佛山街略》,该书详细介绍了各街道的商业情况。兹据此书编列一表,以见汾水、大基、富文三铺的商业概况。

下表显示,不仅各省货物在此聚散,而且镇内手工业产品亦在此发销,如汾水铺华丰街就"卖铸铁、香炉",富文铺北胜社则卖"铁锅",贵县街卖"锡器"。由此可见,汾水、大基、富文三铺为行、栏聚集之地,经营着大宗的批发贸易,执全镇商业之牛耳。其中尤以富文铺为最。上表所列富文铺 17 条街巷中就有 12 条街道是行口聚集之区。

表 10‑9　道光年间汾水、大基、富文三铺各街营商种类表

汾水铺:

正埠	发卖鲜果、咸鱼、糖等
永安街	卖海味、牛烛、酱料
永聚街	卖葵扇、门神、竹笼、铁器
镇北街	卖蟹、海参、蛋,烟行开在此
官厅脚	卖铁锁、布匹、生口、烧腊
源头街	卖京土布
汾流大街	卖苏杭美物、皮裘、颜料、马鞍、毡毪、各色洋布
畸畛街	发卖川广药材、包头线纬红绒丝带
长兴街	卖纱灯、皂靴、绣绵、镶杯、琴瑟、箫笙
油行关帝庙	卖黄藤、竹升、槟蒌、椰子,肇、高、廉客多聚此
排草街	卖陈皮,福建行多开在此
接龙街	卖木桶、花角(打铁门、关刀)
天成街	卖棕笼
朝观里	写金扇帐檐
观音庙后街	卖戏盔、神仪、班鼓、颜料、明油、猪料、算盘、棋子
善门街	卖米
瓦巷直街	卖凉帽、红缨
瓦巷直街	卖笔墨、袋索、丝边、云额、磨石、珠预、寿具巾
白米街	俱卖上米
太平街	卖葵扇
镇北街	烟行开在此,卖海参、膏蟹
天庆街	卖妆盒、雨伞、生木神像

① 徐珂:《清稗类钞》第 17 册《农商类》。

（续表）

咸鱼街	靛行开在此
华丰街	卖糙米、铸铁、香炉
聚龙社	卖米、沙

大基铺：

汇源街	卖柴炭,有鱼栏
真君庙前街	卖新衣、鞋袜
大基头	卖咸虾、炭、香
猪栏	各处生猪聚此发卖
东胜街	卖戏盔
琼芝社	鱼栏相连发卖

富文铺：

盐仓街	五斗总埠在此（盐）
旧槟榔街	麻行开在此,卖蒲包、里席、皮草
富民里	海南行（琼南西货行店）在此,厂花针板
豆豉巷	俱开棉花、西货、沉香、浮货行,江西会馆在此
升平街	开福建纸行、参茸药材、水晶、翠花、玻璃、宝石,有楚南会馆建此
汾阳里	造烟竿银窝
八间楼	麻行栈房多在此
八间楼	麻行栈房多在此三界庙
后街	苏杭京客多在此聚
北胜社	铁锅（行）开在此
朝阳里	卖笋斗、脖落、果箱、麻绳、黄姜
盘古圩新华街	卖田衣服、福纸、藤帽
新兴新宁街	俱开筛择槟榔行
直义街	卖瓷器、元宝,南有小巷卖乌烟
西竺街	卖酸水草席、蓑衣、雨帽、西货
凿石街	卖石、打造铜锣
云雾街	卖元宝杂货
贵县街	俱卖糙米、炮竹、锡器
新涌口	卖炮竹、糙米
观澜街	卖杉料、竹器

其中的豆豉巷，乾隆四年(1739)就有行店 98 间。① 民国年间有人写了一篇《富文八街沧桑记》，追忆富文昔时之盛，文称："禅市富文铺八街，贵县、会龙、西竺、直义、新宁、新兴、北胜、富文是也。全市平码、西土各大行口均萃斯八街。生意之巨，为各市各街之冠。铺户共有一千以上。又有东、西、北各江办货庄口，约有二千余间，俱寓于各大商店楼上。因八街各商店，均毗连海滨，各江货船泊铺尾，上落货物便利。昔称中国巨镇，盖有因焉。"② 以汾水、大基、富文三铺组成的商业中心区，是全镇最繁华之区。这里"商贾猬集"，"佣作繁滋"。③ 吴奎光《佛山正埠酒楼歌》"今阅十八省之人物，接一万里之胖舸"的诗句，④ 就反映了当时正埠一带外省商人毕至的繁华景象。

这里商业会馆比比皆是，店铺鳞次栉比，酒楼、妓馆和戏班林立。其中有正埠酒楼等高大建筑，而各行店均有二楼，以寓外江庄口货物。会馆更是高大宽敞的公共建筑物。由于是密集型建造，街巷甚窄。该地区汾江河道较平直，故此区的街道亦比它区齐整。尤其是在富文和大基两铺范围内没有祠堂建筑，是清代佛山二十七铺中仅有的三个无祠堂铺中的两个。除富文和大基二铺外，还有医灵铺没有祠堂，但医灵铺地处东南边缘，铺内桑地犹存，属开发较迟的铺。这就是说在道光年间，全镇的 177 个祠堂无一建在富文和大基二铺，这说明二铺是新兴的区域，具有纯粹的商业功能。⑤

因商行众多，上述三铺的聚集效益亦是最高的。举凡公益事业，无不举办得宜。佛山历来火灾较多，嘉庆十二年(1807)，佛山"各行店在省洋行置水柜，业主、赁客各捐其半。自是救护得力，灾以少弭"。当时合镇有水柜 15 处，上述三铺就占了 14 处。⑥ 正因为如此，上述三铺的地价亦比他处高昂。清代地价因资料缺乏，无从寻获。笔者有幸在民国档案中发现一张《民国三十六年(1947)佛山各街区地价表》，该表将佛山各街区的地价分为十等，最高的一等每平方丈单位标准价 42 万元，最低的十等为 2 万元。表列的一至三等的街名多是原汾水、富文和大基铺的街道。民国年间因开辟马路，佛山商业中心区向福德、潘涌等铺发展，大基和富文两铺原沿汾江河旁的店铺废弃较多，商业区划有很大变化。但该表仍显示出民国时期汾水、富文、大基三铺的街区的地价高居佛山全镇之首，最高地价与最低地价相差达 21 倍。⑦ 那么，清代作为商业中心区的上述三铺的地价高于他铺是可以由此推知的。

中部的福德、潘涌、鹤园、石路头、纪纲、黄伞、观音堂和祖庙八铺，是工商、民居的混合区。从建筑景观看，这片区域既有工商会馆，也有手工作坊；既有店铺，也有民居，尤其是

---

① 《明清佛山碑刻文献经济资料》，第 40 页。
② 《南海日报》民国三十六年一月五日，原件藏佛山市南海区档案馆。
③ 道光《佛山忠义乡志》卷五《乡俗志·习尚》。
④ 道光《佛山忠义乡志》卷一一《艺文下》。
⑤ 参阅道光《佛山忠义乡志》卷五《乡俗志·家庙》。
⑥ 道光《佛山忠义乡志》卷七《乡防》。
⑦ 根据南海县民国档案卷宗 34，镇 112，第 134 页表格整理。

有成片成围的宗族聚居地。清代这一区域的居民多在自家内从事手工业生产，前店后铺，自产自销，产品多是佛山传统手工业品，以零售为主。所以该区呈现出功能交叉共存的聚合形态。

在靠近商业中心区的潘涌、福德二铺，位于正埠至祖庙主要道路两旁的店铺亦以"成行成市"状态分布，如潘涌铺的潘涌里"卖缎鞋"，三角市"卖家用钮扣、绒线、梳篦"，公正坊"卖蒲缎、布鞋"，快子直街"卖牛角器皿、洋刀、快子、白铜烟袋"；福德铺的福禄新街"卖头绳、手巾、兴宁油扇、火绒镰石、铜镜"，福禄里"卖苏杭书籍、冬帽、绒领、锦被、金花、缝针、束帖、黄白红纸、锡箔、金箔、色袜"等，此处"通街直街多有三百余店，俱卖京省巨客之货"。[①] 潘涌和福德两铺店铺较密，可视为商业中心区的外围区或过渡区。但这里的店铺较小，规模不如商业中心区经营大宗转口批发的行店，从功能上看亦多为专营某种产品的零售店铺，这是该区店铺与商业中心区店铺的区别。这是其一。其二，在上述位于主要道路的街区之外，存在着不少纯粹的居民住宅区。例如在福德铺的瓦巷大街，有霍氏聚居区，这里建有孖祠堂。在舍人大街，有梁氏聚居区，这里有梁氏宗祠和著名的梁舍人庙。[②] 太原里，亦为霍氏聚居区，这里有六座祠堂，其中悝台霍公祠较为出名。在潘涌铺，道光年间在仁厚里有"绍广何公祠"，高低巷有潘翰林家庙，公正市横巷有梁氏宗祠，公和巷有庞氏宗祠，[③] 因此潘涌铺亦有纯粹的民居住宅区。

在中部偏西的观音堂铺、鹤园铺和祖庙铺三铺，既有楚北会馆、山陕会馆和浙江会馆等会馆建筑，[④] 又有前店后厂的店铺。如鹤园正街"卖描金色盒、布底鞋"，鹤园社"卖鞋靴"，先锋庙"卖鞋、对联"，文明里"卖力木、花衫、花轿、鼓乐、玉器"，花衫街"卖屐、打银"，祖庙大街"卖油扇、兜肚、竹烟袋、手巾、雅扇"。[⑤] 既有以祖庙为中心包括忠义流芳祠、崇正社学、义仓、八图祖祠等公共中心建筑群落，还有万元里曹氏聚居区、地官里庞氏聚居区、沙塘坊何氏聚居区、大树堂吴氏聚居区、隔塘大街霍氏聚居区、先锋古道和松桂里梁氏聚居区、莲花地黄氏聚居区和李氏聚居区，以上诸姓氏聚居区的建筑特点，大多是以祠堂为中心，民居围绕两旁的建筑群落，自成一相对封闭的街区。其中以梁氏的刺史家庙和吴氏大树堂最为著名。梁氏的家庙内有花园住房，[⑥]十分宽广，俗称梁园，为盐商梁玉成所建。吴氏大树堂由大树堂坊和高第坊组成，有花园别院，濒临洛水，林木森森，堪称都市洞天，为盐总商吴恒孚（吴荣光之祖）所建。[⑦]

在正中部的黄伞、纪纲、石路三铺，沿正埠到祖庙的主要道路亦是铺店林立。如水巷

---

① 《佛山街略》。
② 《民国佛山古镇图》。
③ 均见道光《佛山忠义乡志》卷五《乡俗志·家庙》。
④ 《佛山街略》。
⑤ 同上。
⑥ 《民国佛山古镇图》；道光《佛山忠义乡志》卷五《乡俗志·家庙》。
⑦ 《佛山街略》。

直街"卖祭轴、神仪、珠灯、铁线、年货、开刀、门神、通花、生花、灯比(把)",黄伞大街"卖龙香、响糖、炮料、铁线、铁钉、通花、帽绒",富里社卖"燕窝蜡丸",早市"多卖蜡丸、药材、胭脂、元宝、通花"。① 而在非主要道路的街巷,民居则十分稠密。道光年间,石路铺有简氏聚居的简园,有石路头陈氏聚居区、水圳冯氏聚居区、兴桂里霍氏聚居区、和睦里何氏聚居区、兴隆里蔡氏聚居区。其中以冯氏聚居区最为著名,内建冯大夫祠和敕命楼,子弟乡科颇盛。黄伞铺有黄巷、找钱巷、居仁里黄氏聚居区、东华里伍氏聚居区、刚正里黄氏聚居区、潘巷潘氏聚居区。纪纲铺有黄鹤基黄氏聚居区、更楼脚霍氏聚居区。② 其中以东华里最为著名。东华里街口建有门楼,闸门可关。街内建有祠堂一座,街内两旁为青砖建成的高大锅耳屋,每座均为三进,座与座之间有小巷通行,巷门关闭,亦可自成一体,街巷整齐,房屋划一,高大坚固,壮丽美观,实为清代佛山民居住宅小区的典型。

上述中部各铺均系手工业、商业店铺和居民点交织在一起的,这反映了传统民间手工业城镇的特点。(图 10－2)

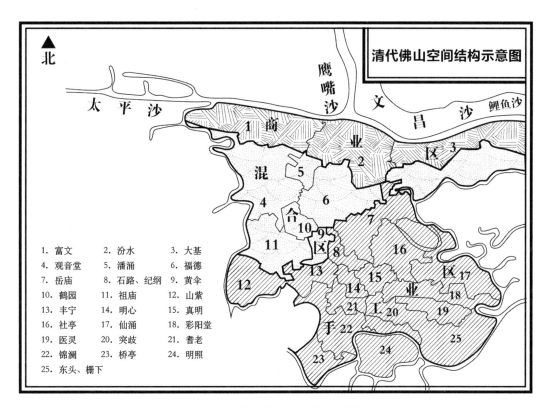

图 10－2　清代佛山空间结构示意图

① 《佛山街略》。
② 参阅《民国佛山镇地图》,道光《佛山忠义乡志》卷五《乡俗志·家庙》。

由上可见，清代前期的佛山，在空间上分化出南部的手工业区、北部的商业中心区和中部的工商、民居混合区的三大区划，佛山社区的空间结构，就由这三大区划组成。社会发展过程的总趋势，是从简单到复杂，从综合到专门化。佛山三大区划的形成，是符合这一社会发展总趋势的，它是佛山都市化过程的重要成果。应该指出，佛山社区的这种空间分化，是建立在传统工商业基础上的分化。确切地说，清代前期佛山空间分化的特点，是南北分明而中间模糊。它不是分化成三个功能相异的区划，即手工业区、商业区和住宅区，而是分化成两个功能独立和一个功能交叉的区划，住宅区始终没有独立分化出来。我们知道，传统工商业以家庭和家庭为单位，规模小，利润微，厂、家不分，店、家不分。除铸造业、炒炼业外，佛山一般手工产品生产可在家中完成，无需另建作坊，因此住宅与作坊的分化迟迟难以完成。即使发生分化，当其发生空间转移时，也是以个别的、分散的形式进行，因此其分化过程与现代都市进程相比，既慢且长，其区划的边缘有时亦不容易界定，各种功能交叉并存的现象是大量存在的。像汾水、富文、大基三铺那样具有典型商业功能的铺区和像栅下、丰宁那样具有典型手工业功能的铺区还是少数。

不容忽视的是，佛山社区内的各个空间分布形式，作为一种选择力量，或者磁体，将适合需要的人口因素吸引到自身来，同时又排斥那些不适合的因素。这样就逐渐地将佛山城市人口按照职业和文化的原则进行了细分，使城市人口被分隔成各个具有明显道德差距的小社区。每个小社区都成为当地居民的一个独特的社会环境，当地居民就是同这一社会环境融为一体，不管他们愿意不愿意。这样分化形成的经济团块与文化团块最后就构成了城市的形式与特征。

在商业中心区，商贾是人口的主体，他们来自四面八方，流动性大，无家室的男性占绝大多数。他们群集于旅店或庄口之中，于是妓女、优伶随之群集而来，此处亦成为女性的常住地。诚如陈炎宗所说："商贾猬集，则狙诈日生；佣作繁滋，则巧伪相竞；兼以旅廛逼闹，游手朋喧；优船聚于基头，酒肆盈于市畔；耳濡目染，易以迁流，遂失其淳实之素矣。"[①]这里是最富刺激性、发财机会最多的地区，也是道德变迁最快的地区。

在手工业区，青壮年手工业工人是人口的主体，他们来自本镇或四乡，劳作粗重，生活艰苦，男性人口多于女性人口，说话高声大气（这是佛山古代手工业者的一大文化特征），行为质直朴野。

在混合区内的民居住宅区，男女老少共居，男女居民性别比率趋于平衡。尤其在佛山土著居民最早的定居区内，各族聚族而居，建有祠堂和成排成围的住宅，其内部有很强的凝聚力。大族如金鱼堂陈氏，在明代就子孙盘蜒，"聚族里许"。[②] 在清代依然"比户而居，

① 乾隆《佛山忠义乡志》卷六《乡俗志·习尚》。
②《南海金鱼堂陈氏族谱·旧序·陈建中序》。

闾阎充斥"。①像这样的氏族聚居地,自成一区,独立于工商街区之外。在文化观念上亦自成一体。由于老人在这里占有重要地位,加之妇女和儿童占人口的优势比重,这些地区就成为民风民德的主要习传地区。在佛山这些隔绝的小社区里,鼓励符合规范的人发迹,而鄙视具有变异倾向的人。这种长期的隔绝居住,保持了传统道德规范的存续。它使居住于繁华闹市之旁的一个个相对隔绝的小社区保持着传统的生活规范和事业追求,使土著始终游离于侨寓的喧嚣环境之外。例如佛山土著氏族对商业中心区就存有偏见,他们保持着不近市廛的古风,并流传着汾水铺汾流大街的门楼是女宿日建,因而凡官吏上任,学子赴科,"不从此过"。②而"大率数街一市"的"街市",亦被认为是"命夫不入"之地。③正如陈炎宗所言:"佛山地广人稠,五方杂处,习尚盖岐出矣。故家巨族敦诗书,崇礼让。祠祭竭其财力,妇女罕出闺门。此其大较也。"④清代佛山土著子孙还能不断求取科举功名,不能不说与此有关。

　　上述几类分化成的小社区,互相毗连却互不渗透,它使得佛山的社会关系复杂化,并产生出新的、相差甚大的人格类型。然而,它们在佛山城区中的共存,也使个人可以十分便利而迅速地从一种道德环境转入另一个道德环境。同时也提供了在同一时间里过几种不同的道德生活的机会,这又使得佛山的城市生活具有变易性和冒险性。清代佛山大量的弃儒从贾以及由贾致儒的现象在同一家庭中的出现,不能不说与此有密切关系。

三、城区人口与职业构成

　　清代,关于佛山人口繁庶的记载史不绝书,这里先将笔者搜集到的资料汇录列表于下,以飨读者,然后再作进一步的辨析。

表 10－10　清代佛山人口记述资料表⑤

年　　代	人　口　数	资　料　来　源
康熙四年(1665)	烟火万家	吴震方《岭南杂记》上卷
康熙二十三年(1684)	居民櫂逾十万	郎廷枢《修灵应祠记》
康熙四十年(1701)	人口约有百万	《耶稣会士中国书简集》五《纪行篇》第三书简
康熙四十二年(1703)	人口至少百万	《耶稣会士中国书简集》五《纪行篇》第四书简
雍正十一年(1733)	烟户十余万	雍正十一年三月初四日广东巡抚杨永斌奏疏,《雍正朱批谕旨》第 52 册

① 《南海金鱼堂陈氏族谱·旧序·戴鸿慈序》。
② 《佛山街略》。
③ 民国《佛山忠义乡志》卷一《舆地志·墟市》。
④ 乾隆《佛山忠义乡志》卷五《乡俗志》。
⑤ 以上所引碑刻均见《明清佛山碑刻文献经济资料》。

（续表）

年　代	人　口　数	资　料　来　源
乾隆九年(1744)	烟户逾二万	黄兴礼《汾江义学记》
乾隆九年(1744)	烟火万家	黄兴礼《新建忠义乡亭记》
乾隆十五年(1750)	三万余家,数十万人	乾隆《佛山忠义乡志》卷三
乾隆五十三年(1788)	烟火十万余家	叶汝兰《重修佛山经堂碑记》
道光年间(1821—1850)	宅以万户	梁序镛《佛山赋》,道光《佛山忠义乡志》卷一一《艺文下》
道光年间(1821—1850)	阛阓则计以万	冼沂《佛山赋》,道光《佛山忠义乡志》卷一一《艺文下》
咸丰四年(1854)	二万余家	《梁氏支谱》卷首序
民国十年(1922)	三十四万余人	民国《佛山忠义乡志》卷一《舆地·街道》

　　上表所列数字,最多 100 万人,最少 6 万人(以每家六人计),相差甚远,看不出规律性的变化。这就促使我们不得不继续探求以上数字来源的可信性。

　　上述数字的立言者,可分为三类:一类是法国传教士,一类是当政或宦游的官吏,还有一类是佛山籍的文人学士。康熙四十年(1701)法国传教士道·塔鲁塔鲁写道:"我们从佛山的村边经过。这是巨大的聚落,不是大村落,约有一百万人口。仅仅在河上,与我们的较大的船只同样长的船就有五千艘以上。各种各样的船上运载着包含子孙在内的全体家庭成员。我的数字中,完全没有计入无数的渔船和从此岸渡往彼岸时使用的小舟。"[1]康熙四十二年(1703)法国传教士道·冯塔耐(Jean de Fontaney)在第四书简中说:"从广州经水路访问肇庆,行进五里之后,到达世界上最大的村落佛山。我之所以称之为村落,是由于此地未被城墙围困,亦未有特别的长官。然而,在此进行着非常活跃的商业贸易,因为其人口及户数比广州更多,至少可计及百万人口吧。日本管区的耶稣会士们在此拥有美丽的教堂和由许多人组成的信仰者集团。"[2]显然,这两个法国传教士只是短暂经过佛山,其关于佛山人口的数字不是来自道听途说,就是凭感觉臆断,大概从当时佛山汾江河面停泊有 5 000 只大船的繁盛景况引发。第四书简的作者显然参考了第三书简的报告内容。所以百万人口的数字不可信。但上述两位法国传教士的记述,仍不失为关于佛山商业繁盛的宝贵资料。当政的官吏有广东布政使郎廷枢、广东巡抚杨永斌和佛山同知黄兴礼等,其中郎廷枢与杨永斌所言的数字比较接近,而黄兴礼所言则与他们相去甚远。黄兴礼于乾隆九年(1744)就任佛山同知,当年就写了两个碑记。初来乍到,对佛山情况尚不熟悉,从其两碑记中有两种说法可以看出这一点。但无论是广东布政使还是佛山同知,都

---

①［日］矢泽利彦编译:《耶稣会士中国书简集》五《纪行篇》第三书简,东京平凡社 1974 年版。
②《耶稣会士中国书简集》五《纪行篇》第四书简。

不可能有准确的数字来源,当时官府唯一有人丁记载的是赋役册,但赋役册只载八图土著男丁,妇女和大量的侨寓商民无从统计。且雍正元年(1723)取消丁税、"摊丁入地"以后,人丁统计已失去意义,官府对之不感兴趣,人口数字更无从获得。所以上述官吏的数字亦难免不由道听途说和凭感觉估计而来。佛山籍的文人学士中,陈炎宗的数字比较可信,陈炎宗修乾隆《佛山忠义乡志》,虽不可能按户索骥,但大致的数字仍可获得。"三万余家,数十万人"就是一个大致的数字。然而,"数十万人"的概念通常认为在 30—50 万范围内,仍然太宽泛、含糊。唯一准确的数字是民国十年(1921)佛山巡警按户编号所获得的户数和口数,当时统计,佛山二十八铺共有 52 376 户,大小男女 307 060 人。此外文昌、鹰嘴、太平、聚龙四沙还有人口 35 047,全镇合计 342 107 人。[①] 那么,清代前期能否找到比较确切的人口数字呢?

笔者认为,通过《佛镇义仓总录》中散赈数字的统计,可以间接获得清代前期佛山的人口数字。佛山义仓的散赈有一定的章程,散赈前,为防止他堡和本镇非贫民冒领,先由地保持米票挨户查实,确系"无业贫民",方给票赴领,"其有业之家以及有手艺工作人等均不准赴仓领食"。道光十四年(1834)散赈,当时核查贫户 11 534 户,内大丁 56 527 丁、小丁 13 356 丁。续报贫疍 155 户,内大丁 686 丁、小丁 245 丁。统共贫户 11 689 户,共大丁 57 213 丁、小丁 13 601 丁,大小合计 70 814 人。[②] 应该说,这一核查数字是比较准确的。"无业贫民"应指佛山籍的失业手工业者,他们连其家口共有 7 万余人。那么"有业之家以及有手艺工作"之人到底有多少? 这不能不涉及佛山人口的职业构成问题,需要稍加辨析。波梁斯基在论述中世纪世界经济史时曾说过:"手工业是中世纪市民财富的物质基础。占城市居民绝对多数和构成城市物质力量的,不是商人,而正是手工业者。"[③]作为一个以手工业生产为主的城镇,清代的佛山人口亦以手工业者为主。乾隆年间陈炎宗说:"吾乡谬以饶富闻而无蓄积之实,鳞次而居者三万余家。其商贾媚神以希利,迎赛无虚日。市井少年侈婚娶,闹酒食。三五富人则饰其祠室以自榜。故外观殊若有余,而其人率无田业。"[④]当时佛山不仅有田业的地主少,而且劳作的"习农者"亦少。道光年间的记载有:"乡田皆两熟,谷美亦甲他处。惟习农者寡,获时多倩外乡人。"[⑤]《佛镇义仓总录》也有同样记载:"佛山镇内五方杂处,耕农者少,工作人多。"[⑥]"工作人多",就是指手工业者多。因此说清代佛山"手艺工作之户"占绝大多数应该是没有问题的。

现仅以手艺工作之户是无业贫民户的两倍计,手艺工作之户约有 2.3 万户,每户大小

① 民国《佛山忠义乡志》卷一《舆地志·街道》。
② 《佛镇义仓总录》卷三。
③ 波梁斯基:《外国经济史》,《封建主义时代》,第 316 页。
④ 乾隆《佛山忠义乡志》卷三《乡事志》。
⑤ 道光《佛山忠义乡志》卷五《乡俗志·物产》。
⑥ 《佛镇义仓总录》卷三《散赈各章程》。

6 人,共约 14 万人。估计"有业之家"约 5 000 户,大小 3 万人。那么合镇约 24 万人。但这未包括外来流动人口,乾隆年间,外地流入佛山谋生者"日以万计"。① 还有汾江河上新涌口至太平沙数千米河面"疍民搭寮水面以居,几占其半"。② 两者合共约 3 万人。因此,清代鸦片战争前佛山的实际人口不会少于 27 万人。

城市绝对不是人口和建筑物的任意群集,它是一个更广阔的活动范围的核心,它从这个广阔范围中吸取自己所需的资源,同时以自己的功能影响着这广阔的地区。因此,一个城市规模扩大后,它可以更有能力适应自身居民数量的增加,成为吸引周围地区过剩人口的巨大容库。清代前期,佛山就成为广东各地农村人口移动的中心,乾隆刑科题本中就有关于农村人口流往佛山充当雇工的记载。③ 嘉庆末年,四会县人就有"学工艺、佐懋迁于佛山、省城者";清末时,四会贫者更"相率往佛山、省城以图生计"。④ 正如陈炎宗所言:"夫乡固市镇也,四方商贾萃于斯,四方之贫民亦萃于斯。挟赀以贾者什一,徒手而求食者什九也。"⑤

不仅如此,佛山周围的乡村,因与佛山经济联系十分密切,居民的职业构成也发生很大变化。如隔涌相望的蠔岗,在康熙年间就已"逐末者众"。⑥ 在里水村和弼唐乡,居民世代以打制方钉(船用大钉)为业。石头乡和黎涌乡,居民以冶铁配件生产为业。张槎乡和平洲乡居民则以织布为多,石湾居民世代以陶业为业,而沙岗乡居民则世代以编织竹篓(包装陶器)为业。更多的村落则是半工半农,平时务农,闲时则竞相到佛山谋生或领料回乡加工。道咸时,"每日午后,附近乡民多挑钉到佛,挑炭、铁回乡,即俗称替钉者不绝于道"。⑦ 更有棉花行商人把棉花分给所有这些周边乡村。经济结构和职业构成的变化,都可视为佛山都市化的结果。今天佛山城区的扩展以及现代陶瓷业和五金加工业的发展,就是在上述基础上发展起来的。

---

① 朱相朋:《建茶亭记》,乾隆《佛山忠义乡志》卷一〇《艺文志》。
② 道光《佛山忠义乡志》卷一《乡域志·水利》。
③ 参阅郭松义《清代的人口增长和人口流迁》,中国社科院历史所清史室编:《清史论丛》第 5 辑。
④ 光绪《四会县志》编一《风俗》。
⑤ 乾隆《佛山忠义乡志》卷六《乡俗志》。
⑥ 康熙《南海县志》卷六《风俗》。
⑦ 民国《佛山忠义乡志》卷六《实业志》。

第十一章
清代前期佛山市舶与海外贸易

　　广州市舶，向来受到国内史家重视。然佛山市舶，[①]却是一个未被学界涉及的历史问题。清承明制，广东市舶司隶属于广东布政司，受广东巡抚监管，市舶税纳入广东全省赋税总册。由于澳门港市在明嘉靖后长期存在发展，广州、佛山和香山分别担负了中葡贸易对接港市的角色。禁海以前，市舶司在广东沿海各埠税厂征收的市舶税，额定每年二万二百五十两，载入《赋役全书》充饷。[②]康熙二十三年(1684)开海并于次年设立粤海关后，所有海舶税转归粤海关征收，清朝市舶制度逐步向海关制度转化，原来市舶制度中的主要港市也逐步发生转移，出现了此消彼长的历史现象。

　　佛山市舶因澳门贸易而诞生发展，因广州独口通商贸易地位的确立而转移消亡。在佛山市舶存在发展的 100 年时间内，佛山曾经成为清代前期岭南地区重要出口商品集散地和澳商云集之区，佛山也因此完成了从传统型市镇向外向型市镇的转变和整合。过往对清代外贸的研究，关注广州口岸贸易的成果颇多，而对佛山市舶的研究几乎空白。本章根据清代档案和文献资料，将对佛山市舶的产生缘由、建立地点、存在时间、商人组织、贸易商品以及与广州口岸的关系进行梳理，并探讨佛山市舶的历史作用。

---

① 本章讨论的"佛山市舶"，是根据档案和文献材料中"市舶"一词原文，专指清代顺治七年(1650)至乾隆十五年(1750)长达 100 年的佛山海外贸易，包括顺治年间的贡舶贸易、康熙禁海期间的澳门陆路贸易。此两段时期的贸易税收统称"市舶税"，由广东布政司管辖的市舶司征收后充饷，属于广东地方财政收入，其税目列入《广东赋役全书》。粤海关成立后，"市舶司旱路舶饷，自康熙二十四年起已归关部征收"(同下注 2)。康熙二十五年(1686)李士桢奏请停征澳门陆路贸易税，此后广东地方遂无市舶税科目。然由于海关监督到任不常，雍正元年至乾隆十五年(1723—1750)清廷停止差官，粤海关主管长期由广东地方官兼任，"市舶"一词仍用作指称官府管理的海外贸易，通行于广东衙门。直至乾隆十五年(1750)唐英任粤海关监督时，"关部""户部"的称谓才完全取代"市舶使"的称谓。

② 李士桢称："其时海禁未开，澳门仍属界外，内地商民禁止不许至澳，其外来船只到粤洋货，及商民货船到香山县，俱由旱路运至界口贸易，不许海船行走，令市舶司征收，即旱税也。是以有新定二万二百五十两之额。自康熙十九年起至二十三年止，所收税银造册报部充饷。"李士桢：《请豁澳门旱路征收缺少银两疏》，《抚粤政略》卷二《奏疏二》。

第一节　佛山市舶及其起源

一、佛山市舶考释

"佛山市舶澳门商，百货纷来自外洋。见说每年五六月，白蛮黑鬼尽红裳"，[1]这是清人沈大成于乾隆初年写下的抒怀绝句。沈大成在诗尾注释称："澳门在香山县，番人聚居处也。每年以夏初至佛山互市，其人有黑白两种。"[2]

沈大成关于佛山市舶的诗句及其注释虽然不长，但所透露的信息量很大。其中关键词有"佛山市舶""佛山互市""每年五六月""澳门商"等，反映的是每年五、六月南风信风期，佛山市面充满由澳门海舶载来的洋商百货。沈大成"见说每年五六月"句，成为梁廷枏道光年间编纂《粤海关志》时的源本之一，"查外夷商船，向系每年五、六月收泊，九、十月归国"。[3]沈大成"白蛮黑鬼尽红裳"句，反映的是当时澳门葡萄牙商人雇用印度人或南洋诸国人为仆从，这些仆从肤色黝黑，与葡籍白种人的肤色相对映衬。而葡萄牙人崇尚红色，认为红色代表葡萄牙人发现新大陆旅程中流过的血（至今葡萄牙国旗颜色是左绿右红，而葡萄牙足球队穿的是红色球衣），因而葡萄牙人多穿红色外套。非经亲见，难有此诗。因此，沈大成《学福斋集》收录的佛山市舶诗句，留存了乾隆初年佛山市舶的珍贵资料，也给我们打开探询佛山市舶的历史窗口。

沈大成（1700—1771）系江苏华亭人，出身官宦之家，父亲沈禼堂卒于天津青县知县任上。沈大成工诗善文，通经史百家之书，其诗歌最为人所称道。校定书籍颇富，有《清史列传》传于世；撰有《学福斋集》五十八卷和《学福斋诗集》三十七卷。雍正十二年（1734）沈大成宦游粤东，寄寓于时任广东学正的同乡王东麓寓所。不久经人推荐，进入广东按察使王恕幕府。王恕于乾隆元年（1736）任广东按察使，乾隆四年（1739）升任广东布政使，乾隆五年（1740）五月升任福建巡抚，颇有政绩。广东布政使是在两广总督和广东巡抚之外的第三号政府官员，专管财政赋税。王恕出入公门，沈大成随侍左右。乾隆四年（1739），王恕曾核减了当年"粤东省铸造大小广锅陆拾口"的费用，沈大成作为王恕的幕僚，必会多次往返于广州与佛山之间，对佛山铸造业和澳门葡萄牙商人每年五月到佛山互市的情况有亲身体会。[4]

---

[1] 沈大成：《啖荔诗钞》，《学福斋诗集》卷三，清乾隆三十九年刻本。（下称《学福斋诗集》）
[2] 同上。
[3] 《粤海关志》卷二八《夷商三》，第 553 页。
[4] 乾隆五年六月十九日工部尚书兼内务府总管来保等为工科抄出署理广东巡抚山西布政使王謩题前事奏折，中国第一历史档案馆藏清宫档案，档号：02－01－008－000156－0017。

　　沈大成学养深厚，文辞一流，王恕赠予他官的寿序，均由其代笔，因此深得王恕赏识器重。正如沈大成在《太原王公省身录序》所言："余客公幕府者最久，有缌衣之雅。"[1]又称："人生得一知己，可以不恨。若余之于太原王公，可谓知己矣！……绵历数载，余无一日不从公，而公亦视余若家人骨肉，未尝一事不谋而行也。其或他客有争不能得者，余为反复开陈，公始尚疑，继而可，终而卒归于听从，曰：足下之言是也。噫，公之能受尽言，非真知己而能然乎！"[2]沈大成酷爱写诗，虽舟车往来，必以四书相随，诗文自娱，凭窗抒怀。曾著有《海珠寺》《海幢寺》《镇海楼》《南海神庙》《广州中秋》等描写广州的诗句，其中《海珠寺》诗有"大旗番鬼舶，高垒佛郎机"句，[3]描述了在广州珠江所见番舶之高大并配有佛郎机火炮的情形。

　　从雍正元年（1723）至乾隆十五年（1750），清廷停止对粤海关监督差官，粤海关主管长期由广东地方官兼任。[4] 作为广东布政司衙门的主要书手，沈大成熟悉当时广东外贸口岸和海关税收的情况。从雍正十二年至乾隆五年的七年间，沈大成曾多次到过佛山。在沈大成居留岭南期间所写的诗集《啖荔诗钞》中留下了《佛山镇》《夜泊佛山》和《佛山市舶》等多首吟咏佛山的诗句，除了上述佛山市舶诗和注释外，沈大成在《佛山镇》一诗记载："十月佛山镇，土风异外方。装绵吉贝布，酿酒荔枝浆。乌鬼刀为仗，红夷罽作裳。汉家威德远，此辈亦来王。"[5]又在《佛山夜泊》诗云："云藏江月小，暂向佛山留。一市人声沸，千帆灯火浮。春潮来远海，高枕此孤舟。老作南中客，思家无限愁。"[6]还在《食荔支》诗有"去岁忆在佛山舟，今年喜住程乡楼"之句。[7]

　　上述沈大成关于佛山镇的诗句给我们留下了佛山市舶的大量信息，如"土风异外方""春潮来远海""乌鬼刀为仗，红夷罽作裳。汉家威德远，此辈亦来王"等句，反映的是佛山市面上澳门葡商及其伙伴、仆人熙来攘往、旁若无人的盛况。而"装绵吉贝布"句，讲的是当时佛山码头上装载从印度运来棉花、从佛山运走布匹的进出口贸易两旺的情景。清代前期佛山棉花行有 22 家店铺号，专营批发印度棉花给镇内大大小小的织布工场。同时有包买商专营"放机"发放给周围乡村成千上万的家庭织户，从事织布。佛山出口的长青布，则是南洋华侨群体至爱的商品。[8]

　　沈大成"佛山市舶"和"佛山镇"的诗句，给我们留下了弥足珍贵的历史资料。

---

① 沈大成：《太原王公省身录序》，《学福斋集》卷七《序》。
② 沈大成：《太原王公瑟斋集序》，《学福斋集》卷五《序》。
③ 沈大成：《学福斋诗集》卷三《啖荔诗钞》。
④ 陈国栋：《清代前期的粤海关与十三行》，广东人民出版社 2014 年版，第 3 页。（下称《清代前期的粤海关与十三行》）
⑤ 沈大成：《佛山镇》，《学福斋诗集》卷四《啖荔诗钞》。
⑥ 沈大成：《佛山夜泊》，《学福斋诗集》卷七《啖荔诗钞》。
⑦ 沈大成：《食荔支》，《学福斋诗集》卷五《啖荔诗钞》。
⑧ 参阅罗一星《明清佛山经济发展与社会变迁》，第 209—210 页。

二、澳门贸易对接佛山港市

佛山市舶的诞生发展绝非偶然，澳门贸易对接佛山港市，是催生佛山市舶发展的重要历史机缘。

从嘉靖八年(1529)始至清康熙开海前(1685 年)，是澳门口岸贸易的繁荣时代。嘉靖八年(1529)十月，提督两广侍郎林富上疏言开放澳门贸易事。① 明廷于当年"十月己巳(初七)，许广东仍通番舶，漳州私市禁之"，②澳门贸易由此发展。海外诸国相继前来澳门贸易，如满剌加"其自贩于中国者，则直达广东香山澳，接迹不绝云"。③ 百花国亦"附舶香山、濠镜澳贸易"。④ 据明人周元暐《泾林续记》记载："广属香山，为海舶出入襟喉。每一舶至，常持万金，并海外珍异诸物，多有至数万者，先报本县，申达藩司，令[市]舶提举同县官盘验，各有长例。而额外漏隐，所得不资。其报官纳税者，不过十之二三而已。"⑤贸易商品中以铁锅利润最厚，当时吕宋为争夺利器之利曾大规模屠杀华人，"夷虑中国兴兵问罪，入香山澳侦之"。⑥ 崇祯十四年(1641)佛山籍户部尚书李待问奏疏言澳门所抽税额称"见在岁额二万二千。察所抽者，皆于到澳番舶贸易之彝商，并唐商之下澳者"。⑦ 所谓"唐商之下澳者"，即指广州府属各港市从事进出口商品的商人。

佛山地处广州往澳门的珠江后干道上，与澳门一水可达，潮水期下水可朝发夕至。从嘉靖年间郑若增《筹海图编·广东沿海山沙图》可见：当时珠江三角洲尚未成陆，香山县为海中一岛，小榄山亦在海中。在顺德县韦涌与香山岛之间有大片水域叫"分流海"(此处后来大片淤浅成陆，即现在中山大黄圃、东升一带)。从"分流海"东北上，可由虎门入省；从"分流海"西北上，可由陈村达佛山，两处都只需经过很短的一段内河河道即可抵达。⑧佛山出产的铁锅、白铅、丝绸、棉布等商品，是南海诸国和西洋诸国的抢手货。作为澳门葡萄牙人趁洋商品的主要供应地，佛山既是广州南面的外港，又是澳门葡萄牙人与中国内地贸易的主要内港之一。此外，自从澳门在明嘉靖后为葡萄牙人所据后，佛山实际成为明清海禁时期走私贸易的采购基地。据荷兰东印度公司《巴达维亚城日记》等资料记载，崇祯六年至十一年(1633—1638)，郑芝龙及其部属船队每年运往台湾和南洋诸国的货物多达200—300 艘，主要商品为生丝、绸缎、砂糖和铁锅等产品，⑨其中有不少从澳门装载。崇祯

---

① 《明世宗实录》卷一〇六，嘉靖八年十月己巳。
② 《国榷》卷五四，嘉靖八年十月己巳。
③ 《明史》卷三二五《满剌加传》。
④ 茅瑞征：《皇明象胥录》四《百花》，明崇祯刻本，《国立北平图书馆善本丛书》第一集。
⑤ 《泾林续记》，第 34 页。
⑥ 《国榷》卷七九万历三十一年十月甲子条载：万历三十一年(1603 年)，"吕宋国因厚市华人铁器，器空，尽杀华人，凡二万余。夷虑中国兴兵问罪，入香山澳侦之，闽广抚臣不敢尽言，草草闻上，诏无开事端，乃已"。
⑦ 李待问：《罢采珠池盐铁澳税疏》，乾隆《广州府志》卷五三。
⑧ 《筹海图编》卷一《广东七》，第 16 页。
⑨ 郑广南、郑万青：《17 世纪福建郑氏海商崛起及其"海上商业王国"》，载《航海——文明之迹》，第 254—256 页。

年间佛山冶铁三大家族之首的细巷李氏的李崇问（户部尚书李待问族弟）就发起组织佛山"广韶会馆"，专门从事广锅出口批发，被广东官府认为是"窝顿接济之薮"而查办。① 而在隆庆开海后整个广东沿海港市一片兴旺，佛山更未缺席。因此无论在禁海还是在开海期间，佛山商人都参与了对澳门的合法贸易和走私贸易，佛山也作为外贸港市而长期存在。作为中西贸易的自由港市，澳门的存在发展成为明末清初刺激广东内地出口贸易的重要基地。

三、两藩据粤与佛山港口地位

明代广州西濠一带曾是市舶所在区，然其贸易环境在明清鼎革时彻底被改变。顺治七年（1650）两藩入粤，围攻广州城达 10 个月之久，破城后进行报复性的屠城，"血洗十八铺"直接毁灭了广州的商业街区及其商人群体。从顺治七年（1650）至康熙十九年（1680）的两藩据粤时期，藩王尚可喜、尚之信父子聚敛无度，为岭南历史上所罕见。② 广州工商业几近式微。

当两藩对广州屠城之时，尚可喜考虑到佛山素为货泉盐铁辐辏之地，制止了属下对佛山的掠夺。相比广州，佛山镇工商业基础未受破坏，"甲午年（顺治十一年）后，铸冶日已丰隆"，③很快恢复冶铁生产，并大量出口铁锅和其他商品。于是两藩依托佛山制造，在佛山设立了"铁锅总行"等课敛机构。④ 又派出亲信徐彦蕃、吕迥宸、陈俊初等巨棍，"辖收铁锅而侵占行业"。⑤ 在外贸上，两藩一方面利用和扩大合法的贡舶贸易，控制舶来品买卖；两藩派出"王商"经营贸易事宜，垄断与荷兰的贸易权。Morse 称之为"广州王商"（The King of Canton's Merchant）。⑥ 根据西班牙史料记载，1657 年 5 月 30 日，有船主为"广东国王"（藩王）、船长为 Simia（译音）的商舶停靠加溢。而在 1670 年 4 月、1673 年 5 月、1674 年 5 月、1679 年 5 月、1680 年 4 月均有来自广州的商舶到达马尼拉。⑦ 据瑞典人龙思泰的《早期澳门史》记载，顺治十六年（1659），"澳门的商人结束了在广州的交易之后，由 10 到 12 艘船组成的中国护航船队相伴，这些船每艘有 10 支桨，每支由两人划着，此外还有 20 名士兵作为警卫"，这支船队"在香山停下，接受来访并交税"。⑧ 由于两藩的参与和庇护，走私贸易达到了"潜引海外私贩，肆行无忌"的地步。⑨ 对资金不足的外商，尚氏家族还通过生放银两给予支持。康熙二十五年（1681）广东官府籍没尚之信等各家放债本利银"三十

---

① 《盟水斋存牍》（二刻）卷二《激变李扩衷二杖》。
② 参阅罗一星《清初两藩踞粤的横征暴敛及对社会经济的影响》，《岭南文史》1985 年第 1 期。
③ 《江夏黄氏族谱》，载《明清佛山碑刻文献经济资料》，第 308 页。
④ 李士桢：《抚粤政略》卷八《值季官申详一件为发审事》。
⑤ 李士桢：《抚粤政略》卷八《批答·按察司呈详一件为私抽茶毒事》。
⑥ H.B.Morse：The Chronicles of the East India Company Trading to China(1635—1834 年)，Vol.1，p.87.
⑦ 方真真：《中台菲陶瓷贸易(1657—1687)：以西班牙史料为讨论中心》附录表一，载《航海——文明之迹》，第 38—40 页。
⑧ 《早期澳门史》，第 101—102 页。
⑨ 《平定三逆方略》卷一，引自戴逸主编《简明清史》，第 256 页。

万一千七百六十九两”时，发现有“荷兰国欠银六千两”的一笔账目。① 可见尚氏家族把持了与荷兰、西班牙的商舶贸易，广州的富庶外贸商人早已在屠城时大量流失，尚存的民间中小商人谁敢与之相争？

两藩踞粤时期，佛山镇在广东对外贸易中的地位开始上升。无论是贡舶贸易的主要港市，还是走私贸易的主要基地，佛山都扮演了重要角色。

顺治十三年(1656)3 月 17 日，荷兰贡使率 50 条船的船队从广州出发，循江北上前往北京朝贡，当夜船队就宿于佛山。其随团书记员牛霍夫当时记载：“如上所述，我们驶离这个城市后，当夜就住宿在著名的乡镇佛山。”牛霍夫在停泊佛山时还绘制了一张彩色的“佛山镇图”。② 佛山作为贡舶贸易的重要港口，得到荷兰贡使团的重视。

清廷在海禁时期的康熙十八年(1679)，开放了香山界口的旱路贸易，“其时海禁未开，澳门仍属界外，内地商民禁止不许至澳，其外来船只到粤洋货，及商民货船到香山县，俱由旱路运至界口贸易，不许海船行走”。③ “澳门夷人与内地商人各将货物，俱由旱路挑至关前界口，互相贸易。自康熙二十一年止，俱属市舶提举司照例抽收”。④ 然而与此同时，通过佛山水路的走私贸易大量存在。康熙二十一年(1682)广东巡抚李士桢在《禁奸漏税》文告中指出：“今访有不法奸徒乘驾大船，潜往十字门海洋与夷人私相贸易。有由虎门东莞而偷运入省者，有由上罔者、秋风口、朗头以抵新会等处而偷运回栅下、佛山者。”⑤ 这里所言的“秋风口”，应指“秋风角”。嘉靖年间郑若增《筹海图编·广东沿海山沙图》七可见“秋风角烽堠”地名。烽堠是瞭望台，备有草料，可生烟报警。“秋风角烽堠”在香山县东南滨海处。⑥ 李士桢这里所言“栅下”，是指佛山镇南面的栅下码头，史称：“明以前镇内商务萃于栅下，水通香、顺各邑。白坜为糖商船停泊之处，俨然一都会也。”⑦ 栅下天后庙是铁商聚会之处。李士桢这里所言“佛山”，是指佛山镇北面的正埠码头。康熙开海之前，佛山这两个码头是北连广州、南通澳门的繁忙码头。

上述说明，佛山市舶的出现不是偶然的，它与明清帝国的开放海外贸易和岭南地区广州、佛山外贸港市地位的隆替紧密相连。

第二节　李士桢与佛山市舶

康熙二十年(1681)清廷撤藩，坚决果断，“籍没尚之信、之节等各家，放债本利共银三

① 李士桢：《抚粤政略》卷二《奏疏·请豁周浚等难完赃银疏》。
② ［荷］包乐史(Leonard Blusse)、庄国土：《〈荷使初访中国记〉研究》，第 50 页。
③ 李士桢：《请除市舶澳门旱路税银疏》，《抚粤政略》卷二《奏疏二》。
④ 李士桢：《请豁市舶旱路税饷疏》，《抚粤政略》卷二《奏疏二》。
⑤ 李士桢：《抚粤政略》卷六《文告·禁奸漏税》。
⑥ 《筹海图编》卷一《广东七》，第 16 页。
⑦ 《岭南冼氏宗谱》卷三之十八《分房谱·白勘房》。

十万一千七百六十九两一钱零",①"抄没沈上达家现银、放债本利、田房、货物、船只等项,共银九十七万五千九百三十六两一分零"。②康熙二十一年(1682)七月康熙皇帝下旨:"尚之信向在粤东强占贸易,私抽税银甚多,该督抚等理应逐项详察,明白开列,应否豁免,听部议复。"③新任两广总督吴兴祚和广东巡抚李士桢密切配合,并由李士桢逐项查明,会同总督具奏。

李士桢是康熙皇帝姻亲,④曾任江西巡抚,康熙二十一年(1682)至康熙二十六年(1687)任广东巡抚。李士桢深知康熙削藩的决心,因此在撤藩后治理广东的措施大胆泼辣,给康熙帝的奏折不作雕饰,直击要点,字里行间尽显知无不言的亲近感。其奏疏得到康熙帝的准许和支持。

李士桢的全面整顿涉及广东经济各领域和社会各群体,其针对省城、佛山两大商埠进行了拨乱反正而卓有成效的整改,影响长远。兹将其措施分述如下:

一、整顿市舶税额

关于清代广东市舶税,过往未被学者关注和研究。其实在粤海关税确立征收以前的80年间,清代广东市舶税一直在征收。清代广东市舶税主要有两大抽税项目——货物税和船饷。货物税包括中国出口商品和外国进口商品,根据不同种类商品以不同税率征收。船饷根据丈量船只大小,设定不同等级征收。据李士桢奏疏称:"切查市舶税饷一项,旧例原征之海上出入唐洋货物,并丈抽船只。"⑤"未禁海以前,旧例洋船到澳,委官前去丈抽船饷,并收内地商民至粤(澳)贸易唐洋货税,是为舶饷。"⑥可知货物税和船饷组成清代广东市舶税的两大项目。

清承明制,市舶税亦然。明崇祯十四年(1641)佛山籍户部尚书李待问称:"香山澳税隶市舶司,而稽察盘验责于香山县。"万历二十六年岁额"系二万六千两",崇祯年间"岁额二万二千",全部来自澳门贸易。⑦清顺治九年(1652)编定的清代《广东赋役全书·广东市舶提举司·夷舶饷》条,就根据万历四十八年《广东赋役全书》明确记载:"原额银二万六千两,续因缺额太多,万历三十四年,该司道详议两院会题,准允减银四千两。"⑧就是确定二万二千两之额。正如李士桢所称:"查市舶一款,粤省界连滨海,在昔外番洋舡往来货物

---

① 李士桢:《请豁周璿等难完赃银疏》,《抚粤政略》卷二《奏疏二》。
② 李士桢:《请豁萧振埏等难完赃银疏》,《抚粤政略》卷二《奏疏二》。
③ 李士桢:《议复粤东增豁税饷疏》,《抚粤政略》卷七《奏疏一》。
④ 康熙帝的密妃王嫔的父亲王国栋是李士桢原配王氏的胞兄,李士桢之子李煦任苏州织造。李士桢族弟李月桂之女嫁与曹寅(江宁织造、曹雪芹祖父)。曹、李两家堪称豪门望族。
⑤ 李士桢:《请豁市舶旱路税饷疏》,《抚粤政略》卷二《奏疏二》。
⑥ 李士桢:《请除市舶澳门旱路税银疏》,《抚粤政略》卷二《奏疏二》。
⑦ 李侍问:《罢采珠池盐铁澳税疏》,乾隆《广州府志》卷五三《艺文》。
⑧ 《广东赋役全书广东市舶提举司·夷舶饷》,顺治九年刊本,第276页。

交通,岁收税银二万二千余两,载在刊书。国家获军需之利益,地方开商贾之财源。"①这项税款的性质实际上就是船饷。"澳夷出洋之船,岁输船税二万,货物听彼国抽分"。②因是定额,没有"抽分",免其货物进口税,让葡人自行征收,《澳门纪略》也载:"凡船回澳止征船税,丈其货物册籍记之。货入于夷室,俟华商懋迁出澳,始纳税。"③所以梁方仲先生说是"一种包饷制"。④

清初虽有二万二千余两之定额,却常常征收不足,形同虚设。其主要原因是康熙元年实行禁海政策,沿海岛民内迁,是为"迁海"。澳门也不能与内地进行贸易,正如李士桢所言:"自康熙元年禁海,澳门迁置界外,船饷停征。"⑤其次是两藩据粤时期广东市舶税收名义上虽仍由广东布政司管辖,但却完全受制于尚氏父子。尚氏父子无视广东督抚的监管存在,将市舶贸易摄入囊中,大搞走私贸易,令商人沈上达主持其事,使市舶税大量流失。史称:"自康熙元年奉文禁海,外番舡只不至,即有沈上达等,勾结党棍打造海舡,私通外洋,一次可得利银四五万两。一年之中,千舡往回,可得利银四五十万两,其获利甚大也。"⑥撤藩时抄没沈上达家九十七万五千余两,可见走私贸易利润丰厚。然正如两广总督吴兴祚所称:"利入奸宄,国课全无。"⑦

康熙十八年(1679),清廷准许澳门旱路贸易,开征市舶税。但康熙十九年(1680)澳门陆路贸易税金"仅二十六两四钱八分三厘",⑧几同于无。原因之一是海禁未开,商民裹足;原因之二,是市舶官员私抽侵吞。李士桢到任后,发现澳门陆路贸易税被盐市提举司提举张溱等私抽侵欺之弊:

> 有盐市提举司提举张某其人者,本以市井之徒,曾为逆藩办事,钻黉官职,不思守法恤商,辄敢娄私蚀课。于经收官税之外,每两私抽税银五钱。又纵容吏书门皂各役杨思圣、黎正新、张天柱、刘秀生、高殿康、梁子珮、方士珍、梁锡元、李相、袁洪、魏凰,每两私抽税银共一钱五分。臣亟力清查,始据报康熙二十年所收官税银一万二千二百七十八两八钱零。现在奏报,此外访实本官私抽银六千一百三十九两四钱,侵肥入己,衙役杨思圣、黎正新等共私抽银一千八百四十一两八钱,各蠹瓜分。又查自本年正月起至六月终止,共收官税银七千九百余两,本官私抽银三千九百余两,各役私抽银一千一百余两。心惟嗜利,目无王章,此项银两既输之于商橐,自应归之于公帑。⑨

---

① 李士桢:《议复粤东增豁税饷疏》,《抚粤政略》卷七《奏疏一》。
② 《岭南草·澳门纪事诗序》,彭昭麟:《从征诗草》卷四,国家图书馆藏,嘉庆十四年刊本,第20—23页。
③ 印光任、张汝霖:《澳门纪略》上卷《官守篇》,乾隆十六年刻本,页49。(下称《澳门纪略》)
④ 《明代国际贸易与银的输出入》,梁方仲:《梁方仲经济史论文集》,中华书局1989年版,第164页。
⑤ 李士桢:《请除市舶澳门旱路税银疏》,《抚粤政略》卷二《奏疏二》。
⑥ 李士桢:《议复粤东增豁免税饷说》,《抚粤政略》卷七《奏疏》。
⑦ 吴兴祚:《议除藩下苛政疏》,雍正《广东通志》卷六二《艺文志四》。
⑧ 李士桢:《请豁澳门旱路征收缺少银两疏》,《抚粤政略》卷二《奏疏二》。
⑨ 李士桢:《特参提举司官克扣税饷疏》,《抚粤政略》卷七《奏疏一》。

由上可知,康熙二十年(1681)盐市提举司提举张溱等人共私抽侵欺银七千九百八十余两。接着,李士桢又查出康熙二十一年(1682)正月至六月张溱等人还私抽侵欺银五千余两。①

在严惩张溱等贪腐官员的同时,为完善市舶税管理,康熙二十一年(1682)七月李士桢全面推行了税票查验制度:"嗣后唐洋货物务须凛遵严旨,在于香山、澳门旱路界口互相交易,将应纳税银照货先赴提举司投纳,各取印信税票收执为凭。"下店发卖时,本处店牙经纪俱要先验明税票,方许下载转售。其无税票者,即系漏税私货。②

经过李士桢的大力整治,广东市舶税大为改观。从康熙十九年分"仅二十六两四钱八分三厘",③迅速提升到康熙二十年分(1681)抽收税银一万二千二百两零,到康熙二十一年分(1682)抽收税银一万八千七十六两零。④加上张溱等人私抽侵欺的五千余两"归入正饷","是年可得税银二万二百余两矣。"⑤康熙二十一年(1682)十月李士桢题奏称:"今清理出澳门陆路贸易之税,及议广省、佛山等共加增值税银,计之粤东已共增征税银十万七千七百有奇。"⑥这其中,就包括市舶税二万二百余两之额。李士桢的增收方案得到康熙帝的准许,从而为广东开海贸易的税收增长做了制度上的安排准备。

二、禁革总店

佛山是清代面向两广和国内各省贸易的中心市场,各省商货齐聚佛山落地贸易。佛山建有金丝行,各省货物到埠,皆由佛山金丝行代为向税课司缴税。康熙二十五年(1686)五月,李士桢给属下的公文批答中有"其落地货因旧设有金丝行"一句,⑦可知佛山金丝行由来已久。李士桢称:"查省城、佛山二埠,为商贾辏集之区,凡商货到埠发卖,具单开报税课司官,按照定例征收落地税饷。"⑧然而在尚藩据粤时期在佛山设立总店,又称总行,垄断市场上所有重要商品的交易。康熙二十一年(1682)五月,李士桢甫到任,立即查出尚藩在佛山控制总店的私抽恶行,于是李士桢发出《禁革总行》文告称:"今总行一端,最为民害,俟访拿究处外,合亟严行痛革。"⑨

文告发出,藩商并未收敛,仍在佛山横行私抽。康熙二十一年(1682)七月李士桢收到佛山商民呈控还有藩商欺行霸市,于是再发文告称:

---

① 李士桢:《议复粤东增豁税饷疏》,《抚粤政略》卷七《奏疏一》。
② 李士桢:《禁奸漏税》,《抚粤政略》卷六《文告二》。
③ 李士桢:《请豁澳门旱路征收缺少银两疏》,《抚粤政略》卷二《奏疏二》。
④ 同上。
⑤ 李士桢:《议复粤东增豁税饷疏》,《抚粤政略》卷七《奏疏一》。
⑥ 李士桢:《议复粤东增豁税饷疏》,《抚粤政略》卷七《奏疏七》。
⑦ 李士桢:《布政司呈详一件为分别税课等事》,《抚粤政略》卷八《批答》。
⑧ 李士桢:《酌减则例》,《抚粤政略》卷六《文告二》。
⑨ 李士桢:《禁革总行》,《抚粤政略》卷五《文告一》。

照得佛山一镇，为五方杂居、商民辐辏之地，因藩孽棍徒沟通地方土宄播虐，商民吞声靡额。本院下车之后，屡经颁示禁饬在案，今闻仍有愍不畏死之辈，违法横行，不知省改。复据该镇士民屡次条陈前来，有强买害人而反诬抢夺，有债拆房屋而遗税累民，有藉揭帑本而开张总行，有辖收铁锅而侵占行业，有蠹役串同包当保长，藉夫务而择食乡愚，有盐蠹踞为总埠而高抬勒价，灌水侵砂，甚至贩买咸鱼、咸虾、虾蛋、乌榄等物，为庶民日用所需者，亦被巡拦截捉勒挂盐斤。又有投营棍蠹，开场放赌棋局乌白而诱诈殷富子弟，下至乞丐娼优，亦皆扎局无赖，诈害良民，种种奸弊，难以枚举。若不亟除尽绝，则流害地方，宁有纪极。①

当时佛山镇内藩党余孽尚且猖狂，有巨棍徐彦蕃等"复立铁锅总行，藉追帑本名色。横行私抽，计银四千六百两"；②有"田彪等大伙，乘船摆列门枪四杆，擅挂巡抚都院大灯一对，挈四品官之坐褥提索带刀"，横行水道；还有号称"拦路虎"的杨四，人住外省，却肆虐佛山十余年。③ 李士桢一一查办，毫不姑息，将在佛山借藩王势力肆虐的巨棍徐彦蕃及其同伙吕迥宸、陈俊初等三人"各枷号一月在佛山镇"，④藩党余孽均作鸟兽散，佛民无不称快。不久商品价格回落，市道平稳。正如李士桢康熙二十五年（1686）所言："惟今升平日久，物价较昔稍平。"⑤此后佛山逐步成为岭南区域内的国内贸易中心枢纽。

三、停征旱税，移交海税

停征以旱税为主体的市舶税，并将海税移交粤海关征收，这是李士桢实行的重要措施。清代前期的广东市舶税包括海税（海路货物税）和旱税（陆路货物税）。上文述及，海税自清初顺治年间就有征收，康熙元年（1662）清廷禁海，停征海税。旱税是清廷在海禁期间专门为澳夷生计设定的贸易税项，始自康熙十八年（1679），止于康熙二十三年（1684），"俱属市舶提举司照例抽收，是所征之税，即系旧日海税"。⑥ 康熙十八年（1679）葡萄牙贡使本多白勒拉进京请求开放与内地贸易，引起清廷重视，于是派要员到粤踏勘，提出"准在旱路界口贸易"的奏请，得到康熙皇帝的准许。⑦ 至此，停止了 18 年的澳门与内地的贸易通过旱路重新开始。

康熙十八年（1679），清廷新订市舶税二万二百五十两之额。李士桢奏称：

其时海禁未开，澳门仍属界外，内地商民禁止不许至澳，其外来船只到粤洋货及

---

① 李士桢：《禁棍蠹积弊》，《抚粤政略》卷六《文告二》。
② 李士桢：《按察司呈详一件为私抽茶毒事》，《抚粤政略》卷八《批答》。
③ 李士桢：《高通判呈详一件为发审事》，《抚粤政略》卷八《批答》。
④ 李士桢：《按察司呈详一件为私抽茶毒事》，《抚粤政略》卷八《批答》。
⑤ 李士桢：《酌减则例》，《抚粤政略》卷六《文告二》。
⑥ 李士桢：《请豁市舶旱路税饷疏》，《抚粤政略》卷二《奏疏二》，页 59—62。
⑦ 李士桢：《请除市舶澳门旱路税银疏》，《抚粤政略》卷二《奏疏二》，页 41—43。

商民货船到香山县,俱由旱路运至界口贸易,不许海船行走,令市舶司征收,即旱税也。是以有新定二万二百五十两之额。自康熙十九年起至二十三年止,所收税银造册报部充饷。[①]

康熙二十三年(1684)开海,水路贸易逐渐恢复畅通。康熙二十四年(1685)粤海关设立,李士桢即将市舶税移归粤海关征收,并向户部题请除额。康熙二十五年(1686)二月,李士桢《请除市舶澳门旱路税银疏》称:

> 市舶司旱路舶饷,自康熙二十四年起已归关部征收,经臣等题请除额。今部议谓市舶所征银两系落地旱税,应照旧征收等因。第广州省城、佛山落地旱税,原额加增共银五千余两,递年系税课司大使征收,而市舶司未开海之先,征收旱路货物税饷,是为旱税。今开海之后,现在到粤洋船及内地商民货物,俱由海运直抵澳门,不复仍由旱路贸易,今日关部所收之海税,即以前市舶所收之旱税。关部业已移取档案接管,照例征收,是市舶司额饷不敢重复征收,货不由旱,实无从重复征收也,相应再疏,题请除额。[②]

以后李士桢又屡次上疏题请除额。然而,康熙二十五年(1686)粤海关所收之税“不及二十四年初开洋船之税”,户部驳议复征:“部复:以九卿会议,止令关部海上船只出入货物征收,其桥津地方贸易货物停其征收税银,市舶司所征银两系落地旱税。该抚屡请归关部征收,殊属不合。仍行照旧征收。”[③]此时有商人王元、李再筹等以“一货难以两征”情由哀控广东巡抚衙门,考虑到确实存在重复征税的问题,李士桢于康熙二十六年(1686)二月,再上《请豁市舶旱路税饷疏》,奏请停征以旱税为主体的市舶税收,而将水路贸易税为主体的海税统归于粤海关征收。李士桢称:

> 切查市舶税饷一项,旧例原征之海上出入唐洋货物,并丈抽船只。自康熙元年禁海,遂尔停征。……是所征之税,即系旧日海税,盖因遵海禁,奉旨暂借旱路往来,以资生计,原非桥津地方落地贸易之税明矣。若落地税,向有广州府额设税课司大使征收,历年奏销报部另是一项。今荷皇恩地禁开洋,一切商民货物俱由海上船运。自康熙二十四年起,商人俱赴监督纳税,今日监督征收海上出入洋船之货税,即是市舶司昔日禁海时征收在旱路界口贸易之货税,原是一项。在未开关海以前,则由陆而不由海,既开海以后,则由海而不由陆。此收则彼停,乃理之必然者也。……今若重征,竟使一货两税,一地两抽,不特商民困苦,无力完纳,亦大非我皇上轸恤之初意矣。为此不避冒渎之罪,用敢再四激切披陈,伏乞皇上俯念市舶税饷已归部差征收,提举司委

---

① 李士桢:《请除市舶澳门旱路税银疏》,《抚粤政略》卷二《奏疏二》,页41—43。
② 同上。
③ 李士桢:《请豁市舶旱路税饷疏》,《抚粤政略》卷二《奏疏二》,页59—62。

无税可复,实属彼收此停,并非请豁者比。恩赐敕部照例停止,从此商旅闻风云集,课饷无亏,百货日见充盈,而民生永赖矣。既据该司呈详前来,臣谨会同两广总督臣吴,合疏具题,伏乞敕下该部议复施行。①

由上可知,市舶税与海关税征收的对象都是海舶贸易的船只和货物。清代前期,户部与广东官府对"市舶税"实行了征收管理。康熙二十四年后,李士桢停征了旱税(市舶税),并将海税(市舶税)划归粤海关征收。广东市舶司管理职能转移到粤海关。这一转移的过程,也是清代海外贸易的国家管理向专业化转变的过程,李士桢参与了这一重大转变过程,出力尤多。

四、分拆洋货行和金丝行

鼓励广州、佛山两埠商人分别承充洋货行和金丝行。清初时广州、佛山两埠原设有金丝行,主要从事来广贩卖一切落地货物的贸易并向广东税课司缴税;同时承办出海货物贸易并向市舶司缴税。开海后设立粤海关,市舶司不收海舶税。随着外船来华贸易的迅速增加,金丝行商人投行缴税发生了困扰。李士桢敏锐地发现旧税制不能适应开海后贸易增加的形势,必须进行分别牙行征收货税的改革。李士桢在给下属公文的批答中表达了他的看法:

> 惟是出洋货物与落地货物无以分别,恐商民不无重困,其落地货因旧设有金丝行,而出海货物应否设立出海洋货行？作何分别征收？务期疏商裕课。仰再会同广南韶道确议,限五日内详夺移商关部酌行,仍候总督部院批示报缴。②

经过与广东布政使郎廷枢和粤海关监督的探讨,李士桢做了一件具有长远影响的改革大事,就是把传统行商分别出专门从事外洋贸易的洋货行和专门从事国内贸易的金丝行。康熙二十五年(1686)四月李士桢在广州、佛山两埠发布《分别住、行货税》文告大力招商:

> 如省城、佛山旧设税课司,征收落地住税;今设立海关,征收出洋行税。地势相连,如行、住二税不分,恐有重复影射之弊。今公议设立金丝行、洋货行两项货店。如来广省本地,与贩一切落地货物,分为住税报单,皆投金丝行,赴税课司纳税。其外洋贩来货物及出海贸易货物,分为行税报单,皆投洋货行,候出海时洋商自赴关部纳税。诚恐各省远来商人不知分别牙行近例,未免层叠影射,致滋重困。除关部给示通饬外,合行出示晓谕。为此示仰省城、佛山商民牙行认等知悉,嗣后如有身家殷实之人

---

① 李士桢:《请豁市舶旱路税饷疏》,《抚粤政略》卷二《奏疏二》,页59—62。
② 李士桢:《布政司呈详一件为分别税课等事》,《抚粤政略》卷八《批答二》,页38—39。

愿充洋货行者,或呈明地方官承充,或改换招牌,各具呈认明给帖。即有一人愿充二行者,亦必分别二店,各立招牌。不许混乱一处,影射朦混,商课俱有违碍。此系商行两便之事,各速认行招商,毋得观望迟延,有误生理。其各处商人来广,务各照货投行,不得重复纳税,自失生计。①

该文告中心内容就是:设立金丝行和洋货行两项货店,分别报税。来广贩卖一切落地货物投金丝行,赴广东税课司纳税,使用住税报单;其外洋贩来货物及出海贸易货物投洋货行,赴粤海关纳税,使用行税报单。省城、佛山两埠"身家殷实之人"愿意承充洋货行者,呈明地方官给帖改换招牌即可经营。即有"一人愿充二行者",也可以分别二店,各立招牌经营。

应该指出,李士桢《分别住、行货税》的文告,是广东官府适应广东外贸的发展和粤海关设立的新变化,作出的新税收机构、新税收科目和新商人组织的制度安排。这是中国历史上第一次以官府牌照的合法方式允许民间商人经营洋货贸易,从而在广东商人群体中产生了推动两行分化的作用,其对广州、佛山两埠商人投身外贸经纪人的积极意义毋庸置疑。

此后,佛山市场上内贸批发商便与外贸批发商便严格区分,各自经营。康熙二十五年(1886),从事"来广贩卖一切落地货物"的佛山金丝行商人,共同成立了金丝行会馆,设在佛山快子上街。② 佛山的"西货行会馆在升平街",③该会馆道光年间曾重修。清代前期的富民铺,集中了从事外洋贩来货物及出海贸易货物的各种店铺,其中汾流大街卖"各色洋布",豆豉巷"俱开棉花、西货、沉香、浮货行";新宁街"俱开筛择槟榔行","琼南、西货行店开在此","海南行开此"。④ 此外佛山铅务公所也是每年囤贮、批发十余万斤白铅给宝广局鼓铸并出口海外 70 万—300 余万斤的商业机构。⑤ 其他行商也各有聚处,史称"佛山一镇,乃各省商贾囤贮货物、往来买卖之所",⑥"佛山镇四面皆有行户,处处可起货发销"。⑦

五、广东盐课市舶提举司与佛山设厂

清代广东市舶司如何设立并管理运作的课题,早已引起学者关注。20 世纪 50 年代,彭泽益先生发表《清代广东洋行制度的起源》一文,主要依据李士桢《抚粤政略》和广东方志资料,对清代广东洋行制度的起源作了细致考证,探幽发微,多所贡献。文中讨论了广东市舶司的问题,彭先生根据杜臻《粤闽巡视纪略》卷二"国朝不设市舶提举,兼领于盐课

---

① 李士桢:《分别住、行货税》,《抚粤政略》卷六《文告二》,页 55—56。
② 民国《佛山忠义乡志》卷六《实业志》。
③ 道光《山忠义乡志》卷五《乡俗志·会馆附》。
④《佛山街略》。
⑤ 黄思彤:《粤东省例新纂》卷三《户·铜铅》。
⑥《佛镇义仓总录》卷一《南海县正堂刘太爷永禁堆积占搭盖抽剥碑记》。
⑦《运到赤下地方炭斤一体赴厂纳税》,《粤东例案·行市》(抄本)。

提举司，禁海并罢"的记述，①认为清代广东对外通商并未按历代旧例设立市舶提举专官，而是由盐课提举司监管，而此制在康熙元年禁海时即行停止。近 60 年来，关于广东市舶司的设置问题仅有少数几位学者关注并提出自己的意见。② 应该指出，目前关于清代广东市舶司的研究史料，均来自彭先生早年的开创性研究。然近年来后辈学者对广东市舶司是否设立问题的讨论，也丰富了学界对广东市舶司存在、运作史实的基本认知。

由于广东市舶司关乎佛山市舶的管理与运作，笔者在此就所掌握的资料，对清代广东市舶司的机构设置与对佛山市舶的管理作一梳理和辨析。笔者认为，清初已然设立了广东市舶提举司，并与广东盐课提举司合并。顺治九年（1652）编定的《广东赋役全书》有《广东市舶提举司·夷舶饷》条，确定夷舶饷岁额二万二千两，归属广东市舶提举司征缴。③康熙元年（1662）海禁后，海舶不至，市舶司提举之职无所事事。于是康熙五年清廷裁撤了市舶司提举官缺。《清文献通考》载："初设广东市舶提举，于康熙五年裁，并盐课提举司。"④虽然市舶提举官缺被裁，但市舶吏目和市舶司的机构未被裁撤。金光祖《广东通志》公署条，记载有"盐课市舶提举司"。金光祖于康熙九年（1670）任两广总督，由其总纂的康熙《广东通志》成书于康熙十四年（1675），其志载："盐课市舶提举司。旧盐课提举在府学左；市舶提举在府城外西南一里，即宋市舶亭海山楼故址。后改于承宣街。国朝盐市归并，迁大新街。今在内城承宣街。"⑤这段资料不少学者引用过，然未作正确标点和解读。所谓"盐课市舶提举司"，就是盐课提举司和市舶提举司的合称。"国朝盐市归并"句，当为"国朝盐、市归并"，即指清朝盐课提举司与市舶提举司两司合并，联署办公，并非指食盐市场合并。两司合并后迁署外城大新街，随后又迁署内城承宣街。又据吴震方《岭南杂记》载："粤东未设盐院之前，只盐市提举司监之。"⑥此处的"盐市提举司"，就是"盐课市舶提举司"的简称。康熙二十一年（1682）七月李士桢奏疏也有"盐市提举司"之称。⑦ 可见

① 杜臻：《粤闽巡视纪略》卷二，《明清时期澳门档案文献汇编》（六），第 594 页。
② 如澳门史研究专家汤开建则认为："清初因明旧制，仍设市舶。但将市舶与盐课合并为一司，管理盐务和贸易。只不过这时的市舶却是盐课提举辖下的一分支机构。而对澳门的管理仍是市舶司。"（汤开建：《明清士大夫与澳门》，澳门基金会 1998 年版）周海霞《清初广东市舶司的建置与沿革》一文则认为：清初有多次裁撤和复设广东市舶司；清初沿用明制，市舶事务由巡视海道兼管；顺治十七年清廷设立市舶提举专管市舶事务；康熙五年，市舶提举被归并到盐课提举司下，成立了"广东盐课市舶提举司"衙门，简称"盐课提举司"或"盐市提举司"；到了海禁最严格时期，盐课提举司被罢除；康熙十八年，澳门陆路贸易开通，盐课提举司恢复税收管理；海禁解除，粤海关建立，市舶职能被海关取代；康熙三十二年进行盐政改革，取消广东盐课市舶提举司衙门，市舶机构正式退出历史舞台。（周海霞：《清初广东市舶司的建置与沿革》，《湖北社会科学》2014 年第 10 期）彭崇超《平南王与清初广东的对外交往》一文，不同意周氏的广东盐课市舶提举司在海禁时一度被废而开通澳门陆路贸易后又复立的论断。彭崇超通过翻检相关史料，得出盐市提举司在海禁期间并未被废的判断。（彭崇超：《平南王与清初广东的对外交往》，广东省社会科学院硕士学位论文，2017 年 6 月 23 日）
③《广东赋役全书·广东市舶提举司·夷舶饷》，顺治九年刊本，第 276 页。
④《清文献通考》卷八五《职官考》九《直省官员》。
⑤ 金光祖：康熙《广东通志》卷六《公署》，载《广东历代方志集成·省部》，岭南美术出版社 2009 年影印本，第 313 页。
⑥ 吴震方：《岭南杂记》上卷，载《丛书集成初编》，（北京）商务印书馆 1936 年版，第 10 页。（下称《岭南杂记》）
⑦ 李士桢：《抚粤政略》卷七《奏疏一·特参提举司官克扣税饷疏》，第 784 页。

"盐市提举司"或"盐课提举司"的称谓,其来有自。

广东盐课市舶提举司在康熙十八年(1679)有了转机,当年清廷新订市舶税二万二百五十两之额,"令市舶司征收,即旱税也"。① 广东市舶司衙门遂从闲职转为要职,重新运作。康熙二十一年至二十六年(1682—1687)里,李士桢奏疏与文告多次提到"市舶司"和"市舶税",说明此时市舶司在巡抚李士桢的管理掌控下。

应该指出,从顺治十年(1653)到海禁时期,"盐市提举司"的职能实际覆盖了市舶司的职能。盐饷数额巨大,市舶税当时不及盐饷十分之一,以盐课提举管辖市舶司吏目,亦在情理中。虽然"市舶司"之名频频出现在清代官府奏疏中,但康熙五年后裁撤"广东市舶提举"后,奏疏中所言"市舶司"的主管官,无一例外都是指"盐课市舶提举司提举"。因为我们看到,凭藉盐课提举司平台聚敛海舶贸易之利的"盐课市舶提举司提举贪腐案"层出不穷。试举几例:

> 顺治十年,暹罗国有番舶至广州,表请入贡。是年,复有荷兰国夷航至澳门,恳求进贡。时盐课提举司白万举、藩府参将沈上达,以互市说王,遂咨部,允行,乃修明市舶司故馆以居贡使,而厚廪饩以召纳远人焉。康熙十三年,苏禄国王森列拍遣使三人请受藩封,于是颁给驼纽银付以时宪,一时称荣,而侏僂白老群趋乎粤,白、沈二人因缘为奸,夷利开而民俗疲矣。②

康熙元年(1662)禁海后,沈上达以每年认承盐饷三十万两的名义,垄断海上走私贸易之利。正如李士桢所言:

> 臣查市舶一款,粤省界连滨海,在昔外番洋舡往来货物交通,岁收税银二万二千余两,载在刊书。国家获军需之利益,地方开商贾之财源,自康熙元年奉文禁海,外番舡只不至,即有沈上达等勾结党棍打造海舡,私通外洋,一次可得利银四五万两。一年之中,千船往回,可得利银四五十万两。其获利甚大也。即沈上达未死之先,承认盐饷三十万两,查盐利每岁安能有三十万之多,其意不过借行盐裕饷为各,觊留住广,仍旧垄断水陆之利,占据商民之业,假公以济私也。③

显然,从顺治十年(1653)至康熙十九年(1680)的 27 年间,在两藩卵翼下,白万举和沈上达先后以"盐课提举司"的名义长期控制海舶贸易。

康熙二十一年(1682)十月,李士桢又查出"盐市提举司提举张溱"及其吏书,④在康熙二十年(1681)和康熙二十一年(1682)正月至六月期间,张溱等人共私抽侵欺银一万二千

---

① 李士桢:《请除市舶澳门旱路税银疏》,《抚粤政略》卷二《奏疏二》。
② 樊封:《南海百咏续编》,广陵书社 2003 年影印本,第 68—69 页。
③ 李士桢:《议复粤东增豁税饷疏》,《抚粤政略》卷七《奏疏一》,页 11—21。
④ 李士桢:《抚粤政略》卷七《奏疏一·特参提举司官克扣税饷疏》,第 784 页。

九百八十余两。① 可见盐课司提举或盐市司提举才是市舶贸易税的操控者。事实上，清康熙五年之后也续有"盐课提举司"缺的任命，如"向维时，巴东人，生员，康熙十一年任"。② 可见盐课提举司并无裁撤。

上述说明，杜臻《粤闽巡视纪略》卷二"国朝不设市舶提举，兼领于盐课提举司，禁海并罢"的记述，③前半句有征，后半句失实。彭先生据此认为盐课提举司在康熙元年禁海时被罢除的观点是值得商榷的。上述还说明，从顺治十年开始，广东市舶司一直在执行对外贸易的税收功能，即使在禁海时期也概莫能外。周海霞认为清初沿用明制由巡视海道兼管市舶事务和顺治十七年清廷才设立市舶提举专管市舶事务的观点也失之细审。

概括起来就是：清代前期广东市舶司一直存在并行使市舶税收功能，归并广东盐市司之后，继续以"广东市舶司"名义征收舶税。而广东盐市司（广东盐课司）提举一直是市舶税征收权的掌控者。康熙二十四年（1685）李士桢完成市舶税向海关税的移交后，广东市舶司的海舶征收职能已然消亡，但广东盐课市舶提举司机构的正式裁撤，则是在康熙三十二年（1693）广东盐政改革之时。之后又因为粤海关税收长期由广东督抚兼管，因而"市舶"一词仍在广东官府流行，直到乾隆十五年粤海关监督正式常任后，"市舶司"和"市舶提举"的称谓，遂为海关和"关部""户部"所取代。

正由于广东盐课提举司长期监管市舶，李士桢向佛山派驻盐课提举专官就不是孤立之事。康熙二十一年（1682）之前的广东盐政管理，系"巡抚统理，盐道尚管秤掣批验。又设提举司官，散引收课，提举司吏目，批验所大使，以效差委奔走查验之事"。④ 佛山厂盘验盐斤，向系从省城批验所暂委官员吏目，随到随验。"佛山厂离省不远，向来委员盘验，大约多不亲行，不过滥托衙役苛索陋规而已"。⑤ 吏目多索的陋规名目繁多，如"过佛山厂，则有罪赎、厂官费用及厂书管家相公差役解费、把水、点仓、秤子、挂号等项费用"。⑥ 康熙二十一年（1682）李士桢整饬盐政，革除陋规。又查得省城东关有"提举司吏目一官"，只知照例用印，"已属闲员"，"今本院拟将吏目一官移驻佛山厂，专司盘验之事。其往例暂委官员，竟可不用。……但佛山设厂，前经题明，其吏目移驻，亦属更改定制"。⑦ 李士桢在佛山设厂并移驻"能干首领官"的措施，⑧固然是对佛山盐政的改革之举，但也不无兼顾盘查佛山市舶贸易的深意。据雍正《广东通志》贡赋条记载，"佛山铁镬税，据市舶司揭报

① 李士桢：《议复粤东增豁税饷疏》，《抚粤政略》卷七《奏疏一》，页 11—21。
② 康熙《广东通志》卷一三《职官上》，载《广东历代方志集成·省部》，第 687 页。
③ 杜臻：《粤闽巡视纪略》卷一，《明清时期澳门档案文献汇编》（六），第 594 页。
④ 李士桢：《议复粤东增豁税饷疏》，《抚粤政略》卷七《奏疏一》。
⑤ 李士桢：《整饬鹾政》，《抚粤政略》卷三《符檄》。
⑥ 李士桢：《摘数陋弊》，《抚粤政略》卷五《文告一》。
⑦ 李士桢：《整饬鹾政》，《抚粤政略》卷三《符檄》。
⑧ 李士桢：《条议粤东盐政疏》，《抚粤政略》卷七《奏疏》。

约税银二百两"。① 可见清前期市舶司在佛山每年征收"铁镬税"二百两。

有学者认为：佛山大塘涌有临海炮垒故址,是宋时市舶提举驻扎所在。② 笔者认为,宋代佛山聚落尚未形成,港市的形成条件不具备,宋朝也无市舶务建置;而清代前期佛山栅下铺文塔处设有炮台,栅下铺沿涌有"栅下海口官埠渡口",有粤海关佛山税口和广州府税馆的派出机构,③故而官员吏目来往频繁。故老传闻的地方故事,越到后来越往前朝勾连,反失其真。然事出有因,当与上述清代广东盐市提举司在佛山设立专官盘查盐课、兼管市舶的历史有关。

第三节　佛山市舶的洋商组织

清代所谓洋商,非指外国商人,实指本国从事洋货行的商人。梁嘉彬《十三行考》指出:"按'洋行'为'洋货行'之简称。中国前朝称与外番贸易之本国商舶为'番舶',清代亦称对外贸易之本国行商为'洋商',其行称为'洋行'。"④这里论述的洋商组织,主要是指本国(包括澳门)从事对外贸易的商人。

一、澳门商人

佛山市舶的澳门商人主要有两大类:

一类是澳门土著葡裔商人。清初准许澳门设立 25 号出洋贸易海船,发给执照,他们多拥有发照额船的股份。其群体包括印度裔随从、仆人及其南洋诸国裔的水手、杂役等人。

另一类是澳商,由居住澳门的中国铺商充任。他们粗通葡语和英语,熟悉澳门土著葡人的需求,其中不少人原为通事出身。乾隆五十七年(1792)粤海关曾在广州开设澳行招引澳商承充报税。现就上述两类商人组织分述如下:

关于澳门土著葡裔商人,《澳门纪略》记载他们以海舶为生的生产、生活方式:

> 其俗以行贾为业。富者男女坐食,贫者为兵,为梢工,为人掌舶。妇女绣巾带、炊饼饵、糖果粥之以糊口。凡一舶,货值巨万,家饶于财,辄自置舶。问其富,数舶以对。资微者附之,或数十主同一舶。每岁一出,出则数十百家之命系焉。出以冬月,冬月多北风。其来以四、五月,四、五月多南风。计当返,则妇孺绕舍呼号以祈南风。

---

① 雍正《广东通志》卷二二《贡赋》。
② 陈智亮:《冶铁业与古代佛山镇的形成与发展》,载朱培建编著《佛山明清冶铸》,第254页。
③ 道光《佛山忠义乡志》卷一《乡域志·津渡》。
④ 《广东十三行考》第1篇《序编》,第15页。

脱卒不返,相率行乞于市,乞者常千人。然性侈,稍赢于资,居室服食辄以华靡相胜。①

清初澳门 25 号额船出洋,需置办大量货物,而船货是众商合资购买,因此每船均有数十商人,加上舵工、水手,每船多达上百人,据载:"每船夷梢多至百余名,或二百名不等。"②再加上挑夫等人,"澳中挑夫设有夫头,每逢渡船往来,承挑货物,及夷人上省下澳,均须雇请"。③ 因此,每年五、六月和九、十月,澳商及为澳商服务之人就会集中出现在佛山。正如沈大成记载,澳门番人"每年以夏初至佛山互市,其人有黑白两种"。④

澳门土著葡裔商人及其扈从印裔商人主要到香山和佛山互市,史称:"至于葡萄牙,则因有澳门为之凭藉,竟以澳门为东道主,接纳各国商人,径与香山牙行贸易,不与十三行互市。又自有船舶往来贸易,只纳船钞,不缴规银。"⑤澳门的 25 号额船,均可由虎门水道到黄埔,也可以从澳门水道到佛山。马士《东印度公司编年史》记载清初澳门船到黄埔者,寥寥无几。正如梁嘉彬所指出的,"葡人与十三行问题本无多大关系"。⑥ 而且清代前期澳门土著葡裔商人主要从事南洋诸国的近海贸易,最远至印度果阿。《粤海关志》记载:

> 不知澳夷并非输其本国之货,而贩鬻于中土,不过以澳门为居货之地,以暹罗、苏禄、交趾、吕宋为行货之地耳。今考其输税,绝无大西洋土物,虽以鼻烟无用,今亦累岁不来。惟是锡、蜡、胡椒、槟榔、檀木之类,皆由外番各国贩运而来,又得本土之细茶、茯苓、湖丝、糖果之物,贩往各番。⑦

由上可见,澳门土著葡裔商人是一群与欧洲各国到广州互市的商人群体不同的、主要从事近海口岸贸易而非远洋贸易的商人群体。他们更喜欢与佛山民间商人打交道。

关于澳商与澳行,嘉庆十五年(1810)香山知县彭昭麟札文称:

> 切澳夷荷蒙恩给额船二十五号,置货往趁外洋各埠贸易,以资生计。查历年所买货物,首重白铅,为大小西洋各埠所必需,皆由澳商代夷接办,前往佛山采买,到省报明官宪,输税给照,运回澳门,统计每年不下万万斤,历年开行报单可据,相沿无异。⑧

---

① 《澳门纪略》下卷《澳蕃篇》,页 29。
② 《粤海关志》卷二八《夷商三》,广东人民出版社 2014 年版,第 552 页。
③ 《粤海关志》卷二九《夷商四》,第 559 页。
④ 沈大成:《学福斋诗集》卷三《啖荔诗钞》,第 196 页。
⑤ 《广东十三行考》,第 313 页。
⑥ 同上。
⑦ 《粤海关志》卷二八《夷商三》,第 546 页。
⑧ 嘉庆十五年十月初四日《香山知县彭昭麟为奉宪牌批复原禀请发额铅三十万斤归澳商采买下澳等事行判事官札》,《清代澳门中文档案汇编》上册,第 108 页。

可知澳商是"代夷接办,前往佛山采买,到省报明关宪,输税给照,运回澳门"的中介商人。① 如上所述,从明季到清康熙、雍正年间,澳门土著葡人世代只与香山县牙行和佛山行牙商进行贸易。出于商业竞争考虑,澳门土著葡人有意绕开晚到的欧洲竞争对手英国东印度公司及其在广州的十三行行商,并长期享受清朝的税收恩免政策,甚至开海之后直接在十字门海上交易,吴震方《岭南杂记》载:"离澳门十余里,名十字门,乃海中山也。形如攒指,中多支港,通洋往来之舟,皆聚于此。彼此交易,故有时不必由澳门也。"②

乾隆五十七年(1792)五月十七日,粤海关监督盛佳以"查从前因无澳商统理其事,是以难专责成"为由,在广州设立澳行,并招外洋行之同昌行商许永清承充澳行。澳行何者?澳行是清代前期在粤海关注册发照的合法商人组织,类似于外洋行(十三行)。显然这是清朝广东官府对澳门土著葡裔商人加强管理的一种制度安排。"查澳行设立在省,原为稽查上下澳货,代为报税,以杜偷运走私,于天朝税课有益,于该夷生理并无□□不善"。③盛佳随即把许永清推上前台,在其给澳门理事官唉嚟哆的谕令称:"嗣后一切上下省澳货物,俱归澳商代为报输,无论大单、小单,随时俱可酌办,以便该夷商上下省澳货物,不致阻滞。"④可是仅仅过了三个月,许永清就要退出澳行,理由是:"因夷船陆续进口……事务殷繁……不能兼顾。"据许永清禀称:

> 窃商于本年闰四月间投充澳行。[向因]办理上下澳货,报输税饷,散漫无稽,故商承充澳行,代为报输,以期事归划一,有所专责,本属因公,并无别有希冀。但商先经承开同昌外洋行口,现在夷船陆续进口,料理夷人生理,事务殷繁,商一人支应,已形竭蹶,若再承开澳行,更觉不能兼顾,必致贻误,获咎匪轻。合无仰恳宪恩,俯将澳行批准商告退,俾商得以专心办理外洋行务,于公私两有裨益。⑤

不知是因为许永清退出后无人承充之故,还是盛佳改变了主意,随即广东官府将所有之前为设立澳行发出的示谕,⑥连同"有关澳行之节次谕帖",一并追回缴销。⑦ 至此,粤海关监督盛佳企图以设立澳行统摄上下省澳货物的行动也戛然而止。之后,澳商虽有,而澳行无存,澳商与广州十三行的竞争也愈发激烈。

———————————

① 《清代澳门中文档案汇编》上册,第108—109页。
② 《岭南杂记》上卷,第12—13页。
③ 《粤海关监督盛佳为复禀请不用澳行经理省澳货物事下理事官谕》,《清代澳门中文档案汇编》下册,第632页。
④ 《粤海关监督盛佳为由同昌行商许永清办理上下省澳货物事下理事官谕》,《清代澳门中文档案汇编》下册,第631—632页。
⑤ 乾隆五十七年八月十二日《香山知县许敦元为批准同昌行商许永清退办澳行事行理事官牌》,《清代澳门中文档案汇编》下册,第633页。
⑥ 乾隆五十七年六月三十日《粤海关监督盛佳为准通昌行商许永清退办澳行事下理事官谕》,《清代澳门中文档案汇编》下册,第633页。
⑦ 乾隆五十七年八月初四日《粤海关监督盛佳为饬将有关澳行之节次谕帖缴销事下理事官谕》,《清代澳门中文档案汇编》下册,第632—633页。

二、本地行商

乾隆十五年（1750），时任和平县知县的胡天文称："查粤省之十三行、佛山镇，外洋、内地百货聚集。"①又据嘉庆十五年（1810）澳门同知王衷称："澳门地方货殖，均由省垣、佛山各处市镇转运到澳，售卖值价，随时长落，并无一定。嗣后凡民、夷买食，均照市价公平交易，毋庸立定章程。"②可见佛山镇聚集了"外洋百货"和"内地百货"，也是与省城十三行一样的对外出口贸易地。乾隆年间翰林院编修龙廷槐说：南海县"其大镇为省会、佛山、石湾；其行店为放账铺、换银铺、洋货铺、珠宝铺、参茸铺、布行、木行、生铁行、铁器行、绸缎棉花行、清麻行、铜行、锡行、西货行、海味行、京果行、油行、豆行、谷行、米行、槟榔行、烟叶行、金丝行、瓷器行、果干行、药材行、柴行、炭行、糖行"。③龙廷槐所说的行店虽无确指何埠，然佛山镇行店包括了上述所有行店类别，而广州却未能尽揽，如生铁行、铁器行、绸缎棉花行、槟榔行、金丝行等，就是佛山所独有。有其货必有其商，那么，佛山外贸商人以何类组织担负起对澳门的贸易呢？

最早制定于康熙二十三年（1684）的《粤海关税则》大关条明确记载：

> 凡新开洋货行，收银四十两；凡新开福潮、佛山、江门、海南行，收银一十六两。④

洋货行就是十三行，史家对此著述丰富；福潮行和海南行史家也有所关注；唯独佛山行和江门行，未见史家涉及。笔者认为，福潮行、佛山行、江门行、海南行等四行并载，开行税银同为一十六两，又与洋货行开行税银四十两并载一条，不是偶然的，它说明福潮行、佛山行、江门行、海南行与洋货行一样，都是粤海关允许设立的进出口贸易商人的组织。只不过粤海关对洋货行开行的规模和缴税银两要求更高。

行商是明清时期主要商业市镇的商业组织，又称"牙行"。实际上，行商是"牙店""行家""行户"的通称。行商由身家殷实者缴税承充，官府发给执照。清代前期，洋货行、佛山行、江门行、海南行等行商，均在佛山镇留下历史足迹。

洋货行，康熙二十五年（1686）李士桢在广州、佛山两埠发布《分别住、行货税》文告大力招商，鼓励佛山商人承充洋货行。乾隆年间，佛商廖九如承充西货行（洋货行）。其家谱载：九如公原"往来汉镇，涉历江湖，沐雨栉风，辛勤备至。继乃居货佛镇，概然膺西货（行），主人重寄，忠信勤慎，远迩商贾恒倚赖之"。⑤据《佛山街略》记载：从事"外洋贩来货物及出海贸易货物"的行商集中在富民铺。如豆豉巷，"俱开棉花、西货、沉香、浮货行"；富

---

① 乾隆《和平县志》卷一《舆地·险要·附录胡公讳天文详文》。
② 《粤海关志》卷二九《夷商四》，第 559 页。
③ 龙廷槐：《敬学轩文集》卷二《初与邱滋畲书》。
④ 《粤海关志》卷一一《税则四》，第 221 页。
⑤ 《南海廖维则堂家谱》卷二《艺文》。

民里,"西货行店开在此"。① 佛山的"西货行会馆在升平街",②该会馆道光年间曾重修。

佛山行,早在康熙四十六年(1707),顺德人翁祖珩就在"禅山开宏远行",③"俏仿计然之策,渐臻饶裕"。④ 同时的陈德隆等 22 家商人,承充了佛山棉花行行商,专门承销江南和印度进口棉花,广东官府允许"行户执照毋庸递年逐任更换"。⑤ 佛山行商不仅设立仓栈,而且砌造码头。乾隆四年(1739)《豆豉巷马头碑记》载:"据行商叶忠昌、顾同兴等状告前事称:忠等均在佛山开张行店,贮顿客货,向共捐资砌造豆豉巷口马头,以利小艇载货上落,以便商民。"豆豉巷码头是清代佛山最大的商业码头之一,因此在码头附近聚集了许多行商。乾隆四年重修豆豉巷码头,捐助银两的行店就有万铨行等 98 家。⑥ 此外,还有佛山铅务公所也是每年囤贮、批发十余万斤白铅给宝广局鼓铸并出口海外 70 万—300 余万斤的外贸商业机构。⑦

海南行,据《佛山街略》记载,在升平街和排草街,"海南行开此"。富民里则有"琼南行开在此"。⑧ 道光初年,原业铁锅的黄世楚改业"海南行",从事行商"十有二年,略积资财"。⑨

史称"佛山镇四面皆有行户,处处可起货发销"。⑩ 由上可知,清代前期佛山一镇开设了西货行、佛山行和海南行等行商组织,进行着卓有成效的进出口贸易活动。

还需指出的是,清代广东官府默许,"澳门地方系香山县所属,乃各国夷商聚集之地,向许内地民人在彼与交易;与省城买卖皆归行商情形不同,难以逐一稽查"。⑪ 因此不少普通佛山商人(非行商)也会下澳贸易。大量往来于佛山与澳门之间的商人,成为佛山行商的重要补充。外贸组织和官府管理的松散运营,正是清代前期佛山市舶的特征之一。

第四节　佛山市舶的港口、水道和航船

一、港口

佛山市舶的港口码头,明崇祯年间就作为广州城的外港而存在。崇祯十年(1637)

---

① 《佛山街略》。
② 道光《佛山忠义乡志》卷五《乡俗志·会馆附》。
③ 顺德《翁氏族谱》卷一六《杂录》。
④ 《翁氏族谱》卷一四《艺文·赠言》。
⑤ 《行户执照毋庸递年逐任更换》,《粤东例案·行市》(抄本)。
⑥ 乾隆四年《豆豉巷码头碑记》,《明清佛山碑刻文献经济资料》,第 40 页。
⑦ 黄思彤《粤东省例新纂》卷三《户·铜铅》。
⑧ 《佛山街略》。
⑨ 《江夏黄氏族谱》。
⑩ 《运到赤下地方炭斤一体赴厂纳税》,《粤东例案·行市》(抄本)。
⑪ 道光九年《查禁官银出洋及私货入口章程》,载《广东十三行考》,第 167—169 页。

撰写的《大中国志》，详尽记录了葡萄牙传教士曾德昭亲历大中国南北的见闻。其书记载：

> 葡萄牙人每年两次带着货物来到那座也叫广东（Cantone）的城市（尽管它原名是广州府）。它距澳门有 105 英里；澳门则离中国的第一批岛屿和较大的城市有 54 英里。它方圆足有 15 英里，客商云集，因此它的人口比其他许多城市多。中国大部分最好的商品都由此处运往各地，因为它是中国最开放、最自由的交易地点。①

这段记载，国内外史家多以为讲的是广州城的情况。但据笔者分析，其中也透露了佛山市舶的信息，有三点可证。一是范围，"它方圆足有 15 英里"，15 英里的半径，可达 25 华里以上。明末广州城从东门到西门不到 5 公里，从北门到南门 4 公里。25 华里的半径完全覆盖了佛山。在外国人眼里，佛山与广州近在咫尺。康熙四十二年（1703）法国传教士道·冯塔耐（Jean de Fontaney）写道："从广州经水路访问肇庆，行进 5 里之后，到达世界上最大的村落佛山。"②亨特《广州番鬼录》也记载佛山为"离商馆好几英里的一个大城市"。③ 二是地名，曾德昭叫此处为"Cantone"，而不叫"Gwongzau"（粤语发音），是因为曾德昭所见所闻不仅仅是广州省城，而是沿江 25 华里相连不断的城镇，"尽管它原名是广州府"之句即是指此。可见"Cantone"的称谓是经过考量与斟酌的，因此"Cantone"也应该成为"Canton"的词源。④ 后来"Canton"仅指称广州城，忽略了曾德昭"Cantone"所指称的内涵。因此笔者认为"Cantone"与"Canton"所指称的不是一回事，不可混为一谈。三是内贸港市功能，"中国大部分最好的商品都由此处运往各地"。佛山地处省城上游，是广州府属最大的城镇，当时已成为岭南地区国内贸易中心。由上三点，笔者认为曾德昭所言的"Cantone"地名，应包括广州和佛山两地。

其实明末澳门商船并不能直接进入广州城贸易，"葡萄牙在广州并无据点，准许他们每年前往一次，而且只限于在城外前面的海珠（Haichu, The Pearl of the Sea）小岛上；除此之外，只准他们在澳门贸易，且得由中国官吏任意制定管理条例，并得任由中国商人索价。即使在这种情况下，他们的贸易每年仍达一百万两"。⑤ 瑞典人龙思泰也称："虽然澳门的船只被摈斥于广州口岸之外，但我们没有理由得出结论说，双方商人之间的直接往来就停止了。"⑥

祖居海珠岛黄埔村的十三行后人、学者梁嘉彬先生在《广东十三行考》中谈及宋明市

---

① ［葡］曾德昭著，何高济译：《大中国志》，商务印书馆 2012 年版，第 19—20 页。
② ［日］矢泽利彦编译：《耶稣会士中国书简集》五《纪行篇》第四书简。
③ ［美］亨特、冯树铁、沈正邦：《广州番鬼录：旧中国杂记》，广东省出版集团、广东人民出版社 2009 年版，第 243 页。（下称《广州番鬼录》）
④ 梁嘉彬谈 canton 的词源，漏了 cantone 一词。见《广东十三行考》，第 313 页。特补注于此。
⑤ 《芒迪旅行记》第 3 卷，第 208 页。引自《东印度公司对华贸易编年史》第 1 卷，第 19 页。
⑥ 《早期澳门史》，第 101—102 页。

舶时注释说："当 1637 年（明崇祯十年）英人 Weddell 抵广州时，广州对海之海珠岛（Haichu，The Pearl of the Sea）亦曾划为对葡贸易地。"①紧接此注后梁先生又注称："清初吴震方《岭南杂记》载南海县属佛山镇亦曾为中外商贾之辏会地。按佛山镇亦在省城西南，今广三铁路经之。"②显然，梁嘉彬先生在谈及海珠岛时，同时也把佛山镇列为"中外商贾之辏会地"。笔者同意这一推断。

吴震方，康熙十八年（1679）进士，同年五月选拔为翰林院庶吉士。康熙二十年（1681）充任监察御史。康熙二十六年（1687）十一月，罢官后的吴震方回到嘉兴石门，开始了著述游历、应酬唱和的"太平民"生活。③此后吴震方长期游历岭南，曾受两广总督石琳之托撰写《七星岩记》。此时的岭南地区，正处在李士桢整顿后的恢复时期。吴震方依托与两广总督石琳的关系，④出入广州城巡抚部堂和将军府，曾感慨两藩据粤时期的宏大建筑。又亲历两广总督所在地肇庆受到的破坏，其记载肇庆："两粤一都会也。前者逆藩构乱，旋就荡平，而民当横征暴敛之后，生计穷蹙。虽修养有年，而元气未复。"⑤吴震方曾多次到过佛山，《岭南杂记》有关佛山的记载有两段，为便于论述，共录于下：

> 佛山镇，离广州四十里，天下商贾皆家焉。烟火万家，百货骈集，会城百不及一也。街道甚窄，仅容两人交臂而行。

> 粤俗最喜赛神迎会，凡遇神诞则举国若狂。余在佛山，见迎会者台阁故事，争奇斗巧，富家竞出珠玉珍宝，装饰孩童，置之彩舆，高二丈，陆离炫目。大纸爆俱与缯彩装饰，四人捬之，声彻远近。中藏小爆数百，五色纸随风飞舞如蝶。闻未乱时更盛。土人颇惭此会殊寒简矣。⑥

从"会城百不及一也"，可见佛山盛于广州；从"闻未乱时更盛"，亦知吴震方是在平藩之后去的佛山。不久之后，康熙四十二年（1703）法国传教士道·冯塔耐（Jean de Fontaney）经过佛山时写道："日本管区的耶稣会士们在此拥有美丽的教堂和由许多人组成的信仰者集团。"⑦据乾隆《佛山忠义乡志》载："世宗宪皇帝雍正元年癸卯，禁天主教。乡毁天主堂。"⑧可证康熙四十二年佛山确有天主堂。可以想见，康熙年间佛山已经"拥有美丽的教堂"，众多前往教堂祈祷的天主教信仰者群体里，一定有不少葡萄牙商人。

清代前期佛山有"汾水正埠官马头""直义街马头""尹陈马头""盘古马头""盐仓马头"

---

① 《广东十三行考》，第 46—47 页。
② 同上书，第 59—60 页。
③ 参阅梁健《吴震方生平、家世及交游考》，《嘉兴学院学报》第 31 卷第 3 期，2019 年 5 月。
④ 石琳于康熙二十八年（1689）、康熙四十一年（1702）任两广总督。康熙三十九年（1700）写《七星岩记》。
⑤ 吴震方：《岭南杂记》上卷，载《丛书集成初编》，第 14 页。（下称《岭南杂记》）
⑥ 《岭南杂记》上卷，第 3 页。
⑦ ［日］矢泽利彦编译：《耶稣会士中国书简集》五《纪行篇》第四书简。
⑧ 乾隆《佛山忠义乡志》卷三《乡事记》。

"豆豉巷马头""敦厚马头""三界庙马头"和"栅下海口官埠"等码头，[①]其中以"汾水正埠官马头"和"栅下海口官埠"最为著名。乾隆《佛山忠义乡志》载："凡舟所泊处曰马头，货舟所泊曰埠头，又曰步头。有大马头，汾水接官亭、栅下天妃庙之类是也。"[②]上述李士桢所言走私货船"偷运回栅下、佛山者"，[③]即指佛山镇南面的栅下大码头和北边的正埠大码头。栅下大码头曾是明代铁商装卸铁版、木炭、泥沙的大码头，至清前期栅下码头仍然连接海口，海面宽阔。从南面澳门方向的来船多停靠此码头。正埠大码头"为阖镇门户"，[④]这里是汾江水深河宽之处，如上述法国传教士所言，河面常常停靠五千只大小船只。康熙开海之前，佛山这两个码头是北连广州、南通澳门的繁忙码头，乡志称："此外有各府各县各乡日渡夜渡，或泊汾水及大基尾，或泊栅下海口，难以枚举。"[⑤]清初佛山分二十四铺，栅下铺为铸锅炉户集中的工业区，栅下码头为卸载原材料和成品的货运码头。佛山栅下海口，清初时水面广阔，建有文塔、炮台等公共设施。在雍正和乾隆初年尚可以湾泊一定规模的货船和海船。佛山栅下天后庙，也成为澳门船只聚集的码头泊处，此处有称为"海南塘"的大河湾专门停泊大船。清末居民在此挖井时曾出土有海舶用的大铁链。[⑥] 开海之后，来自澳门的葡萄牙及南洋诸国商人到此购锅看货者摩肩接踵，并有长期居留者。在栅下铺细桥头附近就留有"番鬼巷"的地名，估计是清康、雍、乾时期澳门来佛山的船只上的商人、水手，在等待船货装卸期间租赁普通民房居住，因人数较多而形成的葡人聚居区。"番鬼巷"的地名一直保留到民国初年。[⑦] 由此可见，佛山作为广州城的外港，是清代前期面向澳门贸易的主要集会场所之一。

二、航道

关于佛山的对外通商航道，乾隆五十七年（1792）两广总督批复英商波朗（Brown）所禀事，提到通商航道和海关关口称："惟上澳、下澳，经过总巡口、西炮台、佛山口、紫泥口、澳门口。"[⑧]龙思泰《早期澳门史》也载："'拥有中国官员发给的许可证的葡萄牙人不禁往返'。很可能，这种交往的主要途径是为数众多的河流和横贯该省这一地区的自然河道，称作'内航道'（inner passage）。"[⑨]龙思泰所称的"内航道"，在亨特《广州番鬼录》里称为

---

① 道光《佛山忠义乡志》卷一《乡域志·津渡》。
② 乾隆《佛山忠义乡志》卷三《乡事记》，页 18。
③ 李士桢：《抚粤政略》卷六《文告·禁奸漏税》。
④ 民国《佛山忠义乡志》卷首之二《舆地图说》。
⑤ 乾隆《佛山忠义乡志》卷三《乡事记》，乾隆十七年版，页 18。
⑥ 陈智亮：《冶铁业与古代佛山镇的形成与发展》，载朱培建编著《佛山明清冶铸》，广东人民出版社 2016 年版，第 254 页。
⑦ 民国四年（1915）广东陆军测绘《佛山镇古图》，在栅下铺标有"番鬼巷"地名，其保留的是清中叶之前的地名。
⑧ 《广东十三行考》，第 145 页。
⑨ 《早期澳门史》，第 101—102 页。

"澳门航道"，即指白鹅潭以南的珠江后航道。[1] 据郑德华的研究："澳门航道是指葡萄牙人居住澳门以后，逐步形成的从澳门到广州一带的航道。其中一条是从澳门的内港出发，经过磨刀洋，进入香山河，再经顺德大良，入紫泥，经陈村水道，由西炮台进入广州，全程约120英里，一般需时 3—4 天。"[2]澳门航道在清代道光年间仍可航行 120 顿的"驳船"（货船）和专门载客的"内河快艇"。[3]

康熙年间，正如上引李士桢文告所言，"有由上罔头、秋风口、朗头以抵新会等处而偷运回栅下、佛山者"，就是指走私船经澳门航道进入佛山。"秋风口"，应指"秋风角"。在嘉靖年间郑若曾《筹海图编·广东沿海山沙图》七可见"秋风角烽堠"地名。烽堠是瞭望台，备有草料，可生烟报警。"秋风角烽堠"在香山县东南滨海处。[4] 由此向北，经陈村水道，到达佛山栅下海口。佛山处处临水，河涌环绕，当时最宽阔处是栅下海口。为方便两岸往来行人和货物起卸，沿岸建有"大桥头""细桥头""果栏""米埠""天后庙码头""炮台""文塔（文昌阁）"等大小桥梁和公共设施，大小货船湾泊装卸十分方便。笔者在珠江后航道的陈村旧墟，也发现有与佛山上述地名相同的"大桥头""细桥头""果栏""米埠""天后庙码头"等地名。清代中叶陈村也发展为"广东四大镇"（省佛陈龙），可见在澳门航道上，佛山镇与陈村镇有着紧密的经济联系和文化影响。

三、船只

清雍正三年(1725)，清廷准许澳门的葡萄牙商人出洋贸易。额定 25 号番船，统一发予"香字号"照帖，准许出海贸易。每艘船必须登记注册，船名和船长姓名历经百年间而仍注名在册。[5]《澳门纪略》载：

> 番舶视外洋夷舶差小，以铁力木厚二三尺者为之，锢以沥青、石脑油，钉以独鹿木，束以藤，缝以椰索。其碇以铁力木，杪底二重。或二樯、三樯，度可容数百人。行必以罗经，掌之者为一舶司命。每舶用罗经三，一置神楼，一舶后，一桅间，必三针相对而后行。向编香字号，由海关监督给照，凡二十五号。[6]

正因为"番舶视外洋夷舶差小"，载重约 200 吨。清代前期可以循澳门航道驶入珠江后航道，停靠佛山正埠大码头和栅下大码头。当然，也可以循虎门驶入珠江主航道，停靠

---

① 《广州番鬼录》，第 85 页。
② 郑德华：《"一口通商"与澳门航道》，《学术研究》1999 年第 12 期庆祝澳门回归专辑。
③ 《广州番鬼录》，第 85—88 页。
④ 《筹海图编》卷一《广东七》，第 16 页。
⑤ 《澳门纪略》卷上《官守篇》："雍正三年，定澳门夷船额数，从总督孔毓珣之请也。"并载有孔毓珣《酌陈澳门等事疏略》。澳门额船 25 号名目，见道光《香山县志》卷四《海防·附澳门》。又《粤海关志》卷二七《夷商二》载有额船船主名字，第 538—539 页。
⑥ 《澳门纪略》下卷《澳蕃篇》，页 31—32。

黄埔港湾。

　　除番舶外，清代顺德陈村造的"红单商船"，曾活跃在西江下游河道乃至外洋，成为中国商人出口贸易的主力运输商船。

　　　　红单商船俱出顺德县属之陈村等处，素以贩油为业，涉历大洋，往来吕宋、暹罗诸国，其船只之快利、炮火之精锐、点放之娴熟，较之额设师船，得力奢数倍。[1]

　　红单商船其规制仿古，合数十家共造一船，专以行船为生。红单商船所有舵工、水手皆为父子兄弟，遇敌皆能合力向前。其船大者水手 60 余人，中者四五十人，小者 30 余人。租用费每船每月纹银一百四十余两。清代广东水勇多出身于红单船子弟。[2] 清中叶后，红单商船常常被官府雇为水师船只。如咸丰三年（1853），粤海关监督明善曾到陈村镇红单船聚集的埠头雇觅红单船，其奏称：

　　　　查"红单船"在本省素以贩载油、糖为业，一名"油糖船"。间赴越南、暹罗各国，贸易西南夷洋，往来自由。……现雇定大号船八只、中号船十二只，共船二十只。[3]

　　史称"红单船"一旦受雇入伍，即成为"防海水师中之最剽捷者"。[4]

　　据陈国栋研究，凡是向政府注册缴税、领取红单的商船都可以称为"红单船"，包括了《澄海县志》所称的洋船与商船，《粤海关志》所提到的本港洋船、福潮船和海南船。[5] 笔者认为，红单商船是一种江海联用的运输商船，适合于珠江下游和南海岸线的水文环境。

　　此外，还有大量的成本更低的运输小艇，又曰三板："小艇曰三板，长丈余，张红油革幔，以二黑奴驾出。"[6]三板（即舢板）载重数吨至十吨，轻便快捷，日夜往返于澳门与佛山之间，数量众多的三板装运能以较低成本完成运输，集腋成裘，成为不可小觑的水运力量。

　　上述说明，清代前期，澳门航道（珠江后航道）正是佛山与澳门商品贸易的主航道，因为当时海面宽阔，澳商的额船、舢板和制造于陈村镇的中国商人的红单商船均可以自由通行，并停靠在佛山正埠大码头和栅下大码头。佛山、陈村、江门和澳门这四个港口节点，组成了西江西岸广大流域的进出口货物运输网络，而佛山镇内西货行、佛山行、福潮行、海南行商人的活动，犹如不停流动的溪水，支撑着清代前期佛山与澳门进出口贸易网络日夜不息地运行。

① 《孙瑞珍奏请雇觅广东红单船只赴江南向荣军营攻剿折》（咸丰三年三月二十五日）（原件为录副奏摺），中国第一历史档案馆编：《清政府镇压太平天国档案史料》第 6 册，社会科学文献出版社 1992 年版，页 148—150。
② 同上。
③ 《粤海关监督明善奏》（咸丰三年五月十六日奏，三年六月初六日朱批），中研院近代史研究所编：《道光咸丰两朝筹办夷务始末补遗》，（台北）中研院近代史研究所 1966 年版，页 318—319。
④ 侯宗海、夏锡寅：光绪《江浦埤乘》卷一四，咸丰四年六月条，页 11，凤凰出版社 2008 年据光绪十七年刊本影印。
⑤ 陈国栋：《清代前期的粤海关与十三行》，第 164—168 页。
⑥ 《澳门纪略》下卷《澳蕃篇》，页 31—31。

第五节　佛山市舶的商品税则与本地大宗商品

屈大均在《广东新语》中对广东进出口商品类别有如下记载：

> 东粤之货，其出于九郡者，曰"广货"；出于琼州者，曰"琼货"，亦曰"十三行货"；出于西南诸番者，曰"洋货"。在昔州全盛时，番舶衔尾而至，其大笼江，望之如蜃楼屃赑。殊蛮穷岛之珍异，浪运风督，以凑郁江之步者，岁不下十余舶。豪商大贾，各以其土所宜，相贸得利不赀。故曰，金山珠海，天子南库，贪者艳之。①

屈大均这里其实只分了两大类商品：一类是广货，另一类是洋货（包括琼货和十三行货）。屈大均所言"在昔州全盛时"，应指明隆庆开海之时。联系到"以凑郁江之步者，岁不下十余舶"，郁江就是西江。郁江之步，可以包括陈村埠、佛山埠和肇庆埠等大埠头，但不包括广州埠头，显然走的是澳门航道。再有"豪商大贾，各以其土所宜，相贸得利不赀"，指的是豪商大贾以九郡广货与番舶洋货合法贸易的方式，故而有"金山珠海，天子南库"之誉。

雍正十年（1732）广东巡抚杨永斌给清帝上奏称："窃照广东省城洋商贾舶云集，而一应货物俱在南海县属之佛山镇贸易。"②可见洋船虽集中于省城，而货物贸易俱在佛山镇进行。下面，我们根据清朝官方文件，具体考察佛山的进出口商品。

一、商品税则

《粤海关志》共有税则六卷，记载了康熙二十三年至道光十三年（1684—1833）开列的粤海关辖下各港口征收各种货物的税额。③ 笔者发现，在《粤海关志》税则记载的 11 个总口和子口中，佛山挂号口和江门正税口记载的船饷和出口货物最为丰富。④ 尤其是佛山挂号口，许多商品都是产自佛山的工业品并直接对澳门出口。兹将清代佛山挂号口的进出口商品列出如下：⑤

表 11-1　清代佛山进出口商品纳税表

商　品　名　称	单　　位	税额（纹银）	备　　注
凡省来红单洋南各货	每百斤	七厘	
翠鸟毛	每百只作一百斤		

① 《广东新语》卷一五《货语·黩货》，第 432 页。
② 《朱批谕旨》第 52 册，第 13、14 页。
③ 《粤海关志》卷八《税则一·前言》，第 7 页。
④ 《粤海关志》卷一一《税则四》，第 223、225 页。
⑤ 《粤海关志》卷一一《税则四》，第 180 页；铁锅、铁器、生铁器见卷九《税则二》，第 223 页。

（续表一）

商 品 名 称	单 位	税额（纹银）	备 注
省来白单洋货	每百斤	二分	
省来白单南货	每百斤	一分	
澳门来红单各货到口	每百斤	二分四厘	
江门来红单各货到口	每百斤	一分三厘	
江门由路来红单各货到口	每百斤	一分一厘	
江门、东莞各处来的土鱼胶、鲍鱼到口	每百斤	一钱二分	
土紫菜、海粉到口	每百斤	二分四厘	
土紫菜、海粉出口	每百斤	二分	
江门来椰子到口	每百个	五分	
江门来椰子出口	每百个	二分	
佛山白单洋货出口	每百斤	二分	
佛山白单南货出口	每百斤	一分	不及一百斤免征
佛山铁锅出口	每六连作一百	二钱	一连二十斤
佛山铁器出口	每百斤	一钱	
佛山生铁器出口	每百斤	八分	
佛山绒线、绸缎纱、湖丝往香、澳	每百斤	二钱四分	
佛山纱罗、绸缎、湖丝往下路各乡	每百斤	一钱二分	往上路不收
佛山茶叶、白糖往下路各乡	每百斤	一分二厘	往上路不收
佛山茶叶、白糖往香、澳	每百斤	二分四厘	
佛山木油往香、澳并下路各乡	每桶	六分	往上路不收
	每埕	一分	往上路不收
佛山瓷器往香、澳并下路各乡	每子	一厘	往上路不收
	每笠	二厘	
	每百子	一钱二分	
	每桶	二分四厘	
佛山白铅往香、澳	每百斤	三分六厘	往别处不收。本地白铅驳运出口于乾隆二年三月内裁免
佛山水银、辰砂往香、澳	每百斤	六分	往别处不收

（续表二）

商 品 名 称	单 位	税额（纹银）	备 注
佛山白礬、冷饭头往香、澳	每百斤	一分二厘	往别处不收
佛山火腿、漆器往香、澳	每百斤	三分八厘	往别处不收
佛山矾石往香、澳	每百斤	二分四厘	往别处不收
佛山南货红单出口	每百斤	七厘	
楠木寿枋	每副	三分六厘	
燕窝、丁香、冰片进口	每百斤	一钱二分	
西洋布进口	每匹	三分六厘	
小绒进口	每丈	三分六厘	
锁鞋喇、哔叽缎进口	每丈	七厘	
洋棉花进口	每包	六分	以上俱收纹银九扣九八平

上表可见，出口的有佛山生产的各种商品，如铁锅、铁器、绸缎纱、纱罗、瓷器、漆器、白铅、水银、白礬、矾石、火腿、木油等；进口商品有燕窝、丁香、冰片、西洋布、锁鞋喇、哔叽缎、洋棉花等。从品类数量来看，出口商品比进口商品多。与西欧各国商人喜购中国茶叶、湖丝和景德镇陶瓷等商品不同的是，澳门商人更多采购的是东南亚国家从明初以来就追奉的佛山本地大宗商品，如铁锅、白铅和广缎等。

粤海关规例，上述佛山挂号口开列征税之商品，只准佛山挂号口征收，其他关口不得征收。如有滥收，严行惩治。乾隆五十四年(1789)，"铺户吕广隆等呈称，今省河若新设桐油挂号之例，将必有销号之名，水手巡役借以留难需索"。粤海关监督额尔布登即在省城油行会馆出示晓谕，其告示称：

> 照得木油一项，佛山口规例开载，每桶收银六分，每埕收银一分，注明"往上路无收"字样，缘海关应收海税，是以前关部示，内佛山之下游省城、香奥、陈村、紫坭、东莞、石隆等处各乡均通海道。按照规例，挂号是指佛山口而言，至总巡、东、西炮台口，原无挂号之条，不得援以为例，况前关部示内亦无着令赴总巡、东西炮台挂号之语。……为此示仰守口人役及铺户人等知悉：嗣后木油一项，除佛山口内照例征收外，其总巡、东西炮台口概不得援例牵合，借图滥收，偿有前项情事，一经查出，定即严行惩治。该铺户等亦不得将各项应征之物影射透漏，致干咎处，各宜凛遵毋违，特示。乾隆五十四年八月十六日示。[1]

---

[1] 《清·粤海关告示碑》，伍庆禄、陈鸿钧：《广东金石录》，线装书局 2015 年版，第 346—347 页。

粤海关监督额尔布登的告示十分明确：按照规例，木油挂号是指佛山口而言，而总巡口和东、西炮台口原无挂号之条，不得援以为例。为此示仰守口人役及铺户人等知悉："嗣后木油一项，除佛山口内照例征收外，其总巡、东、西炮台口概不得援例牵合，借图滥收，倘有前项情事，一经查出，定即严行惩治。"由此观之，清代前期佛山挂号口非一般的海关子口。

二、本地大宗商品

南洋诸国所需的大宗商品，主要集中在佛山生产和销售，澳商除了采购本地大宗商品外，国内各省出洋商品在佛山也能购买。因此我们看到清代前期佛山本地大宗商品如铁锅、白铅、广丝、大黄大量出口。雍正十一年（1733），佛山同知衙门设立，发挥了十分重要的管理职能。佛山同知给澳商发放帖照，澳商在粤海关广州总口或佛山口税厂纳税。然后用额船或三板通过澳门航道将货运回澳门，在澳门换成番舶或者洋舶，通过十字门直接驶往东、西二洋。其贸易盛况，惊动朝廷。佛山本地出口的大宗商品有以下三种：

（一）铁锅

明永乐年间郑和宝船将广锅带到海外诸国，奠定了广锅在诸国王室及首领群体心目中的明朝国家品牌地位。清代康熙开海，广锅成为海外诸国商舶贸易的主要商品，广锅的出口贸易额一度达到历史高峰。

康熙二十八年（1689）颁行《粤海关税则》，将原来禁止出口的铁锅、铁器列入征收税则的商品："铁锅，不论二、三、四、五口等连，每六连作一百，税二钱；铁器，每百斤税一钱；生铁器，每百斤税八分。"[①]清朝允许铁锅、铁器出口，改变了历代历朝禁止铁器出口的贸易状况。至此，广锅就如同久积的洪水滚滚销往外洋。第八章第三节曾述及，雍正九年（1731）广东布政使杨永斌奏称："雍正七、八、九年造报夷船出口册内，每船所买铁锅，少者自一百连至二三百连不等，多者买至五百连并有一千连者。其不买铁锅之船，十不过一二。"[②]杨永斌认为，每船所购数量在"一百连（二千斤）至一千连（二万斤）"之间。笔者根据手头掌握的史料估计，康熙二十四年（1685）开海之后至雍正九年（1731）的约半个世纪间，每年夷船、华船和走私商船合法出口的广锅数量不会少于 300 万斤。以每连 5 口普通尺寸铁锅计，3 万斤有 7 500 口铁锅，300 万斤有 75 万口铁锅。佛山竹枝词里"铸犁烟杂铸锅烟，达旦烟光四望悬""汾江船满客匆匆，若个西来若个东"的诗句，[③]就是对康、雍、乾时佛山铁锅畅流东、西二洋的具体写照。上述杨永斌所言"夷船"，主要是指澳

---

① 《粤海关志》卷九《税则二》，第 180 页。
② 《雍正九年十月二十三日广东布政使杨永斌奏折》，《雍正东华录》卷一九。
③ 何若龙《佛山竹枝词》、陈昌坪《佛山竹枝词》，乾隆《佛山忠义乡志》卷一一《艺文志·诗》。

商和南洋群岛诸国的船只,因为英国东印度公司的船只此时来华较少,且未见采购铁锅的记载。

乾隆以后,广东官府将沿海雷、琼二郡的铁锅贸易也统一划归佛山同知衙门管理,按例限量以 50 连为下限,上限为各郡"每年需用成数"总额,佛山同知"照依额数,给照运往"。① 食锅 50 连以下之船不须申报给照,这给雷、琼海船留下不少合法出口的空间。

与此同时,广锅的走私出口大量存在。若遇粤海关查扣,可以通过补税的方式规避罚罪。许多走私都是通过澳门口岸进行。乾隆六年(1741),英国"多尔塞特公爵号"将大量铁锅带入澳门私运上岸,引起南海县官员的盘查。经保商与抚院的斡旋,英商以马尼拉船欠债,以铁锅抵款一千七百两为由,蒙混过关,得以放行。② 嘉庆二年(1797)十月初六日,粤海关澳门总口关员在娘妈阁查获私运铁锅出洋的三板,船内载有铁锅共计 407 连(8 014 斤),三板上"只有夷奴四名,并无唐人在内"。粤海关照例输饷 110 番元,"将货给还收领"。③

(二) 白铅

白铅是制作精美合金产品和铸币的金属原料,是佛山特产,其原材料取自云贵高原出产的黑铅和铜版。因其制作工艺极其传统、复杂,非佛山制铅师傅不能为之。清代前期,西方国家还不懂生产白铅。因此,来华洋船均从佛山购买白铅运回本国,几无例外,白铅成为中国的硬通货。嘉庆年间澳门理事官眉额等禀称:"查历年由天朝内地所买趁洋货物,首重白铅,亟须采办,诚以此物为眉等大小西洋各埠在所必需。然向来皆由澳商代往佛山采运转至省城,报明粤海官宪,输税运澳。至于斤两数目,多少不一,均有历□□□〔年澳船〕开行报单存案(炳)〔凭〕据。"④嘉庆十三年(1806)粤海关监督常显也称:"查白铅向于广东佛山镇地方凭洋商收买,陆续运省报验,然后卖与夷人。"⑤清代佛山设有铅务公所,负责黑铅的收购和白铅的批发。洋商(包括澳商)在佛山购买后驳运回广州的铅务公栈,并向粤海关缴纳税银。

清代佛山白铅出口经历了无限额出口和限额出口两个阶段。

1. 无限额出口时期

清初至嘉庆十二年是无限额出口时期。

---

① 嘉庆四年十月两广总督吉庆奏折,载《两广盐法志》卷三五《铁志》。
② 《东印度公司对华贸易编年史》第 1 卷,第 315—321 页。
③ 《澳门委员钟溥泽为奉宪谕饬查民蕃勾串偷运铁锅事下理事官谕》(嘉庆二年十月十九日)、《娘妈阁口职员为查获民蕃勾串偷运出洋铁锅事呈上官禀(粘单)》(约嘉庆二年)、《民人陈和为勾串蕃人私运铁锅出洋事所具遵依》(约嘉庆二年),刘芳辑、章文钦校、葡萄牙东波塔档案馆藏:《清代澳门中文档案汇编》上册,第 118—119 页。(下称《清代澳门中文档案汇编》)
④ 嘉庆十六年《署香山县郑承雯为奉宪牌饬查原禀公举澳商王文德办运白铅事下理事官判事官谕》,《清代澳门中文档案汇编》上册,第 111—112 页。
⑤ 《粤海关志》卷一七《禁令一》,第 223—225 页。

澳商是佛山白铅的最早购买者,在英国商船未来广州贸易时,白铅几乎全部为澳商购买。"查历年所买货物,首重白铅,为大小西洋各埠所必需,皆由澳商代夷接办,前往佛山采买,到省报明官宪,输税给照,运回澳门,统计每年不下万万斤,历年开行报单可据,相沿无异"。① 《粤海关志》税则在佛山挂号口有"佛山白铅往香、澳,每百斤收银三分六厘。往别处不收"的规定。② 从上引"统计每年不下万万斤"句看,澳商垄断了白铅贸易,而清前期政府并未对白铅出口数额加以限制,反而于乾隆二年(1737)三月内裁免了"本地白铅驳运出口"的税则。③

明末清初,澳商大量购买白铅运往印度和南洋诸国。"澳船所趁大小西洋、小吕宋、哥斯达等夷,皆外洋夷船贸易不到,是白铅一物澳船无运,则大小西洋等国需用无资"。④ 又据瑞典人龙思泰《早期澳门史》记载:

> 白铅(tutenague)或称中国锌。本品为铁、铜和锌的合金,其硬度高于锌,但不如铁。能发出声音,坚实而有一定可锻性。新出炉时光泽明亮,但很快就失去光泽。以前大量出口到印度。……白铅很适合做盒子、碟子、家用器皿和类似的用途。欧洲人不懂得制造白铅的工艺。它的出口价格曾经为每担十四元左右。⑤

除澳商外,英国东印度公司也把白铅视作主要商品购买。早在 1664 年英船"苏拉特号"就到澳门要求购买生丝和白铅。⑥ 显然,英国人也发现了佛山白铅的贸易价值,随即加入了抢购白铅的行列。据马士《东印度公司编年史》记载,从康熙三十八年至道光十年(1699—1830),英国东印度公司及其各国商船把白铅作为重要商品和压舱之货,通过广、佛两埠洋货行商人大量购买佛山白铅出口。随着英国东印度公司船只和各国商船购买数量的增加,白铅价格也逐步攀升。17 世纪末至 18 世纪初年白铅价格为每担 2.88 两,英商当时购买不多,最多的 1717 年也仅 8 028 元,购买数量明显不如澳商。雍正十年(1732)东印度公司开始增加购买,当年东印度公司派遣 4 艘船,大班特纳以每担 6.5—7 两的价格"购入大量白铅"。其中开往孟买的"康普顿号"载走白铅 3 500 担,价值 23 027 两。⑦ 1772年,英国散商也开始购买白铅。乾隆五十七年(1792),英国散商船 20 艘共购买白铅36 578 担,每担 7 两,用银 256 046 两(357 107 元);瑞典船 1 艘购买白铅 85 担,用银 595两;丹麦船 1 艘购买白铅 102 担,每担 7 两,用银 714 两。合计当年欧洲商船共购买白铅

---

① 嘉庆十五年十月初四日《香山知县彭昭麟为奉宪牌批复原禀请发额铅三十万斤归澳商采买下澳等事行判事官札》,《清代澳门中文档案汇编》上册,第 108 页。
② 《粤海关志》卷一一《税则四·佛山挂号口》,第 223 页。
③ 同上。
④ 《清代澳门中文档案汇编》上册,第 110—111 页。
⑤ 《早期澳门史》,第 350 页。
⑥ 马士:《东印度公司编年史》第 1 卷,第 34—36 页。
⑦ 同上书,第 233—239 页。

36 765 担。① 1817 年更达 55 000 担。若加上澳商直接从佛山购买出口的白铅数量,1817 年佛山出口的白铅估计在 60 000 担以上。这一年,白铅价格升至每担 11.83 两(16.5 元)。②

又据粤海关监督常显报告,嘉庆二年至嘉庆十二年(1797—1805)的十年间,白铅每年出洋数量,最多年份 330 余万斤(33 000 担),最少年份 70 余万斤(7 000 担),平均年份一二百万斤(10 000—20 000 担)不等。按清代海关税例,每百斤白铅收正税银三钱,加以耗担归公等款,共收银五钱六分七厘计算,每年收白铅税银约计四五千两至一万数千两不等。③ 据此,若以 1817 年 60 000 担计算,白铅价值 420 000 两;若以常显所言 33 000 担计算,白铅价值 231 000 两。可见作为一种稀缺商品,白铅也为佛山社会创造了价值不菲的财富。

2. 限额出口时期

嘉庆十三年(1806)至清末是限额出口时期。

嘉庆十二年(1805)十二月初七日嘉庆皇帝下了一道圣谕:

> 朕闻粤海关每年出口白铅,为数甚多。白铅一项,因不能制造弹丸,无关军火之用,向未立出洋明禁。但系鼓铸必需之物,近年各直省钱局,铅斤日形短少,自系贩运出洋日多一日之故,不可不定以限制,以防流弊。着传谕常显即将粤海关每年出口白铅,查明数目,大加裁减,或竟可令贩运出洋,奏明设禁停止,亦无不可。该监督务须体察利弊轻重,会同总督酌定章程,不可贪图小利,因循滋患也。④

嘉庆皇帝这道圣谕,改变了清代前期白铅无限量出口的状况。嘉庆十三年(1806)正月,粤海关监督常显复奏称:

> 查白铅一项,每年出洋数目多寡不齐,向不查禁,亦无限制。今钦奉谕旨,咨会督臣查明……应请嗣后夷船回货置买白铅,每年通计各船,先以最少年分七十万斤为率。查白铅向于广东佛山镇地方凭洋商收买,陆续运省报验,然后卖与夷人,出洋严密稽查,不许额外多带,如此酌定章程,在夷人虽少带白铅,仍得以照旧贸易,而内地鼓铸需用白铅,亦不虞短少,似于钱局、夷情两有裨益。报闻。⑤

常显的奏言,得到嘉庆皇帝的准许。此后每年白铅出口即以 70 万斤之数为定额。先前在乾隆五十七年(1792),英国散商船曾购买白铅 36 578 担,该数已超出 70 万斤(7 000 担)定额之数。这就意味着,假如英国商船某年购买白铅超过 70 万斤定额,其他国家商人

---

① 马士:《东印度公司编年史》第 2 卷,第 230—231 页。
② 同上。
③ 《粤海关志》卷一七《禁令一》,第 223—225 页。
④ 同上书,第 354 页。
⑤ 同上。

将面临无法购买白铅的窘境。由此,引发了英商与澳商对白铅购买权的争夺。

嘉庆十四年(1809)、十五年(1810)澳商连续两年缺买白铅,"近年以来,尽被外洋夷船尽额买去,致澳船连岁缺买",①于是嘉庆十五年(1810)葡萄牙摄理澳门长官眉额禀告广东官府,请求在 70 万斤额内分拨 30 万斤由澳商采买。其禀文称:

> 去年新例,东省洋船买运白铅,止许七十万斤。省城贴近佛山,递年尽归洋商收买,转售黄埔各国夷船,致令澳夷欲买不得,殊失公平之道,有负大宪一视同仁之恩。只得禀乞转请督、关二宪,将每年额定白铅七十万斤拨三十万斤采买,澳商承接往佛山置办到省,报明关宪,输税给照下澳。其四十万斤留为洋商代黄埔各国洋船采买,以昭平允。②

嘉庆十五年(1810)八月,经粤海关监督、广州知府、澳门同知三方会议后,由澳门同知王衷出面驳议了葡萄牙摄理澳门长官"拨三十万斤采买"之请:

> 白铅只能照依定数,凭行赴佛山填照向买,未便分给三千[担];听西洋夷人在澳装运。③

广东官府不同意分给澳商三千担额定白铅的请求,只准许需要之时在澳门购买转运。其实广东官府是担心澳商绕开洋行直接到佛山购买白铅,恐至"浮买透漏之弊","况澳夷购货,向无行商承报"就是指此。④ 这就提高了澳商购买白铅的门坎。

嘉庆十六年(1811)二月二十九日,葡萄牙摄理澳门事务官眉额等再次禀称:"公举殷实澳商,在定例准夷商置买白铅七十万斤之内,分买数十万斤,以资生计。"⑤此次本来粤海关监督仅答应"每年匀拨七万斤",但广东布政司曾燠和两广总督蒋攸铦同意分拨 14 万斤白铅之额给澳商。嘉庆十七年(1812)广东官府饬令称:

> 经前总督咨准粤海关监督咨复,查澳门夷船每年征收税饷,不过数万余两,尚不及黄埔十分之一。今请以征收税饷多寡定匀拨白铅斤数,每年匀拨七万斤,令澳夷自投洋商买运,如此办理,既与原奏相符,亦不致澳夷向隅。本司等伏查西洋澳夷,恭顺天朝百数十载,所纳税饷积算已多,况澳门夷船现亦不少,今仅拨给十分之一,未免偏枯,应照七十万斤之数,拨给澳门夷船十分之二,计白铅一十四万斤。其澳夷所称免投洋商,自赴收买,恐滋弊端,应请照粤海关来咨,饬令洋商每年扣出十四万斤,以备

① 《清代澳门中文档案汇编》上册,第 110—111 页。
② 同上书,第 108—109 页。
③ 《粤海关志》卷二九《夷商四》,第 558—560 页。
④ 同上。
⑤ 嘉庆十六年《署澳门同知辛为奉宪牌饬知确核原禀公举澳商分买白铅事行判事官札》,《清代澳门中文档案汇编》上册,第 110 页。

澳夷承买。①

嘉庆十六年(1811)澳门额船商人曾公举王文德为澳商,到省办理购买白铅事宜。然广东官府查明王文德本为澳门通事,并非商人,②未予准许王文德承充澳商。因此嘉庆十五、十六年两年,澳门额船商欲购买白铅之举接连失败。

嘉庆十九年(1814)二月二十五日,澳门理事官眉额再以广州洋商"辖掣偏抑"为由递禀称:

> 缘眉等西洋夷人,仰天朝厚恩,世居澳地,覆土戴天,守己恭顺,历今数百年矣。澳夷生计全赖商贩贸易,因系土著澳门,故历来贩运货物,均承恩例,就近托在澳铺□[商]代为买卖。盖以洋商远在省城,往贩不便,转接多艰,非如别国夷船寄泊黄埔近省,所贩货物,例必悉由洋商为之经理,此则眉等澳船,与黄埔别国夷船彼此贸货不同之实在情形也。且白铅一项,向与各货同一章程,各归各办。自奉分拨额数,未蒙察晰情形,分别拨办,统归洋商经理。不惟转接周章,而于货色价钱,费用开销,悉随其便。犹有一船不能全买,各船分运,迟速不同,多少不一,必投洋商,实多滋误。稍有争执,犹恐阻滞多端,使眉等澳船不得与别货上下低昂,同一价受。是澳船徒有得买之名,究无得济之实。
>
> 伏查置铅与置别货,初无殊异,别货皆准就近在澳铺商经理贸易,则铅似本不妨一律施行。若以澳无行商,或恐有浮买透漏之弊,今请将所拨定额数,准眉等选择澳商代为经理,于澳船需买之时,仍赴佛山分府衙门请领执照,填注斤两数目,则所买次数已有查核矣。再将铅斤运省,报请关部验明执照,输税给单来澳,则国课不致透漏矣。又于到澳时,报明澳门关口查验发放,则各色皆有核对矣。层层查验,自然毫无遗道,永无浮买透漏之私。如此一转移间,于定额仍属相符,而眉等澳船得以随时就便买受,不致有辖掣偏抑。仰恳俯准,据情转禀等情。③

笔者将该文全录于兹,是因为该禀文实际上是对广州洋商的讨伐。所谓"必投洋商,实多滋误。稍有争执,犹恐阻滞多端",所谓"是澳船徒有得买之名,究无得济之实"等,都表达了澳船购买白铅的困难和无奈。眉额再向广东官府提出"今请将所拨定额数,准眉等选择澳商代为经理,于澳船需买之时,仍赴佛山分府衙门请领执照,填注斤两数目"的请求,两广总督蒋攸铦为"避免洋商辖掣偏抑",曾要求"洋商伍敦元等,于应买例定之白铅七十万斤之中,拨出十四万斤以备澳夷采买",而当时任十三行总商的伍敦元(嘉庆十四年任

---

① 《粤海关志》卷一七《禁令一》,第 355—356 页。
② 《署香山县郑承雯为奉宪牌饬查原禀公举澳商王文德办运白铅事下理事官判事官谕》,《清代澳门中文档案汇编》上册,第 111—112 页。
③ 嘉庆十九年三月二十九日《署澳门同知官德威饬知奉宪批覆原禀请将分拨额铅就近交澳商采买免经行商事下判事官谕》,《清代澳门中文档案汇编》上册,第 115—116 页。

总商)则禀称："并无价值高昂，均系一律办理。应请仍循其旧，以免滋生弊端。而洋商亦不得恃有详定章程，垄断居奇，致有偏枯。并将每次拨出铅斤数目、运下日期，随时禀报。并知会澳门同知稽查办理，既与□[原]案相符，亦不致澳夷有违例浮买□[偷]漏之弊。"[1] 伍敦元对广东官府的搪塞，让澳船购买白铅的企图和多年的努力再次付诸东流。

就在此时，西欧陆续发现了蕴藏量巨大的铅、锌、铜矿，冶炼出的产品形状、色泽完全可以代替中国出产的白铅。西方新兴工业国家尤其是英、法、德等国，把目光转向了近在咫尺的波兰西里西亚。正如嘉庆二十年(1820)住在澳门的瑞典驻中国第一任总领事龙思泰所言："白铅(tutenague)或称中国锌。……以前大量出口到印度，后来被西里西亚(Silesia，波兰)锌块所取代。由于它价格较高，现在已很少出口甚至完全不出口了。锌块甚至反而进口，与中国产品竞争。"[2]

道光十二年(1832)七月，两广总督李鸿宾、巡抚朱桂桢、粤海关监督中祥等会奏："外夷各国均已产铅(白铅)，无须来粤贩运，请将报部出洋白铅定额暂行停止，应如所奏。即将前定出洋额数裁停，以归核实。"李鸿宾等人的奏折，得到道光皇帝的允准。此后，白铅停止出洋。[3] 广州洋商继续垄断白铅贸易获取厚利的企图和澳门额船请求白铅额度的努力，从此通通打上句号。

3. 丝绸与棉布

丝绸是佛山出口的又一重要商品。[4] 据成书于康熙二十六年(1687)的屈大均的《广东新语》记载："广之线纱与牛郎绸、五丝、八丝、云缎、光缎，皆为岭外京华、东西二洋所贵。予《广州竹枝词》云：洋船争出是官商，十字门开向二洋。五丝八丝广缎好，银钱堆满十三行。"[5]屈大均所述五丝、八丝、广缎、广纱、牛郎绸等商品，均由佛山出产。《澳门纪略》记载澳门葡萄牙人服饰云："衣之制，上不过腹，下不过膝，多以羽毛、哆啰辟之，金银丝缎及佛山所织洋缎为之。"[6]可见葡人对佛山所织洋缎喜爱有加，而佛山出产的洋缎也大量贩至澳门，满足澳门土著葡人的衣饰需求。乾隆年间，佛山社亭铺机房林立，每日清晨均有数千"机匠"在猪仔市站立待雇，俗称"企地"。佛山丝织机户可以根据来样采用湖丝或广丝定制丝绸。1800 年以前，外洋船贩运中国丝绸常常可以获得 100% 的利润。猪仔市圩地属梨巷梁氏(药商梁仲弘属此族)，为二十二老之一梁广税地。佛山梨巷梁氏与广州黄埔村梁氏同为岭南始迁祖梁大器后人，其族祖先二世祖有梁廷建者，早在"宋帝昺祥兴元

① 嘉庆二十年五月初三日《澳门同知刘星葆为奉宪牌禀覆拨运额铅如何稽查事下判事官谕》，《清代澳门中文档案汇编》上册，第 116 页。
② 《早期澳门史》，第 350 页。
③ 《粤海关志》卷一七《禁令一》，第 356 页。
④ 《广东十三行考》，第 50 页。
⑤ 《广东新语》卷一五《货语》，第 427 页。
⑥ 《澳门纪略》下卷《澳蕃篇》，页 20。

年戊寅迁佛山梨巷,后建祠于猪仔市,曰衍庆堂",[1]是为佛山房始迁祖。嘉庆十三年(1808)广州黄埔村梁氏梁经国开设天宝行,名列广州十三行之一。[2] 佛山梨巷梁氏之所以将猪仔市圩地用作佛山全镇机匠待雇的"企地",与其广州族人从事十三行之一天宝行的外洋贸易不无关系。

清初,英国船主要购买的商品是丝绸、白铅、茶叶。1795 年后大量增加棉花、茶叶、生丝和南京布的购买,出口商品结构发生变化。清中叶后,佛山生产的夏布成为南洋诸国喜爱的商品。曾有外国人记载,1833 年佛山镇"从事织造各种布匹的工人共约五万人"。[3]各地运集佛山的土布则在此染成广东人最喜爱的"长青布",然后向新加坡及广东人常到的海外各地大量输出。[4] 此外,佛山也仿制生产南京布。瑞典人龙思泰说:"南京布亦产于广州和中国的其他地方,以及东印度群岛。中国产的南京布,至今在色彩和质量方面,仍优于英国产品。价格每百匹 60 至 90 元不等。出口到欧美,数量可观。很适合温暖地带作夏服之用。"[5]

除了上述三大宗本地出口商品外,佛山还有一些特殊商品出口。如金箔,佛山制造的金箔既好且薄,质量上乘。长期居住澳门的瑞典人龙思泰说:"中国人制造大量的金箔,用于寺庙中的装饰等,也出口输往印度。"[6]又如大黄,乾隆五十四年,总督福康安奏称:"查大黄出产川、陕二省,商人运贩到粤,于省城、佛山两处售卖,每年约二十余万斤。其卖与洋行各国夷人约十余万斤,内地各府、州地方亦约销十余万斤。"[7]清代前期,佛山出口的商品品种丰富,许多品种极受东南亚诸国喜爱。因为不是大宗商品,此处从略。

第六节　佛山市舶的历史地位

一、佛山市舶是澳门贸易时期的轴心港市

澳门贸易时期是一段特殊的发展时期,澳门作为明清帝国的外贸窗口,经历了从隆庆开海和康熙开海的机遇。在东印度公司未来之前,澳门商人几乎垄断了东亚与南海诸国的贸易。如前所述,东亚诸国和南海诸国是缺铁国家,这些国家的铁器、白铅、丝绸和棉布依赖于从中国进口,佛山自然成为澳门商人前往购物的首选口岸。因此在澳门与佛山之

---

① 广州黄埔村《梁氏家谱》卷一《姓族源流》,黄埔村古港古村研究会 2012 年版,第 39 页。
② 同上书,第 5 页。
③ Description of the City of Canton, *The Chinese Repository*, Vol.Ⅱ, No.7, Nov 1833, pp.305 - 306.引自彭泽益《中国近代手工业史资料》(1840—1949 年)第 1 卷,第 256—257 页。
④ 参阅彭泽益《鸦片战争前广州新兴的轻纺工业》,《历史研究》1983 年第 3 期。
⑤ 《早期澳门史》,第 352 页。
⑥ 同上书,第 349 页。
⑦ 《粤海关志》卷一七《禁令一》,第 359 页。

间,形成了两点一线的轴心港市。佛山的对外贸易事业从康熙开海(1684)之后迅速发展,在雍正年间(1723—1735)达到贸易高峰,直至乾隆二十二年(1757)广州独口通商为止。在这 73 年里,佛山市舶充当了清帝国内地最大的合法港市的角色,其贸易规模和贸易活动一度超过广州。可以这样说,佛山市舶因澳门贸易兴而兴起,也因澳门贸易衰而衰落。乾隆二十二年(1757)后,清朝廷和东印度公司等西欧商人打开了广州港市的窗口,从而终结了澳门港市的贸易前途,中国的对外贸易自此进入广州贸易时代,佛山市舶的命运从此改变。如果我们将清代对外贸易时期以核心贸易口岸来标示的话,可以表示如下:

表 11－2　清代核心贸易口岸特征表

贸易时期	时　间	轴心口岸	航运特征	制度特征
澳门贸易时期	1684—1757	澳门—佛山、广州	转运	税收管理松散
广州贸易时期	1757—1843	广州—西欧各口岸	直航	海关制度形成

至于广州贸易,读者可以参阅马士《东印度公司编年史》和范岱克《广州贸易》,[①]他们都在各自的研究领域作出贡献,此处不赘。

二、佛山市舶是佛山制造的市场引擎

佛山市舶通过澳门商舶,连接了东、西二洋的海外市场。从康熙、雍正年间爆发的广锅出口量,到乾隆、嘉庆年间飙升的白铅出口量,再到横跨康熙、雍正、乾隆、嘉庆、道光五朝的广丝和夏布长期不断的大量出口,无不得益于海外市场的需求增长。围绕着冶铁业、陶瓷业、丝绵纺织业三大主干行业,清代佛山手工业不断分化,以满足海外市场需求。除傲视东亚的广锅外,广钟也大量出口东南亚。法国学者苏尔梦根据对现存东南亚寺庙的中国铁钟的研究认为,"东南亚梵钟主要来自广东,尤其佛山"。[②] 明代佛山仅冶"乌金",清代则兼冶"五金",色色生辉。金属加工各行的技术渊源于冶铁业,当铸冶技术拓展到新原料金、银、铜、锡、铅等,就依原材料不同而衍生成不同行业。铸造技术派生出一字铜行、黑白铅行等行业。白铅出口在此时的崛起就是明证。锻造技术是打制、拉拔成各种产品,即进行深加工,由此又根据不同的产品派生出不同的行业。清代东南亚佛教国家和华人移民群体建庙塑造佛像、神像金身有大量需求,因此佛山锻造技术派生出金箔行、金花行、锡箔行、铜钱行、铜器行、铜扣行、打银行等,佛山出产的金箔曾长期占领南洋市场。再如丝织业的发展,也派生出若干个以绸纱为原料的行业,如五丝行、八丝行、广纱行、广缎行、布扣行、头绳行、制帽行和唐鞋行。屈大均"五丝八丝广缎好,银钱堆满十三行"的诗句,反

① 马士：《东印度公司编年史》；范岱克：《广州贸易》,社会科学文献出版社 2018 年版。
② ［法］苏尔梦：《从梵钟铭文看中国与东南亚的贸易往来》,载李庆新主编《海洋史研究》第三辑,2012 年 5 月,第 11—62 页。

映的就是洋舶预付银元给行商订购佛山丝货的情况。还有佛山年画行,也是安南等国年画市场的支撑行业。① 总之,每一新市场的拓展,每一新产品的出现,就预示着一个新行业的诞生。由此不断派出,形成清代前期五花八门的行业发展格局。清代佛山手工业行业分化出十大种类,它们是:纺织类、成衣类(包括刺绣、鞋帽)、建筑类、饮食类(包括成药)、五金类(包括冶铁)、竹木类(包括造船、拆船)、造纸类(包括爆竹、门神)、文具类、杂物类、杂工类,②行业又细分为175行。③ 如果把明代佛山冶铁业比喻为"一枝独秀",那么清代佛山手工业就是"百业同兴"了。所有这些手工业门类的发展,使佛山成为清代前期南中国综合性的工业生产基地。

三、佛山市舶是清代设立佛山同知衙门的重要原因

雍正十年(1732)广东巡抚杨永斌给雍正皇帝上奏称:"窃照广东省城洋商贾舶云集,而一应货物俱在南海县属之佛山镇贸易。该镇绵延十余里,烟户十余万。五方杂处,易于藏奸。……应请设立同知一员驻扎佛山镇。"④杨永斌的奏折得到雍正皇帝的批准,并于雍正十一年(1733)设立佛山同知署,全称"广州府佛山海防捕务同知署"。原设在丰宁铺十字路,雍正十三年(1735)迁至莺岗原都司旧署处。⑤

清朝吏部定佛山同知为"繁难要缺",两广只有佛山和澳门的同知官为"繁难要缺"。佛山为繁要之区,历届佛山同知的选调,直接由吏部任命选调,即为"部选",史称"广州府佛山同知系冲繁中缺,应归部选"。⑥ 两广总督只有推荐权,没有任命权。清朝皇帝也特别重视对佛山同知的任命及其考核。如曾任吏部尚书的和珅曾选调了杨楷任佛山同知。乾隆皇帝驾崩,嘉庆皇帝立即除掉和珅,并对杨楷的操守提出质疑。⑦ 因杨楷实心办事,经吏部会同两广总督吉庆查核,杨楷并无守成问题,遂继续任用。

佛山同知设立后,其最重要的职能就是管理对外贸易。其中,又以发放各类通行执照和稽查进出口商品为要务。清代广东官府规定,所有佛山镇铸造的食锅农具,"其由海运赴雷、琼二郡者,均在佛山同知衙门给照出口。食锅等项数至五十连以上即行给照,以便海口稽察"。⑧ 土铅和洋铅的运销,亦由佛山同知衙门向水客印发运照,并"能饬韶、梧、肇三关,照例稽查"。铅斤运到,铅务公所司事报明佛山同知,"验对印单。将铅起贮公所,仍

① 程宜:《佛山木版年画研究》,广东人民出版社2017年版。
② 参考民国《佛山忠义乡志》卷六《实业志》。
③ 同上。
④ 《朱批谕旨》第52册,第13、14页。
⑤ 乾隆《佛山忠义乡志》卷二《官典志》。
⑥ 嘉庆三年四月初七日大学士吏部尚书和珅等奏折,中国第一历史档案馆藏清宫档案,档号:012-0102。
⑦ 嘉庆四年十二月初八日两广总督觉罗吉庆等为遵旨保举堪胜知府之员仰祈圣鉴事,中国第一历史档案馆藏清宫档案,档号:04-01-13-0122-004。请参阅本书第十章第四节三"文武四衙的设立"。
⑧ 《两广盐法志》卷三五《铁志》。

由司事将水客姓名、铅斤数目，按月列册禀运。该同知照造通缴"。[1] 此外，清代佛山是两广米埠，南洋米和广西米汇聚佛山。佛山镇米价是通省的标准价，佛山同知、五斗口司衙门每逢五、逢十要向南海县报告米价。[2] 可见，佛山同知衙门一经设立，就担负着管理、监督佛山口岸米、铁、铅等重要物资供应和贸易的责任。

值得一提的是，佛山同知还参与澳门葡萄牙贡使入觐的外交陪护工作。清代广州府管理着广州、佛山和澳门三大商埠，佛山同知是协助广州知府的得力助手，有关三埠的外贸外交事宜，常常需要佛山同知参与。根据佛山同知毛维锜记述："粤之佛山镇为岭南一都会也。余自辛未(1751)夏膺分刺广州之命，来莅兹土。周览二十五铺之丰繁，汾江石云之秀丽，井疆广袤几与邑垺。……又以西洋波尔都噶尔亚国遣使通贡，大吏檄予送之入觐。南北奔走，逾年而返。返则又承乏澳门五阅月。"[3]从上述可知，毛维锜乾隆十七年(1752)陪送葡萄牙贡使入京，逾年而返。返粤后又被派往澳门长驻五个月，再次返回佛山驻扎时已逾两年。可见其长期参与了澳门的外交和外贸工作。从佛山同知可以兼管澳门同知的事务来看，清代广东官府行政上也将佛山与澳门视为对接港口的关系。

第七节　佛山市舶转移的原因

一、核心口岸的转移

海外新市场网络的兴起与核心口岸的转移有极其密切的关系。

澳门葡萄牙商人在佛山的贸易，属于季节性贸易。每年五、六月南风起时来到佛山，十一月北风起时离开佛山出洋。清廷并未准许澳商在佛山建立商馆作长期居留。但是，英国东印度公司自进入中国市场之初，就提出建立商业据点的要求。他们嫉妒澳门每年对华贸易达一百万两的市场份额，深知澳商在华没有据点的软肋。英国东印度公司的对华贸易报告称："该总督理解到，如果英国人获得据点，开辟了印度的贸易，则葡萄牙的此项贸易就会全部丧失。"[4]按照这一商业竞争战略，英国东印度公司一边请求清廷准许其在广州建立商馆，一边开展大规模的贸易，并与清朝合法的洋货行(十三行)商人合作。

乾隆二十二年(1757)清朝实行广州一口通商政策之时，十三行商人和以英国东印度公司为首的西欧各国商人成为广州独口通商的第一批红利获得者。梁嘉彬先生指出："按广东十三行制度，固沿历朝市舶之习，然亦革历朝市舶之弊。……至论十三行之事业范围，始则偏于以'夷货与民贸易'，继乃转重于'与夷互市'；论其交易之对象，始则重在南洋

① 黄思彤：《粤东省例新纂》卷三《户·铜铅·采买白铅》。
② 《佛镇义仓总录》卷二《劝七市米户照实报谷价启》。
③ 乾隆《佛山忠义乡志》卷一，毛序。
④ 《东印度公司对华贸易编年史》第1卷，第19页。

诸国，继乃转而之西洋诸国；论其性质，始则纯属评定货价、承揽货税之商业团体，继乃兼及外交行政。"①梁嘉彬先生所言十三行商人与一般牙商的区别，就是事业范围和市场网络更大，事业性质已属国事，因而得到清政府的特许授权和政策支持。

此时广州口岸出现了三大变化：一是整洁美观的各国商馆陆续在十三行街旁边建成，各国商人有了商业据点；二是出口货物从先前的以佛山制造的广货为主到以外省出产的茶叶、景德瓷、南京绸缎和湖丝为主；三是直航欧洲的大型洋舶成为主力船型，也就是说海外市场从南洋诸国扩大到欧洲本土。随着市场网络的扩大，原先处在旧有市场网络核心节点的澳门和佛山，势必为辐射范围更大的核心口岸广州所覆盖并逐步取代。由此可见，清廷和十三行与以英国东印度公司等为代表的西欧各国商人重塑了中国的外贸市场网络，核心节点转移到广州一口。在市场网络重塑的过程中，澳门与佛山就逐步被边缘化了。

二、航路要冲的转移

佛山涌曾是承载清代前期佛山镇商业繁荣的低成本运输主航道。康熙年间佛山涌的汾水正埠码头处河面既深且宽，尚能停靠大小五千船只；栅下天后庙码头处在海口位置，河面也很宽阔。但佛山涌因处于西江下游，每年泥沙沉积造成航道淤浅的情况十分严重。道光以后，清涌成为佛山举镇商民关切的头等大事。从道光元年（1820）到光绪十年，佛山一地动员全镇商民举办的清涌共有五次。规模最大的一次是同治十一年由梁应焜承办、李应材协办的清涌工程，拟浚通"佛山全河七十余里"，筹银十二万四千六百三十一两，支用十一万七千五百五十五两，购买西洋机器，清涌多年，但收效甚微。② 光绪年间，佛山涌淤浅日甚，冬天涸水期西、北两江来船不能由沙口入佛山，只能绕东平河由石湾入佛山。南面由澳门来的船只也只有舢板可以泊位，与清初时澳门额船能停靠栅下天后庙码头的航道条件几乎形成天壤之别。

乾隆以后英国东印度公司已有上千吨位的海舶到粤，广州黄埔的深水码头必然成为这些海舶的首选，进出口贸易的主航道再次回归广州虎门航道。

三、清朝特许政策的变化

如上所述，佛山在明清两代享有垄断经营的各种专利。但随着广州口岸外贸的逐渐兴旺和铁器、白铅出口政策的从紧执行，清朝先后限制了佛山的出口商品种类和数量。首

---

① 《广东十三行考》，第51页。
② 中国第一历史档案馆藏清宫档案，刑部录副，档案号：529-1473-1476；又见光绪十二年十二月二十六日张之洞为粤省前修佛山河道工程查开段落丈尺收支银数缮列清单，中国第一历史档案馆藏宫中朱批奏折，档案号：04-01-0956-024。

先是禁止广锅的成批量出口。雍正九年（1731）杨永斌奏请雍正皇帝准许铁锅"照废铁之例一体严禁，无论汉夷船只概不许货卖出洋"，但五十连以下近海贸易不限。① 其次是出口白铅每年限额 70 万斤。嘉庆十三年（1806）正月，粤海关监督常显奏请嘉庆皇帝准许"每年白铅出口即以七十万斤之数为定额"。② 再之是放开只准佛山一地铸锅的专利政策，道光十五年以后允许外地铸造铁锅。

与此同时，清朝在雍正年间批准发照给澳门的 25 号额船，由于运营损失而不断减少，"光任分守时，有一十六号。比汝霖任内，止一十三号。二十余年间飘没殆半。澳蕃生计日绌"。③ 澳商向清朝提请补增额船，但广东官府因西欧各国商舶日增而态度改变，未予增补。

> 从前制府题限澳船以二十五号为额，今连年澳夷失利，有被风漂没者，有缺资不能营运者，仅余十号，是澳船额不止去其半矣。而粤中关税，轳日增益，事理灼然，去留何损？该夷垄断逐利，素为诸番所恶，若西夷舶逐渐减少，则各番国亦必逐渐增至。④

清朝不允许澳门额船增加，意味着澳门原有的额船不久也将消失。正如郑德华所言："广州不仅成为中国对外通商的唯一合法口岸，而且是控制澳门的重要中心。这种机制的建立，应视为清朝对外贸易交往的一种应变。"⑤正因为清朝外贸政策的改变，之前佛山与澳门所享有的无限量出口和减免税项的红利消失殆尽。

综上所述，从康熙开海到广州一口通商，有一段清廷建立对外贸易管理制度的窗口期。在这段制度化的过程中，李士桢与粤海关监督额尔图格、十三行与英国东印度公司，都积极参与，献力献策。与英国东印度公司商人相比，澳门额船商人则满足于所享有的减税优免和明末清初的松散管理状态，不求商人自身组织的提高和打造吨位增加的海舶，回避承担税收额上升的义务，游离于海关管理体制之外。然而，正在建设中的清朝外贸体制和海关制度再不能容忍澳商的散漫自由，独口通商的上位机会稍纵即逝。澳门曾经傲视东亚的外贸地位就在被动等待中动摇，直至陨落。而佛山也因此失去轴心口岸地位，陷入到制造业之腿长、外贸事业之腿短的历史格局中。

---

① 《雍正东华录》卷一九《雍正九年十月二十三日广东布政使杨永斌奏折》。
② 《粤海关志》卷一七《禁令一》，第 354 页。
③ 《澳门纪略》下卷《澳蕃篇》，第 31—32 页。
④ 《粤海关志》卷二八《夷商三》，第 546 页。
⑤ 郑德华：《"一口通商"与"澳门航道"》，载《学术研究》1999 年第 12 期（庆祝澳门回归专辑）。

第十二章
清代广锅采办制度

清代广锅采办制度是清代工部营造制度的组成部分,也是朝廷与地方、官府与民间有效对接的工具。清代广锅采办制度并不完全属于工部的内部制度,它以工部采办和核销为中心,涉及内务府咨取、广东佛山镇炉户铸造、广东督抚具题请旨、户部报备等外部环节,在清代行政体制内孕育发展,长期而有效地实行着。从雍正十三年起至宣统二年(1735—1910),清朝廷先后由工部行令广东官府在佛山镇铸竣、解运入京的定制广锅达20批,留下了大量清宫档案记载。本文拟根据清宫档案记载,就清代广锅采办制度的渊源、工部历年库贮广锅与采办广锅的实情、清代广锅采办制度的内容考释、清代广锅采办制度的历史价值等方面展开讨论。

第一节 清代广锅采办制度的渊源

清承明制,清代广锅采办制度渊源于明代的辽东经略。上文述及,广锅作为明朝羁縻政策的利器,是辽东马市的主要互市商品和官方指定抚赏品。据笔者研究,广锅在开原马市每年销量应超过2万口。加上广宁、抚顺等14处马市,万历年间广锅每年在辽东的销量应不少于3万口。铁锅与缎布组成被称为"锅布"的双宝,支撑着辽东马市200余年的长期运作。① 开原、广宁的广锅互市经验,也成为隆庆和议后明朝廷和各边镇积极效仿推行的"成例",在中三边和西三边开花结果。正是广锅作为官锅抚赏品,满足了女真对铁锅的所有期待。广锅快热、轻薄、坚韧,尺寸规格大型化、多样化,系列化又自成一体。因此,拥有广锅成为女真首领阶层身份、地位的标志。

广锅与清代皇室的连结,与努尔哈赤家族的推崇有极大关系。努尔哈赤家族三代从商。祖父觉昌安,汉名叫场,叫场当时是建州都指挥使王杲的部属,负责为王杲打理马市换易事宜,成为明嘉靖、隆庆年间开原和抚顺马市的常客。上文叙及,广锅在辽东各马市

---

① 参阅罗一星《明代广锅与辽东马市》,《中国社会经济史研究》2019年第1期。

的亮丽表现及女真首领们的使用经验，在努尔哈赤祖孙三代心目中占据了较高位置。万历三十七年（1558）清室筹建"盛京三陵"，建陵伊始，规例即定祭祀礼器采用广锅。皇太极于崇祯二年（清天聪三年，1629）始建清宁宫，在清宁宫东次间建神堂，神堂南炕东侧设红漆俎案，用作祭祀"领牲"，案长 210 厘米，宽 140 厘米，厚 23 厘米。其北灶台即安放两大"煮肉接口广锅"，合清宫萨满教祭祀常献二牲之礼。[①] 清宁宫内还有"蒸糕广锅""蒸稷米饭广锅"和"炒豆广锅"。另有双耳广锅用于清宁宫院中祭天时杀牲煮小肉饭之吊锅。[②] 崇祯四年（清天聪五年，1631）开始在清宁宫祭祀。[③] 清三陵和清宁宫的祭祀礼制是清皇家祭祀走向正规化的标志。（图 12-1、12-2）

图 12-1　清宁宫神堂南炕东侧红漆俎案　　图 12-2　清宁宫神堂北灶接口广锅

入关后，广锅更成为清廷指定御用品，不仅关外三陵和清宁宫长期使用，更将明坤宁宫改建为萨满祭祀神堂，坤宁宫内祭祀的礼器也一体采用广锅。[④]（见首页图 14）清朝内务府每隔若干年就会向工部司库取用所需广锅，工部需提前咨行广东官府札行南海县，到佛山镇定制采办广锅，并派员运解回京贮存司库，用以更换清三陵和清宁宫、坤宁宫的旧广锅。此外，广锅也作为皇子、驸马成家时的赏赐品。乾隆五十年（1785），乾隆皇帝孙子绵懿举行婚礼迎娶福晋，并分府分居，内务府"照例赏给：大小广锅、铁锅三十口"。[⑤] 有清一代，内务府通过工部采办广锅的制度严格执行了 260 年。

第二节　清代工部历年采办广锅与库贮情况

清朝入关前已指定广锅用于三陵等处祭祀煮牲。进京之后，一仍旧制。乾隆二年

---

① 《钦定满洲祭神祭天典礼》卷五。
② 参阅栾晔《满族萨满教和最早的清宫萨满祭祀遗物》，《满族研究》2011 年第 1 期。
③ 参阅白洪希《盛京清宁宫萨满祭祀考辨》，《故宫博物院院刊》1997 年 5 月。
④ 参阅栾晔《满族萨满教和最早的清宫萨满祭祀遗物》，《满族研究》2011 年第 1 期。
⑤ 乾隆五十一年五月二十五日总管内务府大臣永瑢等为绵懿分府分居事奏折，中国第一历史档案馆：《绵懿阿哥迎娶福晋史料》，《历史档案》2004 年第 2 期。

(1737)大学士兼吏部尚书兼管工部尚书迈柱奏称："查本部（工部）预备三陵等处应用广锅，向例行文粤省采办，解部备用。"①可知乾隆二年前工部已有"向例"。虽然清宫档案对顺治、康熙朝采办广锅的记载阙如，但从雍正十三年起至宣统二年(1735—1910)，清朝廷曾先后由工部行令广东官府在佛山镇铸竣、解运入京的定制广锅达 20 批，留下了大量的档案记载。

（一）清代工部采办广锅情况

清宫档案中最早关于广锅采办的记载，是雍正十三年(1735)十二月二十八日工部给广东巡抚杨永斌的咨文，其咨文称："据本部员外郎杭柱等呈称，查库贮广锅三十二口。今准内务府咨取过四口，实存广锅二十八。恐三陵及内务府等处一时咨取，行文外省采办不及。"②吅须广东"照依尺寸、数目铸造大小广锅六十口，作速委员敬谨解部，以备三陵等处应用"。③

广东巡抚杨永斌历来重视广锅的生产和管理，曾在雍正九年上奏禁止广锅大量出口海外而得到雍正帝的准许。此次工部咨行铸造广锅，适逢乾隆皇帝即位，诚恐饬令炉户铸造时"口径、数目未合体式"，遂咨请工部开明口径尺寸。乾隆元年(1736)五月二十二日工部咨复：

> 查前项广锅本部以库贮无几，不敷备用，于雍正十三年十一月二十八日行文粤省，照依口径尺寸铸造大小广锅陆拾口，委员解部在案，今该抚复经咨请开明，应仍将口径尺寸、数目开列，粘单行文该抚，星飞铸造，事关三陵等处应用，不便延缓，作速委员解部可也。④

工部此次咨文另附粘单一纸，内开列了大小广锅六十口的口径尺寸。广东巡抚杨永斌接工部咨文，即刻札行广州府南海县饬令炉户照式铸造完成。乾隆元年六月，委派广东布政司照磨所试用州同王厚德领解赴京，至工部投收。工部照数查收后印制批回。乾隆元年(1736)八月十八日，工部又"行令续办广锅壹百口，现今三陵、盛京内务府等处催取，未便迟缓，应令该抚（杨永斌）将前项广锅星饬委员解部，仍先将起程日期报部"。⑤

工部在雍正十三年(1735)和乾隆元年(1736)连续两批采办广锅，与广东抚院往复互

---

① 乾隆二年九月二十八日大学士兼吏部尚书兼管工部尚书迈柱等奏折，中国第一历史档案馆藏内阁题本，档号：02－01－008－000091－0017。
② 乾隆二年八月初八日署理广东巡抚山西布政使驻札广州府臣王謩等奏折，中国第一历史档案馆藏内阁题本，档号：02－01－008－000052－0017。
③ 同上。
④ 同上。
⑤ 乾隆二年八月初八日署理广东巡抚山西布政使驻扎广州府臣王謩等奏折，中国第一历史档案馆藏内阁题本，档号：02－01－008－000052－0017。

动咨文多篇，其操作准则，为其后广锅采办制度的完善和施行确立了范例。

兹根据中国第一历史档案馆所藏清宫档案整理出表格 12-1，表列清代工部历年在广东佛山镇采办广锅 20 批次的具体情况。

表 12-1 清代历年采办解京广锅情况表①

单位：两、钱、分、厘、毫、丝、忽、微、纤

工部咨行广东时间	数量（大小口）	锅价/脚费（两）	报销年份(计入粤省地丁银总册)	广东铸竣奏报官员职名	解部官员职名及起程日期
雍正十三年(1735)十一月二十八日，乾隆二年(1737)四月二十七日题驳/[乾隆二年(1737)十月二日乾隆帝准例]	60	482.456 9/14.473	乾隆元年分(1736)	先广东巡抚杨永斌、后两广总督鄂弥达、后署理广东巡抚王謩	试用州同王厚德，乾隆元年六月
乾隆四年(1739)十一月二十四日	60	313.521 9/9.45	乾隆四年分(1739)	署理广东巡抚王謩	海阳县知县吴遴畯
乾隆八年(1743)	60	442.953 5/13.288 5	乾隆八年分(1743)	署理广东巡抚策楞	顺德县紫泥司巡检贾庆灏，乾隆八年八月二十四日
乾隆十一年(1746)	60	324.791 4/9.743 731 2	乾隆十年分(1745)	广东巡抚准泰	高州府经历胡熙，乾隆十一年六月初七日
乾隆十五年(1750)	100	539.775 1/16.193 254 5	乾隆十五年分(1750)	广东巡抚苏昌	香山县黄梁都司巡检吕时泰，乾隆十六年四月初十日
乾隆三十二年(1767)	100	528.924/15.868 2	乾隆三十二年分(1767)	两广总督李侍尧	揭阳县北寨司巡检王世贤，乾隆三十二年九月初六日
乾隆四十二年(1772)十二月初一日	130	555.992 4/16.679 2	乾隆四十三年分(1773)	先广东巡抚李质颖/后两广总督桂林	陆丰县甲子司巡栓印寅曾，乾隆四十三年九月初十日
嘉庆元年(1796)	100	460.997/13.829 2	嘉庆元年分(1796)	两广总督吉庆	封州县知县杨景春，嘉庆元年十月初四日
嘉庆六年(1801)	100	514.371/529.82	嘉庆六年分(1801)	署理广东巡抚瑚图礼	试用从九品关锦缕，嘉庆六年十一月二十八日

① 解运水脚银：照例正价一两给银三分。锅价银及水脚银均在广东省当年或下年地丁银、粮银项内支给，解运官员脚费在地方火耗银项内支给。

（续表）

工部咨行广东时间	数量 （大小口）	锅价/脚费 （两）	报销年份(计入 粤省地丁银总册)	广东铸竣奏 报官员职名	解部官员职名及 起程日期
嘉庆十五年(1810)二 月十四日	130	811.878/ 24.356 2	嘉庆十五年分 (1810)	广东巡抚韩崶	候补从九品高绩, 嘉庆十七年四月十 五日
嘉庆二十四年(1819) 十一月十二日	130	650.946/ 19.528 2	嘉庆二十五年分 (1820)	广东巡抚康绍镛	定安县太平司巡检 高绩,道光元年十 月初五日
道光十年(1830)六月 十四日	130	491.755/ 14.752	道光十一年分 (1831)	广东巡抚朱桂桢	镇平县罗冈司巡检 冯受煦,道光十一 年十月二十五日
道光十八年(1837)四 月十七日	130	499.487/ 14.984	分别列入道光十八 年分(1837)和道光 十九年分(1838) 两年	广东巡抚怡良	候补布政司照磨沈 瑛,道光十九年九 月二十九日
道光二十八年(1848)、 [道光二十九年(1849) 七月三十日部驳]	10(大广锅)	468.995/14.043/ 424.821/482.62	同治三年分(1864)	先广东巡抚叶名 琛、后广东巡抚 郭嵩焘	新宁县典史谭绍 恩,道光二十八年 五月十八日
同治五年(1866)	100	原1096.11/ 44.874;核减后 1 083.246/44.488	原列入同治三、四 两年分（1865、 1866),核减后列入 同治十年(1871)	先广东巡抚蒋益 澧、后广东巡抚 李福泰	候补知县刘纪勋,同 治五年二月十八日
同治七年(1868)八月 十七日	80	709.63/ 21.289	同治十年分(1871)	广东巡抚张兆栋	升用知县卸新安县 县丞徐咸亨,同治 十一年三月十三日
光绪六年(1880)二月 初九日	100	688.349/ 20.654 7	光绪六年分(1880)	广东巡抚裕宽	前任兴宁县知县徐 殿兰、试用盐大使 王泽润
光绪十一年(1885)八 月十一日	100	932.3 17.969	光绪十二年分 (1886)	两广总督张之洞	山西候补知府杨玉 书,光绪十二年八 月初十日
光绪二十八年(1902)	100	合共990余两	光绪二十七年(1901)	广东巡抚德寿	试用直隶州州同陈涛
宣统二年(1910)	200	合共2 850余两	宣统元年分(1909)	兼署两广总督广 东将军增祺	候补知府童凤池

从表12-1可见：

1. 清代朝廷平均每8.75年采办一次广锅。间隔时间最长的是乾隆四十二年至嘉庆元年(1772—1796)的24年和道光二十八年至同治五年(1848—1866)的18年。铸造广锅数量最多和使用工料水脚价银最多的一次是宣统二年(1910),铸造大小广锅200口,用银二千八百五十余两。铸造广锅数量最少的一次是道光二十七年(1847),仅铸造四尺大广锅 5 口和四尺五寸大广锅 5 口,一共 10 口大广锅。使用工料水脚价银最少的一次是乾隆四年(1739),仅用银三百一十三两五钱二分一厘九丝铸造广锅 60 口。

2. 从清朝工部咨行广东官府之日起至铸竣广锅解运起程之日止,通常需时两个月至半年。担任解员的官员有知府、州同、知县等中品级官员,还有布政司照磨、盐大使、县丞、典史、经历、巡检等低品级官员。每次广锅解运入京,担任解员者都是广东布政使司从广东省范围内不同任职地调派的官员。

3. 每次铸造前,所需铸造广锅的工料水脚价银系由佛山炉户向南海县领取,每次铸竣后,则由南海县和广东布政司造册核销,造入广东省当年或下年地丁银、粮银项内支给,解员脚费造入地方火耗银项内支给,造册报告朝廷核准题销。

(二) 清代工部库贮广锅情况

清代三陵及内务府需要广锅,系由内务府向工部司库取用,工部随时给发。乾隆三十二年(1767)四月十五日工部虞衡司郎中龄昌、主事刘世宁等呈称:"蒙派职等管理司库所有库贮广锅一项,原系预备三陵总理衙门及内务府等处急需之物。今查本司库存贮广锅共计三十四口,内多系口径三尺以上至四五尺不等,除此项大锅无庸备办外,其口径三尺以下至二尺者,现在所剩无几,诚恐将来三陵等处一时取用不敷给发,自应预为筹办。"[1] 清代工部虞衡司负责管理司库的官员为郎中、员外郎和主事。每过若干年,工部虞衡司管库官员就需盘点广锅库贮实情,根据库存广锅的数量和尺寸规格,预估三陵及内务府各衙门所需大小广锅的数量,咨行广东督抚转札南海县,招佛山炉户领银承办铸造。兹根据中国第一历史档案馆所藏清宫档案整理出表格 12‑2,表列清代工部历年库贮广锅数量口径的具体情况。

表 12‑2　清代工部历年库贮广锅数量口径表[2]

年　份	工部虞衡司查库官员	工部库贮广锅数量(大小口)	采办原因	工部咨行广东采办数量(大小口)	采办广锅口径尺寸与数量(单位：口)
雍正十三年(1735)	员外郎杭柱	28	不敷三陵及内务府等处取用	60	四尺 4,三尺八寸 4,三尺六寸 4,三尺四寸 6,三尺二寸 8,三尺 8,二尺八寸 5,二尺六寸 4,二尺四寸 3,二尺二寸 3,二尺 5,一尺八寸 6。

① 乾隆三十三年(1768)六月九日大学士管理工部事务陈宏谋等奏折,中国第一历史档案馆藏内阁题本,档号：02‑01‑008‑001595‑0010。

② 中国第一历史档案馆藏内阁题本、军机处录副：档号：02‑01‑008‑000052‑0017、077‑3630 至 077‑3644、02‑01‑008‑000497‑0015、02‑01‑008‑000633‑0012、02‑01‑008‑000894‑008、02‑01‑008‑001545‑0010、02‑01‑008‑001595‑0010、02‑01‑008‑001994‑0013、02‑01‑008‑002409‑0015、02‑01‑008‑002565‑0008、02‑01‑008‑002982‑0023、02‑01‑008‑003379‑0003、02‑01‑008‑003756‑0014、02‑01‑008‑004025‑0002、019‑1401、02‑01‑008‑004487‑0020、02‑01‑008‑004608‑0004、02‑01‑008‑004680‑0001、03‑5741‑032。

（续表一）

年　份	工部虞衡司查库官员	工部库贮广锅数量（大小口）	采办原因	工部咨行广东采办数量（大小口）	采办广锅口径尺寸与数量（单位：口）
乾隆四年（1739）		66	多系口径三尺六寸、四尺六寸	60	
乾隆八年（1743）	郎中八十三	66	口径二尺至四尺存贮无几	60	二尺10，二尺二寸5，二尺三寸10，二尺六寸10，三尺三寸10，三尺五寸10，四尺5。
乾隆十一年（1746）	郎中王珏		口径二尺至三尺存贮无几	60	二尺15，二尺四寸10，二尺五寸5，二尺六寸10，二尺八寸10，三尺10。
乾隆十五年（1750）	员外郎那禅、主事齐建中	96	口径三尺以下至二尺所剩无几	100	二尺广锅20，二尺二寸10，二尺四寸10，二尺五寸10，二尺六寸10，二尺七寸10，二尺八寸10，二尺九寸10，三尺10。
乾隆三十二年（1767）	郎中龄昌、主事刘世宁	74（工部尚书陈宏谋奏称34口）	口径二尺起至三尺现存无几	100	三尺10，二尺九寸10，二尺八寸10，二尺七寸10，二尺六寸10，二尺五寸10，二尺四寸10，二尺二寸10，二尺20。
乾隆四十二年（1777）	员外郎纳福、郎中俞廷垣	82	口径三尺以下至二尺者所剩无几	130	二尺九寸5，二尺八寸5，二尺七寸5，二尺六寸5，二尺五寸20，二尺四寸20，二尺三寸20，二尺二寸20，二尺20，双耳广锅10。
嘉庆元年（1796）	员外伊靖阿、主事魏若虚	181	三尺以下至二尺者所剩无几	100	二尺九寸15，二尺八寸5，二尺七寸8，二尺六寸10，二尺五寸10，二尺四寸8，二尺三寸8，二尺二寸8，二尺14，二尺双耳广锅14。
嘉庆六年（1801）	员外郎德庆、主事李埙	158	三尺三寸以下至一尺八寸者所剩无几	100	三尺三寸10，三尺一寸10，三尺10，二尺九寸5，二尺八寸10，二尺七寸6，二尺五寸6，二尺6，三尺二寸10，二尺六寸5，二尺四寸5，二尺三寸5，二尺二寸6，一尺八寸6。
嘉庆十五年（1810）	郎中等	141	三尺五寸以下至二尺者所存无几	130	三尺五寸10，三尺三寸10，三尺二寸10，三尺10，二尺九寸10，二尺八寸10，二尺七寸10，二尺六寸10，二尺五寸10，二尺二寸10，二尺10，一尺九寸10，一尺八寸10。
嘉庆二十四年（1819）	主事百霖、朱壬林	130	三尺五寸以下至二尺者所存无几		三尺五寸6，三尺四寸7，三尺三寸8，三尺二寸8，三尺10，二尺九寸10，二尺八寸10，二尺七寸6，二尺五寸30，二尺二寸5，二尺10，一尺九寸10，一尺八寸10。

（续表二）

年　份	工部虞衡司查库官员	工部库贮广锅数量（大小口）	采办原因	工部咨行广东采办数量（大小口）	采办广锅口径尺寸与数量（单位：口）
道光元年（1821）				130	
道光十年（1830）	员外郎宝麟、主事徐栋	86	三尺至二尺以下者所存无几	130	三尺 5，二尺九寸 10，二尺八寸 10，二尺七寸 10，二尺六寸 15，二尺五寸 20，二尺四寸 15，二尺三寸 10，二尺二寸 10，二尺一寸 10，二尺 10，一尺九寸 5。
道光十八年（1837）	郎中侯廷槭、主事景文	29	一时急需，不敷给发	130	三尺 10，二尺九寸 10，二尺八寸 10，二尺七寸 10，二尺六寸 15，二尺五寸 15，二尺四寸 15，二尺三寸 10，二尺二寸 10，二尺一寸 10，二尺 10，一尺九寸 5。
道光二十八年（1848）				10（大广锅）	四尺 5，四尺五寸 5。
同治五年（1866）				100	
同治十年（1871）	员外郎达嵩阿、郎中王立清	30 余口	所有尺寸口径不敷给发	80	二尺 5，二尺一寸 5，二尺二寸 5，二尺三寸 5，二尺五寸 10，二尺七寸 5，二尺九寸 5，三尺一寸 5，三尺三寸 5，三尺四寸 10，三尺五寸 10，三尺八寸 5，三尺九寸 5。
光绪六年（1880）	郎中全霖、伦五常	20 余口	所有尺寸口径不敷给发	100	二尺五寸 5，二尺二寸 10，二尺四寸 10，二尺五寸 10，二尺六寸 10，二尺八寸 10，三尺 10，三尺二寸 10，三尺四寸 10，三尺六寸 10，三尺八寸 5。
光绪十一年（1885）	员外郎阿克占、主事张正堉	20 余口	口径尺寸不敷给发	100	二尺四寸 10，二尺五寸 10，二尺六寸 10，二尺八寸 10，三尺 10，三尺二寸 10，三尺四寸 10，三尺五寸 10，三尺六寸 10，三尺九寸 5，四尺 5。
光绪二十八年（1902）		原存 100 余口	均已遗失无存	100	
宣统二年（1910）		58 口	库存无多	200	

从表 12 - 2 可见：

1. 工部虞衡司管库官员需要经常盘查库贮广锅实情并呈报工部，工部根据虞衡司管库官员的查库呈报确定采办广锅的数量、尺寸,咨行广东抚院招商铸造并解运入京,以保证三陵和内务府各衙门对广锅随时取用的及时给发。

2. 采办广锅的原因通常是"不敷三陵及内务府等处取用"或是"所有尺寸口径不敷给发",其中采办原因较多的是"三尺至二尺以下者所存无几";所需四尺以上大广锅仅有 4 次,分别是雍正十三年(1735)、乾隆八年(1743)、道光二十九年(1849)和光绪十一年(1885)。足见大广锅十分厚实耐用,不需要经常采办。

3. 从工部移咨所列指定采办的大小广锅口径看,最小的口径一尺八寸,最大的口径四尺五寸,覆盖了 23 种规格尺寸,属于全口径定制。其中以二尺至三尺九寸口径范围内的广锅采办最多,该尺寸范围内可细分为 19 种规格,几乎是每多一寸就是一种规格。① 说明清代佛山全口径设计、铸造的广锅,能够满足清朝宫廷祭祀和煮食的细分化定制要求。

第三节　清代广锅采办制度的主要流程

乾隆二年(1737)九月二十八日大学士兼吏部尚书兼管工部尚书迈柱等奏:

> 又奉前任广东巡抚都察院杨永斌案验同前事:乾隆元年十一月二十六日准工部咨虞衡司案呈准,广东巡抚杨永斌咨称奉部行令,铸造大小广锅六十口,委员解送等因。当经札行广州府转饬铸造去后,兹据南海县详称,遵将奉行口径数目,饬令炉户丁刚一照式铸造完成,批差照磨所试用州同王厚德领解赴部投收,所有用过工料银四百八十二两四钱五分六厘九毫零,又解运水脚应照正价一两给银三分,该银一十四两四钱七分三厘七毫零,均在于司库乾隆元年地丁钱粮内支给,理合造册咨部等情,除将工料银两数目册另行咨送外,拟合咨达等因前来。查前项解到广锅六十口,当经本部照数查收,除将原批印发解官王厚德领回外,仍咨该抚将用过工料以及运脚银两作速据实分析造册具题,以便核销。②

这段文字完整记载了清代广锅采办制度的流程,包括部咨转行、招商铸造、解运入京、审核报销四大环节,详见以下流程图。

(一) 部咨转行

部咨指朝廷各部发给各省抚院的公文,这里专指工部发给广东抚院的咨文。有清一代,每当工部司库贮存广锅数量不多,或是通用性较好的二尺至三尺口径的广锅所剩无几

---

① 仅缺三尺七寸规格一种。
② 乾隆二年九月二十八日大学士兼吏部尚书兼管工部尚书迈柱等折,中国第一历史档案馆藏内阁题本,档号:02 - 01 - 008 - 000091 - 0017。

表 12 - 3　清代广锅铸办、解运、取用流程图

```
┌─────────────────┐                    ┌─────────────────┐
│ 工部虞衡司(厂库)呈文 │                    │ 三陵及内务府向工部取 │
│ 需求广锅         │                    │ 用广锅           │
└────────┬────────┘                    └────────▲────────┘
         ▽                                      △
┌─────────────────┐                    ┌─────────────────┐
│ 工部行令广东抚院承办 │                    │ 工部虞衡司(厂库)查收 │
│ (部咨:广锅数量、口径、│                    │ 贮库,批给广东解员收 │
│ 材料要求、解送时限) │                    │ 货凭据(印给批回)   │
└────────┬────────┘                    └────────▲────────┘
         ▽                                      △
┌─────────────────┐                    ┌─────────────────┐
│ 广东抚院札行南海县承办 │                  │ 广东抚院派员依限解运 │
└────────┬────────┘                    │ 广锅             │
         ▽                              └────────▲────────┘
┌─────────────────┐                             △
│ 南海县招佛山炉户领银 │          ┌─────────────────┐
│ 铸造             │──────▷──│ 佛山炉户铸竣广锅   │─▷─┘
└─────────────────┘          │ 交南海县造册详报   │
                              └─────────────────┘
```

时,即由工部移咨广东抚院,并在咨文附上粘单,粘单内列明当年需铸各款广锅的数量及口径尺寸。转行是指官府系统内逐级转发执行,广东巡抚衙门收到工部咨文,立即发出札文和粘单一并转行广州府南海县执行。

(二) 招商铸造

广州府和南海县收到广东巡抚衙门转来的札文和工部粘单,即动用库银选招佛山镇炉户领银铸造。乾隆元年(1736)五月,广东巡抚杨永斌称:"当经札行广州府转饬铸造去后,兹据南海县详称,遵将奉行口径数目,饬令炉户丁刚一照式铸造完成。"[①]从表 12 - 1 可知,从工部咨行广东官府之日起至铸竣广锅之日止,通常需要两个月时间。这里包含了选购光润好铁、开模车模、熔铁铸造的时间。如乾隆元年(1736)五月炉户丁刚一接单,七月就已铸竣,不出两个月即已完成。

(三) 解运入京

每次广锅解运入京,担任解官者都系广东布政使司从广东省内不同任职地调派的官员。担任解官的官员有知府、州同、知县等中品级官员,还有布政司照磨、盐大使、县丞、典史、经历、巡检等低品级官员。该环节包括领取解批、部尺验收、印给批回、给发咨牌、考核运限等程序。

---

① 乾隆二年八月初八日署理广东巡抚山西布政使驻札广州府臣王謩等折,中国第一历史档案馆藏内阁题本,档号: 02 - 01 - 008 - 00052 - 0017。

　　解批,解批是清代官府间接运货物的交接文件。领取解批是指广东运送广锅到北京工部司库的官员必须先至广东官府办理解批。解批是官府文书,注明该批运送大小广锅的数量、尺寸,并钤印有广东布政使司官印和文书正式编号。所谓"除批挂号,并缮给咨牌,转发该员收领起程,敬谨解赴贵部(工部)",①即是指此。乾隆元年(1736)广东承接采办广锅,就是由广东布政使萨哈谅"转饬照数铸造完竣,详委试用州同王厚德于乾隆元年七月十六日起程,敬谨解部投收"。② 解官需要在广东官府挂号领银出差,另册注明解官职名、启程日期和工料银数目,依限解运(工部造册报销限时四个月)。工部虞衡司收到广锅货物,即发给回执文书。乾隆四年(1739),广东布政使刁承祖委派海阳县县丞吴遴畯解送大小广锅 60 口入京,工部尚书兼内务府总管来保称:"查委员吴遴畯解到大小广锅六十口,本部业经照数查收贮库,印给批回。"③解官执批回交回广东官府,解运工作才算完成。

(四)审核报销

　　审核报销环节是清代广锅采办的最重要环节,上述前三个环节均由工部发起主导完成,而审核报销"以用过工料及正价水脚银两均系动支正项钱粮",事关清朝赋税银两的使用,非同一般,因此该环节由清朝历代皇帝亲自下旨,工部负责具体复核。该环节包括具题、题驳等程序。

　　具题,是指地方督抚详请清朝皇帝敕部施行公事的奏折。是清代广东布政使就采办广锅所使用的银两数量,造入地丁钱粮银项目据实造册,再由两广总督或广东巡抚复核无异后,详请清朝皇帝题销的奏折。皇帝接到两广总督或广东巡抚题销的奏折,通常会下旨"该部查核具奏",即先下工部察核。工部遵旨按"先例"进行察核。

　　题驳(部驳)。工部察核有异议时,发回广东官府重新核减后再行造册具题,又称"题驳"或"部驳"。清代工部通常是在广东上报清册内相应核减若干,并在要求核减条款处粘签,进行一一对应的具体驳议,或是尺寸之差,或是银两之差,又称"签驳"。乾隆三十三年(1768)六月九日,大学士、管理工部事务陈宏谋奏称,工部"应于原册内逐款粘签指驳,钤印发还。该抚转饬承办之员据实删减,另造实用无浮清册,同签驳原册具题到日再行核销"。④ 广东巡抚收到签驳文件,即根据工部行令核减正价和水脚银两后再作具题,与工部签驳原册一起发回工部。经工部"复核无异"后,由大学士兼工部尚书领衔向清帝题奏,清帝同意则下旨"依议",交工部、户部执行。每批采办广锅的银两均造入广东省当年或下

---

① 乾隆九年十月十日工部尚书哈达哈等奏折,中国第一历史档案馆藏内阁题本,档号:02-01-008-000497-0015。
② 乾隆二年八月初八日署理广东巡抚山西布政使驻札广州府臣王謩等奏折,中国第一历史档案馆藏内阁题本,档号:02-01-008-00052-0017。
③ 乾隆伍年六月十九日议政大臣内大臣工部尚书兼内务府总管来保等奏折,中国第一历史档案馆藏内阁题本,档号:02-01-008-000156-0017。
④ 乾隆三十三年(1768)六月九日大学士管理工部事务陈宏谋等奏折,中国第一历史档案馆藏内阁题本,档号:02-01-008-001595-0010。

年地丁银粮银项内支给,解运官员脚费则造入地方火耗银项内支给。

工部审核广东题销银两的标准是依照先例。清入关前和顺治、康熙间广锅采办核销之例不详,乾隆二年以后形成制度,即"乾隆二年之例"。"乾隆二年之例"是指乾隆二年由广东巡抚鄂弥达"奉部行令铸造大小广锅六十口,用过工料银四百八十二两四钱五分六厘,解送广锅水脚银两照正价每两三分计算,但解送广锅水脚银两照正价每两三分,为数无几,万不敷用。照例于司库火耗公用项内给银六百两,请俟解员回籍,将用过细数造册咨部核销"。① 这里短短数行,却有三个价标:一是工料银,60口大小广锅用银四百八十二两四钱五分六厘,其中包含了12种规格的广锅,从一尺八到四尺,颇具参考价值;二是货物水脚银,照货物正价每两相应多开三分,正价银多则水脚银多;三是解员水脚银,"照例于司库火耗公用项内给银六百两"。

此后,广锅采办银两核销有了参照标准。乾隆九年(1744)工部咨行广东铸造大小广锅60口,广东铸竣解运,署理广东巡抚王謩在具题奏折中称:"其工价等项俱照乾隆二年之例,实支实用,并无浮冒,相应造报,详请题销。"② 这说明"乾隆二年之例"确立的必须"具题"的做法与工料银、货物水脚银、解员水脚银的标价成为广锅采办银两核销的长期标准。

第四节　清代广锅采办制度的察核重点

工部察核主要有四项重点察核内容:一是报销程序是否有具题? 二是使用银两是否符合先例? 三是广锅尺寸是否符合部尺? 四是造册报销时间是否逾限? 现分述如下:

(一)察核程序中心——具题

清例,地方官府动支钱粮赋税项目收入,无论大小数目,必须由皇帝亲自下旨,六部无权动支。广锅采办虽然数目不多,但因动支广东地方官府当年或下年的钱粮赋税收入,工部、户部均无权批准,唯待皇帝下旨。而皇帝要了解广锅采办开支银两情况,又必须由广东督抚亲自向皇帝具题,即题奏请旨;而不是由广东督抚向工部咨请核销。没有具题,不予核销。雍正十三年(1735)工部咨行广东铸造解运北京的60口广锅,其采办费用核销过程历时三年。造成这种状况的重要原因是乾隆元年(1736)广东巡抚杨永斌铸竣并委员解运后,仅把所用过的银两数造入给工部咨文,并未向乾隆皇帝具题奏折。乾隆元年(1736)广东布政使萨哈谅也曾咨复工部"以本案用过工料,业经造册详情咨送,似可毋庸再造"。而两广总督鄂弥达也只"将用过细数造册咨部核销",也没有具题。广东官府先后诸大员

---

① 乾隆二年八月八日署理广东巡抚山西布政使驻札广州府臣王謩奏折,中国第一历史档案馆藏内阁题本,档号：02-01-008-000052-0017。
② 乾隆九年十月十日工部尚书哈达哈等奏折,中国第一历史档案馆藏内阁题本,档号：02-01-008-000497-0015。

均以为工部可以凭咨核销。于是工部咨复广东："查前项办解广锅，先据该抚将用过工料及运脚银两造册咨部。本部因动支正项钱粮，业经行令分析造册具题在案。今该抚并未具题，本部不便据咨核销，应仍咨该抚作速造册具题。"①于是乾隆二年(1737)八月八日，署理广东巡抚王謩作出具题，王謩题本一到，乾隆帝在九月二十二日下旨工部和户部，"察核具奏"。②九月二十八日工部尚书迈柱等详加查核后奏称："与从前报销价值均无浮冒，应准开销。仍令该抚将用过银两数目造入该年奏销案内，报明户部查核，并知照户部可也。臣等未敢擅便，谨题请旨。"十月二日乾隆帝下旨"依议"，准许报销。③审批程序一走对，不到两个月就把走了三年程序的核销完成。可见工部对核销程序的把关甚为严格。这也反映了清朝专制体制内"皇帝一支笔"的权力架构。

(二) 察核广锅工料银标准——先例

如上所述，"乾隆二年之例"成为后来各朝参照的范例，因此工部在察核广东用过铸造广锅工料银，历年来均参照先例，即前朝皇帝曾下旨准许之例或前任工部尚书曾核察之例，长期不变。不合先例，不准核销。

如乾隆三十三年(1768)六月九日大学士管工部事务陈宏谋等题驳广东巡抚李侍尧奏称：

> 查广东省办解广锅一百口，据该抚请销工料运脚银五百四十四两七钱九分二厘，臣等查册开铸造口径二尺九寸广锅所用工料较之口径三尺广锅工料转有加增，而口径二尺八寸以下广锅所用工料亦多有不按口径三尺广锅递减之处，碍难查核，应于原册内逐款粘签指驳，钤印发还。该抚转饬承办之员据实删减，另造实用无浮清册，同签驳原册具题到日再行核销，并知照户部可也。臣等未敢擅便，谨题请旨。④

工部核察出此批广锅中二尺九寸广锅较之三尺广锅还贵，二尺八寸广锅所用工料亦不按照三尺广锅同比例递减工料银，因此"于原册内逐款粘签指驳"，退回核减后造册具题，再行核销。

又如嘉庆七年(1802)十月二十一日，工部尚书、总管内务府大臣缊布等遵旨对署理广东巡抚瑚图礼的具题察核后奏称：

---

① 乾隆二年九月二十八日大学士兼礼部尚书监管工部尚书迈柱等奏折，中国第一历史档案馆藏内阁题本，档号：02-01-008-000091-0017。
② 乾隆二年八月八日署理广东巡抚山西布政使驻札广州府臣王謩奏折，中国第一历史档案馆藏内阁题本，档号：02-01-008-000052-0017。
③ 乾隆二年九月二十八日大学士兼礼部尚书监管工部尚书迈柱等奏折，中国第一历史档案馆藏内阁题本，档号：02-01-008-000091-0017。
④ 乾隆三十三年(1768)六月九日大学士管工部事务陈宏谋等奏折，中国第一历史档案馆藏内阁题本，档号：02-01-008-001595-0010。

臣部查册开铸造口径三尺一寸广锅所用工料，较之铸造口径三尺三寸广锅转有加增，而口径三尺以下所用工料，亦多有浮开。臣部未便率准，应于原册内粘签钤印，发还该抚查照臣部指办各款，据实删减，另造妥册，同签驳原册具题到日，再行核办。臣等未敢擅便，谨题请旨。①

工部核察出此批广锅中三尺一寸广锅的工料较之三尺三寸广锅更贵，三尺以下所用工料亦多有浮开，于是缊布等奏准嘉庆帝，发还广东巡抚据实删减，另造妥册，具题到日再行核办。

再如道光二十八年（1848）五月十八日，广东巡抚叶名琛委派解官谭绍恩起程将铸竣大广锅10口解送到京。该批大广锅"原用工料银四百六十八两九分五厘，又委员解运水脚照例正价一两给银三分，该银一十四两四分三厘，通共用工料等银四百八十二两一钱三分八厘，已于道光二十六、七两年分地丁银内照数支给，造入该年奏销地丁省总册内造报在案"。② 工部核察后奏称："臣部按册查核，此次办解四尺广锅五口、四尺五寸广锅五口，所开工料运脚以及包裹等项银两比较前次题销成案均属浮多，至开用熟铁阴阳印车模车，并大小铁箍银两，向无此项名目，臣部碍难核准，应将原册发还该抚转饬分析，核减删除，另造妥册送部核办。"③ 因为"比较前次题销成案均属浮多"，又有新增"熟铁阴阳印车模车""大小铁箍"等新工艺名目，工部奏称"向无此项名目，臣部碍难核准"，道光帝准奏。工部随即移咨广东巡抚钦遵查照核减。广东抚院先已汇册报销，旋经部驳，此事非同小可。南海县随即饬令炉户陈子彬等将用过工料银两逐一删减，列册禀缴。正当此时，广东接连发生了太平天国起义（1851—1864）及第二次鸦片战争英法联军攻陷广州，英军俘虏广东巡抚叶名琛押往印度（1857）等事件。北京也发生1860年英法联军攻占京城、火烧圆明园等重大事件。此时段内广东官府与北京工部的文件来往并不畅通，工部虽"屡次饬催"，广东却"未据删缴"，广锅采办之事因此中断18年。直到同治三年（1864），广东巡抚郭嵩焘任上，工部重提此事并"勤催删减"，南海县遵照工部驳饬情节饬令该炉商陈子彬"分别将前项删减工料水脚银四十四两四钱九分六厘"，南海县照数完解收还，并重新造入同治三年地丁项秋季册，由郭嵩焘具题奏销。④

上述可见，广锅采办中的工料银核销，工部依照先例核察十分严格。

（三）量验广锅尺寸标准——营造尺

营造尺也称部尺，是清代工部厂库验收广锅规格尺寸的标准度量衡。货不如式，驳进

---

① 嘉庆七年（1802）十月二十一日工部尚书总管内务府大臣缊布等奏折，中国第一历史档案馆藏内阁题本，档号：02-01-008-002565-0008。
② 同治三年□月□日署理广东巡抚郭嵩焘奏折，中国第一历史档案馆藏内阁题本，档号：02-244-21771-04-019。
③ 同上。
④ 同上。

参处。乾隆十一年(1746)广东巡抚准泰奉部行令铸造广锅 60 口,当年四月初九日铸竣后,委派高州府经历胡熙于六月初七日起程赴部投收。工部厂库验收时,发现该批广锅尺寸与营造尺有所不同。据工部管库郎中星保等呈称:"委员胡熙解交广锅六十口,照例用营造尺逐口量验,俱与行取口径每口各大四寸。随讯据解官申称,系用广尺成造,故较部尺稍大。恳求照数检收等语。查前项广锅虽与从前行取口径较大,尚可递次那转,通融应用。业经查收贮库,理合声明呈报。……应咨该抚转咨承办之员,嗣后务须遵照本部原取口径数目,敬谨如式办造,免于驳进参处可也。"①这说明当时广锅铸造生产有"广尺"和"营造尺"之分,而工部收贮照例用营造尺量验,而不是用广尺量验。虽然此次解到广锅俱用广尺铸造,每口比营造尺铸造广锅各大四寸。但工部虞衡司仍通融收贮,同时转咨承办之员嗣后如式办造。自乾隆十一年(1746)以后,广锅采办再无尺寸规格不符之事发生。

(四) 造册报销时间限制——扣限

清代工部规定广锅工料银的造册报销时间,扣限为四个月,还规定该抚必须"据实核明,依限造册题销。如有迟延,照例查参"。②乾隆十一年(1746)四月初九日广东办竣一批广锅,广东巡抚准泰委派解官高州府经历胡熙于当年六月初七日起程进京。工部查验收贮广锅和清册后,于当年十月初十日准咨。广东巡抚准泰于是在乾隆十二年(1747)三月十三日具题,其中提到:"又本案自乾隆十一年十月初十日准咨起,扣除封印日期,计自乾隆十二年三月初九日限满,逾限未及一月,合并声明。"③可知是否逾限是该抚必须声明的要点。至于逾限如何查参,尚未见到广锅采办中广东督抚被工部查参的案例。

第五节　清代广锅采办制度的历史价值

清代广锅采办制度以工部为中心,涉及内务府咨取、广东铸办、具题请旨、户部报备等外部环节,它虽然属于清宫体制内的制度,但其却是在与外部市场联系中实施,对广东地方经济产生了长期影响。这里,笔者就该制度的历史价值,提出以下几点思考。

(一) 清三陵和各皇宫祭祀仪式的组成部分

如上所述,清三陵和清宁宫祭祀礼制是清皇家祭祀走向正规化的标志。而努尔哈赤和皇太极,都规定祭祀礼器采用广锅。入关后,广锅成为内务府指定的御用品,不

---

① 乾隆十二年三月十三日广东巡抚准泰奏折,中国第一历史档案馆藏内阁题本,档号:02-01-008-000633-0012。
② 同上。
③ 同上。

仅关外三陵和清宁宫长期使用，更将明坤宁宫改建为萨满祭祀神堂，坤宁宫内祭祀的礼器也一体采用广锅。广锅轻薄、起热快、受热均匀、锅势深广、体积庞大，适用于满族祭祀仪式的烹煮二牲献祭。此外，广锅也作为皇子、驸马成家时的赏赐品，成为清朝皇室首选的烹饪器具。广锅采办制度的长期实施，保证了清三陵和各皇宫的祭祀仪式的完美举行。

（二）皇朝体制与民间市场的对接渠道

清代广锅采办制度，是清代皇朝体制与民间市场共同运作的结果，规范而有效。

在王朝体制方面，通过工部、广东抚院、广东布政使司、南海县衙四级官府机构，由上而下逐级的文件传达，再由下而上的货物和清册送达，直至题奏上达清朝皇帝，清朝皇帝对上达的每个广锅银两核销奏本都给以朱批谕旨。这是一个职责明确、条律分明、权力集中的皇朝运作体制，不容延迟出错。

在民间市场方面，是佛山炉户和炉商，他们是草根小民，虽身处社会低层，但也是独立的市场主体。炉户以精良的铸造技术获取银两回报作为安身立命之本，他们答应并承接南海县的招商铸造任务，承担着完成御用品质量、数量要求的极高责任。清代的广锅采办制度之所以能够顺利施行 260 年，笔者认为其主要的原因，是清代官方体制采取的"招商领银造办"制度，契合了佛山成熟的冶铸市场。具体说来，清宫所需广锅在广东定点定制铸造，佛山炉户先领银，后铸造，官府给出的工料银价格不低于市场价格，因此佛山炉户既无收不到钱之虞，又有承造贡锅之名声。广锅铸竣，佛山炉户不参加解运，不需要面对清朝体制内层层官员的审视和挑剔。只要承诺如有不合部式者，愿意承担后果即可。佛山炉户处于朝廷采办链条的最末端，然这最末端处却深深扎根于佛山冶铁市场肌体之内。官府的采买手段顺应了佛山民间冶铁市场形成的长期惯例，诸如上工配良材、精品必优价等。也就是说，皇朝体系包容了民间冶铁市场。因此每次采办，都能顺利完成。较之于景德镇御器厂和江宁织造局均是官办企业不同，广锅铸造自始至终没有官府参与生产环节，仅凭民间之力就完成了要求精美的贡锅生产。笔者注意到，清代广锅采办制度并不涉及炉户资质的选择和广锅工艺、材料的验收标准，说明清朝上下官员均对佛山炉户的铸造技术和所使用材料的长期信赖。佛山炉户也以一次又一次完成清朝廷对广锅的采办，证明了自己的能力。虽然朝代更替、官员迭换，但长期实行的广锅采办制度，与佛山代代传承的铸造技术和大规模的铁锅生产交易市场，相伴相生。

（三）确立了佛山冶铁业和广锅的品牌地位

为配合清代广锅采办制度的实行，广东官府对南海县佛山镇铸造业给予了"官准专利"政策。官准专利政策渊源于明代正德年间广东创立的盐铁一体税收政策，但当时制度尚未成形,各地生铁"自行转卖,或赴佛山铸冶皆许"。① 入清以来,随着清代广锅采办制度的实行,广东官府日益明了佛山冶铁业的重要地位,正式给予佛山"官准专利"政策。据《佛山忠义乡志》载:"铁镬行,向为本乡特有工业,官准专利,制作精良,他处不及。"②"官准专利"政策是:规定两广所属的铁矿大炉所炼出的铁块,尽数运往佛山发卖,由佛山炉户一体制造铁锅农具。如在当地铸造,就属私铸,在稽禁之例,同私盐罪治之。③ 这样,就切实有力地保证了佛山冶铁业发展所需铁料的集中,也能满足工部对"光润好铁"的要求。可见清王朝的财政利益和广锅采办制度保证和促进了佛山冶铁业的发展。佛山铁锅行会馆设于镇中凿石大街,历来配合清皇室的广锅采办。"该行向有铸办:一、贡锅;二、乡试锅;三、燕塘子弹;四、八旗大炮。仍年纳军需千零八两,私铸者无此"。④ 由于上述原因,清代佛山镇实际上是官准专利政策保护发展的南中国铸冶业中心基地,而精美的广锅,则通过广锅采办制度,作为贡锅源源不断地进入清三陵,进入清宁宫,进入坤宁宫,进入皇家各宫室。

此外在民间市场,由于广锅形制较多,且口径覆盖了 23 种规格尺寸,几乎是全口径制造,因此广锅的各种形制与口径,也成为全国各地制锅业模仿的范式。如无锡锅有"广六""广七"的产品,湖南宝庆锅甚至直接称其为"广锅",西湖龙井茶的传统制法也指定以广锅炒茶。

(四) 僵化的核销定例也损害了炉户利益

清代广锅采办制度中,工部核销广东呈报工料银册是关键环节。这一环节能否与广东冶铁市场价格挂钩,关系到佛山炉户的根本利益。由上述我们知道,工部的核销标准是参照先例,清代最早的工料银核销先例就是"乾隆二年之例"。"乾隆二年之例"因此被历届工部尚书效仿执行,弹性极小。其实乾隆以后随着广州一口通商对外贸易的迅速发展,大批墨西哥银元涌入沿海地区,广东物价和生活指数日益提高,而佛山铸造广锅的工价也在不断提升。尤其是嘉庆以后,广铁开采量逐年减少,铁版价格上涨。但历代广锅采办工料银却仍奉先例,不作改动。清宫每次采办,均是多规格、小批量且务求精美。从上表一可见,历年工部核销工料银单价均一仍先例,几乎没有变化,因此清中叶后佛山炉户承接清宫铸办贡锅并无多少利润。一旦工部事后再行核减工料银,必会损及利润。如上述道光二十八年(1849)炉商陈子彬承办 10 口大广锅,使用了"阴阳印车"工艺和"大小铁箍"材料,工部核销时以"向无此项名目"为由,饬令该炉户逐一删减后列册禀缴。炉商陈子彬最

---

① 康熙《广东通志》卷一〇《商税·附矿冶》。
② 民国《佛山忠义乡志》卷六《实业志》。
③ 《两广盐法志》卷三五《铁志》。
④ 民国《佛山忠义乡志》卷六《实业志》。

初承接此批大广锅铸造时，已曾"叠奉驳饬，屡次删减"，"只照市价四分之一开报"，岂料 15 年后（同治三年，1864）工部旧案重提，仍以"向无此项名目"要其"将各款银两删除"。炉商陈子彬不得已又将阴阳印车模车及大小铁箍等款概行删除，南海县另造细册请销。①由此可见，在工部官员的主导下，核销只不过是清代工部官员照例行事的秀场。工部官员对价格不能随行就市，对产品不讲求提升，而核销先例的僵化过时，导致民间炉户因承接铸造而招致损失。

———————————

① 同治三年□月□日署理广东巡抚郭嵩焘奏折，中国第一历史档案馆藏内阁题本，档号：02 - 244 - 21771 - 04 - 019。

第十三章
清代佛山的广炮铸造

清代的佛山镇,是官府和民间共同的火器制造工场所在。清朝267年间,佛山镇铸造了大量铁炮。据《佛山忠义乡志》记载铁镬行称:"盖该行向有铸办:一、贡锅;二、乡试锅;三、燕塘子弹;四、八旗大炮。仍年纳军需千零八两,私铸者无此。"①燕塘是指清代广东官府在广州北郊燕塘设置的火炮演试场所。清代兵部规定,凡佛山镇制造火炮,铸成后需由清军火炮专家在燕塘试放验收。所谓"燕塘子弹",即指炮弹。"八旗大炮",指清军各式大炮。此外,佛山铸炮师傅也曾到广州燕塘和广西桂林铸造大炮。

第一节　清代佛山镇的广炮铸造

一、顺治至嘉庆年间

早在顺治二年(1645)就有佛山乡绅李敬问(明户部尚书李待问胞兄)因海寇猖獗铸炮防卫的记载。乾隆《佛山忠义乡志》称:"丙戌海寇披猖,敬问树栅铸炮,简练乡勇,以捍村堡。"②这是清初佛山民间自筹铸办铁炮布防海口、捍御海盗的史料记载。

清代广东官府在佛山铸炮的文字记载和实物遗存较多。顺治四年(1647)四月,两广总督佟养甲称:清兵今后"所需弓矢须此地所造。北地携来必筋胶疏裂,即铳炮火药亦须此地备办……委督造都司熊继光料理"。③顺治九年(1652)广东巡抚李栖凤行令广州府署捕盗通判周宪章"委往佛山铸铳"。④现存惠州市博物馆的一尊铁炮,长约2.3米,口径约0.12米,炮身铭文曰:"顺治十三年二月吉日。钦命总督两广□□□□□□兵部尚书都察院右副都御使李。"此为清代第二任两广总督李率泰(1653—1656年任两广总督)在顺治十三年(1656)二月所督造的铁炮。还有现存罗定市三元塔的清顺治十年(1653)所铸铁

---

① 民国《佛山忠义乡志》卷六《实业志》。
② 乾隆《佛山忠义乡志》卷八《人物志·孝友》。
③ 《明清史料乙编》。
④ 同上。

炮一门,炮身铭文曰:"顺治十年冬日吉造。整饬罗定兵备道□□□张□、吏目黄道生、督造官吴尚宾。"此批铁炮均应在佛山铸造。

康熙二年(1663),海盗猖獗,佛山本地有用大炮退贼的记载:"海贼流劫,本乡乡夫击败之。时贼锐甚,乡夫一炮伤其旗手。贼遂惶乱退走。"[1]雍正九年(1731)南海县知县刘庶出示晓谕称,"汾水正埠码头永为官埠",敦促佛山堡士民"疏通炮眼以卫地方"。[2] 可知佛山周边设有炮台防卫。

乾隆年间,佛山炉户承接铸造了一批清军演放大炮。广州市博物馆现存有两门演放大炮,其中乾隆二十七年(1726)所铸铁炮,炮身全长 300 厘米,最大直径 28 厘米,炮口外径 26 厘米、内径 11 厘米。炮身铭文:"详奉改柱演放大炮,重二千斤。乾隆二十七年九月吉立。匠:黄立。"清乾隆六十年(1795)铁炮,炮身全长 302 厘米,最大直径 29 厘米,炮口外径 27 厘米、内径 12 厘米。炮身铭文曰:"详奉改柱演放大炮,重七百斤。乾隆六十年秋月吉日。炮匠:关明善。"[3]

嘉庆十四年(1809),海盗张保仔肆虐广东沿海,佛山镇也因"洋匪滋扰入内河,各乡协力防堵,众议请于扼要口岸捐建炮台"。[4] 乡志载:嘉庆十四年(1809)秋,"洋盗入澜石焚劫,乡人设防。时将逼乡界,乡建炮台、水闸备御。前同知杨楷请于总督百[龄],给兵,亲带至乡防堵,贼远遁,乡赖以安"。[5] 佛山在此时铸造了一批二千斤至三千斤的大炮,安放在佛山及全省各地炮台,炮身铭文载有编号。现存广东省立中山图书馆广场的清嘉庆十四年(1809)的三千斤铁炮,炮身全长 191 厘米,最大直径 34 厘米,口径 25 厘米。炮身铭文:"南海县五斗口司属佛山堡铸,第十一号,重三千斤。嘉庆十四年十一月置。炮匠:关明正、麦万聚、利隆盛、梁万盛。"[6]现存东莞虎门抗英纪念馆的三千斤大炮,炮身铭文曰:"嘉庆十四年八月吉日铸,宁字十四号三千斤炮一位。匠头:泽宗、陈庸等造。"[7]现存广西柳州市柳侯祠的铁炮一位,炮身铭文曰:"新会江门碉楼奉宪饬铸,海字六十三号大炮一位,重八百斤。嘉庆十四年十月置。炮匠:关明正、麦万聚、利隆盛、梁万盛。"[8]

这一时期铸造的广炮形制、重量尚小,均是二三千斤左右。

二、道光至同治年间

道光年间鸦片走私贸易猖獗,广东和南方其他各省督抚致力于加强海防和城防。从

① 乾隆《佛山忠义乡志》卷三《乡事志》。
② 雍正九年《官埠碑记》,《明清佛山碑刻文献经济资料》,第 38 页。
③ 参阅陈鸿钧《广州所见明清城坊铁炮铭文纪略》,《广州文博》(12),文物出版社 2018 年版,第 274—286 页。
④ 光绪《广州府志》卷六四《建置略》。
⑤ 民国《佛山忠义乡志》卷一一《乡事志》。
⑥ 《明清佛山碑刻文献经济资料》,第 509 页。
⑦ 陈鸿钧:《广州所见明清城坊铁炮铭文纪略》,《广州文博》(12),第 274—286 页。
⑧ 《明清佛山碑刻文献经济资料》,第 507 页。

道光十五年至二十二年(1835—1842)连续多次添铸大型西式大炮,布置于各海口和城门炮台。第一次鸦片战争前后中国沿海省份铸炮的高潮,也使得佛山镇成为当时中国仿制西洋大炮的重要基地。

道光十五年(1835),上任不久的广东水师提督关天培履勘了虎门各炮台,随即与两广总督卢坤会同奏请道光皇帝添铸虎门海口各炮台大炮,其奏称:"各炮台旧存之炮不足济用。省城存贮旧炮亦多系锈烂,无可更换,应添铸六千斤大炮二十位、八千斤大炮二十位。俟铸成后,酌派各台应用。"①卢坤和关天培的奏折得到道光皇帝的肯定和准许:"所议周妥之至,务须练习精熟,方能得力震慑群夷也。"②道光十五年(1835)秋季,佛山炉户"李陈霍"铸成四十位大炮。不久,广东官府又添铸大炮十九位,当年佛山"李陈霍"实际共铸造大炮五十九位。正如当年新上任的两广总督祁贡所称:"兹查新铸大炮四十位,又添铸大炮十九位,陆续运往各台安配。"③(图13-1、13-2)

图 13-1　清代广炮铭文"禅山炉户李陈霍制造"

道光十六年(1836),广东水师提督关天培和两广总督祁贡再添铸一批大炮,仍由佛山"李陈霍"承铸。现存旧广东咨议局门前的道光十六年铸六千斤铁炮,原置于虎门威远炮台。炮身全长230厘米,最大腹径56厘米,炮口外径24厘米、内径14厘米。该炮曾经历过1941年抗击英国侵略军进犯广东虎门海口的战斗,两侧有耳轴(已被打折)。④炮身铭文曰:"道光十六年□月。兵部尚书两广总督部堂祁、广东全省水师提督军门关制、督标中协达、广州协镇郭署增城参将洪发科、署广州协镇左营中军都□侯题游击黄廷彪监造。炮重六千斤,佛山炉户李陈霍等制造。"⑤(见首页图19)另外还有1959年入藏中国历史博物馆、原虎门炮台道光十六年(1836)制造的三千斤抗英大炮,通长250厘米,炮身为筒形,

①　道光十五年二月二十九日两广总督卢坤为查勘虎门海口炮台筹议增建修改添铸炮位事奏折,中国第一历史档案馆藏宫中朱批奏折,档号:04-01-20-0013-010。

②　同上。

③　道光十五年十二月十九日署理两广总督祁贡等为会验虎门新修改造各炮台工程完固惟演放新铸炮位内有炸裂将铸造匠工及办理不慎之委员分别提审奏参严责赔造仰祁圣鉴事奏折,中国第一历史档案馆藏宫中朱批奏折,档号:04-01-21-0015-005。

④　刘旭:《中国古代火炮史》,上海人民出版社1989年版,第96—97页。

⑤　参阅陈鸿钧《广州所见明清城坊铁炮铭文纪略》,《广州文博》(12),第280页。

图 13‑2 虎门炮台 6 000 斤前装滑膛铁炮，存鸦片战争博物馆

前小后大，两侧有耳轴，炮身上镌有"道光十六年七月""炮重三千斤"等铭文，该炮也曾经历过 1841 年抗击英国侵略军进犯广东虎门海口的战斗。

道光二十年(1840)，是佛山镇"李陈霍"承铸大炮技术提升的重要时点。该年承铸了一批"新式大炮"，从五千斤到八千斤皆有。现存广州沙面有八千斤大炮一尊，炮身通长368 厘米，最大腹径 70 厘米，炮口外径 58 厘米，内径 24 厘米，其炮身铭文曰："新式炮，重八千斤，钦命靖逆将军奕、参赞大臣齐、太子少保两广总督部堂祁、兵部侍郎两广巡抚部院梁、佛山都司韩、佛山同知刘、即补知县□、水师千总黎监造。道光二十年十二月正□日，炮匠李陈霍铸。"①(见首页图 20)

还有现存佛山祖庙博物馆的五千斤大炮，炮身铭文曰："新式炮，重五千斤。钦命靖逆将军奕、参赞大臣齐、太子少保两广总督部堂祁、兵部侍郎两广巡抚部院梁、佛山都司韩、署佛山分府升用州正堂苏监造。道光二十年二月□日。炮匠李陈霍铸。"②值得注意的是，这一年炮身铭文使用了"新式炮"三字，表明该批炮型有了重大改进。应该指出，道光二十年(1840)六月发生了鸦片战争，佛山镇此时人才云集，尤其是从海外归来的丁拱辰，对佛山镇广炮的设计理念和制造实践作出了重要贡献。这一年铸炮监造官是道光皇帝的

---

① 将陈鸿钧《广州所见明清城坊铁炮铭文纪略》第 280 页与《明清佛山碑刻文献经济资料》第 508 页互参校正。
② 《明清佛山碑刻文献经济资料》，第 508 页。

族侄、靖逆将军奕山以及参赞大臣齐慎、两广总督祁贡、广东巡抚梁宝常等各级广东官员，其中的参赞大臣齐慎在鸦片战争期间曾率川军驻守佛山镇，驻守期间增筑炮台、组织防卫，使英军放弃进攻佛山。监造官还先后包括了佛山都司韩、佛山同知刘汉章和苏履吉等，这是佛山地方官第一次参加广炮监造工程。由此可以看出 1840 年清廷对广炮制造的重视和期待。

道光二十一年(1841)，佛山镇至少承铸了四批大炮。

第一批是靖逆将军奕山、参赞大臣齐慎、两广总督祁贡、广东巡抚梁宝常等添铸的大炮，从二千斤至一万三千斤不等。现存广州市博物馆的二千斤铁炮，通长 215 厘米，最大腹径 40 厘米，炮口外径 31 厘米、内径 14 厘米、炮身铭文曰："炮重二千斤。钦命靖逆将军奕、参赞大臣齐、太子少保两广总督部堂祁、兵部侍郎两广巡抚部院梁、代理佛山同知、广州城守右营、佛山都司韩监造。道光二十一年十一月□日，炮匠李陈霍铸。"① 道光二十一年(1841)，两广总督祁贡还委佛山乡绅梁应琨"监造八千斤大炮数尊，运解至省"。② 又据道光年间署漕督李湘芬奏言称："广东善后案内，铸造一万三千斤钢(铁)炮一尊。臣亲往督造，安放大黄滘、二沙尾二尊，令兵勇演放。受子重七十斤，受药四百八十两(30 斤)，中靶八里之外。火力所至，两岸小船皆为倾覆。"③一万三千斤大炮的铸造，表明佛山冶铁业此时已能铸造超大型铸件，这在国内冶铁业同行中是不多见的。

第二批是广东惠州、肇庆等州府委铸的城防炮。现存广州市博物馆的清道光二十一年(1841)所铸铁炮，通长 245 厘米，最大腹径 44 厘米，炮口外径 33 厘米、内径 18 厘米。炮身铭文曰："炮重三千斤。惠州府□□□□□□、□□□□□□□□。道光二十一年□月□日，炮匠李陈霍铸。"④

第三批是江西省官府委佛山炉户铸造的 39 尊铜炮。道光二十一年(1841)正月道光皇帝下旨："迅铸铜炮数十尊，约重三千斤为率。"准许江西省动用宝昌局洋铜十万斤，由巡抚吴文镕委员颜贻曾等，"赴广东佛山镇地方会同广东委员刘汉章铸造大小铜炮三十九尊"。该批铜炮铸成后，工部尚书穆彰阿在核销题奏中称："委员颜贻曾等详称：解运洋铜到粤，先铸三百斤铜炮二尊，旋铸三千斤铜炮三十尊。尚有余铜，禀奉两广督臣饬铸五千斤铜炮六尊、一千斤铜炮一尊，一并解营演放等情，核与广东来咨相符。至册造用过工料杂费等项银一万三千七百二拾七两六钱零，应请准其开销用过宝昌局洋铜十万斤，并请作正开销，毋庸买补。"⑤

---

① 《明清佛山碑刻文献经济资料》，第 509 页。
② 民国《佛山忠义乡志》卷一一《乡事志》。
③ 《筹办夷务始末·道光朝》卷六五，第 5 册第 2565 页。
④ 引自陈鸿钧《广州所见明清城坊铁炮铭文纪略》，《广州文博》(12)，第 279 页。
⑤ 道光二十八年二月十六日工部尚书穆彰阿《为核议江西巡抚题请核销委员赴广东佛山镇地方铸造大小铜炮用过工料银两事》，中国第一历史档案馆藏内阁题本，档号：02-01-008-004169-0017。

　　第四批是广东十三行行商捐纳大炮报效清廷。道光二十一年(1841)五月,十三行富商潘仕成独资捐纳了一批二千斤至五千斤的铁炮。潘仕成自述称:"道光辛丑,英夷不恭,时余家居,请之大府,自捐资铸大炮四十位,小者二千斤,大者五千斤,炮身短而口大,略仿洋式。"①现存广东省立中山图书馆广场的清道光二十一年(1841)所铸二千斤铁炮,通长230厘米,最大腹径30厘米,口径25厘米。炮身铭文曰:"炮重二千斤。刑部郎中潘报效。道光二十一年五月,炮匠李陈霍造。"②原存佛山祖庙博物馆的五千斤铁炮,炮身铭文曰:"炮重五千斤。刑部郎中潘报效。道光二十一年五月,炮匠李陈霍造。"③刑部郎中是潘仕成捐纳的官名,潘仕成所捐这批炮大者有五千斤,小者为二千斤。

　　上述四批铸炮铭文均有"炮匠李陈霍造",可见"李陈霍"代表的佛山铸锅行,承担了广东海防的主要铸炮任务。

　　道光二十二年(1842),两广总督祁贡在佛山镇的铸炮有增无减。此时佛山铸造的炮式又有新的改进,"新式加料炮"出现了。现存的"新式加料炮"有五门,其中存广州沙面的六千斤"新式加料炮",通长316厘米,最大直径50厘米,炮口外径47厘米、内径20厘米。原置于城西西固炮台,炮身铭文曰:"新式加料炮,重六千斤。钦命太子少保两广总督部堂祁、靖逆将军奕、兵部侍郎两广巡抚部院梁、佛山都司韩、佛山同知苏监造。道光二十二年四月□日,大炉铁炮匠霍观升、梁辉秀、梁荣昌、冼永盛。"④其他五千斤"新式加料炮"布置广州城坊,四千斤的"新式加料炮"两门布置于新会崖门。⑤

　　那么,在第一次鸦片战争(1835—1844)前后佛山镇一共铸造了多少门大炮?魏源在《海国图志》记载说:"广东自军兴以来,至今已陆续铸造铜、铁大小炮千余位,自数百斤至八千斤及万余斤不等。"⑥显然这个数字是估计的,不够准确。道光二十四年(1824)两广总督耆英等给道光皇帝的奏折称:"臣等查炮位一项,最为善后要务。粤东临海内河各炮台及新造战船所需炮位为数较多,自省城设局官铸捐铸以来,或一万至八千斤,或三四千至五六百斤,连旧存、捞获各炮磨洗出新者,共计已有二千四百余门。"⑦"二千四百余门"是耆英对全省先后铸造并对现存炮位"试放核实"后的数字,这个数字是相对准确的。"二千四百余门"才足以承担广东全省的防夷要务。

　　至今中国军事博物馆、中国历史博物馆、虎门博物馆、广州市博物馆、广东省立图书馆、旧广东咨议局、广州沙面、新会崖门、肇庆惠州等城楼,都保存有道光年间佛山镇铸造

① 丁拱辰:《演炮图说辑要》潘跋,上海辞书出版社 2013 年版,第 78 页。(下称《演炮图说辑要》)
② 引自陈鸿钧《广州所见明清城坊铁炮铭文纪略》,《广州文博》(12),第 280 页。
③ 《明清佛山碑刻文献经济资料》,第 508 页。
④ 将陈鸿钧《广州所见明清城坊铁炮铭文纪略》第 280 页与《明清佛山碑刻文献经济资料》第 508 页互参校正。
⑤ 其他一千斤、四千斤、五千斤"新式加料炮"铭文,请参阅上注两书。
⑥ 魏源辑:《海国图志》卷八四《造炮工价难符例价疏》,岳麓书社 1988 年版,第 2015 页。(以下称《海国图志》)
⑦ 道光二十四年八月初六两广总督耆英等《停铸炮位改铸抬枪由》,中国第一历史档案馆藏,军机处录副,档号:03 - 53 - 3025 - 28。

的各式城防大炮和海防大炮。清代将这批火炮按其大小分别封为"振武将军"(二千斤以下)和"巩定将军"(三千斤至八千斤)等称号。这批广炮的存在,彰显了道光年间佛山镇铸炮事业的辉煌。而"炮匠李陈霍"的名字,作为广炮铸造的当家品牌,镌刻在炮身上,长留在天地间。

第二节　丁拱辰与广炮铸造技术

　　丁拱辰(1800—1875),字淑原,号星南,今福建省晋江市陈埭镇岸兜村人,回族。少入私塾,通三角八线之法。其自述称:"迨年十七,随父客浙东。弱冠,偕从叔客粤东。留心会计,求当得奉甘旨。素好购书,暇即读之。每有会意,便欣然忘睡。辛丑海氛不靖,余不揣,以算术著《演炮图说》。"①粤东三子之一的张维屏曾称:"晋江丁君星南,生于闽,寓于粤。平日好讲求有用之学。曾泛海舶至外洋,与西人穷究算学及火器,而于铸炮、用炮之法,尤研精入微。既返粤,乃本其得于心,验于手者,著《演炮图说》。"②道光二十一年(1841)五月,十三行富商潘仕成在佛山铸造40位"略仿洋式"的大炮之时,丁拱辰积极参与其中。由于丁拱辰知晓勾股定理,也参与了在燕塘靶场对新铸大炮的演试。丁拱辰将在广东铸炮和试炮的结果结合海外见闻,绘制撰成《演炮图说》一书。潘仕成于道光二十二年(1842)初春为其题跋。③丁拱辰又制作象限仪一具,连书一并呈献广东军门。不久,道光皇帝得知此事,于二十二年(1842)七月二十二日下谕询问:

　　　　有人奏近得一书名《演炮图说》,系丁拱辰所著。此人曾在广东铸炮,演试有准,亦晓配合火药之法。着奕山、祁贡查明是否实有丁拱辰其人?现在曾否在粤?所制炮台、炮位是否坚固适用?据实查明具奏。又闻广东造得火轮船,亦颇适用,着即绘图呈进,并将是否内地匠役制造,每船工价若干,一并详悉查明具奏。④

　　道光二十二年(1842)十月十九日,靖逆将军奕山、两广总督祁贡和广东巡抚梁宝常合奏称:

　　　　伏查丁拱辰系福建监生,前来军营投效,呈献象限仪一具,测量演炮高低之法。当经奴才等于上年冬月间亲往燕塘地方,用象限仪测试演放,尚为有准。因该监生颇知急公,曾赏给六品军功顶戴,以示奖励在案。嗣该监生著有《演炮图说》一册,系讲求演炮准则,而于配合火药以及修筑炮台、铸造炮位等事,亦只有论说,未经亲为制

① 丁拱辰:《演炮图说后编·增补则克录》,商务印书馆2018年版,第5—7页。(下称《演炮图说后编》)
② 张维屏:《演炮图说辑要》序,载丁拱辰《演炮图说后编·增补则克录》,第1页。
③ 丁拱辰:《演炮图说辑要》,第78页。
④ 道光二十二靖逆将军奕山等:《进呈演炮图说疏》,《海国图志》卷八九,第2101页。

造。旋经署督粮道西拉本即就原书详加考校，因该监生所论间有拘执及自相矛盾之处，逐条另为签出，与之讲究，该监生始行领会。该道复于团练壮勇之时，或在平地低处，或于炮台高处，先立靶于水面，用象限仪测视，演放大炮，往往中靶者多。该道与丁拱辰互相参酌，择其演炮要法，另拟图说数则，言简意赅，刊刻多张，悬挂炮台，俾人人易晓，现在驻守各台壮勇俱能深明其法。其台上炮架，一律制造滑车绞架，推挽亦极灵便。除另制象限仪二具，交赍折差弁带京呈进外，兹将丁拱辰所著原书，及该道西拉本更订数条，各缮一册，先附报便咨送军机处，进呈御览，合此陈明。所有奴才等遵旨查明缘由合缮折具奏，伏乞皇上圣鉴，谨奏。①

广东诸大吏认为，《演炮图说》系讲求演炮准则，"而于配合火药以及修筑炮台、铸造炮位等事，亦只有论说，未经亲为制造"。然经使用象限仪测视演放大炮，"往往中靶者多"。故而由署督广东粮道西拉本与丁拱辰互相参酌，择其演炮要法另绘图说数则，言简意赅，悬挂炮台，遂使驻守各台壮勇俱能深明其法。《演炮图说》引起道光皇帝垂询，丁拱辰得到六品军功顶戴，在当时尤有殊荣，正如张维屏所言："会英夷不靖，炮火在所亟需，当事者以君所著书进呈。于是荷九重之睿鉴，赐六品之官衔。君究心于此事，不可谓不遇矣。"②

一、《演炮图说》与佛山铸造

过往的论者均以为丁拱辰《演炮图说》是介绍外国制造西式大炮的专书。但据笔者研读考证，丁拱辰《演炮图说》其实集中展示的是佛山镇广炮铸造技术和广州燕塘演试广炮的过程及其最佳施放方法。其中大量记载的是广炮的原材料、铸造工艺和广炮与西炮产品质量的对比。准确地说，丁拱辰《演炮图说》是介绍广东佛山仿造西式大炮的专书。

兹就《演炮图说》记载佛山铸造的主要内容考述如下：

1. 铸造炮位尺式使用广尺绘明

《演炮图说》全书各图均使用广尺进行绘制。道光二十三年（1843）丁拱辰对《演炮图说》进行修订，再撰成《演炮图说辑要》一书，其书凡例称：

原书各图皆用广东尺式，以寸作尺，缩小成图，庶大小合度。又所论立靶对炮相距丈尺，亦皆论广尺。因广省百凡工作皆用广尺，故当日量炮及丈量立靶，悉用其式，以便量度。有谓拘执广尺绘图，卷帙太宽，不便披阅。且论广尺，亦惟广东人惯熟，不能通行，而各省之人周知用营造尺，即工部颁行尺式，每尺较广东尺，恰八寸五分六厘。兹更小卷，将原书所绘各图，权变复用小尺，以营造尺四寸分作营造尺一尺，以寸

① 丁拱辰：《演炮图说辑要》，第 1 页。
② 同上。

作尺,照数缩小。凡炮位、炮弹,图绘百分之三分七三八,以合卷帙。犹营造三寸七分三厘八毫,作营造一丈计之。而所注尺寸,及丈量远近高低,今悉改用营造尺,并绘尺式于编首,以便比较,庶得通用。①

由此可知,1841年丁拱辰编撰的《演炮图说》使用广尺为标准尺式。正如丁拱辰所言:"因广省百凡工作皆用广尺,故当日量炮及丈量立靶,悉用其式,以便量度。"而1843年丁拱辰编撰《演炮图说辑要》时,考虑到"各省之人周知用营造尺,即工部颁行尺式",遂悉改用工部营造尺,"庶得通用"。

2. 铁炮的原材料使用广铁

《演炮图说》中的《铸造洋炮图说》记载:

> 至于铜铁之性,各有不同,铜则性柔,铁则性刚。铸铜炮则工本甚巨,铸铁炮较为省费,果能锻炼精纯,即铁亦胜铜。各省之铁,惟粤省所产者为佳;其中又有荒山及新旧黑麻铁、洋麻铁数种。所谓洋麻铁者,系产自外洋。其荒山铁者,系在荒山采矿炼成新片铁也。又从而[锻]之,谓之新黑麻尖锅铁。此铁性较纯,铸炮匠工初只用三成,而用荒山新片铁七成,合熔铸成炮位,多有蜂窝。后经改新黑麻尖锅铁,加至八成,取其坚实,配以荒山新片铁二成;或以新黑麻尖锅铁七成,配以洋麻铁三成,加工煅炼铸成,质体内外,一律光润,始无蜂窝之患。②

"各省之铁,惟粤省所产者为佳",这是指清代著闻天下的广铁。屈大均《广东新语》记载:"铁莫良于广铁。……然诸冶惟罗定大塘基炉铁最良。悉是锴铁,光润而柔,可拔之为线。铸镬亦坚好,价贵于诸炉一等。诸炉之铁冶既成,皆输佛山之埠。"③"荒山新片铁"指白口铁,是生铁,只需少量,用二成;"新黑麻尖锅铁"指铸造铁锅专用的灰口铁,是熟铁,必须用七至八成,是铸炮的主要原材料。洋麻铁来自进口,只需三成。其中占七成至八成的新旧"黑麻尖锅铁",只有佛山才能买到。可见丁拱辰所指"洋炮"的主要原材料来自广铁。

3. 使用泄蜡铸造法(又称失蜡铸造法)铸造

泄蜡铸造法源于夏商周三代,是中国古代青铜铸造技术的传承。明清时期中国大部分地方已经失传此法,只有佛山还能使用泄蜡铸造法铸造器物。《演炮图说》记载:"至于铸弹子之法,若用两模配合铸出,则中腰必露线痕,不能光滑。必须先用蜡作弹形,围径取圆,再用泥包外模,上留一眼;用火焙其模,则蜡自熔泻而出,而模中自空。然后从眼内倾铸开模,则其弹光圆无痕。若铸通心弹子,先作泥心一条,将蜡配成弹子圆形,再用泥包外

---

① 丁拱辰:《演炮图说辑要》,第1—2页。
② 丁拱辰:《铸造洋炮图说》,《海国图志》卷八六,第2048页。
③《广东新语》卷一五《货语》,第408—409页。

模,亦如前法,泄蜡灌铸,则模开弹出,中虚一孔,而围径亦光圆,此铸弹子之大略也。"①佛山泄蜡灌铸之法,一直保持到 20 世纪末。

4. 需要使用旋转炮架的大炮类型均是广炮

《演炮图说》记载:"此旋转活动炮架,又谓之磨盘架,用坚木制就,凡交接着力紧要之处,皆镶铁板以固之。所有一万二千斤、八千斤大炮,须用此架方能灵便,而其工价较巨,视炮之大小,酌量配架。"②还有需要使用举重滑车绞架的大炮类型,《演炮图说》记载:"即如粤省现制三万斤大铜炮一位,其质体甚重,难以举动。曾令工匠仿西洋滑车绞架式,制就一具,如法举起,挪动上架,甚为便捷。"③这里所说的"二千斤大炮""八千斤大炮"和"粤省现制三万斤大铜炮",就是上述道光年间分批铸造的各式广炮。

5. 以广炮用于与西炮比较发射距离

《演炮图说》记载:"今就英吉利、佛朗西、亚墨利加三样炮式,与中华生铁炮、铜炮同用营药演放,比较远近相等,独是药料较胜,坠数较减耳。我军若不惜加赍,再加工料,均是一样得力。"④"凡中西大小炮位,自五百斤至五千斤止,每百斤用营制火药四两,而炮弹用薄棉先裹,外加红布包缝周密,用广东排钱尺,引绳度地,炮头加三角形,炮口高一度半,平放演试,不拘大小炮位,皆至百丈便坠地。即试八千斤炮,远亦如是而止。"⑤丁拱辰所列举的"中华生铁炮、铜炮"均"用广东排钱尺",重量为五百斤、五千斤、八千斤,也就是上述道光年间分批铸造的各式广炮。

6. 广东制造火药法

《演炮图说》记载:"粤东有精制火药,其药力竟与洋药相等,烟亦白色,见火即燃,毫无渣滓。曾制数千斤,颇得其用,自宜广推其法。"⑥在佛山,乾隆四十九年(1784)有商人冯焕,"在栅下河旁买李睿夫实田三亩三分,新筑厂宇",承办麒麟硝厂。⑦

从原材料的广铁到铸造工艺的泄蜡铸造法,从使用广东尺式到精制粤东火药,凡此种种,均表明丁拱辰《演炮图说》是以佛山镇的广炮铸造为中心展开各章内容的。同时也说明了广炮当时在世界上的相对先进性。

二、桂林铸炮

桂林铸炮,是丁拱辰亲自主持的、与佛山铸炮工匠技术合作的成功案例,也是丁拱辰

---

① 丁拱辰:《铸炮弹法》,《海国图志》卷八六,第 2049 页。
② 丁拱辰:《旋转活动炮架图说》,《海国图志》卷八七,第 2073 页。
③ 丁拱辰:《举重大滑车绞架图说》,《海国图志》卷八七,第 2070 页。
④ 丁拱辰:《中西用炮论》,《海国图志》卷八八,第 2080—2084 页。
⑤ 同上。
⑥ 丁拱辰:《西洋制火药法》,《海国图志》卷九一,第 2127 页。
⑦ 《禁设硝厂碑》,《明清佛山碑刻文献经济资料》,第 83 页。

襄办军务并获军功奖励的平生大事。

咸丰元年(1851),太平天国起义爆发。清廷派出钦差大臣、大学士赛尚阿前往广西桂林视师。时任户部主事的丁守存"参谋戎事",遂向赛尚阿力荐丁拱辰。① 丁拱辰记述:"今岁(咸丰辛亥)夏五,因山左心斋(丁守存号)家仲荐举,奉钦差大臣、大学士赛在京行文两广制府徐公,檄余带领铸炮工匠,前往桂林,按法铸造大炮,以充军营剿匪之用。"②

同年五月,丁拱辰以包铸合同方式在佛山招募铸匠龙润光、陈茂扬等 15 名铸炮工匠。于是丁拱辰与佛山铸匠一行人五月从广东起程,六月到桂林。带赴粤西铸炮的器材有"自制新式炮样一位,重五百斤,并轻快陆战炮车,炮具全备。连盘费等物"。③ 又购办风箱、铸具等物一大批,包括做熔铁炉大锅、炮心铸、乘炉铁架菠萝型去泥炮蕾等 75 种数百件铸具。④ 同时在"广西省城办旧锅铁,重一万三千八百斤;往广东佛山办黑麻旧尖锅铁,重三万斤。合共重四万三千八百斤"。⑤ 但在铸炮过程中,发现广西旧锅铁不如广东黑麻旧尖锅铁,遂全部改用广东黑麻旧尖锅铁。据丁拱辰记载:"前因广东采办黑麻旧锅铁未到,先买旧铁造试好丑。虽铸起,敲打声音响亮,然有一层渣滓浮面,上头不能光滑,且有消缩寸许者。后来广东铁到,专用黑麻旧锅铁,铸就,光滑坚固,不甚带泥沙,易于打磨,省工甚多。照辰所配算法,周径长短厚薄得宜,演试致远有准。虽一百斤至五百斤小炮,能与广东八千斤炮及夷人三千七百余斤炮同远,坠数亦相符。"⑥

从咸丰元年(1851)六月至十月,丁拱辰在桂林城外"择地搭厂,购应需生铁等物,推算炮身周径长短厚薄,绘图定模铸造,事事亲历"。与佛山铸匠陈茂扬等密切合作,承担了清军桂林铸炮局全部"新式炮位"的铸炮工程。4 个月时间内共铸造一百斤至五百斤炮位104 位,八百斤西瓜炮 2 位。铸竣之后,"演试镇定,致远有准。虽一百斤炮,能与八千斤炮同用。又兼造火药、火箭、火喷筒,督造抬枪、鸟枪。一切军火,均适于用。相国(赛尚阿)喜甚,赏胞侄金安及铸匠陈茂扬等八品军功顶戴四名,又三次赏铜钱二百千文。余为教习京营弁兵演炮之法,相国临阅。演试有准,先赏余御赐双寿红缎荷包一个,以示优渥,嗣后再行保举"。⑦ 四个月的铸炮工程,不仅使丁拱辰获赏"御赐双寿红缎荷包"和日后"再行保举"的政治嘉奖,也给佛山铸匠陈茂扬等获得"八品军功顶戴"的平生殊荣。由此反映出 19 世纪中叶太平天国起义爆发以后,清朝廷对广东铸炮事业和铸炮人才的重视。顺便指出,丁拱辰铸造的这批大炮,有许多后来为太平军缴获,成为太平军攻击清军的利器。

---

① 《家心斋先生保荐原札》,《演炮图说后编》卷一,第 31 页。
② 丁拱辰:《粤西纪游》,《演炮图说后编》卷首,第 7—9 页。
③ 丁拱辰:《禀请给资募匠》,《演炮图说后编》卷一,第 31 页。
④ 丁拱辰:《购办风箱铸具等物》,《演炮图说后编》卷一,第 33—34 页。
⑤ 丁拱辰:《铸炮需铁炭泥沙等物》,《演炮图说后编》卷一,第 34—35 页。
⑥ 丁拱辰:《熔铁灌注缓急说》,《演炮图说后编》卷一,第 40 页。
⑦ 丁拱辰:《粤西纪游》,《演炮图说后编》卷首,第 8 页。

综上所述，丁拱辰和《演炮图说》对中国火器铸造工艺和演炮理论的贡献，是与佛山广炮铸造事业紧密相连的。可以这样说，《演炮图说》对火炮铸造炮式和铸造工艺的记录和绘制，主要依据了佛山铸造广炮的炮式。其后在 1843 年修改绘制的《演炮图说辑要》，为扩大适用范围，才包括了西洋诸国炮式及其各省原材料产地的内容。因此丁拱辰的《演炮图说》和《演炮图说后编》，为已经失传的佛山铸炮技术及其桂林铸炮实践，留下了宝贵而丰富的文字记载。

第三节　佛山镇的抬枪铸造

佛山镇的抬枪铸造与清代广东官府的军火需要有密切关系，佛山抬枪的铸造技术脱胎于铸炮技术。

道光二十四年(1834)两广总督耆英鉴于当时广东全省"共计已有二千四百余门"各式炮位，因此奏请停铸炮位，把已捐未铸之铁改铸抬枪。其奏疏称：

> 查广东通省并无抬枪，臣等以抬枪为行军克敌利器，必应多为制造分拨水路各营，饬令弁兵勤加演习。是抬枪之灵便得与大炮鸟枪兼施互用，则防御巡缉，信资得力。兹有卢定安著已捐未铸之炮铁，应令就数改造抬枪。及耆英已将江南带来抬枪一杆，计重二十三斤式样发给仿造妥制。已据禀复，共可改造一千八百杆。现饬局员带同捐输铁斤之职员等如法监造，期于适用。该完竣之日，臣等亲加验试，再乃发营分领。饬令水陆官兵随时演习，务期悉成劲旅。[①]

佛山镇在此之后开始大量铸造抬枪，并逐步用其装备广东清军水陆官兵。前述丁拱辰在咸丰元年(1851)招募佛山铸匠在桂林铸炮时，也铸造了部分抬枪和鸟枪。

光绪年间，佛山造抬枪曾及时装备了正准备反攻法军的清军将领冯子材的部队，迅速增加了冯子材部的战斗力，有力地支持其在中法战争取得镇南关大捷。佛山人黄金策，原是"朱炳昌药肆"的药商，四处贩运，足迹遍及粤东、粤西至湖南，湘军名将王德榜重其才，收入麾下。乡志载：

> 光绪六年，法人扰安南，粤西震动。朝命王德榜统恪靖定边军防边，委金策协同朱述之回粤，督造抬炮。乃于通济桥外设厂鼓铸，躬自指挥，弗辞劳瘁。凡四阅月，造成数百具，转运至镇南关，亲赴大营交纳。军中得此利器，为之一振。是时，法兵自谅山进攻，冯子材以正兵当其前，竟日未克。会敌兵运粮至，王德榜率抬炮队出间道，横击之，获其粮食，敌遂溃。我军乘胜，复谅山。法人请和，乃罢兵。论者以越南之役，

---

① 道光二十四年八月初六两广总督耆英等《停铸炮位改铸抬枪由》，中国第一历史档案馆藏，军机处录副，档号：03－53－3025－28。

得力于楚军,而备楚军之利用,则惟吾粤抬炮是赖。今之言制器者,兢尚新式,而未知我之长技之足以临时制胜也。①

通济桥是佛山著名的桥梁,始建于明嘉靖三十八年(1559),连接佛镇与四乡。每年上元灯市,佛镇和四乡之民皆聚于该桥观灯,谓之"行通济",至今不替。通济桥外是广袤的桑田鱼塘,民居稀疏,可以开设火器铸造厂。黄金策、朱述之经过 4 个月的努力,"造成数百具,转运至镇南关,亲赴大营交纳。军中得此利器,为之一振"。当时冯子材与法兵正在谅山鏖战,竟日未克。法兵运粮队至,广东布政使王德榜率领抬枪队从小道截击,缴获其粮食,法军溃败。清军趁胜收复谅山。法人请和,清军得胜收兵。当时论者有"越南之役,楚军得力,而粤抬炮制胜"的评价。②

第四节　清朝广炮采办与佛山铸匠

清代广炮采办制度可以作如下概括:

每当需要添加炮位,则由清朝驻粤军事长官或水师提督会同两广督抚奏议,皇帝收到广东上达奏议,转兵部复核同意后,由兵部奏议皇帝下旨。两广总督接旨和兵部咨文后,立即委派铸炮监造官在佛山镇购募铸匠,根据佛山铸匠报价,确定该批次铸炮所需银两。广东布政使会同佛山同知、南海县知县与佛山镇招募铸匠签订承铸合同,合同内容一般规定了铸匠工价、材料水脚价、保用年限、赔铸责任。铸炮监造官全程参与铸炮过程,并在每尊炮身上镌刻大炮类型、重量、年份、出品人(广东军政官员)姓名、监造官姓名、铸匠姓名。开铸前,由广东布政司先行开支银两。铸竣后,由铸匠会同监造官全部解运到炮位,安放试演。若有发生炸裂,则由铸匠随后赔铸补运。凡各省官府发起的铸炮费用,在广东省或各省下年地丁银项内报销。凡捐铸炮位费用,由捐铸人承担。③

清朝广炮采办制度具有以下特点:

1. 铸炮出品人和监造官对佛山铸造业十分熟悉和了解

清代规定广炮铸造必须于炮身镌刻出品人和监造官姓名,以示慎重。由此广炮铭文留下了历次铸炮出品人和监造官的姓名。如道光十五年(1835)六千斤大炮铭文称:"钦命

---

① 民国《佛山忠义乡志》卷一四《人物志·黄金策》。

② 同上。

③ 根据以下档案和文献互参提炼:道光十五年二月两广总督卢坤等为查勘虎门海口炮台筹议增建修改添铸炮位事奏折,中国第一历史档案馆藏宫中朱批奏折,档号:04-01-20-0013-010-0011;道光十六年十月初八日两广总督邓廷桢等为游击黄廷彪铸炮未能委心致使新炮复有炸裂伤人请交部议处并令铸匠赔造等事奏折,中国第一历史档案馆藏,军机处录副,档号:03-3044-056;道光二十八年二月十六日大学士管理工部事穆彰阿《为核议江西巡抚题请核销委员赴广东佛山镇地方铸造大小铜炮用过工料银两事》,中国第一历史档案馆藏内阁全宗,档号:02-01-008-004169-0017;丁拱辰:《募炮匠章程》,《演炮图说后编》卷一,第32—33 页;丁拱辰:《禀请给资募匠》,《演炮图说后编》卷一,第31 页。

太子少保头品顶戴花翎兵部尚书两广总督世袭一等轻车尉卢制，督标中协恒、署督标中协福、署广州协尚监督，署广州协左营都司推升福建建宁镇左营游击黄廷彪、署督标右营参将洪发科、署广州协右营守备刘得升监造。"①其中卢制，是指主持铸造了第一批 40 门大型广炮的两广总督卢坤。黄廷彪和洪发科是清军中熟谙铸炮的官员，尤其是黄廷彪，广东南海人，曾在道光二年署任佛山都司。② 熟悉佛山镇的铸炮炉户，为两广总督卢坤所信任。由他们监造铸炮，可以说任事得人。

2. 铸匠"李陈霍"并非实名，其真正身份是佛山铸锅行全体炉户

清代规定广炮铸造必须于炮身镌刻铸匠姓名。道光十五年（1835）至道光二十一年（1841）所铸大炮铭文，均有"炮匠李陈霍"的姓名，其始于两广总督卢坤"饬委洪发科与署广州协都司黄廷彪，购募熟谙匠人李陈霍等承造"40 位六千斤至八千斤大炮之事。③ 需要指出的是，卢坤奏折中提到的"熟谙匠人李陈霍"和大炮铭文"炮匠李陈霍"的"李陈霍"三字，都不是实名。据道光十六年十月初八日两广总督邓廷桢等奏称"臣等查该炉匠李陈霍等公同承领铸炮"，"因复询之李陈霍等知，佛山开设炉座共有三十三家，内工匠陈吉等五六人铸法较为谙练，臣等悉心商酌，拟将陈吉等按名传省，与之讲求采料、提渣、候火各法，果能得有把握，即将应行重铸及确查此处有无造不如法，各炮陆续责令另行妥造，务使一律完善，历久不渝，庶足以资防御而昭慎重"。④ 可知"李陈霍"是佛山三十三家炉座"公同承领铸炮"的虚名，李陈霍可以调动林合隆、张永和，⑤也可以调动"铸法较为谙练"的工匠陈吉等五六人，共同参与到道光十六年八千斤大炮的新铸和赔造过程中来。明清时期，"李陈霍"是佛山著名冶铁三大家族李氏、陈氏、霍氏的合称，由来已久。李氏是明代户部尚书李待问的家族，明初就以冶铁发家，明末李待问组建了佛山民间自治机构"嘉会堂"，建立了佛山民间军事组织"忠义营"，李氏兄弟在明末清初多次主持佛山民间铸炮，以增强本地防卫布局。因此李氏在佛山当地有长期影响。陈氏是明清两朝佛山炒铁行的首领家族，炒铁行明代就已是御用军器答应铺行，清代也以"上资军仗，下备农器"而成为佛山冶铁业中能担任军工生产的重要力量。乾隆年间陈氏家族出了解元进士翰林陈炎宗，得到地方民众的认同和尊重。霍氏是宋代从冶铁之乡山西平阳迁徙佛山的家族，世代从事铁冶，清代时霍姓冶匠尤多。明末清初南海人陈子升说："佛山地接省会，向来二三巨族为愚民率，其货利惟铸铁而已。"⑥这二三巨族不是别人，就是以上李、陈、霍三姓。入清以后，"李陈霍"成为佛山所

①《明清佛山碑刻文献经济资料》，第 508 页。
② 民国《佛山忠义乡志》卷一二《职官志》。
③ 道光十五年二月两广总督卢坤等为查勘虎门海口炮台筹议增建修改添铸炮位事奏折，中国第一历史档案馆藏宫中朱批奏折，档号：04-01-20-0013-010-0011；《明清佛山碑刻文献经济资料》，第 508 页。
④ 道光十六年十月初八日两广总督邓廷桢等为游击黄廷彪铸未能委心致使新炮复有炸裂伤人请交部议处并令铸匠赔造等事奏折，中国第一历史档案馆藏清宫档案军机处录副，档号：03-3044-056。
⑤ 张永和，是佛山嘉庆年间的炮匠。
⑥ 光绪《广州府志》卷一五《陈子升上某明府书》。

有铸锅炉户的代表与总称。康熙三十二年(1693)，因佛山镇出现私设牙行之事，佛山炉户以"李陈霍"的名义集体呈请南海县衙门禁止私设牙行。南海县立碑饬禁，其碑文称："据佛山镇铸锅炉户李陈霍等呈前事称：切佛山、石湾两乡向以开炉铸锅为生。"[1]笔者认为，道光年间佛山炉户以"李陈霍"名义承接官府铸炮业务，代表了佛山炉户是以整体力量与官府合作，对官府负责，共同进退。一旦发生大炮炸裂之事，"李陈霍"可以继续调动其他炉户资源完成补铸。历任两广总督从卢坤到邓廷桢其实知道"李陈霍"不是实名，但此时显然同意了佛山炉户以集体名义承接铸炮业务的做法。可见佛山炉户有着以"李陈霍"名义与官府打交道的历史传统。所以现在留存的五千斤以上的广炮，炮身铭文上监铸者名字常常会变化，而不变的是"炮匠李陈霍"的字样。犹如产品标志，"李陈霍"就是广炮制造的当家品牌。

3. 铸匠工价按市场价实行

与清代工部实行长期不变的广锅产品价格不同，广炮铸匠有较大的市场议价权，能根据铸炮大小、难易报出不同的市场价格，清代广东官府均按广炮铸匠市场价格完成铸炮。其价格有两种：

一种是包工包料。道光十五年(1835)关天培添铸八千斤大炮和六千斤大炮各20位，"除旧炮折抵银二千两外，实共应给价银一万四千八百两"，[2]即是合共支付一万六千八百两，平均每炮约五百两。道光二十一年(1842)正月，江西巡抚吴文镕委员"赴广东佛山镇地方会同广东委员刘汉章铸造大小铜炮三十九尊"(三百斤二尊、三千斤三十尊、五千斤六尊、一千斤一尊)，"用过工料、杂费等项银一万三千七百二十七两六钱零"，[3]平均每尊铜炮约三百八十两。道光二十八年(1838)十二月，广西布政使劳崇光委员郭汝康解银三千两到广东藩库，拟铸造三百斤铜炮十八尊、五百斤铜炮二十尊。[4] 两广总督转咨佛山同知，佛山同知顾炳章立即向佛山铸匠询问此批铜炮报价，得知"需工料银四千七百余两"，广西藩府预算显然不够。顾炳章于是建议两广总督徐广缙"莫若购买夷炮"，[5]得到同意后顾炳章等人到香港、澳门等处，陆续购买"外夷原铸洋铁炮七百斤重两尊、六百斤重四尊、五百斤重十八尊、三百斤重十四尊，共计夷炮三十八尊，统共才用"广西省原来库平纹银一千七百两"，[6]可见均是包工包料购置到位。

另一种是包工不包料。咸丰元年(1851)五月，丁拱辰帮办广西军务，就以广西官府出

① 《饬禁私抽设牙碑》，《明清佛山碑刻文献经济资料》，第24页。

② 道光十五年二月两广总督卢坤等为查勘虎门海口炮台筹议增建修改添铸炮位事奏折，中国第一历史档案馆藏宫中朱批奏折，档号：04-01-20-0013-010；《明清佛山碑刻文献经济资料》，第508页。

③ 道光二十八年二月十六日大学士管理工部事穆彰阿《为核议江西巡抚题请核销委员赴广东佛山镇地方铸造大小铜炮用过工料银两事》，中国第一历史档案馆藏内阁题本，档号：02-01-008-004169-0017。

④ 《奉购解广西铜铁夷炮》，顾炳章等辑：《勘建虎门炮台并解运广西炮公牍》(稿本，不分卷)，广东省中山图书馆藏，原件书号：80/1.50.21。［下称《勘建虎门炮台并解运广西炮公牍》(不分卷稿本)］

⑤ 《奉购解广西铜铁夷炮》，《勘建虎门炮台并解运广西炮公牍》(不分卷稿本)。

⑥ 《勘建虎门炮台并解运广西炮公牍》(不分卷稿本)。

料、佛山铸匠包铸的方式，在佛山招募铸匠龙润光、陈茂扬等 15 名铸炮工匠，并与佛山铸匠签订了颇为丰厚的包铸合同。[①] 丁拱辰《演炮图说后编》记载合同内容，兹录如下：

> 五月在广东佛山，雇募考选良匠龙润光等十名，帮理杂事三名。八月添匠二名。议每名每月工价银七两，饭食银一两八钱。帮理杂事，每名每月工价银二两八钱，饭食银一两八钱。自广东起程算起，给至回广东止。每名先借工银四两二钱，前去安家。路上往回盘费、船价挑工，俱官支理。到广西开铸，逐月工食银先领一月上期，以便各匠先期寄回家用。如无开铸，打发回广东，盘费亦官为支给，工食照给至广东省为止。兹铸匠代办风箱、铸具、铁器一单，该银八十四两一钱八分，带到广西应用。如是到处，不论工价，与之包铸，则此一单价银，铸匠当自坐去。各不得爽约，立合同为据。

> 另，除铸弹及药膛不给席金及镕铁规此外，逢铸炮之日，每名席金银一钱五分；每只炉镕铁水，一人规银五钱；抬铁水，每名规银二钱；看铁水下模，审视缓急，每名规银五钱。牵风箱，教小工牵之，此照常例，不在合同内。[②]

每名铸匠每月合同工价银和饭食银合共四两六钱，还有数量不等的常例规银开支不包括在合同之内，佛山铸匠的待遇显然不错。

另据《叶名琛档案》所载清代咸丰年间广东铸造铜炮的报价，工料银和镕炭工银也是分开计算：三千斤每炮约工炭银二百四十四两七钱，另器用物件银八十四两、住厂司事二名饭食银每月银二十两；一万二千斤则按三千斤炮工炭银"加五作炮四条"计算，应为一千四百六十八两二钱，另镕钗炭工银二百两零四钱。[③] 可见官府可以根据市场报价酌情选择铸炮方式。

4. 铸匠保固和赔铸的执行比较宽松

清代广炮铸造，铸匠需承诺大炮一定期限内保持质量完好，称为"保固"。如道光十五年(1835)添铸大炮 40 位，两广总督卢坤"责令保固三十年，限内炸裂，由该匠赔造"。[④] 这是笔者所见唯一一处关于保固年限的文字记载。是否真能保固三十年？相信当时的发起人和铸炮工匠均没有十足的把握。

道光十六年(1836)，因为"新铸大炮五十九位，炸裂至十位之多"，[⑤]尤其是当年虎门秋操时发生八千斤大炮炸裂伤毙官兵之事，当时两广总督邓廷桢与广东水师提督关天培正在现场检阅，邓廷桢一气之下回署"即饬司收炉匠李陈霍、林合隆、张永和提省，委员悉

① 丁拱辰：《募炮匠章程》，《演炮图说后编》卷一，第 32—33 页。
② 同上。
③ 刘志伟、陈玉环主编：《叶名琛档案——清代两广总督衙门残牍》(八)，第 280 页。(下称《叶名琛档案——清代两广总督衙门残牍》)
④ 道光十五年二月两广总督卢坤等为查勘虎门海口炮台筹议增建修改添铸炮位事奏折，中国第一历史档案馆藏宫中朱批奏折，档号：04-01-20-0013-010。
⑤ 道光十五年十二月十九日署理两广总督祁寯等为会验虎门新修改造各炮台工程完固惟演放新铸炮位内有炸裂将铸造匠工及办理不慎之委员分别提审奏参严责赔造仰祁圣鉴事，中国第一历史档案馆藏宫中朱批奏折，档号：04-01-21-0015-005。

心究讯"。原想"将该炉匠等枷责示惩",同时也可能考虑到"众怒难治",遂先处罚委员黄廷彪的监铸之责,"相应请旨将推升游击、现署广东抚标右营游击黄廷彪交部议处,仍严饬实力督匠加工赔造,以观后效"。而对各铸匠,"仍责令将各炮位加工提炼赔造"。① 道光十五年(1835)是佛山铸匠第一次铸造超过六千斤以上的大型广炮,炸裂率 17％,不可谓不高。然发起方与承铸方尚无先例可循,如责之过重使军务拖延,则当事者也难辞其咎。两广总督邓廷桢在奏折里所表达的气愤以及宽容处罚,不过是在官府文书和市场约定的空间内作文字拿捏。当时对炸裂最好的处理结果,无非就是佛山铸匠"李陈霍"等能按约定——赔铸并加以改进。就连道光皇帝对虎门炸裂重铸完成之事也极为宽容:"善其事利其器,可不留意乎!"②所有这些,都在佛山铸造炉户的预判与掌控之中。

丁拱辰对铸成之炮出现炸裂情况特别指出:

> 倘试有一二不合用,则烧红淬水,打碎过镕再铸,不得咎监造、成造之人,云办理不好。倘以此咎铸造之人,后来匠人不惟不敢奉公,且逢试□欲格外多下药,匠人恐畏,多方排解。不可多用火药,万一用时有误,其祸过大。西洋铸炮起时,必择旷远人迹罕地方,倍用火药或加十分之五,试之得用,方算成器。因铁性虽好,亦有时□□人力不能如意者,非官亲历督铸,不知此中工程虽靠人事□□铸造,尚藉天然而成。③

丁拱辰对广炮铸造质量和铸匠的信任与宽容,是对广炮铸造不易的尽悉了解所然。

顺便指出,有论者认为"道光二十年(1840)十二月虎门炮战中,清军许多火炮自炸断折,而其中有的炮竟然掺杂着土质",④这可能是对道光十五年(1835)两广总督祁贡奏称该批广炮炸裂原因"显系该工匠等偷减工料,未能将铁沙提净所致"这句话的误读。⑤ 其实祁贡这句话首先是指初始铸造六千斤以上的第一批炮,不是所有广炮。以后所铸大炮炸裂之事大幅减少,故不能以偏概全。其次,"未能将铁沙提净"是指铸炮过程中内外泥模处理不净或铁水浇筑过程受热不均而产生砂眼,并非原材料掺杂土质。佛山铸锅行在有清一代均稳定供应清宫御用广锅,得到朝廷和官府的充分信任,铸炮收入不菲且追偿责任重大,以"李陈霍"之名承造就是佛山铸造的集体担保,没有理由自损名声。

由上可见,佛山铸匠在清代广炮铸造事业中是以集体名义参与其中,其与官府之间的关系是合同先行的契约关系,并且享有主动的市场议价权。发生炸裂之事也能够依据合

---

① 道光十六年十月初八日邓廷桢等《请将监铸炮位不善之委员黄廷彪议复等由》,中国第一历史档案馆藏,军机处录副,档号:03-3044-056。
② 道光十七年十月十七日两广总督邓廷桢为大炮炸裂声音喑哑饬令赔铸重铸告成事奏折,中国第一历史档案馆藏,军机处录副,档号:3-2961-049。
③ 丁拱辰:《油炮安架图说》,《演炮图说后编》卷一,第 46 页。
④ 兴河:《天朝师夷录——中国近代对世界军事技术的引进(1840—1860)》,解放军出版社 2014 年版,第 65 页。
⑤ 道光十五年十二月十九日署理两广总督祁贡等为会验虎门新修改造各炮台工程完固惟演放新铸炮位内有炸裂将铸造匠工及办理不慎之委员分别提审奏参严责赔造仰祁圣鉴事,中国第一历史档案馆藏宫中朱批奏折,档号:04-01-21-0015-005。

同保持身份自由，游刃有余地处理赔铸事情。这充分说明了佛山铸匠的市场主体地位。于是我们看到，在中英交争之际，在中国大陆与南海的交叉点上，在帝国体制与市场体制的连接点上，佛山铸匠以世代传承的技术成就了佛山铸造，演绎出金属文明的精彩华章。

第五节　广炮铸造的历史作用

广炮是火器，广炮铸造属金属处理技术。佛山铸造广炮的生产组织虽然来源于民间冶铁市场，却掌握了较为成熟的金属处理技术，短时间内铸造出大批八千斤至万斤以上的大炮。环顾当时的东亚诸国，火炮铸造技术无出其右。而佛山炉户与清朝官府的合作，也开创了民间工场长期服务于国防军工的先例。广炮问世以来，就被清朝廷寄予厚望，担负着重要角色。有清一代，清军火炮依靠佛山铸造，不断布防于海岸和城头，在南中国建立了广炮防卫体系。

（一）广炮是清中期广东海防主力炮位

从道光十五年（1835）开始铸造 20 位六千斤大炮和 20 位八千斤大炮始，到道光二十四年（1844），据耆英统计，共铸造了"二千四百余门"广炮，其中的大型广炮重点安置在虎门炮台和广州城防炮台。（见首页图 18）

虎门是海防咽喉，粤东第一门户。第一次鸦片战争前夕，虎门周边海口建有新旧炮台11 座，装备铁炮 333 门。具体炮位布置为：

新涌炮台：大小铁炮十二门；

大角炮台：大小铁炮十七门；

沙角炮台：大小铁炮十二门；

镇远炮台：大小铁炮四十门；

南山炮台：大小铁炮二十八门（连原有炮位共四十门）；

靖远炮台：大小铁炮六十门；

横档炮台：大小铁炮四十门；

大虎炮台：大小铁炮三十二门；

蕉门炮台：大小铁炮二十门；

永安炮台：大小铁炮四十门；

巩固炮台：大小铁炮二十门。[①]

《英军在华作战记》对虎门炮台也有记载："旧炮台上架着四十二门大炮，其中四门乃

[①] 杜永镇：《对虎门炮台抗英大炮和虎门海口各炮台的初步考察》，《文物》1963 年第 10 期。

是两年以前从澳门当局买来的葡式的,可放六十八磅炮弹的黄铜炮。其余的是中国式的,其中有大量的金属成分,口径很大。从这炮台的北端起,有一排直型的工事,面临大江,架着六十门重炮。……北亚娘鞋炮台是一个圆形的炮台,架着四十门大炮。""北横档防御设施同样坚固,架着一百六十三门大炮。""大角头……有二十五门大炮的炮台。……西炮台或小大角炮台,架着二十门大炮。"①一共记载 346 门大炮,与上述记载相差不多。

广州是省城,第二次鸦片战争前,根据咸丰某年五月二十九日两广总督叶名琛给皇帝的奏折,当年广州城防各炮台布置的广炮炮位情况如下:

表 13-1 清代咸丰年间广州城防炮位统计表

炮 台 名	东 炮 台	中流砥柱炮台
现役炮位	八千斤炮二位 四千斤炮八位 三千五百斤炮八位 二千斤炮六位 一千斤炮一位 八百斤炮一位 五百斤炮五位 三百斤炮五位	三万四千斤铜炮一位 八千斤铁炮五位 五千斤铁炮六位 二千斤铁炮四位 三千斤炮十位 一千二百斤炮二位
小 计	以上大小炮共三十六位,可用三十四位;炮架三十六件,可用二十九件	以上大小炮共二十八位,可用二十八位;炮架二十八件,可用一十七件。另有余炮二千斤四位,八千斤二位,六、七百斤十三位。均无架。
余存炮位		二千斤铁炮四位 七百斤铁炮三位 五百斤铁炮五位
炮 台 名	东 固 炮 台	东 安 炮 台
现役炮位	八千斤铁炮七位 五千斤铁炮七位 三千斤铁炮五位 三千斤夷炮三位 三千斤铜炮二位 二千斤铁炮三位 一千斤炮四位	八千斤炮五位 五千斤铁炮七位 五千斤夷炮十二位 三千斤铜炮二位 三千斤炮三位 二千斤炮二位 一千斤夷炮四位
小 计	以上大小炮共三十一位,可用三十一位;炮架三十一件,可用二十八件;其中有两炮火门已坏。	以上大小炮共三十五位,可用三十五位;炮架三十五件,可用二十七件;余炮八千斤一位,五千斤四位。五位均无架。
余存炮位	六百斤铁炮二位 五百斤铁炮四位 四百斤铁炮一位 三百斤铁炮三位	五千斤铁炮四位

① 齐思和、林树慧、寿纪瑜编:《鸦片战争》第五册《英军在华作战记》,上海人民出版社 1972 年版,第 156 页。

（续表）

炮 台 名	东 靖 炮 台	汇 总
现役炮位	八千斤炮六位。 五千斤炮四位。 五千斤夷炮二位。 四千斤夷炮二位。 三千斤铜炮四位，铁炮一位。 二千斤炮十位，内一位钉眼不可用，余俱可用。 二千斤夷炮二位。 一千五百斤炮一位。 一千斤炮二位。	以上各炮台共余存炮五十六位，均可用。 内：五千斤铁炮四位。 二千斤铁炮四位。 八百斤铁炮三位。 七百斤铁炮十二位。 六百斤铁炮二位。 五百斤铁炮十二位。 四百斤铁炮十位。 三百斤铁炮三位。 无字号铁炮六位，每位约重四五百斤。①
小 计	以上大小炮共三十四位，可用三十五位；炮架三十四件，可用二十九件；余炮大小三十九位，均无架。	
余存炮位	八百斤铁炮三位。 七百斤铁炮九位。 五百斤铁炮三位。 四百斤铁炮九位。 无字号铁炮六位，每位四五百斤。	

上述各炮位和余存炮位均在佛山铸造完成，即其配套的炮架亦均依照"佛山旧式架样"进行铸造。正如叶名琛所载："以上共制造二十二座炮架，每座配用铁环、软圈、耳闩、铁闩、通铁、铁钉及尺寸架样，均照佛山旧式齐全，与册报相符。"②

这些广炮在两次鸦片战争中发挥了重大作用，真实记录了中国军民打击英国侵略者的可歌可泣的英勇事迹。关天培自道光十五年（1835）起驻守虎门六年。道光十九年（1839）十月的官涌之战，清军三江副将陈连升以五路大炮叠轰的方式击退英军。道光二十年（1840）十二月，英军集中 20 多艘舰船进攻沙角炮台，当时驻守沙角、大角炮台的陈连升及其子陈举鹏坚守炮台，集中炮火火力，还以抬炮，前后歼敌二三百。由晨至昏，终因弹药用尽，陈连升与 200 多名士兵英勇阵亡。③ 道光二十一年（1841）二月下旬，英军突袭虎门炮台，情况万分危急。关天培亲自燃放大炮，炮弹多如雨注，多次打退英军进攻。激战中关天培"身受数十创，血淋滴，衣甲尽湿"。由于寡不敌众，最后关天培与守军数百人壮烈牺牲。④ 现存虎门炮台遗址的数尊八千斤大炮和现存广州旧咨议局遗址的六千斤铁炮，就是当年广东水师提督关天培在虎门威远炮台打击英国侵略者使用过的大炮。⑤ 无

---

① 《叶名琛档案——清代两广总督衙门残牍》（八），页 241—244。

② 同上书，页 289—290。

③ 黄流沙、苏乾：《鸦片战争虎门战场遗迹遗物调查记》，《文物》1975 年第 1 期。

④ 刘旭：《中国古代火炮史》，第 98—99 页。

⑤ 陈鸿钧：《广州所见明清城坊铁炮铭文纪略》，《广州文博》（12），第 280—281 页。

怪乎道光年间英军攻占虎门炮台和咸丰年间攻占广州四方炮台时，都对清军的广炮实施了封固和破坏。

（二）广炮是清代国内战争重要利器

1851—1864 年的国内战争，太平军曾使用缴获的广炮一路北上，横扫清军。从普通士兵晋升为忠王的李秀成，在其 15 年不间断的大小战争中，多次成功使用广炮大胜清军，也用广炮与洋枪队作过交战。在其兵败被俘后写的《自白书》中多次提及"广炮"，并建议曾国藩到广东购买大炮并仿造洋鬼之炮。李秀成称："老中堂早定计去广东先行密中多买其大炮回，先有其炮，其药其码子，（全）［存］贮多多。防在要隘，炮位要大。要买其洋鬼炮架［架］，有其炮，无其炮架［架］不能。买炮为备隘口者总三四千斤即可。……取到其炮，取到车炮架［架］，寻好匠人，照其架式，一一制造。那时将我中国广炮制造多多，以一教十匠人，以十教百匠人，我国人人可悉，制用此物者人多，那时我亦厉害制之。"①可见李秀成对广炮和仿制洋炮推崇备至。

曾国藩对李秀成的建议并不意外，早期清军与太平军的战斗，就屡屡被拥有广炮的太平军战败。1855 年初曾国藩与太平军在湖口、九江的决战中遭遇大败，逃入罗营后又羞又愤，写了千余言的"遗疏"，准备一死。部下哭谏，曾国藩才打消念头，乃上疏自请"下部严议"。深知广炮威力的曾国藩早在创立水师时就曾多方聘请能工巧匠，在衡州（今湖南衡阳）、湘潭设立造船厂制造炮船。李秀成的自白，更加刺激了其迅速购置广炮、洋炮的决心。曾国藩先是派遣部将胡林翼入粤购置广炮、洋炮，复请广西右江道张敬修购得广炮、洋炮 1 000 余尊，再是截留广西巡抚劳崇光解往湖北的重炮 200 尊。② 其后广炮和洋炮源源不断地用来武装湘军，湘军开始在战场上反败为胜。范文澜指出，曾国藩"尤其重视洋炮，要求咸丰帝向广州购买千余尊，装备战船，洋炮不到，决不出战。他崇拜洋炮，赞美备至，认为是战胜的决定因素"。③ 广炮加洋炮的大量武装，确保了湘军后来一系列作战的胜利。从这个角度来说，太平军与湘军的战争的较量，也是广炮与洋炮的较量，正如李秀成所言："虽我有我国之广炮之好，实无他炮之强。"④

（三）广炮时代及其终结

从 17 世纪中叶到 19 世纪初（1650—1800）这 150 年间，是广炮范式确立的时期，在这一时期里，佛山完成了承续明末澳门铸炮技术和人才转移的过程，其标志是确立了以红夷

---

① 《李秀成自述》，太平天国历史博物馆编：《太平天国文书汇编》附录，中华书局 1979 年版，第 544—545 页。
② 参阅顾汶光《湖口九江之役——太平天国著名战例分析之一》，《贵州文史丛刊》1983 年第 2 期。
③ 范文澜：《中国近代史》（上册），人民出版社 1955 年版，第 411—412 页。
④ 《李秀成自述》，太平天国历史博物馆编：《太平天国文书汇编》附录，第 544—545 页。

大炮为核心的仿制西洋炮炮式。从 19 世纪初到 19 世纪末叶（1800—1900）这 100 年间，是广炮铸造在佛山铸锅行业开枝散叶奠定基地的时期。在这一时期里，佛山完成了数千门广炮的铸造，硕果累累。佛山铸匠也进入广西桂林乃至全国各地的火炮制造和火炮购买序列，荣膺军功顶戴者不乏其人，从而促进了广炮全国性火器地位的形成。

应该指出，广炮仿制于 17 世纪中叶的红夷大炮，属于前装滑膛炮。虽然红夷大炮长期在东亚处于领先水平，但到了 19 世纪中叶，西方火炮已全面进入后装线膛炮时代。随着材料力学、弹道力学和爆炸力学等人类科学知识的不断进步，广炮存在的射程不远不准、发射间隔时间长、炮膛炸裂、炮身笨重等缺点日益显现，广炮被西式近代火炮所取代就成为历史必然。随着世界进入到后装线膛炮时代，广炮时代也寿终正寝了。

然而，清代佛山广炮铸造的辉煌业绩，已在中国城市发展史和中国火炮发展史上留下了浓墨重彩的篇章。

第十四章
清代佛山民众与城市整合

　　社会结构指的是群体或社会的基本构成部分之间相互关联的方式。社会组织则是有意识地组织起来以达到特殊目标的社会群体。清代的佛山,社会结构发生了明显的演化,各种社会群体和组织日渐分化,各种社会矛盾日益尖锐,各种社会关系也日趋复杂。如果说明代的佛山社会尚处于简单城市社会阶段的话,那么清代的佛山社会则呈现出复杂城市社会的诸种征象。

　　复杂城市社会的特点之一是制度的发展,即将多种多样的社会职业组织成一个系统且相当自治的社会群体的发展。清代的佛山,就是各种传统社会制度粉墨登场同台共演的大舞台。在这一场历史剧中的两个"主角",就是侨寓与土著。

　　侨寓与土著两大利益群体,是随着佛山城市化进程分化出来的社会群体,侨寓与土著的矛盾构成了清代佛山社会的基本矛盾,它支配着各种社会组织的兴衰隆替、社会利益的重新分配以及社会关系的互动发展。在清代佛山我们所能看到的各种社会现象,诸如侨寓人士社会地位的上移、宗族组织的式微、西家行的出现、大魁堂绅士成分的变化、侨籍书院的兴起、祖庙祭祀圈的重整,无不与此有关。

　　侨寓与土著的互动,使佛山社会发展呈现出两个趋向:一个是地方文化一体化,一个是城市经济平等化。在地方文化上,侨寓认同土著创造的文化体系,极力要挤入文化领导核心,并与土著居民一起建构传统文化体系。在城市经济上,侨寓不满土著的垄断,极力要打破原有的格局,使经济体系纳入更广阔的市场范围,并依靠其群体自身的力量推动经济发展。而土著则随从了侨寓的经济发展取向,加入到向外扩张的潮流中。一般而言,两种诉求不相吻合,然而这两种诉求却极好地在佛山社区中得到调适和整合。土著和侨寓、商贾和文人、凡夫俗子和功名仕宦、工场主人和手作工匠、官府组织和民间自治系统,凡属佛山社区的各种社会力量和社会关系,都在清代前期的佛山重新整合与调适。因此,分化—冲突—整合,乃是清代佛山社会结构演化的主旋律。这一主旋律,拉开了佛山历史文化绚丽多彩的一幕。

第一节　侨寓与土著

清代前期，因手工业的综合发展、商业的全面繁荣和城区的迅速拓展，大量的外来商民涌入佛山。这批外来人口，初来乍到，没有土地，也没有户籍，因此被佛山土著视为"侨寓"。清代前期的佛山是一座移民与土著参半的城市，侨寓与佛山土著构成了既互相对立又互相联系的两大群体，它们的共存与互动、竞争与调适，成为清代前期佛山社会历史发展的主要内容。

一、侨寓人士的迁佛洪潮

人口运动是社区的脉搏。清代的佛山，是珠江三角洲人民向往的"圣地"，挟资而来的商人，将此地视为致富的源泉；徒手求食的工匠，以此地为谋生的场所；负笈求学的士子，以此地作为登科的台阶；致仕的官吏，把此地视作安身立命的归宿。史称："佛山为省垣西南重镇，四面环海，气运所钟。商贾辐辏，人文奋兴，于今为盛。四方之迁者、侨者、从学而来者、宦成而归者、权缗苧以起家者、执艺事以自食其力者，咸以风淳俗美，乡有贤耆，梯航筌笈，鳞萃云集，偕来而卜居焉。"[1]清代前期佛山的侨寓人口已占其半，正如梁九图"佛山"诗所云："舟车云集此天涯，半是侨居半故家。"[2]从姓氏数量来看，明代佛山堡八图土著只有 14 个姓氏，即梁、霍、陈、卢、岑、区、黄、冼、伦、何、简、李、布、罗氏。[3] 而乾隆时期佛山的姓氏却有 95 个。[4] 无怪乎清末佛山土著人士冼宝桢惊叹称："（佛山）自前明设镇后，四方辐辏，附图占籍者几倍于土著。"[5]

清代佛山的侨寓人士中杰出人物辈出，大大超出土著人物之数。试看以下根据民国《佛山忠义乡志》人物志的统计：

表 14 - 1　清代佛山土著与侨寓杰出人物数量比较表

类　别	总　数	土　著		侨　寓	
		人　数	占百分比	人　数	占百分比
名臣	6	0		6	100%
循吏	8	2	25%	6	75%
儒林	4	1	25%	3	75%

① 吴荣光：《重修佛山海口文昌阁记》，《明清佛山碑刻文献经济资料》，第 137 页。
② 民国《佛山忠义乡志》卷一五《艺文三》。
③ 乾隆《佛山忠义乡志》卷三《乡事志》。
④ 乾隆《佛山忠义乡志》卷六。
⑤ 《重修佛山堡八图祖祠碑记》，《明清佛山碑刻文献经济资料》，第 257 页。

（续表）

类　别	总　数	土　著		侨　寓	
		人　数	占百分比	人　数	占百分比
文苑	30	5	16.7％	25	83.3％
忠义	3	1	33.3％	2	66.7％
宦迹	19	5	26.3％	14	73.7％
武略	8	2	25％	6	75％
义行	36	12	33.3％	24	66.7％
孝友	21	12	57.1％	9	42.9％
隐逸	8	3	37.5％	5	62.5％
耆寿	6	3	50％	3	50％
货殖	6	3	50％	3	50％
艺术	11	6	54.5％	5	45.5％
流寓	17	0		17	100％
贤淑	11	6	54.5％	5	45.5％
合计	194	61	31.4％	133	68.6％

　　上表所列 15 类人物,有三类人物侨寓略低于土著,即孝友、艺术和贤淑;有两类恰好持平,即耆寿和货殖。其他十类人物均高于土著两倍以上,尤其是名臣类人物,全为侨寓人物,他们是左必蕃、吴荣光、骆秉章、戴鸿慈、梁僧宝和李文田。笔者另据同书卷一三选举表获知,清代佛山登进士者共 38 名,其中土著 13 名,占 34.2％;侨寓 25 名,占 65.8％,可见侨寓人物中的功名人物远多于土著。相形于明代佛山土著曾出了伦文叙、霍韬、梁焯、冼桂奇、庞尚鹏、李待问等名臣人物,清代的土著显得黯然失色。

　　侨寓人物中,有不少是既曾享誉佛山,也曾名闻天下的人物。兹根据民国《佛山忠义乡志》和其他有关资料,将清代佛山的著名侨寓人物分制成官宦人物、商贾人物和其他人物三表,以备读者参考。

表 14‑2　清代佛山侨寓著名官宦人物表①

姓　名	原居住地	祖先或本人迁佛时间	官　职
左必蕃	顺德	父于顺治、康熙间	康熙十二年(1673)举人,左副都御史。
罗　颢	南海绿潭堡	康熙时	康熙二十三年(1684)副贡,石城教谕。

---

① 道光《佛山忠义乡志》卷九、民国《佛山忠义乡志》卷一四、《吴荣光自订年谱》、《梁氏支谱》。

（续表）

姓　名	原 居 住 地	祖先或本人迁佛时间	官　　职
陈其煐	新会	乾隆年间	乾隆二十八年(1763)进士，翰林、给事中。
李可端	南海丰华堡	父于乾隆初	嘉庆元年(1796)进士，翰林院检讨。
吴荣光	新会棠美	先祖于崇祯	嘉庆四年(1799)进士，湖南巡抚。
李可蕃	南海丰华堡	父于乾隆初	嘉庆七年(1802)进士，翰林院编修。
李可琼	南海丰华堡	父于乾隆初	嘉庆十年(1805)进士，山东盐运使。
梁蔼如	顺德麦村	父于乾隆间	嘉庆十九年(1814)进士，内阁中书。
潘光岳	南海鳌头堡	先祖于嘉庆	嘉庆二十二年(1817)进士，翰林院庶吉士。
骆秉章	花县	先祖于乾隆时	道光十二年(1832)进士，四川总督。
莫以枋	新会	先祖于乾隆时	道光十二年(1832)进士，刑部主事。
梁僧宝	顺德麦村	先祖乾隆间	咸丰九年(1859)进士，礼部主事。
李文田	顺德均安	父于嘉庆、道光间	咸丰九年(1959)探花，翰林院侍读学士。
龙　泉	三水	咸丰乙卯	同治二年(1863)恩科进士。
张荫桓	鹤山	先世迁佛	同治初在沪捐知县，官至礼部尚书，驻日本、英国公使。
潘衍鋆	南海鳌头堡	先祖于乾隆	同治七年(1868)进士，翰林院编修。
潘衍桐	南海鳌头堡	先祖于乾隆	同治七年(1868)进士，翰林院编修。
戴鸿慈	南海大同堡	先祖于道光	光绪二年(1876)进士，出使东西洋五大臣之一，法部尚书。
周颂声			光绪十八年(1892)进士，翰林院庶吉士。
吴功溥	三水	父迁佛	光绪二十四年(1898)进士，知县。

表 14－3　清代佛山侨寓著名商贾人物表①

姓　名	原 居 住 地	迁 佛 时 间	营　商　情　况
梁俊伟	顺德水藤	康熙年间	创立机房，名梁伟号。
蔡锡麟	顺德龙江	康熙年间	幼承父业，服贾营生，家资巨万。

---

① 民国《佛山忠义乡志》卷一四、《潘氏典堂族谱》卷六、《南海烟桥何氏族谱》卷六。

（续表）

姓　名	原居住地	迁佛时间	营　商　情　况
李士震	南海华平乡	乾隆初间	贩于湖湘，组织佛山赈济。
陈　昱	嘉应州	乾隆年间	为远近商人所依托，家渐裕。
任汝澜	鹤山江宰村	乾隆年间	家佛山，为任氏始迁祖。
梁国雄	顺德麦村	乾隆年间	盐商，长子玉成同就盐业。
梁玉成	顺德麦村	随父同迁	数年积资累巨万，百倍于昔。
潘维大	南海良教	嘉庆年间	服贾佛镇。
李吉和	顺德	嘉道年间	懋迁佛山。
阮国器	新会	道光年间	赴欧洲服贾。
梁迪生	顺德	道光年间	与弟璧生同理银业。
朱德山	南海朱李乡	道光年间	开设"朱炳昌丸药店"，有阳江分店。
朱作求	南海朱李乡	道光年间	继承父业，开佛山丸药店。
陈淡如	新会	道光年间	经商。
陈际尧	新会	道光年间	助父经商，开永隆烟业行。
戴迪功	南海大同堡	道光年间	砷年服贾佛山。
黄积昌	三水	道光年间	设药肆。
刘仕贵	鹤山	道光年间	经商。
吴达权	顺德	道光年间	贾于佛山。
冯绍裘	鹤山	先世迁佛山	治铁冶，有锅炉数座。
招雨田	南海石头	咸丰、同治年间	商于佛山。
黄殿中	三水	咸丰、同治年间	创立黄慎堂药丸店，分店设省、港、澳、沪，中外皆知。
何其诩	南海烟桥	咸丰、同治年间	在省、港、澳和佛山设肆贸易。
卢　朴	新会	父于咸丰、同治年间	商于佛镇。
招　涵	南海金利司	同治、光绪年间	父兄弟六人分财，人八万金。
陈善性	新会	同治、光绪年间	薄荷油叶万金号司理。
叶恩宜	鹤山罗江		经商于佛山，后人遂家焉。

表 14－4　清代佛山侨寓其他著名人物表①

姓　名	原居住地	迁佛时间	职　业
曹起龙	香山	康熙年间	把总，阳山城守，以富盛名。
麦在田	南海大沥		讲学佛山心性书院。
蔡宗瀛	顺德龙江	康熙年间	纳粟捐郎中。
梁　翰	顺德	父于康熙	乾隆十年(1745)进士，福建罗源县知县。
黎　简	顺德	乾隆年间	乾隆三十年(1765)拔贡，工书画。
劳　潼	南海澜石	乾隆年间	乾隆三十年(1765)举人，曾主讲越华书院、大魁堂值事，创立佛山义仓。
骆国佑	花县	乾隆年间	不详(为四川总督骆秉章之祖)。
冯达昌	顺德		工书法，名重一时。
刘潜蛟	顺德	嘉庆初年	设帐于佛山。
陈兴礼	南海叠滘堡	嘉庆年间	嘉庆二十四年(1819)举人，长乐教谕。
李仕良	南海西樵乡		道光九年(1829)进士，咸丰中设帐佛山更楼脚霍祠，一时向业者众。
李能定	南海叠滘堡	道光年间	道光十七年(1837)乡荐，主讲汾江书院。
冼佐邦	南海罗格乡	咸丰年间	道光十九年(1839)举人，咸丰四年建南顾营。
霍　谐	南海溶洲堡	父于嘉庆年间	道光二十年(1840)举人，办团练有功，赏六品顶戴。
梁应琨	顺德麦村	道光、咸丰年间	道光二十一年(1841)招商铸海防大炮；咸丰十一年(1861)出任清涌首事。
王福康	南海黄鼎司良沙海乡	道光年间	道光二十七年(1847)纳粟为郎中，后为大魁堂值理。
吴炳南	顺德	道光年间	道光二十九年(1849)举人，工诗。求学者众。
岑　澂		道光年间	寓佛山，与梁九图论诗最投契。
孔继尧	香山小榄乡	先世迁佛	道光武举。
区研经	南海大富堡	道光年间	两任大富围督修。
马信道	顺德马村	道光年间	家塾先生[子马德熙，同治九年(1870)举人，为大魁堂值理]。
何容光	南海烟桥乡	道光年间	家塾先生。
苏长春	顺德人	道光、咸丰年间	工绘画。道咸时主于梁九图家最久。
刘觉亨	鹤山	父于道光时	咸丰二年(1852)举人，主讲佛山书院六年。

① 资料均出自民国《佛山忠义乡志》卷一四《人物》。

(续表)

姓　名	原居住地	迁佛时间	职　业
叶蕚光	鹤山	道光年间	咸丰六年(1856)举人,大埔县教谕。
陈寿田	南海张槎	道光年间	授徒佛山,咸丰十一年(1861)乡试进庠。
区士安	顺德	先祖迁佛	咸丰十一年(1861)举人,知县。
梁禹甸	顺德	祖于嘉庆	咸丰时把总。
招宝莲	南海大富堡	道光、咸丰年间	授徒佛山。
梁寿年	顺德	咸丰、同治间	把总。
麦富华	南海紫洞乡	道光时	千总。
陈　瀚	南海魁冈堡	道光、咸丰年间	同治九年(1870)举人,主讲佛山书院。
梁开棣	高要人	咸丰、同治年间	为学,问业者众。为朱九江高足。
陈慎之	南海西樵	祖于乾隆	家颇富厚。咸丰四年(1854)后中落。
曹起龙	香山	康熙年间	把总,阳山城守,以富盛名。
麦在田	南海大沥		讲学佛山心性书院。
李翔光	新会	咸丰、同治年间	工画花鸟小品,为鉴藏家重之。
叶自风	东安	始居佛山	教子为事。
熊炳堃	南海大同堡	祖于道光、咸丰年间	报捐县丞。
霍伟甫	南海溶洲堡	咸丰年间	光绪八年(1882)举人。
马德熙	顺德马村	光绪年间	同治九年(1870)举人,连任大魁堂值事。

上表反映出,侨寓人士的原居地以顺德为最多,其次是新会和南海所属各乡。嘉庆时人龙廷槐就曾说:"若论民物繁富,首推南海。南海繁富不尽在民,而在省会、佛山、石湾三镇。三镇客商,顺德之人居其三,新会之人居其二,番禺及各县、各府、外省之人居其二,南海之人居其二。"①这个估计当与事实相差不远。

从上表还可知道,清代佛山侨寓人士中曾出了不少著名功名人物和商贾人物,如四川总督骆秉章、湖南巡抚吴荣光、清末出洋考察五大臣之一的戴鸿慈、出使日本的美国公使张荫桓等官宦,还有机房大商梁俊伟、富商蔡锡麟、盐商梁玉成、大米机商招雨田等商贾。

总而言之,清代的侨寓人士迁佛,确曾形成了一股不可阻挡的洪流。

二、侨土冲突与"三大案"的解决

大量的侨寓人士涌入佛山,带来了不同的营生方式、不同的生活态度,也带来了不同

① 《敬学轩文集》卷二《初与邱滋畲书》。

的口音与方言。在营生方式和生活态度上，"所有顺德等处富户来此开设货店，自己携带小眷数口，闭门过活，向不与本镇绅士往来，俱畏人知其为富。故本镇绅士从未与外来富户交谈共事"。① 在口音上，陈炎宗指出："乡去会城仅五十里，语相若而音乃顿殊，城清而急，乡重而迟。土籍操乡音，侨籍操城音，或仍其故土音。"② 这种侨寓与土著的不同文化特征，可能会引起两者关系的紧张。但更为重要的是，侨寓人士的涌入，必定会引起用地形式和人口类型的变化。城市社会学理论认为，社区范围内的侵入现象虽然多种多样，但一般可划分为两大类：一类是土地利用形式的变化，另一类是土地占有者的更迭。不论这种侵入是前者还是后者，在其发展中，必定经历一个更替和选择的过程。这一过程的初期阶段，表现为竞争的尖锐化及公开的冲突。随着侵入过程的发展，互相竞争的力量之间会形成集团对峙。

清代前期的佛山，由空间竞争和利益竞争而引发的几件大官司，最能说明侨寓与土著的矛盾冲突及其解决方式。

（一）汾水正埠码头案

如前所述，石头霍氏早在霍韬时期就插足佛山工商业，置有佛山"汾水头地"。霍韬《家书》中曾提及此事称："汾水头地只可做房与人赁住，本家却不可在此抽地头钱物及假借人声势做各项买卖，必招大祸。"③汾水头地从明嘉靖年间到清康熙年间一直属于石头霍氏的产业，正所谓汾水"缘地属膏腴，历被异堡势宦诞占"。④ 随着清代工商业的发展，汾水码头日益繁忙。于是，雍正九年（1731），石头霍氏第十一世孙霍文元［霍勉斋三子派下，为康熙五十六年（1717）武举］，⑤想在"祖遗"码头空地上盖铺牟利。应该说这一行动并未违反霍韬的初衷，且在汾水头地还有霍家"税地"石碑。然而，在此时大量商民涌入，汾水周围成为商业中心区的情况下，在这地价最高也最敏感的地点上的每一举手投足，无不引起轩然大波。霍文元盖铺的举动，立即激起合镇商民的反对，官司打上南海县。南海知县刘庶在众商吁、群情汹汹的压力下，出示谕禁称：

> 查佛山一镇，乃各省商贾屯贮货物、往来买卖之所。而忠义乡正埠码头，则属饷渡与各船艇湾泊驻扎、上下货物、登涉要区。地原广阔，久利行人。嗣缘射利之徒，在于码头左右两旁旧址地基，侵盖木架小铺，胆与饷渡以及各项湾泊船只，辄假铺尾名声，妄希私行抽取钱文，殊干法纪。……嗣后毋得在于码头旧址抛掷碎烂瓦，堆积秽物。

---

① 《佛镇义仓总录》卷二。
② 乾隆《佛山忠义乡志》卷六《乡俗志》。
③ 《霍文敏公全集》卷七下《家书》。
④ 《雍正九年南海县正堂刘太爷永禁堆积筑占搭盖抽剥碑记》，《佛山镇义仓总录》卷一。
⑤ 《石头霍氏族谱》卷三《十一世三房》。

并不许侵占搭盖木架铺屋,阻碍行人往来;并不许妄冀抽剥湾泊一切饷渡船只钱文。①

该示在雍正九年(1731)四月一日发仰佛山镇正埠码头勒石。可是该示虽然饬禁,但指称含混,佛山商民仍不放心。雍正九年(1731)六月再次联呈县官亲到佛山查勘。刘庶于该月三十日顺道到佛山正埠勘明,于是对"宦孽霍文元等抢占佛山忠义乡汾水正埠渡头盖铺,包塞炮眼、茶亭、示亭一案"再次出示朱谕,其词称:

> 勘得汾水渡头乃往来官埠,固不得指为霍姓税地,即闸内一亭,地居中央,亦不得引为霍姓祖遗也。况查亭为远客所建,其为公物又属可知。名之为茶亭,名之为接官亭,俱无不可。人人得而坐立,人人得而修理之,惟在人之好义与否耳。嗣后此亭永为公物,霍姓与众绅士俱不得专擅其美。……碑中税地字样凿去,以杜后争。先此谕,仍候立案在词。到县,据此当批如请,勒石以垂永久可也。在案。合令示勒石。为此示佛山堡士民何际时等知悉,即便遵照将佛山忠义乡汾水正埠码头永为官埠,霍姓不得藉称税地,冒列清查册内旧址。疏通炮眼以卫地方。至于闸之内外埠边铺尾,不许擅置一木,私起片篷。而茶亭、示亭不许停置什物,摊摆篓笠、蔗果,堆积渣皮壅塞,以免阻碍湾泊往来饷渡、商民船只登涉。敢有不遵,仍蹈前辙者,许尔绅士耆民即行据实指名禀究。该地保长仍须不时扫除,以免堆积污秽。各宜凛遵。毋违。②

这个朱谕,措辞严厉,指称明确,对霍文元及其所代表的石头霍氏毫无半点姑息容忍之念。以"宦孽"称之,可见鄙夷之至。该谕公开地为合镇商民争取利益:"况查亭为远客所建,其为公物又属可知。……人人得而坐立,人人得而修理之。"同时对石头霍氏原来拥有该地的一切标志物如霍氏"税地"碑、"清查册内旧址"等一概不予承认,命令将"碑中税地字样凿去","霍姓不得藉称税地,冒列清查册内旧址",使石头霍氏祖遗汾水头地的产权尽数丧失,全部归公。我们知道,明代的石头霍氏倚仗霍韬的烜赫气焰,曾在佛山以及南海、香山等县大肆置产拓业,当时就是广东督抚也畏其族人三分。如今一个小小的南海县令就敢毫不留情地剥夺了其"世袭领地"。除了改朝换代带来的变化,石头霍氏的昔日荣光在全面发展的商业社会面前消散亦是其中之因。"汾水正埠码头案"的成功解决,标志着佛山石头霍氏政治势力和影响的式微。

(二) 豆豉巷码头案

豆豉巷是佛山富文铺内最繁荣的街道之一,街口正对汾江,向有豆豉巷码头,康熙二十八年(1689)由行商共建,康熙五十八年(1719)又由行商继修。正如豆豉巷码头碑所言:

---

① 《佛镇义仓总录》卷一。
② 雍正九年《官埠碑记》,《明清佛山碑刻文献经济资料》,第38页。

"忠等均在佛镇开张行店，贮顿客货，向共捐资砌造豆豉巷口码头，以利小艇载货上落，以便商民。"[1]雍正七年（1729）有土著霍恒芳，藉充豆豉巷闸夫，称该地为其产业，并出示地契，抽收豆艇，方容载货。豆豉巷内行商控告于督宪，奉宪檄行饬禁，霍恒芳乃收敛，"不敢肆横"。但霍恒芳身故后，乾隆四年（1739）二月，埠保刘隆唆令霍恒芳之妻朱氏出头，又将旧契拿出，控告豆艇何上进等逋欠埠租。南海县官府下令追收，于是刘隆等"藉势抽剥"，致使"小艇畏累，四散星飞，货停行滞"。此时行商叶忠昌、顾同举等再叩广州府和广东布政使司，控告刘隆与霍恒芳之妻"霸埠殃商，背禁私抽，目无宪令，通行被陷"。广东布政使司和广州府相继批复饬禁，再由南海县令魏绾处理。魏绾此次顺应诸行商之意，于乾隆四年（1739）四月一日，"示谕该处民人及刘隆、朱氏等知悉：嗣后不许复称埠主名色，私抽埠租，务使豆艇云集，上落客货不致停滞。倘敢故违，或经访闻，或被告发，定行查处详究，决不姑宽。"该示发仰豆豉巷码头张挂并凿碑立于码头处。[2] 可见在土著居民与侨寓商民的矛盾冲突中，南海县官府也曾有过反复，但最后还是以有利于商民的方式解决，顺应了经济发展的趋势。同年九月，豆豉巷内万铨行等 98 家行商又捐资重修豆豉巷码头，再凿重修豆豉巷码头碑，立于码头上，以证明码头乃行商捐修。豆豉巷码头横水渡租拨入义仓备赈之项。[3] 上述两碑重凿后树立于义仓，以志永久。可见侨寓诸商十分重视保护他们已经争取到的利益。"豆豉巷码头案"的解决，是公共商业利益对土著个体利益的挑战和胜利。

（三）祖庙颁胙制度的废除

颁胙，原是祠堂在春秋祭祖时以祖先名义分发猪肉给男丁的仪式，是一项维系宗族纽带的重要活动。佛山祖庙尝产丰殷，除支用合镇公益和庙用外，还一向保留有原明初八图土著氏族在春秋二祭分颁胙肉一项活动。清代前期，外来商贾日益增多，他们争前恐后捐输给祖庙，正所谓"无远弗届，……靡不望祖庙荐享而输诚"。[4] 乾隆年间，他们不满于这种把他们排斥于外的活动，群情激愤。在这种情况下，南海县官府先后两次对祖庙颁胙严加禁止。一次是乾隆二十二年（1757）之前由知县张饬令节省，给予禁止。但乾隆二十二年时，八图土著在春祭时又由会首霍璋如主持举行了颁胙活动。经南海县再次访确，"行令将霍璋如等一概责革，交著绅士李成励等承理"。同年八月，新任五斗口司巡检王棠在秋祭时示发《禁颁胙碑示》，其示称：

> 不思北帝声灵显赫，福善祸淫，洋洋在上，镇摄斯民，无远弗届。迄今梯山航海而

---

[1]《明清佛山碑刻文献经济资料》，第 40 页。
[2]《豆豉巷码头碑记》，《明清佛山碑刻文献经济资料》，第 38 页。
[3]《□□豆豉巷码头碑记》，《明清佛山碑刻文献经济资料》，第 40 页。
[4]《禁颁胙碑示》，《明清佛山碑刻文献经济资料》，第 76 页。

来者,香烟血食,靡不望祖庙荐享而输诚。则谓庙为合镇之祖庙也,可;即谓庙为天下商民之祖庙也,亦无不可。区区里排,宁足尽其远宗近祖之义也哉?体此而如以福胙当颁,则凡阖镇绅耆士庶、远商近贾,谁其不应?而乃独尔里排受兹福胙,于以普神麻,则狭小北帝之声灵;于以崇祀典,则阻抑众姓之昭格。况此项祀祖尝业倡之为谁?助之何人?其中抒诚乐举者原有远图,未始为尔里排后人充腹而设。则分胙一事,早已实应节省。今承前宪示禁,分宪屡谕,节省花销,诚法良意美也。……为此,示谕阖镇里民人等知悉,合宜洗除陋习,备遵示训。倘有仍执私见,或暗行匿帖,妄生异议,一经访闻,定即严拿详究,决不宽饶。①

这个碑示,颂扬了外来商民对祖庙的贡献,公开而明确地为"天下商民""远商近贾"争取利益,该碑文的中心语句"体此而如以福胙当颁,则凡阖镇绅耆士庶、远商近贾,谁其不应"最明快、最直接地道出禁示颁胙的原因。至于"节省"之谓,不过是其次的原因。该碑毫不留情地把八图土著斥为"区区里排",也说明了八图土著宗族势力江河日下的境况。祖庙颁胙制度的废除,标志着八图土著地方支配权的减弱。

以上三个案件的发生、发展及其解决,反映了侨寓与土著两大群体在清代前期的冲突与调适。两大利益集团发生冲突的裁可人都是官府,具体地说主要是南海县知县。其裁可过程虽然也存在着畸轻畸重的情况,导致案情的反复,但最终的结果,都以有利于侨寓群体的方式解决。之所以如此,乃因为清代佛山两大群体的力量对比实际上发生了很大变化。侨寓群体控制了佛山的商业命脉,这不仅关乎合镇之兴衰,也关乎广东官府之税收。他们财富雄厚,人数众多,他们的意愿必然会影响着官府裁可上述案件的意向,可以这样说,他们是汹涌的潮流,而官府是其推动的浪头,我们从上述禁令中看到的言辞,无不像从商贾们嘴里说出的一样。

经过上述几个回合的较量后,侨寓群体的进攻态势因得到满足而缓解,八图土著的抵抗心理和反攻态势的紧张程度,也因为对方停止进攻而得到放松。双方的利益在新的空间范围和条件下得到确认。两大利益群体获得了新的平衡,使得并存发展有了可能。乾隆以后,土著和侨寓的竞争官司大大减少,"土侨参错而居""无畛域之分"的局面正逐渐形成。② 正如陈炎宗所言:"粤地多以族望自豪,新徙者每不安其处,乡独无此浇习。名家巨族与畸令之户、骤迁之客都和好无猜。"③可见土著也不再以"望族"自豪了。

三、田心书院与侨寓组织

社区地位的标志,是看其组织或者人物在社区公共事务中是否具有参与权和发言权。

---

① 《禁颁胙碑示》,《明清佛山碑刻文献经济资料》,第76页。
② 乾隆《佛山忠义乡志》卷首《凡例》。
③ 乾隆《佛山忠义乡志》卷六《乡俗志·氏族》。

清代的佛山土著群体，有一个社区中心——崇正社学，这里不仅是土著士子求学之地，也是土著精英——士绅们会文和商议乡事之所。崇正社学同时具有议决公事和教育子弟的双重组织功能。

相对于土著，侨寓人士在佛山没有土地，也没有正式户籍。没有土地，他们就不属里排，不具备进入崇正社学议决公事的资格。没有户籍，他们就不仅没有在南海县参加考试的资格，甚至也没有在佛山社学获得受教育的权利。为了改变受排斥的局面，维护本集团的现有利益，同时也为了培育进一步谋求更大利益的人才，康熙八年(1669)，由"侨寓佛山诸大姓公建"了文昌书院。① 清代佛山有两个文昌书院：一在明心铺，为明末李待问所创立；一在山紫铺南泉观音庙左，由"侨籍人士合建"。② 因地环以桑田，故又称田心文昌书院或田心书院。"田心书院者，始于康熙八年，佛山侨籍人士建以祀文昌，暇则于此会文焉。地环以田，故曰田心"。③ 显然，田心书院是依照崇正社学的组织形式而来的。因此田心书院就具有集合侨寓精英会文和教育子弟的双重组织功能。其组织目标是维护侨寓群体的现有利益，并谋求将来的更大利益。田心书院作为祭祀中心和教育中心，就是这一组织目标的具体体现。

作为祭祀中心，每逢正月初六日祀文帝事。土著绅士集于崇正社学祀文帝，而"侨籍则以十一日集田心文昌书院修祀事，次日柬乡友会文"。二月祀土神社日，初二日土著绅士集文昌书院修祀事，次日再集崇正社学修祀事，而"侨籍则以丁日集田心文昌书院修祀事"。八月社日，"侨籍人士集田心文昌书院修祀事"。④ 由此观之，田心文昌书院之于侨寓，类似于崇正社学之于土著，二者在各自社区中的地位是相等的，功能亦是相若的，它们都是文化精英活动的场所和聚会的中心。

作为教育中心，这里是侨寓人士延请名师、督课子弟的主要场所。例如吴荣光就称田心书院为"少时会文之所"，吴荣光在乾隆五十六年(1791)至嘉庆三年(1798)在此"与会八年"。⑤（关于田心书院教育成就的详情请参阅本章第五节）田心书院原无课文经费。嘉庆四年(1799)始由两广总督吉庆以煤厂充公银二千两，发交侨寓绅士吴、陈两家，置铺收租以支课文经费。道光十年(1830)，吴荣光再请两广总督李鸿宾将佛山赌博业入官房产五所拨给田心书院，李鸿宾另捐银一千两，加上侨寓所捐一千二百两，置铺收租，以作课文之费。侨寓人士设司事"以专其责"，并岁举六家轮流稽查。⑥

这样，以田心书院为中心，把侨寓人士组织起来，通过集体的祭祀活动，加强了侨寓人

---

① 《吴荣光自订年谱》。
② 乾隆《佛山忠义乡志》卷七上。
③ 吴荣光：道光九年《重修佛山田心书院碑记》，道光《佛山忠义乡志》卷一二《金石下》。
④ 乾隆《佛山忠义乡志》卷六《乡俗志》。
⑤ 《祖公吴荷屋手订年谱》（同治元年手抄本）。
⑥ 吴荣光：道光九年《重修佛山田心书院碑记》，道光《佛山忠义乡志》卷一二《金石下》。

士的联系,并使侨寓人士在佛山社区形成了团体力量;通过田心书院的课文,培育了更多的侨寓子弟走上科举之路,为将来侨寓集团谋求更大利益打下基础。

应该指出,上述所有这一套书院、课文和祭祀制度,都渊源于土著创立的文化系统,仿照着土著文化模式建立的。这反映了侨寓人士与土著居民在文化上的趋同。本章第五节谈到的田心书院在乾隆后成为合镇课文的中心,就是这一文化趋同与融合的突出例证。

四、侨寓人士地位的上升

一般而言,商人易于迁徙,不能形成稳定的因素,因此不能成为城市的领导力量,其地位最终不可能有真正的提高。佛山社区的领导层,可以接受绅士,但决不轻易接受富商。这是中国传统社会的基本格局,也是侨寓人士所深谙的道理。所以侨寓人士在佛山发财致富之后,首要的任务就是敦促子弟读书,走科举出仕的道路,以求将来能从容不迫地进入佛山社区的领导层。

大树堂吴氏和梁氏在佛山的发迹,集中地代表了清代佛山侨寓人士地位上升的必然途径。

吴氏[1]原籍福建莆田,先世吴俊文自宋代迁入广东新会县棠美乡。明末崇祯年间,吴化龙迁入佛山,居住山紫村华村巷,是为佛山吴氏始迁祖。[2] 清代吴氏以盐商致富,至乾隆年间吴恒孚(吴荣光祖)时迁入田心里口的大树堂。吴荣光父辈时,共兄弟八人,其中有盐大使吴启运、盐运经历吴澍运、盐总商吴济运(吴荣光父)等。他们陆续置地建屋,分为八宅。在观音堂铺和沿洛水一带建立了不少园宅,如"西园"(吴济运)、"适园"(吴荣光六伯父)、"守拙园"(吴澍运)、"学为圃"(吴升运)、"拜玺堂"(吴恒孚)、"西华草堂"(吴思诚)、"鉴帷别墅"(吴清运)等。[3] 其中吴济运的"西园"和吴清运的"鉴帷别墅"就是购置原来土著大姓鹤园冼氏聚居的鹤园故地而建成。"西园"是吴荣光父亲所建,吴荣光说"余所居为前明冼少汾比部鹤园"。[4] "鉴帷别墅"也是"因前明冼少汾白鹤洞故址改筑,内有爱日亭、紫气楼、潄芳园诸胜"。[5]

吴氏兄弟把鹤园故地改建后,易称"大树堂"(因有古树而名),从此"大树堂"成为吴氏子孙聚居之地,亦成为清代佛山最有名的富豪园宅区。

---

① 同治《南海县志》作者把吴氏归入"土著",在吴弥光(吴荣光弟)与陈兴礼合传论中称:"佛山绅士能处脂膏而不染者,土著推朴园先生(即弥光),侨寓推敬山先生(即兴礼)。"冼宝干民国《佛山忠义乡志》卷一〇《人物》四引述了《南海县志》这段话,并把两人分开作传,陈兴礼归入"流寓",显然也就把吴弥光归入"土著"。笔者以为同治《南海县志》作者显然不了解佛山宗族情况,冼宝干本人为鹤园冼氏后人亦舍不得割爱,藉吴氏以光土著。笔者在本书区分土著与侨寓的标准,是以明代八图姓氏为土著,此外皆属侨寓。

② 《吴氏族谱·大树堂》(1997年手抄本)。

③ 参见道光《佛山忠义乡志》卷五《乡俗·园林》;《祖公吴荷屋手订年谱》(同治元年手抄本)。

④ 吴荣光:《佛山》,道光《佛山忠义乡志》卷一一《艺文下》。

⑤ 道光《佛山忠义乡志》卷五《乡俗·园林》。

　　大树堂吴氏一族最早进入社区上层的是被选为"乡饮正宾"的吴升运。吴升运因屡试不售，就职县丞，乾隆三十七年(1772)补浙江余姚县丞，不久以父命乞休去职。"尝于胜门头东筑别墅，名曰学为圃。莳花植竹，日与诸名士诗酒唱和。……乡有公事辄推重之。自奉甚俭，然如赈饥、施棺各义举，必捐赀以倡，嘉庆辛酉(1801)，乡饮正宾"。① 乡饮正宾是乡人之壶范，其地位如同今天的模范人物，属于出类拔萃之列。

　　大树堂吴氏在佛山社区中久享盛名的是吴荣光。吴荣光字殿垣，号荷屋。乾隆三十八年(1773)出生于大树堂西第，九岁受六伯父吴鸿运启蒙。至十五岁时又先后受业于黄、张、黄三先生，十五岁始与弟锡光从梁培远先生，学于西园家塾。十九岁又与从弟用光、征光于适园受业于林十洲先生。二十岁应童子试，不售。当时有人劝吴荣光父为其纳监赴科，其父不允。21—25 岁，又从梁、区、劳等先生读书于西园。嘉庆二年(1797)取入南海县学附生。同年冬受业于粤秀书院。当时吴荣光考卷甚优，郡守以其家为"盐总商"，文虽佳，亦抑置第二。吴荣光以俗例第二不利于院试，请改名次，遂召列第四。② 可见吴荣光当时是以商籍应试。吴荣光于嘉庆三年(1798)中举，嘉庆四年(1799)殿试中二甲二十名进士，成翰林院庶吉士。之后步步高升，到道光十一年(1831)为湖南巡抚。早在嘉庆五年(1800)，吴荣光任翰林院庶吉士时就由皇帝封赠其祖父母，封生祖母正七品如例，于是吴荣光兄弟们立即修建了"翰林家庙"祀其祖父吴恒乎。道光八年(1828)吴荣光为福建布政使时，皇帝又封赠其曾祖父母，封赠祖父母、先祖母、父母从二品如例。吴荣光兄弟又在道光九年修建了"方伯家庙"祀其父吴济运。同时又大修其住宅，内建赐书楼，藏嘉庆皇帝所赐"上方善本"和两万卷书帖。③ 据调查材料记载，吴氏住宅门首有御赐"大树堂"牌匾，内分十区，一区一条巷。④ 吴氏一族在当时的佛山成为最显赫的望族。吴荣光自然也成为当时佛山社区引以为自豪的第一人。其使用花销，甚至成为佛山侨寓家庭的最高消费标准。例如山东盐运使李可琼有子李应棠在京城读书，每年寄银数百两，其家信云："我若从容，每年自可助汝数百金，以荷屋方伯三大富高官，亦云每年止许京中五百金耳。何况于我？"⑤

　　与此同时，吴荣光编修了《佛山忠义乡志》。早在道光六年(1826)，吴荣光于贵州布政使任上曾请假归省，乡人当时就曾请吴荣光任总纂续修《佛山忠义乡志》。吴荣光以采访和手笔俱难而却之。到道光十年(1830)，吴荣光在福建布政使任上回家修墓时，乡人又请其续修《佛山忠义乡志》。前后等了四年，可见吴荣光在佛山社区中举足轻重的地位。当

---

① 道光《佛山忠义乡志》卷九《人物》。
② 《祖公吴荷屋手订年谱》(同治元年手抄本)。
③ 吴荣光：《南海吴氏赐书楼藏书记》，道光《佛山忠义乡志》卷一二《金石下》。
④ 佛山市博物馆 1988 年调查材料。
⑤ 《李可琼家书》，《明清佛山碑刻文献经济资料》，第 368 页。

年吴荣光答应总纂,初稿汇集后,三阅月而成。^① 道光二十年(1840),吴荣光以原品(正二)休致归家,任大魁堂值事。次年英人滋扰省城,吴荣光又"偕佛山官绅捐资,团练壮勇,铸炮筑栅,扼隘防御,为省城援"。其时吴荣光已 69 岁,可见其在社区中的地位至老不替。^②

梁氏原籍顺德县麦村。乾隆年间始迁祖梁国雄携三子迁居佛山,就盐商。梁国雄以一千两银给长子梁玉成营生,梁玉成"弃举业,就醝商。数年积资累巨万",^③"业遂隆隆起,百倍于昔"。^④ 梁玉成发家后,析产时尽与两弟均分,并勉其仲弟梁蔼如说:"吾营产业,汝勤学业,各肩厥任,以承考志,勉矣。勿以尘务撄心。"梁蔼如,字远文,号青崖,努力读书,果然不负父兄之望,在嘉庆十九年(1814)成进士,授内阁中书。梁蔼如登仕后,封赠其父、封赠其兄如其官。梁氏一族始显于佛山。当时梁氏"子姓席丰厚衣,租税称素封家"。梁玉成于是"建先茔,修祠庙,广祀田",并在顺德麦村对族人"计口授粟"。^⑤ 道光十一年(1831)佛山发大水,梁玉成"捐粟数百石,多所全活,乡人赖之"。^⑥ 道光十四年(1834)又发大水,梁玉成之妾刘淑人命诸子随地施济,"由族而乡而禅山,捐粟统以千石计。人多藉以全活"。^⑦

到迁佛第三代时,仲昆十人分作十房,十房子孙繁庶,史称"五十年间生齿日众,祖孙父子、昆第叔侄、姑嬸妯娌,一门以内二百余人,祠宇室庐、池亭圃囿五十余所",^⑧分居于松桂里、沙洛坊、西贤里、新美坊等处。松桂里有"五全堂"、"秋官第"(梁九图府第)、"朝义第"(梁九章府第)、"荣禄第"(梁九德府第)、"十二石斋"(梁九图筑)、"农官家庙"(合族公厅)等;沙洛坊有"刺史家庙"(祀梁玉成)、"部曹第"(梁九华府第)、"群星草堂"(梁九成筑)等;在西贤里有"寒香馆"、"菊花楼"(梁九章筑)等;新美坊则有梁家庄一区园宅,而店铺则有从快子街远珍楼(今北香园)至现人民商场所有坐北向南的店铺 30 间,还有住宅和香、顺等处公尝田 5 000 多亩。据说族产估值约值 900 多万银元,^⑨其中尤以梁九图所筑的"十二石斋"闻名粤东。该处原为太守程可则故宅,后为梁氏所置。梁九图于 1844 年游衡湘时,在清远购得纯黄蜡石十二,"巨者高三尺许,小者亦有二尺,其状有若峰峦者,有若陂塘者,有若溪涧瀑布者,有若峻坂峭壁者,有若岩壑磴道者,福草(九图)载石归,以七星岩石盘贮水蓄于斋前,颜所居曰'十二石斋'"。^⑩ 十二石斋与东莞可园、顺德清晖园、番禺余

---

① 道光《佛山忠义乡志》卷首吴荣光序。
② 以上未作注者,均见道光二十二年《吴荣光自订年谱》。
③ 民国《佛山忠义乡志》卷一四《人物》。
④ 《赠封奉直大夫内阁中书梁公传》,梁九图:《梁氏支谱》卷三《小传》。
⑤ 《梁氏支谱》卷四《刘淑人传》。
⑥ 《赠封奉直大夫内阁中书梁公传》,《梁氏支谱》卷三《小传》。
⑦ 《梁氏支谱》卷四《刘淑人传》。
⑧ 《梁氏支谱》卷首《序》。
⑨ 黄任华:《记佛山梁氏家族之历史与现状》,《佛山文史》第 7 辑,第 88 页。
⑩ 民国《佛山忠义乡志》卷一〇《风土二·园林》。

荫山房并称为清代"广东四大名园"。

梁氏第三代、第四代，个个以课儒为业，有功名者不乏其人。他们或以功名出仕，或以文学显扬，或以艺术留芳。该族共有 14 人在民国《佛山忠义乡志》卷一四《人物志》中有传记，为历代佛山各族人物之冠。其中梁应琨，候选布政司经历，在道咸同年间为佛山大魁堂绅士，凡佛山公益，无不以身任之。道光二十一年(1841)英夷寇粤，两广总督琦善"檄应琨招匠铸炮"。咸丰四年(1854)陈开起事，"大府檄应琨招复乡勇，乃与乡绅王福康、李应棠等集资募千人"。同治十一年(1872)佛山行商拟浚河刷沙，同人又共推其出任值事。梁应琨"令沿河铺户各拆去三四丈，以己铺为倡。千余家同日截卸，浃旬而毕"。[①] 可见梁应琨是佛山社区具有很大号召力的重要人物。

吴氏和梁氏两个侨寓家族的发展过程有共同的特征，这就是先以经商求富，后以科举致贵；由父兄致富，由子弟获贵。富可以拓展生活空间，置地建宅；贵可以向上流动，进入社区领导层；反过来又确保了财富的积累，带来了新的财源。由富而贵，由贵而益富，这就是吴、梁二族所表现出来的共同特征。同时我们还看到，侨寓的发迹往往在空间上取代了原来的故家巨族。在同一块空间上，土地占有者变更了。然而与此同时，侨寓也表现出聚族而居的趋向和修祠建庙的热情，更表现出热衷于参与社区公共事务的渴望，这说明侨寓对土著所创造的一整套文化是认同的。在空间上取代了土著大族的侨寓大姓，在文化上却融合到土著的传统中。这是颇为耐人寻味的历史现象。

清代乾隆以后的佛山社区，侨寓人士地位的上升绝不是个别现象。例如，明末清初始从澜石徙居佛山的劳氏，其始迁祖劳象乾以经营珠宝业致富，人称"珍珠劳"。其六子个个业儒，不是岁贡生，就是国学生。至其重孙辈时，出了举人劳潼。乾隆末年劳潼为大魁堂值理，倡议创立义仓，并辑《救荒备览》一书，为佛山建立义仓及赈济制度出力尤多。[②] 又如道光年间马信道始从顺德马村迁佛山，为教塾先生，尤热心佛山公益事业。其子马德熙，举人，"尤精算学"。光绪初年为大魁堂值理，清理佛山义仓之数和田心书院之数，"悉心调查，按址清丈，追复原物，尝款赖以充裕，镇绅威服其明。为破常例，连年举充值理"。[③]

由此可见，清代乾隆以后，侨寓人士或凭功名，或凭干才，纷纷进入佛山社区的权力中枢，在佛山的发展中施展自己的才华。

第二节　清代佛山的宗族组织及其变化

都市生活产生了新型的社会组织，这些新型组织与乡村完全不同。在其冲击下，旧有

---

① 民国《佛山忠义乡志》卷一四《人物六》。
② 同治乙酉《南海劳氏族谱》卷首《三乐堂训言》卷一至卷三《谱系》。
③ 民国《佛山忠义乡志》卷一四《人物六》。

的社会组织为适应城市生活的特殊需要而逐渐改变着自身的组织形式,甚至改换了自身的整套职能。一种新的道德秩序渐趋形成,并促使早期文明中的某些惯例和组织迅速瓦解。明代佛山的宗族组织是依照"霍韬模式"重构起来的,代表了宋明理学的理想。然而在其实际运用上,就遇到了不小困难。例如:霍韬重整宗族之后不久,会膳就难以举行。进入清代,随着佛山商品经济的迅速繁荣,随着侨寓人士冲击波的汹涌袭来,佛山的宗族组织(主要指明代土著宗族)更发生了明显变化。其变化主要表现在宗子制度的废止、尝产形态的变更、价值观念的演进和宗族组织的解体上。

一、宗子制度的废止

鹤园冼氏是佛山右族,明嘉靖间其十世祖冼桂奇重构冼氏宗族时,曾立家庙,建立宗子制度。当时广东官府曾给其族发照帖,规定宗子为冼宗信,族正为冼梦松和冼梦竹。宗子以主始祖之祀,以统族人之心。族正以辅宗子。但行之不久,宗子制度即因"祭礼烦重"、财力不敷等原因废止。《鹤园冼氏家谱》卷一《宗约篇》称:"我族自万历以后不再立宗子。恪遵时制以族长执持宗法,有事于庙,则以贵者主祭。与安溪祭法合,古者祭礼烦重,四时皆举,今各族多以春秋二仲举行,但能聚族致诚,亦不害于礼意。祭毕而燕,合食之谊存焉。总之祭不欲数,亦不宜疏,当视其财力之所能到。"宗子制度的废除,导致了宗族内人物地位的变化,"以族长执持宗法",使族长的地位由辅助宗子变为一族之长;"以贵者主祭",使社会地位高者,尤其是官宦人物在宗族中处于较高地位。这样,就把过去以血缘亲疏关系决定某人在宗族中的地位,变成为以社会成就大小来决定某人在宗族中的地位。而且整个祭礼也由"烦重"趋于简省,"但能聚族致诚,亦不害于礼意"即可,"祭不欲数,亦不宜疏,当视其财力之所能到"。其实这里所说的宗子制度的废止也并非仅鹤园冼氏一族,"今各族多以春秋二仲举行"和"恪遵时制"等语,指说的应该是比较普遍的现象。例如金鱼堂陈氏玉京房大宅,原为宗子所居之屋,"乃太祖安座之所",历来由"宗子奉事香灯",乾隆年间大宅子孙却将大宅"租赁别人",并将香灯"藉支分派"各宅供奉,又占耕四周基地,①使宗子制度名存实亡。正如屈大均所指出的:"今天下宗子之制不可复,大率有族而无宗。宗废故宜重族,族乱故宜重祠。有祠而子姓以为归,一家以为根本。"②

与宗子制度废止相联系的是衬祀主位不祧制度的实行。"古者五世一庙,亲尽则祧,而藏其主于夹室,无夹室则瘗诸墓。今之祠堂由房族公建,始祖以下子孙以世衬祀,主皆不祧,俗谓之入主。礼贵从宜,岂能泥古"。③清末鹤园冼氏衬祀大宗祠者共十八世四十

---

① 《南海金鱼堂陈氏族谱》卷一〇下《杂录·玉京房公约》。
② 《广东新语》卷一七《宫语·祖祠》。
③ 《鹤园冼氏家谱》卷四之一《宗庙谱·主位表》。

九主。金鱼塘陈氏在清同治以前衬祀大宗祠者共十六世一百九十一主。[①] 显然都不桃。当然不是所有的子孙均可衬祀大宗祠，金鱼堂陈氏族谱世系图反映出，金鱼堂陈氏衬祀者均为官宦、生员、耆寿者，即所谓贵者和尊者。而历世主位得以衬祀不桃的原因，则与建祠捐资甚有关系："今之祠堂由房族公建，始祖以下子孙以世衬祀，主皆不桃，俗谓之入主。"各房在捐资的同时添入衬祀主位。主位与所捐资本相联系，而不以五世之内的亲疏关系为根据，正所谓"礼贵从宜，岂能泥古"。这反映了清代社会历史条件变化乃是宗子制度废止的根本原因。

二、尝产形态的变更

明代佛山的宗族尝产，几无一例外以田产为主。如石头霍氏、郡马梁氏、细巷李氏、鹤园冼氏、金鱼堂陈氏等，其大宗祠皆以田产作为蒸尝，即以地租银作为祭祀之费。进入清代，侨寓商民大量涌入，在佛山设肆营生。商人握有巨资，且在佛山社会地位低下，因此他们有能力也有义务支付较高的房地租金。这使对佛山铺屋的需求量大增，导致铺屋的租价上涨，同时也给佛山土著带来了发财的机会。清初南海人陈子升说：佛山"迩年流寓丛杂，商贾充塞。土著射利，并室而居，以取赁值"。[②] "并室而居，以取赁值"，可见土著为了"射利"，已不仅是出租富余房屋，而且是宁愿自己挤些，也要腾出空房出租。例如鹤园冼氏十九世冼凤诏，祖遗"厅屋完好，亦中人产也"。其妻自愿"与大姑住旁厅"，"以正屋租赁与人"。其租"亦足自给"，使冼凤诏得以安心读书，后中举人。[③] 由于竞相出租，大量土著民居变为店铺和侨寓住宅。清代佛山的铺租数额巨大。据《佛镇义仓总录》记载，从乾隆六十年（1795）起，佛山义仓购贮谷米的资金来源主要是镇内铺租每两抽五分之银。道光十四年（1834）佛山铺户抽租一月，得租银 16 869.89 两。[④] 按每两抽五分计，合镇每月铺租应有 337 397.8 两，每年铺租达 4 048 773.6 两。偌大的银两数额，不啻是土著同时也是佛山的一大财富。

在这一过程中，佛山土著宗族的尝产形态也逐渐由以田产为主转为以铺屋为主。

金鱼堂陈氏《大宗尝碑》记载清代嘉庆至光绪该族大宗尝业共有铺屋 30 间，菜地、桑地 7 亩，其中 28 间租与商人开店，2 间租与人居住。[⑤] 此外，金鱼堂陈氏还占有普君墟，每年墟廊之租亦很可观。如陈丽川曾为陈氏尝产值理，其谱称："公之信坚，人仗品重。群推为合族之乡师，作宗祠之司会，钱权子母，非为身谋，泽及宗亲，一如己事。遂使普君墟之

---

① 《金鱼塘陈氏族谱》卷一下《祠宇》。
② 道光《南海县志》卷八《舆地略四·风俗》。
③ 《十九世苏卿公配何太夫人传》，《鹤园冼氏家谱》卷六《人物谱·列女》。
④ 《佛镇义仓总录》卷三《义仓散赈章程总录》。
⑤ 《南海金鱼堂陈氏族谱》卷一○下《杂录》。

租业乐利无穷。"①"乐利无穷",可知普君墟之租亦非小数。乾隆年间,梨巷梁氏也拥有社亭铺猪仔市(朱紫市)圩廊,每日清晨均有数千丝织业"机匠"在圩廊前空地待雇,俗称"企地"(企,粤语站立之意)。②

纲华陈氏是佛山小族,尝产不多,但其谱《大宗尝业纪》亦载有铺 4 间租与人开糙米、抄纸、剃头等店。连大宗祠亦"租与别人书馆",每年收取租银。③

灵应祠既是合镇之庙,也是土著的祖庙,犹如土著的大宗祠,然其尝产亦以铺屋为主。据《灵应祠田铺图形》记载:灵应祠尝产在"有明以前正供仅四五十亩,岁入只五六百金"。到清光绪年间时,灵应祠拥有四乡田地 105.2 亩,桑基鱼塘 74.8 亩,佛山铺屋 237 间(其中租与商店 56 间,租与人居 30 间,只收地租 151 间)。④ 按道光年间佛山地价和房价计算,⑤田地 180 亩约值 7 200 两,而铺屋 237 间则值近 20 000 两,几乎三倍于前者。

义仓是赈济米粮的机构,然其公产亦不以生产米粮的土地为主。据《佛镇义仓总录》记载:道光年间,义仓公产拥有铺屋 32 间,每年收租 447 两,拥有正埠义渡和正埠地摊,每年租 1 165 两;拥有田地若干,每年租 172 两。⑥

上述金鱼堂陈氏、纲华陈氏、灵应祠和义仓的财产形态,只是整个佛山宗族财产的一个缩影,它集中代表了清代佛山宗族尝产形态的变更,反映着清代佛山都市化的进程。

三、价值观念的演进

我们知道,传统的四民观,以士为上,以农为本,以工商为末,所谓"荣宦游而耻工贾"即指此。但在明嘉靖时传统四民观开始改变。王阳明曾有"四民异业而同道"说,⑦开了平等看待四民的先河。清代沈垚更指出:"古者四民分,后世四民不分。古者士之子恒为士,后世商之子方能为士。此宋、元、明以来变迁之大较也。"⑧王阳明和沈垚都看到了士商之间的界限已渐趋模糊这一社会现象,并对商人的社会价值给予明确的肯定。

清代佛山的各宗族,亲身体会到佛山工商业发展带来的城市繁荣,耳闻目睹了佛山巨商大贾财富增加的速度及对佛山的贡献,其四民观比之明代大儒有了进一步的发展,在他们的价值体系里,四民没有孰轻孰重之别。《南海佛山霍氏族谱》卷二《宗规》三言:"士农

① 《南海金鱼堂陈氏族谱》卷一〇上《祭文》。
② 《乾隆四十年铺户何遂振叶维皆等二十四人名联恳分列饬禁事》,《梁氏家谱》。
③ 《大宗尝业记》,《纲华陈氏族谱》(手抄本)。
④ 光绪二十二年大魁堂雕版《灵应祠田铺图形》。
⑤ 根据道光年间佛山房屋和田地买卖契约,一间十七桁房屋值 80 两,若开铺值 140 两;田每亩 30—50 两不等,且取中值 40 两计之。当然这个估计是很粗略的,因为没有把地价差和地租价估计在内。
⑥ 《佛镇义仓总录》卷三《本仓公产》。
⑦ 其说称:"古者四民异业而同道,其尽心焉一也。士以修治,农以具养,工以利器,商以通货,各就其资之所近、力之所及者而业焉,以求尽其心。其归要在于有益于生人之道,则一而已。"王阳明:《节庵方公墓表》,见四部备要本《阳明全书》卷二五。
⑧ 沈垚:《费席山先生七十双寿序》,《落帆楼文集》卷二四。

工商,所业虽不同,皆是本职。"冼宝干所著《岭南冼氏宗谱》引冼国干家训也称:"天下之民各有本业,曰士、曰农、曰工、曰商。士勤于学业,则可以取爵禄;农勤于田亩,则可以聚稼穑;工勤于技巧,则可以易衣食;商勤于贸易,则可以积贸财,此四者皆人生之本业,苟能其一,则仰以事父母,俯以育妻子,而终身之事毕矣。"① 上述两例,明确地表述了"四民皆本"的观点,他们认为"此四者皆人生之本业,苟能其一,则仰以事父母,俯以育妻子,而终身之事毕矣"。家训中告诫子弟的价值观,一般反映着当时社会普遍认同的观念,佛山宗族在家训中明确宣扬"四民皆本"的观点,反映了清代佛山社会的普遍心理和价值标准。

价值观念的变化,自然影响到宗族首领产生的标准的改变。明代族长以贤者充任,清代佛山宗族中以富商充任者不乏其人。最明显的例子是佛山谭氏族谱的规定:

> 每届总、协理由绅耆公举在省、佛同宗殷实商店之人充当,仍须该房绅士担保。若无自开商店,须有省、佛殷实商店一间以上之保证,该房当事绅耆一人以上之担认,方能充任。
>
> 本祠所存银两不得借端挪用,各房不得揭借,由总理存贮殷实商店生息。如有亏蚀情弊,该总理完全负责。合众从严追究。②

宗族总理(或族长)由"殷实商店之人"担任,一方面说明清代商人负起了部分过去由士绅、耆老负责的社会功能,另一方面也说明了清代宗族事务日益集中于经济事务上,因此富商才成为宗族事务中举足轻重的人物。

价值观念的变化,也影响到对待宗族尝产的观念和管理上。一般的宗族,只把尝产视作为一笔祭祖恤亲的储蓄,以备需要时提取支用。所以在管理上的特点是首先批与宗人认领管理,如同分散储蓄一样。而这种宗人的认领往往只以最低的利息批给,且收息时,又往往囿于亲情,无法如数如期收取。而清代佛山的宗族,则把宗族尝产看作一笔可以赢利的投资,所以在管理上的特点是不让族人参加干扰,而把尝产投入市场,以取得最高的收息。金鱼堂陈氏规定:"太祖尝业宜批与外姓人等,俾值事前往讨租,不待另留情面。"又称:"议当收租者每年旧给二员,未免过少。兹议按年中收得租银,每百两给银一两正。"③可见金鱼堂陈氏是把尝产管理作为生业经营,而其管理人员也是以利益分配调动其积极性,由原来"每年二员"的固定报酬,改变为视收取租额而定的浮动报酬。这些都说明了佛山宗族在价值观念上的变化。

四、宗族组织的解体

八图土著各主要氏族曾经在明代依赖功名人物重构了宗族组织。嘉靖、万历年间,郡

---

① 《岭南冼氏宗谱》卷五之一《艺文谱上》。
② 《谭怡怡堂族谱》善后规条。
③ 《南海金鱼堂陈氏族谱》卷一〇下《杂录·族规》。

马梁氏、鹤园冼氏、细巷李氏等一个个宗族血缘集团以大宗祠堂为中心,以大宗尝产为纽带,整合为佛山历史上著名的强宗右族,成为明代领导佛山城市发展的主要社会力量。

然而,在清代社会历史条件改变的情况下,上述强宗右族纷纷走上解体。

郡马梁氏是佛山最早发迹的右族。明代时大宗祠永思堂尝产丰殷。但到清代"因时事变迁,势力所迫",与人构讼,于是频频向外族揭借款项。先是在咸丰九年(1859)向梁炽山堂揭借五千两,后在同治年间向义记借二千两,向陈务本堂借二千两,不久又向刘桂荫堂借九百一十两。但"因息累日增,租项日减,以至支绌维艰,负累日重",不得不在光绪五年(1879)将大宗尝田蚬涌沙变卖,于是"爰集祠老少会议,各皆情愿将蚬涌沙田出帐变价,偿还欠项,赎回铺田"。后找到省城爱育堂承买,以价银一万五千二百两卖出。抵还债务本息银、诉讼银、中人银一万三千四百余两,所剩千余两和赎回借款时抵押之铺屋,尝产散去大半,元气大伤。正如其谱所称:"诚时势使然,迫于不得已而为之耳。"①以后郡马梁氏的衰落似已不可挽回,光绪十一年(1885)梁礼昭所修族谱以手抄本传世而未见付梓,就与其大宗尝业已败落不无关系。

鹤园冼氏是佛山土著中衰败之最者。明代嘉靖年间冼桂奇重构鹤园冼氏宗族组织时,所建大宗祠之堂皇雄伟,本在佛山为一时之罕。但到清代卖与吴氏,大宗祠地立被分割,连原冼氏出入的大门也被别姓围墙堵上。冼宝干说:"不知何代将牌坊大坪割与别姓,大门外画墙为界,改从高第祠道出入,非复旧观矣。自是日益颓败。逮乾隆四十年(1775),长房伟天、二房苍崖、三房威伯捐赀重修,而材质薄弱,仅堪揩拉而已。未几寝室复坏,迁神主于中座,以旧寝建铺收租。亦事势之不得不尔者。"②不仅如此,"自大宗划卖以后,各房起而效尤,庙宇割裂可叹也"。如别驾冼祠是二房小宗之祠,祀十世祖弘治甲子举人、宁国府通判冼涤,上祀七世祖忠义士冼靖。祠称"别驾大学士",方献夫题额。该祠亦在嘉庆初为"房之贫且悍者挟众拆卖,作栋公力保前座,得不毁"。后来拆卖祠堂之众,亦卖所居住屋,其宅几易其主,正如冼宝干所慨叹言:"已卒之忘祖者不昌,居停之人亦屡易主,谁谓无天道乎?!"③

金鱼堂陈氏本是居住于稍离市廛的耆老铺,又盘蜒聚居里许,其风最敦古尚谊。可是在清代亦呈败迹。乾隆年间,金鱼堂陈氏玉京房子孙因"连年饥馑,迫至各房家产消乏,蒸尝祀典俱废",各房子孙竞相分夺玉京祖尝产,有的将奉祀香灯之屋出租他人,有的占耕尝田,有的典卖尝业。例如大宅将"太祖安座之所"租赁别人,并占耕四面基地和占居相连小屋;二宅典卖太祖之地数丈;三宅占居铺屋两间;六宅占居铺屋一间。此外还有祠左源昌铺尾住铺搭盖,小飞一个,屋地三间亦为各宅分占。乾隆三十五年(1770),金鱼堂陈氏尝

① 《蚬涌沙始末缘由备览》,郡马《梁氏族谱》。
② 《鹤园冼氏家谱》卷四之一《宗庙谱》。
③ 同上。

产已所剩无几，"考其旧业，尚存一二亩之间，约值百两之资"。各房"因见蒸尝无藉，年中祭祀忌辰皆失，若为孝子贤孙，岂忍坐视不顾乎"，"因此公议各交出曾住太祖之铺屋及地，尽计清楚，留为蒸尝祭祀之用。凡前所欠之租及息，一概不论。并限各宅于次年正月内搬迁交出，还收回各宅银十两以补偿所典之物"。① 金鱼堂陈氏玉京房出现的分尝现象，说明大宗对小宗的控制力极其微弱，分产与合尝，全在乎于小宗祠内子孙的意愿，大宗祠似乎没有控制力。

佛山霍氏向为佛山大族，在清代各族纷纷败落的情况下，亦未能独处不惊。嘉庆六年(1801)时其族人也大分"太祖尝业"，几无所遗。据其族谱记载："辛酉时值凶荒，族人尽鬻太祖尝业，瓜分止剩尝铺一间，以为粮祀之需。族中强悍者更欲变卖秃分。公(霍正中)弗能止，遂聚族中明理者图之，以为尝业秃分，则粮祀无靠，先人有馁而之忧，因率同志三人挺然请示饬禁。奈强梁者仍藐视弗恤，竟将尝铺盗卖，即日均分。公毅然独出，屡诣县控，恳切不已。王县令感其孝思，竟立期限判其收赎。"② 在族人已尽鬻太祖尝业的情况下，族中强悍者仍不放过唯一分剩的尝铺一间；又在官府已行饬禁的情况下，"藐视弗恤，竟将尝铺盗卖，即日均分"，可见分尝的力量比保尝的力量强大。县令后来虽判其收赎，但不知结果如何。即使赎回，不过保住一尝铺而已，太祖尝业已名存实亡。

总而言之，清代八图土著宗族组织的解体，不是个别的现象。笔者注意到，在《民国佛山古镇图》上，八图土著的世居地均看不到四周围墙的聚居地，而在新兴的侨寓庄园处，都标出了一道道黑色标志的围墙，一块块以围墙标识的既有祠堂又有民居的侨寓庄园，与一个个单独的土著祠堂在地图上恰成鲜明的对照。

清代佛山八图土著宗族组织的解体，原因是多方面的，诸如：宗族内的阶层分化，造成贫且悍者增多；连年的饥馑，造成子孙的困顿；宗族之间的构讼，造成开支的浩繁与宗祠的破产等。然而上述每一个原因，都不足以使宗族组织发生根本解体。笔者认为，清代佛山宗族组织解体的最基本的动因，还应根究到侨寓人士的大量涌入。侨寓人士的涌入，打破了土著对工商业的垄断，造成了土著社会组织的动荡。而铺屋价值的上升和租赁的频繁，引起了土著居民的流动和资本的转移。土著居民或徙或挤，让出余房出租，土著资本也转移到建置铺屋上来，宗族组织再无法控制子孙的徙居，也无法集中子孙的资本。人们的价值观发生了变化，实际利益取代了个人情感，亦即物质利益取代了血缘亲情，获取货币的欲望噬啮着宗族组织的肌体。在商品交换的环境下，大宗祠堂只不过是一座可资收息的铺屋或场地。我们看到地近商业区的宗族如汾水冼氏、鹤园冼氏解体得最快也最彻底，就证明了这一点。在这基本动因作用下，当一个宗族恰又遇到上述某一因素时，就如同"屋漏偏逢连夜雨"一样，使宗族组织发生难以恢复的解体现象。

---

① 《南海金鱼堂陈氏族谱》卷一〇下《杂录·玉京房公约》。
② 《佛山霍氏族谱》卷一一《十八世祖例赠文林郎正中公传》。

第三节　清代佛山经济组织的双重分化

商业和手工业的任何一项发展,都在进一步扩大着劳动分工,因而也就在不断地丰富着人可以选择的职业内容。这一过程的直接产物,便是社会原有的社会组织与经济组织的崩溃或转化,即原来基于家族纽带、地方情感的社会组织,以及基于文化、种姓团体、社会阶层的社会组织和经济组织日益瓦解,代之而起的是基于职业利益和行业利益的行业组织。在这些不同的行业组织中,又会分化出不同的阶级,从而形成基于阶级利益的新型组织。

清代是佛山经济繁荣的高峰时期,也是经济组织不断分化发展的重要时期。从明代以血缘集团利益为基础的宗族式把持冶铁业生产和销售的群体,过渡到以某种行业利益为基础组织起来的行会,是清代佛山经济组织的第一重分化;从单纯的手工业主们组织的行会,衍化成手工业主和手工工人区分开来的东家行和西家行,是清代佛山经济组织的第二重分化。

本节将以清代佛山工商业行会为中心,考察其产生分化和发展的过程。探讨其组织与功能,并对手工业行会的再分化与整合作一探析。

一、会馆的发展与结构

大家知道,行会本来是为封建制度服务的商品生产组织,是中世纪时代解决商业与劳动问题的手段。

传统中国行会是按行分业,或是以地分帮的组织,多在寺庙设有公共事务机构,以堂或以会命名,其机构通常称为会馆或公所。一般而论,会馆专指同乡组织及其建筑物,公所专指工商业者的同业组织及其建筑物。但在佛山,无论同乡组织或同业组织及其建筑物均以会馆命名。

中国的行起源甚早,唐代就设有行头、行老,专门应付官府。据全汉昇先生的总结研究,关于中国行会的起源有五说,即宗教团体说、同乡团体说、政府不法说、人口与事物不均衡说、宗族制度说。① 全先生的这一总结,对笔者研究佛山行会有很大启发。笔者认为,上述五说,每一说都有一定道理,实际上它们共同构成了行会形成的远因。然究其近因,当与"牙行"相联系。

笔者认为佛山的行会起源于为官府提供器物的"行",可称为"官府课税工具说"。行与行会是两个不同的概念,"行"是标明职业和售物类别的称谓,行会则指"基尔特"性质的

---

① 参阅全汉昇《中国行会制度史》,食货出版社印。

组织。① 文献上记载的"行"，不一定就是指行会。在佛山，明代的行，就是指前者。最初行的出现，是明朝广东官府为了征收赋税、取办公物，以产品形式分别立行征收，由此形成了"行"。行有"包当"，负责该行取办。因此，明代的"行"乃官府的征课工具，并无团体利益的共识，有"行"而无"会"。行会的出现是后来的事情。

进入清代，劳动分工使佛山的行业利益日渐分化，而竞争又使得各种职业内部的相互依赖关系日益增强，其结果便是在整个经济组织中产生了某种稳固的社会组织，这种稳固性不是建立在感情与习俗的基础上，而是建立在利益的一致性上。其表现就是清代佛山工商会馆的纷纷建立。我们知道，明代时佛山仅见于记载的会馆是"广韶会馆"，崇祯年间李待问堂弟李崇问曾在广韶会馆打出"李府"之旗"包籴包铸"。可见一个包括广大地区的地缘性会馆亦为强宗右族所控制。乾嘉道之间，佛山会馆林立，比比相望。乾隆十五年（1750），佛山人陈炎宗慨叹曰："佛山镇之会馆盖不知凡几矣！"②可见会馆之多。

当时佛山地域性的会馆有：外省商人所建的山陕会馆、浙江会馆、莲峰会馆（福建纸商）、江西会馆、楚北会馆、楚南会馆、三省会馆，本省各地商帮所建的海南会馆、潮蓝行会馆、南邑道祖庙等。

商业会馆有：金丝行会馆、西货行会馆、筛择槟榔行会馆、布行会馆、当行会馆、银业行会馆、绸缎行阐义会馆、油豆行会馆、苏扇行会馆、杉行集庆堂会馆、青靛行同福堂会馆、颜料行五云会馆、土纸行会馆、云南外洋染料行裕安公所、西土药材行靖安堂会馆、京布行乐和公馆、铸发行江济堂会馆、源流会馆、楮公堂会馆、参药行会馆、铅务公所等。

手工业会馆有：熟铁行会馆、炒铁行会馆、新钉行会馆、铁锅行西家堂陶全会馆、铸造行既济堂会馆、土针行会馆、金箔行会馆、一字铜行会馆、金银首饰行兴贤堂会馆、兴仁帽绫行东家会馆、兴仁帽绫行西家会馆、轩辕成衣行会馆、绒线行会馆、染纸东家同志堂会馆、染纸西家宝祖社会馆、钮扣行会馆、油烛行会馆、香行会馆、金花行广怡会馆、蒸酒行会馆、唐鞋行会馆、陶艺花盆东家行会馆、陶艺花盆西家行会馆、泥水行荣盛堂会馆、大料东家广善堂会馆、大料西家敬业堂会馆、熟药行寿世祖安堂会馆等。

此外还有一些服务性会馆，如琼花会馆（戏班）、大会馆（佛山乡兵聚所）、肩舆行会馆、鼓乐行会馆、道巫行会馆（喃呒聚所）等。③

所有会馆都冠以堂号，帽绫行会馆称"兴仁堂"，铸发行（铸造家）会馆称"既济堂"，铁锅行会馆称"陶全堂"，铁线行会馆称"同庆堂"，唐鞋行会馆称"福履堂"。大部分会馆有独立建筑，小部分僦舍于庙宇。兹将清代佛山手工业会馆和商业行会馆情况分列两表如下：

① 参阅刘重日等《对"牙人"、"牙行"的初步探讨》，《明清资本主义萌芽研究论文集》，第 187 页。
② 陈炎宗：《鼎建佛山炒铁行会碑》，《明清佛山碑刻文献经济资料》，第 75 页。
③ 根据道光《佛山忠义乡志》卷五《乡俗》，民国《佛山忠义乡志》卷六《实业》，《佛山街略》《民国佛山古镇图》《真武上帝巡游路径》各碑刻、族谱等互参辑补。按建会馆年代择取。如无确切年代，则以是否为佛山传统工商业择取。

表 14‑5　清代佛山手工业会馆情况表①

行业会馆名	店铺数	堂　　号	创建/重修年份	会 馆 地 址
帽绫行会馆（机房土布行）	194（人/店）	兴仁堂（东家）	道光九年(1829)重建	社亭铺接龙大街博望侯古庙
	1 109 人	兴仁堂（西家）	道光十九年(1839)建	社亭铺舒步街博望侯庙
铸造行会馆		既济堂	乾隆四十四年(1779)建	祖庙铺凿石大街
铸发行发客家会馆		江济堂	乾隆四十四年(1779)建	汾水铺快子上街
炒铁行会馆	40 余所		乾隆十五年(1750)建	丰宁铺丰宁里
花盆行会馆		不详（东家）	乾隆六年(1741)建	石湾中约
		不详（西家）	乾隆六年(1741)建	石湾中约
成衣行会馆	500 多（人/店）	轩辕会馆		西边头
绒线行会馆	20 余家	□□堂	光绪八年(1882)建	潘涌铺潘涌大街
制帽行会馆（冬帽行）	20 余家	制帽行会馆		福德铺水巷正街
唐鞋行会馆	百余家	福履堂（东家）	乾隆八年(1743)建	潘涌铺潘涌大街
		儒履堂（西家）	乾隆八年(1743)建	潘涌铺潘涌大街
新衣行会馆		福胜会馆	光绪三十三年(1907)建	丰宁铺丰盛街
绸绫染色行会馆		安乐堂		
泥水行会馆	150 余家	荣盛堂（东家）		祖庙凿石街北城侯庙
	1 300 余人	桂泽堂（西家）		康胜街
髹漆行会馆		髹漆行会馆		鹤园铺燕乔里
大料行会馆		广善堂（东家）		大基头铺上沙
		敬业堂（西家）		大基头铺大基尾
蒸酒行会馆	三四十家	蒸酒行会馆	道光十一年(1831)建	祖庙铺祖庙大街
新钉行会馆		金玉堂	乾隆四十一年②(1776)建	丰宁铺新安大街
熟铁钉会馆		熟铁行会馆	道光十年(1830)	走马路
宰猪行会馆	50 余家，工人 5 600 人	紫全堂		大基头铺康胜行

① 资料来源：道光《佛山忠义乡志》卷五《乡俗志》、民国《佛山忠义乡志》卷六《实业志》、《佛山街略》、《明清佛山碑刻文献经济资料》、同治元年《国公庙修庙碑记》、道光年间《佛山总图》、民国四年《佛山古镇图》等资料互参考证。

② 民国《佛山忠义乡志》卷六《实业志》记载："新钉行……嘉庆丙申建。"但查嘉庆年实无丙申年，丙申为乾隆四十一年。

（续表一）

行业会馆名	店铺数	堂　　号	创建/重修年份	会　馆　地　址
金箔行会馆	20 余行（家）	□□堂	雍正二年（1724）建	祖庙铺祖庙大街
银硃行会馆				汾水铺龙聚大街
一字铜行会馆	20 余家	□□堂		观音堂铺古洞
钮扣行会馆	20 余家	□□堂（东家）		祖庙铺凿石中街
		□□堂（西家）		潘涌铺快子街
金花行会馆	三四十家	广怡堂		福德铺金水街
铁镬行会馆	30 余家	□□堂（东家）		凿石中街
		陶全堂（西家）	道光十七年（1937）建	栅下铺司直坊太尉庙
土针行会馆	30 家	□□堂	光绪十二年（1886）重修	丰宁铺通胜街兰桂坊
金银首饰行会馆		兴贤堂		
漆盒行会馆		同志堂（东家）		汾阳街承龙街
		彩联堂（西家）		汾阳街承龙街
朱砂年红染纸行会馆	数十年	同志堂（东家）		福德铺舍人街衙前街
		至宝祖社（西家）		福德铺舍人街衙前街
红白数簿纸行会馆	百余家	至宝玉成堂		
洋纸行会馆		华德堂		
蜡笺行油烛行会馆		胜宝堂□□堂		万福后街
铁线行会馆		同庆堂（东家）	道光十五年（1835）	
		同志堂（西家）	同治元年（1862）	
香行会馆		□□堂	同治二年（1863）	公正市车巷
苏扇行会馆		□□堂		祖庙大街
道巫行会馆		□□堂	道光十七年（1837）	祖庙铺新华里
肩舆行会馆		意敬堂	光绪七年（1881）	山紫铺中正里
琼花会馆			乾隆年间建	大基尾
鼓乐行会馆		□□堂	咸丰元年（1851）	协天胜里
钢铁行会馆		利金堂	同治元年（1862）	
赤线行会馆		联胜堂	同治元年（1862）	
打锁行会馆		万兴堂	同治元年（1862）	

（续表二）

行业会馆名	店铺数	堂　　号	创建/重修年份	会　馆　地　址
大会馆（佛山乡兵聚所）				
长生禄位会馆				黄伞铺富里社
拆船行会馆				鲤鱼沙聚成街
柴栏行会馆				大基铺大基尾
杂铁行会馆		日升堂（东家）	嘉庆六年（1801）	
		锐成堂（西家）	嘉庆六年（1801）	

表14-5一共收集了36个手工业行业的48个会馆（包括东、西家），另有8个服务行业会馆，它们是大会馆、泥水行会馆、髹漆行会馆、肩舆行会馆、琼花会馆、鼓乐行会馆、宰猪行会馆、道巫行会馆。建立时间最早的会馆是雍正二年（1724）建立的金箔行会馆；成员最多的会馆是宰猪行会馆，有5 600多人；其次是泥水行西家会馆有1 300人，帽绫行西家会馆有1 109人。

表14-6　清代佛山商业会馆情况表①

行业会馆名	店　铺　数	会馆或堂名称	创建/重修年份	会　馆　地　址
参药行会馆	20余家	寿世祖安堂	乾隆三十二年（1767）建	富民铺三界通衢、豆豉巷
熟药行会（西土药材会馆）		靖安堂	道光十年（1830）建	富民铺畸田令（造字；两字合一）街
山陕会馆	205家		乾隆四十五（1780）建	汾水铺升平街
江西会馆			乾隆年间建	富文铺豆豉巷
楚南会馆			乾隆年间建	汾水铺升平街
楚北会馆			乾隆年间建	青云街沙洛
浙江会馆			乾隆年间建	观音堂铺端肃门
铁锅行会馆			乾隆年间建	潘涌铺快子街（一说在黑街口出雀奇庙）
铁行会馆				丰宁铺走马路
当行会馆			乾隆年间建	祖庙大街

① 资料来源：道光《佛山忠义乡志》卷五《乡俗志》、民国《佛山忠义乡志》卷六《实业》、《佛山街略》、《明清佛山碑刻文献经济资料》、道光年间《佛山总图》、民国四年《佛山古镇图》等资料互参考证。

行 业 会 馆 名	店 铺 数	会馆或堂名称	创建/重修年份	会 馆 地 址
福建莲峰会馆			雍正十一年(1733)建	汾水长兴街
三省会馆				
要明会馆				祖庙铺祖庙大街
源流会馆			道光十年(1830)	祖庙大街
陕西会馆（山陕福地）			道光十年(1830)	西边头
潮蓝行会馆			道光十年(1830)	东庆街
楮公堂会馆			道光十年(1830)	瓦巷上街
南邑道祖庙会馆			道光十年(1830)前	城门头桥外
金丝行会馆			康熙二十五年(1686)建	快子上街
海味行会馆				汾水铺永聚街
西货行会馆			道光十年(1830)重修	升平街
银业行会馆	29家	如意堂		汾水铺东宁街
平码行会馆		光裕堂		
杉行会馆				太平沙
直杉行会馆	大小50余家	集庆堂	乾隆年间建	聚龙上沙口
杉行乐成会馆		乐成堂		聚龙上沙
苎麻行会馆		昭远堂		
油豆行会馆	10余家	(祀关帝)		汾水铺永兴街关帝庙
西土药材行会馆	数家	靖安堂		北胜街
京布行会馆	105家	乐和堂	光绪十六年（1890）重修	汾水铺汾流街
绸缎行会馆	大小50余家	阐义堂		汾水铺汾流街
新衣行会馆	20余家	福胜堂		丰宁铺丰胜街
青靛行会馆	10余家	同福堂		
自制颜料行会馆		五云堂	光绪三十二年(1906)重修	汾水铺南擎后街
洋南染料行会馆	10余家	裕安公所		汾水铺永兴街

（续表二）

行业会馆名	店铺数	会馆或堂名称	创建/重修年份	会馆地址
纱纸颜料行会馆	数家	源顺堂		汾水铺排草街
洋纸行会馆	数家	华德堂		
铅务公所（黑白铅行）			乾隆年间建	
海南行会馆				富民铺富文里
槟榔行会馆				富民铺新宁街
筛择槟榔行会馆			道光十年(1830)前	富民铺直义街

表14-6共收集41个商业行会的一般情况。其中，地缘性会馆有8个，占商业会馆总数的19.5%，可见清代佛山商业会馆仍以业缘性会馆为主，这也反映了佛山的手工业生产城镇的特点。商业会馆集中在南部的汾水、富文、大基和潘涌等铺，手工业会馆分布在中北部的潘涌、鹤园、福德、社亭、丰宁、祖庙、栅下、山紫等铺，这是与商业中心区和手工业区的分布基本相一致的。

上述两表显示佛山最早建立的会馆是金丝行会馆，康熙二十五年(1686)建于快子上街。这时正是广东巡抚李士桢整顿两藩弊政，分拆金丝行和外洋行，在广、佛两埠大力招商承充的时期。其次是雍正二年(1724)建立的金箔行会馆，再次是雍正十一年(1733)建立的莲峰会馆。

上述两表还显示出手工业行会具有两种结构，一种是通常的一会一行者，一种是一会二行者，即东家行和两家行共存于一行会。

一会一行的结构特征为会馆—作坊二级结构，多系佛山传统的小手工技术行业，如雍正二年(1724)建立的金箔行就是精工细活的小作坊生产。像金箔行这样的行业在佛山占多数。只包含一个行业的行会的产生，加深了各种职业的分离和个别化。在职业分化的过程中，各行会又形成了自己的行业道德和行业追求。而每一种职业又以其特有的经验、眼光和尺度，以其行业道德和追求，扩大着自身同类者的团体。

一会二行者的结构呈三级，其结构图为：

这种行会多系作坊（工场）规模较大的行业，如冶铁、陶瓷、纺织等。由于规模大，雇工数量多，从而形成阶级分化，产生出阶级利益集团。行业内的阶级利益虽然不同，但行业总体利益又与各自相关，所谓合则两利，分则俱伤，又由阶级对立走向阶级调和。因此一会二行者，既是分化的产物，也是整合的结果。它的出现，反映了佛山经济组织与社会结构演进的新特点。

二、会馆的组织与功能

会馆的组织机构，业缘性会馆与地缘性会馆大致相同，一般是由商人、铺户或工匠公推若干值理组成。值事职能是办理公共事务，如争取行业利益、主持祭祀仪式、举办酬神演戏、组织叙亲活动、管理会馆公产等。乾隆年间参药行会馆就选出首事何方伍、梁鸣沧、潘庆岸、何灿文、戴裕功、潘履宗六人，负责置地建造会馆。[①] 道光元年（1821），山陕会馆公推出值理玉盛洪、卿盛升、西永泰、卿盛登、新兴盛、通兴永、义盛公、仪源虞、新兴协等，"协同公办"重修山陕会馆事宜。[②] 同治二年（1863）新钉行会馆值事有"荣泰、中合、益盛、和益、联昌等"，负责重修国公古庙之事。[③] 同治十二年（1873）江西会馆有首事王章、彭寅宾、刘尧瑞、萧积中、孙体泰、刘友邦等，负责建立江西义庄并向南海县官府恳示严禁棍徒作践事宜。[④]

会馆的经费来源有两种途径，一是认捐，二是抽捐。认捐是行友自愿贡献，多少不拘，但一般富者认捐亦多。如乾隆十五年（1750）炒铁行会馆鼎建时，"众情欢欣，纠赀以办"，共得银超过二千三百余两。[⑤] 乾隆三十二年（1767）参药行会馆鼎建时，经费亦由十七家认捐，最多为保济堂，捐二百一十三两二钱；最少的植德堂，捐六两五钱，共得银二千七百七十八两六钱。[⑥] 道光九年（1829）帽绫行鼎建时，各店号与工匠纷纷认捐，最多者邓裕和二十大圆，其次任应号十四大圆；少者几钱数分不等，共得银一千二百八十三两二钱五分。[⑦] 抽捐是按店号或人数平均抽银，均匀分担。例如道光二十年（1840）参药行重修时，原二十七家药铺每家捐十两，加上新来一家捐五两，共得银二百七十五两。[⑧] 又如光绪二十四年（1898）重修成衣行轩辕会馆时，"其款项抽由通行轻重捐分，宾主东家则论招牌而科二员，西友则按工银以抽一取，更有长工每伴中员添助，乃东主之捐囊"。当时参与抽捐

① 《明清佛山碑刻文献经济资料》，第 81 页。
② 同上书，第 127 页。
③ 《同治二年国公古庙修庙碑记》拓片。
④ 《明清佛山碑刻文献经济资料》，第 154 页。
⑤ 同上书，第 76 页。
⑥ 同上书，第 80 页。
⑦ 同上书，第 140 页。
⑧ 同上书，第 142—143 页。

的店号与工人共有 500 余人。① 还有一种抽捐是抽厘金银,按经营额大小比例抽取,如山陕会馆从嘉庆十七年起对山陕各号 191 家开始抽取厘金银。道光元年,便有钱重修会馆。道光十四年(1834)十月至道光三十年(1850)四月止,又抽取各号 205 家厘金银达四千五百六十七两二钱四分八厘。② 这种办法强制性较大,然不伤筋动骨,积少成多,若干年后其数目亦不可小视。

佛山会馆均置有公产。如炒铁行会馆有铺屋,"门左右有两小肆,收赁值以供祀典"。③ 山陕会馆公产颇巨,道光三十年有如下公产收息:

接老首事前存银五百八十五两三钱六分二厘
入厘金银四千五百六十七两二钱四分八厘
入香资银一千二百三十两零二钱六分
入房租银八千二百八十三两五钱八分
入利息银三千一百三十两零三钱五分
入批头银一百七十七两六钱正
入各号布施银三十一两九钱六分
入余平银四十三两五钱六分八厘
以上八宗共入银一万八千零四十九两九钱零八厘④

上述八宗中,仅房租银和利息银两项就达一万一千四百一十三两九钱三分。可见山陕会馆的公产主要依靠出租铺屋和放高利贷。

会馆的设置主要有神殿、厅堂和客室。神殿以供神明,厅堂以作议事,客室以宿来客。大的会馆还设有歌台,如山陕会馆就设有歌台。道光三十年(1850)修理歌台等项共费银九千五百九十八两。⑤ 偌大的花费,可见其歌台规模不小。又如新钉行会馆(国公古庙)亦有戏台,同治二年(1863)曾雇人清洗戏台雕花。⑥ 清代佛山会馆的主要活动之一就是酬神演戏,正如乾隆年间陈炎宗所言:"夫会馆演剧,在在皆然。演剧而千百人聚观,亦时时皆然。"⑦歌台的设置,就是为了配合酬神活动。

清代佛山会馆可根据业缘性会馆和地缘性会馆而分别具有不同功能。业缘性会馆最主要的功能是团结同行,摒弃伪诈,统一行业追求,提高行业地位。一句话,就是加强团体竞争力,其与行业利益紧密相关。佛山行会会馆碑留下了这方面的一些记载。乾隆十五

---

① 《重修轩辕会馆碑记》,《明清佛山碑刻文献经济资料》,第 253 页。
② 《明清佛山碑刻文献经济资料》,第 144 页。
③ 同上书,第 76 页。
④ 同上书,第 144 页。
⑤ 同上。
⑥ 《同治二年国公古庙修庙碑记》。
⑦ 陈炎宗:《旅食祠碑记》,道光《佛山忠义乡志》卷一二《金石下》。

年(1750)陈炎宗《鼎建佛山炒铁行会馆碑记》称：

> 佛山镇之会馆盖不知凡几矣，而炒铁行独迟其未立，岂以业是者纯实无讹耶？夫事即不虞其诈，而众必以合为公，自来久远之谋，胥于会馆是赖。况炒铁之为用至广，上资军仗，下备农器，其解人间之杂需更不可枚举。故论者以为诸商冠，而佛山亦以良冶称。今诸商皆有会馆，而炒铁反缺，可乎哉？庚午冬，计炒炉四十余所，始签谋会馆之建，诚急务也。众情欢欣，纠赀以办，卜地于丰宁里中，经营庀饬，阅六月而工竣。……易于同人之后，继以大有。盖利与同人，其获三倍，请以此为诸君贺，且永为佛山之业冶者贺也。①

由于同行存在欺诈行为，影响炒铁业的信誉，"夫事即不虞其诈，其众必以合为公"，因此"胥于会馆是赖"。况且炒铁业又为诸商之冠，从行业所处的重要地位看，亦不能没有一个组织，所以建会馆"诚急务也"。而自建会馆后，"继以大有，盖利与同人，其获三倍"。又可见炒铁行会馆的建立有利于炒铁业发展。

又如道光二十年(1840)《重修参药会馆碑记》申明了建馆之初衷及其建后之作用。其文称：

> 乾隆中，参药行始建有会馆，今七十余年矣。初，佛山售参药于豆豉巷者二十七家，合志同方，故皆相期以济世活人，以共重为久远之业，他药肆不与也。而薰膏练类，混以渭浊，往往有之。我先祖灿文公暨潘履宗公、潘庆岸公、戴裕功公、何方伍公、梁鸣沧公六君者，以为人我既有参差，则黑白当为区别，乃协谋图事。特以参药命名，建兹馆焉。……参药之为用巨，人之伪为参药以渔利者亦至多。苟无章程以为之统属，则讹伪(悟)[误]人，入市者惧矣。……然同归于参药之行者，即同式于参药行之例。故能吾明其信，人释其疑。主客交孚，民物允赖。是自有此馆，其有裨于用参药之人也甚大，而其所裨于执参药之业者又岂浅鲜哉！②

从上引碑文可知，当时佛山唯豆豉巷二十七肆"所售悉精美纯洁"，而市面上的"薰膏练类，混以渭浊往往有之"，故宜区别黑白，分清人我，乃协谋建立会馆。显然，参药行的建立，是为了从鱼龙混杂的药肆中区分出来，以别真伪，以示高低。因而就具有统一产品质量、树立行业信誉的功能。我们从"苟无章程以为之统属，则讹伪误人，入市者惧矣""即同式于参药行之例"等句，亦可知该会馆订有统一章程。参药行会馆所具有的功能推动了参药行的发展。因此自乾隆建立会馆后，参药行业务蒸蒸日上，道光年间参药行就出了号称"伯仲于羊城张大昌"的大药商姜仁圃。③

---

① 《明清佛山碑刻文献经济资料》，第 75 页。
② 同上书，第 141 页。
③ 同上。

　　为本行业工匠争取权益也是会馆的重要功能,乾隆年间佛山丝织业兴旺发展,各机房需要大量机匠和织工。在机房集中的社亭铺猪仔市和药王庙前圩地,每日清晨机匠"聚至数千",站立待雇,俗称"企地"。上文述及猪仔市圩地是梨巷梁氏税地,乾隆三十九年(1774)梨巷梁氏以"逗留拥挤,致碍圩场生理"为由与兴仁帽绫行构讼。兴仁帽绫行出头维护机匠待雇权益,乾隆四十年(1775)兴仁帽绫行机房铺户何遂振、叶维皆等以"梁万邦等籍地抽剥"为由,控告到广东官府,官司前后打了三年。乾隆四十二年(1777)两广总督出示晓谕称:

> 为此示谕梁万邦等及地保市民知悉,嗣后机匠待雇,准其每日晨早站立庙前圩地,日出即散,(不)得逗留拥挤,致碍圩场生理。路口其梁姓地租止照现供收取,不许多索,亦不得私设经纪秤手私收滋弊。倘敢故违打架滋事,许该地保市民知悉遵照臬宪详定章程就近禀报佛山分府及五斗口司查拿究治。各宜凛遵毋违,特示。①

　　"嗣后机匠待雇,准其每日晨早站立庙前圩地,日出即散",广东官府支持了丝织机匠的继续待雇。若没有兴仁行出头和撑腰,丝织机匠的待雇权益是不可能顺利保留的。

　　业缘性会馆的另一功能是满足同行中人祭祀祖师的需要。佛山各行业均有自己祭奉的祖师,一般多为历史上被认为是本行业开山始祖的某个人物。例如炒铁行会馆建成后,"门庭之制,敞以宏,堂庑之模,典而肃,恭奉四圣香火,用邀福于神,以佑人和"。② 参药行会馆建成后,"堂寝轩宏,木石坚致,祀祖师列圣以辑圣心,昭忠信也"。③ 新钉行会馆称为"国公古庙",祀奉唐忠武鄂国公尉迟敬德。④ 铸镬行西家行会馆称为"太尉庙",奉陶冶先师石公太尉,"而石行及锡箔、皮金、铜锣、铁钻、铸镬各行皆祀之"。⑤ 成衣行奉祀轩辕黄帝。⑥ 帽绫行则以张骞为其祖师爷,据说张骞"为人强力,宽大信人",故向能服人。帽绫行织工奉为先师,亦祈求托其福佑,使"技愈工而业愈盛"。⑦

　　佛山地缘性会馆的主要功能是满足同乡祭祀、叙情的需要。道光六年(1826)《重修山陕会馆落成小序》称:

> 闻之桑孤蓬矢,大丈夫有志四方,无远弗届。虽名利分途,而作客则一,此流寓之有会馆所由设也。……然佛镇辐辏之地,百货贸迁,尤为我等云集之区。乾隆庚子□□议,别卜地于汾水升平街,创立此馆。栋宇辉煌,中祀武帝。岁时伏腊,凡我同

---

① 《乾隆四十年铺户何遂振叶维皆等二十四人名联恳分列饬禁事》《乾隆四十二年督抚两大宪如详饬遵行县出示晓谕告示》,《梁氏家谱》(手抄本)。
② 《明清佛山碑刻文献经济资料》,第76页。
③ 同上书,第79页。
④ 《同治二年国公古庙修庙碑记》。
⑤ 民国《佛山忠义乡志》卷六《实业志》;卷八《祠祀二》。
⑥ 《明清佛山碑刻文献经济资料》,第253页。
⑦ 同上书,第140页。

人，靡不趋庭瞻拜，共序萍踪，由来四十年矣。[①]

由此看来，山陕会馆的建立与行业没有多少关系，会馆的功能主要在于岁时伏腊同人的瞻拜与共叙。

地缘性会馆的另一功能是施济，即在同乡遭遇不幸时给以物质上的帮助。这是有别于业缘性会馆功能的一大特点。例如佛山江西会馆设立了义庄、义冢。义庄以备暂厝同乡客死佛山者之棺椁，义冢以葬同乡客死者。同治十二年(1873)《禅镇江西义庄官示抄刻碑记》记载："伏思佛山镇商贾云集之区，职乡经纪，往来如织。设遭不幸，举目无亲。……捐资契买黄姓坐落佛山城门头洛水旷围一所，改建义庄，另觅隙地一块，作为义冢。"[②]

如果说业缘性会馆主要是提供利益和信誉上的支持的话，那么地缘性会馆则偏重于提供感情和道义上的支持。

三、手工业行会分化与整合

职业种类的分化，造成了手工业行业的发展，而行业的发展，引起了不同利益群体之间的竞争，导致了行会与会馆的出现。这是手工业组织的第一重分化。行业业务的发展，雇工的增多，又导致了行业内部的两极分化，出现了拥资设肆的东主和徒手求食的西友，于是在佛山的主要手工业如冶铸、陶瓷、纺织等大规模雇工的行业中，出现了行会内部的分化——东家行和西家行。这是手工业组织的第二重分化，即阶级分化。东家行是作坊主、商人的组织，西家行是手工业工人的组织。也就是说，东家行是资本利益的代表，西家行是劳动力利益的代表。东、西两行的出现，根源于雇佣工人的大量增加，表明了劳资双方矛盾的进一步发展。西家行组织就是适应矛盾斗争的需要而建立的，其功能是团结手工业工人，沟通东西两方愿望，达成有利于双方的劳资管理协议。作为一个组织，其维护手工业工人的利益是无可否认的。

佛山最早出现东、西家行的行业是花盆行，在乾隆六年(1741)以前。其后东、西家行便普遍出现见于各行业中。例如乾隆八年(1743)的唐鞋行，分为东家福履堂和西家儒履堂；嘉庆六年(1801)的铸造器物行，分为东家日升堂和西家锐成堂；道光九年(1829)的帽绫行，东、西家均称兴仁堂；道光十七年(1837)前的铁镬行，分为东家□□堂和西家陶全堂；同治元年(1862)前的铁线行，分为东家同庆堂和西家同志堂；还有朱砂年红染纸行，分为东家同志堂和西家至宝祖社；漆盒行，分为东家同志堂和西家彩联堂；泥水行，分为东家荣盛堂和西家桂泽堂；大料行，分为东家广善堂和西家敬业堂；还有钮扣行也分有东西两家堂会。上述各行的东、西家行，均有自己的会馆，大多数就建在同一条街上。在商业交

[①]《明清佛山碑刻文献经济资料》，第 126 页。
[②] 同上书，第 154 页。

往上,仍以东家会馆为主。故而东家会馆往往是东、西两家合资修建的,如道光九年(1829)帽绫行鼎建会馆,由东主任昌林等 201 家、西友区九如等 1 109 人合资捐建。[①] 再如成衣行轩辕会馆,光绪二十四年(1898)重修时,东家和西友共捐银合建,东家每一招牌科二员,西友则按工银抽十分一。[②]

　　东、西家行的分化,使行会的性质从原来传统的小生产者的行业同盟,变为小业主与手工工人彼此对立又互相依存的联合组织,行会的功能也不仅仅是限制行内外的竞争,同时也增加了调节劳资双方利害冲突的新功能。在佛山我们看到,东、西两家共同制定行规,订立工价,在决定行会发展的方向上,也体现了西家行——手工业工人的集体意愿。花盆行是专门生产花盆、金鱼缸、花垌、建筑部件的行业,其堂名"陶艺堂",故又称"陶艺花盆行"。花盆行是迄今发现的有关清代佛山东、西家同订规约文件最完备的行业。早在乾隆六年(1741),该行东、西家就订立了工价和行规。《花盆行历例工价列》开宗明义就称:"乾隆六年八月吉日,联行东、西家会同面议各款工价实银,不折不扣,永垂不朽。"该"工价列"胪列了上、中、下等三种价格的 631 项不同产品的名称与价格。[③] 兹试举几例以飨读者。

　　　　上等价列:
　　　　　大花塔每只银二钱一分五厘二
　　　　　二号花塔每只银一钱四分七厘
　　　　　二尺四鱼缸每个银二钱六分二厘五
　　　　　二尺二鱼缸每个银二钱四分一厘五
　　　　　……
　　　　中等价列:
　　　　　双栏杆每枝银一钱四分三厘
　　　　　大栏杆每枝银九分零二
　　　　　……
　　　　　十二寸直筒每条银八分一厘四
　　　　　六寸直筒每条银三分九厘六
　　　　　……
　　　　下等价列:
　　　　　尺八缸盆每个银九分二厘四
　　　　　尺六缸盐每个银六分六厘

----

① 《明清佛山碑刻文献经济资料》,第 139 页。
② 同上书,第 253 页。
③ 同上书,第 47 页。

......

　　大狮盆面议

　　中狮盆面议

......

　　上述产品都根据不同的规格、技术的难易，逐项制定了工价，有些留待"面议"的产品可能是比较特殊的产品。该"工价列"还对烧窑、装窑和开窑的不同工种和工作量规定了工价。此外，对大师傅还特别优待，"大师傅入灶肚作双计"。[①] 必须指出的是，该工价列并不是一时妥协的产物，而是长期生效的"例规"。如乾隆六年(1741)共同制定后，乾隆五十九年(1794)又曾"东、西阖行重修"，[②]到光绪二十五年(1899)又进行了一次重修。

　　光绪二十五(1899)《陶艺花盆行规》前言这样说明："我行之规条设立已久，自乾隆六年，我行内各物工价，经东、西允议，历年以来，一向无异。所愿同人循其规，蹈其矩，则永垂不朽者也。惟至于今，百有余年，而东(行)生意日隆，而西行众齿日盛，故物件款式多增，或有随做随议，所有实规实价具载于内，庶免一物价有低昂之弊，例出规条之虞。缘旧原板字迹晦废，今会同众议，仿随旧章，再重修建。"[③]行内各物工价，经东、西两行"允议"后，实行百有余年，"一向无异"，光绪年间又"仿随旧章，再重修建"。一再的重修与重申，使其工价得以流传久远。而在《陶艺花盆行规》中又重订："行内物件工价，历依行例，我行友不得私自求加增，不得私自减价。如有此弊，报信确证，定将此人传行，东、西均同议罚，将此银一半归行内传费，一半归谢报信花红。"工价一经议定后，行友不得私自增减，如有作弊，"东、西均同议罚"，这又使得工价具有了契约的约束效力。

　　除花盆行外，还有杂铁行在嘉庆六年(1801)也由东、西家会同议定工价单。该行《各货工价单》记载："嘉庆六年……日升堂、锐成堂会同议定。"但该工价单在民国三十七年(1948)曾经重订，白银价已改作白米价。兹仅举几项产品如下：

　　门花每斤工银八两半

　　台较工字递较每斤工银十一两

　　门剪八卦每斤工银八两半

　　熟门花、大双光较每斤工银一斤四两

......

　　车恤、独耳门山牛每斤工银十两

　　鸡嘴拔葵花每斤工银十两

---

① 王宏均、刘如仲《广东佛山资本主义萌芽的几点探讨》(载《明清资本主义萌芽研究论文集》，第 450 页)，对佛山东西行的出现有过很好的研究，本节参阅了该文。

② 《明清佛山碑刻文献经济资料》，第 72 页。

③ 同上书，第 254 页。

三眼大较面前每斤工银八两

……

请注意,这里的工银均指米数,该单旁注:"公议均以白米计算。"是在民国三十七年才改的,但其米数是按原先嘉庆六年(1801)工价银两可购米数的不变值折算的,因此也反映出自嘉庆六年合行东、西家议定工价后,就具有长久不变的契约效力。

抵制外来竞争、垄断行业利益,乃是行会最重要的功能,它关乎整个行业的利益。为达此排外性和独占性的目的,行会必须实行严格的组织控制。在这一点上,西家行与东家行的利益是一致的。佛山陶艺花盆行东、西两家共同规定:

一议,四方君子到店学师,以六年为满。每季入行银一十二元五毫,兑,其行银以□年分□季交清。每季交入行银一十二元半。以每店六年教一徒,此人未满六年,该店不准另入新人。倘有学师未满,不得私往别店。或学师人半途退缩转行别业,前入行之银作为乌有。或有学师上工,因东家不合用者,例不准作满师,仍要满行另招新人投行学艺。倘有外人投师学艺,年方有三十余岁者,虽现有东额,一概不准其入行学艺。倘该店有未入行之人在此雇工,我行人不得与其同伴。

……

一议,父教子九大元,兄教弟十八大元,分三年为满。[①]

四方君子要入行学师,条件甚苛,要六年才能满师,每季要交入行银12元半,中途也难以转行,否则前所交银尽为乌有。而且是否能满师,权力全操于东家,"因东家不合用者,例不准作满师"。而父教子、兄教弟则不大一样,三年满师,且交入行银亦少。可见行会控制着外来人的出师时间与数量,外来人与行内人的竞争是不平等的竞争。这样,行规就保护了行中人对本行业的独占性,这里面自然包含了东、西两家的利益。

此外,共同的祭祀需要,也使东、西家联合在一起。《陶艺花盆行规》还规定了筹办"神功"的细则和征收"炮金"的条例,其中有"历年长工二、八月神功席金,每名由东家代支,不入工价内"一条对工匠颇为有利,既可满足其祭祀的需要,又有了饮宴的机会。众所周知,祭祀是最能体现传统社会地位高低的活动,花盆行西家能参加东主出钱的饮宴,并在行规上作出长久的规定,这无疑是对西家行在行会中地位的充分肯定。

由上可见,随着阶级的分化而在佛山手工业行会中分化出来的东、西行,又在自身发展的过程中整合在一起。因工资收入而可能产生的纠纷在东、西行的通行公议下得到解决。西家行的群体利益得到东家行的承认。东家行所代表的整个行业的发展利益,也得到西家行的赞同。又由于共同祭祀的需要而结合在一起,因此我们看到两者由对立状态

---

① 《陶艺花盆行规》,《明清佛山碑刻文献经济资料》,第254页。

转入到调适状态。这在当时国内手工业中是仅见的。

众所周知，明清时期的苏州也是手工业行会林立的城市，有清一代，苏州的踹匠、机匠、工匠的"叫歇""停工""齐行"的斗争一直不息，其中心问题就是工价问题。引起斗争的主要原因是店商的作坊主"克扣"或工匠要求增价。[①] 而解决的手段，无非是官府站在店商与作坊主一边，缉拿"凶棍"，加以严惩，并由官府定价，明示晓谕，然后由店商、作坊主立碑永志。这种几乎一边倒的强制手段，始终未能满足苏州工匠要求增价的问题。而官府定价的依据往往以前任官吏所定为准，或以店商的意愿为准，全不向工匠作半点让步。特别是在手工工匠组织行会、创立会馆上，商人和官府更联合压制。其实在康熙五十四年（1715）苏州踹匠为了更好地进行增价斗争，曾由邢春林、王德等倡议创立踹匠会馆，但为布商程同言等告"王德等煽惑踹匠，加价敛银，欲助普济院、育婴堂，结党创立会馆等情"，官府恐其"唱戏有据，敛银有凭"，立即严禁。布商随后将禁示立碑于苏州阊门外广济桥旁，[②]表露了布商与踹匠极端的对立。所以终清一代我们都可看到苏州的各行业工匠（踹匠、机匠、纸匠、箔匠、烛匠等）均有为工价而停工或闹事的，此伏彼起，了无宁息。相比于清代佛山工匠竟无一次为工价而闹事的事实，我们不能不惊叹佛山手工业行会的调适作用。

第四节　清代佛山政治组织及其作用

与清代佛山经济组织不断分化发展的同时，佛山的政治组织也发生了分化和重组。佛山经济组织的分化基于行业利益的发展。佛山政治组织的分化则基于社会团体内部结构的变化。在都市化过程中，人们对地方的依恋感情被破坏了，首属团体中原有的抑制作用和道德训诫被削弱了。当大量新的、没有经过佛山首属团体道德规范训练的人云集于佛山这一社会舞台时，原有的自然秩序就遭到撕裂和应变，已经获得的平衡不断地为群体新成员的闯入所扰乱，因此社会团体的分化就不可避免。然而，在社会分化与重组的过程中，社会也需要自觉和明智的努力进行修复。这一历史任务，就落在了佛山士绅的身上。

一、大魁堂与城市管理

清代佛山的士绅与大魁堂，在佛山社会发展中扮演着重要的角色，发挥了其他阶层与组织无法比拟的历史作用。但是，对这个问题过去向少研究。在这里，笔者将对大魁堂产生的历史原因、士绅阶层与大魁堂的关系以及大魁堂与义仓的关系作一探析。

---

① 苏州历史博物馆编：《明清苏州工商业碑刻集》，江苏人民出版社 1981 年版，第 55、74、89 页。
② 同上书，第 65 页。

(一) 大魁堂——士绅与土著的较量结果

明代的佛山曾把嘉会堂作为合镇的权力中枢,建在祖庙的右侧。明清交替以后,明代遗留的士子受到冷遇,在社会生活中不起作用,嘉会堂亦形同虚设。同时两藩从顺治七年(1650)到康熙二十一年(1682)盘踞粤东,佛山亦设立了总行、总店,藩兵大量驻扎于此,佛山的民间政治力量受到贬抑,社区性的权力机构必然难以存在,故而此时佛山的公共机构仅有祖庙"庙会"。庙会设在祖庙内,有"值年首事头人"办理庙事。值事由轮管的图甲公推产生,任期一年,年底交盘,由他图甲值事接管。其职能是管理灵应祠祠租出纳事宜,并主持耆民宴饮颁胙之事。如康熙四十五年(1706)时的祖庙值事由15人组成,他们是霍游凤、梁世美、霍宗光、陈绍猷、李锡瓒、陈世瑛、梁厥修、梁应球、冼元瑞、李象水、梁国珍、罗世彦、李炳球、李一泮、陈一凯。当年他们对灵应祠租进行了清复。[①] 当时八图土著把持着祖庙的祭祀权,控制着祖庙的一切尝产。他们有明确的祭祀圈,这就是八图里民。祖庙的收入亦只有八图里民才能分享。乾隆二年(1737)《贮庙租建义学碑示》记载:"灵应祠庙租银两,……历系里民新旧轮流传管。""每年新旧交盘,辄设酒席数十,醉口肥家。又于春秋二祭,里民年登七十,除设酒百余席宴饮外,每人另给银钱,其值年首事头人,除周年饮食不计外,每人每日又给工银三分,习以为常。而各绅士不与焉。"[②] 可见乾隆二年前的祖庙是由八图里民轮流传管的,当时每个当年值理首事可领酬金十两余,所有八图七十以上耆民每年也可分得胙金二钱并参加饮宴两次。如此看来,祖庙就相当于八图里民的公共祖祠。

然而,"国朝奠鼎以来,四方辏集,而英俊多萃于乡。其间簪缨蝉联,听鹿歌芹者接踵而起"。[③] 侨寓人士中功名显赫者大有其人。与此同时,土著居民由科举出身者也迅速增加。这些受过教育的士子眼界开阔,思想通达,关心合镇公益,不囿于一己宗族的私利。在接受侨寓人士的态度上,远比他们的长辈豁达,也远较他们的同辈无文者为融洽。侨寓和土著士绅的联袂兴起,使佛山的政治局面发生了明显变化。这些士子当然不满于祖庙事务"各绅士不与焉"的局面,纷纷主动监督、参与并进而干涉祖庙的尝产管理问题。于是从康熙五十九年(1720)开始到乾隆三年(1738),"绅士与里民互控"的事件不断发生,[④]两种社会力量在较量中发展。

这场较量首先是在八图土著居民内部开始的。康熙五十九年(1720)发生的"灵应祠庙铺归属案",可视为该过程的第一回合。

早在明代正德年间,郡马梁氏的梁滔代友人曾宗礼祷于灵应祠神,果然得子。梁滔

---

① 《清复灵应祠租杂记》,道光《佛山忠义乡志》卷一二《金石上》。

② 道光《佛山忠义乡志》卷一三《乡禁》。

③ 《新文昌书院记》,道光《佛山忠义乡志》卷一二《金石上》。

④ 民国《佛山忠义乡志》卷一一《乡事志》。

"遂将己业土名排后窦田五亩送庙，以答神庥"。^① 康熙二十九年（1690）时，由梁翰章为会首的祖庙值理，将该田建造铺店九间出租，租利甚丰，每年"共租二百余金"。当时营造之费，是由梁翰章等捐建，所谓"捐建铺舍，收租广祀，乃当日之真情"。但建好之后，梁翰章"乃窃比庙外四方诸人租地盖铺为业之例，于成铺之后，概将上盖入己"，佛山父老"历三十年而不觉者"。康熙五十九年（1720），梁翰章等人侵吞庙产的行径为一批既属八图子弟又有功名在身的人物发觉，"群起而攻之"，他们是举人梁叶千（郡马梁氏）、李绍祖（细巷李氏）、陈清杰（金鱼堂陈氏）、李英、陈文炯（鹤园陈氏）；贡生郑绍勋、冼湛（鹤园冼氏）、霍登元；监生霍游凤（佛山霍氏）、黄上泰；生员李锡廷、岑尚丰、黄国宏、霍世荣（佛山霍氏）；还有里民梁万履（郡马梁二十图一甲）、陈祥（金鱼堂陈氏一百一十八图一甲）、黄应同（二十一图二甲）、岑永泰（二十图八甲）、梁修进（二十图九甲）等。据《灵应祠庙铺还庙碑示》载："梁图首告梁翰章、简熊子等踞业欺神，叶千等以备历吞铺确据等事，复明在案"。"梁图首"即"梁万履"，是郡马梁氏的总户名，"叶千"即梁叶千，亦为郡马梁氏举人，由他们出头率领，显然是因为排后窦之地是其祖先梁滔所赠，他们代表祖庙索回归公，有着理所当然的理由。当时南海县知县宋玮断案：

> 梁翰章等获利已多，毋再贪吝争执，以期默邀神贶可也。毋庸质审，立案存照，各簿发还，在案，今据前情合就给示勒石。为此示谕绅士里民梁叶千等知悉，既便遵照，将现断还排后窦铺屋九间以及庙中一切田土祭业，嗣后务择殷实忠正妥人轮流管理，查核收支，免致侵欺。其现住排后窦九间铺佃，务遵批断，地系庙地，铺系庙铺，各宜赴庙承批，照额输租。毋得惯听指使，踞铺捎阻，任由短少，致少查究，均毋有违。^②

这件事表面上看是争回被侵吞的庙产，但背后反映了士绅势力的回升。有功名的人物成批地参与争回祖庙财产的官司，他们每个人都以个人身份出面与官府打交道，好似在初试锋芒。无论如何，这场官司的胜利，与绅士们的声势不无关系。同时这件事情，也反映了侨寓人士对土著的商业影响，所谓"窃比庙外四方诸人租地盖铺为业之例"，就是指灵应祠祠产经营也模仿着侨寓人士"租地盖铺为业"的经营方式。

排后窦铺屋判归祖庙后，经营得法，很快就建得铺屋二十八间、菜塘二口、粪地二段，灵应祠庙产更加丰殷。然而，明代为祭祀二十二老而建立的流芳祠却向无祀业，岁时供祭，向在梁、冼、霍、伦、何、谭、陈七姓子孙中科敛集办。雍正六年（1728），又由郡马梁氏的梁广庵等人出头向五斗口司巡检常梦熊要求，将排后窦铺产拨出一间给流芳祠作祀业。常梦熊立即传集绅士衿耆妥议。当时绅士谭会海、梁叶千（郡马梁氏）、黄国式、冼湛（鹤园

---

① 郡马《梁氏家谱》；乾隆《佛山忠义乡志》卷一〇《艺文志·灵应祠田地渡额事记》。
② 本节资料来源：《灵应祠庙铺还庙碑示》和《拨铺给流芳祠祀典碑示》，均载道光《佛山忠义乡志》卷一三《乡禁》；郡马《梁氏家谱》；《金鱼堂陈氏族谱》；《鹤园陈氏族谱》；《鹤园冼氏家谱》；《佛山霍氏族谱》；乾隆《佛山忠义乡志》卷三《乡事志·图甲》。

冼氏、新会学附贡生)、梁绪佑(郡马梁氏、南海廪生、岁贡)、梁瑾(郡马梁氏、肇庆府庠生)、梁贻、何士起、梁应珠、梁调元、梁鳌、梁国铺、冼重(鹤园冼氏、南海庠生)、黄上科、陈国焕等"遵传赴庙众议",认为流芳祠"确无祭业,凡遇春秋,子孙科敛祭奠"。众议"就将排后窦铺第一间满盈店,现租银二十五两,令伊子孙收租,俾二十二公永远得藉供祀"。于是,南海县知县判称:"兹据该司详据绅士耆民议复前来,应顺舆情,合将排后窦铺第一间店租银二十五两拨给公等子孙收租,永为忠义祠春秋供祀,以照前功。""其地税三分载在佛山堡二十图又一甲灵应祠户内,流芳祠子孙收租,永远办纳粮务。"

特别有意思的是,在康熙五十九年夺回排后窦铺产归入祖庙时,梁叶千是打头阵的角色;而在雍正六年要向祖庙索要一铺时,打头阵的角色是梁广庵,而郡马梁氏的梁叶千、梁绪佑、梁瑾等却以裁可者的角色出现。不仅他们,上述的冼湛、冼重实际上也是二十二老的后代,这说明绅士是与八图里民不同的阶层。官府让他们参与裁可,可谓是"举贤不避亲"。

由上可见,明代的士绅及其嘉会堂在清初衰落后,祖庙曾一度沦为八图土著各族的公共祠堂。随着清代功名人物的出现,士绅集团重新崛起,他们积极参与祖庙事务,议决方案,其意见成为官府判案的主要依据。更为重要的是,在清代前期侨寓人士大量涌入佛山的情况下,土著士绅们能兼顾侨寓人士利益,特别是允许侨寓子弟中的功名人物参与祖庙事务。至此,一个新的权力机构就呼之欲出了。

士绅对里排的有力打击是乾隆二年(1737)生员、约正李懋谐禀告里民陈金望等侵蚀灵应祠租银一案。李懋谐为南海县附生,[①]当时出任佛山镇约正,访查得祖庙会首里民陈金望等有侵蚀灵应祠租银之弊,遂呈告南海县知县。而陈金望等则反控李懋谐"染指庙租"。南海县知县魏绾立刻"吊查递年收支数目底簿",发现与碑载额租不同,显有侵蚀。于是质讯陈金望等,陈金望等只供认约收三百二十余两,与碑载额租三百九十一两九钱仍相差颇大。又查各里民自雍正四年起至雍正十三年止的收支数目,"多属冒销","多系不经之费"。因此魏绾断言:"非侵蚀靡费,其谁信之?"于是,魏绾对祖庙庙租的使用及其管理方式作出如下规定:

> 卑职查佛山地广人稠,土著侨寓读书之家正不乏人,从未有设义学延师教读。又查灵应祠建立年久,庙貌将圮,修葺孔亟。请饬令通镇绅士里民作速会同公举殷实品望八人,董理其事。将岁收租银三百九十一两九钱零,除春秋二祭及帝尊寿诞出游并香灯各项照旧动支外,尚有赢余,先为修葺庙宇。若能递年撙节蓄积,即建设义学一所,延师教读,酌给薪水之资,以有用之庙租留办佛山镇公事,未为不可。但不立法收支,终为士民侵渔。应令公举殷实品望之人,自乾隆三年起每月应收租银报明、卑职著令公贮。若有支用,许即先期禀报谕给,不许迟误,年底仍将收支总撒细数造册缴

---

① 乾隆《佛山忠义乡志》卷五《选举志》。

查,以杜冒收滥支情弊。其值年里排不得干与,仍立碑庙侧,永垂遵守。至约正生员李懋谐收过酬劳银拾两二钱五分,系各里民公送,似非染指可比,应无庸议。①

魏绾的阳春一笔,具有重要意义。上文包括三个重要内容:一是成立一个不受制于里排庙会值事的庙产管理机构,"通镇绅士里民作速会同公举殷实品望八人董理其事",而"其值年里排不得干与"。可见该八人机构独立于里排之外。二是决定了庙产的使用方向,即"以有用之庙租留办佛山镇公事",再不是"醉口肥家"之资:"除春秋二祭及帝尊寿诞出游并香灯各项照旧动支外,尚有赢余,先为修葺庙宇,若能递年撙节蓄积,即建设义学一所,延师教读,酌给薪水之资。"三是制定了管理制度。自乾隆三年起每月收租银报明官府。若有支用,先期禀官谕给,不许迟误,年底仍将收支总账明细之数"造册缴查"。实际上,这个八人机构掌握了祖庙财产的支配权。由此,祖庙的管理权就由土著转向士绅阶层。

笔者认为,士绅与土著的较量结果,直接催生了大魁堂的诞生。这个由绅士、里民公举的八人管理机构,极可能就是大魁堂组织的前身。

(二) 大魁堂及其功能

大魁堂本是崇正社学内的一座建筑物。据乾隆《佛山忠义乡志》记载:"崇正社学在灵应祠左,与祠相属,外门联建,甚壮伟。……中为堂,后为寝室,旁为厨。规模宏整。纪文昌梓潼帝,左魁斗神,右金甲神为配,外为大魁堂。入门后过阶直进处也,乡人士岁时皆会于社学。"②崇正社学始建于明嘉靖初年魏校毁淫祠之后。顺治九年(1652)乡人始置有"沐恩社房屋凡八间,收赁值以供崇正社学祀事"。康熙二十四年(1685)曾经重修。③ 因此,大魁堂的建筑有可能始自明代,也有可能始自康熙二十四年(1685)。但是大魁堂组织,却是乾隆三年(1738)以后的事情。与此相联系的,就是于道光九年(1829)单独重修大魁堂。④

必须指出的是,崇正社学作为一镇之重要社学,具有士子课文和绅士祭祀文昌神的功能。但是大魁堂是设在崇正社学的组织机构,其功能并不等同于社学,社学还主要是教育机构,而大魁堂却是政治机构。冼宝干指出:"大魁堂者,明时乡人继乡仕诸公后,建此以处办乡事。亦灵应祠尝款出纳所也。故自明以降,乡事由斯会集议决,地方公益其款亦从是拨出。"⑤冼宝干这段话,显然把大魁堂组织与大魁堂建筑混为一谈,故而时间上推至明代,但是关于大魁堂组织的功能,却概括得颇为恰当。

---

① 乾隆三年《贮庙租建义学碑示》,道光《佛山忠义乡志》卷一三《乡禁》。
② 乾隆《佛山忠义乡志》卷七《乡学志》。
③ 道光《佛山忠义乡志》卷六《乡事志》。
④ 同上。
⑤ 民国《佛山忠义乡志》卷三《建置志》。

　　大魁堂的主要功能是议决乡事，出纳祖庙尝款、组织地方公益事业和拨发地方公益款项。

　　议决乡事是大魁堂最重要的功能，也是其之所以享有重要地位的缘故。犹如合镇的决策机关，"乡事由斯会集议决"，这使得大魁堂具有清代佛山社会权力中枢的地位。大魁堂组织议决的日期似无成规，一般遇合镇大事，则由"大魁堂司事传阖镇绅士"公议。① 因此大魁堂司事只是大魁堂会议产生的常设办事机构成员，其权力来源于合镇绅士。有遇到大魁堂司事解决不了之事，也可由司事通知合镇绅士一起解决。如道光十三年(1833)，佛山同知和五斗口司指使佛山七市米户低报米价(佛山米价为全省标准价)。大魁堂查知，即出示公启制止。启云："自后报价勿以藩库高低为拘，总以洋钱所买照时分上、中、下三等谷价真实呈报。如衙书吏有甚别议，即通知大魁堂司事传阖镇绅士与他理论。幸勿仍蹈前辙。"②

　　出纳祖庙尝款原是里排祖庙值事的职能，大魁堂接管后，祖庙尝款用于教育上的费用增多，如乾隆二十一年(1756)，创建汾江义学"岁糜七八十金，皆于祠租取给"。③ 又如崇正社学每年有四次会文，乾隆二十六年(1761)"岁拨灵应祠租银三十六两，以供课费"。④ 陈炎宗《拨祠租给会课碑记》对此记载尤详："社中诸同人，议岁割祠租银三十六两以充课费。舆情协，士心欣，殆善继昔人之志也。夫神赐福于吾乡至渥也，赐福以教思之无穷为大。神若将其所有以仰赞圣天子文治。故创建义学，岁糜七八十金皆于祠租取给。会课与义学同条共贯耳。"⑤嘉庆二十四年(1819)移修佛山书院时，大魁堂又拨发灵应祠租支费。此外，嘉庆十四年(1809)堵御洋匪，道光六年(1826)的葬无主古柩二十九具于大墓冈义冢，均由灵应祠拨租。⑥

　　组织地方公益事业和拨发地方公益款项，是大魁堂士绅对佛山镇民的重要贡献，这里仅举建立义仓和举办清涌两事加以说明。

　　佛山镇五方杂处，人口众多，每遇凶荒，贫者多不能自存。因此，合镇的赈济，历来是大魁堂及佛山士绅重视举办的事情。乾隆六十年(1795)前佛山尚无义仓，原有一社仓，为十堡共立。但发仓之银向例贮于官库，出入经手于胥吏，百弊丛生。九堡弃之，专属佛山。且相约曰："宁朽腐，必勿发。"⑦乾隆四十三年(1778)粤东大饥，侨寓举人劳潼与区宏绪等身为大魁堂值事，于是共襄赈事，禀宪捐签发社仓谷赈济乡人。当时设"公厂"发赈，各襄事者均竭力同心，如监生刘绰，"公厂有漏给者，绰夜率僮仆持米分给，又修闸栅以弭盗，乡

① 《佛镇义仓总录》卷二，第 6 页下。
② 《劝七市米户照实报谷价启》，《佛镇义仓总录》卷二，第 6 页上。
③ 陈炎宗：《拨祠租给会课碑记》，道光《佛山忠义乡志》卷一二《金石下》。
④ 道光《佛山忠义乡志》卷四《乡学志》。
⑤ 陈炎宗：《拨祠租给会课碑记》，道光《佛山忠义乡志》卷一二《金石下》。
⑥ 道光《佛山忠义乡志》卷六《乡事志》。
⑦ 《广东文征》(改编本)第 5 册，香港中文大学出版社 1978 年版，第 250 页。

人德焉"。① 乾隆五十二年(1787)"复大饥,金赈之举难以复行"。劳潼遂"与乡缙绅数辈联恳大宪,准于佛山阖镇铺店租银。每两科收五分,共得数千两,募人带往楚南、粤西买谷回乡平粜"。当时之任事者不分侨、土,如侨寓佛山的华平乡人李士震,本系监生,为众公推往湖南买谷。"士震以长子芳代行,……芳往返仅三月,米独先至,粮价顿减,人心以定"。② 李士震虽是侨寓,却能实心办事,而大魁堂及合镇绅耆也能放心委托。事定后,劳潼等痛定思痛,谋思久远之策,遂于乾隆五十五年(1790)"议立章程",以"乾隆四十八年乡先生陈梦光等劝捐银六百两在正埠官地两旁建铺收租"之费,每年除乡中支拨祀典书院会课外,所剩羡银为买地建仓备赈之用,积至乾隆六十年,加上历年陆续乐捐,共得银二千零一十两余,遂于当年六月"始买麒麟社街屋地建仓两所、厅舍二间"。③（见首页图 24）佛山义仓的建立,改变了过去佛山只靠社仓赈济的局面,而劳潼等大魁堂值事经营度支二十余年,使义仓一切章程完备,其功实不可没。

义仓的财产地税归入灵应祠,其管理也与灵应祠值事有密切联系。"义仓公举值事数人兼管正埠租务。其人务举端方士民实心经理,乡约正付,兼管稽查,倘遇事务太烦,则请灵应祠值事帮理。至遇荒年,或平粜或散赈,则公推绅士耆民公正好义者约三四十人协办。若非公推标贴,不得搀入"。④ 同时还规定:"仓存租息除买谷外,不得借支。惟乡中大事,如清涌等项则集众妥议方准动支。"⑤义仓建立后,嘉道之间就大赈了五次。其中道光十四年(1834)的发赈,赈期长达四十天,散米一万二千余石,获赈人口达七万余人。⑥ 这些散赈,对稳定佛山社会秩序,维护工商业的正常经营,有着不可低估的作用。（见首页图 24）

大魁堂的赈济,还包括拨项公祭义冢、拾婴等。佛山向有城门头、竹院、绿荫深处、铸犁街、镇西庙五处庄屋,"为本镇贫民及异乡旅榇暂停棺枢之所。日久倾塌,佛山绅士便置建来翔、大帽等岗义冢"。嘉庆二十二年(1817),大魁堂有如下规定:"每年清明节后五日,灵应祠值事会同义仓值事着人前往义冢处所,催倩土工培坟清界。次日按照各名数备办衣一宝一,另牲醴、纸钱、香烛等物,前往拜祭。其费用即将所收书院门前地租支发。"⑦

河道是否畅通,关系着佛山商务的兴衰。因而,举办清涌向为合镇绅士所关心。道光以后的历次清涌,都由大魁堂拨出祖庙尝款和义仓积款资助。道光四年(1824),佛山义仓拨出买谷羡余银二千三百两以助清浚佛山涌之费。⑧ 光绪七年(1881)佛山清涌,当时合

① 道光《佛山忠义乡志》卷九《人物志》。
② 同上。
③ 《佛镇义仓总录》序;《奉宪建立义仓碑》,《明清佛山碑刻文献经济资料》,第 96 页。
④ 《奉宪建立义仓碑》。
⑤ 道光《佛山忠义乡志》卷六《乡事志》。
⑥ 《佛镇义仓总录》卷三。
⑦ 《佛镇义仓总录》卷二《嘉庆二十二年拨项公祭义冢宪示》。
⑧ 《明清佛山碑刻文献经济资料》,第 138 页。

镇商绅共捐银一万一千余两,而佛镇义仓却捐一千六百五十六两,祖庙灵应祠捐一千四百四十两,合共三千零九十六两,占合镇捐银数的百分之二十八。①

除义仓之外,拾婴会、拾流尸会、乡约水柜等福利、救济组织也随之出现,补充了义仓所不能及的功能。如乡约水柜组织,佛山火灾频仍,从乾隆二十四年到四十三年(1759—1778),佛山福禄里发生"延烧五十余铺"的火灾三次。② 之后佛山"二十七铺民壮乡约自设水柜"。嘉庆十二年(1807),再次发生福禄里"回禄延烧铺百余"的大火灾,因各乡约水柜"皆小薄无用,有名无实",于是"各行店在省洋行置买水柜,业主、赁客各捐其半。自是救护得力,灾以少弥"。道光十年(1830)统计,佛山设立乡约水柜的街道和会馆有:大基尾、布行会馆、永兴街、颜料行会馆、福德铺乡约、四美堂、永安街、盘右五街、西竺街、镇北街、富民四街、书籍行、北胜街、汾水铺乡约、五云楼书坊。③ 这些自愿社团的出现,促进了佛山社会的整合,也意味着佛山社会结构愈趋庞大、复杂。

除上述功能外,大魁堂还有"敬老推贤,以肃风化"的功能。我们知道,南海县官府曾在乾隆三年(1738)禁止八图里排七十以上者在祖庙设酒饮宴。乾隆二十二年(1757),五斗口司巡检王棠又处理了一次里排霍璋如"违禁颁胙"之事,指斥祖庙尝产"未始为尔里排后人充腹而设","行令将霍璋如等一律责革,交著绅士李成励等承理"。④ 从此,祖庙值事亦统由绅士充当。如上所述,官府饬禁的目的,并不是禁止乡饮颁胙这件事本身,其本意在于顺应士绅和侨寓的要求,剥夺里排对祖庙的支配权。当支配权转移到士绅手里时,"乡饮"就不在禁止之列了。所以在嘉庆四年(1799),两广总督吉庆批准了佛山耆民陈启贤要求恢复包括侨土人士七十以上者在内的乡饮。其《准复乡饮碑示》称:

> 查佛镇乡饮之设,原以崇祀典而尊齿德,此礼难容废置。据呈前由除批揭示外,合就出示晓谕,为此示仰佛镇值事绅耆人等知悉:尔等俱系家号素封,是以举充值事。乡饮一项,礼教攸关,务须及早举行。毋论侨居、土著,如系身家清白、持躬端谨之人,年登耄耋,皆得报名赴庙拈香就席,以为间里矜式。庶几劝善徵恶,仰沐神灵之福,永昭养老引年之盛典,岂不甚善。⑤

当时恢复乡饮的地点在祖庙之右的崇正社学,这与大魁堂设在崇正社学不无关系。道光《佛山忠义乡志》记载:"嘉庆四年(1799),复乡饮酒礼,颁耆胙。""每岁十一月二十四,崇正社学举行乡饮礼,以乡中年高有德行者充正宾,其次为介宾,年登七十者是日咸与焉。"⑥冼宝干对此也有详细记载:"乡饮酒礼,岁以十一月良日举行。年在七十以上皆得

① 《明清佛山碑刻文献经济资料》,第210页。
② 道光《佛山忠义乡志》卷六《乡事志》。
③ 道光《佛山忠义乡志》卷七《乡防门·水柜》。
④ 道光《佛山忠义乡志》卷一三《乡禁》。
⑤ 同上。
⑥ 道光《佛山忠义乡志》卷六《乡事志》。

与席。先期赴大魁堂报名,绅士为之介绍。是日设馔于灵应祠之后楼及崇正社学,以年最者位专席。地方官授爵,余以齿序,乐奏堂下,酬酢如仪。燕毕颁胙,礼成而退。其款由大魁堂支给,复序其爵里榜之两庑,士大夫亦以得与斯燕为荣。"①嘉庆六年(1801),侨寓人士吴升运曾为"乡饮正宾",②道光《佛山忠义乡志》记载了"乡饮大宾十人",他们是陈耀国、劳光干、区显扬、周寿绵、邓胜万、黄兴汉、吴元演、霍昆山、钟诚。③ 栅下区氏曾为乡饮大宾者,除了上述区显扬,还有区儒友。④

乡饮酒礼的恢复与其参与者范围的扩大,是大魁堂在新形势下重新整合的结果。这标志着侨寓人士取得了合法地位,在祭祀上享有与土著一样的权利。

此外,大魁堂还作为公证机构而存在。佛山最具权威、最符合标准的度量衡——布政司金丈,就存在大魁堂。史称:"布政司金丈,存大魁堂。用圆竹一根长十尺,不知何时领得。沿用日久,星点尚明。凡量田者,必以是为准,四方亦来借用。乾、嘉文契有声明用大魁堂金丈者,至今通行。"⑤可见清代佛山民众自己的公共机构——大魁堂对佛山实施着有效的管理。这种现象在全国来说是十分独特的。

(三) 大魁堂值事

大魁堂值事由士绅公选,凡进士、举人以及生员皆可充任,只问热心公益与否,不问功名高下,不论年齿长幼,也不分土著、侨寓。一般多以退休家居的仕宦和中式未仕的举人为首,加上生员、耆民和商人若干组成。

大魁堂值事有任期,几年一任不得而知,但不得连任。如举人马德熙,⑥"中年尤精算学",被举为大魁堂值事。《乡志》载:

> (马德熙)果于任事,不附权贵,不避嫌怨。时司佛山义仓数者,为某巨绅之戚,亏空巨款;司田心书院数者,亦被某绅子所累,亏空不赀。镇绅知其奸,惟历年多进支烦杂,无以清查,众皆束手。举德熙稽核,从容调查,核计清楚,指摘无遗,司数折服,自愿解职,破产减偿,均无怨言。又书院尝业,年久难稽,多遗失,悉心洞查,按址清丈,追复原物,尝款赖以充裕,镇绅咸服其明,为破常例,连年举充值理。⑦

从上可知,大魁堂值事向有不得连任的常例。因马德熙精明能干,故而"为破常例,连年举充值理"。

---

① 民国《佛山忠义乡志》卷一〇《风土志一》。
② 道光《佛山忠义乡志》卷九《人物志》。
③ 同上。
④《栅下区氏族谱》,第 37 页。
⑤ 民国《佛山忠义乡志》卷一八《杂志·古物》。
⑥ 原为顺德马村人,道光年间始迁佛山。
⑦ 民国《佛山忠义乡志》卷一四《人物志六·义行》。

　　上述大魁堂值事,是指坐局于大魁堂办事者,可称为"坐局值事"。而由大魁堂公选外任值事者更多,称为"外任值事"。外任者代表大魁堂董理某事,任期无定,事未竟继续充任,事已毕自动免职。因佛山举凡大工程皆动辄经年逾岁,且专款专用,故大魁堂历来公选外任绅士者不乏其人。例如乾隆五十五年(1790)侨寓举人劳潼提出倡建佛山义仓的动议后,大魁堂绅士立即组成了"创议建仓值事"班子(见附表)。乾隆六十年(1795)至嘉庆二年(1797),大魁堂又组成"督建义仓值事"班子,负责义仓建设和义仓章程的制定(见附表)。上述两套班子,都由举人牵头,包括生员和耆民。从姓氏上看,外来人士居多;从年龄上看,老幼皆有。劳潼出任"创议建仓值事"时为 65 岁,出任"督建义仓值事"时为 61 岁。但其侄子劳作栋出任"创议建仓值事"时仅为 26 岁,[①]可见对年龄似无限制。

　　又如道光十五年(1835),进士、侨寓、退休仕宦李可琼(山东盐运使)和梁蔼如(内阁中书)由大魁堂公推董理佛山清涌之事,共凑捐至二万七千余两。"公推秦文光为督理"。当时官绅值事均到河边督工,于是在"沙腰汛对河建工厂三座,官绅厂居中,其上下两厂以驻司理之人"。[②]秦文光当时已年过八十,但其经营有方,"所有工程估价、收支各事,归其经管。自动工至葳事,仅阅两年半,用款只二万余金,全河通利,舟楫畅行。镇中士民交相称道,谓其能撙节而奏效速也。李、梁两绅请于大府,议叙以奖其劳。经祁制军贡咨部,赏给六品顶戴"。[③]秦文光由出任值事而受赏官衔的事实,表明了大魁堂值事所负职责,实与官吏相差不远。

　　嘉庆以后,由商贾出任大魁堂"外任值事"者逐渐增多。例如嘉庆十七年(1812)义仓新章程规定:二十四铺公推三人任义仓值事,其中有"殷产行店一人"充当。[④]又如光绪七年至十六年(1881—1890),佛山又进行了一次大清涌,当时的清涌值事班子是:"绅士值理区士冕、李佐朝、邓国基、潘钰泉;值理劳丰店、潘和店、□盛店、怡隆店、同□店、茂昌店、福利店。"前后共募捐得一万一千余两,尽数支出,使河涌深通,合镇乐利。[⑤]又如清末鹅湖乡人高广仁在佛山营商,"蒙行友举作万善堂值事,又被大魁堂选为义仓值理……反正(民国)之后,谬叨本铺绅耆举作佛镇议员"。[⑥]上述材料显示了清末大魁堂"外任值事"已由绅士与耆民的组合结构过渡到绅士与商人的组合结构。这反映了清末商人权力与地位的上升。

　　大魁堂值事与义仓值事及其清涌值事,是清代佛山代表合镇商民与官府打交道的正式代表,他们的意见,左右着官府的裁决。笔者注意到,乾隆五十五年(1790)呈请佛山分

---

①《劳氏族谱》卷首《缙绅》。
②《梁孝廉尔煤清沙策》,民国《佛山忠义乡志》卷二《水利志》。
③ 民国《佛山忠义乡志》卷一四《人物志七》。
④《佛镇义仓总录》卷一,第 38 页。
⑤《明清佛山碑刻文献经济资料》,第 209—248 页。
⑥《鹅湖乡事往还尺牍》(手抄本)。

府同知核定正埠租项章程的绅士与耆民的名单，正是"创议建仓值事"全班人马。[①] 因此有理由认为，在乾隆三年(1738)后，与官府打交道的绅士和耆民，大多就是大魁堂值事或义仓值事。兹根据有关材料将比较肯定的清代大魁堂、义仓、灵应祠和清涌值事名单列表如下：

表 14‑7　清代大魁堂、义仓、灵应祠、清涌值事姓名表

年　代	何　事	何　职	人　　名	资料来源
乾隆二十二年 (1757)	请禁里排颁胙	灵应祠首事	李成励(生员)等。	道光《佛山忠义乡志》卷一三《乡禁》
乾隆五十二年 (1787)	请禁正埠摆卖	大魁堂值事	区宏绪、唐材、劳潼、吴廷招；(以上举人)区士俊(贡生)、张遇阳、何斌、李君鳌、区应魁、陈绍兼、容天俊(以上生员)陈梦光、叶翰、陈君秀、冼梁、项绍烈、梁如点、谭松、李铨、苏惠、江德昌；(以上监生)梁奏南、陈绍善、冼奕昭、周渐壮。(以上耆民)	《佛镇义仓总录》卷一
乾隆五十五年 (1790)	请核定正埠租项	创议建仓值事	劳潼、霍超士。(以上举人)李凤阳(副贡)、张遇阳、区应魁、陈绍兼、冼湘、李天达、叶楚华、简居、叶谅华、劳作栋；(以上生员)陈君秀、杨惠鹏、曹应也、曹汝炜；(以上监生)李宁子、杨知士、梁圣宗。(以上耆民)	《明清佛山碑刻文献经济资料》，第108 页
乾隆六十年 (1795)	请准建义仓和积谷备赈	督建义仓值事	区宏绪、劳潼；(以上举人)张遇阳、陈君秀、陈江、劳文晃、梁文时、袁象天、冼梁、林绍昌、余文、陈绍兼、李荣邦、吴观文；(以上生员)黄仕林、梁均成、庞尚宾；(以上耆民)袁瑶伯、谢子贤、蔡明义、李广斌、蔡标。	《明清佛山碑刻文献经济资料》，第108 页
嘉庆四年 (1799)	请准复乡饮	大魁堂值事	耆民陈启贤等。	道光《佛山忠义乡志》卷一三《乡禁》
嘉庆十七年 (1812)	任 24 铺轮管头班值事	义仓值事	黄联启、李泽文、李大琦、谭厚昌、冯德贵、陈荣干、陈荣芳。	《佛镇义仓总录》卷一，第 40 页
嘉庆二十一年 (1816)	请准清涌	大魁堂值事	李荣邦(生员)。	《明清佛山碑刻文献经济资料》，第138 页

---

① 请参阅《明清佛山碑刻文献经济资料》，第 93、108 页。

（续表）

年　代	何　事	何　职	人　　名	资料来源
道光五年 （1825）	请开挖河涌、买蔗园村田	大魁堂值事	吴泰来、吴凤髦；（以上职员）林梁、冼沂。（以上举人）	道光《佛山忠义乡志》卷一三《乡禁》
道光六年 （1826）	总理庙事	灵应祠值事	冼沂、吴凤髦。（举人）	道光《佛山忠义乡志》卷六《乡事》
道光十五年 （1835）	与官员一起督理清涌工程	大魁堂值事、清涌值事	李可琼、梁蔼如；（以上进士）秦文光（耆民）。	民国《佛山忠义乡志》卷二《水利》
道光二十年 （1840）	募殓葬流尸	义仓值事	莫健翎、唐鳌、吴弥光、任应垣	《佛山义仓总录》卷二，第32页
道光二十一年 （1841）	总督琦善委以铸炮	大魁堂值事	梁应琨（候选布政司经历）等。	民国《佛山忠义乡志》卷一四《人物》六
同治年间 （1862—1874）	同治十一年清涌	大魁堂值事	梁应琨、王福康（按察司衔候选道）、李应棠（安徽池州府知府）等。	民国《佛山忠义乡志》卷一四《人物》六
光绪七至十六年 （1881—1890）	负责清涌工程	清涌值事	区士冕、李佐朝、邓国基、潘钰泉；（以上绅士）荣丰店、潘和店、□盛店、怡隆店、同□店、茂昌店、福利店。	《明清佛山碑刻文献经济资料》，第209—248页
光绪八年 （1882）	请禁占筑以便清涌	大魁堂值事	王福康、吴灿光、陈维表、何增祐；（以上绅士）何增庆、马德熙、汤龙章、戴鸿宪、戴鸿惠、骆天诒、吴世泰、冼宝干、冼森、许应鸿；（以上举人）王福、任鳌昌、张孟铺、蔡宗濂、蔡维杰、吴尚时；（以上生员）黎昌大（耆民）、邓国基、陈崇源、王英达（职员）。	《明清佛山碑刻文献经济资料》，第202页
光绪年间 （1875—1908）	管义仓建团练办学校修志书	大魁堂值事	冼宝干（进士）、莫洳洪、梁念堂、何赓韶、冯熙猷、梁兆贵、陈尚鉴。	《雪耕府君挽联》《祭轴汇录》
宣统年间 （1909—1911）	反正后为佛镇议员	义仓值理	高广仁（商人）等。	《鹅湖乡事往还尺牍》一
宣统年间 （1909—1911）	拟订义仓章程	大魁堂、义仓、董事	冼宝干（进士）、莫洳洪、戴鸿宪、梁世□、戴鸿惠、何颐、梁尔□、冯熙猷、梁念堂、梁兆桢、林树熙、卢葆林、冼鹏举、任超治、何舜门。	民国《佛山忠义乡志》卷七《慈善志》

从上表看，大魁堂值事人数没有一定。乾隆三年（1738）魏绾所定八人之数恐为最初之定额。以后随着绅士人数的增加而有所扩大，最多时可达二十五人，最少时也应有十余人。上表道光、同治间大魁堂值事数并非实数，因确知者仅上述数人，其余充任值事者不可得知。光绪年间的七人，也非实数。该材料来自冼宝干民国年间去世时的挽联祭轴，其中有"大魁堂同人"的挽联，署名六人。但当时大魁堂同人已去世几人，亦不可确知。录之如上以备参考。

有一点是可以肯定的，清乾隆三年（1738）以后，凡属关系合镇公益之事，就是由大魁堂值事、义仓值事和清涌值事出面与官府联系。他们的出面，往往能达到预想的目的。上表所列诸事例就是一证。即使遇到吏员刁难，他们也能越级呈控。如乾隆四十九年（1784），有商人李润汉、冯焕承办高要县麒麟硝厂，买通官吏，在佛山栅下河旁设厂，"干碍水道，贻害无穷"。大魁堂值理举人区宏绪、劳潼上控。但"时奸商李润汉、冯焕与书役通，事在必成"，官府踏勘之员袒护李、冯，区宏绪等遂上控于总督衙门，并发动商民呈控。一个月之内，就有里民梁万邦、白蜡公行龚万和、纸行王恒有和铁锅炉铺行陈鼎茂等激控李润汉、冯焕干碍水道，"总督孙悉其诈，抑司押拆，乡免淤塞水潦之患"。① 可以说，与吏员争理，必须具备足够的勇气和识见，这是一般里耆著民所不具有的。

此外，佛山籍在任仕宦的出面活动，亦成为佛山大魁堂绅士的奥援。清代佛山由进士出仕的官员较多，他们中不乏关心乡梓公益者。如侨寓李可蕃是嘉庆七年（1802）进士，授翰林院编修，改山西道御史，升兵科掌印给事中。还是举人时，李可蕃就与劳潼等人奏请建义仓。② 任京官后念及"粤东民食向赖粤西米接济，而米船过关，胥役勒索船户银规甚重"。李可蕃于是在嘉庆十六年（1811）上《条陈粤东积弊》四款奏请饬禁勒石，"乡人至今赖之"。③ 道光十年（1830），当时任贵州布政使的吴荣光探亲归家，恰遇官府查禁镇中赌博业，没收房产五所。吴荣光于是呈请总督李鸿宾、巡抚卢坤，将其产业拨给田心书院出租，以作课文之费。总督不仅慨允，还捐银一千两助之置产收租，"将两项租息加增田心书院会文奖赏之费"。④ 可见在任仕宦的影响力。吴荣光后升任湖南巡抚，成为佛山清代以来的第一个督抚大员。佛山大魁堂绅士更对其敬重备至，礼遇有加。后人曾有这样一段描写：道光十八年（1838）吴荣光告假归家为母祝寿，佛山乡绅预先在正埠码头"高搭牌楼迎迓"。吴荣光"坐驾未泊岸，全市绅士耆老，联袂趋至码头歌迎。及至老母拜寿日，奉觞踊祝者，约有五六百人。吴藉母氏拜寿，收受戚友馈送围屏锦帐，等于金谷石崇。设筵宴宾者分以五日，其人数可想而知。及吴首途回楚，观送者数千人"。⑤ 佛山在任仕宦的存

---

① 道光《佛山忠义乡志》卷六《乡事》；《禁设硝厂碑》，《明清佛山碑刻文献经济资料》，第 83 页。
② 《明清佛山碑刻文献经济资料》，第 96 页。
③ 道光《南海县志》卷三九《列传八》；道光《佛山忠义乡志》卷九《人物志》。
④ 道光《佛山忠义乡志》卷六《乡事志》。
⑤ 曹石公：《吴荣光兴替史》，《南海日报》民国三十六年四月二十日。

在及其积极为桑梓谋利益,成为大魁堂士绅的有力支柱。大魁堂士绅之所以与官府打交道比较顺利,是与他们背后的政治影响力分不开的。

(四)大魁堂管理系统与机构

大魁堂是整个佛山社区的权力中枢。在大魁堂之下实分为祖庙和义仓两个主要子系统。在祖庙值事班子下面还有"司数"若干,具体管理日常收支。在义仓值事班子下,有各铺值事协同督理,还有"司数"具体管理收支项目,形成不同层次的管理层。后来又增加了田心书院,亦归属大魁堂管理。兹将大魁堂系统图列如下:

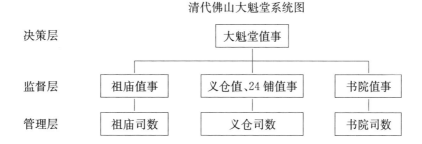

清代佛山大魁堂系统图

上述大魁堂下面的三个子系统,各具功能,祖庙系统负责祭祀,兼具赈济;义仓系统负责赈济和公益建设;书院系统负责课文兼具侨寓祭祀。如此,大魁堂就在维系传统文化、控制社会不安以及提高教育水准三个方面起着重要作用。

列维·施特劳斯曾经阐明,文字和其他有意义的符号具有另一种价值。因此,信息的交换在各种社会系统的整合中起着必不可少的作用。在一个社会系统中,控制信息流动的人实际上控制着整个系统。[①] 大魁堂及其所集合的佛山士绅,就是控制着整个佛山社会系统的核心。

综上所述,大魁堂是清代佛山土著里排势力下降、侨寓和士绅势力抬头的产物。乾隆三年(1738)以后,佛山士绅通过组织大魁堂,掌握了祖庙、义仓以及田心书院的管理权,控制着合镇的祭祀、赈济和教育事业,决定着合镇公益事业的发展进程,在清代佛山社会生活中扮演着举足轻重的角色。如果说明代嘉会堂是明末新兴士绅集团整合佛山八图土著的社会权力机构的话,那么,清代的大魁堂,就是清代前期士绅重新整合侨土杂处社会的权力机构。大魁堂所具有的功能及其内部值事身份构成的变化,就是这一整合过程发展的证明和结果。

二、八图公馆与土著居民

乾隆四年(1739),佛山土著居民建立了一个包括明代八图各氏族的"八图公馆",额题

---

① [美]博克:《多元文化与社会进步》,第177页。

赞翼堂（又称八图祖祠）。乾隆四年《鼎建公馆铺舍碑文》记载：

> 夫家之有庙，犹族之有宗祠，专所以妥祖宗而广孝思也。吾乡自明景泰以御寇萧养有功，敕封忠义乡，时里户八图八十甲，历今数百余年，凡属子孙，邻充里役，急公无误。但岁时伏腊，所有神诞及乡饮，或递年花红办纳催输，苦无公馆，是为缺典。况八十族之户口繁多，而当事之苦自催科，安能倾盖道左。爰集同人设为公馆，因建祖遗圣乐官左隙之地，该税六分零，通八十户之祖户，广八十族之子孙，共计四百有奇，每名义捐五钱，共成公馆两座，外设小铺六间，计其息入则足以供尝祀，而公馆之内，则又足以祈晴课雨，以及商议急公之事。鸡黍桑麻，不失出入同井之意。是役也，亦（由）[犹]家之有庙，族之有宗祠，同一美善焉。① （图 14－1）

图 14－1 "八图祖祠"石额。始建于乾隆四年(1739)，现存佛山市博物馆

公馆的功能主要有三：一是"办祭"，公馆内"奉祀先祖金牌"，②即各族开建图籍之先祖神位；二是"乡饮"，每年正月初八日为"八图乡饮"日，八图父老在当天中午集中八图公馆"午叙"，当年轮值之图亦每甲一位参加乡饮；③三是"收租"，每年定期"集众互劝限期输课"，④其组织办法是，"每年值事收租、办祭，俱以挨甲轮丁"。⑤ 即值事由甲长充当，按图轮甲，每甲一年，当年轮值者称"现年"。如佛山二十图十甲轮值现年规定为："一甲壬年，二甲癸年，三甲申年，四甲乙年，五甲丙年，六甲丁年，七甲戊年，八甲己年，九甲庚年，十甲辛年。"⑥赞翼堂津贴公费和现年办纳津贴公费由各甲每年支给，例如二十图五甲每年定例"支给八图现年津贴公费银三十两正"。⑦

"八图公馆"是一个超宗族(血缘集团)的地缘性团体，它包括了佛山土著梁、霍、陈、卢、岑、区、黄、冼、伦、何、简、李、高、布、罗、苏等 16 个姓氏，456 个男丁。⑧ 他们的祖先都

① 《明清佛山碑刻文献经济资料》，第 46 页。
② 同上书，第 46 页。
③ 《南海鹤园陈氏族谱》卷四《杂录》。
④ 道光《佛山忠义乡志》卷七《乡防志》。
⑤ 《明清佛山碑刻文献经济资料》，第 46 页。
⑥ 《南海鹤园陈氏族谱》卷四《杂录》。
⑦ 同上。
⑧ 鼎建公馆铺舍碑文拓片。

是在明初前迁入佛山的。笔者注意到，即使曾在万历出过庞景忠的大墟庞氏亦不在其间。因此这些人是佛山典型的原住民——土著。

为什么佛山土著居民要在乾隆四年(1737)建立"八图公馆"？

如上所述，乾隆三年(1738)后建立了大魁堂，祖庙尝产实际由大魁堂控制。大魁堂既由绅士所组成，侨寓人士的利益日益渗透进其决策中，这样地缘性的利益上升，血缘性的利益下降，而祖庙尝产日益用在合镇的公益事业上，日渐与八图土著的利益相脱离。八图土著大多数人失去了饮宴、颁胙等的利益，使八图里民觉得有必要重建一个类似于祖祠的机构。"八图公馆"的建立，就是适应这一需要。正如其碑文所言："岁时伏腊，所有神诞及乡饮，或递年花红，办纳催输，苦无公馆，是为缺典。"这是其一。

其二，越来越多的侨寓人士把田地、铺屋等寄籍于土著名下，造成土著户籍的严重混乱。史称："主客并峙，嫌隙易生。"[1]侨寓人士没有户籍，交易后地税不能过割，于是仍由土著承担。例如乾隆九年(1744)，金鱼塘陈氏陈德珍，卖屋一间，为朱宅承买。其地税八厘，原在一百一十八图一甲陈祥户子户陈子良户内。"今因买主未有户口收入，言定每年贴纳粮银四分五厘。所有帮役、现年使费，俱在其内。断不借端需索，与夫日后推收揸逼等情。其上年印契，一派相连，不能付执。此系二家情愿"。[2] 又如乾隆二十三年(1758)李彦佐卖一座三间屋与黄厚德堂，亦因"言明此屋税属在零星，难以收割归户，每年补回贴纳银五分"。[3] 补回贴纳银抵地税的方式是双方"情愿"的临时方式。然而商业都市变化甚快，一旦买屋者转卖给下手，或因破产抵偿亏欠时，其上手的协议就会失效。与此同时，土著氏族到他乡为贾者甚众，人口的流动，使土著人口日少。如鹤园冼氏自十八世至二十二世，每世合族平均 43.6 人。正如其谱所言："计开族至今五百余年，中叶盛时丁口不过百余。七世至十六世以次递增，十七世以后以次递减。长房则绝，而复续能无末弱之惧哉？推原其故，由佛山人罕服农，族丁营业他乡，每不著籍。又贫乏者多，婚娶失时焉。"[4]但是，虽然宗族人口流散，而地税尚在。"顺治以来图甲如故，而里长无权。不肖官吏复有甲绝图补之说。遇轮值之年，举族不嫁娶，土著坐是离散"。[5]

更为严重的是诡寄飞洒之弊。侨寓人士把所置土地诡寄于土著某甲户下，贿官府注籍，官府每注一籍，收助册金经费五百两至六百两，[6]官府利其银两，亦来者不拒。然催收租税只问甲户，而甲户却不知有附甲者。同治《南海县志》记载了南海县的飞洒之弊：

> 尤可恨者，或买田无户可归，或有户可归亦不归本户，属胥吏开一户名，将其粮附

① 《重修佛山堡八图祖祠碑记》，《明清佛山碑刻文献经济资料》，第 257 页。
② 《明清佛山碑刻文献经济资料》，第 487 页。
③ 同上书，第 489 页。
④ 《鹤园冼氏家谱》卷三之二《宗支谱·世系寻源表》。
⑤ 《鹤园冼氏家谱》卷三之二《人物谱》。
⑥ 《南海氏族·佛山堡》，第 49 页。

他人甲内，谓之附甲。而为所附之甲实不知也。初时钱粮早清，并无蒂欠，官亦不问其户属何甲。及日久生心，或卖田不割税，或田庐荡尽，私自逃亡，钱粮无着，官不得已责所附之甲，求其花户。而本甲茫然。谓甲内并无此户，并无此姓，不知人之私附之也。[1]

佛山八图土著乃是南海飞洒之累的首当其冲者，正如冼宝干在民国《佛山忠义乡志》卷四《赋役》引用了上文后慨叹说："吾乡八图八十甲，饱受飞洒之累。"

面对此无妄之灾，八图土著不得不起来自救。其自救的办法就是建立八图公馆。很明显，八图公馆建立的目的之一，就是要把自己从混杂中区分出来。在这一点上与行会有类似之处。他们只承认明初开图建籍者为其同人，"通八十户之祖户，广八十族之子孙，共计四百有奇"。从其名单看，皆为正图正甲之丁，别无附图及另户者，可见，除明初八图子孙外，其余皆"非我族类"，图末甲末之户一概不入八图公馆。这样八图公馆虽然人数不多，但很纯正，易于催输，易于管理。同时，地缘性的团体又比单一的血缘集团能更容易取得官府的认可。以八图公馆的形式与官府打交道，当然比宗族更有力量。所以八图公馆一建好，就请曾经禁止八图里排宴饮颁胙的南海县知县魏绾题记，魏绾为之作《赞翼堂记》，内有"开图建籍，直省皆然。惟粤东广州郡属南海县内佛山乡为特异。佛山一乡内开八图，编八十甲，税富丁多，里皆仁厚"一句，[2]向为佛山土著人士引以为豪。

由上可知，八图公馆的建立乃有着深刻的历史背景。八图人士在乾隆初年才感到有必要集中祭祀自己的祖先，集中催输税粮和集中商议公事，其实是在日感没落的时刻重整旗鼓的一种表现。我们知道，明代的佛山，实际是八图土著的佛山，佛山的利益就是他们的利益。他们的利益是与佛山的整个利益联系在一起的，根本不需考虑竞争团体的组建。而清代佛山，由于侨寓的涌入，佛山的整个利益逐渐与侨寓联系而与土著脱离。血缘性团体的利益和地位日益让位于地缘性团体的利益和地位。在这种情况下，把原来主要由血缘集团（甲户）承担的事务，交由地缘性团体（公馆）承担，就成为必要。八图公馆的出现，就是地缘性团体分化组合的结果。

八图公馆的建立并取得南海县官府的认可，对八图土著居民的利益带来了重要的影响。乾隆年间，佛山八图就曾顺利地对其诡寄另户进行了清除。乾隆四十二年（1777），二十图控告诡寄图末之林琳等抗延积欠，而册房匿不与闻，图差籍以居奇，索累无底。南海县遂牌谕派书，"将诡寄图末之梁仲科二户，拨回佛山堡本图二甲梁承相户内；林琳、唐德兴、邓晋阳、邵登四户，拨出客籍城西一图；其逃亡之何大仑等，立十甲同一柱编征输纳"。同时"示饬上纳银米，每油单一张，止许收铜钱三文，赴抄实征，每户收铜钱三文，图差每图

---

[1] 同治《南海县志》卷六《经政略·图甲表》。
[2] 魏绾：《赞翼堂记》，《明清佛山碑刻文献经济资料》，第 47 页。

每年止收饭食银一两。俱不得额外多索"。随后二十图订立条款："清除诡寄。嗣后永不许另户挂在本图之末。该甲值年、殷丁亲赴册房清查图尾,有无另户,抄传十甲。倘查不力,责在值年。如有匿名保结诡寄者,及册房刁揞隐匿不抄,十甲联名禀究。"接着,乾隆四十三年(1778),一百一十六图何厚贵等;乾隆五十一年(1786)二十一图区广德等,都先后"禀准勒石示禁,大略相同"。①

尽管八图对诡寄之户的清除作了很大的努力,但寄在图末的另户就像黏附在海船上的蚝壳一样不可遏止。另户的地位越来越公开化、合法化。道光年间佛山堡八图共登载 983户,附图另户就有 411 户,占 41.8%。其中百十四图附图另户 180 户,占该图的 78.6%。② 这是公开公布的图甲表,其实附图另户远不止此。《南海氏族》对佛山堡的应税人口数及税地所在地点有详细的登载,该书记载佛山应税人口可分为三类:第一类是佛山八图的正图、正甲户,第二类是八图的另图、另甲户,第三类是税地在外堡的人口(如吴荣光家族吴煦环祖和吴鸿运祖就有税地在深村堡)。第一类人口是土著,有 3 213 丁;第二、第三类人口是侨寓,有 5 259 丁,其中第二类 3 014 丁,第三类 2 245 丁。寄图者几占其半。就是在第一类正图、正甲户中,显然也有侨寓的姓氏开户在八图正图、正甲户中。试看如下几例:

潘东来祖合族男丁三十五名,开百十六图二甲;

曹良宰祖合族男丁六十二名,开百十四图七甲曹永昌户;

邵以敬祖合族男丁九名,开百十五图七甲邵颢户;

张允中祖合族男丁九名,开百十九图十甲张友于户;

伍耀南祖合族男丁四十名,开二十二图一甲伍世昌户。

潘、曹、邵、张、伍都不是土著姓氏,他们公开出现在应税人口册上,说明此时八图正图、正甲的人口成分构成也开始变化,其人口已非纯正的土著人口,侨寓人口也已挺进到土著的基本群体内,在八图八十甲占据一席之地。

八图人口的这一变化,是与道光以后宗族组织的日益解体相联系的。正如冼宝桢所言:"道咸中,本堡人才略不逮昔,诸务稍弛,情谊未联,国课或缺输将,图末半多诡寄。祠宇将圮,更未暇过而问焉。"③诡寄之累的包袱几乎在咸丰八年(1858)把八图人士压垮。当年知县陈善圻"催征尤迫,绝户及诡寄各户欠粮,悉责之正图、正甲,逮捕累累。受累之家,无不破产。而积欠亦自此一清"。④

于是,以鹤园冼氏冼宝桢为首的八图土著,痛下决心,前后花了 20 年整顿,创立了"联图纳粮之法","八图人士,惩前毖后,集议于赞翼堂。筹画善后,先与册书关说,优给笔资,

① 《佛山堡二十图奉断禁另户陋规碑》,民国《佛山忠义乡志》卷一七《乡禁志》。
② 道光《南海县志》卷七《图甲表》。
③ 冼宝桢:《重修佛山堡八图祖祠碑记》,《明清佛山碑刻文献经济资料》,第 257—258 页。
④ 民国《佛山忠义乡志》卷四《赋税·图甲》。

钞取实征册，据图若干户、若干米、诡户若干，均得其确数。乃定为联图纳粮之法。于是甲清其甲，图清其图，凡有粮花户，各有铺屋，献出八图祠作输粮公产，刊石门首，永禁变卖"。所谓联图纳粮法是："图则轮甲当值，八图则轮图当值，以熟谙粮务者为之。每岁分上、下两忙完纳。先期由八图当值。查照征册，开列清单，通知各图，自行投纳。另示期集祠，缴验串票，完纳者有奖，不完者有罚。赏罚明而法行矣。"同时再以八图名义召集均益会和三益会，征银作为祠产生息。以备各户不能如期交纳时公垫，待后议息归还。至于诡寄各户，"查得实址，仍令献业抵偿，岁钞实征，查有诡寄，即禀官开除。自此年清年款，飞洒之弊亦绝"。①

然而，尽管土著人士不断地努力维持八图组织的纯洁性，但商人附图占籍乃至进入正图、正甲的仍不乏其人。例如原籍新会的陈际尧，经商佛山，"在禅地建房屋，与兄同居，所开水隆烟业行及田产租息，皆与兄共之………既奠居佛地，遂占籍南海县佛山堡百十九图十甲陈妙才户。重建八图祠，置松荫园，维持粮务，咸与有力"。② 可见侨寓人士进入八图祖祠的核心，在清末也已成为公开的事实。

八图公馆建立的初衷是为了保护土著群体的利益，在它存在发展的过程中，也曾为此付出了很大努力，取得了某些成效。但它的最终结果是可悲的，它未能抵挡住侨寓的攻势，终于在重压下对侨寓作出让步。这样，原来以八图土著各个血缘群体联合组成的地缘性组织就发生了质变。这一变化，反映了侨寓群体与土著群体在佛山社会结构中势力的消长与变化。

三、佛山同知与"文武四衙"

明代官府没有在佛山设立机构。清顺治四年，始有通判屠彪到乡驻防，以文昌书院为衙。陈炎宗说："本乡有官自此始。"③以后每隔一两年就新派一位驻防官，或以同知衔，或以经历衔出任佛山驻防官，直到康熙五年（1666）止，前后共派驻 14 名。④ 但驻防官并非常设机构。佛山有正式的官府机构是清代前期陆续设立的文武四衙。所谓文武四衙，是指佛山同知署、佛山都司署、佛山千总署和五斗口巡检司署。尤其是佛山同知署的设立，标志着佛山镇受到两广官府和清朝廷的重视，开展了系列针对佛山同知的制度设计和安排，从而提升了对佛山的管理深度，从政治、经济、社会治理等方面将佛山纳入清王朝体制。

1. 佛山同知署的设立

佛山同知署全称"广州府佛山海防捕务同知署"，雍正十一年（1733）设立于丰宁铺十

---

① 民国《佛山忠义乡志》卷四《赋税·图甲》。
② 民国《佛山忠义乡志》卷一四《人物七》。
③ 乾隆《佛山忠义乡志》卷三《乡事志》。
④ 乾隆《佛山忠义乡志》卷二《官典志》。

字路,雍正十三年(1735)迁至莺岗原都司旧署处。①

佛山同知署的设立,起始于广东巡抚杨永斌给雍正皇帝的奏言。雍正十年(1732)杨永斌上奏疏称:

> 窃照广东省城洋商贾舶云集,而一应货物俱在南海县属之佛山镇贸易。该镇绵延十余里,烟户十余万。五方杂处,易于藏奸。缘距县治五十余里,南海省会附郭,治理繁剧,一应稽查,鞭长莫及。向设有五斗口司巡检一员,职分轻微,不足以资弹压。臣察情形,必得一大员驻扎稽查,庶为严密。应请设立同知一员驻扎佛山镇。铸给关防,专司督捕稽察。一切奸匪及赌博、私宰、私煽铁炉等项,仍隶广州府统辖。如此,则弹压得宜,稽查严密,于地方大有裨益。②

杨永斌的意思是佛山户口繁庶,五方杂处,易于藏奸,五斗口司巡检不足以弹压,应设分府同知署。雍正十一年(1733)杨永斌再上《题为要地需员弹压等事》疏,③对佛山同知的管理职能、管辖范围、衙署位置和官缺配置均作出详细规划。关于佛山同知海防捕务的管辖范围,其疏称:

> 查佛山与顺德、三水二县接壤,应将南海、顺德、三水三县捕务,分与佛山同知就近兼辖。

佛山同知的管辖范围不仅仅是佛山镇和附近十堡,而是兼管三县海防捕务。如此,就在南海县地域上设置了一个超越南海知县和番禺知县的管辖范围的行政机构。

关于佛山同知的衙署位置,其疏称:

> 查有原驻佛山左翼镇标右营游击,先因移驻所遗游击旧署,现为佛山汛千总衙署,但坐落大湾,地处佛山镇西北边隅。惟驻防佛山之都司衙署,居佛山镇之中。应将都司移驻游击旧署,将现在都司衙署改为同知衙署。其汛防千总,查有佛山镇东南隅彩阳里,官买西洋人房屋,应改为千总衙署,则同知衙署居中,都司衙署居镇西北,千总衙署居镇东南,相为犄角,弹压、巡查甚属相宜。

同知衙署居中,给予佛山同知居于佛山镇中心的位置,代表了清朝廷将加强对蓬勃发展的佛山镇实施更为有力的管治。

关于佛山同知的官缺(官职)配置,其疏称:

> 添设佛山同知,驻扎要地,兼管三县海防捕务,应列为要缺,并俟请题准。添设之

---

① 乾隆《佛山忠义乡志》卷二《官典志》。
② 《朱批谕旨》第52册,第13、14页。
③ 《题为要地需员弹压等事》,中国第一历史档案馆编:《雍正朝内阁六部史书·吏科》(70),广西师范大学出版社2002年版。

日,在于本省同知内,拣选调补,俾要地收得人之效。

杨永斌的奏疏,得到雍正皇帝的准许。但是,如何选到胜任的佛山同知并不是件容易的事情。清朝规定同知官品为五品。杨永斌在奏折把佛山同知"列为要缺",按清朝吏部选官则例,"要缺"(重要职位),选官可由本省同知官员拣选调补,但其选官若有被参告、被罚俸或有未完案件者,则不合此例。[①] 由于清朝吏部对官员考核相当严苛,官员罚俸几成常事。比照此例,粤东全省几无官员符合条件。故此,雍正十一年设立佛山同知署后,杨永斌迟迟选调不出可胜任之官。雍正十二年(1734)杨永斌再上《为要地需员弹压请添设同知以便吏治民生事》奏疏称:"查通省各同知,其中可以胜任者皆有参罚、未完案件,与调补之例不符;其合例者,又皆循分供职之员,不胜佛山同知要缺之任,未便调补。"[②]奏请在朝廷"简发计名人员"中补授。清廷对佛山同知官缺派员十分重视,第一任佛山同知王联晋由大同守左调任佛山,"以简静为治",颇得民望。"甫三载,卒于官,民思之不衰"。[③] 乾隆《佛山忠义乡志》将王联晋列入《名宦志》第一人。[④] 乾隆四年(1739)第二任黄兴礼由江南贡生署理佛山同知。

有清一代,佛山同知的遴选、任命与考核,均由吏部严格执行。两广督抚只有推荐权,没有任命权。随着乾隆以后佛山工商业的繁荣发展,清朝吏部不断提升佛山同知的官缺级位。嘉庆年间吏部有佛山"系冲繁中缺",佛山同知"应归部选"之例;[⑤]道光年间吏部有佛山"系繁难要缺",佛山同知"例应在外拣员调补"之例。[⑥] 清朝官职任命,"要缺"是指重要官职,"繁难要缺"则重中之重。两广只有佛山和澳门的同知官为"繁难要缺",可见朝廷对佛山任官之重视。这里所说的"部选",就是直接由吏部选调,部选是面向全国选调任命佛山同知,也即是"在外拣员调补"。但随着粤省官员逐步成长,后来吏部同意"将佛山同知缺扣留粤省拣补"。[⑦]

清朝皇帝也特别重视对佛山同知的任命及其考核。如乾隆六十年(1795),时任大学士、吏部尚书和珅曾选调了杨楷任佛山同知。乾隆皇帝驾崩后,嘉庆皇帝立即除掉和珅,整顿吏治。嘉庆帝对杨楷操守提出质疑,在两广总督吉庆对杨楷考成的奏折朱批称:"朕

---

① 《为要地需员弹压请添设同知以便吏治民生事》,中国第一历史档案馆编:《雍正朝内阁六科史书·吏科》(77),广西师范大学出版社 2002 年版。

② 同上。

③ 乾隆《佛山忠义乡志》卷七下《名宦志》。

④ 同上。

⑤ 嘉庆四年十二月初八日两广总督觉罗吉庆等为遵旨保举堪胜知府之员仰祈圣鉴事,中国第一历史档案馆藏宫中朱批奏折,档号：04 - 01 - 13 - 0122 - 004。

⑥ 道光十五年三月二十八日吏部尚书穆彰阿等为详请提升要缺同知事奏折,中国第一历史档案馆藏内阁题本,档号：02 - 123 - 10164 - 18。

⑦ 嘉庆三年四月初七日大学士吏部尚书和珅等奏折,中国第一历史档案馆藏内阁题本,档号：02 - 106 - 8278 - 15。

闻此人善于捕盗，然才有余而守不足。未知确否？”[①]所谓“守不足”，即指杨楷或有贪腐问题。因杨楷到任后实心办事，深得民望，经吏部会同两广总督吉庆查核，杨楷并无守成问题，遂继续任用。

清例，凡补授同知之员，要送部引见。送部引见是得到皇帝新任命的阶梯，如杨楷任命佛山同知之前有三次送部引见，均得到乾隆皇帝下旨提拔。[②]

凡捐纳官员任同知之员，需要试俸署理三年，三年期满，由所在省布政使会同按察使对其能力和操守进行考核。考核通过，奏请皇帝实授官职。如乾隆五年(1740)五月初四日署理广东巡抚王謩题奏：“广州府佛山同知黄兴礼系由监生捐纳州同，又捐光禄寺署正并同知，双单月即用选授之员。于乾隆二年二月十七日到广州府理事同知任，奉文调补佛山同知。乾隆三年六月十八日到任。两任接算连闰试俸已满三年。该员操守清谨，办事勤慎。详候具题，准其实授。”[③]根据清宫档案记载整理，清代佛山同知调选官员试俸后实授的有：黄兴礼，乾隆五年实授；毛维锜，乾隆十九年九月试俸满请实授；赵延宾，乾隆二十三年实授；陈景埙，乾隆三十三年题补授；李传鐄，嘉庆二十年实授；徐青照，道光六年实授；杨德埙，道光十四年补授；李大封，道光二十六年补授；程乃□，咸丰七年补授；海廷琛，咸丰九年补授；张起鹍，咸丰十年补授；陈毓书；同治二年补授；黎正春，题同治七年补授，遵旨议驳；高纪，光绪十一年补授；张宏运，光绪二十八年补授；王寿民，宣统二年补授。上述官员都是在署理佛山同知三年后得到实授佛山同知官位，唯有黎正春，受到吏部议驳，未予实授。[④]

同知回籍省亲，也必须由吏部奏准皇帝批准。乾隆三十二年(1767)七月，大学士兼吏部尚书和珅奏请称：“叶汝兰，直隶拔贡，现任广东佛山同知，呈请给假修墓等情，应照例准其给假一个月回籍修墓。”乾隆皇帝朱批：“知道了。”[⑤]与此同时，清朝廷对佛山同知的处罚也十分严厉，试举一例。乾隆九年(1744)甲子科乡试，广东贡院文武二场需“修理贡院教场并置办花枝杯盘等项”，广州知府行令佛山同知田弘祚领衔承办，南海县知县吴尚友、番禺县知县万承式协办。[⑥] 事后题请朝廷报销银两九千九百七两八钱八厘。经工部反复查核，前后驳查三次，直到黄兴礼告休回籍此事仍未解决。继任的佛山同知姚廷珖、张汝霖继续题请报销，均无结果。直到乾隆十五年(1750)乾隆皇帝特发恩诏，“以前相应宽免”。工部因此奏准“文武二场置办花枝杯盘廪给各次共核减银五百一两六钱一分六厘三

---

① 嘉庆四年十二月初八日两广总督觉罗吉庆等为遵旨保举堪胜知府之员仰祈圣鉴事，中国第一历史档案馆藏宫中朱批奏折，档号：04-01-13-0122-004。

② 嘉庆三年四月初七日大学士吏部尚书和珅等奏折，中国第一历史档案馆藏内阁题本，档号：02-106-8278-15。

③ 乾隆五年(1740)五月初四日署理广东巡抚王謩等奏折，中国第一历史档案馆藏内阁题本，档号：02-62-3829-36。

④ 根据中国第一历史档案馆藏《清宫档案・吏科》抄出广东巡抚题本整理。

⑤ 乾隆三十二年七月大学士吏部尚书和珅等为汇题事奏折，中国第一历史档案馆藏军机处录副，档号：03-103-7896-26。

⑥ 乾隆十六年十一月初一日大学士兼理工部事务史贻直为核议广东巡抚题请核销甲子科文武乡试奏折，中国第一历史档案馆藏内阁题本，档号：02-01-008-000834-0015。

毫四丝三忽七微五仟，又修理贡院核减银三两一钱八分二厘二毫"，"一并在于原承办之原任佛山同知黄兴礼告休回籍江南徽州府休宁县著落照数追解"。其余各官均同受罚俸，佛山同知姚廷珫、张汝霖造册违限一月以上，罚俸三个月；违限四月以上之南海县知县暴煜、番禺知县万承式，均照例罚俸一年，因万承式有纪录二次，抵罚俸一年，免其罚俸。惟新任"佛山同知毛维锜尚未及限，已据出册详送，无庸议"。[①]

由上可见，佛山同知从官缺设置到调任考成，始终在朝廷掌握之中。其在清朝官员体系中的等级地位也高于南海县和番禺县知县。

2. 佛山同知的管辖范围与管理职能

关于佛山同知管辖范围，雍正十一年(1733)杨永斌规划了佛山同知捕务管辖范围不仅仅是佛山镇和附近十堡，而是兼管南海、顺德、三水三县海防捕务。乾隆八年(1743)九月初三日，吏部尚书张廷玉题奏"应如该抚等(两广总督王安国等)所请，从化县、花县捕务准其归于佛山同知管辖，以专责成"。得到乾隆皇帝准许。[②] 因此佛山同知成为统管一镇五县(南海、番禺、三水、从化、花县)捕务的行政机构。

关于佛山同知管理职能，雍正十一年(1733)杨永斌规划了佛山同知"专事稽查"的管理职能。[③] 其疏称：

> 兹臣等查察情形，应请添设佛山同知一员驻扎其地，专事稽查所有佛山镇并五斗口司巡检管辖之十堡地方。除命盗等案并一切户婚、田土事件以及军流等罪犯，应由地方官承审，其余一切盗、逃、赌博、私铸、私宰、私贩、拐骗、斗殴、掏摸等项词讼，听该同知就近审理详结。

杨永斌将佛山同知职能与南海知县职能作了区分，命盗、户婚、田土赋税、军流罪犯，由南海县官承审；"其余一切盗、逃、赌博、私铸、私宰、私贩、拐骗、斗殴、掏摸等项词讼"，听佛山同知就近审理。

现根据清代史料中关于佛山同知的具体记载，对佛山同知的管理职能作进一步的在职描述。

佛山同知的管理职能可以概括为维护治安和缉拿私铸、管理对外贸易和监督军火生产、兴修学校三个方面。

维护治安是佛山同知的主要职能。历任佛山同知都把治安管理作为第一要务。如首任佛山同知王联晋即"以简静为治，严关防，绝请谒。量留书役数人，余悉遣归农。曰：吾

---

① 乾隆十六年十一月初一日大学士兼理工部事务史贻直为核议广东巡抚题请核销甲子科文武乡试奏折，中国第一历史档案馆藏内阁题本，档号：02-01-008-000834-0015。
② 乾隆八年九月初三日两广总督等王安国等为遵旨密议其奏事奏折，中国第一历史档案馆藏内阁题本，档号：02-65-4136-23。
③ 《题为要地需员弹压等事》，中国第一历史档案馆编：《雍正朝内阁六部史书·吏科》(70)。

欲与民相安于无事,若辈且去教民缮道途,修栅闸,盗贼屏息,奸蠹不容"。① 而以捕务著称的佛山同知是杨楷,杨楷于乾隆六十年(1795)由山东同知调任佛山同知,"廉明干事,遇疑难大讼,辄往元武庙审鞫,立予剖断,民咸悦服"。② 当杨楷初到佛山时,乡间匪党欲谋劫佛山,"楷廉知其情,请于总督觉罗(吉庆)长拨兵数十,亲率兵往捕。尽获,宥于法,乡及邻堡以安。……嘉庆己巳,洋匪焚劫澜石,将逼佛山。绅士赴省求援,适楷在省。总督百[龄]委楷率兵炮以往,匪闻风遁去"。③ 连嘉庆皇帝也听闻杨楷善于捕盗之事。

管理对外贸易和监督军火生产是佛山同知衙门的重要职能。清代广州府管理着广州、佛山和澳门三大商埠,佛山同知是协助广州知府的得力助手,有关佛山或澳门的贸易事宜,常由佛山同知负责。根据毛维琦的记述,乾隆十五年(1750),"西洋波尔都噶尔亚国(葡萄牙)遣使通贡,大吏檄予送之入觐。南北奔走,逾年而返。返则又承乏澳门五阅月,而代距商确之日两年余矣"。④ 毛维琦乾隆十六年(1751)任佛山同知,不久奉檄陪送葡萄牙贡使入京。返粤后又长驻澳门五个月,直到商确始返佛山驻扎。可见其参与了澳门贸易的部分工作。

清代广东官府规定,所有佛山镇铸造的食锅农具,凡出口外洋或海运赴雷、琼二郡者,"均在佛山同知衙门给照出口。食锅等项数至五十连以上即行给照,以便海口稽察"。⑤ 土铅和洋铅的运销,亦由佛山同知衙门向水客印发运照,并"能饬韶、梧、肇三关,照例稽查"。铅斤运到,铅务公所司事报明佛山同知,"验对印单。将铅起贮公所,仍由司事将水客姓名、铅斤数目,按月列册禀运。该同知照造通缴"。⑥ 此外,佛山镇米价是通省的标准价,佛山同知、五斗口司衙门每逢五、逢十要向广东官府报告米价。⑦ 可见佛山同知衙门担负着管理监督佛山镇米、铁、铅等物贸易和流通的责任。

监督军火生产也是佛山同知衙门的重要职能。清代广东官府在佛山的铸炮工程,亦由佛山同知与佛山都司会同监造。现在我们能看到的铁炮铭文,就有"佛山都司李,佛山同知苏监铸""佛山都司韩,署佛山分府升用州正堂苏监造"等字样。⑧ 道光二十八年(1838)佛山同知顾炳章还代广西省前往香港、澳门等处,陆续购买"外夷原铸洋铁炮七百斤重两尊,六百斤重四尊,五百斤重十八尊,三百斤重十四尊,共计夷炮三十八尊"。⑨ 关于佛山同知在铸造广炮中所起到的作用,详见第十二章《清代佛山的广炮铸造》,此处

---

① 乾隆《佛山忠义乡志》卷七下《名宦志》。
② 陈徽言:《南越游记》卷一《山水古迹异闻·佛山》。
③ 道光《佛山忠义乡志》卷八《名宦志》。
④ 乾隆《佛山忠义乡志》卷一《毛序》。
⑤ 《两广盐法志》卷三五《铁志》。
⑥ 黄思彤:《粤东省例新纂》卷三《户·铜铅·采买白铅》。
⑦ 《佛镇义仓总录》卷二《劝七市米户照实报谷价启》。
⑧ 《明清佛山碑刻文献经济资料》,第508、509页。
⑨ 《奉购解广西铜铁夷炮》,《解运广西炮公牍》(不分卷稿本),原件书号:80/1.50.21。

从略。

兴修学校向为历任佛山同知倡导力举。乾隆八年(1743)，佛山同知黄兴礼见"向所谓社学者库隘，不足以容"，士子多"另觑民舍以为肄业所"，遂倡议建设汾江义学，择地栅下铺广德里，"割俸三百金为倡"。冯乔梓率诸绅士踊跃捐输，一共捐得白金"一千缗有奇"。落成之日，"诸生之负笈而趋者咸欣欣然有喜色，请志其事"。黄兴礼遂撰《汾江义学记》。① 冼宝干论此事言："考是时初设同知，黄司马莅任伊始，首先兴学，可谓知所先务者矣。"②乾隆十九年(1754)，佛山同知毛维琦在汾江义学内增建求志斋，其撰写的《汾江义学增建求志斋记》言："予下车月课诸生，临视慨然，思有以广之。适有镪金，乃于义学右偏隙地复构讲堂，翼以庑廊，颜曰'求志'。"③乾隆三十一年(1766)佛山同知祖承佑"下车与诸生相见，即殷殷以勤学为第一义"。又以灵应祠岁办所余之羡金重修汾江义学。事竣后为之题记，强调"节无益以助教泽，固莅汾江者所宜留意也"。④

3. "文武四衙"设立的作用

所谓"文武四衙"，是指上述广州府佛山海防捕务同知署、五斗口巡检司署、佛山都司署、佛山千总署。

五斗口巡检司原设在平洲堡，明景泰三年(1452)建署。嘉靖八年(1529)移治磨刀石(石头乡)，后移治佛山镇。⑤ 但何时移治佛山镇不得而知。陈炎宗说："查未设同知之前，巡检皆觑民舍，并无实署，则所云向在佛山，亦茫无可据矣。"⑥佛山同知署设立时，五斗口司移至平洲堡。⑦ 嘉庆间又移回佛山，⑧但无定所，"皆觑民舍以居"。乾隆五十六年(1791)巡检金元爵始借住纪纲街福山书院为公所，相沿至清亡。⑨

佛山都司署原设在丰宁铺十字路。同知署设立时，让署于同知署，迁到观音堂铺大湾。最早的驻防官是康熙四十九年(1784)任佛山都司的任魁。⑩

佛山千总署驻扎于彩阳堂铺的彩阳营，原系天主堂，雍正元年(1723)毁天主堂建署。道光九年(1829)，千总刘大彰捐资修葺并买署前民房余地改建照壁及东、西栅门。"又建祠一所，祀本营无依兵丁木主于东栅门外照壁旁"。⑪

以上三署都早于佛山同知设立，然比佛山同知五品的官品低，管辖范围也小于佛山同

---

① 道光《佛山忠义乡志》卷一二《金石志下》。
② 民国《佛山忠义乡志》卷五《教育志二》。
③ 道光《佛山忠义乡志》卷一二《金石志下》。
④ 同上。
⑤ 道光《佛山忠义乡志》卷三《官署志》。
⑥ 乾隆《佛山忠义乡志》卷二《官典志》。
⑦ 《朱批谕旨》第 52 册，第 13、14 页。
⑧ 冼宝干：《送陈谨庵少尹乞假回籍省墓诗序》，民国《佛山忠义乡志》卷一五《艺文志二》。
⑨ 道光《佛山忠义乡志》卷三《官署志》；民国《佛山忠义乡志》卷三《建署志》。
⑩ 乾隆《佛山忠义乡志》卷三《官典志》。
⑪ 道光《佛山忠义乡志》卷三《官署志》。

知。由于共同治理佛山,遂与佛山同知署合称"文武四衙"。正如冼宝干说:"佛山,岭南巨镇也。商贾辐辏,握西北江上游。清设文武四衙,以治民事。缉奸宄,民乐其居,商安其业。而衙署之据佛山险要者,莫如同知及都司两署,为四乡往来孔道,水陆交通要津,设险之义,于是乎备。"①

维护社会秩序是佛山文武四衙的共同职能。嘉庆九年(1804),佛山有设赌之风,佛山同知联合各署力量一举查获番摊赌坊。乡志载:"佛山人烟稠密,五方杂处。近有赌棍开设番摊赌坊,招引农工商贾及良家子弟局赌。业经佛山厅暨祁都司及五斗口司觉察查拿,开设未久,随即遍行封禁,共计单开一十七处。"②又如每次佛山义仓开赈,都要四衙派员督赈和派兵弹压。如道光十年(1830)散赈,佛山分府派差12名,五斗口司派弓役14名,佛山都司派兵16名,佛山千总派兵14名,在各处常川弹压。作为报酬,义仓也发给每人一定的饭食钱。③可见维护佛山的社会治安虽然是佛山同知的首要职责,但文武四衙共同担负了佛山一方的守土绥安之责。

弘扬土俗文化是佛山文武四衙的重要职能,其中尤以修建灵应祠及其他庙宇为最。早在康熙十六年(1677)佛山都司汪作霖,曾夜宿流芳祠,"见古衣冠二十余人联翩而入,惊起避之。侵晨,集耆老问故,知为忠义诸公之灵。乃亲致祭祷,题匾曰:钦崇风烈"。④乾隆二十四年(1759)佛山同知赵廷宾目睹灵应祠将颓,"慨然兴修举之志。爰谋诸乡之人士。佥曰:愿如公旨。各输其力,合赀一万二十有奇"。历时两年余,在乾隆二十六年(1761)腊月落成,"巍然焕然,非复向之"。⑤乾隆二十四年(1759)五斗口司巡检王棠也倡修了流芳祠,并为之撰《重修流芳祠记》。⑥与此同时,王棠还允许并督理乡人修建了"烈士霍仲儒祠"。⑦乾隆四十六年(1781)佛山同知韩绍贤"驻防其地,首留意于土俗",准允绅士重修文昌宫并为之撰《重修文昌宫堂寝碑记》。⑧嘉庆元年(1796)正月望日,佛山同知杨楷诣灵应祠焚香,"向乡人士曰:'庙修自乾隆己卯,于今三十余年矣,以起敬畏则神将宜装饰也,以肃观瞻则栋柱宜刮摩也,墙垣宜黝垩也。'捐俸金五十两为之倡。命乡人士董其役",众捐工费银共九千七百余两。凡十阅月而落成,事后乡人感杨楷之德,由粤秀书院山长陈其焜撰《重修灵应祠鼎建灵宫碑记》,内称:"杨公能成民而致力于神,神罔怨而罔恫也。民奉令承教也,微杨公之力奚能为此也。继自今入庙而睹金碧之辉煌,观瞻肃矣,敬

① 民国《佛山忠义乡志》卷三《建署志》。
② 道光《佛山忠义乡志》卷一三《乡禁志·嘉庆九年禁番摊赌坊碑示》。
③ 《佛镇义仓总录》卷三,第29页。
④ 《岭南冼氏宗谱》卷七《备征谱·轶事》。
⑤ 《重修南海佛山灵应祠碑记》,道光《佛山忠义乡志》卷一二《金石志下》。
⑥ 道光《佛山忠义乡志》卷一二《金石志下》。
⑦ 王棠:《建烈士霍仲儒祠记》,《南海佛山霍氏族谱》卷一二。
⑧ 道光《佛山忠义乡志》卷一二《金石志下》,又参阅《重修汾江义学讲堂碑记》。

畏起矣。宫分前后,体统昭焉,化理正焉。尊尊亲亲之义明矣。杨公之功亦伟矣哉!"①可见乾隆年间历任官员均以创修祖庙等庙事为先务。不仅如此,每年二月十五日,谕祭灵应祠北帝时,文武四衙官员皆"诣祠行礼"。②

倚重绅士管理佛山是佛山文武四衙的管理特色。早在雍正六年(1728),五斗口司巡检常梦熊曾为是否拨铺给流芳祠作祀业之事,通传合镇绅士谭会海(进士)等 15 人"赴庙众议",然后根据绅士意见决定,拨出一间给流芳祠。③乾隆十一年(1746),田宏祚任佛山同知,甫下车闻贡生霍大章孝友之名而推重之。霍大章"素持身恬静,不履公门。而分宪数通悃款,下顾纳交,相见若晚"。族党中有因铺舍小事雀角公庭者,分宪着回家就正于霍大章,"以判是非"。乾隆十三年(1748),田宏祚又旌以"敦伦尽义"匾额一面给霍大章,并为文作叙。④不少官员在出任佛山官职之前已对佛山绅士有所景仰,陈绍兼是南海县庠生,"尝与学正霍允兼、孝廉何天宠、文学周兰芳、何雍朝、国学梁时柳等结友联咏,皆名士也"。⑤杨楷未任佛山同知前曾任缉私候补,在广州与陈绍兼同寓,"称莫逆交"。不久,杨楷奉调佛山同知,"稔公仁爱毋欺,延公旋里商办乡事。如建祖庙庆真楼,迁汾江义学,请给拨书院膏火,修通济桥、南泉庙等诸善事,皆公商同镇内绅士肩荷而成"。⑥陈绍兼就是上述乾隆五十五年(1790)的"创议建仓值事"和"督建义仓值事"之一。杨楷在佛山数年,礼贤绅士,办事果断,持论公道,也深为绅士所敬重。如进士陈其焜、李可端就撰碑以记其功。

陈炎宗是乡试解元,又登进士,官任翰林院庶吉士,才情极高。乾隆十七年(1752)纂修《佛山忠义乡志》。乾隆二十七年(1762)任佛山同知的沈生遴,早在江苏任官时已素仰其大名,沈生遴撰写的《崇正社文会规费碑记》记载:

> 今太史陈公云麓,家从叔笃师辛酉主试之拔解。试毕假归省亲。余方薄宦江左。从叔以便过署,道:粤中人文之盛,尤称云麓先生。领袖群英,世居南海之佛镇。表望木天所可豫决,当由地灵所钟云。今春来莅,喜遘斯文,此非夙昔之缘耶。⑦

由于有此段缘分,沈生遴尤重课文,准许拨灵应祠租给崇正社文会规费,并以此为告慰从叔之举。正如其所言:"他日归晤我叔,亦得举崇正会课良规,以告见佛镇人文之盛有自来也。"⑧还有乾隆二十二年(1757)禁止里排颁胙的王棠,在责革了里排值事霍璋如等

---

① 道光《佛山忠义乡志》卷一二《金石志下》。
② 乾隆《佛山忠义乡志》卷六《乡俗志》。
③ 《拨铺给流芳祠祀典碑示》,道光《佛山忠义乡志》卷一三《乡禁志》。
④ 《南海佛山霍氏族谱》卷一一。
⑤ 《南海金鱼堂陈氏族谱》卷八上《列传二》。
⑥ 《南海金鱼堂陈氏族谱》卷八下《行略》。
⑦ 乾隆《佛山忠义乡志》卷一二《金石志下》。
⑧ 道光《佛山忠义乡志》卷一二《金石志下》。

后，就把灵应祠"交著绅士李成励等承理"，①显然是在抑土著而扬绅士。

鼓励民生是在清末的事情。光绪三十三年(1907)，由五斗口司巡检陈征文协同绅商联名，领得专为办理地方公益之用的鹰嘴沙地皮。宣统元年(1909)，在巡检易润章任内，佛山文武四衙"集议组织工厂"。据《广东劝业报》报道："佛山四衙，因组织本镇工厂事，迭经提倡。初九日特行假座商会，自备茶点。邀请绅商集议，到座者大不乏人。即由四衙提议，一切组织事宜，各行商均甚赞成。即经踊跃认股，黄祥华两店东，共认股一万元；阮荔村、招田雨(应为招雨田)各认股五千元。银、布两行，各认二千元，平码行一千元。其余各行，未认者尚多。将来集成巨款，拭目可俟。闻工厂之布置，分设两区，一为贫民习艺，一为犯人习艺云。"名为"工艺厂"，"招工师艺徒，染纱织造布匹、草席、藤器，各土货发售"，成为"振兴工艺之一大机关"。②

清代佛山文武四衙的设立，在佛山社会发展历史上具有重要的意义。过去史学界认为，文武四衙的设立是佛山从工商市镇向郡县城市转化的标志。笔者不能同意这种观点。文武四衙的设立，不可能扭转工商市镇的发展进程。相反，它的存在，有助于工商市镇的发展，有助于社会权力向绅士阶层的转移。

上述事实说明，文武四衙的设立，对佛山传统文化的存续，对绅士阶层把持佛山权力起到政治保护作用。文武四衙的官职虽然不显，但只要他们尽心尽责，做到如陈炎宗所言"牧民者求通民情，守土者不违土俗"，③佛山人民就会给他们特殊的礼遇。如乾隆末年至嘉庆初年的佛山同知杨楷惩奸除恶，建祠办学，推重士绅，多所贡献。后调任福建，"佛镇人思其德，为立福主，春秋祀焉"。④ 杨楷后来卒于官，其子扶棺归云南时途经佛山，"乡人思其遗爱，咸赙焉"。⑤ 又如光绪年间任五斗口司巡检的陈征文，两莅佛山，前后七年，戒烟禁赌，办学倡工，解斗息争，威望甚乎。凡有械斗构讼，只要陈征文出面，"乡人闻片言，纠纷立释"。宣统元年(1909)陈征文以年老乞休，离佛之日，"所经各街均支彩棚，万人空巷，拈香跪送，为佛山百年来所未睹"。⑥

由此可见，清代佛山的文武四衙，是清代佛山社会系统的有机组成部分，他们的存在及其作用的发挥，完善了佛山社会的重新整合。

四、义仓与民间自治

清初南海人陈子升说："夫治佛山不必置官，即以省会之官治之。……其故何也？佛

---

① 《明清佛山碑刻文献经济资料》，第76页。
② 《广东劝业报》第105期，第46页；民国《佛山忠义乡志》卷六《实业志》。
③ 乾隆《佛山忠义乡志》卷六《乡俗志》。
④ 陈徽言：《南越游记》卷一《山水古迹异闻·佛山》。
⑤ 道光《佛山忠义乡志》卷八《名宦志》。
⑥ 民国《佛山忠义乡志》卷一一《乡事志》。

山之人习于城邑。"①所谓"习于城邑"，就是指佛山人具有关心公益事业的热情和处理公益事务的能力，并养成了镇事自决的习惯。而这些，正是佛山自治机构得以存在发展的社会基础。乾隆年间，陈炎宗在论及佛山文武四衙的建立时有段意味深长的话：

> 佛山蕞尔一堡，距会城五十里，仰治于其上是亦足矣，而乃分符置阃，几同郡县，非以地称繁剧，实资弹压耶。夫文武并设，以宁辑吾民，国家所以嘉惠此乡者良渥，静以镇之，则官逸而民受福焉。谨志之以昭。②

陈炎宗认为佛山本不用设官，仰治于会城已足矣。但"地称繁剧"又不能不设官弹压。然而国家设官于佛山的本意，是为了"宁辑吾民"，所以官治不必峻急多劳，"静以镇之，则官逸而民受福焉"。官逸，乃是陈炎宗的治理主张。陈子升所言"不必置官"是在佛山设官之前，陈炎宗所言"静以镇之"是在佛山设官之后，因此陈炎宗的"静以镇之"说，代表了清代佛山士绅对佛山官治组织的基本期望。上述文武四衙在佛山的主要政治活动，就是在"求通民情""不违土俗"的范围内进行的。这样，民间自治系统与官府权力系统的关系就在这一共识上得到调适。也就是说："通民情，合土俗"是官治组织施政和民间自治系统认可的一个度，凡有悖于此度者，必然引起民间自治系统的抗衡。

佛山民间自治系统的运作，集中反映在义仓的管理权归属及其管理制度上。（图 14-2）

图 14-2　佛山义仓石额。始建于乾隆六十年（1795），现存佛山祖庙博物馆

还在义仓筹建之初，佛民就总结了历代"常平不常，义仓不义"的原因，即"盖其权操于官吏而里胥奸民复播弄于其间"，因此决定："惟佛山义仓，其所入有铺租渡息，出纳有专司，稽核有矜耆，不贷敛于民间，不经手于官吏。"③实行民仓民管，公举接办，由公推值事和司数管理，"此项银两，系捐自民间，应听民便，毋庸官为经理"。④ 嘉庆十七年（1812），

---

① 道光《南海县志》卷八《舆地略四》。
② 乾隆《佛山忠义乡志》卷二《官典志》。
③ 《佛镇义仓总录》卷首序。
④ 《明清佛山碑刻文献经济资料》，第 96—100 页。

鉴于义仓值事黄宜大等私减艇租、义仓谷石不清之弊,合镇绅士订出新章程:改变义仓值事产生途径和管理办法。值事由二十四铺公举产生,每铺三人,管理三月。二十四铺分为八班,每班三铺共管,两年一轮。值事由绅士和耆民或殷实行店充任,不得连选连任。其章程称:"拟义仓箱务,二十四铺轮流管理,以三铺为一班,每铺集举公正绅士二人、耆老一人;否则绅士一人、耆老二人、殷实行店一人,齐同到仓办事,其办事绅耆行店姓名,接办之日标明认仓门首。……各铺推理绅耆,以十二铺分值十二月,则二十四铺两年始得一周。但既周之后,除保正外不得连年复举,以杜徇情。如隔一班,则听其便。"当时佛山已有二十七铺,遂将小铺两铺合为一大铺。排定班期如下:

　　　　第一班值理　福德铺、观音铺、潘涌、鹤园铺
　　　　第二班值理　栅下、东头铺、明照铺、突岐铺
　　　　第三班值理　明心铺、黄伞铺、纪纲、石路铺
　　　　第四班值理　医灵铺、彩阳铺、仙涌铺
　　　　第五班值理　社亭铺、岳庙铺、大基铺
　　　　第六班值理　祖庙铺、富文铺、宝山铺(原山紫铺)
　　　　第七班值理　耆老铺、锦澜铺、桥亭铺
　　　　第八班值理　汾水铺、真明铺、丰宁铺

　　该章程还规定,各铺保正是当然值理,并可连任值事,这样每一届值事人数就固定为十二人。每月初二、十六保正、值事到仓监督收租,"风雨不改"。此外义仓设请司事一人,"登记数目以及支理零星杂事"。[①]

　　义仓新章程的实行,表明了社会控制权的转移,这就是由大魁堂选举义仓值事变为由二十七铺选举义仓值事。其原因乃在于嘉庆以后,佛山的社会控制条件发生了变化。在清代佛山成为一个大都市的生活条件下,个人和个人组成的团体,由于在情感和了解方面互相远离,他们已不是生活在首属群体感情亲密的状态中,而是生活在相互依存的状态下,因而基于道德的建立在互相信任基础上的社会控制日益困难,也即是由大魁堂绅士的信任而举充义仓值事的做法,不能防止侵吞公款的弊端发生。所以我们确实看到,新的义仓章程出现了,原来基于道德的社会控制,被基于成文法的社会控制所取代。原来属于大魁堂的选举权交给了二十七铺,表明了民间自治系统的扩大和发展,以地缘区划为单位分配值事名额的办法扩大了民主的范围。此外,殷实行店可充任值事,也反映了商人社会地位的上升。这些变化趋势,是与城市环境中人与人之间的交往联系日益复杂、与次级关系取代首属关系的趋势并行不悖的。

　　义仓新章程的实行,也使义仓这一佛山主要公益事业深深扎根于佛镇商民之中。二

────────────────

① 《佛镇义仓总录》卷一,第37—41页。

十七铺的轮管，使义仓事务家喻户晓，义仓值事也在佛山社区中享有很高地位。

在这种情况下，官府要义仓归官，必然要遭到佛山合镇商民的反对。道光四年(1824)岁饥，佛山贫民开仓赈济。时有人谣传仓谷被义仓司事侵吞，一时"附和者塞衢巷"。官府借此机会要把义仓收归官府，岂知众怒难犯，同知衙门和巡检司署相继被砸。① 正当佛山驻防官吏束手无策时，举人冼沂(大魁堂值事)从广州闻警赶归，只身诣仓，当众担保"如有亏短，惟冼某是问"。众怒随即平息，曰："得公担任，吾能散矣。"于是"大变立弭，赈务亦办"。② 义仓之乱甫定，又有佛山籍同知胥吏者提出要义仓归官，官府也准备接收。立即就有镇绅方钰指斥此公曰："今以民仓归官，虽有亏短挪移不在参处之数，弊将益深。且管于绅，官能察之；归于官，谁察之者？况官吏来去无常，前者亏空，后任未必肯为垫抵也。汝佛山人，他日追原作俑，饥口嗷嗷，皆集矢于汝，汝子孙能贴席眠乎？"然后方钰又与众绅联禀，义仓才免致归官。③ 方钰的这番话，无情地针砭了义仓归官之弊，代表了大多数佛山居民的心声。后来在光绪三十一年(1905)，广西告饥，两广总督要提取佛山义仓款项，佛山民情汹汹。五斗口司巡检陈少尹"到仓备悉舆论，陈之同官，事遂止"。光绪三十四年(1908)水灾，镇绅议开佛山义仓赈灾，然两广总督仍"复行提仓之令"，陈少尹"据情代禀，义仓得以保全"。④ 巡检官的两次"据情代禀"和总督的作罢，说明了官府在佛山商民强烈反对官府插手的舆论下，不得不顾及民情，作出让步。

民间自治系统对官府权力系统的抗衡，还反映在要否真实呈报佛山市场行情的问题上。道光十三年(1833)佛山同知、五斗口司和黄鼎司指使佛山七市米户低报米价。佛山米价是广东标准价，低报米价事关重大。大魁堂查知，经绅士会议后出示公启制止。其启云：

> 原报谷价之设，系将河下船谷沽发时值银，报入分宪并五斗口司主及黄鼎司主，详上各大宪，俾知谷价高低，以念切民食也。广东谷以佛山镇报价为准。而佛镇报价照依时值，每每报少十两或二十两不等。前年辛卯岁谷贵，竟至报少三四十两之多。询及七市米户报价头人，皆云分府、五斗书吏所教，谓佛镇买谷所用者洋钱，官府所知者藩库洋钱，每百两低水数两，故报谷价必须短少云云。

> 迨来藩库反低于洋钱，而报价仍然短少，是自取其咎也。倘官府采买与所报相悬，官府执责，有高抬市价之罪，官府宽恕，有欺罔不实之愆。自后报价勿以藩库高低为拘，总以洋钱所买照时分上、中、下三等谷价真实呈报。如衙书吏有甚别议，即通知大魁堂司事传阖镇绅士与他理论。幸勿仍蹈前辙，庶民食得以上达云云。⑤

① 朱楣：《粤东成案初编》卷二四《劫囚夺犯》；民国《佛山忠义乡志》卷七《慈善志》。
② 民国《佛山忠义乡志》卷一四《人物志三》。
③ 同治《南海县志》卷一四《冼沂附子方钰列传》。
④ 民国《佛山忠义乡志》卷七《慈善志·仓储》。
⑤ 《劝七市米户照实报谷价启》，《佛镇义仓总录》卷二，第 6 页上。

从这个材料可知,佛山原报谷价之常例,是按批发谷价时值银分上、中、下三等谷价真实呈报。而现在佛山同知等衙门要七市米户少报十两至三四十两不等,以便抵补库平银与洋元的低水差额,是破了佛山的常例,且有"高抬市价"和"欺罔不实"之罪,故而大魁堂要七市米户按洋钱所买时价真实呈报。大魁堂的公启,否定了佛山同知、五斗口司和黄鼎司的意见,毫不讳言要与"衙书吏"进行"理论",显示了其作为全镇商民的决策机关的地位。

上述事例说明,在城市的长期发展过程中,佛山镇民中间逐步形成了在公益事业上要求自治、摆脱官治的观念,也始终保持着参与地方政治的热情。冼宝干这样说过:"官之治民,不如民之自治。"[1]这句话,大概代表了绝大多数佛山人的看法。所以,当光绪年间清廷为立宪作准备,广东官府在"广属数大县予以特权"许办地方自治时,[2]佛山就立即建立了"自治会"。佛山自治会建立于光绪三十一年(1905),会所设在田心书院,会员共 200 余人。推冯熙猷为会长,黄绍机、邓林芬、张荫榆为副会长。设有干事员,分司财政、文牍及调查事宜。所有会员皆无薪俸,还要酌纳自治会费。自治会的"宗旨在研究自治,期于实行。凡本镇学务、卫生、道路、工程、农工商业、慈善、公共营业等皆地方公益是谋"。自治会成立后,条禁花子强乞,创办简易识字学校两所,颇有作为。民国元年(1912)镇议会成立,自治会遂废。[3] 佛山自治会的成立,也可视作佛山民间自治系统与官治权力系统互动中的再一次调适。

第五节　清代佛山教育组织与文化生活

清代的佛山,是教育组织与文化生活蓬勃发展的时期,其特点是呈现出多样化发展的趋向。教育、娱乐与戏剧的并行发展,使佛山人生活在一个教育昌明、喜庆盛隆、处处笙歌的文化环境中。每一个佛山人,无论是土著还是侨寓,都在这种浓郁的传统文化氛围下,完成了其人生社会化过程的重要一课。通过对清代教育组织和文化生活的描述,我们不仅可以了解到传统社会丰富的文化内涵。更为重要的是,我们还可以了解到文化生活所反映的社区关系及其文化意义。

一、书塾、社学、书院

如上所述,明代佛山的教育组织以家塾和社学为主。清代社学废而书院兴,佛山的教育组织则以书塾和书院为主,且书塾又发展出义塾和教馆两种新形式。与此同时,各种文

---

① 乾隆《佛山忠义乡志》卷六《乡俗志》。
② 《地方自治先由广府属办起》,《振华五日大事记》第三期,1907 年 4 月本省大事,第 36 页。
③ 民国《佛山忠义乡志》卷三《建置志·自治会》。

化团体不断涌现,使佛山教育组织呈现出多层次的发展态势。

清代家塾仍是佛山各家族教育子弟的重要形式,大量子弟在家塾中就读。如顺治初年,佛山霍氏的霍隽韰"甫入书塾",其父即以"荣阳公童蒙训讲授而力行之。诲以事事循蹈规矩,衣服惟谨,行步出入,无得入茶坊酒肆,市井里巷之语、郑卫之音未尝一经于耳"。① 霍隽韰后在顺治十七年(1660)中举。② 又如顺治年间,佛山霍氏的贡生霍廷祥(曾任翰林院待诏)离休归家,"以六籍(易、诗、书、礼、乐、春秋)教子,足迹不履户外"。③

为了鼓励家族子弟读书求取功名,一些土著大家族还制订了奖励童生乃至进士的办法。如金鱼堂陈氏规定:"院试卷金三两,乡试卷金六两,会试公车费十二两;谒祖花红金,游泮者二十两,拔贡二十四两,举人四十两,进士六十两,馆选鼎甲,临时酌加。俱另备烧猪馔盒,花红鼓吹。"④这些奖励,对宗族子弟的勤学上进无疑有明显的刺激作用。

清代佛山侨寓富商也设有家塾,并延请老师课子。出身盐商世家的吴荣光,幼时启蒙师为六伯父吴鸿运(贡生),启蒙后在八叔父吴清运(贡生)之敦朴堂受业于陈益斋先生,十三岁于"西园家塾"受业于张镛泮先生和黄永芳先生,十九岁又在六伯父适园受业于林超群(县附生)先生,同学者有从弟吴用光、吴徵光。二十一岁至二十五岁,又在西园家塾读书,先后受业于梁先生、区先生和劳文晃(附生)先生,直到当年十一月取入南海县学附生。⑤ 吴荣光后出任巡抚,卸任家居时,不忘"设塾以训子孙",并请其弟举人吴弥光管理。⑥ 另一盐业富商梁九图家中也设有家塾,如梁九图见到少年英才李文田时,"一见器之,招至家,与其子僧宝同学,后同登进士"。梁九图家中"藏书极富",李文田多所披阅,得益匪浅,"因得肆力于四库"。⑦ 侨寓家族也设立了奖赏功名子弟的家规。如劳氏劳衍初在嘉庆十四年(1809)将承祖父遗业当众均分为积字号、厚字号和余字号三股,其中余字号定为公家尝业,作为书田,虽传至万代不得变卖。"日后倘有进庠,登贤书出乎其间,即许收回余字之业。管业收租,以为膏油之用。又以俟夫后之进庠,登贤书者踵相继焉。此所谓秀才田、举人田,即所谓书田也"。⑧ 可见侨寓家族亦颇重视子弟的教育。

作为家塾的一种派生形态,清代的佛山出现了"义塾"。"义塾"多为富豪而又好义之家开办,学生不收学费,本族和外族子弟均可就读。这样出身寒门的子弟便有了入学的机会。如康熙年间佛山霍氏曾有人建义塾,故霍隽韰母亲曾说:"吾闻禹均建义塾,……予窃

① 《南海佛山霍氏族谱》卷九,《十六世祖耆儒羽飔公家传》。
② 乾隆《佛山忠义乡志》卷四《选举志》。
③ 《南海佛山霍氏族谱》卷一一,《十六世祖拔贡生考授翰林院待诏郭若公墓志铭》。
④ 《金鱼堂陈氏族谱》卷一〇下,杂录,族规。
⑤ 《吴荣光自订年谱》。
⑥ 民国《佛山忠义乡志》卷一四《人物志四·文苑》。
⑦ 民国《佛山忠义乡志》卷一四《人物志一》。
⑧ 《同治乙酉〈劳氏族谱〉卷首碑记》。

私心向慕。愧我家寒素，无能为也。"[①] 义塾的建立，使子弟出就外傅者增多。如乾隆年间，佛山霍氏霍明远兄弟在外塾就读，"旦夕自外塾归"，必到庶母床前侍候。[②] 进士陈炎宗幼时也曾就读外塾，"年仅垂髫，甫就外傅"。[③] 又如细巷何氏何淡水公"家素封"，为女择婿，见霍其贤之子"言动异常儿，遂缔昏"，随招霍其贤子"就其家塾，喜得婿也"。[④]

当时佛山的一些家塾十分有名，吸引了一些外地童生就读。如广州人郑际泰"少随父兄习读，尝借居于佛山金鱼之颍川书院数年矣"。[⑤] 郑际泰后来登进士，点翰林，官致给谏。又如陈炎宗之女陈霞浣，"书史文词，女红刺绣，悉臻绝妙"。广东布政使康基田"欲延教其女"，陈霞浣不就。康基田"后遣其女受业霞浣家，讨论文学每至漏尽"。[⑥]

嘉道年间的佛山，从书塾形式又发展出一种称为"教馆"的教育机构。教馆不属家族组织开办，而由教书先生自设，一应设备均由其自己操办。如南海烟桥乡何锦，号铁桥，出身教书先生世家，十五岁就童子试，名列前茅。"长承父业乡居教读。循循善诱，多所奖进，久困童试，进取益励，名誉日隆。道光十三年(1833)徙宅佛山，因移馆于其地，一时名隽之士多出其门"。咸丰九年(1859)探花李文田"少贫嗜学，负笈请业"，但年十四时丧父，家计中落，生母欲要其弃学营生，何铁桥谓之曰："子天才英绝，必能早致青云。贫者，士之常，奈何以暂困辍学。"遂资之膏火，勉命卒业。后李文田果登进士(头甲三名)，官授翰林院编修、侍读学士、礼部右侍郎。[⑦]

家塾(家族的)、义塾(超家族的)、教馆(专业性的)均是小规模的教育组织，一般老师仅一二人，学生不过三五人或七八人不等，所授课程是童生必需的基础课，如四书艺、经艺、孝经、性理或小学、策论和诗赋。康熙后加了《圣谕广训》，是为了应县府和院试而设。学生的学期没有限制，通过了县、府院试，自然结束；如不通过，则继续留在书塾就读。书塾和教馆，是佛山民间自办的基础教育机构，尽管规模较小，但数量很多，在清代佛山教育事业上起了重要作用。

社学是地缘性的教育组织，由官府创办。明代佛山建立的诸社学在清代陆续衰败废弃。陈炎宗说："今蒙养敦本已就荒，而忠义、报恩二社学不知创于何时，今仅有社存焉。学地竟无可考矣。"[⑧] 而清代崇正社学也不作为子弟读书的场所，而只是作为祭祀文昌帝的中心，子弟读书皆"另僦民舍"。[⑨] 后来大魁堂组织设立于此，崇正社学更失去了教育的

---

① 《十六世祖耆儒羽飚公元配陈太孺人家传》，《南海佛山霍氏族谱》卷九。
② 《二十世祖妣何孺人传》，《南海佛山霍氏族谱》卷一一。
③ 《南海金鱼堂陈氏族谱》卷八下《行略》。
④ 《二十世祖妣何孺人传》，《南海佛山霍氏族谱》卷一一。
⑤ 《南海金鱼堂陈氏族谱》卷一上《旧序》。
⑥ 《南海金鱼堂陈氏族谱》卷八上《列传》。
⑦ 《南海烟桥何氏家谱》卷七《家传谱·十八世铁桥公》；民国《佛山忠义乡志》卷一四《人物一·李文田》。
⑧ 乾隆《佛山忠义乡志》卷七《乡学志》。
⑨ 黄兴礼：《汾江义学记》，乾隆《佛山忠义乡志》卷一〇《艺文志》。

功能。厚俗社学曾在康熙五年(1666)和雍正十年(1732)重修，重修后"中祀文武二帝，吴志祀典内之二帝庙，实即指此"。[1] "二帝庙"之称，足见明代社学在清代已无教育功能。

代之而起的是书院的发展。清代佛山书院建设颇引人注目，此时所建书院有：田心书院(在锦澜铺)、佛山书院(在丰宁铺)、心性书院(在突岐铺)、桂香书院(在祖庙铺)、陇西书院(在明照铺)、颖川书院(在耆老铺)、浣江书院(在祖庙铺)、辉映书院(在祖庙铺)。[2] 书院以讲学课文为主要功能，兼具祭祀文昌等神。其创办多始自民间士绅集资，其中尤以田心书院和佛山书院最为著名。

田心书院是康熙十二年(1673)由"侨民诸君陈绣卿、卢挺朝等"捐资倡建。[3] 乾隆七年(1742)侨寓人士又集资千余银重修田心书院，扩大堂院。当时冯登科等十三人为重修首事，用金一千有奇，所余者为春秋祀典。[4] 田心书院建立后，原来合乡士子在崇正社学的课文便迁至此处。乾隆《佛山忠义乡志》卷七上《乡学志》载：田心文昌书院，"在南泉观音庙左，侨籍人士合建，地当闲旷，弥望皆平畴，近林呈青，远峰贡秀，为幽赏胜处，乡人士课文咸集于此"。田心书院的产业后在侨寓人士的努力下迭增。嘉庆四年(1799)经劳潼、吴昆同、陈维屏请总督吉庆拨充公项银二千二百一十八两置产收租，为田心书院会文之费(其中四十两为佛山书院生童膏伙费)。道光十年(1830)吴荣光又请两广总督李鸿宾将没收赌博入官房产五所拨田心书院以增"会文奖赏之费"，李鸿宾总督同时捐银一千两助之。[5] 当时田心书院的会文颇负盛名，嘉庆时"会者至四五百人"。其会文制度是：每绅士十数人主一会，一年则二十余会。会期童生撰文交主者，即日交者受，越宿则不受。所有文章汇送乡先达，定甲乙。魁者奖钱百余，余以次递减。当时"粤中论文者至不敢轻阅田心会文，谓此固文章数泽，恐去取稍苟，贻笑大方"。道光九年(1829)，田心书院设司事一人管理，由侨寓六家轮流稽查。[6] 道光以后，田心书院则统归大魁堂管理。以后课文士子遂不分土著、侨寓，均可参加。正如冼沂(举人)所云，田心书院"向为侨寓课文之地，今则土著、侨寓俱不分矣"。[7] 据不完全统计，到光绪年间，田心书院尝产每年至少有 910 银元入息，颇为充裕。[8]

佛山书院的前身原是汾江义学，设在栅下铺广德里。乾隆九年(1744)佛山同知黄兴礼捐俸三百金为倡，镇中绅士响应，合共捐银一千余两所建。义学聘请掌教者，给以修金，让镇中子弟入学就读。乾隆十一年(1746)任佛山同知的田宏祚曾有记言："(余)暇至汾江

① 民国《佛山忠义乡志》卷五《教育志二》。
② 道光《佛山忠义乡志》卷四《乡学志》。
③ 《新文昌书院记》，乾隆《佛山忠义乡志》卷一〇《艺文志》。
④ 道光《佛山忠义乡志》卷一二《金石志下》。
⑤ 道光《佛山忠义乡志》卷六《乡事志》。
⑥ 吴荣光：道光九年《重修佛山田心书院碑记》，道光《佛山忠义乡志》卷一二《金石志下》。
⑦ 道光《佛山忠义乡志》卷一一《艺文志下》。
⑧ 据《田心书院产业图形》铺屋入息统计，但其中还有大基铺 105 间屋入息数量缺页。

义学,与掌教及镇之绅士论文讲学。见其地深而广,瞻其宇峻而丽,讲堂后两旁学舍鳞次。而列折而之西,地可盈亩,植以花柳藏修之所。计可容数十百人。伟哉,佛镇之乡校也。"①汾江义学当时成为佛山专课童生学业之所。正如冼宝干所言:"吾乡社学、书院之多嘉会,而义学又专以课生徒也。"②

嘉庆七年(1802),佛山同知杨楷迁汾江义学至丰宁铺衙旁街分府衙门左边,改名佛山书院。③ 嘉庆二十四年(1819),佛山同知王继嘉捐俸银五百两买地,"建照壁于前,缭以周垣,左右置二门,出入经界既正,观瞻壮焉"。④ 此后佛山书院延揽名师,成为清代佛山的一大教育中心。乾隆时恩科举人、拣选知县赵从端曾主讲佛山书院,⑤咸丰时进士(翰林院编修)潘衍鋆在籍时也曾"主讲佛山书院"若干年。⑥ 主讲佛山书院之最著者为陈梅坪,"按陈梅坪先生,以名孝廉主讲佛山书院,仿阮文达学海堂校士法,提倡朴学,及门多所成就。其名者周颂声、谈泉、陈煜庠、任文灿、梁启超、梁士诒,皆先后掇巍科,各有表见"。当时佛山书院所课艺文,每月一册,"积岁成秩,足与学海堂诸集比美"。⑦ 可见佛山书院在有清一代造就了不少人才。

清代佛山士子集结文社之风颇盛,三五同学,十余好友,与时相聚,唱和诗文,既有益心智,又培养文风,更是推动佛山童生教育的楷模。例如康熙年间,霍隽辔还在为博士弟子时,就与诸生如劳光鼎、周裕廷、梁裔焰、黄金胜、李象升、李际春、李宠问、吴简、何其昌、茹通、黎翼之、李待问、陈廷熊、梁裔炯、梁商焌、陈国章、黄金滕、梁裔焜、柯有遇、区书雄等,"结社于乡,一准顾径阳先生东林会例"。该文社立有《同社约》,由霍隽辔撰写,其文称:"社中同人,生同时,居同地,少同游,长同学。其志同,其事同,其出处语默、进退从违之迹无弗同者。于是相视于形骸之外,约为性命之交,合为一谱,名曰同社。"该文社"日有课,月有期,讲习切劘,为艺林坛坫者二十余年,历试辄高等"。后来霍隽辔、黄金胜、李象升、梁裔焰、周裕廷、黎翼之皆中举,柯有遇为贡生,"一时以为得人"。⑧ 又如陈绍兼,"少而聪慧,器宇非凡,每为文必独标一格,恒以第一人自期。年十七补弟子员,旋赴棘闱十二,荐卷者九,终不售。尝与学正霍允兼、孝廉何天宠、文学周兰芳、何雍朝、国学梁时仰等结友联咏,皆名士也"。⑨

上述佛山各种层次的教育组织,组成了佛山的教育系统,为清代佛山培养出了大批功

---

① 《汾江义学记》,道光《佛山忠义乡志》卷一二《金石下》。
② 民国《佛山忠义乡志》卷五《教育志二·论》。
③ 民国《佛山忠义乡志》卷五《教育志二·汾江义学》。
④ 道光《佛山忠义乡志》卷一二《金石志下》。
⑤ 《南海金鱼堂陈氏族谱》卷九上《像赞》。
⑥ 民国《佛山忠义乡志》卷一四《人物志四·文苑》。
⑦ 民国《佛山忠义乡志》卷一五《艺文志一》。
⑧ 《十七世祖乡进士阳春教谕春洲公家传》《同社约》,《南海佛山霍氏族谱》卷一〇。
⑨ 《南海金鱼堂陈氏族谱》卷八上《列传二》。

名人物,乾隆七年(1742)佛山同知黄兴礼曾说:"广郡科第之盛甲于粤中,南海科第之盛甲于广郡,佛山科第又甲于南海。"①有清一代,佛山共出了进士 38 人,举人 181 人,各类仕宦459 人。② 其中的骆秉章(四川总督)、戴鸿慈(法部尚书,出洋五大臣之一)、张荫桓(户部左侍郎,驻日、美公使),曾是中国近代史上的著名人物;而陈炎宗、吴荣光、梁九图、梁僧宝、李文田等,则是岭南文化史上的重要人物。此外,在佛山就读过的梁启超(戊戌变法主要人物)、梁士诒(交通系主要人物),更是鼎鼎大名的影响近现代史的人物。由此可见,称佛山为"气标两广的人文之邦",绝非虚言。

二、喜庆活动与社区关系

佛山是珠江三角洲地区喜庆活动最频繁也最典型的地区,其喜庆活动形式多样,起源甚早,沿袭日久,影响亦大。陈炎宗在乾隆《佛山忠义乡志》卷六《乡俗志》中,详细记叙了佛山一年之中的各种喜庆活动。现列表如下:

表 14－8　清代乾隆年间佛山喜庆活动年表

日　期	节　目	情　　形
元旦	烧爆竹	比他处为盛,自除夕黄昏轰阗达旦。
正月初六	北帝出游	观者竞以手引舆杠,谓可获吉利。至填塞不得行。
正月十五	开灯宴	普君墟为灯市,自元旦始他乡皆来买灯,通济桥边,胜门溪畔,弥望率灯客。
三月初三	北帝诞	各坊结彩演剧,曰重三会。鼓吹数十部,喧腾十余里,北帝昼夜游历。
三月二十三	天妃诞	演剧饮宴,次于事北帝。
四月初八	浴佛节	分送沸汤,信佛者饮之,喜捐钱来答之。
四月十七	金花诞	祈子者率为金花会报赛,亦颇繁盛。
五月初五	端午节	饮雄黄酒,观龙舟,乘舫出游者独多于他乡。
五月初八	龙母诞	男女祷祀无虚日。
五月十三	武帝诞	乡人士结会供祀事者,曰武帝案。
夏至	餐荔	家家餍饫,互相赠送。
六月初六	普君诞	凡列肆于普君墟者以次率钱演剧,几一月乃毕。
六月十九	观音诞	妇女竞为观音会,三五家或十余家结队醵金以素馨花为灯。
七月初七	乞巧	与各乡同。

---

① 《明清佛山碑刻文献经济资料》,第 74 页。
② 民国《佛山忠义乡志》卷一三《选举志二》。

（续表）

日　期	节　目	情　形
七月十五	结同心	闺中妇女以彩丝结同心，互相馈赠，曰结缘。婢仆络绎于道。
八月十五	出秋色	灵应祠前、纪纲里口，行者如海，立者如山，柚灯纱笼沿途交映，直至三鼓乃罢。
九月二十八	华光诞	伶人百余，彩童数架，金鼓震动，艳丽照人，以汾流大街之肆为领袖。
十月晚	秋获毕	自是月至腊尽，乡人各演剧酬北帝，万福台中日日歌舞。
十二月小除	团年	以金橘、糖豆为献。越日招亲串饮。乡多年货，四方来购，喧闹为广郡最。

从上表所见佛山的喜庆活动，一是与祭祀相联系，多在神诞之日举行，如北帝诞、天妃诞、金花诞、龙母诞、普君诞、观音诞、华光诞等；二是与中国传统的节日相联系，如元旦的烧爆竹、正月十五的开灯宴、五月五的端午节、夏至的餐荔、七月七的乞巧、八月十五的出秋色、十二月小除的团年。佛山的喜庆活动多姿多彩，节目丰富。但逐一的介绍非本节所能容纳，本节的主旨，在于通过佛山的喜庆活动探讨其反映的社区关系及其文化意义。因此抓住典型现象进行分析是必要的。这里就以最具佛山地方特色而又影响广大的"出秋色"活动为中心进行讨论。

明代的佛山秋色原为纪念抗击黄萧养胜利的活动，清代以后，随着佛山城市人口职业和城市空间的分化，手工业区、商业区和混合区三大区划的形成，出秋色活动也由单纯的民间纪念性活动演变为各铺竞争高下的民间盛会。乾隆年间陈炎宗对当时的出秋色盛会有这样的记载：

> 会城喜春宵，吾乡喜秋宵。醉芊酒而清风生，盼嫦娥而逸兴发，于是征声选色，角胜争奇。被妙童以霓裳，肖仙子于桂苑，或载以采架，或步而徐行，铙鼓轻敲，丝竹按节，此其最韵者矣。至若健汉尚威，唐军宋将，儿童博趣，纸马火龙，状屠沽之杂陈，挽莲舟以入画，种种戏技，无虑数十队，亦堪娱耳目也。灵应祠前、纪纲里口，行者如海，立者如山。柚灯纱笼，沿途交映，直尽三鼓乃罢。①

陈炎宗在这里展现的场景，使我们对出秋色有一个比较清楚的认识：出秋色的动机是"角胜争奇"，那么如何致胜呢？这就要"征声选色"，以假乱真，如"被妙童""肖仙子""唐军宋将""纸马火龙"等，就是为了乱真。队伍中还要有八番班子"铙鼓轻敲，丝竹按节"，又要有优伶戏子"挽莲舟以入画"，以壮声势。此外还需灯色增辉，"柚灯纱笼，沿途交映"，"种种戏技无虑数十队"。以假乱真是秋色的基本要求，仿真越像越为上品。这是与抗击

---

① 乾隆《佛山忠义乡志》卷六《乡事志》。

黄萧养时的"以示畷豫"一脉相承的。试想当年若不是假扮的武夫马匹和大炮酷似，黄萧养是不会踌躇不前的。

清代佛山秋色发展为包括七大色类的游行盛会，各色有严格区分。它们是车色、马色、地色、水色、飘色、灯色和景色。

车色是指用薄纱和竹篾扎成的立方形中空花车，四周饰以通花图画，内有一男扮女装"少女"（俗称色心，或车心），貌似盘膝而坐，实则藏脚而行，俗谓之"观音头，扫把脚"。花车由四人挽之而行，金碧辉煌，富丽夺目。花车是秋色中的主要内容，多少不限，习惯上以花车多少来衡量秋色赛会的盛况。道光年间佛山人陈昌坪有诗赞叹车色云："姗姗月底耍儿郎，抹粉涂脂惹客狂。都道色心强似女，如何私借妾衣裳。"[1]

马色指坐在马上而行的男扮女装的"少女"。

地色指人们化装扮演的古代戏剧、民间故事人物，亦包括大头佛。

水色指扎作的龙船、画舫、采莲船等，荡舟人均是男扮女装。

飘色专指用木板扛着穿着铁条高悬的男扮女装小童，高跷表演亦属飘色。

灯色指用纱、纸、通草等物扎作的花灯，美观剔透，种类繁多。

景色包括舞龙、舞狮、大头佛、台面（仿制陶瓷、器皿、花卉等）、担头（仿制瓜果、食物等艺术品）、锣鼓柜、十番、号灯、飞报马、旗帜、武器等。[2]

上述诸色只是一个大类的区分，每色中又有若干组内容，每组内容都用字牌标出，如"吕蒙正祭祖""佛引狮子"等，以便观者一目了然。出秋色，是由各铺组织的，并不是合镇统一组织，大魁堂和义仓的开支中从无"秋色"一项。乾隆年间佛山秋色就在不同的铺区内游行。如上述的陈炎宗描述的是在"灵应祠前、纪纲里口"（即祖庙铺至纪纲铺）的一次秋色游行。而乾隆年间的孙锡慧也有诗描写秋色："玉蟾流彩照长空，韵事清宵选妙童。仿佛羽衣天半落，锦澜西畔塔坡东。"[3]可知孙锡慧所见秋色是在锦澜铺和社亭铺之间举行。

举办出秋色，可由一铺单独主办，亦可由二三铺合办。发起举办之铺，称为"事头"，协办之铺称为"助兴"。此外还有不少秋色艺人以个人名义参加献艺游行，其一切费用和担抬自理。

发起之铺事先由该铺值事邀集坊众讨论，经响应后，遂在该铺公所（或庙）设立筹备处。选出值事若干名，分任总务、理财、征募、技术、交际、文巡、武巡、司烛、庶务等职。总务负责一切事务的指挥和艺术，理财管理款项出纳，征募负责征集物品和募捐，技术负责本铺秋色艺术品的组织编排和绘图题字，文巡、武巡负责游行队伍的联接、秩序的维持，司

---

① 道光《佛山忠义乡志》卷——《艺文志下》。
② 参阅区瑞芝《佛山秋色简介》（油印赠阅本），第9—11页；汤洪：《佛山秋色》，《佛山文史资料》选辑3。
③ 乾隆《佛山忠义乡志》卷——《艺文志·诗》。

烛负责游行时的灯、烛、火把等供应。所有工作人员均为义务性质。

秋色赛会的经费来源是本铺居民、商店乐助而来。居民因本铺举办秋色而感自豪，都愿乐助。而商店尤其是绸布、百货、旅业、饮食业等行店，因秋色举办所需尤多，市况格外走俏而有利可图，更能大笔捐助。柴栏向来不吝捐助（因秋色游行需用火把）。而当押业、赌馆、妓馆和各庙宇，更是捐助的主力。正如陈炎宗所云："凡迎神赛祷类皆商贾之为，或市里之饶者耳，纠铢忝以成庆会，未足云损。而肩贩杂肆藉此为生计则食神惠者，不知其几矣。"①

筹备工作做好后，"事头"铺要在公所门口贴一长红，请人用骈体文写一公告，表明主办秋色的宗旨，还要在镇内各处张贴用十六开大红纸和乳金印成的海报（俗称金标），海报内容除倡办铺名和赛会日期外，大多印有关于秋色的诗句。"助兴"铺要用长红写明助兴内容，如有舞狮、舞龙则写明"狮子随行"或"金龙随行"。佛山各铺均有武馆，武馆多设有"狮会"，将武功的身形步法揉入舞狮技法中，舞时依照鼓点，疾徐有节，栩栩如生。秋色游行中加入舞狮队、舞龙队，一来壮大声势，二来显示本铺武力，三来维持游行秩序，故而舞狮队向例押尾而行，同行武馆中人也要沿途把守。

游行路线主要在本铺各街道及助兴之铺范围内进行，游行的顺序向有例规。号灯和火把（俗叫松光）先行，一般有三支号灯和十把火把，火光熊熊，行人避易。接着是大灯笼、马务（即吹行，因奏"马务"曲调，故名）、头牌、飞报马、高灯、波牌、引彩，以后便是车色、景色、马色、水色、地色、锣鼓柜、十番、龙、狮等。②

秋色队伍所经街道各铺店则事先预制绣旗、锦标、银牌，以备赏赐自己所看好的色仔、优伶、音乐手、艺人或龙、狮队伍。③ 每一次的出秋色活动，所经之处均万头攒动，锣鼓腾喧，直至深夜方止。

从上述对秋色活动的具体描述中，我们可以获得这样的认识，即出秋色是一种广泛性的群众自我表现的活动。各种层次的人物均可参与这一活动，并充分表现自己，商人一掷千金的豪爽、工匠精制色物的神工、文人佳联雅句的巧思、戏伶乐人的精彩表演、武术行家的龙狮舞技，都可以在这一活动中一展身手。而沿街站立手持锦标等物的观众（男女老少），也以不同的眼光表现着自己的评判力。享受参与权，这是佛山镇人实现自我价值的需要，也是许多人甘愿自费自理加入游行队伍的原因。出秋色活动与祭祀活动的不同之处乃在于此。祭祀活动是娱神的活动，神是主要的，人是次要的。尤其是人在祭祀仪式中被分成不同的等级，绅衿、耆老享有优越地位，他们与神同行，与神同娱，是活动的主角，而一般小民则被拒之于中心圈之外。但在秋色活动中，无绅庶之分，无老少之别，庶民和少

① 乾隆《佛山忠义乡志》卷六《乡俗志》。
② 以上参阅汤洪《佛山秋色》，《佛山文史资料》选辑 3；区瑞芝：《佛山秋色简介》。
③ 同上。

年在游行中成为主角,他们用自己的作品和扮演的角色,向镇民展现了自己的丰富想象力和无限创造力,并在镇民的赞赏声中和锦标赏赐之下,得到最大满足。同时,在这一活动中,他们还尽情释放了平时受压抑的情绪。我们知道,清末佛山秋色作品中有"张飞怒鞭督邮""三狮争钱"和"笃虎黑心肠"等作品。"三狮"暗谕布政使司、按察使司和提学使司,"笃虎"与督府同音,借以讽刺清朝官府争权夺利,课敛无度。显然,这是工商业者的所为。他们借出秋色之机,表达自己对广东官府的愤恨情绪。在群众的讪笑喝彩声中,工商业者找到了共鸣,从而获得一种宣泄的满足。由此可见,出秋色活动是各阶层人士充分表现自己的集体活动。在这一活动中,所有人的表现都得到认同,人们都享受着获得了自我价值实现的愉悦和满足,由此整个铺区的关系就融洽起来了。这是出秋色活动所蕴含的基本文化意义。

其次,出秋色活动也强化了人们对"铺"的认同意识,增强了人们的集体感情。人类学家早已证明,人们为某一地区所吸引并在该地区占据一段时间后,就会将他们以及他们的劳动成果都收容进永恒的建筑(如壁垒、庙宇、仓库)之中,并在感情上依托于这一特定的地方。不论他们聚集的原始动机如何,生活在同一地方中的人都会形成导致联合的经验模式以及导致联合的劳动分工。最初仅由其生存空间联系在一起的人,最终形成了一个居住群体。在佛山,铺就是佛山社区中的一个个居住群体,是大社区中的小社区。但各铺的职业分布各有特点,这又造成了铺与铺之间的差别。如贫民手工业者集中的铺,文化水平低;而商贾和富家集中的铺,文化水平高,生活水平也有差别。这样,贫富铺区之间的对立情绪往往也会在出秋色中反映出来,并得到夸大和强化,从而折射出佛山镇内各铺之间的社区关系。

关于各铺利用出秋色互争高下的材料,清代的材料阙如,兹以民国年间广为流传的"龙母斗观音"的传说为例加以说明。

龙母庙是栅下铺的主要香火庙,习惯上可以用龙母代表栅下。观音堂铺有南慈观音庙,因此观音即代表观音堂铺。栅下铺是手工业者集中之地,贫民居多,文化素质低。观音堂铺是富裕之区,商业会馆林立,富家大宅亦多驻于此,财雄势大,科举人物多。故观音堂铺历来瞧不起栅下铺之人。据说某年观音堂铺出秋色,有意用竹篾扎成一只大虾公,又把一纸扎长尺挂在这只大虾之下,用竹竿高举,以示"明虾尺下"(虾,粤语欺负之意;尺下,与栅下谐音),意思就是公开欺负你栅下。而栅下铺当年出秋色即特意在花车中扎了座纸莲台,上坐"观音"。莲台四周贴着白纸剪成的白蚁,前面一人则高举写有"白蚁蛀观音,自身难保"字样的纸牌。同时又使另一"观音"肩挑一对纸水桶,边走边向桶内吐口水,纸牌上写有"观音漏口水"几字,以示对观音堂铺的蔑视。

第二年观音堂铺又出秋色。此次他们遍贴金标,上写"宫娥调雅乐,帝子诵诗书",以示自己铺中达官贵人多。金标两边还写有一副对联,联句是"龙母庙前变草地,栅溪无力挽提灯"，讥讽栅下贫穷破败，无钱财再出秋色。栅下铺当晚即出秋色还以颜色，其中有套"地色"，纸牌上写"吕蒙正祭祖"五字，由一人扮成贫寒孤苦的书生吕蒙正。次日续出秋色日景，在领取街道所赠送的锦标绣旗时，有一套"马色"，吕蒙正已变成身骑骏马、前后公差相拥、仪仗鸣锣开道的金科状元了。队伍前面有人高举头牌，上书"状元及第，衣锦还乡"几个锦绣大字，表示栅下虽穷，但日后或有发达亦未可知。①

从上可见，出秋色还是各铺显示实力、较量高低的活动。富裕的铺区借此机会展示自己的财富、文化水平和高雅上乘之作，以期博得合镇居民的再次赞叹和首肯；贫穷的铺区借此机会展示自己的能工巧思，表示自己对富人的蔑视，同时也借以表达自己将来翻身的愿望。

综上所述，秋色赛会造就了一种在竞争中实现自我的环境。无论对于铺中之人还是对于铺的整体，都是如此。对铺中之人，可以通过会景展示自己的产品，与同铺之人一较高下，赢得锦标。而对于铺的整体，可以通过会景展示自己的综合实力，赢得在佛山大社区中的地位。换言之，出秋色活动满足了各阶层人民自我价值实现的需要，也满足了各铺区地位和价值的再度肯定的需要。

近代以来，人们一般认为出秋色是纯娱乐性质的民间文化活动，与祀神无关。其实秋色活动早期就是娱神的赛会，以后才逐步失去了娱神的性质。主要理由有四：第一，八月十五是也是出秋色的日子，也是谕祭灵应祠的秋祭之日，两者在同一日举行，联系佛山演戏酬神的传统来考虑，两者必有关联。在乾隆《佛山忠义乡志》卷六对秋色的描述中，有"灵应祠前，纪纲里口，行者如海，立者如山"的记载。这说明秋色游行是在灵应祠前到纪纲里口路段举行，选择这样的路段，本身就包含着首先给北帝神看秋色的意愿。第二，佛山周围地区的类似活动，如沙湾飘色、胥江祖庙北帝诞出色、崖口飘色、阳西游色等都与娱神有关，尤其是沙湾飘色，直接与北帝巡游有关。② 而三水芦苞的胥江祖庙每逢北帝巡游，必须请佛山色队前来助阵。这实际是传承了佛山秋色娱神的传统，此习俗延续到民国年间。③ 第三，在秋色艺术品评比的"晒标"习俗中，"晒标"的地点通常设在祖庙附近，这很显然具有与神共享的意思。第四，据林明体《佛山秋色》一书中提到，其曾采访佛山著名秋色艺人梁次，梁次说秋色是为了庆祝丰收，祈祷来年风调雨顺而在秋收后举行的民间性的酬谢神灵活动。④ 综上所述，早期的出秋色活动确与娱神有关，在庆祝丰收的同时含有酬谢神恩的意义，其中最主要感谢的神灵当然是社区主神北帝公。秋色活动之所以极尽繁华，除"堪娱耳目"之外，酬谢北帝等神灵带来今年的丰收并祈求保佑来年的收成，才是

---

① 参阅区瑞芝《佛山秋色简介》，第 29 页"龙母斗观音"。
② 刘志文：《广东民俗大观》(下)，广东旅游出版社 1993 年版，第 297 页。
③ 罗一星：《明以后三水芦苞社会的变迁》，英文版：Luoyixing, Territorial Community at the Town of Lubao, Sanshui County, from the Ming Dynasty, 刊载于 David Faure & Helen F. Siu ed. *Down to Earth*, Stanford, 1995。
④ 林明体：《佛山秋色》，北京工艺美术出版社 1993 年版，第 28 页。

真正的缘由。

除了出秋色外，元旦至正月十五的灯市，亦是每年吸引成千上万居民的重要节目。乾隆时人孙锡慧有诗云："烛花火荸缀琼枝，一派笙歌彻夜迟。通济桥边灯市好，年年欢赏起头时。"[①]对于当时灯市上的各种灯色，陈炎宗有如下记载："普君墟为灯市。灯之名状不一，其最多者曰茶灯，以极白纸为之，剔镂玲珑，光泄于外，生子者以酬各庙及社，兼献茶素，因名茶灯。曰树灯，伐树之枝稠而杪平者为灯干，缀通花于枝头，多至百余朵。燃之如绛树琼荸。曰八角灯，中作大莲花，下缀花篮，八面环以璎珞。曰鱼灯，曰虾灯，曰蟾蜍灯，曰番瓜灯，则象形为者。曰摺灯，可摺而藏者。曰伞灯，可持而行者。自元旦为始，他乡皆来买灯。挈灯者鱼贯于道，通济桥边，胜门溪畔，弥望率灯客矣。"[②]可见佛山灯市之繁盛，灯品之多样。通济桥灯市看灯和挈灯者鱼贯于道的传统，后来演变成为今天数十万人的"行通济"习俗。

此外，每年五月五日的端午节，"饮雄黄酒，观龙舟……而乘舫出游者独多于他处"；七月十五日的结同心，"闺中妇女以采丝结同心缕，缕菱藕为花鸟形，辅以龙眼、青榄，互相馈遗，曰结缘，婢仆络绎于道"。[③]佛山这些独特的喜庆活动，从各个方面吸引着佛山居民，使清代的佛山形成了各种各样的娱乐团体，如上述的"结同心"，不但大家闺秀竞相参加，连"婢仆"也"络绎于道"。这说明，随着佛山都市化过程的发展，与劳动分工相联系的，是社会分化为一些阶级和各种文化娱乐团体。社会的成员会在这众多的团体中选择，从这些团体各种各样的娱乐方式中，找到适合自己的社会环境。

既有出秋色这样的适合于所有人的喜庆活动的大环境，又有如灯会、结同心这样的适合于个别团体的小环境，表明了清代佛山社会呈现出风俗文化多样性发展的历史趋势。

三、琼花会馆与万福台

粤剧行语有云："未有吉庆，先有琼花。"[④]"吉庆"是指同治年间设在广州的粤剧吉庆公所，"琼花"是指雍正年间设在佛山的琼花会馆，两个都是粤剧的行会组织。但琼花会馆在前，吉庆公所在后，二者有明显的继承关系。佛山是粤剧诞生的摇篮，哺育了千千万万的红船弟子。戏剧与社会生活密切相关，戏剧的发展亦与社会经济发展相联系。粤剧在佛山的诞生，并不是偶然的。

佛山神庙众多，酬神的神功戏早在元明就已存在发展。进入清代，佛山神庙和宗教祠堂的发展，需要大量的神功戏酬神。另一方面，商人和侨寓的涌入，使会馆的建立以及单

---

① 乾隆《佛山忠义乡志》卷一一《艺文志·诗》。
② 乾隆《佛山忠义乡志》卷六《乡俗志》。
③ 同上。
④ 参阅吴炯坚《琼花会馆拾零录》，《佛山文史资料》第 8 辑，第 7 页。

身汉的数量迅速增加,这也需要演剧酬谢行业神和丰富业余生活。再者,数量庞大、行业繁多的手工业者队伍常常要庆贺师傅诞,学徒满师亦要请戏。① 土著的祭祀需要、侨寓的文化生活需要和手工业者的行业惯例需要三者相结合,为粤剧的诞生奠定了深厚的基础。

顺、康两朝,昆曲盛行,先盛于京城,继传于广东。当时的广州,官宦集中,兵丁云屯,这些官吏兵丁大多是满人或外省人。他们好昆腔,因此推崇外江班,贬抑本地班,故本地班大多以红船流散四乡。佛山是商业都会,官吏极少,本地土俗又盛,神功戏需求亦多,因此"优船聚于基头",成为红船聚集的中心。② 雍正年间,佛山的红船弟子发生了重大变革,这就是琼花会馆的鼎建与粤剧的创立。据麦啸霞《广东戏剧史略》研究:北京名伶张五,号称"摊手五"者,雍正年间因愤清廷专制,每登台必抒发不平之气。清廷欲置之于法。张五易装南逃,"寄居于佛山镇大基尾。时广东戏剧,未形发达,内容外表,具体而微。摊手五乃以京戏、昆曲授诸红船子弟,变其组织,张其规模。创立琼花会馆"。琼花会馆建立于雍正年代的事实,可以在乾隆十七年(1752)修的《佛山忠义乡志》卷首《佛山总图》中已标出"琼花会馆"这一建筑得到证实。张五本湖北人,"故粤剧组织近于汉班"。粤剧十行角色皆与汉剧角色相同,它们是末、净、生、旦、丑、外、小、贴、夫、杂。摊手五文武兼资,唱做俱佳,十行角色,色色皆能。武技本宗少林,传之粤人,"故广东武戏身形手法皆近少林,唱曲音韵则本中州。俗所谓戏棚官话也"。③

由此可见,张五是整合广东红船弟子而成立琼花会馆的人物,也是广东粤剧唱腔、武打乃至生旦角色的开山祖,故而"后人纪念摊手五创业之功,咸称张师傅而不名。至今粤班每年举行庆祝师傅诞辰与华光大帝田窦二师配祀不衰"。④ 有研究者认为琼花会馆建于明万历年间,⑤这是没有根据的。笔者认为,戏班早于会馆存在,会馆是整合戏班的产物,是戏班的共同组织机构,会馆的产生有一定的历史条件和契机。琼花会馆产生于雍正年间,除了与摊手五在此时南下有关外,还与此时佛山工商业会馆刚刚兴起相联系。我们在前文所列的工商业会馆创立年代,最早的也是康熙二十五年(1686)的金丝行会馆,琼花会馆出现于雍正年间并非晚也。

琼花会馆建立后,规范了粤剧剧种,培养了大批粤剧人才,从而推动粤剧走向蓬勃发展的阶段。陈炎宗曾在《乡俗志》中记叙了佛山演剧的情形:"三月三日北帝神诞,……各坊结彩演剧。""三月二十三日天妃神诞,……其演剧以报肃。""六月初六日普君神诞,凡列肆于普君墟者以次率钱演剧,几一月乃毕。""九月二十八日华光神诞……集伶人百余,分作十余队,与拈香捧物者相间而行,璀璨夺目,弦管纷咽。""十月晚谷毕收,……自是月至

---

① 参阅陈志杰《粤剧与佛山古代民间工艺的成就》,《佛山文史资料》第8辑,第37页。
② 乾隆《佛山忠义乡志》卷六《乡俗志》。
③ 《广东文物》卷八《人文艺术门》。
④ 同上。
⑤ 参阅《佛山文史资料》第8辑,第11页。

腊尽，乡人各演剧酬北帝，万福台中鲜不歌舞之日矣。"[1]仅佛山上述神庙的酬神演剧活动，就足以使佛山一年到头弦歌之声不绝于耳。

与此同时，商人会馆的演剧的也不甘示弱。陈炎宗说过："夫会馆演剧，在在皆然，演剧而千百人聚观，亦时时皆然。"[2]可见商人会馆的演剧也很普遍。

由于演剧的频繁，因戏棚、酬棚失火而引起挤死、烧死大批人的惨剧也时有发生，乾隆三十三年(1768)颜料行会馆演剧失火，烧死五六百人。[3] 嘉庆十年(1805)安宁里太上庙演戏失火，"毙二十有二人"。嘉庆二十四年(1819)"新填地演戏失火，毙二十有五人"。道光元年(1821)，灵应祠神回庙"酬棚失火，毙六十余人"。[4] 可见演剧之盛与失火之多关系密切。

配合粤剧的演出，清代佛山有不少会馆、庙宇建立了固定砖木戏台。据佛山博物馆调查，清代全镇共建 36 座砖木戏台，其中地点确切的有琼花、山陕、福建、江西、潮梅、颜料行、钉行、纸行等会馆，祖庙、华光、盘古、三界、舍人、上沙观音庙等庙宇。[5] 这就为粤剧的发展提供了大量戏台。以上场所每年至少演剧一次，其中以祖庙万福台最多，如每年春秋二祭、出秋色后的酬神，以及秋收后腊月整个月的酬神，都在此演剧。其次是琼花会馆，"每逢天贶(节)，各班集众酬恩，或三四班会同唱演，或七八班合演不等，极甚兴闹"。[6] 由此可见，粤剧在佛山有深厚的土壤和广阔的市场。另一方面，粤剧的戏服也要依靠佛山丝织业生产，乐器的大钹、铜锣等，亦必要佛山生产才质量可靠。而佛山镇内的东胜街是"卖戏盔"的街道，戏船设立"班馆"在此承接货物。[7] 这也说明了佛山是粤剧戏班的取给基地。

嘉庆以后，徽班皮黄南传入粤。皮黄戏与粤剧相结合很快为粤人所接受。究其原因，"以粤人尚新奇，务敏捷。昆曲过于雅缓，而世风日急迫，故不谐俗耳；梆黄较紧凑，故易受欢迎。且昆曲在全盛时代，不过是士大夫私家所用的贵族化娱乐品，与平民不甚发生关系，平民自然要求一种相当娱乐，梆黄是民间野生艺术，于是应运而兴，拔旗易帜将昆曲地盘据而有之"。[8]

平民化、商业化、本土化是粤剧发展的走势。而这些正是与佛山这个工商业市镇紧密配合的。在道光年间佛山粤剧戏班"凤凰仪班"的演出剧目就有"林师爷娶二奶""胡亚乾打机房""三元里打番鬼""奴反主""大挡陈友谅"等广州方言剧目。而该班的 48 个剧目中

---

① 乾隆《佛山忠义乡志》卷六《乡俗志》。
② 陈炎宗：乾隆三十三年《旅食祠碑记》，道光《佛山忠义乡志》卷一二《金石志下》。
③ 同上。
④ 道光《佛山忠义乡志》卷五《乡事志》。
⑤ 引自陈志杰《粤剧与佛山古代民间工艺的成就》，《佛山文史资料》第 8 辑，第 37 页。
⑥ 《佛山街略》。
⑦ 同上。
⑧ 麦啸霞：《广东戏剧史略》，《广东文物》卷八《人文艺术门》。

有17个是诸如"八美图""仙缘配""再结莲花""忘鞭寻美妓""美女扮鬼""陈世美不认妻"等有关婚嫁女色的剧目,①显然也是为适应市井商贾的需求而设的。正如时人有《佛山谣俗》诗云:"行乐乡中羡佛山,肯将螺髻换云鬟。优场亦罢香花供,唱出清词菩萨蛮。"②

至此,粤剧的地方色彩日浓,宛如逾淮之橘,出谷之莺,从而独树一帜,向广州、向珠江三角洲乃至向广西东南部迅速发展。咸丰四年(1854),因琼花会馆戏班参加了红巾军,清军平毁琼花会馆。此后粤剧班子均散向四乡及集于广州谋生。同治年间在广州的粤剧戏班设立了吉庆公所。时人称:本地班"脚角甚多,戏具衣饰极炫丽。伶人之有姿首声技者,每年工值多至数千金"。吉庆公所设于广州城外,"与外江班各树一帜,逐日演戏皆有整本。整本者,全本也。其情事联串,足演一日之长。曲文说白均极鄙俚。……彼贩夫竖子、乡愚游手之辈,不知治乱故实,睹此恣睢不法、悖慢无礼,由是顿萌妄念,渐起邪心。此最足坏人心术。屡经有司示禁,而优孟衣冠如故"。③ 这个评论,是以昆剧作标准来衡量粤剧,有很深的成见,但我们从这个材料却可看出粤剧的发展特点:"衣饰极炫丽,伶人之有姿首声技者,每年工值多至数千金",正是商业化特点的表现;"曲文说白均极鄙俚",又恰是本土化特点的表现;而观众多为"贩夫竖子",则是平民化特点的表现。正因为其适合于商业化程度较高的广东社会,所以虽屡经示禁,"而优孟衣冠如故"。

演神功戏是指为向神祈福或酬谢神恩而演出的戏剧。明清时期佛山神庙众多,各种神诞、酬神、迎神赛会接连不断,如北帝诞、华光诞、普君神诞等,这些神诞、迎赛活动对神功戏的需求量很大,极大地促进了粤剧的产生和发展,使佛山成为粤剧的摇篮。琼花会馆是属于本地班的会馆,演出的主要区域是佛山周边和珠江三角洲一带的乡村。琼花会馆在每年六、七月间由班主重新进行组班活动。嘉庆时南海人梁序镛有《汾江竹枝词》一首至今广为传诵:"梨园歌舞赛繁华,一带红船泊晚沙。但到年年天贶节,万人围住看琼花。"天贶节是六月初六,正属于琼花会馆重新组班期间,本地班到四乡演出前通常要在琼花会馆聚头作联班演出,故有"白鹭之涟漪散练,琼馆之歌舞联班"的诗句。④ 道光《佛山街略》也记有:"琼花会馆,俱泊戏船,每逢天贶,各班集众酬恩,或三四班会同唱演,或七八班合演不等,极甚兴闹。"⑤兴盛的演出市场,使本地班"东阡西陌,应接不暇。伶人终岁居巨舸中,以赴各乡之召,不得休息"。⑥

提到粤剧和琼花会馆,就不能不提到本地班的"审戏台",即佛山祖庙内著名的华南古戏台——万福台。

---

① 参阅关键儿《祖庙万福台是佛山戏剧发展的见证》,《佛山文史资料》第8辑,第23页。
② 光绪《广州府志》卷一五《舆地略七》,第20页。
③ 《荷廊笔记》。
④ 佛山市政协编:《佛山文史资料》第8辑,第18页。
⑤ 《佛山街略》。
⑥ 佛山市政协编:《佛山文史资料》第8辑,第20页。

万福台，原名华封台，建于清顺治十五年（1658），是为北帝演神功戏的重要场所，也是佛山第一座较大规模的固定戏台。万福台面宽四柱三间，宽 12.73 米，进深 11.78 米，戏台高 2.07 米。分前台、后台两部分，中间用一装饰以大量金漆木雕的隔板分开。隔板两侧有四门，明间的"出将""入相"两门供演员出入，次间的"蹈和""履仁"两门供奏乐人员和舞台工作人员使用。前台演戏，后台化妆，台下为室，作为存放戏箱之用。前台三面敞开，可供观众三面看戏。万福台前空地开阔，青石铺地，是平民百姓看戏的场所。空地东西两侧各有廊，为二层建筑，类似包厢，供地方士绅及眷属看戏用。万福台的包厢设计，还有一个聚拢声音的效果，使观众在每个角度都听得清楚。万福台的设计，高音效果很好，据说建国后，有乐队曾在台上录音，反映出来的只有高音效果，后移到台下来录，中、低音效果才显示出来。可见该舞台的设计，侧重于高音的传播，这样才能与周围的鞭炮、叫卖之声争鸣。这种舞台设计也适合于演出佛山本地班大锣大鼓的武打戏。[①]（见首页图 23）

佛山演剧之兴盛，从戏台数目亦可见一斑。据佛山市博物馆调查，从清初建华封台（万福台）起，佛山镇内相继建起 36 座砖木戏台，其中地点确切的就有：琼花会馆和山陕、福建、江西、潮梅、颜料行、钉行、纸行等会馆，祖庙及华光、盘古、三界、舍人、上沙观音庙等庙宇。[②] 又据出生于光绪二十六年（1900）的区瑞芝先生回忆，他曾见过佛山华光庙、舍人庙等庙前的戏台，样式大小均与万福台差不多，但较简陋。[③] 可见戏台设计也适合于演出佛山本地班大锣大鼓的武打戏。

前述琼花会馆的本地班于每年六、七月间进行重新组班，组班后的首场演出必在祖庙万福台举行，以图吉利并检阅阵容，审阅通过之后才乘红船分赴各地演出，因而万福台又有"审戏台"的作用。万福台在粤剧史上具有重要地位，现已成为海内外红船子弟粤剧寻根的重要场所，各地粤剧界人士都以能在万福台上演唱为荣。

万福台一年中可谓歌舞升平，弦歌不断。有春节行祖庙期间的演出，过去行祖庙的时间大约持续整个正月；有三月三北帝诞期间的"各坊结彩演剧"，大约持续一个月；每年六、七月间进行的佛山本地班在万福台"审戏"的演出；有中秋出秋色后的酬神演出；有九月初九庆祝北帝崇升的演出；还有"十月晚谷毕收，乡田皆两熟，美亦甲他处……自是月至腊尽，乡人各演剧酬北帝，万福台中鲜不歌舞之日矣"。[④] 这些演出中间还穿插有节日、祈嗣还愿等酬神演出。可见，万福台一年中真是"鲜不歌舞之日"。

从清代祖庙发生的两次较大的事故中亦可以从侧面看出祖庙万福台、锦香池一带酬神演戏的盛况。乾隆十年（1745），"锦香池悬灯，游人拥挤，栅圮，压死童子七人"。[⑤] 这应

---

① 佛山市政协编：《佛山文史资料》第 8 辑，第 27 页。
② 同上书，第 54 页。
③ 同上。
④ 乾隆《佛山忠义乡志》卷六《乡俗志》。
⑤ 民国《佛山忠义乡志》卷一一《乡事志》。

该是元宵节的悬灯活动。另一则是"道光元年(1821),灵应祠神回庙,醮棚火毙六十余人"。该条注释云:"锦香池中醮会棚失火,池后路甚宽,而众于戏台旁两门争出,互拥而毙。"①这是在北帝出巡回庙举行醮会时,醮棚失火,众人蜂拥从万福台两侧门拥出时发生的惨剧。若联系到整个佛山镇,此类醮棚、戏棚失火事件就更多了,佛山的三套《佛山忠义乡志》中都有不少记载。

持续了290多年的万福台演剧,使万福台成为佛山人名副其实的一片乐土。佛山及周围四乡的士庶都喜欢到万福台"睇大戏"。每当演出之时,台上大锣大鼓、弦歌不断,"顷刻驱驰千里外,古今事业一宵中"。②台下百姓或站或坐,尽情喝彩叫好。台前的两廊不停售卖小食、佛山特色物品等,二楼则有达官贵人在"包厢"携眷品茗欣赏。锣鼓声、鞭炮声、叫卖声融为一体,一派闹市的景象。演出之时,祖庙左侧的祖庙大街、祖庙右侧的三元市的商家都会利用这些"万人围住看琼花"的机会推销自己的产品,可以说演出带动了整个祖庙片区商业和娱乐业的兴旺。

佛山是粤剧的发源地,粤剧与佛山社会生活息息相关,互相依存,是佛山传统文化系统中一个重要的组成部分,为清代佛山都市社会的发展作出了不容忽视的贡献。

---

① 民国《佛山忠义乡志》卷一一《乡事志》。
② 佛山市政协编:《佛山文史资料》第8辑,第33页。

第十五章
清代祖庙与佛山文化整合

在中国城市发展史上,一座庙宇的存在与一座城市发展的命运如此休戚相关,唯佛山祖庙与佛山城市。佛山祖庙,是享誉千年的北帝神庙宇,也是佛山民众的信仰高地和精神家园。如果说经济发展是佛山成为"天下四大镇"和岭南地区人文之邦的主要因素的话,那么北帝信仰就是凝聚佛山人生存发展的主要因素,是千百年来佛山人的道德支撑。北帝之于佛山人,就像大父母;祖庙之于佛山镇,如同大祠堂。400 年前悬挂于祖庙三门外的"廿七铺奉此为祖,亿万年惟我独尊"的对联,就是对祖庙在佛山地位的精辟写照。佛山北帝文化在其存在发展的近千年时间里,呈现出民间信仰与社会发展高度契合的文化特征和复合变迁模式,这是佛山历史文化留给中国社会发展史的宝贵财富,也是佛山今天弥足珍贵的文化资源。

第一节　清代祖庙北帝崇拜的建构

在传统社会里,神明祭祀与社会发展密切相关。人们不但编织出各种风俗习惯以调整、规范其社会生活,而且编织出神明信仰和祭祀仪式的更大构架来处理人与宇宙的关系。在珠江三角洲,北帝崇拜和祭祀是民间社会生活的重要内容,其中佛山祖庙的北帝崇拜及其祭祀系统是十分完整的,它具有规模宏大、内容精致、祭祀仪式多样、祭祀周期长四大特点。可以说北帝信仰连接着佛山各个群体与组织,渗透到佛山社会生活的各个领域,并随着明清社会生活的变迁而演变流传,具有岭南地区北帝文化的典型意义。

一、清代官民对祖庙的修建

清代是北帝崇拜衰而复起并迅速向唯我独尊发展的时期,也是北帝神适应多种祭祀群体需要不断扩大祭祀范围的时期。

清继明统,时移势易。盘踞广东的平南王尚可喜崇尚佛教,在广东遍建佛寺,如庆云寺、海幢寺、大佛寺、飞来寺等均出于其手,佛山的仁寿寺、德寿寺等八间寺院亦建于此时。

因此在清初时祖庙曾一度受到官府冷落,当时藩兵肆虐,地方官府也不甚重视祖庙的谕祭。每逢祭期,官员或不到,或到而品位甚低且态度蛮横:"春秋谕祭,绅士罔闻。即有遣官,而上慢下暴,亵神不堪,其违神明、蔑典制者甚矣。"①镇民也无力无心管理祖庙,致使当时祖庙的"土田铺舍,半入强侵";②祖庙的祭器也散失甚多,钟鼓无存。当时镇民每议清复庙地,必结讼事,是以人咸"以庙地为畏途"。③ 虽然清初祖庙曾一度受到官方的冷落,出现了"上慢下暴"的情况,但其在民间的影响仍在持续发展,祖庙的修缮和扩建即使在清初也未停止过。清顺治十四年(1657),修建了灵应祠香亭。顺治十五年(1658)在灵应祠前建了华封台,④华封台在清康熙二十三年(1684)改为万福台。⑤ 万福台至今保存完好,已经成为华南最著名的古戏台,在海内外粤剧界声名远播。万福台的修建改变了祖庙建筑群出口向南的格局,是清代祖庙新建的最重要的建筑。

撤藩以后,随着巡抚李士桢在全省范围内清除藩下兵丁盘踞利薮的行动。从康熙二十三年(1684)起,庞之兑等六君子开始整肃清复庙租,并大修祖庙,到康熙二十九年(1690)时,已是"庙貌之剥蚀以新","祭器之残缺以饬","田土之湮没以归"了。⑥ 清复后的灵应祠"牌坊、廊宇、株植、台池一一森布,望者肃然。而几筵橡桷丹膔一新,盖庙貌于是成大观"。⑦ 同时在灵应祠左边建圣乐宫。⑧ 但当时参加春秋谕祭的官员规格甚低,多是河泊所小员。于是在康熙四十五年(1706)佛山保甲排现年呈请广东官府委派正官主祭,⑨当时广东官府是否委派了正官参加行祀不得而知,但这件事本身说明了佛镇人要恢复北帝崇拜的决心。

广东官府对佛山祖庙的真正关心和支持,是在雍正十一年(1733)设立佛山分府同知衙门以后,尤其是在乾隆四年(1793)南海县知县魏绾把祖庙控制权从里排手里交到绅士手里以后,历任的佛山同知就把祭祀北帝和修建祖庙作为自己责无旁贷的任务。例如乾隆二十四年(1759)佛山同知赵廷宾倡修祖庙,镇民雀跃响应,"合赀一万二千有奇"。使祖庙焕然一新,如巍然堂寝、坚致门庭、恢拓歌舞台、筑浅廊以贮碑匾等;并修圣乐宫及祠右之观音堂。值得注意的是,这次重修,商人的捐资占了重要部分。我们现在仍然可以看到的灵应祠正殿中间石柱,就为盐总商吴恒孚(吴荣光祖父)率领其七子同立。而灵应祠前殿石柱,亦为侨寓贡生吴文柱偕儿孙五人所敬奉。这说明侨寓商人也认同了北帝崇拜。

---

① 庞之兑:《杂记》(康熙二十五年),民国《佛山忠义乡志》卷七《祠祀志一》。
② 《清复灵应祠租杂汜》,民国《佛山忠义乡志》卷八《祠祀志一》。
③ 庞之兑:《杂记》,民国《佛山忠义乡志》卷八《祠祀志一》。
④ 乾隆《佛山忠义乡志》卷三《乡事志》。
⑤ 民国《佛山忠义乡志》卷八《祠祀志一》。
⑥ 李锡祚:《重修灵应祠记》(康熙二十九年),民国《佛山忠义乡志》卷八《祠祀志一》。
⑦ 郎廷枢:《修灵应祠记》,《明清佛山碑刻文献经济资料》,第22页。
⑧ 乾隆《佛山忠义乡志》卷三《乡事志》。
⑨ 民国《佛山忠义乡志》卷八《祠祀志一》。

嘉庆元年(1796)佛山同知杨楷捐俸倡修灵应祠及鼎建灵宫,镇人"靡不响应","佥捐工费银两共九千七百有奇"。祖庙经此重修,规模更加恢宏。与此同时,也鼎建了灵宫,"崇祀帝亲,各自为尊,以正伦理"。此次重修,赖杨楷之力尤多,正如曾任粤秀书院山长的陈其煜所言:"微杨公之力,其奚能为此也。继自今入庙,而睹金碧之辉煌,观瞻肃矣,敬畏起矣。宫分前后,体统昭焉,伦理正焉,尊尊亲亲之义明矣。杨公之功亦伟矣哉!"①同年冬天,两广总督吉庆曾到佛山谒灵应祠,现祖庙前殿木雕对联"默祷岁时常裕顺,愿登黎庶尽纯良",就是吉庆所题。这就以广东地方最高行政长官的身份再度肯定了北帝祭祀的合法性。

上述佛山同知赵廷宾和杨楷对祖庙重建的关心和以时"诣祠焚香"的行动,以及两广总督的谒庙题联,表明了清代广东官府对佛山祖庙祭祀的重新介入,表明了地方官对发挥祖庙所具有的社会功能的重新重视。佛山镇商民在地方官的支持下,则把祖庙的修建作为合镇的大事举办,营造务求恢宏,雕饰务求精美。北帝崇拜再次呈现热潮。

大概在乾隆年间,祖庙形成一个庞大的建筑群体,它由灵应祠、观音堂、流芳祠、圣乐宫、锦香池、牌坊、戏台七大部分组成,占地面积广阔(至今仍占有 3 000 多平方米)。整个建筑群坐北向南,布局合理,结构奇特,装饰华丽,富有独特的地方风格。其中的灵应祠宽敞雄伟,并列三个圆拱型山门,左右两门,一个通崇正社学,一个通流芳祠。三门正中门上瓦脊顶有一圆球,与庙门、台阶连为一体,使人视觉集中于庙门的中心位置,增加了三门的稳重端庄感。②灵应祠由前殿和正殿构成。前殿安放着北帝手下的诸大将,他们是:捧印金童、王元帅、陈元帅、周元帅、赵元帅、太岁、水将(龟)、火将(蛇),正殿安放真武神铜铸像一尊,高九尺五寸(3.04 米),盖取"九五之尊"之意,体制崇闳。③所有这些精心的营造与安排,无非为了一个目的,就是突显真武神独一无二的地位。我们知道,明景泰年间真武庙内还有其他神像,而到康熙二十三年(1684)真武神父母神位被安放到新建的圣乐宫,观音像亦有了祠右之观音堂安放。乾隆二十四年(1759),又新建灵宫安放真武神父母。而"龙树"之神像早已在记载中消失了。真武神从此拥将自尊,备受荣宠礼遇。这一突显真武神的趋向,可从文人记载中得到佐证。广东布政使陈贽在景泰二年(1451)撰的《佛山真武祖庙灵应记》碑,立在佛山灵应祠三门之内。该碑上本有"境内祠庙数处,有所谓祖庙者,奉北极真武玄天上帝塑像及观音、龙树诸像"句,而陈炎宗在收入乾隆《佛山忠义乡志·艺文志》时,却改为"境内神庙数处,有所谓祖庙者,奉真武上帝像"。这里作了两处改动,一是"祠庙数处"改为"神庙数处",二是删去"观音、龙树诸像"字句。(此外,陈炎宗还把陈贽碑文的"几三千余家"改作"几万余家")显然,陈炎宗极力回避真武庙与佛庙的联

---

① 陈其煜:《重修灵应祠鼎建灵宫碑记》,道光《佛山忠义乡志》卷一二《金石志下》。
② 陈智亮:《祖庙资料汇编》,第 72 页。
③ 民国《佛山忠义乡志》卷一八《杂志》。

系,其目的当然与突出北帝独尊的地位有关。可以肯定地说,乾隆年间北帝独尊的地位已经奠定。陈炎宗这种"为尊者讳"的做法,恰恰反映了当时已经出现的历史事实。

佛山是明清时期岭南著名的商业中心之一,商人在祖庙的维修、扩建中也发挥着重要的作用。在祖庙现存的建筑构件和庙内陈设物上,留下了众多的明清佛山工商业堂号、店号和商人的名字,堂号、店号如端本堂、文裕后堂、如意堂、聚隆号、万源号等,大商人如吴恒孚、马百良等。从前述祖庙历代修缮的碑刻文献资料中,我们也不难发现商人对修缮祖庙的积极响应。

从佛山民众的视角来看,佛山人素有捐赠的传统,每次祖庙修缮或其他公益事业,只要有人发起,就会慷慨解囊,踊跃捐资,前人以"各输其力""踊跃金捐"等文字来描述之。现存佛山祖庙的一些文物上也留下了不少当地民众捐赠的记录,如位于前殿的明成化大铜钟,捐赠人为"佛山堡合乡善信";又如位于正殿的"灵应祠"大铜兽耳炉,也是60多位本镇信士捐赠所铸;位于祖庙前殿香亭,铸于明万历十六年(1588),清嘉庆六年(1801)重铸的"风调雨顺,国泰民安"大铁鼎,刻有参与捐赠的信士和店号达168个。这些都充分说明佛山民众在祖庙的历代维修、扩建中所扮演的重要角色。

清代北帝崇拜在佛山的发展,是北帝神向唯我独尊地位发展变化的过程。在这一变化过程中,官府重新介入祭祀和侨寓商人的认同,从不同方面加速了这一发展过程。官府重新介入祭祀,从政治上抬升了北帝的地位;而侨寓商人的认同,则不但从经济上扩大了祖庙的财源,而且从组织上扩大了祖庙的祭祀群体,推动着北帝成为佛山祭祀系统诸神之首,也使祖庙成为合镇诸庙之冠。从而奠定了其在佛山历久不衰的最高层次的祭祀中心的地位,成为佛山社会拱廊的拱顶石,也成为珠江三角洲主神崇拜的典范。

到了清代道光以后,尤其是道光二十年(1840)鸦片战争后,内忧外患,社会不安。但佛山对祖庙的修缮并没有停止,还基本维持着以前的大修频率。据民国《佛山忠义乡志》记载,咸丰元年(1851),曾重修灵应祠。[①] 因没有更详细的记载,这次重修的规模不得而知。但可以确定的是,万福台在这次重修中进行了修缮。万福台上金漆木雕"万福台"三字左右两边刻有康熙至光绪期间六次重修的时间,其中一次就为"咸丰辛亥冬月重建"。咸丰四年(1854),亦曾重修祖庙,民国《佛山忠义乡志》记载此次重修有碑(款识阙),树立在灵应祠内,[②]但民国《佛山忠义乡志》没有把碑文记录下来,现已无存,甚为可惜!

光绪二十五年(1899),祖庙又做了较大规模的修缮,现在的许多陶塑瓦脊和灰塑作品都是这次维修的遗存,留下了不可磨灭的光彩。民国《佛山忠义乡志》记载光绪二十五年重修碑两通,都树立在灵应祠内,一通为时任佛山同知的刘国光撰记并书,一通为里人梁

---

① 民国《佛山忠义乡志》卷一一《乡事志》。
② 民国《佛山忠义乡志》卷八《祠祀志一》。

尔煤撰记。① 当时也没有录入乡志,现在不但碑已荡然无存,连碑文也未留下来。但我们从时任"佛山同知刘国光撰记并书"这件事来看,此次修缮还是延续了乾隆以来佛山同知倡修祖庙的传统。

从佛山祖庙的沿革史我们发现,凡是祖庙大维修的年代,都是北帝崇拜趋热的时期。光绪年间的大修也是祖庙地位尊崇的显示。光绪年间佛山人梁世徵说:"粤之佛山为寰中一巨镇,有灵应祠。阖镇以祀真武帝,年久而分尊,屡著灵异。共称之曰祖庙,尊亲之至如天子。"②"尊亲之至如天子",可见北帝的地位已抬升到无以复加的地步。现在灵应祠三门前的对联"廿七铺奉此为祖,亿万年惟我独尊"③"庄严冠禅山群庙,灵应为福地尊神",④也鲜明地传达了佛山镇人要塑造的祖庙和北帝的形象。

二、祖庙建筑规制及其文化意义⑤

建于北宋元丰年间的佛山祖庙,至今已有 900 多年的历史,从一个名不见经传的河边小庙,发展到佛山"唯我独尊"的社区主神庙,期间经历的兴衰荣辱自不待言,然其规制和空间布局的变迁也颇值得探讨。(见首页图 4)

历史上重要的灵应祠图至今留有三张,分别为乾隆《佛山忠义乡志》、道光《佛山忠义乡志》和民国《佛山忠义乡志》所载的三幅灵应祠图。本节拟以道光《佛山忠义乡志》灵应祠图为中心来讨论佛山祖庙神圣空间的历史变迁。

道光《佛山忠义乡志》灵应祠图与乾隆《佛山忠义乡志》灵应祠图建筑基本相同,表明在乾隆与道光两志修撰的 80 年间祖庙建筑群变化不大,保持着相对稳定的状态。两图最大的不同是道光灵应祠图在正殿后面多了一进,即庆真楼。从前文可知,庆真楼是嘉庆元年为崇祀北帝父母而建,当然在乾隆灵应祠图中不会反映。就目前所见的灵应祠图而言,道光《佛山忠义乡志》灵应祠图较真实地反映了灵应祠建筑最鼎盛时期的繁盛景况。此时的灵应祠建筑已经定型,左、中、右三线齐备,琼楼玉宇,蔚为壮观。

道光灵应祠图中轴线上的建筑与乾隆灵应祠图基本一致,中轴线左侧画面把乾隆灵应祠图中反映较为清晰的崇正社学图隐去了一块,却把乾隆灵应祠图中没画出的大魁堂建筑标示出来,大魁堂在清代是佛山的民间自治权力中心,此处的一隐一显,正预示着这些建筑在不同时期的不同地位和功能。中轴线右侧画面把乾隆灵应祠图中没有标示明确的流芳祠、观音堂、社仓、三元禅院(乾隆灵应祠图中标示为三元庵)、三元市等都清晰地标

---

① 民国《佛山忠义乡志》卷八《祠祀志一》。
② 《佛镇灵应祠尝业图形》。
③ 光绪年间冼宝桢撰。
④ 光绪年间卢宝森撰。
⑤ 关于祖庙建筑规制与文化意义,详细请参阅罗一星、肖海明《佛山北帝文化与社会》第七章,广东人民出版社 2017 年版。

图 15 - 1　道光《佛山忠义乡志》灵应祠图

注了出来,对研究这些建筑的具体位置有重要的价值。就图中所标示的建在灵应祠右的三元市来看,这也是中国寺庙建筑的普遍特性之一,包括名扬中外的宋代东京大相国寺,都有自己规模庞大的市场,市场应是寺庙功能的重要补充之一。

　　就乾隆、道光两图对灵应牌坊文字的描述来看,乾隆灵应祠图灵应牌坊由上往下第一层楼写了"谕祭"两字,而道光灵应祠图灵应牌坊由上往下第一层楼上则改为"圣旨"两字,而且在坊额上写了"圣域"两字。就牌坊上明景泰皇帝所赐的原字来看,"谕祭""圣域"四字在牌坊的南侧是对的,道光灵应祠图将"谕祭"改为"圣旨"的举动,其主要目的为了突显祖庙是皇帝颁布圣旨的"圣域"之地,与乾隆灵应祠图相比,更加突出了祖庙的特殊地位。

　　佛山祖庙作为偏安岭南的地方庙宇,在历史上只受到过一次皇帝的敕封,即明景泰皇帝将祖庙敕封为灵应祠,列为官祀庙宇,同时将佛山敕封为忠义乡。这次敕封在祖庙的历史上意义重大,可以说奠定了祖庙作为社区主神庙的坚实基础。比如明景泰二年(1451)敕建的灵应牌坊,当时敕封的坊额为"玄灵""圣域"。(见首页图 7)清康熙二十三年(1684)维修时,为避清圣祖"玄烨"之讳,把正面坊额"玄灵"改为"灵应",成为一座至今仍雄伟壮观的著名牌坊。灵应牌坊的建成标志着皇帝承认祖庙是神圣的"圣域"之地，而且是"玄灵"（灵应）之庙，这无疑对树立祖庙的社区权威和引导民众的修缮维护之心起到了重要作用。

祖庙现存古建筑占地约 3 600 平方米，沿中轴线由北而南依次为庆真楼、正殿、前殿、三门、锦香池、灵应牌坊、万福台，这些建筑除万福台和庆真楼为清代所建外，其余都是明初甚至更早以前逐步扩建而成的。到了乾隆时期，随着中轴线左右两边建筑的逐步完善，祖庙建筑群已经形成了一个左、中、右三线齐备，左文右武、前明后暗、布局舒适合理的建筑群。

这种建筑布局有什么文化意义呢？首先从表面布局来看，有两个显著的文化特征：

第一，以祖庙三门为界，形成了明暗相对、前明后暗的建筑布局。三门之外开阔明亮，风和日丽；三门之内则殿亭相接，连绵不断，形成了庄严肃穆、阴沉恐怖的氛围，而且越靠近正殿气氛越深沉肃穆，但正殿内重达 5 000 斤的真武大铜像则又面带微笑，慈祥可亲，使之前营造的肃穆气氛顿觉缓和。这种布局，巧妙地营造了从轻松到肃穆再到轻松的宗教氛围，使朝拜者对北帝产生"敬畏而神往"的感觉。从轻松到肃穆的目的是营造敬畏感，而从敬畏再到轻松则是营造神往感，这就把敬畏感与神往感通过空间布局巧妙地体现出来。

第二，以中轴线建筑为轴，形成左文右武的布局。这种布局最明显的标志是祖庙三门后侧左边文魁阁、右边武安阁的建筑布局。与两阁相应的是中轴线左侧的建筑如崇正社学、文昌宫、大魁堂等都属"文"，而右侧的建筑如流芳祠等则偏"武"，这与中国古代左文右武的建筑格局是相应的。

其次从建筑构造的内涵看，还有如下文化含义：

第一，暗含着青龙、白虎、朱雀、玄武四象观念。在祖庙钟鼓楼的旁边墙上，分别绘有青龙、白虎两幅壁画，平时并不为人所注意。笔者认为这里的青龙、白虎壁画正是为了呼应正殿的主神北帝（玄武）而绘，三者正好处于祖庙建筑的北（玄武）、东（青龙）、西（白虎）三个方向，唯有南方的朱雀不见。不见朱雀在道教建筑中也比较常见，据说是因南方属火，出于防火的需要。但祖庙在最南边建了著名的戏台万福台，戏台以火神华光大帝为保护神，这似乎又巧妙地弥补了不见南方朱雀的缺憾。

第二，佛山祖庙作为道教重要的神祇玄天上帝的庙宇，在营造朝天敬神氛围的同时，也体现了道教建筑顺应自然的特点。祖庙的三门中间共有三个拱门，正中最大的拱门前有一副明崇祯时户部尚书李待问所撰的对联"凤形涌出三尊地，龙势生成一洞天"，表明当地士绅欲将祖庙塑造成洞天福地的愿望。细心观察现存的祖庙古建筑群，如果除去清代所建的万福台和庆真楼，余下的明代建筑格局与珠江三角洲明代以来流行的三进祠堂建筑格局十分相似，这也从建筑方面印证了佛山祖庙"亦庙亦祠"的特点。

第三，佛山祖庙建筑陈设还有仿帝王建筑规格的特点，如祖庙三门的九开间布局、正殿真武大铜像高九尺五寸,取"九五之尊"之意等。当然,这些设计制作是相当隐讳的。

三、祖庙北帝造像及其象征意义①

现存佛山祖庙的造像有两类:一类为位于正殿神龛的三尊铜像,其中两位为真武,一位是观音;一类为位于正殿和前殿之中的二十四尊漆扑神像,他们构成了一个严整威武的神仙阵容,共同构成了祖庙内部固定空间设计的重要元素。

位于正殿正中神龛中的真武大帝铜铸像,铸于明景泰年间,重约两吨半,高九尺五寸(3.04米),是国内现存最大的明代铜铸北帝像。铜像的造型为北帝端坐于高背龙头大椅上,头顶圆光,面带微笑,和蔼慈祥,身着文官彩袍,双手摆放于两膝上,一副赐福善神的形象。北帝的表情自然生动,衣饰花纹的描绘精细流畅。作者极力把北帝塑造成封建帝王的模样,就连神像摆放的手势,也与台北故宫藏明朝永乐皇帝的画像十分近似,这显然受到了流传广泛的"真武神,永乐像"传说的影响。(见首页图6)

北帝武神铜像,高0.8米,宽0.52米,铸于明景泰年间。武神北帝披发跣足,半坐于铜椅之上,身着金色铠甲,一条长蛇蜿蜒缠绕于身,北帝的右脚正踏着昂起的蛇头,右手持宝剑于腰际(剑已佚),左手挡护在胸前,食指指向天空(北方),威风凛凛,一副随时准备投入战斗的样子。铜像背后刻有铭文"祈嗣信官潘梅舍",可知是一位名叫潘梅的信士为求子所捐奉的。

明清时期佛山有北帝出巡的习俗,由于正殿当中的北帝大铜像体量太大,不便搬动,由此坐镇庙中,人们称其为"坐宫";而此尊北帝武神铜像被请出放进专门的舆轿内,由众善信抬着出祠巡游,因而又被称为"行宫"。行宫出巡的热闹场面,时人以"鼓吹数十部,喧腾十余里"来形容。②

放置观音铜像和北帝武神铜像的是两个形制大小相同的金漆木雕神龛,分置在大神龛的左右两侧,神龛上装饰着双龙戏珠、双凤牡丹等精美的图案。尤其是神龛上的蝙蝠图案,与中间大神龛形成了呼应,共同营造了北帝的福神形象。

由上可见,位于正殿正中的真武大帝铜像与位于其左右两侧的文神北帝铜像和武神北帝铜像面南而坐,占据了整个庙宇的最核心位置,共同构成了整个庙宇神像系统的被崇拜对象,我们把他们称为主神系统,主神系统以铜铸像为造像特征。

祖庙的侍神系统包括二十四位神,以"干漆夹纻像"为造像特征,俗称二十四尊漆扑神像。神像的制作手法基本一致,塑造精美,反映了当时佛山高超的工艺水平。干漆夹纻造像法最早出现在晋朝,流行于唐代。唐时鉴真和尚将此法传至日本,据考证,现存世界上

---

① 关于北帝造像考订与艺术宗教意义,详细请参阅罗一星、肖海明《佛山北帝文化与社会》第八章。
② 乾隆《佛山忠义乡志》卷六《乡俗志》。

最早的一尊夹纻造像，就是保存在日本奈良唐招提寺的名僧鉴真造像。[①] 祖庙二十四尊漆扑神像的制作年代，当始自明崇祯八年（1635）重修灵应祠改塑神像之时。从其制作风格来看，也应为明末作品。但其中部分塑像上有"本镇承龙街杨胜合造""本镇杨太元塑"等款识，这些都是清末佛山雕塑行店号，由他们来承办神像的修复翻新工程，款识为维修时所署。

祖庙二十四尊漆扑神像中，北帝统属的神将立像有二十尊，分别陈列在祖庙正殿和前殿，另有四尊为本地城隍、道士坐像，陈列在正殿和前殿之间的东西两廊。北帝统属的二十尊神像中，除随侍主神像左右的朱佩娘和朱孛娘外，就是北帝手下的十八位元帅。这些神将元帅有的在明代余象斗编《北方真武祖师玄天上帝出身志传》（俗称《北游记》）一书中有介绍，有的则可能是地方神或有其他出处，身份颇为复杂。现按所在位置介绍如下：

正殿紫霄宫左右侧神像：

左：雷部电母朱佩娘

右：月孛天君朱孛娘

正殿四神像：

左一：酆都提刑纠辖吊鬼卢元帅

左二：主判雷令权司捉缚邓元帅

右一：上清侍御银牙猛吏辛元帅

右二：赏善罚恶枷栲威勇窦元帅

前殿正中四神像：

左一：金轮如意伏虎玄坛赵元帅

左二：直殿奏事大道无私陈元帅

右一：紫发魔王四海都巡温元帅

右二：北方黑精风轮荡鬼周元帅

前殿左侧五神像：

左一：先天都总管雷公邓元帅

左二：黑雾伐恶显德报应毕元帅

左三：赤心忠良铁面蛮雷王元帅

左四：保民护道灭巫斩鬼朱元帅

左五：皇门主事锄凶伐恶刘元帅

前殿右侧五神像：

---

① 肖海明主编：《佛山祖庙》，文物出版社 2005 年版，第 4 页。

右一：文魁进士斗口哮神马元帅

右二：皇门无佞地祇太保康元帅

右三：主雷判令金睛䫈魔苟元帅

右四：天心杀伐捭判生化崔元帅

右五：皇门值事轰天霹雳庞元帅

正殿天井东廊：

东一：广州府城隍主宰正直之神

东二：本祠住持劝善大师苏真人

正殿天井西廊：

西一：阙名，道士形象装束，具体名称有待考证

西二：广府里域司显德正直之神

佛山祖庙的主神系统，包括位于正殿正中的真武大帝铜像与位于其左右两侧的文神北帝铜像和武神北帝铜像。他们面南而坐，共同代表的主神就是真武大帝。相对于佛山祖庙清晰的主神系统，佛山祖庙的侍神系统要复杂得多，尤其是上面提到的祖庙十八元帅。

真武大帝庙宇中的三十六将由来已久，是随着元帅信仰的发展而逐步形成的。元帅信仰在明代进一步体系化，而玄天上帝则位于这个体系的顶端。原为"四圣"之一的真武，至此已经成为元帅诸神的领袖。各路元帅信仰逐渐被收纳于玄天上帝之下，成为以玄天上帝为至尊的道教武神新系谱，这并且成为明代以降道教武神之中最具威力和影响力的一支武神系统。[①]

《北游记》记载玉帝敕封玄武大帝的三十六将，由于地域差异、来源版本不同和庙宇规模限制等因素影响，各地庙宇中真武大帝的三十六将差异较大。佛山祖庙的十八元帅、陕西佳县白云山的十大元帅等，都不是三十六位。但一般以偶数成对排列在真武大帝的左右两侧。台湾玄天上帝庙宇的真武大帝官将多为三十六位，从最著名的台北市保安宫三十六官将的名字看，其与福建一带真武三十六将的名字较为接近，[②]但与中国其他地区真武侍从官将有明显差别，可见真武官将的选择与各地宗教文化传统密切相关。

从佛山祖庙十八元帅的名称以及北帝的左右侍神朱佩娘、朱孛娘来看，祖庙塑像受到《北游记》的影响较大。因为北帝的侍神通常为金童玉女，而《北游记》则为朱佩娘、朱孛娘。

下面我们从佛山祖庙十八元帅分布图（图15-2）来分析佛山祖庙北帝侍从元帅的分布及其象征意义。

---

① 林圣智：《明代道教图像学研究：以〈玄帝瑞应图〉为例》，台湾大学艺术史研究所《美术史研究集刊》第6期，第158页。

② 白礁慈济祖宫管理委员会编：《白礁慈济祖宫史略》，龙海市，2006年，第3页。

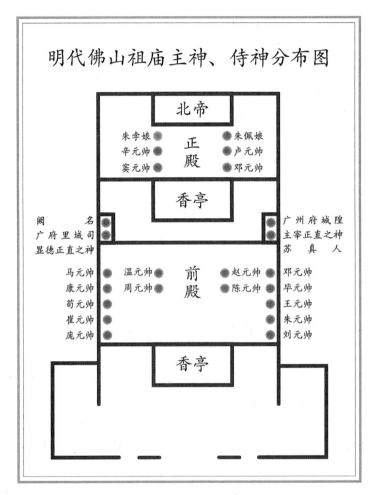

图 15-2 清代祖庙主神侍神分布图

佛山祖庙北帝十八元帅分布在祖庙的正殿和前殿,正殿共有四位元帅,位于北帝像前,分别为酆都提刑纠辖吊鬼卢元帅、主判雷令权司捉缚邓元帅、上清侍御银牙猛吏辛元帅、赏善罚恶枷栲威勇窦元帅。从四位元帅的神牌来看,他们的职责都与审判、刑狱有关,我们把他们称为"内侍元帅"。前殿共有十四位元帅,前殿左右两侧各有五位元帅,左边分别为:邓元帅、毕元帅、王元帅、朱元帅、刘元帅;右边分别为:马元帅、康元帅、苟元帅、崔元帅、庞元帅。前殿中间分布着四位元帅,即金轮如意伏虎玄坛赵元帅、直殿奏事大道无私陈元帅、紫发魔王四海都巡温元帅、北方黑精风轮荡鬼周元帅,即民间通常所说的以赵元帅为首的四大元帅。以上分布在前殿的十四位元帅,从其功能来看,与《北游记》北帝三十六将功能相似,主要是身负跟随北帝往来征战,荡平天下妖魔的重任,我们把这十四位元帅称为"外侍元帅"。

由上可见,整个祖庙北帝十八元帅的布局分为"内侍""外侍"两个部分,承担着北帝内外两部分职能，形成了以北帝为主帅的内外有别、等级森严的元帅阵容。从祖庙正殿和前殿的建设历史可以看到，正殿建于明洪武五年（1372），而前殿建于宣德四年（1429），都早于改塑此批神像的明末崇祯时期，可见当时的决策设计者巧妙地利用了现有建筑的空间结构，根据实际需要选择元帅阵容并完成造像的设计。

关于中国神祇的隐喻问题，西方学者进行研究并发表了不少影响广泛的论著。如王斯福（Stephan Feuchtwang）"神祇是国家权力系统的隐喻"的观点，武雅士（Arthur Wolf）"官员成了神，家族长者是祖先，陌生人代表的是可怕的鬼"的研究，[1]韩明士（Robert Hymes）"中国人眼中的神祇有两种模式——官僚模式（bureaucratic model）与个人模式（personal model）"的观点，[2]都启发了中国学者对中国神祇的研究。

从佛山祖庙造像的整体布局来看，北帝及其众元帅的阵容具有两方面的隐喻：其一，是对人间军队帅府的隐喻。北帝就像古代军队中的大元帅，众将侍立左右，帅府内配备着象征北帝权力的大印和发号施令的令旗，展示了一个可以指挥千军万马、正准备投入紧张战斗的帅府场面。这种军队帅府的隐喻，也与《北游记》等著作中真武大帝率领三十六将收伏妖魔的实际职能相适应。其二，对帝国皇权官僚体系的隐喻。从祖庙造像的最外两尊皇门主事锄凶伐恶刘元帅（前殿，左侧）、皇门值事轰天霹雳庞元帅（前殿，右侧）的名称来看，这两位守护元帅阵容的元帅，被冠以"皇门"的称谓，可见这其实暗示了祖庙北帝及其元帅阵容是皇帝及其大臣组成的帝国官僚体系阵容。祖庙北帝大铜像九尺五寸暗含着"九五之尊"的含义，祖庙三门的变相的九开间布局，这些都说明建造设计者们暗中将北帝塑造成人间皇帝的努力。

第二节　佛山神庙体系与多重祭祀圈

"越人尚鬼，而佛山为甚"。[3] 清代的佛山，适应社会发展的多种需要，构建了一套相当完整的神明祭祀系统，这套系统包容性强，儒、释、道兼收并蓄，神明达数十种；且层次丰富，庙宇和祭祀点由镇的中心、铺的中心、街区的中心乃至里社的中心层层皆有。更为重要的是，它创造了一种含义统一的信仰模式，发挥着重要的促进社会整合的功能，成为体现清代佛山社会一体性的重要象征。

一、祖庙与佛山其他宗教信仰

在进入本节重点讨论的神庙体系问题之前，必须先简略地对清代佛山各种制度性宗

① 转引自［美］韩明士著、皮庆生译《道与庶道：宋代以来的道教、民间信仰与神灵模式》，江苏人民出版社2007年版，第4页。
② 同上书，封底页。
③ 乾隆《佛山忠义乡志》卷六《乡俗志》。

教信仰的源流及其与祖庙关系作个交代。

佛教是佛山最早出现的宗教,相传早在东晋时,就曾有西域僧人来佛山结茅讲经。唐初人们在塔坡岗掘出三尊小铜佛像和一石碣,上书"塔坡寺佛",并有一联云:"胜地骤开,一千年前青山我是佛。莲花极顶,五百载后说法起何人。"人们估计铜佛是东晋时物,于是重新供奉,佛教才由此流传起来。但明王朝举国上下崇祀真武,祖庙享有敕赐"灵应祠"之显赫,佛寺一直无法抬头。直到清初,借藩王尚可喜崇尚佛教之势,佛山的佛寺才迅速发展起来。两藩踞粤时期,顺治七年至康熙二十一年(1650—1682),佛山建立了仁寿寺等八座寺院,其中建于祖庙铺的仁寿寺,"宽广为诸寺冠"。仁寿寺是佛山规模最大的佛寺,位于现在佛山禅城区祖庙路民间艺术社内,由密宗僧人纵堂建于清顺治十三年(1656)。后历经多次重修,到清咸丰五年(1851)广州华林寺住持释仁机主持修竣,有僧舍 99 间和一个花园,基本奠定了该寺的规模。

塔坡寺俗称经堂,是佛山最古老的佛寺。相传为东晋时来佛山的西域僧人的讲经之处,唐贞观二年(628)因在该地挖出三尊铜佛像而名声大振,成为佛山得名的依据。明洪武二十四年(1391)塔坡寺遭毁,天启七年(1627)易地重建。清咸丰四年(1854)因寺僧参与陈开、李文茂领导的红巾军起义,塔坡寺被毁。光绪三年(1877)广州华林古寺方丈勤安来佛山主持重修,使寺内面积达到近二十亩规模,成为佛山众寺之冠。寺院修好后,勤安入京为慈禧太后贺寿,得赐《龙藏经》、幢幡御香等宝物。塔坡寺由此又名声大振,僧人多达 500 余人。

顺、康、雍年间佛山共建有佛寺(庵)26 间,但乾隆以后佛山佛寺就开始衰落,这与当时祖庙地位突出、北帝崇拜登峰造极有关系。佛教在佛山从来没有如像北帝崇拜那样的深厚社会基础。佛教只在一小部分祭祀群体中发展,受到大众社会尤其是士大夫的鄙夷。如陈炎宗记载:"四月八日浮屠浴佛,以枣、栗各种杂投汤中,分遣诸佞佛者,曰佛汤。佞佛者饮之,喜捐钱米答之。"[①]佞者,巧言谄媚也。将信佛之人斥之为"佞佛者"并写入方志中,可见陈炎宗的观点代表合镇多数人的看法。在北帝崇拜的压力下,佛寺发生了严重的分化改组。一部分不适应社会的寺院倒闭或挪作他用,如德寿寺、慈隐庵、福源庵、吉祥庵、三昧庵、别院、豹庵,均在清末前废弃了。又如通济庵,改为桥亭铺公所;鹿峰庵,咸丰五年(1855)改建岳庙公所;龙池庵,改为锦澜公所。[②] 一部分寺院适应群众心理改称庙宇,获得生存。如铁佛庵,在福德铺,后改为铁佛庙(祀关帝);茶庵,在丰宁铺,"即今敬字亭";宝洲禅院,在文昌沙,"现改建武帝庙后楼";普庵改为"普庵庙";著名的南济观音庙,亦为白衣庵僧圆明所改。[③] 有的寺院则在寺院不存时将佛像搬入祖庙,如顺治八年

---

① 乾隆《佛山忠义乡志》卷八《乡俗志》。
② 民国《佛山忠义乡志》卷八《祠祀志二·寺观》。
③ 民国《佛山忠义乡志》卷八《祠祀志二》。

(1651)建立的定觉庵,在福德铺高地下巷,供有据说从西藏请来的无量寿佛金像一尊和神将像二尊,乾隆五十五年(1790)该庵失火,无量会众人"迎神像安祖庙正殿,神将小像另函恭储,每岁醮会,陈列数日,归司祝典守"。① 值得注意的是,当时佛教信徒不把无量搬到最大的仁寿寺,而搬到祖庙,并归祖庙司祝典守,这说明佛教信徒也认同北帝崇拜,并主动放弃其独处自尊的地位。可见祖庙具有很大的包容性,而北帝崇拜则增添了十分丰富的内涵。这不仅说明了民间信仰所具有的多元并存的特点,同时也预示着祖庙对佛山佛教某种程度的整合趋势。

制度化的道教在佛山的发展很有限,据现有资料,佛山只有两座道观,即万真观和玉泉仙馆。万真观又名洞天宫,在丰宁铺莺岗之麓,相传建于明代,康熙五十二年(1713)罗浮山冲虚观道人杜阳栋的五世孙岑合顺与其同门陈有则等十人购地重建,铁松道人岑合顺为修建后的万真观住持。工竣,适值大旱,饥俘遍地,四野很多无依木主,于是拾而祀之,②在观左边建了大慈堂,以祀无依木主。但在雍正五年(1727),"游魂不安,怪异屡见,乃奉都城隍神以镇抚之,佛山之有城隍行台,肇此也。护法者众,结构渐增。三元殿、吕祖殿、斗姥殿峙其东,洞天宫、十王殿、文武殿、太乙楼、洗心亭、清水池绕其西,四方云游道侣咸驻足焉"。③ 可见,雍正五年佛山请省城城隍神来佛山镇抚。雍正八年(1730)洞天宫进行了重修。④ 经过雍正五年到雍正八年(1727—1730)的逐步扩建,万真观宫殿巍峨,护法者众,成为佛山最著名的道观,有不少道士和云游道侣在此修行。如有镇内各大庙宇神诞,多请万真观的道士前往开坛建醮作法事,道士们常将观内珍传的洞天宫巨型锡香案一副摆在醮坛上。⑤ 佛山市博物馆藏有一本《接法事部》账本,详细记录了万真观道士在佛山祖庙接法事的情况,可见万真观与祖庙有着密切的联系。

玉泉仙馆,又名儒真仙馆,地处丰宁铺兰桂坊,是道侣修行的场所,不为信徒作公开的道场。原址为清代佛山名人李文田结诗社的南园。玉泉仙馆中间为两层大殿,上祀吕纯阳,下祀孔子。大殿两边筑有卧云阁、得月台、求志轩、养眼室等建筑,馆内遍植花木,又有池塘,曲径通幽。馆四周高筑围墙,建筑格调纯为隐居修行风格。玉泉仙馆地处丰宁铺,与祖庙不远,据《佛山玉泉洞儒真仙馆碑记》"后蒙祖师觇示:莺冈之畔,兰桂坊里,有一南园废圃地,可通融"的记载来看,⑥玉泉仙馆的选址都是祖庙北帝觇示的结果,可见祖庙在佛山的广泛影响。

佛山孔庙位于祖庙的西南侧,是清宣统三年(1911)佛山黄棣华等一批尊孔士绅集资

---

① 民国《佛山忠义乡志》卷一八《杂志·古物》。
② 区瑞芝:《佛山新语》(赠阅交流本),第53页。
③ 民国《佛山忠义乡志》卷八《祠祀志二》。
④ 同上。
⑤ 区瑞芝:《佛山新语》(赠阅交流本),第54页。
⑥ 民国《佛山忠义乡志》卷八《祠祀志二》。

兴建的一个尊孔活动场所,旧称"尊孔会"。原建筑占地约 2 000 平方米,包括孔圣殿、招待室、治事室、海日楼、小亭、花园等。周围景色宜人,"右邻古庙,前绕清溪,菜陇桑畦,青葱可爱。遥望石湾诸山,宛如一幅画图,豁人心目"。① 日寇侵华以来破坏严重,现仅存孔圣殿一座古建筑。孔圣殿为单檐歇山顶,面宽、进深各三间,建筑面积近 300 平方米。殿内设有神龛,内置刻于宣统二年(1910)的孔子石刻像,是按山东曲阜孔庙的孔子石刻像拓本重刻的。像前的镂雕石供案由本镇兴宁街夏怡和店于清光绪二十三年(1897)造。殿内左右两侧墙上,镶嵌有《孔子庙堂碑》石刻,据唐代著名书法家虞世南所书碑记拓本翻刻,上有翁方刚的考证题跋。殿内的明间还装有精美的大型金漆木雕屏风。殿前石柱础上刻有生动传神的洋人侏儒形象,富有鲜明的时代、地域特色。

佛山的尊孔会成立于宣统元年(1909),时间较晚。不过尊孔会供奉的孔子像为李可琼(嘉庆进士、山东盐运使、大魁堂值事)家藏石刻,由其后人送出。这也说明佛山士绅尊孔崇儒非自清末始,而尊孔会地点设在祖庙之旁,古洛涌边,表面上看是因为"右邻古庙(祖庙),前绕清溪(洛水),菜陇桑畦,青葱可爱",风景秀丽而选址此处,但联系佛山的整个宗教分布态势来看,似也表达了借助祖庙统合作用的愿望。②

基督教最早进入佛山是在清咸丰时期。咸丰十年(1860)第二次鸦片战争结束,签订了不平等的《天津条约》,规定外国传教士可自由进入中国内地传教。在此背景下,英国循道卫理公会的传教士俾士(Rev.George Piercy)来佛山传教,基督教从此开始流传。③ 同年,中华基督教伦敦会牧师梁柱臣在佛山走马路沐恩社开办堂会。同治元年(1862),他募捐建起了佛山基督教的第一间自建教堂——走马路堂。同治九年(1870),又一位英国循道卫理公会的传教士斯多马(T.G.Selby)来佛山传教,在永兴街租屋建立了永兴堂,后又迁到文昌沙建起了惠师礼行,成为循道卫理公会华南教区和佛山联区的办公机关。到民国十四年(1925),在中国的惠师礼教会改名为中华基督教循道公会,佛山信徒发展到 500人,成为佛山最大的基督教公会。清末民初,相继活跃于佛山的基督教会还有佛山中华基督教伦敦会、公理会、神召会、金巴仑长老会、希伯仑会、安息日会、远东宣教会等,极一时之盛。但基督教最兴盛的时期也正是北帝崇拜等佛山民间信仰衰败的时期。

佛山的天主教大概在康熙年间传入,据康熙四十二年(1703)耶稣会士道·冯塔耐(Jearl de Fontaney)途经佛山留下的记载:"耶稣会士在这里建立了美丽的教堂,而且有了众多的信教者。"④可见在康熙年间佛山已有天主教传播。但天主教在雍正年间被严加禁革。据乾隆《佛山忠义乡志》卷三《乡事志》记载:"世宗宪皇帝雍正元年癸卯(1723)禁天主

① 佛山市博物馆编:《佛山孔庙资料汇编》,1981 年,第 43 页。
② 民国《佛山忠义乡志》卷八《祠祀志二·尊孔会》。
③ 佛山市宗教事务局编:《佛山市宗教志》,第 1 页。
④ 《耶稣会士中国书简集·康熙编》第四书简。

教。乡毁天主堂。"当时天主堂建在彩阳堂铺。佛山千总署所驻的彩阳营,就是"毁天主堂建"的衙署。① 雍正元年(1723)后,天主教在佛山被禁止活动,一度偃旗息鼓。咸丰八年(1858),澳门教区神甫陈仿贤在佛山彩阳堂重设天主堂。直到咸丰十年(1860),随着五口通商的开放,英国惠师礼教会传教士俾士到佛布教。② 同治元年(1862)在永兴街建立循道会。光绪十二年(1886),佛山天主教把教堂从彩阳堂迁到洪安里,神甫除陈仿贤外,还有周复初、杨楞佐等及一位法国神甫。这位法国神甫在迁教堂时曾在祖庙旁边购地,欲将天主教堂迁来祖庙附近以吸引信徒,与祖庙争雄,但遭到祖庙的反对并引起佛山民众的疑虑,只好作罢。③ 这件事也说明了,在佛山不管是土教、洋教,都有向祖庙靠拢或借助祖庙的影响来发展自己的趋势。就是外来的洋教士也很快意识到祖庙的"适符形胜"了。④

到光绪末年,佛山共有各种基督教的传布会、福音堂和天主教的天主堂11座。⑤

以上诸教在佛山的发展都不顺利,或分化改组,或倚仗祖庙,或流入世俗,或被禁被压。上述佛山的佛教、道教、基督教、天主教四大制度化宗教中,佛教的历史最长,兴盛时期在清初,清末塔坡寺等曾盛极一时,但也只是昙花一现。基督教、天主教都是在清末民初北帝崇拜等佛山民间信仰衰败时期兴盛了一段时间。制度化的道教在佛山的影响一直不大,最著名的就是佛山的万真观,但万真观的名字常常为其观内香火旺盛的"城隍庙"所掩,可见民间信仰的巨大影响力。

与此相反,北帝及其民间信仰系统却异常发达,这是什么原因呢? 佛山诸教之所以发展不顺,其根本原因是在它们的对面,站着一个强大的神庙系统。这个神庙系统以祖庙为首领,以各铺群庙为主体,层层构建,处处设立,牢牢地控制着佛山居民的精神世界,控制着佛山全镇的各铺街区。美国著名中国城市史研究学者施坚雅曾经指出:"整个晚期帝国城市的一些寺院(神庙)是联结几个街区的地域单位的中心。"⑥可见神庙在城市中的地位和作用。然而,佛山祖庙却不仅仅是联结几个街区的中心这么简单。下面,将对清代佛山的神庙系统及其作用进行重点讨论。

二、金字塔型神庙体系形成

粤谚云"顺德祠堂南海庙",言南海人尤重神庙,而顺德人多建祠堂。佛山属南海,而神庙之多又甲于南海:"吾佛土为大镇,合二十四铺。地广人稠,神庙之多,甲于他乡。"⑦据《佛山市宗教志》统计,佛山明代建的庙宇有28座。清代佛山神庙迅速发展,乾隆十七

① 乾隆《佛山忠义乡志》卷二《官典志》。
② 佛山市宗教事务局编:《佛山市宗教志》,第1页。
③ 同上书,第40页。
④ 《乡仕会馆记》,《明清佛山碑刻文献经济资料》,第10页。
⑤ 《各国教堂表》,民国《佛山忠义乡志》卷八《祠祀志二》。
⑥ 《中国封建社会晚期城市研究》,第120页。
⑦ 《重修东头张真君庙记》,《南海佛山霍氏族谱》卷一一。

年(1752)时有 26 座，分布在 15 铺；①道光十年(1830)时有 89 座庙宇、29 座宫观，分布在 25 铺；②宣统年间有 154 座，分布在 26 铺和文昌沙、鹰嘴沙、鲤鱼沙等处，几乎遍及全镇各处。③ 兹列出《清代佛山各铺神庙分布表》，并讨论祖庙与众神庙之间的关系。

表 15 – 1　清代佛山各铺神庙分布表④

铺　名	庙　　　名
汾　水	**太上庙**、水上关帝庙、油糖关帝庙、南擎观音庙、圣欢宫、华光庙、华光庙、华光庙、先锋庙、北帝庙、北帝庙、北帝庙
富　文	**洪圣庙**、盘古庙、南胜观音庙、三界圣庙、鬼谷庙
大　基	**帅府庙**、三界圣庙、三圣庙、真君庙、真君庙、大王庙
潘　涌	先锋庙、将军庙
福　德	**舍人庙**、关帝庙、铁佛庙、天后庙、绥靖伯庙、列圣古庙、华光庙
观音堂	**南善观音庙**、天后庙、南涧观音庙、三官庙、医灵庙、医灵庙、华光庙、将军庙、花王庙
沙　洛	**将军庙**
鹤　园	**洪圣庙**、先锋庙
岳　庙	**关帝庙**、南荫观音庙、洪圣庙、洪圣庙、太尉庙、财神庙、花王庙、花王庙
祖　庙	**桂香宫**、关帝庙、观音庙、龙王庙、三圣庙、列圣古庙、列圣古庙、斗姥庙、帅府庙、太尉庙、金花庙
黄　伞	**孖庙(天后、花光)**
社　亭	**药王庙**、关帝庙、南禅观音庙、先锋庙
仙　涌	**关帝庙**、文武庙
医　灵	**医灵庙**、洪圣庙、医灵庙、华光庙、北帝庙、元坛庙
彩阳堂	真君庙、元坛庙
真　明	**三圣宫**、真君庙
石路(纪纲)	**花王庙**、三官庙
丰　宁	**国公庙**、字祖庙、字祖庙、天后庙、城隍行台、四圣庙、医灵庙、华光庙
山　紫	**南泉观音庙**、天后庙、观音庙、观音庙、圣亲宫、东岳庙、普庵庙、鹊歌庙、地藏庙、谭仙庙、华光庙、雷公庙、二仙庙、将军庙、华佗庙、痘母庙、龙王庙、元坛庙

① 乾隆《佛山忠义乡志》卷三《乡事志》。
② 道光《佛山忠义乡志》卷二《祀典志·各铺庙宇》。
③ 民国《佛山忠义乡志》卷八《祠祀志二》。
④ 民国《佛山忠义乡志》卷八《祠祀志二·群庙》；又据《区瑞芝访问记录》，1991 年 3 月 6 日。

（续表）

铺　名	庙　　　名
明　心	**太上庙**、文昌庙、东岳庙、三圣庙
突　岐	**金花庙**、龙王庙、柳氏夫人庙
耆　老	**老岳庙(普君庙)**、观音庙、真君庙、华光庙、先锋庙、主帅庙
锦　澜	**大土地庙**、字祖庙、文武庙、关帝庙、天后庙、观音庙、观音庙、真君庙、金花庙、主帅庙
桥　亭	**南济观音庙**、观音庙、观音庙、张王爷庙、北帝庙、石公太尉庙
栅　下	**龙母庙**、文昌阁、天后庙、三圣庙、吕仙庙、帅府庙、帅府庙(玄坛庙)、帅府庙、太尉庙、华光庙、财神庙、先锋庙、金花庙
明　照	**盘古庙**、文昌阁、天后庙、三圣庙、吕仙庙、帅府庙、帅府庙(玄坛庙)、帅府庙、太尉庙、华光庙、财神庙、先锋庙、金花庙
东　头	**关帝庙**、二帝庙、张仙庙、白马将军庙
鹰嘴沙	**临海庙**、关帝庙、三圣庙、华佗庙、国公庙、飞云庙、乌利庙
文昌沙	**关帝庙**
聚龙沙	伏波庙、三官庙

注：每栏黑体字者为该铺主庙。

接下来我们讨论祖庙与众神庙之间的结构关系。

首先，祖庙把众神庙整合为一个神庙系统，其系统呈现出金字塔形的空间结构。最下面一层是基层社区街庙和社坛，包括佛山全镇118座各种庙宇和79座社坛；第二层是各铺的38座公庙，因北帝巡游所至而不同于一般街庙，它们是数街民众的共同信仰空间；第三层是各铺的主庙25座，是北帝巡游必至之所，它们是一铺民众的共同信仰空间；最上面一层只有一个庙宇，这就是祖庙。祖庙是佛山群庙的当然领袖。

其次，上表所列180座神庙所祭祀的神明达五六十种，说明清代佛山民众神明崇拜的广泛性。对一般居民来说，不同的神明具有不同的象征意义。例如有病痛之人拜医灵庙，庙祀神农，"凡负痛以叩于帝者，辄不惜调剂以度人厄"。[①] 又如店铺毗连而建，最怕火灾，所以多建华光庙，华光为火神，塑像作三眼形。"每岁九、十月间，各街禳火，名火星醮。迎神莅坛，连天赛会。各街侈□繁华，糜费颇巨"。[②] 再如求子者多拜花王庙，花王庙祀花神，"粤人祈子必于花王。父母有祝辞曰：'白花男，红花女。'故婚夕亲戚皆往送花，盖取花如桃李之义"。[③] 可见不同的神庙满足了居民不同的精神需要，这是佛山神庙之多的基本

---

① 赵鸣玉：《重修医灵庙记》，道光《佛山忠义乡志》卷一二《金石下》。
② 民国《佛山忠义乡志》卷八《祠祀志二》。
③ 同上。

原因。而不同神明所具有的不同功能在一个系统内可以互为补充，满足了民众信仰的不同需求。

再之，从上表所列神庙的分布情况看，有一神而数铺各建其庙者，也有一神而同铺各建其庙者。这说明了清代佛山人神明认同的共同性。上述神庙中，有 10 铺建有观音庙，有 10 铺建有帅府庙（包括主帅庙、元坛庙和石公太尉庙），有 9 铺建有关帝庙和华光庙。而在同一铺中建有同一神庙者更多，如汾水铺有 3 间北帝庙、3 间华光庙、2 间关帝庙，岳庙铺有 2 间洪圣庙、2 间花王庙，栅下铺有 3 间帅府庙，山紫铺和桥亭铺各有 2 间观音庙，而丰宁铺则有 2 间字祖庙等。佛山镇内这一个个同一神明的庙宇，形成了一条条信仰分支，构成了主神系统的功能延伸。

最后，北帝庙和帅府庙的建立，尤值得注意。乾隆年间，汾水只有一座称为"武当行宫"的庙，[1]显然是北帝出游时的停舆之所。但到清末时汾水一铺就有 3 间称为"北帝庙"的庙宇。为何镇中有祖庙还建北帝庙？笔者认为可能与接祖庙北帝神到庙奉祀有关。清代祖庙设有 3 尊北帝铜圣像，可借与镇民奉祀。祖庙《庙志》记载："原曰铜圣像三尊，其一尊被叠滘乡迎去建醮，后乃久不归。即今叠滘所建庙宇奉祀二帝圣像是也。然神护国庇民，均属一体，事远亦不深究。"[2]他乡人可借去建醮，本镇人当然可以迎奉。从一座武当行宫到 3 间北帝庙的建立，反映了商人认同北帝主神的历史过程。除了汾水铺外，医灵铺、桥亭铺、明照铺也有北帝庙的建立。帅府庙所祀神明为北帝部将。乾隆年间佛山只有栅下铺一座主帅庙，[3]但到清末时已有各类帅府庙 13 座。史载："俗称康元帅，父康衢，母金氏，生于黄河之界，负龙马之精；赵元帅，名公明，其神为元坛；石元帅为五雷长，皆北帝部将。山紫铺、彩阳铺、医灵铺、明照铺俱有元坛庙，耆老铺、锦澜铺俱有主帅庙，栅下铺有帅府庙二，桥亭铺有石公太尉庙，祷祀辄验。"[4]可见北帝庙和帅府庙的迅速建立，是以北帝崇拜为主干的民间信仰延伸的结果。

三、多重祭祀圈形成

上述诸庙及其祭祀圈不是平面地分布在佛山全镇各街区中，而是具有不同层次，有一铺中的主庙，祭祀圈为合铺范围；有数街的公庙，祭祀圈为数街范围；还有以一街一巷为其祭祀圈的街庙。[5]

一铺的主庙必须具有合铺香火庙的条件，素著灵响，远近皆知，无论住家、店铺均前往拜祭。如汾水铺太上庙，建于安宁直街。康熙五十年（1711）建，祀一顺水漂来的老君神

---

[1] 乾隆《佛山忠义乡志》卷三《乡事志·诸庙》。
[2] 民国《佛山忠义乡志》卷八《祠祀志一》。
[3] 乾隆《佛山忠义乡志》卷三《乡事志·诸庙》。
[4] 民国《佛山忠义乡志》卷八《祠祀志二》。
[5] 主庙、公庙、街庙的称谓是笔者为区分不同层次的庙所作的一个界定，上述诸庙在清代佛山均称公庙。

像。"初制甚小,既而声灵赫濯,祷求如响。自是以来,地运日益旺,民居日益稠。统安宁、会龙、聚龙三社,人咸崇奉之,号为公庙。乾隆二十五年(1760),里人黄沃生捐送余地,增其式廊,并于庙右附建王母殿。香火益盛,环庙而居者,有庙左、庙右街。嘉庆己未、道光己酉、光绪丁丑三度重修,而庙貌巍峨,遂为铺中庙社之冠"。① 明照铺盘古庙,在大塘屋街。明照铺街道较少,该庙为一铺之主庙,据同治三年(1864)里人、四川总督骆秉章所撰的《重修盘古庙碑》记载:"曾当嘉庆庚申,栋宇巍峨,香火络绎,街则拥六;丁年最富莺花,墟恰齐三;亥日颇繁虾菜,茶棚酒肆,供游赏之流连,舞榭歌台,盛祷禳之报赛。是虽乡邦习尚,良由神庙莫灵。"②"街则拥六""墟恰齐三",可知盘古庙是该铺的主庙。社亭铺药王庙祀神农,早在乾隆年间就是香火鼎盛之庙,每日清晨庙前墟地有几千织机工人在此待雇。③ 20世纪20年代关于佛山市寺庙的调查表中有如下记载:"药王庙,在药王庙前街,十八街坊众公产。"④可见药王庙是社亭铺之主庙。文昌沙的关帝庙亦为该沙之主庙,民国《南海日报》记载:"白马滩前之关帝庙,为文昌全沙人所奉祀,每年农历五月十三日诞辰,坊人习俗,必举行建醮,张灯结彩,闹热非常。"⑤再如福德铺之舍人庙,向称灵显。"佛山镇舍人庙甚灵显。商贾每于月尽之日祭之。神姓梁,前明本镇人,为杉商。公平正直,不苟取。人皆悦服。一日众商见海中有杉数千百逆水而来。梁危坐其上,呼之不应,迎视之已逝矣。移尸岸侧。奔告梁族皆不至,众商以杉易金,买棺殓之至岸侧。而群蚁衔土封之,已成坟矣,遂建庙以祀。祷无不应。唯族人祷之则否。"⑥舍人庙为众商所祭祀,又甚灵显,遂成为合铺之主庙。还有鹰嘴沙的太尉祠,内奉祀宋代温、许两太尉,"香火至盛,俗称临海庙是也。……每岁孟春演戏赛神,估舶云屯,至夏乃辍,他祠鲜能及也"。⑦ 此外,富文铺以卖"波罗鸡"著名的洪圣庙、栅下铺闻名全镇之龙母庙,都是该铺之主庙。根据笔者掌握的材料以及访问父老所得,现将佛山各铺之主庙列名如下:

栅下铺——龙母庙	丰宁铺——国公庙
东头铺——关帝庙	山紫铺——南泉观音庙
明照铺——盘古庙	岳庙铺——武庙
突岐铺——金花庙	福德铺——舍人庙
桥亭铺——南济观音庙	鹤园铺——洪圣庙
医灵铺——医灵庙	观音堂铺——南善观音庙

---

① 民国《佛山忠义乡志》卷八《祠祀志一》。
② 民国《佛山忠义乡志》卷八《祠祀志二》。
③ 同上。
④ 《南海县佛山市各项调查表四种》,《南海县政季报》第1、2期。
⑤ 《南海日报》,民国三十六年七月四日。
⑥ 《粤小记》卷三。
⑦ 樊封:《南海百咏续编》卷三,第28页。

耆老铺——东岳庙　　　　　大基铺——帅府庙
锦澜铺——华光庙　　　　　汾水铺——太上庙
仙涌铺——关帝庙　　　　　富水铺——洪圣庙
社亭铺——药王庙　　　　　黄伞铺——孖庙（天后、华光）
真明铺——三圣宫　　　　　沙洛铺——将军庙
明心铺——太上庙　　　　　文昌沙——关帝庙
鹰嘴沙——临海庙（飞云庙）

上述诸庙，以铺（沙）为自己祭祀圈的范围，在佛山全镇范围内划分出了 25 个祭祀圈，它们所祀之神虽不相同，但所代表的文化意义是一样的。所有的神明都能强化佛山人应付人生问题的能力，使佛山人在面对死亡、疾病、饥荒、洪水、失败等人生问题时，在遭逢悲剧、焦虑和危机时，可以得到心理的抚慰。神明给予了人们安全感和生命意义，同时也增加了共有经验和社区沟通的深度。

数街的公庙，是邻里的祭祀中心。上表所列佛山各铺庙宇数量不等，其中多数就是数街的公庙。如大墟华光庙，建在观音堂铺低街，为"大墟五街公产"。[①] 大墟五街为沙塘坊、豆腐巷、莲花地、张家巷、快子街。每年农历九月十五日在此办醮，唱戏烧炮酬神。[②] 又如咸丰十一年（1861），纪岗街、石路街绅商合修"花王、三官古庙"，其重修碑记名字称《咸丰辛酉年重修佛镇纪岗街、石路街花王、三官古庙碑记序》，可见该庙的祭祀圈为两街居民。再如观音堂铺有两座观音庙，除主庙南善观音庙外，在沙塘大街还有南涧观音庙。同治七年（1868）重修该庙时，捐资的街坊共有男女 396 人（店），共捐银 586 两。[③] 可见其祭祀圈亦大致是数街范围。

有趣的是，在清代佛山已分化出手工业区、商业区、混合区三大区划的情况下，这种邻里范围内的祭祀中心，也常常表现出邻里的职业特色。如乾隆年间，汾水正埠华光庙，是汾流大街各坊商人的公庙，每逢华光神诞，"各坊建火清醮，以答神贶。务极华侈，互相夸尚。用绸绫结成享殿，缀以玻璃之镜，衬以翡翠之毛，朱栏树其前，黼座凭于上。瑰奇错列，龙凤交飞，召巫作法事，凡三四昼夜。醮将毕，赴各庙烧香，曰行香。购古器罗珍果荤，备水陆之精，素擅雕镂之巧。集伶人百余，分作十余队，与拈香捧物者相间而行，璀璨夺目，弦管纷咽。复饰采童数架，以随其后，金鼓震动，艳丽照人，所费盖不赀矣，而以汾流大街之肆为领袖焉"。[④] 商人的祭祀，少虔诚而多夸耀，尚华奢而求娱乐，往往是转移风气、改变信仰性质的先导。正如吴荣光所言："佛山素称淳朴，尚无偷且僭之俗。而民物日益

---

① 《佛山市寺庙调查表》，《南海县政季报》第 2 期。
② 佛山市博物馆文物普查材料，朱洁女（78 岁）访问记录。
③ 同治七年《重修南涧观音庙碑记》。
④ 乾隆《佛山忠义乡志》卷六《乡俗志》。

其康阜,则风会日即于奢华。夫奢华者浇漓之渐也。"①

　　手工业者聚居之区的庙宇,往往比较简陋,所祭之神亦不求其详。其中太尉庙颇多,上表所列清代佛山有五座太尉庙,各街设龛供奉者尚不在此数。其中著名的有三座:一在祖庙铺太尉庙道,嘉庆十二年(1807)建;一在栅下铺司直坊,道光十七年(1837)修;一在岳庙铺永丰前街,咸丰九年(1859)建。三庙香火均盛。"香火亦盛,牌位题:敕封石公太尉,陶冶先师。石行及锡箔、皮金、铜锣、铁砧、铸镬各行皆祀之,亦不知石公何神? 封自何代?"②手工业者质直朴素,其神庙也带有粗犷少文的气质。

　　街庙的祭祀圈较小。有一街一庙者,如观音堂铺低街天后庙,为"大墟直街公产";新墟坊车公庙,为"坊众轮值管理"。有一巷一庙者,如圣母巷圣母庙,为"坊众公产"。③

　　此外,在庙宇以下,还有社坛的祭祀点,道光年间,佛山有社坛 68 个,④清末时有社坛79 个。⑤ 社坛原祀"五土五谷之神",乾隆《佛山忠义乡志》记载:"二月二日祀土神,社日祀社,与各乡同。"八月"社日复祭社"。⑥ 社神的祭祀,按明会典的规制:"每里一百户内立坛一所,祀五土五谷之神。每岁春秋二社,里长莅厥事,土神位于坛东,谷神位于坛西。祭毕会饮。"但佛山铺区日增,社坛虽增而所祭之神"亦非旧牌位,统名社稷之神,渐失古意。而奉祀之诚,妇孺无间"。除社坛祭社神外,各街还有设龛供奉太尉者(陶冶先师)。⑦ 由此可见,即使小至社坛的祭祀,佛山都存在不同的祭祀神明和不同的祭祀群体。

　　上述的主庙、公庙、街庙及社坛,构成了三种不同层次、不同范围的祭祀圈,而在每一铺中,这三种祭祀圈是交叠在一起的。一个居民可以既属街庙和公庙的祭祀者,也同时属于主庙的祭祀者;一个居民可以不属某一街庙或公庙的祭祀者,但他一定属于铺中主庙的祭祀者。三种祭祀点能提供给居民的精神需求绝不是等同的。一般而论,主庙在增加共有经验和社区沟通的程度上,要比公庙和街庙多且深。从预期灵验的信任度而言,主庙、公庙、街庙和社坛也是依次减弱的。然而,诸庙的并存发展,正是适应了不同层次需求群体的祭祀需要。

　　在这些大大小小的祭祀圈之上,站立着规模宏大、地位独尊的祖庙。北帝崇拜的祭祀圈涵盖了全镇的范围,属于最大范围类型的祭祀圈。由此可见,佛山的民间信仰系统大致可分为四个层次的祭祀圈:

　　最高层是祖庙,为合镇的主神庙和祭祀中心。

① 道光《佛山忠义乡志》卷五《乡俗志》。
② 民国《佛山忠义乡志》卷八《祠祀志二》。
③ 《佛山市寺庙调查表》,《南海县政季报》第 2 期。
④ 道光《佛山忠义乡志》卷一《乡域志》。
⑤ 民国《佛山忠义乡志》卷八《社祀志二》。
⑥ 乾隆《佛山忠义乡志》卷六《乡俗志》。
⑦ 民国《佛山忠义乡志》卷八《社祀志二》。

次高层是主庙层，即表 15 - 1 中黑体字者。它们是一铺的主庙，由铺人共祀，其地理范围与铺的面积相符。

中间层（第三层）是铺内几条街的公庙，其祭祀范围就是这几条街居民。如观音堂铺的大墟华光庙，就是"大墟五街公产"。①

最底层（第四层）是一街一坊的街庙和里巷祭祀社神的社坛，如圣母巷之圣母庙，为"坊众公产"。② 清代佛山有里社 79 座，③ 在每年的社日，即二月二日和八月十五，佛山人都要祭祀社神。

可见祖庙与群庙之间的关系是：祖庙居于全镇核心位置，是佛山民间信仰系统中最高层的祭祀圈，它所整合的范围最大，为佛山全镇之境；祖庙下的主庙、公庙和街庙、社坛都各有自己所处的层次和范围。如此一个由各层祭祀圈大小叠加、多层复合的信仰空间，构成了内部结构紧密、外部无限包容的佛山民间信仰体系。

必须指出，清代佛山有些神明祭祀属于特殊群体，文昌神祭祀就是其中之一。文昌庙"中祀文帝，左祀魁斗星君，右祀金甲神君"，④ 文昌庙既属于群庙，但又超脱于群庙祭祀系统之外。在群庙的几种层次中都找不到它的合适位置。从祭祀圈来看，它拥有合镇特殊的祭祀群体——读书人。凡在学士子、出仕官宦，无不以文昌为其信仰之神。与香火庙不同，文昌庙不属于所在之铺，而常与书院相结合。佛山最早的文昌庙，就是明末李待问倡修的文昌书院，"佛山向无文昌专祠，自李大司徒公始"。⑤ 清代文昌神祭祀始多，如崇正社学、田心文昌书院、桂香书院均奉祀文昌神，而最占地胜的海口文昌阁亦在乾隆七年修建。⑥ 道光五年（1825）佛山士子又集资两千两增高文昌阁，当时远在贵州任布政使的吴荣光也"捐廉襄工"。⑦ 佛山士绅每年春秋都要集中祭祀文昌神，乾隆《佛山忠义乡志》记载：每年二月初二，士绅集文昌书院修祀事；二月初三，士绅集崇正社学修祀事；二月初四，侨籍士绅则集田心、文昌书院修祀事；九月初九，士绅集崇正社学修祀事；九月初十，士绅集文昌书院修祀事。⑧ 可见文昌神的祭祀，有特殊的祭祀群体，其群体有明确的身份标志，这就是通过科举考试的知识分子。佛山士绅把持着文昌神的祭祀，绝非一般人所能参与。

此外，一些行业神明，如冶铸铜铁行的太尉、成衣行的轩辕、帽绫行的张骞，他们的祭祀是与行业会馆结合的，会馆亦称为庙，行中人就是其祭祀群体。还有商业会馆中所设神

---

① 《佛山市寺庙调查表》，《南海县政季报》第 2 期。
② 同上。
③ 佛市地方志编纂委员会办公室编：《佛山市风俗志》，第 40 页。
④ 康熙二十一年郑际泰《文院祭器记》，道光《佛山忠义乡志》卷一二《金石志上》。
⑤ 李象丰：《文昌书院记》，民国《佛山忠义乡志》卷八《祠祀志一》。
⑥ 黄兴礼：《海口文昌阁记》，民国《佛山忠义乡志》卷八《祠祀志二》。
⑦ 吴荣光：《重修佛山海口文昌阁记》，《明清佛山碑刻文献经济资料》，第 137 页。
⑧ 乾隆《佛山忠义乡志》卷六《乡俗志》。

明,其祭祀群体就是该会馆商人。①

由上可见,清代佛山人构建了一整套神庙祭祀体系,这套体系的核心部分是多层次复合、大小祭祀圈相套的祖庙、主庙、公庙、街庙(包括社坛)四级祭祀系统,同时也包容了超脱于核心系统之外的特殊祭祀群体。这套祭祀体系与佛山的社区结构是相吻合的,它与铺区相联系,与街坊相表里,深入到佛山社会的每一角落,成为在精神上整合和控制佛山社会的重要工具。祖庙对清代佛山社会的整合,正是通过这套神庙系统的臂膀完成的。

第三节　祖庙醮会与珠三角信仰圈

明清时期,祖庙不仅是佛山镇的祭祀中心,同时也是珠江三角洲各地祭祀仪式的源泉。祖庙通过祭祀仪式的输出和实施,对珠江三角洲各县信众的祭祀活动产生了重要影响,如同伸开的臂膀,承托着更大范围民间信仰的传播。

佛山市博物馆近年发现的祖庙《接法事部》账本,详细记载了清朝末年祖庙道士法事活动的丰富信息。现以该《接法事部》为中心,结合佛山祖庙现存文物铭文、题记等所保留的相关资料,分析佛山祖庙在珠江三角洲传统社会中的信仰边界。

一、《接法事部》的初步分析

《接法事部》出自佛山最著名的道观万真观,共 176 页。封面左侧题有"接法事部"四字,中间题"光绪六年拾月吉日立"九字。记录时间从光绪六年(1880)十月二十六日起到光绪十一年(1885)十一月十七日止,共五年多的接法事记录。记录内容格式大致相同,主要记录了接法事的时间,要求举办法事的主会机构或姓氏,举办法事的地点、醮名、醮期以及举办法事的各项费用等。

《接法事部》共记录了 180 次法事(表格省略),②从记录看,主会者有镇内霍姓、陈姓合族、大树堂吴府等姓氏,有汾流大街、黄伞大街、潘涌大街等铺户居民,还有顺德合邑、四会盛邑、花县合邑、新宁合邑、新兴合邑等外境会主。其中明确记载发生在佛山祖庙(灵应祠)内的共 95 次,占到总数的 52.7%。

表 15 - 2　光绪六年至十一年灵应祠法事数量表

年　份	光绪六年	光绪七年	光绪八年	光绪九年	光绪十年	光绪十一年
法事数	6	17	18	19	17	18

① 关于行业会馆神明的祭祀,请参阅本书第十章第三节,此处从略。
②《接法事部》详细表格内容,请参阅罗一星、肖海明《佛山北帝文化与社会》第五章第六节。

上表中光绪六年和光绪十一年两年的记录不完整,就光绪七年到十年这四年的法事数来统计,平均每年在灵应祠举办的法事数为 17.75 次,平均每月举办约 1.5 次。

从《接法事部》的内容表来看,法事的类别包括酬恩醮、保境醮、贺诞醮、度亡超升醮、盂兰醮等,其中数量最多的是酬恩醮,共 89 次,占法事总数的 49.4％,几乎占了一半。其次是保境醮,共 27 次,占法事总数的 15％。就在灵应祠举办的法事而言,有确切醮名的几乎都是酬恩醮,为酬谢北帝的神恩而设。法事的醮期从一昼夜到七昼夜不等,在灵应祠举办的酬恩醮以两昼夜的为多。我们以洞天宫每月在灵应祠平均举办约 1.5 次酬恩醮,每次醮期以两昼夜来计算,每月在灵应祠举办醮会的时间就是三天三夜。一个洞天宫每月在灵应祠举办酬恩醮会的时间就达到三天三夜,再加上其他受邀道教机构或道士所做的法事,以及三月三北帝诞、春节期间、北帝巡游出銮、回銮时所做的法事等,那祖庙一年的法事活动是相当频繁的。

二、乡土文献中的祖庙醮会

祖庙醮会向来著闻,明代正统年间的碑刻就记载了祖庙醮会的盛况:

> 三月三日,恭遇帝诞,本庙奉醮庆贺,其为会首者,不惟本乡之善士,亦有四远之君子,咸相竭力,以赞其成。是日也,会中执事者动以千计,皆散销金旗花,供具酒食,笙歌喧阗,车马杂遝,骈肩累迹,里巷壅塞,无有争竞者。①

从"会中执事者动以千计","其为会首者,不惟本乡之善士,亦有四远之君子"来看,当时的祖庙在周围四乡已有强大的影响力。

清初祖庙醮会更加热闹,据屈大均《广东新语》记载:"佛山有真武庙,岁三月上巳,举镇数十万人竞为醮会,又多为大爆以享神。"②这说明祖庙三月三北帝诞的贺诞醮会规模十分庞大,达到佛山全镇数十万人参加的规模。

前引乡志中有关佛山祖庙醮棚失火事故的记载,也从一个侧面反映出当时举办醮会的兴盛景况。"道光元年(1821),灵应祠神回庙,醮棚火毙六十余人",该条注释云:"锦香池中醮会棚失火,池后路甚宽,而众于戏台旁两门争出,互拥而毙。"③这是在北帝出巡回庙举行回銮醮会时,醮棚失火,众人蜂拥从万福台两侧门拥出时发生的惨剧。该则记载说明,这次醮会的醮棚是在锦香池上搭建的。《接法事部》所记在佛山祖庙做法事的地点,有灵应祠头门、灵应祠后楼、灵应祠后殿、后楼、庆真楼、祖庙头门、灵应祠。其中在灵应祠头门举办的最多,达到 59 次,占总数的 62％;其次是灵应祠后楼,达到 26 次,占总数的

---

① 正统三年《庆真堂重修记》,道光《佛山忠义乡志》卷一二《金石志上》。
② 《广东新语》卷一六《器语·佛山大爆》。
③ 民国《佛山忠义乡志》卷一一《乡事志》。

27％。两者相加，接近总数的 90％，可见大部分的灵应祠法事是在头门和后楼完成的。至于头门的位置，当在现在祖庙的三门前，因为这里地势较为开阔，也是祖庙传统的重要祭祀位置之一。后楼就是指庆真楼，现在佛山民间仍然称祖庙庆真楼为后楼，因其是佛山祖庙建筑群中轴线上的最后一座建筑。

另据民国《佛山忠义乡志》记载："三元市被火通街烧去，适值顺风吹至，庙前有建醮棚，厂火水灯已燃落，该棚不焚，此亦神之灵祐也，皆近年事，月日未详。"①三元市在祖庙的右侧，此则记载说明在民国年间，祖庙前仍有建醮棚。

从佛山祖庙现存的牌匾、仪仗等文物中，也可约略知道佛山祖庙举办醮会的情况。如现位于佛山祖庙前殿的"辰居端拱"木牌匾，上款为：咸丰元年仲冬谷旦，光绪二十五年仲冬吉旦重修；下款为：簪花胜醮众信奉，灵山张锡封敬书。可见此匾是举办簪花胜醮时信众所送。现位于佛山祖庙前殿的"泽普安定"木牌匾，上款为：光绪岁次丙子孟冬吉旦，光绪二十五年岁次己亥仲冬重修；下款为：倡建胜醮值事×××（人名略）敬奉等。这说明木匾是此次醮会的值事们共同敬送的。又如现位于祖庙正殿东西两侧的铜铸八宝仪杖，原 8 对共 16 件，"文革"期间散佚 1 件，现存 15 件。八宝仪杖以道教"暗八仙"（扇、剑、鱼鼓、玉板、葫芦、箫、花篮、荷花）和佛教"八吉祥"（轮、螺、幢、伞、花、鱼、罐、结）相配成为八对，每件仪仗的造型都是一道一佛，颇具特色。八宝仪杖纹饰实现了佛、道法器的有机交融，也体现了祖庙具有广泛的包容性。从仪仗上所刻"光绪戊戌年，保安醮敬奉"的铭文可知，其是佛山祖庙举办宝安醮时信众所送。《接法事部》也记录了光绪十一年（1885）举行的两次保安醮，一由大墟华光庙邀请，一由鹤园阖铺邀请，但多数类似记录都是关于保境醮的。

从上述乡志中的文献记载以及佛山祖庙现存文物铭文中，我们大体了解了佛山祖庙举办醮会的一些情况。这些零星的记载，已足令我们感受到佛山祖庙醮会活动的频繁以及三月三北帝诞等大型醮会的庞大规模。

三、信仰圈的边界范围

这里我们回到本节讨论的重点，即以《接法事部》为基础来分析祖庙在传统社会中信仰圈的边界范围。佛山祖庙虽然是华南最著名的真武大帝庙宇，但以往的研究对佛山祖庙在佛山以外地区的影响则很少提及。《接法事部》的发现给我们提供了一个有力的证据。从上面《接法事部》内容表可以看到，邀请洞天宫道士在灵应祠举办法事的主要有三类人：一为佛山及珠江三角洲一带的各姓氏，共有 64 次，占《接法事部》灵应祠总法事数 95 次的 67.4％；二为广东一带的县邑，如花县、顺德、三水等，共 22 次，占总法事数的 23.2％；三为佛山的一些行会组织，如簪花会、丰年行、端庆祖会、联合行等，共 9 次，占总法事数的

---

① 民国《佛山忠义乡志》卷一八《杂志》。

9.4％。由上可见,邀请洞天宫道士在灵应祠举办法事的邀请人以各姓氏为主,占到67.4％,但是没有更多的信息来分析这些姓氏的地域分布和阶层构成。从第三类的行会组织来看,都是佛山当地的行会组织。可以大致看出地域分布的是第二类,即广东一带的县邑合邑在灵应祠所办的酬恩醮。《接法事部》中提到的在灵应祠举办酬恩醮的县邑有:花县(花邑)、顺德(顺邑)、四会盛邑、三水(三邑)、东莞(东邑)、新会岗州、新兴、新宁(今台山)、清远以及周边的一些乡,如南海敦厚乡、大都乡(今顺德陈村)等。

从上述提到的法事发起人所在的地域范围来看,佛山祖庙的信仰影响以珠江三角洲地区为主,同时兼及广东其他一些地区。这些县邑往往都以合邑的名义举办酬谢北帝的酬恩醮,而且每年都大致在固定的一段时间举行。如花县合邑,在《接法事部》所记录的六年时间里,每年几乎都在十一月初四早到初五晚举办法事。其他县邑也基本类似,只是有的并非每年都来。

《接法事部》有关广东各地县邑合邑来佛山祖庙举办酬恩醮的记载,使我们从一个历史片段较为真实地了解到了光绪年间佛山祖庙信仰圈的大致范围。佛山祖庙信仰圈的范围,从佛山祖庙现存文物铭文上也能得到一些例证。

现摆放于祖庙正殿左侧的观音铜像,背后刻有一段铭文:"浙江衢州府龙游县人士,今寓广东广州府番禺县泰通坊豪畔街南向居住徐叶,发心舍财,转请观音一尊,入于光孝寺中廊比园□佛堂,永远供奉,祈保徐叶合家老少平安,买卖兴隆,求谋遂意,凡在光中,全仗护祐。叶启,嘉靖二十六年九月二十七日开光。"从铭文我们可以得知,观音铜像塑于明嘉靖二十六年(1547),由浙江籍的番禺县善信徐叶捐赠。可见,早在明嘉靖年间,佛山祖庙已有居住邻县的外省信众捐赠神像了。

现摆放于祖庙正殿北帝大铜像前红沙岩石雕神案上的双耳铜香炉,正面刻有铭文"陕西延安府同知彭沃,系广东直隶罗定村人,虔铸铜香炉一座,计重壹佰贰拾伍斤,敬献于佛山镇玄天上帝殿前永远供奉,以垂不朽。乾隆十年三月吉旦广城何万盛铸"等,可见此双耳铜香炉是乾隆十年(1745)广东罗定信众、陕西延安府同知彭沃所送。现摆放于祖庙正殿"灵应祠"的铜座狮是光绪年间顺德(顺邑)罗锡福堂所赠。

现在祖庙三门内的一根石柱上,有"咸丰元年,英德:张圣基、张圣容、张培鹰、张培鸾、张培鳌、张培鸿捐赠"铭文。说明此石柱是咸丰元年(1851)广东英德张圣基等六人捐赠的。

现位于祖庙正殿两廊的漆金木雕宫扇形高脚牌共 8 对 16 件,从铭文可知是 1899 年由顺德李敬慎堂请广州联兴街许三友店制作并捐奉的。

从祖庙内现存的对联、牌匾上,也可见到佛山周边四乡信众的捐赠信息。位于祖庙三门右侧门的木雕对联"二十七铺奉此为祖,亿万年惟我独尊",从落款可知其由光绪二十五年由里人冼宝桢撰,时任佛山同知刘国光书,由顺德县的苏培元、苏允元捐赠。

祖庙前殿的木雕对联"帝自有真经纬台垣元天并仰尊无二,庙原称祖古今俎豆福地应知此最初"，从落款可知是咸丰元年(1851)由时任湖南巡抚的里人骆秉章撰并书,光绪二十五年(1899)由花县阖邑众信重修。

祖庙正殿左侧的木匾额"位居其所",上款:同治八年岁次仲春吉旦立,光绪廿五年孟冬吉旦重建;下款:沐恩酬绅士冈州蟠龙乡直隶州分州黄永麒、兆麟偕男英锦、良佐、英权、英铖、英辉、英翰、良俭、英韶、英元、孙兆熙、兆鹏、兆翰、义信、义昌、文灿、兆鸿、德昌、鸿楷、鸿恩、兆桂、凤凰、兆松、鸿湛、兆凤、兆焯全敬。可见此匾额立于同治八年(1869),光绪二十五年(1899)重修,由冈州(今新会)蟠龙乡直隶州分州的黄永麒、黄兆麟及其儿孙共同敬奉。

从上面所引的祖庙现存文物上的文字来看,佛山祖庙信众的分布至少涵盖了广东的番禺、顺德、花县、新会、英德、罗定等地。与《接法事部》中提到的广东其他县邑合邑来佛山祖庙举办酬恩醮的区域大致吻合。可见,佛山祖庙信仰圈的范围以珠江三角洲地区为主,同时兼及广东其他一些地区。当然,由于资料的限制,祖庙在港澳以及东南亚一带的影响,尚有待进一步研究。但从建国后对祖庙信众、游客的调查来看,佛山祖庙及其代表的广府文化的精美民间艺术品,确实在港澳以及东南亚一带有长期影响。

通过上述研究,我们更明确地认识到,佛山祖庙不仅在明清寺庙林立的佛山镇有着"惟我独尊"的地位,其信仰圈也波及整个珠江三角洲,甚至整个广东以及东南亚一些地区。被清初岭南著名学者屈大均誉为广东最大的真武庙的佛山祖庙的影响力,确实比我们所见到的建筑实体更大。明清时期,祖庙不仅是佛山镇的祭祀中心,同时也是珠江三角洲各地北帝祭祀仪式的指导者和实施者。祖庙通过祭祀仪式的输出和实施,对珠江三角洲各县信众的祭祀活动产生了重要影响。也让祖庙北帝文化的人文之光,投射到珠江三角洲和广东各县的阡陌里巷。

第四节　祭祀仪式与社会整合

在传统社会里,神庙的活动及其祭祀仪式从来就不仅仅具有娱神的功能,它们是把民众束缚在一起的契约,它们是保持良好秩序的规则,它们是控制人们情感的指令,它们又是尊重原则的发展。在佛山,祖庙北帝的祭祀仪式是与社会控制和社会整合相联系的,它反映着佛山社区内部由于历史和社会原因形成的血缘、地缘以及各种利益集团的关系。

清代佛山祖庙北帝的祭祀仪式,肃穆而隆重,向来是一年中佛山全镇居民最大的祀典。乾隆十四年(1749)广宁知县李本洁曾说:"北帝之著灵于天下而尤著灵于粤地也久矣。如南海佛山为岭南都会之亚,而祖庙威灵,赫赫奕奕。凡其地居民童叟、四方往来羁人估客,上逮绅宦,靡不森森凛凛,洗心虔事。"[①]可见佛山之人对祖庙祭祀仪式的重视与

---

① 《北帝庙记》,道光《广宁县志》卷一五。

虔诚。综观佛山神庙一年中的祭祀活动,主要有五大祭祀仪式:一是春秋谕祭,二是北帝坐祠堂,三是北帝巡游,四是烧大爆,五是乡饮酒礼。每一种仪式都具有不同的功能,象征着不同的文化意义和社区关系。段玉明对唐宋大相国寺的研究认为,寺庙不是一堆死的建筑,而是一个具有自性的活体,寺院建筑、僧众和寺院内开展的各种仪式和活动都是构成寺院这个活体不可分割的组成部分。[①] 用这样的视角来关照佛山祖庙,祖庙的祭祀仪式和酬神活动自然成为我们的研究目标。

佛山北帝崇拜的仪式主要有官祀和民祀两种:从官祀来讲,主要就是春秋谕祭;从民祀而言,则有北帝坐祠堂、北帝巡游、烧大爆、乡饮酒礼等。这些仪式不仅强化了佛山人对北帝的信仰,而且发挥着社会控制、社会整合、规范行为、娱乐大众等多种功能。同时,通过这些仪式,也可以了解到佛山社区的各种关系。下面将分别予以介绍。

一、春秋谕祭与官方认同

在明清时期珠江三角洲众多的北帝庙中,只有佛山的北帝祭祀被列入官方祀典,而列入官祀的直接体现主要就是春秋谕祭。祖庙的春秋谕祭始于明景泰年间,在明景泰四年(1453)礼部的四二四号《勘合》中记述颇详,大致内容是南海佛山堡耆民伦逸安上奏说,佛山北帝在抵抗黄萧养起事的过程中,"神明保障之功,赫赫威灵之助,神灵显应,恩同再造者也",并"伏乞圣恩褒嘉祀典"。经仔细复勘后,明礼部终于同意颁发《勘合》,记曰:"法施于民则祀之,御大灾大患则祀之,理合嘉崇,隆以常祀,申蒙允奏。"可见祖庙在明景泰时被列入祀典,以后春秋谕祭,一直延续至清代。关于春秋谕祭仪式,文献并未留下较完整的资料,只是在几部乡志中有一些片段的记载。据乾隆《佛山忠义乡志》卷六载:

> (二月)十五日谕祭灵应祠北帝。先一日,绅耆列仪仗,饰彩童,迎神于金鱼塘陈祠。二鼓还灵应祠,至子刻驻防郡二侯诣祠行礼,绅耆咸集。祭毕,神复出祠。

这里所说的二月十五日谕祭就是指春祭。佛山官员在祖庙的活动,最集中的体现就是每年的春秋二祭,春祭的日子是二月十五,秋祭的日子是八月十五。每年春秋二祭时地方官员都要率领绅耆"诣祠行礼"。二月期间,正是北帝坐祠堂的日子,因而北帝行宫二月十四日从金鱼塘陈祠回来接受官祀后马上就又出祠了。官祀的主祭官是上引文提到的"驻防郡二侯",官祀之时"绅耆咸集",可见场面是十分隆重的。

秋祭之日是八月十五,秋祭"谕祭灵应祠北帝,仪同春仲"。[②] 春秋谕祭的仪式是相同的,所不同的是春祭时北帝忙得不可开交,而秋祭之日,却可轻松地欣赏祀神的出秋色活

---

① 段玉明:《相国寺——在唐宋帝国的神圣与凡俗之间》,巴蜀书社 2004 年版,第 2 页。
② 乾隆《佛山忠义乡志》卷六《乡俗志》。

动。八月十五的出秋色(后来的出秋色日期常有变动)是一直延续至今的对佛山影响深远的民间文化活动。关于出秋色,本书第十四章第五节有详论,此处从略。

祖庙官祀所行之具体礼仪,我们可以从乡志记载看到一些线索。民国《佛山忠义乡志》所记灵应祠祭器目录为:铏二,豆五,铺五,簠五,簋五,筐五,筥五,盘五,尊一,爵三。目录后的按语云:

> 明景泰四年,灵应祠膺受封号,颁发谕祭文一道,御题匾额对联,备载《祠祀志》。其时即依据典礼,制造祭器凡十:曰铏,数二;曰豆,曰簠,曰簋,曰盘,各五;曰爵,其数三;壶用时式,数一。皆铜质,筐筥用竹,同属祭器,故以类从。康熙《灵应祠志》有图,名称间有未合,而形式相符,世守勿坠。民国后,始行散失。爰照祠志,参之典礼,分别订正。以鹤壶非古,易之以尊,俾臻完备。图之下方仿吴荷屋中丞金石例,按图注式说,以便他日仿造。凡图十,排次如左。吴荃选祭器考附。①

从上述"按语"可知,灵应祠官祀祭器共 10 大类 41 件,这些祭器以铜质为多,都是在明景泰时依据明代的典礼制造,民国以后才逐步散佚。现在佛山市博物馆还藏有爵等一些灵应祠祭器,但是否曾为官祀所用仍有待考证。虽然祭器民国后已散失,但民国《佛山忠义乡志》中所绘祭器图应是准确的,因绘图的目的就是留存图像资料,"以便他日仿造"。

另据民国《佛山忠义乡志》卷八《祠祀一》记载祖庙谕祭祭器、祭品为:

> 祭器:铏(铏)二,豆五,铺五,簠五,簋五,筐五,筥五,盘五,爵三。
>
> 祭品:豕一,羊一,斋供五,荤供五,熟供五,牲供五,饼供五,面供五,京果,鲜果各五,糖供五。②

从《祠祀一》的记载来看,祭器共 9 大类 40 件,少了一件尊。从《金石一》的"按语"可知,民国时祭器中的古尊已散佚,用当时的鹤壶来代替。因此这里少一个尊,也许是觉得尊非古物,故未列出。从祭品来看,共 11 大类 47 种。《佛山忠义乡志》还全文记载了谕祭灵应祠祝文:

> 维景泰四年八月壬申朔,越十五日丙戌,广东等处承宣布政使司、广州府知府、南海县知县钦承上谕,敢昭告于灵应祠神。维神庙食南土,肇宋元丰,捍患御灾,累著民绩。向兹盗发,克副祷禳,寇用剪除,实资神贶。王朝制祭,于礼宜隆,特敕有司,岁修常祀。尚祈景贶,永福生民,尚享。③

从谕祭灵应祠的祭器、祭品和祝文来看,春秋谕祭灵应祠的仪式是非常隆重的。祭器

---

① 民国《佛山忠义乡志》卷一六《金石志一》。
② 民国《佛山忠义乡志》卷八《祠祀志一》。
③ 同上。

"华而不缛，文而不繁，于《六经图》《博古图》《大清祭器图》吻合"；①祭品种类丰富，规格颇高；谕祭灵应祠祝文着重突出了北帝"捍患御灾""寇用剪除"等保佑佛山的功能，而且这一祝文为明景泰以后直至清代历代地方官员所沿用，可见春秋谕祭在佛山社会的巨大影响力。

祖庙被列入祀典，是因其有功于佛山，而且北帝的这种功德通过以后每年的春秋谕祭一直被确认和沿袭下来。也正因为春秋谕祭的举行，使北帝崇拜不断得到官方的确认，并逐步把北帝推到了佛山社区至尊主神的地位。另外，在春秋谕祭时，举行出秋色等活动。不仅得到了统治者"况愚夫愚妇日从事于神，安不知有动于中而遏其不肖之念，是又圣人神道设教之妙用欤"的目的，②客观上也发挥了这些祀神仪式的娱乐功能，造成了"行者如海，立者如山"的壮观场面，③合镇人在参与这些仪式的过程中，自然地调和了社区关系。

除了官祀之外，历代佛山籍官员和地方官员对祖庙的修缮都颇为关注且经常视察祖庙，并留下了他们的诗歌对联。如明代的户部尚书里人李待问就留下了"凤形拥出三尊地，龙势生成一洞天""紫霄宫"等对联、牌匾。清嘉庆时的两广总督觉罗吉庆视察祖庙并题联："默祷岁时常裕顺，愿登黎庶尽纯良。"咸丰元年(1851)，时任湖南巡抚的里人骆秉章视察祖庙，留下了"帝自有真经纬台垣元天并仰尊无二，庙原称祖古今俎豆福地应知此最初"的联语。明代的南海县令骆用卿（余姚人）拜谒祖庙，并留下了《谒灵应祠》诗："异国奇香过海龙，万家烟火见灵通。时和明受春秋祀，寇扰阴收保障功。北极云来庭外树，南天鹤返庙前风。我来粤省人何识，喜雨横江慰野农。"④清乾隆以后，历任佛山同知都积极参与祖庙修缮，如乾隆时的佛山同知赵廷宾、嘉庆时的佛山同知杨楷、光绪时的佛山同知刘国光等都为祖庙的修缮作出了重大的贡献。

二、北帝坐祠堂与宗族特权

北帝坐祠堂是将北帝神像逐日安放在八图土著各宗族祠堂内，供该宗族之人拜祭的仪式。佛山的八图土著居民，是明初佛山堡开图建籍时的八图八十甲初民，是自有佛山以来最早的合法居民。北帝坐祠堂就是专属于他们的传统仪式。每年正月初六日，是祖庙北帝出祠之日，也是八图土著的重要日子。史称："（元月）初六日，灵应祠北帝神出祠巡游，备仪仗，盛鼓吹，导乘舆以出游。人簇观，愚者谓以手引舆杠则获吉利，竞挤而前，至填塞不得行。"⑤"正月初六日帝尊出，每甲两人，早晚福叙有饼。"⑥"正月初六日帝尊到祠。

---

① 民国《佛山忠义乡志》卷一六《金石志一》。
② 乾隆《佛山忠义乡志》卷六《乡俗志》。
③ 同上。
④ 道光《佛山忠义乡志》卷一一《艺文志下》。
⑤ 乾隆《佛山忠义乡志》卷六《乡俗志》。
⑥ 《南海鹤园陈氏族谱》卷四《杂录·八图现年事务日期》。

八十甲每甲一位,携帖午叙,新旧监察并该图早晚福叙,俱每领饼果。"①从上述材料可知,正月初六日北帝由灵应祠出游时,八图八十甲每甲派两人,一共160个父老、士绅随行一天。至晚北帝坐落在八图祖祠(公馆),从而开始了一年的北帝祭祀活动。第二天由鼓吹仪仗送回祖庙,由另一氏族人到祖庙迎神回祠拜祭。祭后送神时,各氏族并有放炮、放烟火等仪式。如此一个祠堂接一个祠堂的迎送,轮完八图八十甲为止。每一次交接都在祖庙进行,如此轮祭到三月三十日。其中,正月十七日,轮到南海鹤园陈氏,其谱称:"正月十七日恭迎帝尊到祠,阖族颁饼果。并父老、新丁另备迓圣两道,连日福叙。"又载:"正月十七日,帝尊到祠摆列,父老迓圣一道,此饼果父老得。""正月十七日,帝尊到祠摆列,新丁迓圣一道,此饼果新丁得。以上迓圣两道,大宗每支银二大员办理。"②二月十三日,轮到金鱼堂陈大宗。因二月十五日,正逢"谕祭之日",官员须到祠拜祭。所以在二月十四日迎神回宫仪式特别隆重。八图仍由每甲派两人,"二月十四日晚往金鱼塘陈大宗接神回宫谕祭,晚叙均有饼"。③ 陈炎宗也说:"(二月)十五日谕祭灵应祠北帝,先一日绅耆列仪仗,饰彩童,迎神于金鱼塘陈祠,二鼓还灵应祠,至子刻,驻防郡贰侯诣祠行礼,绅耆咸集。祭毕,神复出祠。"④"神复出祠"何往?也就是在二月十五日当天,北帝又被迎往猪仔市梁祠(明景泰忠义士,二十二老之一梁广之族)供奉。《梁氏家谱·本祠例略》记载:"二月十五日,各伯叔兄弟赴祠,肃整衣冠,头锣赴祖庙迎接北帝贺临本祠建醮。十六日午刻,打点各盛会放炮,祠内送神起座。分饼事务。是晚督理各盛会施放烟火花筒,弹压打架,毋使生事。"到三月初四日,轮坐到水便陈大宗。因三月三日在祖庙建醮,北帝建醮后要在村尾会真堂更衣,故八图父老均到会真堂接神。《八图现年事务日期附》记载:每甲派人"三月初四日在祖庙醮,是晚会真堂接神,至水便陈大宗下马,早晚福叙有饼,司祝斋金九分"。又载:"三月三十晚,帝尊回宫,晚叙有饼。"⑤至此,从正月初六早至三月三十晚,前后长达83天的"北帝坐祠堂"活动才告结束。

从上述材料可知,正月初六帝尊到八图祖祠(当天有出游)、二月十五的谕祭(当天有色队伴行)、三月初三的巡游,均由八图八十甲派人参加,是八图公务。扣去这3天,就是整整80天,恰与八十甲的数字相等。在这80天里,属于各氏族自理的事务,届时各族均打点头锣,召集父老,准备烟火,迎送北帝。可见,祖庙"北帝坐祠堂"的仪式必须是轮坐所有八十甲的祠堂。也就是说,在八图范围内各姓氏共享北帝到祠祭祀的权利,而在佛山社区范围内土著居民有独享北帝到祠祭祀的权利。在这里,体现了不同血缘群体之间存在着享有社区权利的差别。越早定居的血缘群体,越享有对地方神明的优先祭祀权。

---

① 《南海鹤园陈氏族谱》卷四《杂录·轮图事务日期》。
② 《南海鹤园陈氏族谱》卷四《杂录》。
③ 《南海鹤园陈氏族谱》卷四《杂录·八图现年事务日期》。
④ 乾隆《佛山忠义乡志》卷六《乡俗志》。
⑤ 《南海鹤园陈氏族谱》卷四《杂录》。

北帝坐祠堂的仪式具有十分重要的功能,首先,把北帝从神圣的祖庙请出来,坐落在家居附近的祠堂里,这密切了北帝与八图土著居民的联系,满足了土著居民精神寄托的需要。同时也强化了土著居民的主神崇拜意识。其次,在接送北帝的仪式过程中,宗族父老和士绅的地位得到明确,也就是宗族内部形成的种种关系得到了重新确认,这对维系宗族组织无疑起了重要作用。第三也是最重要的,这种对北帝坐祠堂权利的拥有,强化了土著居民的"八图"认同意识,保持了土著居民的自尊和信心,同时也向所有佛山人暗示:北帝这一素著灵响、无往不胜的地方保护神是土著居民创造的,土著居民因此掌握着地方主神祭祀的文化资源。而在这种祭祀仪式的重演过程中,土著群体与侨寓群体的区别得到彰示,从而其自身的团结也得到相应的加强,群体自身的地位和价值观念也就再度得到肯定。对于土著居民个人来说,仪式活动使他在群体中得到思想感情的共通与支持,而且通过仪式的重演,把他与力量和慰藉之源沟通起来,这就加强了宗族本身的内聚力。

三、北帝巡游与社区关系

北帝巡游是最有象征意义的祭祀仪式。它具有明确神明控制的社区范围,重申社区领导阶层的地位,强调社区内各神明之间和不同地缘、不同血缘群体之间的统属关系,强化人们的主神认同意识,从而加强社区内聚力的功能。

元代和明初的北帝巡游,是在古九社范围内进行。但当时九社的范围并不大,所涉铺区仅有后来的六铺范围。该六铺均处于佛山中南部,约占清代佛山镇范围的三分之一。我们知道,古九社的居民后来成为八图土著居民。这一历史传统,决定了八图土著居民后来在北帝出游中的地位。清乾隆年间,北帝巡游的范围已扩大至全镇范围。陈炎宗记载:"三月三日,北帝神诞,乡人士赴灵应祠肃拜。各坊结彩演剧,曰重三会。鼓吹数十部,喧腾十余里。神昼夜游历,无暑刻宁,虽隘巷卑室亦攀峦以入。……四日在村尾会真堂更衣,仍列仪仗迎接回銮。"[①]"各坊结彩演剧""喧腾十余里""虽隘巷卑室亦攀峦以入",可见北帝是在全镇巡游。当时在汾水铺设有"武当行宫"一座,[②]当是北帝巡游时停舆供商民拜祭之处。又从初四日才"迎接回銮",可知当时北帝出游时间是一天一夜。

然而上述陈炎宗对北帝巡游的描述过于印象化,我们不能对其细节有更多的了解。

可幸的是,佛山祖庙博物馆保存了一张《佛镇祖庙玄天上帝巡游路径》,十分详细地记载了北帝巡游日期、所经街道及其巡游队伍的组成情况,为我们了解佛山祖庙北帝巡游的细节提供了不可多得的材料。

《佛镇祖庙玄天上帝巡游路径》(以下简称《路径》)是一张刻印公告,宽 52 厘米,长 57 厘米。根据内容看,该公告是清中叶以后的物品。其中详载了佛山一次祭祀北帝崇升的

---

① 乾隆《佛山忠义乡志》卷六《乡俗志》。
② 乾隆《佛山忠义乡志》卷三《乡事志》。

巡游活动。所谓崇升，是指北帝得道飞升金阙。据《混洞赤文》所载，北帝"飞升金阙"在九月九日。① 佛山举行祭祀北帝飞升活动以往亦在九月九日，②此次巡游的时间却定在十月二十六日至十一月三日，一共 8 天，未知何因。但无论如何，这是一次北帝在合镇各街道的巡游，这对我们要讨论的问题至关重要。

《路径》右首第一行标明："凡各街道，巡游所经，瓦砾秽物，一概扫清，闸门修好，预备过亭，谅有同志，先此声明。"第二行称："诹十月二十六日恭随帝尊巡游阖镇，至十一月初三日卯时，俟候崇升。谨将路径胪列于左。祈俟随神各绅耆衣冠者行后可放炮。"左面最后一行称："凡有诚心，摆列华筵，顺道采鉴，恕不停銮。观音堂铺銮舆、岳庙铺一狮随行，所有各盛会火篮、狮子一概恭辞。"

北帝巡游前的准备工作，是设定巡游路线，张榜通晓镇民。凡北帝所经街道，一概要清除干净，搭建"过亭"。这与乾隆年间陈炎宗所述三月三出游"各坊结彩演剧"有相似之处。而各街摆列之华筵，北帝只是顺道采鉴，恕不停銮。巡游队伍的组成有严格规定，跟随北帝神同行的是"绅耆"和"衣冠者"，只用观音堂铺的銮舆，只许岳庙铺的一狮随行。其他各街组织与会的火篮和狮子一概恭辞。巡游是有组织有步骤进行的，凡各街要烧炮的，必须俟随神绅耆衣冠者过后方可放炮。并定于十一月初三卯时在祖庙崇升，诚心者可届时俟候。

《路径》将整个巡游路线规定如下：③

十月二十六日，北帝行宫在祖庙"起马"，沿祖庙铺、山紫铺街道往南巡游，复折回北行，经鹤园铺、潘涌铺、大基铺、汾水铺、富文铺，向西行入太平沙，至观音庙停舆驻跸。这一天主要巡游地点是山紫和南部濒江三铺。（图 15-4）

十月二十七日，在观音庙起马，继续在太平沙、富文铺内巡游，然后坐船"过海"（珠江三角洲一带，惯谓"过河"为"过海"），东行鹰嘴沙，过桥入缸瓦栏，在长船屋过海至文昌沙，入鲤鱼沙，再次过海，入大基铺，南经汾水铺、福德铺，西行入观音堂铺，至莲花地黄氏大宗祠下马驻跸。这一天主要巡游铺区是富文铺和隔海的聚龙沙、鹰嘴沙、文昌沙、鲤鱼沙。（图 15-5）

十月二十八日在莲花地黄大宗起马，继续在观音堂铺巡游，经富文铺、大基铺、福德铺、潘涌铺、鹤园铺、祖庙铺、黄伞铺，然后向东南直插入仙涌铺，至郡马梁氏大宗祠下马驻跸。这一天主要巡游铺区是中部观音堂、潘涌、福德、鹤园、黄伞等铺。（图 15-6）

十月二十九日在郡马梁祠起马，往南经社亭铺、栅下铺、东头铺、突岐铺，东折彩阳堂铺，北回仙涌铺、社亭铺、岳庙铺，继续北上，入大基铺，东北出社亭铺，下仙涌铺、突岐铺、明心铺、耆老铺、锦澜铺、桥亭铺，复东回耆老铺，入突岐铺，至陇西里李尚书祠下马驻跸。这一天主要巡游铺区是东南部的岳庙社亭、仙涌、彩阳堂、医灵、明心诸铺。（图 15-7）

---

① 《中国民间诸神》，第 69 页。
② 《南海鹤园陈氏族谱》卷四《杂录·八图现年事务日期》记载："九月初九日帝尊飞升，近年此例已停。"
③ 北帝巡游八天路线图，见罗一星、肖海明《佛山北帝文化与社会》第六章第三节。

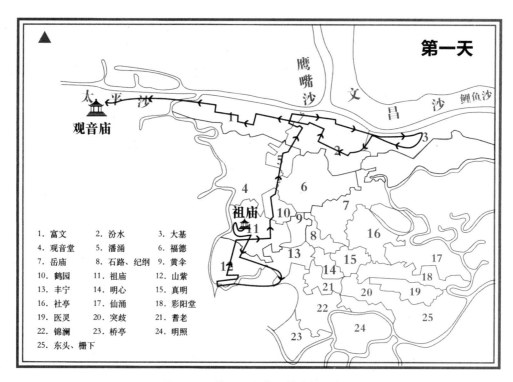

图 15 - 4　第一天北帝巡游路径示意图

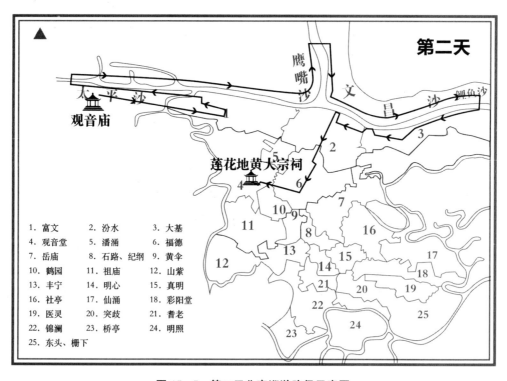

图 15 - 5　第二天北帝巡游路径示意图

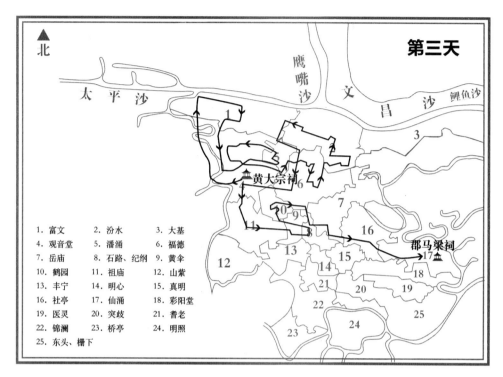

图 15 - 6　第三天北帝巡游路径示意图

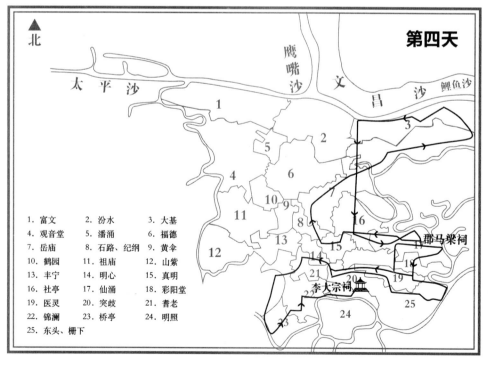

图 15 - 7　第四天北帝巡游路径示意图

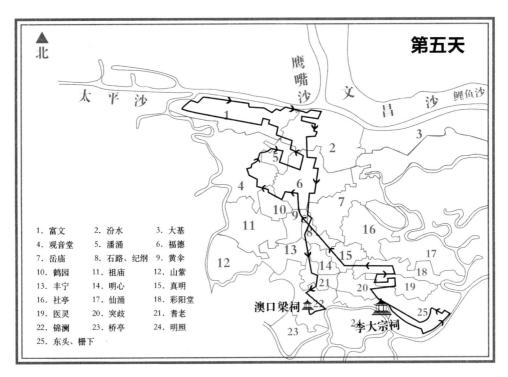

图 15-8　第五天北帝巡游路径示意图

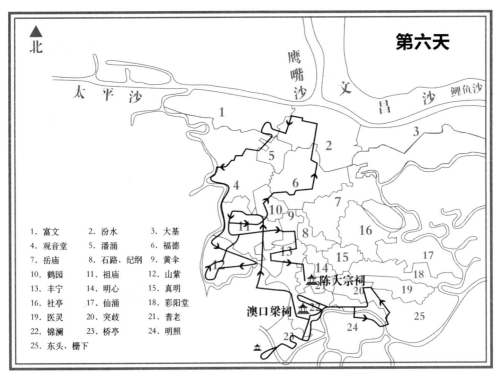

图 15-9　第六天北帝巡游路径示意图

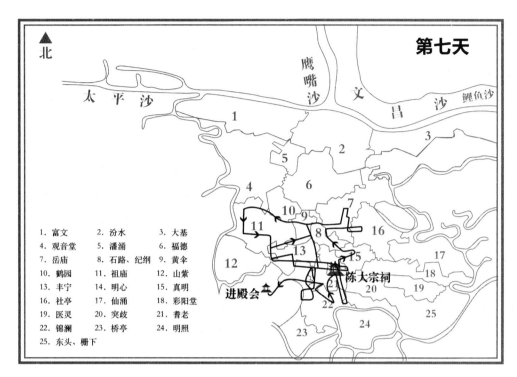

图 15‑10　第七天北帝巡游路径示意图

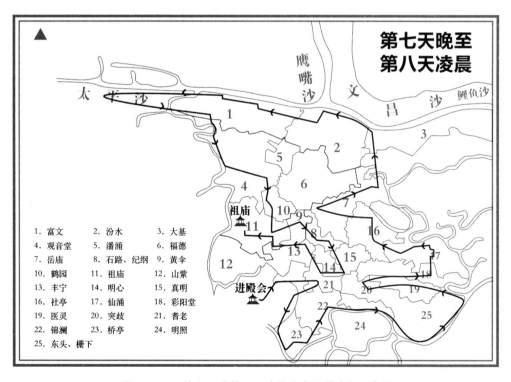

图 15‑11　第七天晚第八天凌晨北帝巡游路径示意图

十月三十日在李大宗祠起马，南下栅下铺，北回突岐铺、陇西里，然后东入彩阳堂铺，北折医灵铺、纪纲铺、黄伞铺、福德铺、鹤园铺、观音堂铺、潘涌铺、富文铺，东折汾水铺，南下仙涌铺、福德铺、黄伞铺、丰宁铺、耆老铺、锦澜铺，至澳口梁大宗祠下马驻跸。这一天的巡游铺区主要是东南部的栅下、东头、突岐、真明和中部的纪纲、石路诸铺。（图 15-8）

十一月初一日在澳口梁大宗祠起马，先在桥亭铺内向西南巡游，经通济桥，过桥至永安社学，复折回过桥至澳口梁大宗祠，北上锦澜铺，南折大桥头，过桥南入明照铺，又过桥入栅下铺，北入突岐铺，西行入锦澜铺，北行丰宁铺、祖庙铺、鹤园铺、福德铺、汾水铺，复南入潘涌铺、观音堂铺、祖庙铺、黄伞铺、丰宁铺，东折明心铺、耆老铺，至金鱼塘陈大宗祠下马驻跸。这一天的巡游铺区是西南部的明照、耆老、锦澜、桥亭、山紫、祖庙诸铺。（图 15-9）

十一月初二日在金鱼塘陈大宗祠起马，北上丰宁铺、黄伞铺、鹤园铺、西南折祖庙铺、丰宁铺、耆老铺，经陈大宗祠，入锦澜铺，再南行入耆老铺、明心铺，西行入丰宁铺，北入纪纲铺、石路铺、祖庙铺，复西经真明铺、明心铺、耆老铺，再经陈大宗祠、田心书院，在进殿会下马驻跸（进殿会设在田心书院）。这一天的主要巡游铺区是反复巡游西南部的耆老、丰宁、明心、真明、锦澜、祖庙诸铺，中部的黄伞、纪纲、石路诸铺和东部岳庙、社亭诸铺。（图 15-10）

初二晚由进殿会起马，北经耆老铺、金鱼塘陈大宗祠，南下锦澜铺，东入耆老铺、栅下铺，北上彩阳堂铺、突岐铺、医灵铺、仙涌铺、社亭铺、岳庙铺，经石基入大基铺、汾水铺、富文铺，南折观音堂铺，经鹤园铺、黄伞铺、纪纲铺、石路铺、明心铺，再西折丰宁铺、祖庙铺，经隔塘大街、八图祖祠、万福台，至祖庙。北帝于此在初三卯时崇升。这一晚的主要巡游路线是绕佛山一周。（图 15-11）

从上可知，佛山的北帝巡游，不是一铺一铺依次进行的，而是各铺交叉进行的。笔者发现，北帝巡游没有在同一条街道上回头的，都是一条街道走到底，穷巷断街北帝是游不到的。北帝不回头是北帝巡游的一大特点，但这势必会漏掉许多街道。为了解决这一矛盾，北帝巡游采取多次绕圈而行的方式进行。这又使北帝巡游呈现出重复性的特点，即俗称之"行龟缩"。然而，路线的每一次反复，都不是上一次的简单复制。比如在街道较多且排列整齐的汾水铺，所走的路线几乎不重复，只在街道口相交处出现。而在街道较少的铺区如栅下铺，则每次绕圈都必须在一些与外铺相接的通街上重复。南来北往，使人误以为北帝巡游是从原路返回的（佛山故老传闻行龟缩是从原路返回的）。实际上都是为了补游第一次游不到的街道。唯其如此，我们才看到明照铺和汾江对岸的鹰嘴、文昌和鲤鱼等沙只游了一次，因为它们的街道是沿河涌呈带状分布的，一次就可以全部游完。用八天的时间来遍游全镇街道，充分显示了北帝对整个佛山的统合力量。

尤为重要的是,《路径》及其所展示的北帝巡游活动,反映了佛山内部复杂的社区关系。首先,北帝巡游的仪式仍然保持着土著居民的古老权威。北帝在外巡游的七夜中,曾在五个土著大宗祠驻跸,它们是莲花地黄大宗祠、郡马梁祠、澳口梁大宗祠、细巷李大宗祠、金鱼堂陈大宗祠。除了驻跸之外,巡游中各大宗祠都重复巡游了一次以上,其中陈大宗祠重复巡游 4 次,郡马梁祠 3 次,澳口梁大宗祠 2 次,李大宗祠和黄大宗祠各一次。加上当夜的驻跸,上述诸祠依次为 5、4、3、2、2,这个数字表示了北帝曾多次与其族人相会。与诸庙和街道相比,重复 3 次以上者确属寥寥无几。这至少说明上述诸宗祠在北帝巡游中占有特殊的地位。既可迎北帝驻跸,又可享受北帝多次采鉴。笔者认为这种仪式所代表的文化意义与"坐祠堂"的仪式有某种相似之处,暗喻着北帝神是土著居民祖先缔造的,祖庙首先与他们的祖先相联系。尽管北帝巡游的内容在清中叶已大大扩充,但世代交叠的积淀作用,仍然以古老的事物维持着原始威望的存在。所不同的是,"坐祠堂"反映着各宗族之间的平等祭祀权,而巡游彰示着个别大宗族在社区中的传统特权和社会尊重。

其次,北帝巡游显现了祖庙对各铺主庙的统合关系。在巡游路径中所列出的庙宇名有 66 个,其中有 19 个是各铺主庙,而我们根据地图查看,发现岳庙铺的武庙、鹤园铺的洪皇庙、医灵铺的医灵庙,亦在必经路径上。这就是说,除了祖庙铺、潘涌铺、彩阳堂铺、纪纲铺、石路铺无主庙外,当时 22 铺和文、鹰二沙的主庙都是北帝巡游所到之处。上文说到,当时佛山有庙宇 180 座,而北帝巡游的只有 66 座,显然是经过挑选,并有意识地巡游到各铺主庙所在位置上,公庙和街庙就不在必游之列。例如东头铺、突岐铺、仙涌铺、明照铺、黄伞铺、鹤园铺、医灵铺、真明铺,都仅游了一座主庙,其他庙宇一概不游。所游庙宇最多的是山紫铺和富文铺,因其庙宇多处于必经之路,故也"顺道采鉴"。详见下述北帝巡游所经各铺庙宇表(黑体字者为各铺主庙):

祖庙铺:亲庙、圣乐宫、祖庙

山紫铺:**南泉庙**、地藏庙、二仙庙、华光庙、东岳庙、玄坛庙、北城侯庙

汾水铺:南擎庙、武庙、**太上庙**

富文铺:盘古庙、南胜庙、三界庙、车公庙、**洪圣庙**、鬼谷庙

大基铺:大王庙、**帅府庙**

福德铺:**舍人庙**、天后庙

观音堂铺:华光庙、洪圣庙、镇西庙、**南善庙**

栅下铺:天后庙、**龙母庙**、太尉庙

东头铺:**武庙**

突岐铺:**金花庙**

仙涌铺:**武庙**

岳庙铺:吕祖庙、花王庙、三圣宫、**武庙**

桥亭铺：**南济庙**、会真堂

明照铺：**盘古庙**

丰宁铺：四圣庙、**国公庙**

黄伞铺：孖庙（天后庙，华光庙）

耆老铺：**金花庙**、字祖庙

锦澜庙：**华光庙**、南济观音庙

明心铺：**太上庙**、塔坡庙、文昌阁

祖庙铺：南禅观音庙、**药王庙**

鹤园铺：**洪皇庙**

医灵铺：**医灵庙**

真明铺：**三圣宫**

石路铺（纪纲铺）：花王庙

聚龙沙（太平沙）：伏波庙、三官庙

鹰嘴沙：乌利庙、张公庙、**飞云庙**、华佗庙

文昌沙：**武庙**、太保庙、观音堂

鲤鱼沙：北城侯庙

由此可见，北帝巡游还体现了其统属庙宇系统的等级关系。只有一铺之主庙，才有资格恭候北帝的驾临，一般庙宇无此洪福。而通过北帝巡游，也强调了群庙之间的等级差别，明确了诸庙对祖庙的归属和依附关系，从而重申了北帝的社区主神地位。

再者，北帝"过海"巡游诸沙，更体现了北帝对周边区域的统合以及周边区域对北帝的认同。诸沙多在汾江两岸，在清代以前不属佛山堡版图，如文昌沙、鲤鱼沙属叠滘堡，太平沙、聚龙沙属张槎堡。因此明初北帝神巡游仅在九社进行。乾隆年间的北帝巡游虽有扩大，但往北也不过汾江河。随着佛山工商业的发展，上述诸沙日益城镇化，"商务以文沙为盛，鹰沙以西木商最多，亦自成一市"。经济上的联系，加强了政治上的整合，咸丰以后，鹰、文二沙遂设立分局，受制于佛山团防总局；太平、聚龙二沙合设一局，称平聚局，局首"由坊众公推"，其治安亦由佛山都司巡管。这样四沙亦进入佛山版图。[①] 由此，四沙居民自然会有融入佛山文化圈的愿望，而佛山居民也要有一个承认其合法地位及显示其统属关系的表示。北帝"过海"的巡游活动，就是在这一背景下发生的（笔者对比过《路径》与诸《佛山忠义乡志》的街道名，推断此次巡游当在咸同年间）。由此可见，北帝巡游活动具有强烈的明确社区范围的象征意义，具有强化社区整合结果的功能。

这种精神世界的等级关系，也暗示着现实世界的等级关系。在北帝巡游的队伍中，有

---

① 民国《佛山忠义乡志》卷一《舆地·四沙》，第 53 页。

资格跟在北帝后面的是"绅耆"和"衣冠者",就是说 70 岁以上的耆民、科举成功之士和官宦人物,他们是社区最有地位的群体。其中的一部分是佛山自治组织大魁堂的成员,他们是佛山的精英阶层,如同北帝巡游体现了对诸庙的统属关系。这批精英在各铺区街道的巡游,也体现着他们在佛山各铺区处理公共事务的领导地位。而每一次的北帝巡游仪式,都是再一次重申他们所拥有的社会地位的机会。有学者指出:"为保持上等人的恬静和人们的良好秩序,没有比礼仪的规则更好的东西。礼仪的规则不过是尊敬原则的发展。"①北帝巡游仪式,体现着士绅阶层与其追随者的关系,体现着各群体之间的关系,有助于人们看到和记住这些分成等级优势的现存固定关系,这对维持社区团结、稳定社会秩序,无疑是起了不可忽视的作用。

四、烧大爆与侨寓关系

烧大爆是重要的祭祀仪式,在每年三月三日北帝诞的当日举行。所谓烧大爆,是以巨大的爆竹燃放以酬神,并让众人拾抢其炮首以接福的活动。早在清初时"佛山大爆"已名震粤中。屈大均详细描述过这一盛况:②三月上巳,祖庙门前,万头攒动,箫鼓喧耳,一年一度的佛山烧大爆仪式在这里举行。放眼开去,一片辉煌,北帝神停舆的"真武行殿",皆以小爆构结龙楼凤阁,又有小爆层层叠出的"武当山"及"紫霄金阙",四周悉点百子灯。其一灯一盖皆以小爆贯串而成,锦绣铺桥,花卉砌栏。人声喧处,一队队百人组成的"倭人"色队,牵引着一个高二米半、粗一米多的大纸爆香车走过来。大纸爆上饰锦绮洋绒及各色人物,药引长二丈有余。大纸爆过后,是椰爆的香车,亦以彩童推挽而来,椰爆直径也有二尺,上饰龙鸾人物,药引长六七丈。——在庙前空地上排开,小纸爆有数十,小椰爆有数百。合镇几十万男女,竞相观睹,簪珥碍足。燃放大纸爆时,放者攀于高架之上,以庙中神火掷之,发声如雷,远近震动。放椰爆时,人立于三百步之外燃放。响声过处,观众一拥而上,争抢"爆首"。爆首是一铁制小圈,上写有炮名,如"上元正首炮""上元十足炮"等。各炮有等次,即俗称头炮、二炮、三炮等,拾得"爆首"有相应的奖品,如镜屏、色物等。人们相信爆首是北帝所赐之福,拾得爆首者,"则其人生理饶裕",故人人奋力拼抢,即使人仰马翻也在所不惜。

据佛山父老传闻,抢炮者皆有炮队组织,一是以宗族"××堂"为队,一是以会馆"××堂"为队,一是以街坊组织"××会"为队。队员之间互相配合,互相掩护。一旦拾得炮首,即过关斩将奔出重围,到"真武行殿"处由祖庙值事首肯,并领取奖品。如此几百爆放完,拾得者抬着奖品鼓吹欢喜而归。来年由其偿还所拾之炮。偿炮均按原炮价值偿还。屈大均说大纸爆价值银百两,而椰爆价值 50 两,故还爆"动破中人之产",往往有之。佛山俗谚

---

① 罗斯:《社会控制》,第 192—193 页。
② 《广东新语》卷一六《器语·佛山大爆》。

云"佛山烧大爆，弹子过蠕岗"，①指的就是有鬻子以偿爆之事。

佛山烧大爆的仪式，生活在今天的人无论如何难以复见。笔者以为，这种隆盛的烧大爆仪式，似与重现北帝出生之日的情景相联系。《启圣录》言："开皇元年三月三日玄帝产母左胁，当生之时，瑞星天花、异香宝光充满王国，土地皆变金玉。"②故而佛山人要缀以香车、香花、百子灯等，更要用爆竹之花撒满一地，以庆贺诞辰。应该说，佛山人所重构的氛围是成功的，它使人"目乱烟花，鼻厌沉水"，犹如置身于北帝诞生之日。这一感受，无疑会增加人们对北帝的宗教神圣感。

更为重要的是，烧大爆的仪式，集合了全镇居民，无论男女老幼，无论土著、侨寓，无论富人、穷人，都可以参与这一仪式，地缘的结合因素在此压倒了血缘的结合因素，阶级的分野在此也变得模糊。人们在参与中享受着社区一分子的权利，从而强化了社区的认同意识。仪式的循环还扮演着调节群体之间关系的重要角色。在激烈的争抢中，在轰鸣的爆声中，在欢乐的喝彩声中，人们在一年之内可能形成的积怨消失殆尽，各种社区关系在此得到调和。几百个爆首当年由北帝撒向全镇居民，次年，几百个新爆又由全镇居民还给北帝。接福还神，周而复始，不断循环，犹如一张无形抓手把全镇居民与北帝紧紧联系在一起。同时，在这一盛大的祭祀仪式中，个体显得那么渺小，任何一个还炮者都不可能促成此盛会。只有群体的力量，才能集合起几百个大爆的宏大阵容。因此，社区成员感受到了彼此之间的依赖程度，同时也加强了继续留在该群体的意愿。从而，群体的整合程度也得到提高。

五、乡饮酒礼与侨土关系

祖庙乡饮酒礼和颁胙制度的废兴以及乡饮酒礼性质的改变，反映了侨寓人士社区地位的上升与八图土著支配权的减弱。

乡饮酒礼是 70 岁以上父老在春秋二祭时到祖庙祭祀后参加的饮宴。乾隆以前，乡饮酒礼和颁胙一样，曾是八图土著才具有资格参加的仪式。在传统社会里，除了绅士之外，耆老也是一种身份标志。在佛山，每逢春秋二祭，土著 70 岁以上的老人可享受北帝所赐饮福，可领取北帝所颁福胙，这是一种社会荣誉。取得了这一社会荣誉，自然享有较高的社会地位。而每一次乡饮酒礼和颁胙的举行，也就是一次显示社会地位的机会，所谓"俾后生有所观感"就是指此。③

清代前期，外来商贾日益增多，他们竞相捐输祖庙，正所谓"无远弗届，……靡不望祖

---

① 光绪《南海县志》卷二一《杂录》。
② 吕宋力、乐保群：《中国民间诸神》，第 66 页。
③ 陈其焜：《书院膏火记》(嘉庆四年)，道光《佛山忠义乡志》卷一二《金石志下》。

庙荐享而输诚"。① 乾隆年间,他们不满于这种把他们排斥于外的活动,群情愤愤。在这种情况下,乾隆四年(1739)乡饮酒礼被南海县官府禁示,随后里排颁胙也被严加禁止。自乾隆四年被禁止以后,乡饮酒礼有60年没有举行。然而,官府饬禁的目的,并不是禁止乡饮颁胙这件事本身,其本意在于顺应士绅和侨寓的要求,剥夺里排对祖庙的支配权。当支配权转移到士绅手里时,"乡饮"就不在禁止之列了。尤其是经过反复的较量,双方的利益在新的空间范围下和条件下得到确认,两大利益群体获得了新的平衡,使得并存发展有了可能。

乡饮酒礼的恢复和性质的改变,就在这一背景下产生。嘉庆四年(1799),两广总督吉庆批准了佛山老民陈启贤要求恢复包括侨土人士七十以上者在内的乡饮。其《准复乡饮碑示》称:

> 乡饮一项,礼教攸关,务须及早举行。毋论侨居、土著,如系身家清白、持躬端谨之人,年登耄耋,皆得报名赴庙拈香就席,以为闾里秩式。②

当时恢复乡饮的地点不在祖庙,而在崇正社学,这与大魁堂设在崇正社学不无关系。道光《佛山忠义乡志》记载:

> 每岁十一月二十四,崇正社学举行乡饮礼,以乡中年高有德行者充正宾,其次为介宾,年登七十者是日咸与焉。③

冼宝干对此也有详细记载:

> 乡饮酒礼,岁以十一月良日举行。年在七十以上皆得与席。先期赴大魁堂报名,绅士为之介绍。是日,设馔于灵应祠之后楼及崇正社学,以年最者位专席。地方官授爵,余以齿序,乐奏堂下,酬酢如仪。宴毕颁胙,礼成而退。其款由大魁堂支给,复序其爵里,榜之两庑,士大夫亦以得与斯宴为荣。④

上文述及,侨寓人士吴升运曾为嘉庆六年(1801)"乡饮正宾",⑤栅下区氏曾为乡饮大宾者有区显扬、区儒友。⑥ 还有道光《佛山忠义乡志》卷九《人物》也记载了"乡饮大宾十人",他们是陈耀国、劳光于、区显扬(栅下区氏)、周寿绵、邓胜万、黄兴汉、吴元演、霍昆山、钟诚。⑦ 这些人多为侨寓人士。

乡饮酒礼的恢复与其参与者范围的扩大,标志着侨寓人士社区地位的上升,标志着侨寓人士取得了合法地位,在祖庙福胙上享有与土著一样的权利。同时也表明了佛山的社

---

① 乾隆二十二年《禁颁胙碑示》,道光《佛山忠义乡志》卷一三《乡禁志》。
② 嘉庆四年《准复乡饮碑示》,道光《佛山忠义乡志》卷一三《乡禁志》。
③ 道光《佛山忠义乡志》卷六《乡事志》。
④ 民国《佛山忠义乡志》卷一〇《风土志·乡饮酒礼》。
⑤ 《栅下区氏族谱》,第37页。
⑥ 同上。
⑦ 参阅民国《佛山忠义乡志》卷一四《人物七》。

会整合程度正日渐提高。

上述北帝祭礼仪式所反映的清代佛山社区内部关系是比较复杂的,八图土著的特权源于传统,是与入住权俱来的;侨寓的地位是新兴的,是以其经济实力为后盾的;士绅的权力则与官府的力量和侨寓的实力相依托。它既呈现出以八图土著居民为主体的社区特权的保留,又呈现出以侨寓商人为主体的侨寓群体社区地位的上升,还呈现出以士绅为首的精英集团对社区文化资源的掌握和加强。概言之,侨寓商人社区地位的上升,引起土著社区地位的下降和抗衡,从而导致士绅对社区关系的整合在新的水平上达成平衡。这种关系,是与佛山由简单的农村社会转变为复杂的都市社会相联系的。上述所有仪式组成了佛山祖庙一年始终不落幕的民间信仰活动的舞台,也使祖庙不断扮演和转换着整合社区各种关系的社会角色。而更为重要的是,所有这些仪式活动正是使整个庙宇活起来的重要因素,是祖庙的生命体征和生命潮汐。

综上所述,几百年来,祖庙的中心地位不断突出,北帝的控制范围日益扩大,北帝的崇拜日渐抬升,祖庙的控制权也在不同的社会群体之间发生转移。从明初仅有"寺庙数处",到清末有神庙 180 座;从明初北帝仅巡游九社范围,到清末巡游全镇二十七铺及其四沙范围;从八图土著父老把持祖庙到士绅阶层控制祖庙乃至全镇,就是其逐渐发展的历史轨迹。与此同时,传统的神明祭祀仪式也随着城市发展而演变,随着社区关系变化而发展,并适应传统社会的多样化需要而不断精致化和复杂化。它调整着社区内部复杂的血缘和地缘的关系,调整着土著群体与侨寓群体的关系,延续着悠久的历史和文化传统;它完成了对传统社会不断整合的重大任务,发挥着建构传统社会的重大作用。

第五节　祖庙北帝文化——超越自身的文化价值

如果将佛山祖庙视为"一个具有自性的活体",我们更愿意把这一活体嵌入城市肌体进行整体考察,在佛山从城市胚胎发育到岭南大都会的长期发展过程中,一座庙宇与一座城市的命运如此休戚相关,除了佛山,在中国城市发展史上恐怕很难再找出第二座。千百年来,佛山民间信仰的力量推动着北帝成为佛山祭祀系统中诸神之首,也使祖庙成为合镇诸庙之冠,从而奠定了其在佛山历久不衰的最高层次的祭祀中心的地位,成为佛山社会拱廊的拱顶石,也成为珠江三角洲主神崇拜的典范。

我们在上述的章节里,从佛山祖庙自身的发展变化和佛山社会的变迁关系两个方面展开了较为深入的探讨,试图为研究民间庙宇与当地社会的关系提供一个系统、完整的案例,并把佛山祖庙这一华南地区著名的民间信仰庙宇所具有的民间庙宇特征的典型性提炼给读者。囿于资料和学识,我们的研究尚未能完全体现佛山祖庙及佛山社会的丰富价值。然而在此,我们仍然希望用简练的语言,概括佛山祖庙模式的基本特点。我们认为,佛山祖庙除了具有华南民间庙宇重视设醮、巡游、演剧、抢花炮等迎神赛会仪式的一般特征外，至少还有以下四个属于自己的基本特点：

（一）嵌入城市肌体的自性胚胎

佛山是华南著名的中心城市之一，具有中国传统工商城市发展变迁的典型意义。而与佛山共生共存的庙宇是祖庙。明清时期佛山有过三次性质不同的社会整合，分别发生在明代正统年间、明末和清乾隆年间。经过三次大的社会整合，佛山经历了从乡村到明代都市雏形的出现，再到清初发展成为岭南都会之亚的繁荣大都市的发展过程。佛山祖庙在这三次大的社会整合中，依靠祖庙庙议传统所具有的凝聚力和祖庙丰厚的尝产，通过形式各异的民间自治系统的运作，在佛山社会中一直发挥着社会中枢的作用。虽然以主庙来整合社区的模式在华南地区也有个案，但像佛山整个城市社区以一个祖庙为联结中心和运行中枢的情况，确实是十分特殊的现象。准确地说，是祖庙系统整合着佛山城市系统，且生且大。我们可以将其称为"佛山祖庙模式"。这种佛山祖庙模式的产生与佛山的地方历史文化因素密切相关，也与佛山祖庙在整个社会变迁过程中的调适、包容能力密切相关。

（二）民间自治系统的核心力量

佛山是一个有着很强自治传统的城市，清代以前佛山一直没有设立官方行政机构，明末清初南海人陈子升（陈子壮胞弟）说："夫治佛山不必置官，即以省会之官治之。其故何也？佛山之人习于城邑。"①所谓"习于城邑"，我们是这样理解的，就是指佛山人已经脱离了乡村中以血缘关系利益出发考虑问题的习俗，普遍接受了城市中以地缘关系利益为基础解决问题的思维习惯。笔者认为，除了上述因素外，佛山在嘉靖以后大量涌现的士绅群体，他们具有关心公益事业的热情和处理公益事务的能力，并养成了镇事自决的世代习惯，则是佛山自治机构得以存在发展的社会基础。没有官方治理机构，佛山镇一样管理运行得很好。

那么清代为什么一反明代由省会官代管的做法呢？按广东巡抚杨永斌的说法是，当时佛山"五方杂处，易于藏奸"。② 按乾隆《佛山忠义乡志》作者陈炎宗的说法是："佛山蕞尔一堡，距会城五十里，仰治于其上是亦足矣，而分符置阃，几同郡县，非以地称繁剧，实资弹压耶。夫文武并设，以宁辑吾民，国家所以嘉惠此乡者良渥，静以镇之，则官逸而民受福焉。"③可见，清初设立文武四衙官方机构的主要原因是佛山已逐步发展成为一个繁荣的

---

① 道光《南海县志》卷八《舆地略四》。
② 《朱批谕旨》第 52 册，第 13、14 页。
③ 乾隆《佛山忠义乡志》卷二《官典志》。

都市,不得不加强管理,其实这也与清初清王朝加强地方控制的大背景有关。从上文陈炎宗的观点来看,对官方机构的基本期待是"静以镇之",即希望官府对地方事务不要干预过多。从清代文武四衙的实际作用来看,也基本上是符合这一点的。例如首任佛山同知王联晋下车即称,"吾欲与民相安于无事"。① 这就给以士绅为代表的大魁堂等民间自治权力组织留出了充分的发展空间。佛山这种自治传统一直延续到民国时期,民国《佛山忠义乡志》作者冼宝干就说过：在佛山,"官之治民,不如民之自治"。②

在佛山自治传统形成的过程中,佛山祖庙的庙议传统在其中起到了极其重要的示范作用,正是因为这种庙议传统在明清以来漫长历史变迁过程中的有效运作,培养了佛山人自治传统的形成和自治意识的强化,从而形成了如冼宝干所说的"官之治民,不如民之自治"的镇事自决的民治意识。祖庙在佛山自治传统的形成过程中还常常扮演着核心力量的角色。如在清代影响最大的民间自治组织大魁堂就是合祖庙、义仓、书院三者的权力为一体的地方自治权力机构。祖庙在整个大魁堂系统的运转中起着重要作用,特别是祖庙的尝产在启动义仓、书院及清涌、赈灾等公益事业方面一直发挥着重要的功能,是大魁堂这一民间自治权力机构有效运行的核心力量。

（三）"亦庙亦祠"的组织特性

佛山祖庙因何被称为祖庙？据乡志记载："祠之始建不可考,或云宋元丰时,历元至明,皆称祖堂,又称祖庙,以历岁久远,且为诸庙首也。"③佛山五斗口司巡检王棠也言："独我佛山,名称祖庙,胡自昉乎？毋亦有佛镇之初,我北帝威镇其间,屡著灵应,佑庇蒸民,镇人尊而亲之,爱称其庙曰祖,如人家之有祖,称其堂曰祖堂也。"④这里提到"镇人尊而亲之","如人家之有祖",正点出了祖庙的特色所在,即祖庙是神与亲(祖)的结合体。这种观点陈炎宗在乾隆《佛山忠义乡志》中也有精彩的论述：

> 三月三日,北帝神诞,……神昼夜游历,无暇刻宁,虽隘巷卑室亦攀銮以入,识者谓其渎实甚殊,失事神之道,乃沿习既久,神若安之而不以为罪。盖神于天神为最尊,而在佛山则不啻亲也,乡人目灵应祠为祖堂,是直以神为大父母也。夫人情于孙曾,见其跳跃媟嫚,不惟不怒,且喜动颜色,怜其稚耳。神之视吾乡人也,将毋同。⑤

这里指出三月三北帝巡游昼夜游神,遍走隘巷卑室,神却不怪罪的理由是：北帝对佛山人而言不只是神,而且是"大父母",这就像孙儿在爷爷等长辈面前撒娇嬉闹一样,非但

---

① 乾隆《佛山忠义乡志》卷七下《名宦志》。
② 民国《佛山忠义乡志》卷三《建置志》。
③ 民国《佛山忠义乡志》卷八《祠祀志一》。
④ 乾隆二十八年《禁颁胙碑示》,《明清佛山碑刻文献经济资料》,第 76 页。
⑤ 乾隆《佛山忠义乡志》卷六《乡俗志》。

不责怪,还满心欢喜。这种神与亲(祖)结合的模式,也不是佛山所独有,如根据我们对广东三水胥江祖庙的研究,"在这里,神与祖同一了,酬神也就是祭祖。这一神祖合一的观念,对以后更大范围内胥江社区的整合发挥了巨大作用。所谓'一乡之民,敬瞻恋慕,有如所生'就是指此。在这个意义上,我们就不难理解为什么北帝庙被称为'祖庙'了"。① 由上可见,祖庙的得名,应该与这种神亲(祖)结合的信仰模式有关。珠江三角洲一带称为"祖庙"的庙宇,也都与这种神亲(祖)结合的信仰模式有关。

"亦庙亦祠"的组织特性则是上述所论的神亲(祖)结合信仰模式的反映。在佛山人习称祖堂、祖庙的同时,祖庙也经常以祠相称,最初叫"龙翥祠"。② 明景泰年间被敕封后遂称"灵应祠"。这种祠、庙并称的状况,正是祖庙"亦庙亦祠"特性的真实历史反映。从祠的角度来看,佛山祖庙显然不是一般的宗祠,而是全镇人的大宗祠,是诸宗祠之上的总宗祠。在这里,神和祖的结合也就是庙与祠的结合,可见"亦庙亦祠"的背后蕴含着深刻的文化传统。

(四) 精致复杂的文化符号

明清两代,祖庙的祭祀仪式在官府和民间的共同参与下,在士绅群体的策划控制下,创造出精致复杂的文化符号。它们是:"北帝坐祠堂""北帝巡游""灵应牌坊""北帝铜像""北帝主神和侍神造像系统""烧大爆""出秋色""行通济",还有"嘉会堂""大魁堂""铺区制度""庙议制度"等,这些文化符号都具有佛山深厚的历史文化内涵。

例如每年春天长达83天的"北帝坐祠堂",既满足了各土著宗族对祖庙北帝祭祀的优先权,又满足了全佛山镇民的公共祭祀要求(其中在正月初六北帝坐八图祖祠并出游,二月十五官员谕祭和有色队伴行的北帝巡游,三月初三北帝诞巡游,均是八图八十甲和全镇的公共事务)。其间,每天迎送北帝的仪式程序均记入各家族谱并世代执行。而长达83天的北帝坐祠堂活动,从时间上把各宗族对祖庙北帝的独自祭祀活动与全镇对祖庙北帝的共同祭祀活动,做了精确到时辰的对接,也从空间上把祠堂祭祀到庙宇祭祀之间的转换做了巧妙的制度安排。

再如"北帝崇升巡游"精心规划的巡游路径,也反映了佛山内部复杂的社区关系。首先,北帝巡游的仪式仍然保持着土著八图氏族的古老权威。北帝在外巡游的七夜中,曾在五个土著大宗祠驻跸,这至少说明这五个宗祠在佛山社区占有特殊的地位并得到佛山社会的长期尊重。尽管北帝巡游的范围在清中叶已大大扩充,但世代交迭的积淀作用,仍然以古老的事物维持着原始威望的存在。其次,北帝巡游也显现了祖庙对各铺主庙的统合

---

① 罗一星:《资源控制与地方认同——明以来芦苞宗族组织的构建与发展》,《中国社会经济史研究》2007年1期,第44页。
② 《重修锦香池记》,民国《佛山忠义乡志》卷八《祠祀志一》。

关系。通过北帝巡游,强调了群庙之间的等级差别,明确了诸庙对祖庙的归属和依附关系,从而也重申了北帝的社区主神地位。再者,北帝巡游二十七铺,甚至"过海"巡游诸沙,更体现了北帝对佛山社区边界的明确和重申,以及周边区域对祖庙北帝的认同。

"灵应牌坊""北帝铜像""北帝主神和侍神造像系统"等文化符号,既是佛山人对北帝文化的历史贡献,也是佛山人引以为傲的文化资源。而"大魁堂"的符号,实际包含了管理机构的制度化设置,丰富并管理良好的义仓、铺租、田塘等祠产,与官府之间的有效沟通机制,长期对佛山镇务管理的实际运作经验,及佛山社会对出任大魁堂值事的士绅群体的尊重等社会文化内涵。又如"烧大爆""出秋色"等文化符号,都代表着佛山数十万人参与的娱神与娱人兼具的大型社区庆会活动,这些庆会活动,佛山人民都表现出策划精细、内容丰富、资源整合、规模恢宏的文化特征,成为珠江三角洲乃至岭南地区北帝祭祀仪式的楷模和典范。

由上可见,历经近千年沧桑的佛山祖庙,从传统社会的神圣社区中枢到今天佛山人的文化象征和认同标志,一路走来,文化符号和地方认同标志独特而明显、复杂而精致,其影响所及,早已超出了佛山镇,超出了珠三角。如今我们仍然可以在广东各地的北帝祭祀仪式上,看到佛山镇创造的文化符号及其流变的文化形式。

第十六章
佛山在中国城市发展史上的地位

明清时期的佛山在中国城市发展史上，有十分重要的历史地位和城市价值。首先，佛山生逢其时。佛山诞生、发展的明清时期是中国封建社会的晚期发展阶段，这一历史发展阶段具有不同于中国封建社会早期和中期的历史特点：此时郡县城市发展停滞，城乡二元结构逐步被打破，江南市镇集体涌现，一批没有城墙的工商城市迅速发展，中国城市体系的差序格局初步显现。佛山不是孤立的存在，而是与"天下四大镇"其他三镇共同成长。其次，佛山生逢其地。岭南区域的商品经济在明中叶迅速崛起并后来居上，其城市繁荣与人均收入跃居全国前列。广州作为全国外贸的港市中心持续发展，给佛山成为制造中心和内贸市场中心创造了长期发展机会。珠江三角洲肥沃的沙田和密布的水网，使丰富的物产能以最低的运输成本转送岭南和岭北地区；平缓宽阔的河流通达千里，腹地广大。佛山由此轻装前行，全面发展。因此，中国历史出现了"天下四大镇"，而岭南历史上出现了"广佛周期"。

第一节　佛山与"天下四大镇"

明末清初之际，广东的佛山镇以冶铁业发迹，江西的景德镇以陶瓷业扬名，湖北的汉口镇以"船码头"著称，河南的朱仙镇以集商贾繁兴。这种建立在工商业基础上的专业城镇，展示了中国封建城市发展的新途径，在中国封建城市经济发展史上具有重大的意义。

一、"天下四大镇"的城市特征

发达的手工业生产和繁盛的商业贸易，是"天下四大镇"城市经济的主要基础。在其发展过程中，呈现出与"郡县城市"迥然不同的若干特征。

首先，工商业者是四大镇的人口主体。我国郡县城市中的绝大部分居民是官僚、地主、驻军和游民等消费人口，工商业者是绝对的少数。"天下四大镇"却与之大不相同。佛山从明代开始，冶铁、陶瓷这两大行业的工人就是佛山市民的主要成员。乾隆年间，"四方商贾萃于斯，四方之贫民亦萃于斯。挟资以贾者什一，徒手而求食者则什九也"。[①] 景德镇从明代始，制陶工人已成为合镇居民的主体。清初时景德镇人户近十万家，其中"窑户与铺户当十之七，土著十之二三"。[②] 汉口，"居斯地者，半多商贾"，[③] 居民也是经商者居多。朱仙镇是商贾辐辏之区，行商坐贾、手艺工人和船户，也占了镇民的绝大多数。由上可见，一定数量的工商业户的定居经营，是"天下四大镇"产生发展的共同前提，工商业发展造成的社会分工和城乡差异，则是它们产生的共同途径。

其次，四大镇政治统治比较薄弱。我国封建城市都是县治以上各级政权的所在地。整个明代，佛山实际上并无常设的官府机构。清雍正十一年(1733)以后，佛山陆续设置了海防分府同知署、巡检司署等分治机构。但至辛亥革命前，佛山一直不是县治所在，也没有城墙。佛山所设的文武机构，"皆僦民舍以居，无定所"。[④] 景德镇与佛山很相似。明隆庆前，"该镇巡捕事务原属附近桃树镇巡检"。[⑤] 桃树离景德一百余里，实难管辖。清代，景德镇仍设御窑厂，移饶州府同知驻扎景德镇厂署，分防景德，并将桃树巡检司改移驻镇，兼管窑务。这个建置，不如一个县治。清代汉口镇分属于仁义、礼智两巡检司，乾隆三年(1738)，因汉口已成水陆通衢，调武昌水师一营改驻汉口镇。但有清一代，汉口镇一直没有设官，也没有城墙，隶属于汉阳县。[⑥] 朱仙镇隶属祥符县，一向无设巡检。乾隆十一年始移清军同知署驻此。[⑦] 直到光绪年间朱仙镇衰落，清廷也没有在此设县。

四大镇政治统治比较薄弱的原因，是因为我国封建政权的各级权力机构一般都只具有政治功能，处理诸如断案、平叛、赈灾之类的事情，至于扶植手工业、疏通商业贸易等经济功能则极其微弱。对于四大镇这样纯属经济发展而勃兴的工商巨镇，还未有相适应的机构设置。这种政治统治的相对薄弱，客观上有利于四大镇的经济发展，致使四大镇避免了大量的官吏、驻军、游民等消费人口的增加，从而也相对减少了超经济的剥削和掠夺。这对四大镇工商业的发展，不啻是一个良好的条件。

第三，民营手工业在四大镇中占据主导地位。手工业是古代城市的主要生产部门。就城市手工业生产结构而言，有官营手工业作坊、民营手工业工场和个体手工业者三种形式，它们成为中国古代城市经济结构的基本内容。在中国封建社会的大多数时期里，官府手工业是城市经济最主要的组成部分，占据着主导地位。清代"天下四大镇"的状况如何呢？佛山的城市手工业，完全是私营手工业。以最重要的冶铁业而言，其中有三种经营方式：家庭小作坊、家族大作坊和商人经营的大作坊。佛山冶铁业最普遍的经营方式是家

---

① 乾隆《佛山忠义乡志》卷六《乡俗》。
② 乾隆《浮梁县志》卷六《疆域·风俗》。
③ 《汉口丛谈》卷二。
④ 乾隆《佛山忠义乡志》卷二《官典》。
⑤ 同治《饶州府志》卷三《舆地》。
⑥ 《汉口丛谈》卷一，乾隆《汉阳府志》卷一九《兵防志》。
⑦ 乾隆《续河南通志》卷一二《舆地志·公署》。

庭小作坊,这是私营手工业的低级形态,实行产销结合的经营形式,前门开店经销出售,后面从事加工生产。家族大作坊经营方式常常出自佛山的大姓望族,主要是在明代存在和发展。清代以后,随着宗法势力在佛山经济中的减退而衰落。商人经营的大作坊多由外地商人挟资迁来佛山后开办。商人没有手艺,作为作坊主,他必须完全依靠雇工生产,这是私营手工业结构中的最高形态。

景德镇的城市经济结构不像佛山那么单纯,其手工业生产结构由官营手工业作坊、私营手工业作坊和个体手工业者三部分组成。官营手工业作坊就是御器厂,私营手工业作坊是民窑,个体手工业者指的是大量的家庭制瓷手工业者,从窑座数量和工人人数看,明中叶御厂最盛时也只有 58 座窑,“大小工匠约有五百,奔走力役之人不下千计”。[1] 随着明后期“官搭民烧”制度的施行,御厂内部的窑座陆续减少。清乾隆末年,实行“尽搭民烧”制度,此后,御厂内部设置的窑座已不复存在。而早在明万历时,民窑佣工已“每日不下数万人”,[2]比御厂人数多几十倍。清乾隆时,景德有“民窑二三百区”。[3] 从产值数量看,清代前期估计民窑年产总值约在六百万两以上。

而清代前期每年御器烧造费用一般都在八千两至万两之间,若将此数扩大十倍,折算为御器年产总值,则为八万两至十万两。如此则民营瓷业的年产总值高于御器年产总值约六七十倍。[4] 由此看来,明清景德镇瓷业中乃是民窑生产居主导地位。

汉口镇和朱仙镇以商业贸易为主,手工业不占重要地位,但其手工业皆是民营手工业这一点是毫无疑问的。嘉庆年间,汉口铁行分为 13 家,共有铁匠 5 000 余名。[5] 其他如制木、制袜、碾米等手工行业也均系私人开办,各建有会馆和公所。[6] 清代朱仙镇的制曲业,也是由“西商携其厚资”来镇“开坊踩曲”。[7] 朱仙镇其他手工行业,诸如年画、酿酒、食品加工等,也为本地手工业者和商人经营。

以上说明,在中国封建社会后期的清代,城市经济中民营手工业地位已经上升。而民营手工业地位的上升,意味着中国封建经济结构在清代发生了重大变化。这一历史变化,给“天下四大镇”向近代类型的工商城市发展铺下了坦途。

二、“天下四大镇”在中国城市发展中的地位

“天下四大镇”以其发达的工商业,在中国城市发展史上占有重要地位。以国内贸易而言,佛山镇、汉口镇的工商业均超过省会的广州和武昌,成为各省货物交流的一大枢纽,

---

① 雍正《江西通志》卷二七《土产》。
② 光绪《江西通志》卷四九《舆地略·物产》;肖近高:《参内监疏》。
③ 乾隆《浮梁县志》卷五《物产·陶政》。
④ 参阅王钰欣《清代前期景德镇陶瓷业中官窑地位的考察》,《中国史研究》1980 年第 3 期。
⑤ 包世臣:《安吴四种》卷三四《齐民四术·筹楚边对》。
⑥ 民国《夏口县志》卷五《建置志·各会馆公所》;《补遗》。
⑦ 《明清资本主义萌芽研究论文集》,第 16 页。

史称："佛山居省上游,为广南一大都会,其地运之兴衰,东南半壁均所攸关。"①清代佛山镇工商业的兴废进退,对东南数省经济具有极大的影响力。汉口镇亦然,湖北通省"盖十府一州商贾所需于外部之物,与外部所需于湖北者,无不取给于此,繁盛极矣"。② 还有中南数省之盐、东南数省之米,也莫不取给于此。汉口镇的地位,动关长江流域经济发展,影响所系,范围更大,以后汉口的发展证明了这一点。景德镇陶瓷生产在全国同行业中岿然居首,而陶瓷又是清代对外贸易的主要商品,景德镇在外贸中的地位可想而知。朱仙镇是华北最大的水陆交通联运码头,它的存在,对河南与河北、陕西、山西的经济贸易,对河南与江淮的经济贸易,以及西北与东南的经济交往,都起了极大促进作用。它的过早衰落,与黄河流域经济后来拉大了与长江流域经济的差距,也不无关系。

"天下四大镇"城市经济的发展,不仅吸收了大量的农业劳动人口,而且促使许多原事农耕的乡民成为半工半农者。例如佛山的铁钉行、棉布行,景德的白土行,大量的产品就是由附近的农户利用农闲时间制成的。这样就逐步分解了农业的自然经济结构,改变了农民的习惯职业。在"天下四大镇"周围的辐射圈内,出现了许多以商品生产为主的乡村经济,它们以城市经济为其依存条件。这样,就把许多千年不变的乡村纳入城市经济的发展轨道。

"天下四大镇"还是四所巨大的工商业学院。清代前期,"天下四大镇"繁盛的工商业吸引了许多有志于工商业的人士,不少有眼光的富户也纷纷"遣子弟学工艺、佐懋迁"于此,③由此培养出一批又一批的作坊主、工场主和商人。鸦片战争以后,在他们中间,又产生出新一代的资本家和实业家,在四大镇,在津、沪以及西南各埠,在港、澳、东南亚以及美洲大陆,处处发挥着增殖和流通社会财富的巨大作用。

尤其具有重大时代意义的是,"天下四大镇"的出现发展,打破了我国传统的"先政治,后经济"的郡县城市的发展模式。它们没有转化为郡县城市,而是受着商品生产的同一律支配,依据着商品经济发展的轨迹向更高阶段演进。这体现了明清时期商品经济迅速发展的潮流和趋向,也开辟了一条中国城市发展的新道路。同时它也说明,明清时期尤其是清代,不同于秦汉时期,也有别于唐宋时期,它是一个历史发展的新阶段,是社会经济发生了某些质的变化的新阶段,旧有的模式将逐渐被新质和新模式所替代。人们不难看到,"天下四大镇"的发展面貌,呈现出如下的一致性,这就是:经济意义大于政治意义,生产意义大于消费意义。因此,可以称它们为"工商城市",以别于"郡县城市"的概念。其实,比之于西欧中世纪的自治城市,"天下四大镇"在城市人口、城区规模以及工商水平等方面,都毫不逊色。它们以其突出的经济功能对周围地区的经济起到了明显的刺激作用。因此,"天下四大镇"在中国城市发展史上所具有的特殊意义,是值得充分肯定的。

---

① 乾隆五十三年叶汝兰:《重修佛山经堂碑记》,道光《佛山忠义乡志》卷一二《金石下》。
② 宣统《湖北通志》卷二一《舆地志·风俗》,引《旧志》检存稿。
③ 光绪《四会县志》编一《风俗》。

第二节　广佛周期与岭南城市化

在中国城市发展史上,有一个尚未引起重视的问题,这就是中国城市史上的发展周期问题。历史周期的变化组成了历史结构,历史结构包含了不同的历史周期。中国史学界向所形成的观点是,以朝代划分历史周期,从西周到秦汉,从魏晋到隋唐,从宋元到明清,朝代的更迭成为划分某一历史时期政治、经济和文化变迁的标志性符号,同时也成为经济周期由盛而衰的分析框架。然而,中国幅员辽阔,王朝更迭对经济的影响往往局限于一定的空间范围,而区域间发展的不平衡性和地文环境的差异性,又决定了中国区域间发展周期的不完全同步性,并在中国历史上表现出城市化过程的区域性现象。经济大周期更多的是大区域经济的系统性特征,而不是全国性经济特征。在思考层面上,我们不能仅仅关注全国性的事件和影响,也应关注区域性的事件和影响。因为历史周期本身,虽然表现为区域性的现象,然其具有"全国性的意义"。

广佛周期是指明清时期以广州和佛山为核心的区域经济发展和衰落的周期。毋庸讳言,在岭南区域经济发展的 2 000 多年中,广州一直是岭南的中心城市,在岭南区域市场体系中占据着核心地位,但是从 17 世纪初叶起,广州西南方五十里的佛山镇的崛起与发展,使广州独一无二的市场中心地位的格局发生了变化。从此开始了 300 年的广佛并驾齐驱,共据岭南市场核心地位的周期——广佛周期。笔者认为,在岭南区域经济的发展过程中,先后经历了广州周期——广佛周期——广州周期的经济发展阶段,这三大经济发展周期是岭南历史结构长时程波动的标志。而广佛周期内广州、佛山两大中心城市的存在和发展,对岭南区域城市体系的形成起了至关重要的作用。

一、中国古代城市发展周期的两种主要理论

德国社会学家马克斯·韦伯(Max Weber)在其著名的《城市》与《中国的宗教》等著作中详细阐释了中国城市的概念。他认为,与欧洲的城市是经济变迁的自然结果不同,中国的城市是帝国行政的产物。中国城市的行政管理功能占据首要地位,帝国政府通过将城市行政置于主要行政单元"县"之下的办法,阻碍城市团结,城市中没有形成"城市共同体"。因此,中国从未形成真正的"城市"。中国的城市化周期至迟从宋代开始就停滞不前。韦伯认为,中国城市失败的主要原因是中国城市本身的自然性,中国王朝不同于罗马帝国,它仅在城市中保持着军事控制,而不把控制能力伸展到乡村去。韦伯把中国社会总结为:"城市是没有自治的官僚驻地,乡村则是没有官僚的自治聚落。"①

---

① 韦伯:《城市》,载《韦伯作品集》Ⅱ,广西师范大学出版社 2004 年版,第 197—257 页;韦伯:《中国的宗教》,载《韦伯作品集》Ⅴ,第 29—150 页。

应该指出，韦伯对西方资本主义兴起和东西方文明的研究可谓博大精深，但他从未到过中国，在其对中国城市的论述中，将"城市"和"乡村"做了强行区分，而没有注意到在市镇、县城、省会和京城等不同层级之间存在着的社会环境的潜在差别，以及城市功能的差别和分工。按照韦伯的假设，中国根本不可能出现县治以下的大城市，更不可能出现像汉口那样的商业中心、像景德那样的制造业重镇、像佛山那样的制造业和商业同时勃兴的"巨镇"。即便有，按照行政标准，它们也不是城市。

中国学者胡如雷对中国城市的论断显然源于韦伯的观点，他认为：在中国封建城市形成的过程中，社会分工的发展和商品经济的繁荣并没有起决定作用，真正起关键作用的因素是剥削阶级的政治、军事需要。这种城市可以简称为"郡县城市"，因此城市的兴衰与王朝的兴废相联系。胡如雷的观点代表了史学界的主流观点，这种以行政区划来认知城市空间的思维方式对中国古代城市史研究产生了重要影响。[①]

1964 年，傅衣凌先生发表了《明清时代江南市镇经济的分析》，对江南市镇的经济成分和发展周期给予了充分关注。傅衣凌先生倡言：考察明清时代的江南经济，必须充分估计其中的商品性程度。他指出，江南市镇的发展，始于宋元时代而盛于明清时代，17 世纪前后约 200 年间的发展最为迅速。傅衣凌先生第一次完整使用了三个关键词：明清时代、江南、市镇经济，从而开创了区域经济研究的文本范式，奠定了迄今为止江南市镇研究中重视经济因素的学术格局。[②]

台湾学者刘石吉进一步分析了中国都市发展的过程，强调宋代是城市机能转变的过渡时代。他认为在中古以前，因地区经济发展不足，作为国都的城市的盛衰和朝代的兴亡息息相关。但是宋代以降，原以行政及军事机能为主的城镇，也蜕变为商业及贸易的据点。由于地区经济发展，凭借海外贸易，产生了泉州、上海、广州等商业大城市，这些城市的商业性大于政治性，朝代的兴亡与其发展无关。而江南地区由于商品经济的发达，现代型式的市镇已开始出现。[③]

与韦伯"帝国产物"观点和胡如雷"郡县城市"的观点不同，美国斯坦福大学教授施坚雅(G.W.Skinner)提出了由经济中心地及其所属地区构成的社会经济层级来认知城市体系空间层次的结构。他认为，在明清时期，一个地方的社会经济现象更主要的是受制于它在本地以及所属区域经济层级中的位置，而不是政府的安排。施坚雅的理论贡献在于，其讨论了社会经济层级作为一种理论构架对于分析明清时期中国的社会进程、经济交流和

① 胡如雷：《中国封建社会形态研究》第 12 章《城市经济和城乡对立》，三联书店 1979 年版。
② 傅衣凌：《明清时代江南市镇经济的分析》，《历史教学》1964 年第 5 期；任放：《二十世纪明清市镇经济研究》，《历史研究》2001 年第 5 期。
③ 刘石吉：《城郭市廛——城市的机能、特征及其转型》，《中国文化新论》，第 325 页；《明清时代江南市镇之数量分析》，《思与言》1978 年 16 卷 2 期。

文化变迁的重要意义。[①]

施坚雅指出了中华帝国晚期尚未形成全国一体化的城市体系,而是出现了几个区域性城市体系。因此他把研究的重点对象放在区域范畴,他把中国划分为西北、华北、长江上游、长江中游、长江下游、岭南、东南沿海、云贵和满洲九个大区域,并按公元前221年、公元前221—589年、589—1280年、1280—1911年四个历史周期分别考察。他指出,中国历史结构发展变化具有一种周期性,在地区上升周期,城市规模扩大,人口增长,新的中心地兴起,城市间事务处理的层级模式的发展,使城市体系愈加朝一体化发展;而下降周期,则出现城市间事务处理减缓,城市间的交通基础结构遭到破坏,城市人口外流等。因此,每个地区的历史都是以明显的周期为其标志的,这些周期既影响总人口,也影响城市人口;既影响城市化公式的分母,也影响城市化公式的分子。[②]

施坚雅的理论,影响了整整一代美国学者。近年来,以区域为空间对象的系统研究正逐渐代替以朝代为经、以全国为整体的笼统研究。

美国学者罗威廉运用施坚雅中心地理论对"天下四大镇"之一的汉口进行了卓有成效的研究,他的著作《汉口:一个中国城市的商业和社会(1796—1889)》一书是"有着极丰富内容和独到见解的权威著作"。[③]罗威廉的研究证明了汉口是因经济因素发展起来的自治城市。罗威廉把以汉口为中心的城市体系分为五个等级,汉口是第一等级中心都会,武昌是第二等级地区都会,汉阳是第四等级地方城市。这就比施坚雅笼统地称"武汉城市集合体"要更为符合历史实际。同时罗威廉也不同意施坚雅否定全国性的市场存在的观点,指出:地区间贸易在汉口的集中,使汉口成为一个"全国性的市场体系"或者说是一个"全国性市场"。[④]

笔者对佛山开展的长期研究证明,佛山从乡村到都市再到岭南区域中心城市的过程中,经历了一系列结构性的变化,民间自治系统得到充分发展并产生了自治组织,这些变化都源于经济的动因。佛山以工商兴城的发展模式,代表了宋以后传统社会城市化的主流。

以上说明,在中国城市发展史的认识上,存在着两种不同的观点:中国的城市是政治和军事的城市,还是经济的城市?中国城市的发展周期是在宋代就停滞不前,还是在宋代以后继续发展?两种观点泾渭分明。有趣的是,以上两种观点并不以东西方的学术背景分野。这说明学术是无国界的。而西方学者研究成果的价值,更多的在于提供了一个宏观或中观的分析框架。

[①] 施坚雅:《中华帝国的城市发展》,载施坚雅主编、叶光庭等译《中华帝国晚期的城市》,中华书局2000年版。(下称《中华帝国晚期的城市》)
[②] 施坚雅:《十九世纪中国的地区城市化》,载施坚雅主编《中华帝国晚期的城市》,第252—253页。
[③] 彭雨新、江溶:《代译者序》,载罗威廉《汉口:一个中国城市的商业和社会(1796—1889)》,第1页。
[④] 罗威廉:《汉口:一个中国城市的商业和社会(1796—1889)》,第77页。

二、广佛周期及其历史条件

"岭南"是一个地理概念,它南濒南海,北枕五岭,地括两广,水接二洋。境内气候温暖,河道纵横,以西、北、东三江为主流的珠江水系,分由八大门如扇形般注入南海。众多的出海口,使内河航运与海洋航运连接一体成为可能。境内岛屿远布,拥有全国最长的海岸线(4 500 公里)和全国最大的岛屿海南岛。不仅素富"鱼盐之利",而且是长盛不衰的"海上丝绸之路"的起讫点。在中国的若干大区里,岭南是为数不多的具有独立水系、独立地貌的经济区域。明清时期,随着岭南区域经济开发的全面发展,随着手工业城镇和商业港市的兴起,随着对外贸易的发展和水运体系的建立,在这个独特的经济区域里,我们发现了与中心城市的兴衰相联系的区域经济发展的周期变化现象。这一周期变化与广州和佛山的兴衰有密切关联。

岭南区域的发展过程,经历了广州周期—广佛周期—广州周期的变化。

1. 公元前 206—公元 1600 年的广州周期

以广州为中心都市的岭南区域的发展,可以追溯到秦汉时期的南越国。公元前 206 年,秦龙川县令赵佗接替死去的任嚣为南海郡尉,派兵封锁大庾岭一线交通,断绝南北来往,并以武力合并桂林郡和象郡,建立了一个以番禺(广州)为王都、地跨千里的南越国。南越国和辑百越,发展对外贸易,使岭南社会经济和文化第一次以广州为中心统合起来,一体发展。东吴时,番禺改称广州,都市规模日渐扩大。唐代,广州成为对外贸易的重要口岸。阿拉伯、波斯、天竺、狮子等国的海船络绎不绝,蕃商云集,并在广州建立番坊居住。北江官窑涌、芦苞涌的利用和大庾岭新路的开辟,使舶货运往长安成为可能。唐代在广州设市舶使,说明了广州外贸地位的上升,它已不仅是岭南区域的事业。不过此时珠江三角洲平原尚未完全成陆,经济腹地不大,人口较少,商品化程度不高,外贸商品与岭南区域经济联系不大,商品中奢侈品多,民生日用品少。贸易线路是从海路到广州再逆北江越大庾岭到长安,呈单向线状运行。公元 917 年南汉国在广州的成立及其割据,是岭南区域经济发展的一个重要契机。南汉发行钱币,大办冶铸业和采珠业,同时发展海外贸易,而贸易品则多为南汉政权所消费,既有北运,也有交易。比之于唐市舶使的调运,无疑有利于岭南区域经济的发展。南宋时期是广州周期发展的高峰阶段,大量的人口南迁,农业和手工业获得大幅度进步。北宋在广州设立市舶司,广州外贸再次上升为全国性的经济事业。元丰三年(1080),广南东路和广南西路共有面积 408 721 平方公里,人口 2 190 246,每平方公里口数广东 6.7 人,广西 4.4 人,[①]比唐天宝元年高 1 倍。

2. 1600—1900 年的广佛周期

明代是广州周期中落而广佛周期逐渐兴起的时期。明代严行海禁,广州作为对外贸

① 梁方仲:《中国历代户口、田地、田赋统计》,上海人民出版社 1985 年版,第 164 页。

易港口的功能萎缩,而佛山与澳门的贸易却在明末至清前期一直存在发展。明代珠江三角洲已基本成陆,自宋代南迁的人民在珠江三角洲大量定居,创造出果基鱼塘、桑基鱼塘等集约性生产的农业经济,大量的农产品成为商品进入市场,使珠江三角洲成为岭南区域的首要经济腹地。人口的增加,土地开发的扩展,必然刺激交换的发展。这客观上要求有大规模的中心城市来担负交换贸易与供应手工业产品的角色,佛山正是应珠江三角洲开发之运而生的宠儿。

与成陆相联系的是上游河道的改变。唐宋时期作为广州与中原相联系的北江主要支流官窑涌、芦苞涌、西南涌相继淤浅,佛山涌取代诸涌成为主要航道。而商路的改变往往是新城市出现的机会。这样,在珠江三角洲平原内,在与中原和广西、云贵的交通要冲位置上,就产生了佛山这样的大都市。

造成佛山区域地位加速上升的另一个重要契机,是清初的广州屠城及随后驱逐城内商民到城外的措施,这使广州这个岭南区域的中心城市遭受重创。而佛山手工业品有官准专利政策作保证,其产品主要是民生日用品,随着清代全国市场的形成,佛山得以在国内商品贸易上大展宏图。因此,在广州内贸功能不全的情况下,佛山担负起岭南区域内外贸中心的功能与角色。

本书的第十章第二节中,笔者曾大量举例说明佛山超过广州的商业规模,其本意并不是要论证佛山是否比广州大,而是告诉读者这样一个事实:17—19 世纪的佛山城市地位,显然是被长期低估了。在上述章节内,我们论述了佛山作为区域中心市场之一,发挥了内贸中心与手工业生产中心的重大功能;论述了佛山市舶成为清前期与澳门对接的贸易口岸,与广州这一后来全国唯一的外贸口岸在时间上交替,功能上互补。由此,岭南区域进入以广州、佛山两大中心的发展周期,亦即广佛周期。

广佛周期大约开始于 17 世纪初的明朝末年,迄于 19 世纪末的清朝末年,历时 300 年左右。这一周期以广、佛为中心形成一个地跨两广、河海相连的岭南市场体系。

3. 广佛周期的衰落与 1900 年后新广州周期的再兴

广佛周期的中落始于清道光年间,其原因是多方面的,在官府政策方面是官准专利政策的松动。从明正德至清嘉庆以前,全省铁块严格按照“官准专利”制度,统运佛山,由佛山炉户统一铸造发卖。佛山炉户实际上垄断了原料市场和制造业市场。道光十四年(1834)两广总督卢坤向全省开放了铁锅铸造、发卖的政策。① 以后,承饷土炉和铁锅铸造便纷纷在两广各地出现。失去了广东官府特许制度的依托,佛山冶铁业独霸岭南的地位开始动摇,并逐步走向衰落。其衰落的主要标志是炉户数量和铁锅产值大大减少。光绪十四年(1888)以前岁值还有三十余万两银,“后至不及三之一”。②

① 《两广盐法志》卷三五《铁志》。
② 民国《佛山忠义乡志》卷六《实业志》。

在生态环境方面，是佛山涌的淤浅。明代至清前期，佛山涌这一黄金水道曾给佛山带来难以计数的利益。但清代中叶后佛山涌"浅淤日甚"，"非遇潮汐，则舟不可行"。[1] 道光五年（1825）佛山合镇大清涌一次，同治、光绪年间全镇又各有一次大规模清涌工程。佛山人为改变河道条件，付出了很大努力，然而因受出海口成沙迅速、河道延伸和海潮顶托的影响，人力终难扭转大自然的威力。在明初曾因积沙而发展起来的珠江三角洲及佛山镇，至清中叶后又因积沙而水患频仍，河道日浅，大自然的恩惠转变成大自然的烦恼，这是人们始料未及却又在历史上常常发生的事实。

在历史条件方面，是五口通商的开放和洋货进口的打击。五口通商打破了广州独口通商的历史格局，从此，货物过岭迅速减少。而与此同时，洋货进口大量增加。光绪年间，"每年洋铁入省城，佛山约有一千余万斤"。[2] 洋铁滚滚而来的结果，是使佛山炒铁业生产的铁砖再无人问津，由此被迫全行歇业。史称："今则洋铁输入，遂无业此者矣。"[3]厄运相继轮到铁线、铁钉业和土钉业，"销路渐减，今仅存数家"。[4]

与江河日下的佛山冶铁业形成鲜明对照，香港的铜铁业却"生理有一日千里之势"，[5]广州的成药业、纺织业、金饰业、染料业也开始走上兴旺。因此，佛山作坊主纷纷挟资赴港开业，或将工场搬迁广州、上海，出现了商业精英外流的现象。例如区河清、区廉泉父子就在清末迁移香港，"经营铜铁生理"。[6] 又如招雨田，亦到香港创办米机业，分厂越南，为港埠富商，创办香港保良公司。[7] 还有著名的南洋兄弟烟草公司创办者简照南、简玉阶兄弟，在香港、上海、武汉、广州、佛山遍设烟厂，以上海为总机关，亦成为民初的著名商人。[8]除香港以外，广州亦是佛山商业精英的乐往之地。据广州药材行老行尊回忆，"西土药重点原在佛山，1860 年后才逐步转移到广州"。[9] 而成药业由佛山迁广州的著名店号亦所在多有，如冯了性药酒老号、保滋堂、马百良药铺、迁善堂、李众胜堂、梁财信老号均在清末迁至广州创办新厂。[10] 此外，佛山仁发号创始人谭清泉（绰号"佛山公子"），也在民国初年迁来广州打铜街，创办了广州的洋染业。[11] 还有广州金饰业著名的朱义盛第一家，亦为佛山商人钟妙真开设。[12] 在上述手工业衰落和商业资本转移外流的情况下，佛山岭南手工业

① 道光《佛山忠义乡志》卷一《乡域志》。
② 张之洞：《筹设炼铁厂奏折》（光绪十五年），张曾畴：《张文襄公奏稿》卷一七。
③ 民国《佛山忠义乡志》卷六《实业志》。
④ 同上。
⑤ 民国《佛山忠义乡志》卷一四《人物志·区河清》。
⑥ 《佛山栅下区氏谱·区河清·区廉泉》。
⑦ 民国《佛山忠义乡志》卷一四《人物志》。
⑧ 参阅罗一星《简照南与南洋兄弟烟草公司》，《广州工商经济史料》，广东人民出版社 1986 年版。关于民国初年之著名商人，参阅苏云峰《民初之商人，1912—1928》，（台北）《近代史研究所集刊》第 11 期。
⑨ 邓广彪：《广州市中药业史料》，《广州文史资料选辑》第 25 辑，第 174 页。
⑩ 梁爵文：《源远流长的中成药制造业》，《广州工商经济史料》第 2 辑，《广州文史资料》第 39 辑。
⑪ 李泮安：《广州洋染料业》，《广州文史资料选辑》第 31 辑。
⑫ 陈天杰：《广州朱义盛金饰业》，《广州文史资料》第 19 辑。

中心和岭南区域中心市场的地位就日渐式微。

此外,红巾起义及其对佛山的打击,亦是影响广佛周期变化的重要历史因素。咸丰四年(1854),在太平天国起义的影响下,佛山爆发了以手工业工人陈开和戏班武生李文茂领导的红巾起义,这次起义给佛山经济以狠狠一击。红巾军盘踞佛山 200 余日,到处"打单"(劫富勒赎),株求甚迫。佛山的许多富商如招涵、戴鸿慈等家中均遭劫。当年十一月初二日,红巾军因向本镇"打单"不遂,愤而放火,四路焚烧,全镇遭劫,被害者逾万家。[①] 佛山经此一役,生业受到严重破坏,据外人的记载:"1854 年后,佛山被破坏,使当地纺业停顿。"[②]更多的富户此后遂迁往广州发展,以广州有城墙、兵卒可依托。

我们知道,在明清两代,佛山既不是府治所在,也不是县治所在,但它却是文化中心和财富中心,是具有典型精致的文化模式和大量财富的城市,一般乡村只有徒然艳羡而无力效仿。因此,处于传统会最底层的群体一旦遇到某种机缘,酿成大乱,广州、佛山便立即成为打击的目标。明正统十四年(1449),佛山人成功抗拒了黄萧养起事,但是 405 年后,历史终于让佛山遭受了起义军的打击。明清岭南的重大历史事件和农民起义都与佛山相联系,这也说明了广州与佛山的财富中心地位,说明了岭南区域发展中广佛周期的存在。

广佛周期的中落大概延续了几十年。民国以后,粤汉铁路的修筑与通车,正式宣告佛山完全失去了充当中心市场的资格,历史又恢复到了以广州为唯一中心市场的格局,岭南区域发展史上新一轮的广州周期开始了。佛山,也走向了另一条更具特色的发展道路。

三、广佛周期与岭南城市体系

岭南区域经济的发展史上,广佛周期是城市体系形成的黄金时代。城市绝对不是人口和建筑物的任意聚集,它是一个更广阔的活动范围的核心,它从这个广阔范围中吸收自己所需的资源,同时以自己的功能影响着这一广阔地区。因此,一个城市的规模扩大后,它可以更有能力适应自身居民数量的增加,成为吸引周围地区过剩人口的容库。

广佛周期内城市体系形成的标志之一,是区域内各级城市间经济联系的一体化。这里所说的经济联系的一体化,既是广州和佛山两大中心城市外贸、内贸互补的一体化,又是中心城市与地方城市双向交换的一体化。施坚雅认为岭南区域内的大城市贸易体系有三大城市,平均贸易面积 141 600 平方公里,平均贸易人口为 1 100 万人。[③] 根据该书 82 页的示意图,我们可知施坚雅所说的三大城市其中就有广州和佛山。虽然施坚雅将总贸易人口由三大城市平均分配的原则笔者不敢苟同,但广州、佛山两大中心都会在整合岭南

---

① 民国《佛山忠义乡志》卷一四《人物七·招涵》;《昭武都尉如南公家传》(手抄本),光绪九年重修《戴氏家谱》;《太平天国全史》第 11 章,第 831 页。
② 引自彭泽益《中国近代手工业资料》第 1 卷,第 496 页。
③ 《中华帝国晚期的城市》,第 354 页。

区域的城市体系中发挥了重大作用却是可以肯定的。商业是市镇发展的基础,广州、佛山两大中心城市市场功能的强大和网络覆盖范围的扩展,无疑推动了岭南区域城市体系一体化的飞速发展。

广佛周期内城市化体系形成的标志之二,是城市化指数的提高。根据施坚雅的统计,1843 年岭南区域的城市中心地数量为 138 个,城市人口 204.4 万人,在占岭南总人口 2 900 万人中占 7％的比率。到 1893 年,岭南区域中心地的数量达 193 个,城市人口 286.3 万人,在岭南总人口 3 300 万人中占 8.7％的比率。在全国八大区域中,城市化程度居第二位,仅次于长江下游区域。施坚雅还从人口密度、劳动分工、技术运用、城市内部的商业化、城区内部的商业化、对外贸易和行政组成六个方面考察了各区域的指数,城市化综合比率最高的是长江下游 7.9,第二是岭南 7.0。其中的劳动分工一项,岭南最高 5.0,长江下游为 3.5。[1] 虽然中国古代统计数据总是不够详尽,但施坚雅的统计仍然具有比较的价值,笔者对岭南城市体系的细部研究支持了这一观点。这就是说,在广佛周期内,岭南区域的城市化程度在全国处于领先地位。

广佛周期内城市化体系形成的标志之三,是城市层级体系的形成。笔者曾经探讨过岭南区域内各亚区的城市层级,认为以广、佛为中心的珠江三角洲地区城市体系有四个层级,在韩江和西、北、东三江地区有三个层级,在海南岛也有三个层级。[2] 施坚雅也曾对1893 年岭南区域城市中心地作了分级,其层级表如下:

表 16 - 1   1893 年岭南区域城市中心地层级表

经济层级中的级别						
中心都会	地区都会	地区城市	较大城市	地方城市	中心市镇	总　　数
1	2	7	24	71	223	328

施坚雅把岭南区域内城市中心地细分为六级,上表没有列出具体城市名称,但根据施坚雅的分区图显示,其中的中心都会和地区都会包括了广州和佛山。地区城市包括了江门、桂林、梧州府、新会、澳门、韶州府。[3] 笔者无意在此与施坚雅讨论六级的级差是否过于频密,也无意讨论中心都会是一个还是两个的问题。因为 1893 年已是广佛周期即将结束、新一轮广州周期即将开始的交替时期,佛山此时是否与广州并列并不重要,重要的是我们可以从上表可以看到岭南城市体系呈现出完整的结构。

顺便指出,施坚雅对中国八大区域的划分不够准确,他把属于岭南区域的潮州府和嘉应府划入东南沿海区域,这是西方学者不辨东南与华南的通病。同时也没有注意到雷州

---

① 《中华帝国晚期的城市》,第 260—264、271 页。
② 参阅罗一星《清代前期岭南市场中心地的分布特点》,载《区域经济史研究》,中华书局 1992 年版。
③ 《中华帝国晚期的城市》,第 275、352 页。

半岛和琼州府的存在。如果把上述地区正确划归岭南区域并关注广东"四大镇"省、佛、陈、龙的崛起,沿江城市肇庆、西南以及沿海城市澄海樟林港、梅菉港、海口港等港市的兴盛,岭南区域的中心地数量必会大大增加。

四、广佛周期与岭南城市空间结构

广州、佛山两大中心城市的存在发展,不仅整合了岭南区域的城市体系,同时对岭南区域城市体系的空间结构也产生了决定性作用,并形成了三种类型的岭南城市空间分布结构。

中心地体系是一种空间体系,它源于德国地理学家克里斯塔勒创始的中心地理论。美国学者施坚雅以克氏理论为基础,提出中国市场中心地空间结构模式。他认为:每一个标准市镇约服务 15—30 个村庄腹地,构成它的市场圈,这个市场圈外缘恰为一等边六边形。此等边六边形的每一条边之外,有若干个标准市场以一个更大等边六边形来环绕着它,因而形成蜂窝状六边形腹地。这一模式源于以下四种假定:一是地形平坦,二是购买力均匀,三是运输设备相同,四是同一不变模式向各方延伸。[①] 作为理解的基础,这个空间区位模式曾启发了不少历史学家和人类学家去进一步探讨中国市场空间结构问题。但按照这一模式,各市场之间是等距的,它们均匀地分布在限定的空间范围内。然而实际情况并非如此,地理环境和人文状况往往影响市场中心地的空间分布。

笔者认为,清代岭南区域范围内的市场中心地,并不是等距地分布在岭南区域内,它们视地区的不同呈现出三种不同空间分布结构。

(一) 在珠江三角洲地区,呈同心圆型结构分布

珠江三角洲地区墟市和城镇比较密集。据雍正《广东通志》记载,珠江三角洲地区 21 县共有墟市 439 个,占全省墟市总数的 41.7%。[②] 但它们又不是均匀分布的。珠江三角洲市场中心地以广州、佛山为圆心,分成四级递次分布,离圆心越近,分布越密;离圆心越远,分布越疏。其中尤以最接近圆心的南海、番禺、顺德三县墟市分布点最为稠密。根据叶显恩、谭棣华先生的研究,康熙、雍正年间,该三县每墟市平均交易范围为 21.7 平方公里,而离广、佛稍远一点的新会县为 43.7 平方公里,东莞县为 55.5 平方公里,地处珠江三角洲边缘的清远县为 255.8 平方公里,惠阳县为 424.3 平方公里。例如靠近佛山的南海县龙山乡,嘉庆年间设有二墟十三市(其中三个桑市、一个谷埠),满足了合乡"十余万人"的交换需求。每市贸易范围平均面积为 4.16 平方公里,平均人口 6 667 人。[③] 而地处三水县边缘

---

① 《中华帝国晚期的城市》,第 327—417 页。
② 雍正《广东通志》卷一八《坊都》。
③ 叶显恩、谭棣华:《明清时期珠江三角洲农业商业化和墟市的发展》,《广东社会科学》1984 年第 2 期。

的芦苞墟(笔者与陈忠烈在此做过 4 个月的田野调查)，却是周边 5 个墟市和 72 村的中心，贸易范围超过 100 平方公里。[①] 可见是内密外疏，是既有核心区又有边缘区的结构形态。

在同心圆结构范围内，省、佛中心市场与下级中心地的联系不是等级分明、递次进行的竖向贸易关系，而是多等级同时进行的复合式贸易关系。大宗转口和小量批发兼而有之，通过广、佛中心市场交换与各自交换同时进行。所有市场中心地都可以互相多次地发生联系，呈现出多层次交叉联系的特点。而同心圆市场中心地的空间结构，又是适应这一特点而形成，促进这一特点发展而存在。

(二) 在西、北、东三江中上游和韩江流域以及沿海地区，呈树干型结构分布

以大河主流为干，以小河细流为枝，两河汇合处就像树干分节处。上述地区的墟市大多滨河而建，河流两岸墟市较多，离河流距离越远，墟市越少。在水路交叉点上，亦即在两河汇流处或河流出海口处的墟市，往往成为一个规模较大的中介市场，具有比其他墟市突出的集散和重要的市场地位。例如武水和浈水交汇处的韶关，桂江和浔江交汇处的戎墟，西江、北江和绥江合流处的西南镇，东江和西枝江交汇处的惠州，东江和增江交汇处的石龙，桂江与浔江交汇处的梧州，都是此类重要市场中心地。它们分别与西、北、东三江下游的广州和佛山这两个中心市场发生联系。由于两河汇流处并不是等距离的，所以中心市场分布也视河流情况而疏密不均。沿海地区市场中心地的分布，是以海为干，以河为枝。海河交汇处亦即河出海口处，墟镇往往成为规模较大的中介市场，与广、佛中心市场直接发生贸易联系。沿河上溯，墟市也沿河岸而设，离河越远，墟市越少。如潮州、澄海及其韩江流域，江门及其潭江流域，梅菉及其罗江流域。这种分布形态，可视为树干型分布的亚型。

在树干型空间结构里，中心地市场的三个层级比较分明。最高一级城镇均直接与广、佛中心市场发生贸易联系，同时又与沿河沿海港市有直接贸易联系。是省、佛中心市场与各沿河、沿海港市的贸易中介。必须指出，这类中心地所在地可能是府治、县治，也可能是沿河、沿海大墟镇，界定其是否为当地最高级中心地的标准，就是看其批发业是否与广、佛中心市场和沿河、沿海墟镇都有直接的贸易联系。总之，它们是经济中心，而不是政治的中心，所以它们并不是与府治、县治一一对应的。

(三) 在海南岛地区，呈项链型结构分布

海南岛中央部的墟市寥寥无几，岛的边缘部墟市较多。同时，岛南缘和北缘墟市多且

[①] Luoyixing：Territorial Community at the Town of Lubao, Sanshui County, From the Ming Dynasty, *Down to Earth: The Territorial Bong in South China.*

密,岛西缘墟市少而疏。据道光《广东通志》卷九记载：琼州府 13 个州县共有墟市 306
个,地处岛东南缘的文昌、会同、乐会、万州和岛北缘的琼山、澄迈、临高 7 个州县就有墟市
213 个,占全岛 70%,而上述七州县土地面积仅有全岛的三分之一。海口正在这条墟市带
的中部,也即是东南缘顶端,作为全岛的中心而存在。这种空间分布形态,恰似一串前密
后疏的珍珠项链,海口就像项链上最大的一颗明珠。

　　在海南岛项链型空间分布形态里,市场中心地亦可分为三级。清代前中期,海南岛墟
市发展很快。雍正年间全岛有墟市 179 个,到道光年间发展为 306 个,增加 71%。[①] 这些
墟市环岛分布,绝大多数集中在汉人居住区。清代前期,儋州王五市、崖州白沙港和"为琼
属巨镇"的会同县嘉积市[②]都成为重要港市。海口属项链型分布的最高中心地,离琼州府
治十里,位于岛东缘,正处于全岛最大河流南渡江的出海口处,与大陆最南端徐闻县隔海
相望,相距仅 20 公里。其次,它又恰在信风口位置上。海南岛大宗土特产品椰子、槟榔和
牛皮,通过海口输往大陆,交换海南岛所需手工业品,如布匹、铁器和部分米谷。海口与
广、佛中心市场联系的商路有两条,一条从虎门入口到广州;一条径直到江门,走内河到佛
山,再由佛山发销省内各地。项链型的空间结构和墟市—港市—海口的层级序列,有利于
海南岛内农副产品流向岛东端,集聚于海口,再由此流通岛外,达于广、佛。(参阅第十章
第三节图 10-1 清代岭南二元中心市场网络示意图)

　　上述三种不同空间分布形态的市场中心地及其周围地区,亦即所属市场圈,构成了一
个河海相连、地括两广的市场网络。以经济发展程度来区分地域,三种不同分布形态在空
间区位上大致与岭南区域核心地带、中间地带和边缘地带对应。呈同心圆型分布的珠江
三角洲是核心地带,呈树干型分布的西、北、东三江中上游和梅江、韩江流域地区是中间地
带,呈树干型分布的沿海地区和呈项链型分布的海南岛则是边缘地带。这三种不同发展
程度的经济地带相互之间的联系,就是依赖于各级市场中心地组成的市场纽带。具体说,
就是由地区中心城市通过海路和水路(西北东三江)与区域性中心广州和佛山发生联系。
我们发现,核心地带共有四级中心地,比中间地带和边缘地带多出一级。广州和佛山是同
时作为核心地带的最高级中心地和岭南区域的最高级中心地而存在的,它们的存在及其
作用,使三种不同特点的空间结构整合在更高层次的市场空间范围之内。清代前中期,岭
南地区能后来居上,成为全国商品经济发展较快地区之一,个中的原因固然不少,但是,根
植于岭南地文特征并适应于岭南经济而发展的市场网络起了极其重要的作用则是可以肯
定的。

① 道光《琼州府志》卷九《建置·都市》。
② 嘉庆《会同县志》卷三《建置》。

第十七章
佛山模式总结

本书从分析明清两代佛山以民间铸铁业为主干的经济模式入手,讨论了佛山文化整合和社会变迁的问题,再现了以"工商立市"的佛山镇,从乡村聚落到繁荣都市的发展历程。

我们看到,明清时期的佛山,地处河海要冲口岸的优越位置,依托水运低成本长距离运输,让广货遍及南北大地和南海诸国,从而推动了铸造业大规模标准化生产能力的长期提升,打破了只有官营工场才能生产御制品的局面,并带领了城市各类制造业的集约式发展,从而使佛山在清代前期出现了百业同兴的黄金时代。

我们看到,作为清帝国连接澳门贸易的桥梁,佛山市舶在清代前期100年间,以其开放的栅下海口码头和正埠官码头,拥抱过到此贸易的澳门海舶,每年五月,佛山镇里迎来俗称"白蛮黑鬼"的葡萄牙裔商人及其印度仆从,佛山的广锅、白铅、广丝和广缎,源源不断地交换南洋的坤甸木、苏木、燕窝和胡椒香料。从而使佛山在广州酝酿开埠之前,就分享了外贸红利。

我们还看到,在明清时期中国与世界对话的重大时刻,时时闪动着佛山制造的身影。从洪武皇帝赏赉日本和琉球的王朝礼品到郑和下西洋宝船上的宝物,从"隆庆和议"的核心条款到清朝皇陵、皇宫祭品及其采办制度,广锅代表了佛山制造到佛山品牌的诞生之路。无论是明清国内战争袁崇焕在宁远城头重创努尔哈赤的大炮,还是鸦片战争关天培抗击英国炮舰的八千斤大炮,以及冯子材在越南谅山大胜法军的抬枪队,佛山铸造的广炮和抬枪都在战争的紧要关头,表现了国之重器的力量。

我们还看到,关注过广锅、广炮铸造和供应的明清皇帝有:洪武帝、永乐帝、宣德帝、嘉靖帝和隆庆帝,努尔哈赤、皇太极和道光帝。而就广锅问题奏议的明清大臣,包括了张居正、王崇古、李士桢、杨永斌、张之洞等名臣。广锅虽小,佛山炉户虽卑微,但牵涉的都是市场贸易、民族战争和国家利益。因此,佛山铸造的功业和佛山城市的荣耀,不仅仅属于佛山人,它也属于把佛山制造和佛山品牌共同推向世界大流通的每个中国人。从这个意义上说,佛山的历史,不仅仅是一部岭南社会经济史,它也是一部中国内地与边疆贸易发展史,更是一部世界海洋文明发展史。

笔者认为,在佛山形成都市并迅速发展的 500 年间,佛山民间拥有官准专利铸铁权是佛山模式最鲜明的时代特征。中国实行了 2 000 多年的由国家统制铸铁权的历史在明清发生变化,而承接了三代铸冶技术的佛山炉户抓住了千载难逢的机会。在此期间,佛山绅士和冶铁炉户完全融入明清帝国体制中。清帝国虽然加强了对佛山城市的管理力度,但同时赋予佛山铸造炉户铸锅和造炮的独立市场主体地位。与此同时,佛山祖庙及其设立在祖庙内的嘉会堂和大魁堂,作为官府治理体制之外的民间信仰中心和自治机构,承担着道德象征和社会管理职能,也成为佛山士绅发挥公益组织能力的社会舞台,官府势力和民间力量、侨寓群体和土著居民在佛山传统文化的大容器下浑然一体。

笔者发现,自佛山从明代景泰元年(1450)发展为都市雏型起,至清代中叶发展为岭南地区的大都市止,其间经历了一系列结构性的变迁。

首先是经济层面的结构分化。所谓分化,是指由一个多功能的角色结构,转变为一些较特化的结构。在明代,佛山的生产单位就是亲属单位,即家族和家庭。家族不仅组织生产,建立家族作坊,而且有少数家族还控制了整个佛山的冶铁生产原料来源,同时也担负了原料分配和产品销售的责任。家庭小作坊同样扮演着生产者与交换者的双重角色,所谓前店后铺就是典型形态。然而,清代经济发展出现的商人工场,打破了家族作坊的垄断地位,使二三巨族把持经济的格局完全改变。我们在清代已看不到家族组织的大作坊了。这表明家族放弃了其组织生产的功能角色。而家庭小作坊在与财雄势大的包买商竞争中也不得不放弃部分功能,最明显的例子是清代铁钉行和棉花行包买商(经纪人)的出现。商人作坊成为单纯的资本拥有者,而大量家庭作坊主则成为单纯技术拥有者,俗称"替钉者"。与明代相比,清代佛山经济活动少受亲属组织的影响,其原因之一,就是很大部分家庭丧失了原有功能,而变为较特化的组织。这部分家族、家庭已不再是生产单位,它们也无法继续保持各种整合功能。应该指出,家庭结构变迁是缓慢而渐进的,家庭体系也富于弹性。经济改变后,家庭丧失某些功能,但仍保持许多显著特质。虽然家庭已非一个生产单位,但仍然是人们的避风港,予人们以金钱上的资助,是进行社会化的场所,这些都仍然有助于都市整合。①

其次是生态层面的结构分化。明代的佛山八图土著居民是历史活动的主角。他们把佛山从乡村建设成为中国四大镇之一的大都市,划定了二十四铺的范围,并制定了铺区制度。清代大量的侨寓人士涌入佛山,侨寓与土著共同成为历史活动的主角,他们把佛山建设成为一个号称岭南都会之亚的繁荣大都市,城区范围增加到二十七铺及周边四沙,并从空间结构上分化出手工业、商业和混合住宅区三大区划。与侨寓大量涌入的同时,土著的

---

① Smelser:《经济社会学》,第 163 页。

反应是十分明显的,不少右姓大族在侨寓的经济实力冲击下趋于瓦解。笔者发现,乾隆以后,佛山八图土著各宗族沿西、北两江商路到粤西、粤北谋生定居者呈群体性迁徙现象,而到外洋者也不乏其人。固然,引发这种社会现象的因素有多种,但传统生态结构的改变不能不是其中的重要原因。

第三是社会层面的结构分化。明代佛山冶铁业一枝独秀,行业分化不多,经济组织也不甚发展。社会阶层体系主要由绅士、炉户、商人和工匠组成,比较简单清楚。工匠处在最低层是十分明显的,且此时的工匠似与佛山社会的整合程度较低。因此明代工匠的鼓噪屡屡发生,并以破坏佛山的权威象征祖庙照壁为反抗手段。上层社会依靠法律手段对其进行制裁,请官府镇压。清代佛山百业同兴,行业迅速分化,经济组织大量出现,工商业会馆、公所纷纷建立。社会的经济组织是阶层体系的重要基础。职业角色的愈趋分化,改变了社会阶层体系,其最显著变化是手工业中东、西家行的分化。清代乾隆以后佛山手工业东、西家行的出现,是清代佛山社会结构的重要分化。本书指出,西家行是阶级分化的结果,是维护阶级利益的组织形态。西家行的组织功能是满足手工业工人诉愿需要与解决劳资纠纷。应该说,清代佛山西家行在调和阶级矛盾上扮演着重要角色。凡该行工匠的工资,均由西家行与东主“会议”定出。工资的制定既然能反映工人的愿望,那么工人的遵守就成为合乎行规的行为。反之,则是不合行规,有会馆加以约束。我们在清代前期没有发现佛山手工工匠的鼓噪与暴动,相比于苏州手工业工人的频频叫歇和骚动,佛山手工业工人是很平静的,其重要原因就在苏州没有分化出西家行组织。众所周知,不同的社会结构对劳资双方各有不同的助益与压抑。社会结构会鼓励某些行为,同时也禁止某些行为。所以,在不同的政治经济结构下,会有不同形式的冲突。劳工组织与当地经济整合得越好,它就越与资方协调良好,那么工人就不必以罢工作为斗争的武器。佛山的社会结构适应社会体系分化的需要,重新调整容纳了西家行,这就为解决劳资冲突奠定了良好的基础,也为佛山经济的稳定发展提供了良好条件。

社区性自愿社团的出现,也是佛山社会结构变迁的重要指征。明代赈济是宗族组织的责任,对族中贫穷者的扶助,是祠堂尝产的一项重大开支,特大饥荒之年,佛山也是由二十四铺“有恒产”者捐资赈济。随着清代佛山都市的扩大,外来人口的增多,贫富分化的扩大,血缘群体要完成和履行赈济之责已经力不从心,责之富户临时出资赈济的办法也非长久之计。因此,义仓出现了。义仓是佛山整个社区的公益机构,是民间的自愿社团。佛山是广东地区最早出现义仓的地方。义仓为佛山社会的稳定发挥了重要作用。除了义仓之外,还有拾婴会、拾流尸会、乡约水柜等福利、救济组织也随之出现,补充了义仓所不能及的功能。这些自愿社团的出现,促进了佛山社会整合,也意味着佛山社会结构愈趋庞大和复杂。

第四是政治层面上的结构分化,明初佛山的政治结构是乡老与宗族首领的权力控制。

宗族就是小型的政治单位。明景泰以后，铺区成为佛山的正式地缘组织，每铺设长一人，成为佛山基层政治单位。明末时士绅参与地方政治，组建了"嘉会堂"，形成士绅与乡老共同控制佛山的新结构。清代政治结构进一步分化，大魁堂值事、义仓值事、二十七铺保正组成全镇民间管理系统，佛山分府同知、五斗口巡检司等文武四衙组成官府政治系统，两大系统在抗衡与调适中发展。在本文讨论的范围里，我们看到官府力量在帮助佛山社会进行整合中发挥了重要作用，尤其表现在为侨寓人士争取平等分享码头资源和祖庙祭祀权的利益，以及维护丝织行业的机匠和织工的待雇权益等。

第五是民间信仰系统的分化，明代佛山民间供奉的神明不过数种，寺庙也不过数间，清代则分化为 50 余种神明、180 座神庙，且佛寺、道观并存的庞大体系。这套体系具有等级分明、结构复杂、多层复合的特点。然而它们却统一于一尊，全部归属于祖庙的无上权威。祖庙对诸庙的整合，是与神庙的不断分化齐头并进的，犹如魔高一尺，道高一丈，诸庙分布的范围扩大一点，祖庙的地位就抬高一步，进而将其纳入祖庙的势力范围。

综上所述，明清佛山的社会结构，是比较变通开放的，它能适应社会发展的多种需要，不断分化出新的组织和机构，也能不断容纳和重新组合新的组织和机构进入旧有的结构中，它能缓和因社会发展所产生的不满情绪，调解政治冲突，减少因不同社会群体之间的竞争引起的磨擦。总之，它具有包容性、变通性的特点，傅衣凌先生论述中国传统社会结构时指出："用西欧模式看起来互相矛盾的各种现象，在中国这个多元的社会结构中奇妙地统一着，相安无事，甚至相得益彰。这种既早熟又不成熟的弹性特征，使中国传统社会具有其他社会所无法比拟的适应性，不管是内部生产技术水平的提高，还是外部环境的变化，这个多元的结构总是能以不变应万变，在深层结构不变的前提下，迅速改变自己的表层结构以适应这些变化。"① 傅衣凌先生的这一论述，对于我们认识明清时期佛山传统社会的社会结构，无疑具有十分重要的指导意义。

综合上述五个层面对佛山社会经济结构变迁的分析，可以把佛山模式归结为以下两点，即官准专利制度下的城市经济平等化和地方文化一体化。② 这两点是互相联系、辩证统一的。城市经济的发展，必然要求打破传统结构，打破土著垄断，从原料购买、产品销售上取得一定市场自由。我们看到，从明末到清前期，佛山商民炉户都在通过官府不断地与土著的著姓右族的踞行霸市作斗争，并取得根本性的胜利。明代以前，大族把持冶铁业被视为很正常的事情。而到了清代，谁要是"狡谋垄断"，谁就立即激起合镇商民的愤怒，群起而攻之，并呈请官府饬禁，垄断成了不合乎城市社会规范的事情。这说明城市经济发展具有共享地方市场、平等贸易的趋向。城市经济的平等化，是与佛山都市发展互为因果的，它造就了佛山工商业百业兴旺的繁荣局面。

---

① 傅衣凌：《中国传统社会：多元的结构》，《中国社会经济史研究》1988 年第 3 期。
② 本文的"一体化"，是指清代佛山侨寓人士认同于土著居民创立的一整套文化丛的文化涵化过程。

地方文化一体化,指的是侨寓居民认同于土著居民根据其历史背景与区域环境创造出来的文化丛。文化丛是在一定时间、空间产生和发展起来的一组功能上相互整合的文化特质丛体。文化丛在功能上有着内在的统一性和整体上的一致性。在佛山,土著文化丛包括了以祖庙为首的神庙系统、北帝崇拜信仰系统和祭祀仪式、"忠义乡"与"忠义士"的价值体系。在本书讨论的范围内我们看到,土著居民从宋代元丰年间就开始创造北帝神崇拜并不断加工美化,赋予其新的内容。明代正统年间的佛山保卫战,创造出一个体现佛山人与北帝神契合、王朝与民间认同的独具特质的文化丛。这套文化丛是佛山社区的象征,具有不容亵渎的神圣性和权威性。数百年来佛山人一直以此为自豪,正如陈炎宗所言:

> 然天下之市镇不一处,豫有朱仙,楚有汉口,江右有吴城,其远近商贩肩摩踵接,率与佛山同。而佛山顾独有异于诸镇者,则以为忠义之区也。忠义著而货贝萃焉,天之所以报也;货贝萃而义不失焉,地之所以饶也;生近市而文行兴焉,不因利而移其性也。居接市而科甲峙焉,忘乎利而显其学也。且数百年来贤士大夫类能秉忠蹈义、刚正廉清,是皆本先人之教,在市而无市心也。佛山之盛盖如此,彼仅视为市镇之雄者,乌足以言佛山哉?[①]

"秉忠义"而"忘市利",可以视作佛山价值体系的核心。佛山霍氏的霍龚章总结了三种处士之道:"明于大义、淡泊自守者上也,和光同尘、不龌不龊者次也,趋权附势、货殖自封者下也。"[②]在如此完整的文化体系面前,尤其在北帝游神、出秋色、行通济等大型庆会的狂欢中,来自各地并已脱离原生文化环境的侨寓人士,常常感到心灵震撼。原先带有的乡贯文化,在强大的佛山土著文化面前相形见绌,难以与佛山高贵精致的土著文化相抗衡,会自然而然生出认同感。所以我们看到,外来居民始则认同佛山文化,继则介入文化系统的运作,最后有些精英分子进入了佛山文化圈核心。盐商子弟吴荣光、梁蔼如的登进士而出仕,正是侨寓商人认同土著价值观念并身体力行的结果。而盐总商吴恒孚乾隆年间率诸子孙捐建祖庙正殿,盐商梁可诚咸丰年间率子孙捐建祖庙前殿过亭,药商马百良光绪年间耗巨资捐制祖庙大殿 72 件形态各异的青铜兵器仪仗,则说明了侨寓人士认同了北帝崇拜的信仰系统。[③]地方文化一体化,使侨寓居民与土著居民在意识形态上结合为一体。意识形态可以化解压力,意识形态认同化解了侨寓商民在经济领域、政治领域与土著居民的矛盾。我们知道,风俗、习惯、伦理、道德、宗教、信仰等文化,不仅影响人们的社会心理和价值观念,而且向人们提供行为规范,控制其社会活动。在传统社会里,家庭、社区

---

① 乾隆《佛山忠义乡志》卷一《佛山镇论》。
② 《南海佛山霍氏族谱》卷一〇《寿霍健翁九十开一序》。
③ 参阅佛山祖庙博物馆编《祖庙资料汇编》第 26 页《前殿过亭石栏对联》、第 33 页《正殿中间石栏对联》。

主要是靠风俗、伦理、道德以及宗教文化实现社会控制的。侨寓人士在经济上给佛山城市社会带来的不安,土著居民在地方文化上予以化解、消融。整个城市社会在传统土著文化下重新整合为一体。由此可见,城市经济平等化与地方文化一体化是互为补充的。明清佛山社会的发展,就在这两条轨道上运行。这是其一。

其二,如果把眼光从佛山扩展到岭南区域,我们还发现,自 17 世纪初至 19 世纪末,岭南区域出现了一个经济发展的高峰期——广佛周期。在广佛周期存在的 300 年里,以广州、佛山为中心的城市体系得到空间的迅速布局和层级的系统发展,其城市化程度在全国处于领先地位。广州、佛山两大中心城市功能的发挥和岭南地文环境的差异,决定了岭南区域内城市空间结构的形成,这种空间结构和层级关系是适应岭南区域商品经济发展和交换需要而产生的,经济动因和地文特质在其中起到了关键作用。王朝的政治、军事需要的因素并没有左右城市化的进程。与此同时,明清时期号称"天下四聚"的其他三个城市也同时扮演了区域中心城市的角色,并在各自区域城市体系中形成自己的发展周期。如北京之于华北区域,汉口之于长江中游区域,苏州之于长江中下游区域。从区域经济史的视角看,我们可以称之为华北区域的"北京周期"、长江中游区域的"汉口周期"、长江下游区域的"苏州周期"。[①] 这些以中心城市为标志的发展周期,组成了中国历史结构的丰富内容,并在今天体现出龙头城市的长期发展优势。这是佛山模式和"广佛周期"所代表的历史意义。

值得重视的是,城市历史周期的研究并不局限于区域史的价值,它同样具有全国性意义。我们在关注北宋"开封周期"对黄河流域经济影响的同时,也注意到南宋"杭州周期"对长江以南经济的核心推动作用;我们在评估"广佛周期"对岭南区域及全国外贸事业的贡献时,也不会忽视近代"上海周期"对中国经济的带动作用。中国的历史结构,就是由一个又一个区域城市周期的不完全同步发展所组成的。

由此可见,历史结构不是一条直线和一个平面那样简单,而是不同区域主体、不同发展周期交相迭进的时空多维体,是一个由城市网络连接的区域史所组成的层次结构。任何以朝代分期的笼统观察和以社会性质分期的概念化书写,都不能反映历史真实。中国古代城市史的研究如此,中国区域经济史的研究更是如此。在对区域间城市体系差异性的分析和发展多样性的把握上,中国学者应该担负起更多的责任。

---

① 《中华帝国晚期的城市》,第 274 页。

后　记

当此书即将付梓之时，我的心情如同久履薄冰后登临崖岸一般，无比轻松欣悦。自2016年与同窗陈晓军先生一起创办广州市东方实录研究院，潜心学问，不求闻达，如今《东方文库》系列文集陆续出版，这是《东方文库》第2册，能不窃喜乎！

佛山曾经拥有辉煌的过去，如今又把握着美好的将来，无论过去和将来，佛山都不仅仅属于佛山人，它属于开眼看世界的每个中国人。28年前，佛山的GDP刚破百亿，如今已进入万亿俱乐部。百尺竿头，何止更进一步！在工商立市、技术创新和赋税贡献上，佛山从来未遑多让。

笔者愿为佛山鼓与呼，更愿为佛山历史文化鼓与呼。如果把1994年《明清佛山经济发展与社会变迁》的出版比喻成挖出了一口井，这口井曾经流淌出甘洌的佛山历史文化之泉；那么《帝国铁都》的出版就是连接了一片海，这片海通达三江，放洋五洲，开启了佛山历史文化的广阔空间和长期思考。笔者期待能以此抛砖引玉，激发后学更多的开拓研究。

28年前，笔者在厦门大学凌云楼撰写博士论文时，与吕春兰一段驿寄梅花、鱼传尺素的情愫，让我度过美好时光。往日那羞涩的厦大海洋系女生，如今已经成为国内颇有名气的培训师，授课于各大名企和各高校EMBA课堂。多年后我们重逢于撰写本书的日子里。还是那朵幽香的兰花，再次陪伴我度过静思长考的岁月，并将携手走完此后的人生之路。

当最后一个字符敲定之际，远方的武汉传来新型冠状病毒疫情得以控制的好消息。怀念昔日登临过的黄鹤楼，怀念此次与瘟疫勇敢搏斗而遇难的医护人员，谨以此书祭奠英灵！

罗一星

2020年2月记于广州南天居

图书在版编目(CIP)数据

帝国铁都：1127—1900 年的佛山 / 罗一星著. —
上海：上海古籍出版社，2021.3
　（东方文库）
　ISBN 978 - 7 - 5325 - 9870 - 0

　Ⅰ.①帝…　Ⅱ.①罗…　Ⅲ.①佛山－地方史－研究－
1127 - 1900　Ⅳ.①K296.53

中国版本图书馆 CIP 数据核字(2021)第 032829 号

东方文库
帝国铁都：1127—1900 年的佛山
罗一星　著
上海古籍出版社出版发行

（上海瑞金二路 272 号　邮政编码 200020）

　（1）网址：www.guji.com.cn
　（2）E-mail：guji1@guji.com.cn
　（3）易文网网址：www.ewen.co
常熟市新骅印刷有限公司印刷

开本 889×1194　1/16　印张 31.75　插页 11　字数 638,000
2021 年 3 月第 1 版　2021 年 3 月第 1 次印刷
印数：1—2,100
ISBN 978 - 7 - 5325 - 9870 - 0
K·2958　定价：198.00 元
如有质量问题,请与承印公司联系